무량수경연의술문찬

無量壽經連義述文贊

동국대학교 불교기록문화유산아카이브사업단(ABC)
본서는 문화체육관광부 지원으로 동국대학교 불교학술원에서 간행하였습니다.

한글본 한국불교전서 신라 12

무량수경연의술문찬

2014년 6월 20일 초판 1쇄 인쇄
2014년 6월 30일 초판 1쇄 발행

지은이 경흥
옮긴이 한명숙
펴낸이 김희옥
펴낸곳 동국대학교출판부

주소 100-715 서울시 중구 필동로 1길 30
전화 02-2260-3483~4
팩스 02-2268-7851
Homepage http://www.dgpress.co.kr
E-mail book@dongguk.edu
출판등록 제2-163(1973. 6. 28)
편집디자인 꽃살무늬
인쇄처 서진인쇄

ISBN 978-89-7801-421-2 93220

값 35,000원

한글본 한국불교전서 신라 12

무량수경연의술문찬

無量壽經連義述文贊

경흥璟興
한명숙 옮김

동국대학교출판부

무량수경연의술문찬無量壽經連義述文贊 해제

한 명 숙
동국대학교 불교학술원 조교수

1. 경흥璟興[1]의 생애와 저술

1) 생애

(1) 관련 자료

경흥의 행적을 담은 기록으로 현존하는 것은 다음과 같다.

첫째, 고려 일연一然(1206~1289)이 1285년경 편찬한 것으로 추정되는 『삼국유사三國遺事』(T49, No.2039)의 「경흥우성조憬興遇聖條」이다.

둘째, 고려 1331년 왕사王師가 된 요원了圓이 편찬한 『법화영험전法華靈驗傳』(X78, No.1539)의 「현비구니신조顯比丘尼身條」이다.

1 '璟'은 '憬'이라고 쓰기도 한다. 『韓國佛敎全書』에 수록된 『無量壽經連義述文贊』에 의거하여 '璟'이라 했다. 『注進法相宗章疏』(T55, No.2181) · 『東域傳燈目錄』(T55, No.2183) 등에서는 '璟'과 '憬'을 혼용하고, 『三國遺事』(No.2039) · 『新編諸宗敎藏總錄』(T55, No.2184)에서는 '憬'이라고 했다.

이밖에 현재 전해지고 있지는 않지만 앞의 문헌에 나오는 기록에 의해 경흥의 행적을 담은 자료였음을 알 수 있는 것은 다음과 같다.

첫째, 『삼국유사』에서 일연은 경흥의 일화를 소개한 후, 보다 자세한 것은 석현본釋玄本이 찬술한 삼랑사비三郎寺碑를 참조할 것을 권하였다.

둘째, 『법화영험전』에서 요원은 경흥의 일화를 소개한 후 1215년 고려 각훈覺訓이 찬술한 『해동고승전海東高僧傳』 제5권에서 가져온 것이라고 했다.

이 가운데 『법화영험전』은 『삼국유사』에 수록된 두 편의 일화 중 특히 법화신앙法華信仰과 관련된 관음현신觀音現身을 담은 것 한 편만을 수록했는데, 그 출처를 『해동고승전』이라고 했지만 전체적인 내용은 『삼국유사』에 수록된 것과 거의 동일하다. 또한 삼랑사비는 경흥이 주석했던 경주慶州 삼랑사의 사적을 기록한 비문碑文인데, 현재 비편碑片만 전해지고 있어서 경흥의 행적을 파악할 수 있는 자료로서의 가치는 지니지 않는다. 『해동고승전』은 현재 잔본殘本인 최초의 2권만 전해지고 있어서 역시 참고자료로 활용할 수 없다.

따라서 현재 경흥의 행적을 알기 위해서는 『삼국유사』에 실린 두 편의 일화에 전적으로 의존하는 수밖에 없는데 그 내용을 간단히 정리하면 다음과 같다.

> 경흥의 성은 수水이고, 웅천주熊川州(백제 지역) 출신이다. 18세에 출가하고 삼장三藏에 통달하여 명망이 높았다. 681년 문무왕文武王(재위 661~681)이 임종하면서 신문왕神文王(재위 681~692)에게 경흥을 국사國師로 삼을 것을 고명顧命하였다. 신문왕은 즉위하여 고명과는 달리 경흥을 국로國老로 삼고 삼랑사三郎寺에 주석하게 하였다. 어느 날 갑자기 병에 걸렸는데 한 달이 지나도 차도가 없었다. 어떤 비구니가 찾아와 법사의

병은 근심에 의해 생겨난 것이니, 웃음에 의해서만 치료할 수 있다고 하고, 스스로 11가지 모습을 짓고 그때마다 익살스런 춤을 추었는데 매우 우스웠다. 경흥의 병은 자신도 모르는 사이 나았다. 비구니는 문을 나가 남항사南巷寺(삼랑사 남쪽에 있던 절)로 들어간 후 사라졌는데 지니고 있던 지팡이가 탱화幀畫 십일면원통상十一面圓通像(圓通은 觀音의 다른 이름) 앞에 놓여 있었다.

어느 날 경흥이 왕궁에 들어가게 되어서 시중을 드는 이가 화려하게 장엄한 말을 끌고 와서 채비를 하고 있었다. 그때 형색이 초췌한 거사居士(일설에는 沙門이라 함)가 지팡이를 짚고 말린 물고기를 담은 광주리를 짊어지고 하마대下馬臺에서 쉬고 있었다. 시중을 드는 이가 "출가자의 옷을 입고 어찌 신분에 저촉되는 물건을 지니고 다니느냐."라고 꾸짖자 스님(거사)은 "넓적다리 사이에 생고기를 끼고 다니는 사람도 있는데 이런 일쯤이야 어찌 싫어할 만한 일이라 하겠는가?"라고 했다. 경흥이 문을 나오다 이 말을 듣고 사람을 시켜 따라가 보게 했더니, 남산南山 문수사文殊寺의 문밖에서 광주리를 버리고 사라졌는데, 지팡이가 문수상 앞에 있었고 말린 물고기는 바로 소나무 껍질이었다. 경흥이 자초지종을 듣고 "대성大聖(文殊)께서 내가 말을 타고 다니는 것을 경계한 것이구나."라고 하고 종신토록 말을 타지 않았다.[2]

(2) 생존 연대

앞에서 제시된 자료는 매우 소략하여 그것만으로는 경흥의 생존 연대를 확인하기 어렵다.

먼저 앞의 자료에서 경흥이 681년에 국로가 되었다는 것은 출생 연대

2 『三國遺事』 권5(T49, 1012c24).

를 산출하는 근거가 된다. 국로란 국가의 원로이니 그때의 나이가 60세 정도는 되는 것으로 보아야 한다. 또한 본래는 국사國師로 임명할 것을 명했으니, 국사의 자격을 갖춘 것으로 본다면, 그 시대를 전후하여 국사에 임명된 스님들의 나이는 통상 50세 후반에서 60세 이상이기 때문에 이 시기를 60세로 잡는 것은 무리가 없는 것으로 보인다. 따라서 경흥의 출생을 620년으로 볼 수 있다.

입적한 연대 또한 관련 자료에 의해서 추정할 수 있을 뿐이다.

첫째, 『무량수경연의술문찬』 본문에 의정義淨(635~713)의 『남해기귀내법전南海寄歸內法傳』(T54, No.2125)을 인용한 문장이 나온다. 의정은 37세였던 671년 인도 순례여행을 떠나 696년(혹은 695년이라고도 함) 귀국했는데, 귀국 길에 실리불서室利佛誓(현재 인도네시아)에 4년 동안 머물면서 본서를 찬술한 후 귀국 전에 본국으로 보냈다. 이러한 기록에 의거할 때 본서가 신라에 전해진 것은 700년 전후라고 볼 수 있고, 경흥이 이 책을 인용하고 있기 때문에 입적 연대 또한 그 이후로 볼 수 있다.

둘째, 경흥의 저술로 『금광명최승왕경약찬金光明最勝王經略贊』 5권이 대정신수대장경간행회大正新修大藏經刊行會에 미수록본으로 전해지고 있고, 『금광명최승왕경소金光明最勝王經疏』 10권은 집일본輯逸本만 전해지고 있다. 『금광명최승왕경』은 의정이 703년 번역을 마쳤고, 사신使臣 김사량金思讓이 당나라에서 신라로 가져온 것은 704년이다. 본경의 유입과 주석한 시기 등을 고려하면 경흥의 입적 연대는 704년보다는 좀 더 뒤로 잡아야 한다.

셋째, 경흥은 『무량수경연의술문찬』에서 당대에 통용되던 『무량수경』의 여러 가지 한역본 중 삼대경三代經으로 축법호본竺法護本 · 백연본帛延本 · 지겸본支謙本 등을 제시하고, 사람 이름에 대한 한역어 · 서원의 숫자 등에 있어서 서로 다른 내용이 있을 경우 이를 비교하면서 설명하였다. 삼대경이라는 제한을 두기는 했지만, 『무량수경』의 이역본 중 지명도가 높은 당唐 보리류지菩提流志가 한역한 것을 『대보적경大寶積經』에 수록한 『무량수여래회無量壽如來會』 2권에 대한 언급은 전혀 없다는 점도 주목된다. 이 책은 706~713년에 한역되었으므로 하한선을 이보다 뒤로 잡을 수는 없다.[3]

(3) 생애

620년 백제 지역인 웅천주 수씨水氏[4] 집안에 태어났다. 18세에 출가하여 삼장三藏에 통달하여 덕망이 일시에 퍼졌다. 당시 웅천주는 백제불교의 영향하에 있었다. 웅천주는 오늘날의 공주公州로 660년 나당연합군에 의해 당나라의 웅진도독부가 설치되어 그 지배하에 있었고 문무왕대(675년)에는 도독부가 물러나고 신라의 지배하에 들어왔기 때문이다. 백제에서 두루 불법을 공부하고, 40세경 나당 연합군에 의해 백제가 멸망하고 신라에 편입될 때 백제 유민으로 잔류했다. 이러한 행적은 그의 사상에서 백제불교의 영향을 추정할 수 있는 근거가 된다.

681년 문무왕은 경흥을 국사國師로 임명하라는 유언을 남겼고, 신문왕은 그를 국로國老에 임명하고 삼랑사에 머물게 했다. 당대 원효元曉·의상義湘 등의 신라 출신 고승대덕이 있었음에도 불구하고 그를 국로로 모신 이유를 그의 출신 배경이 백제였다는 것에서 찾는 학자도 있다. 곧 문무왕 즉위 이후 웅진주를 중심으로 백제의 항거운동이 끊이지 않았다. 특히

---

3 渡辺顕正, 「憬興師と唐仏教の交渉」(『印度学仏教学研究』 29권, 제1호, 1980, pp.332~334).

4 수씨水氏 : 수씨는 당대 백제의 대성大姓 팔족八族에 포함되지 않는다. 따라서 백제의 지배 귀족 가문 출신은 아니라고 보기도 한다. 다른 한편으로 출가하여 일시에 명망을 드높일 수 있었던 것은 가문의 배경이 있었어야 하고, 그렇다면 '水'를 '木'의 오자로 보아 대성 중 하나인 '木氏'였다고 보아야 한다는 주장도 있다. 혹은 발음에 의해 대성의 하나인 '沙'의 오류로 보는 경우도 있다.

스님들은 항쟁 운동의 선봉에 있었는데, 이러한 사태를 진정시키기 위해서 웅진주 출신의 덕망 있는 스님의 협조가 필요했던 것이다. 그러나 문무왕 자신은 반대에 부딪쳐 국사로 임명하는 것에 실패하고 유언을 남겨 자신의 우려를 불식시키려 했다. 국사로 임명할 것을 명했지만 그 격이 조금 낮은 것으로 판단되는 국로로 임명한 것은 신문왕 역시 많은 반발에 부딪쳤음을 짐작케 하는 대목이다.

국로로 임명된 경흥이 어떤 일을 했는지 알려 주는 자료는 없다. 현재 전해지는 자료에 수록된 두 편의 일화 중 관음현신觀音現身은 그가 근심에 의해 병에 걸렸다가 관음의 자비에 의해 치유되었다는 것을 보여주고, 문수현신文殊現身은 화려하게 장엄한 말을 타고 다니는 것과 같이 계율에 어긋난 행동을 하여 문수의 경계를 받은 후 청정한 생활을 했다는 것을 보여줄 뿐이다.

이러한 자료는 그가 백제의 유민으로서 신라에 편입되어 가는 과정에서 신라인의 반발에 부딪친 것이라는 관점에서 해석된다. 곧 병의 치유라든가, 계율에 어긋나는 행위의 경책이라든가 하는 것이 모두 무명無名의 스님에 의해서 이루어지고 있다는 것은 국로로서의 경흥의 지위에는 부합하지 않는 면모가 있는데, 이는 신라 승단에서의 경흥의 지위를 격하시키려는 의도가 내포되어 있다는 것이다.

이러한 반발 속에서도, 그가 근심에 의해 병이 들었다는 것은 고원한 수행자로서의 삶을 추구하기보다는 세속의 일에 적극적으로 간여하는 삶을 살았음을 보여주고, 또한 왕궁의 출입이 잦았다는 것은 신라 왕조에 적극적으로 협조했음을 보여준다.

2) 저술

경흥은 통일신라시대에 있어서 원효·태현太賢 등에 이어 세 번째로 많은 저술을 편찬하였다.

먼저 현존하는 것은 다음과 같다.

- 『무량수경연의술문찬無量壽經連義述文贊』 3권(T37, No.1748)
- 『삼미륵경소三彌勒經疏』 1권(T37, No.1774)
- 『금광명최승왕경약찬金光明最勝王經略贊』 5권

이 가운데 『금광명최승왕경약찬』은 이미 서술한 것과 같이 공개되지 않고 있어서 그 실체를 파악할 수 없다. 『삼미륵경소』는 미륵삼부경彌勒三部經에 대한 독립된 주석서인 『미륵상생경요간기彌勒上生經料簡記』·『미륵하생경소彌勒下生經疏』·『미륵성불경소彌勒成佛經疏』 등을 1권으로 합본한 것이다.

이밖에 김상현金相賢이 여러 서적에서 인용된 것을 근거로 하여 집일한 『집일금광명최승왕경경흥소輯逸金光明最勝王經憬興疏』(『신라문화』, 17·18집, 2000.12, pp.213~254)가 있다.

현재 전하지 않는 것을 포함한 경흥의 저술을 네 편의 경록을 통해 알아보면 다음과 같다. 그 나열 순서는 경록의 찬술 연도에 의거했다.

○ 『법상종장소法相宗章疏』(T55, No.2180)[5]

- 『열반소涅槃疏』 14권
- 『금광명최승왕경약찬金光明最勝王經略贊』 12권
- 『십이문다라니경소十二門陀羅尼經疏』 1권
- 『미륵상생경소彌勒上生經疏』 2권
- 『현양론소顯揚論疏』 8권

---

5 914년 일본의 동대사東大寺 평조平祚가 찬술했다.

- 『유식폄량唯識貶量』 20권

○ 『신편제종교장총록新編諸宗敎藏總錄』(T55, No.2184)[6]

- 『대열반경소大涅槃經疏』 14권
- 『법화경소法華經疏』 16권
- 『금광명경술찬金光明經述贊』 7권
- 『금광명경약의金光明經略意』 1권
- 『미륵경술찬彌勒經述贊』 3권[7]
- 『미륵경축의술문彌勒經逐義述文』 4권
- 『약사경소藥師經疏』 1권
- 『사분율습비니요四分律拾毘尼要』 3권[8]
- 『사분율갈마기四分律羯磨記』 1권
- 『대승기신론문답大乘起信論問答』 1권
- 『성유식론폄량成唯識論貶量』 25권
- 『유가론소瑜伽論疏』 10권
- 『구사론초俱舍論鈔』 3권
- 『관무량수경소觀無量壽經疏』 3권(혹은 2권)[9]

---

6 1090년 고려의 의천義天이 찬술했다.

7 협주에 "雖釋三經。總爲一部。"라고 한 것으로 보아 현전하는 『三彌勒經疏』와 같은 것으로 보인다.

8 협주에 "資持記主。以爲南山所撰。近勘此方。古本云。憬興述。興。是唐初海東之人。廣有著述。"이라고 한 것으로 보아, 도선道宣 찬술설과 경흥 찬술설의 논란이 있었던 것 같다.

9 본문에는 '龍興'이라 했지만, 이러한 이름의 스님은 다른 곳에 나타나지 않고, 『無量壽經連義述文贊』에서 경흥 자신이 『觀無量壽經』 주석서를 찬술했음을 밝히고 있으며, 일본에서 찬술된 글에서 경흥의 주석서가 종종 인용되고 있는 점이 밝혀졌기 때문에, '龍'은 '璟'의 오사일 수도 있는 것 같다.

○『동역전등목록東域傳燈目錄』(T55, No.2183)[10]

- 『대반야경강요大般若經綱要』 1권[11]
- 『법화경소法華經疏』 8권
- 『미륵성불경주彌勒成佛經註』 3권
- 『무량수경술찬無量壽經述贊』 3권
- 『아미타경약기阿彌陀經略記』 1권
- 『미륵성불경소彌勒成佛經疏』 3권
- 『미륵성불경술찬彌勒成佛經述贊』 3권
- 『관정경소灌頂經疏』 2권
- 『십이문다라니경소十二門陀羅尼經疏』 1권
- 『해심밀경소解深密經疏』 □권
- 『금광명최승왕경약찬金光明最勝王經略贊』 5권
- 『대반열반경술찬大般涅槃經述贊』 14권[12]
- 『유가론석론기瑜伽論釋論記』 36권
- 『현양론소顯揚論疏』 8권
- 『성유식론폄량成唯識論貶量』 25권
- 『성유식론기成唯識論記』 2권
- 『대인명론의초大因明論義鈔』 1권
- 『대승법원의림장기大乘法苑義林章記』 4권
- 『금고경소金鼓經疏』 1권[13]
- 『법경론法鏡論』 1권[14]

---

10 1094년 일본 흥복사興福寺 영초永超가 찬술했다.

11 본문에는 興이라 했다.

12 협주에 "璟興。分本末。爲二十八卷。更料簡一卷。"이라고 한 것으로 보아 『涅槃經料簡』 1권도 있었던 것으로 보인다.

13 저자를 興師라고 했다.

14 저자를 憬法師라고 했다.

○『주진법상종장소注進法相宗章疏』(T55, No.2181)[15]

- 『금광명최승왕경약찬金光明最勝王經略贊』 5권
- 『열반경술찬涅槃經述贊』 14권
- 『현양론소顯揚論疏』 8권
- 『성유식론기成唯識論記』 2권
- 『대인명론의초大因明論義抄』 1권
- 『대승법원의림장기大乘法苑義林章記』 4권
- 『금강반야경요간金剛般若經料簡』 3권
- 『무량수경소無量壽經疏』 3권
- 『삼미륵경찬三彌勒經贊』 3권
- 『유가론소瑜伽論疏』 36권
- 『성유식론폄량成唯識論貶量』 25권

이상의 목록을 통해서 볼 때 유식학과 관련된 저술이 가장 많고, 다음은 정토교와 관련된 저술이 많은 것을 알 수 있다. 이러한 목록의 분포도는 경흥을 유식학자로 자리매김하는 여러 증거 중 하나로 제시된다. 그러나 이밖에도 반야부 경전·『법화경』·『열반경』 등에서부터 아비달마논서인 『구사론』 및 밀교경전인 『관정경』에 이르기까지 다양한 경론을 주석하고 있어서 그 학문 경향이 전적으로 한쪽에 치우친 것은 아니라는 것도 주목해야 할 사안이다.

15 1176년 일본의 장준藏俊이 찬술했다.

2.『무량수경』의 이해

1) 이역본異譯本에 대해

본서는『무량수경』에 대한 주석서이다. 본경은 현존하는 것과 현존하지 않는 것을 포함하여 모두 12가지 한역본이 있는데 그 목록은 다음과 같다.

①『무량수경』2권 : 동한東漢 안세고安世高 한역. 현존하지 않는다.

②『무량청정평등각경無量清淨平等覺經』4권 : 동한東漢 지루가참支婁迦讖 한역. 현존하고『대정신수대장경』12권(No.365)에 수록되어 있다.

③『아미타삼야삼불살루불단과도인도경阿彌陀三耶三佛薩樓佛檀過度人道經』[16] 2권 : 삼국시대 오吳의 지겸支謙 한역. 현존하고『대정신수대장경』12권(No.362)에 수록되어 있다.

④『무량수경』2권 : 조위曹魏 강승개康僧鎧[17] 한역. 현존하고『대정신수대장경』12권(No.360)에 수록되어 있다.

⑤『무량청정평등각경』2권 : 조위曹魏 백연帛延[18] 한역. 현존하지 않

16 경흥은『無量壽經連義述文贊』에서 본서의 명칭을『諸佛阿彌陀三耶三佛薩樓佛檀過度人道經』이라고 하여 달리 말했다. 그런데『開元釋敎錄』권19(T55, 680c25)에 "『아미타경』 2권〈상권의 제목에『불설제불아미타삼야삼불살루불단과도인도경』이라 했고, 또한『무량수경』이라고도 한다.〉(阿彌陀經。二卷。上卷題云。佛說諸佛阿彌陀三耶三佛薩樓佛檀過度人道經。亦名無量壽經。)"라고 했다. 따라서 판본에 따라 제목에 약간의 차이가 있었던 것으로 보인다.

17 강승개는 '康'이라는 성에 의해 중앙아시아 강거국康居國 출신일 것으로 추정된다. 조위曹魏 252년(연희 15) 낙양洛陽에 들어와서 역경에 종사했다. 여러 곳에 전기가 보이기 때문에 반드시 가공인물이라고 할 수는 없지만 그 실체가 그다지 명확하지는 않다.

18 백연은 백연白延이라고도 한다. 출처에 따라 생존연대가 다르다.『佛祖統紀』권35(T49, 332a18)에 따르면 조위曹魏 256년(甘露 1) 낙양에 들어와『無量清淨平等覺經』등 6부를 한역했다.『開元釋敎錄』권4(T55, 519a25)에 따르면 구자국龜玆國의 왕세자로 동진東晋 간문제簡文帝 374년(咸安 3) 양주涼州에서 지시륜支施崙과 함께『首楞嚴經』·『須賴經』·『上金光首經』·『如幻三昧經』등을 한역했다. 양자가 동일인물인지의 여부는 확정할

는다.

⑥『무량수경』2권 : 서진西晉 축법호竺法護 한역. 현존하지 않는다.

⑦『무량수지진등정각경無量壽至眞等正覺經』1권 : 동진東晉 축법력竺法力 한역. 현존하지 않는다.

⑧『신무량수경新無量壽經』2권 : 동진東晉 불타발타라佛陀跋陀羅 한역. 현존하지 않는다.

⑨『신무량수경』2권 : 유송劉宋 보운寶雲 한역. 현존하지 않는다.

⑩『신무량수경』2권 : 유송劉宋 담마밀다曇摩蜜多 한역. 현존하지 않는다.

⑪『대보적경』「무량수여래회無量壽如來會」2권 : 당唐 보리류지菩提流志 한역. 현존하고『대정신수대장경』11권(No.310)에 수록되어 있다.

⑫『대승무량수장엄경大乘無量壽莊嚴經』3권 : 북송北宋 법현法賢 한역. 현존하고『대정신수대장경』12권(No.363)에 수록되어 있다.

이상의 여러 역본 중 경흥은 백연본(⑤)·지겸본(③)·축법호본(⑥) 등을 삼대경三代經이라고 하고, 이 가운데 축법호본을 대본으로 삼았음을 밝혔다. 또한 주석에 있어서 백연본과 지겸본의 내용을 염두에 두고 차이 나는 부분에 대해 해명하였다.

이 가운데 백연본과 축법호본은 현재 존재하지 않는다. 경흥이 백연본이라고 하여 인용한 내용을 보면 현재 전해지는 지루가참이 한역한『무량청정평등각경』(②)과 거의 동일하다. 또한 경흥이 대본으로 삼은 축법호본은 현전하는 강승개가 한역한『무량수경』(④)과 그 내용이 거의 일치한다. 따라서『무량수경연의술문찬』을 번역함에 있어서 역자 또한 백연본은 지루가참본에, 축법호본은 강승개본에 의존하였다. 다만 비록 일부이기는

수 없다.

하지만 양자가 꼭 일치하는 것은 아니어서 논란의 여지는 있다.

2) 정토삼부경

정토종의 소의경전은 『무량수경』(T12, No.360)·『관무량수경』(『觀無量壽佛經』 T12, No.365)·『아미타경阿彌陀經』(T12, No.366) 등이다. 아미타불의 극락정토와 그곳에 왕생하는 것을 주로 설한 가르침으로, 보통 이를 묶어서 정토삼부경이라 한다. 여기에 천친天親의 『왕생론』을 더하여 삼경일론三經一論을 소의경론으로 삼는다.

『무량수경』은 아미타불阿彌陀佛이 인위因位에서 법장 비구法藏比丘로서 수행하면서 48가지 서원을 세웠고, 그에 수순하는 수행을 실천하여 서원을 성취하고 아미타불이 되어서 서방 극락정토를 건설한 것을 주된 내용으로 한다. 이 속에서 극락정토의 모습, 극락왕생의 원인 및 과보를 상세하게 설했다.

『아미타경』은 『무량수경』과 밀접한 관련이 있기 때문에 『무량수경』을 『대무량수경大無量壽經』이라 하고, 『아미타경』은 『소무량수경小無量壽經』이라고도 한다. 서방 극락정토에 대한 간략한 서술과 여러 부처님이 아미타불을 찬탄하는 내용으로 이루어졌다.

앞의 두 경은 범본梵本이 존재하지만 『관무량수경』은 존재하지 않는다. 따라서 인도 이외의 곳, 곧 중앙아시아나 중국에서 찬술된 것으로 보는 설이 유력하다. 인도 마갈다국摩竭陀國 빈비사라왕頻毘娑羅王의 왕비 위제희韋帝希가 아들 아사세阿闍世의 반역으로 괴로움을 당하고 있을 때, 부처님께서 염불행자가 아미타불의 몸과 정토를 억념함으로써 서방정토에 왕생하는 방법을 설한 것을 주된 내용으로 한다. 모두 16가지 관행觀行을 설했는데 이를 십육관十六觀이라고 한다.

실제로 세 경은 『무량수경』·『아미타경』·『관무량수경』의 순서로 성립된 것으로 추정되고 있다.[19] 경흥은 이러한 사실과는 달리 『무량수경연의술문찬』에서 『관무량수경』 다음에 『무량수경』을 설한 것으로 파악하고 있어서[20] 문제의 여지가 있는 것처럼 보이기도 한다.

그러나 대승경전이 후대에 성립된 것임을 고려할 때, 이러한 사실에 의거하여 경흥이 경전 성립사에 대한 이해가 결여되었다고 판단하는 것은 타당하지 않은 것 같다. 교판론은 학자가 여러 경전의 상호 관계를 파악하기 위한 노력의 결과로서 제시된 틀이기 때문이다.

경흥은 『무량수경연의술문찬』에서 특히 『관무량수경』에 관심을 기울여서, 『관무량수경』과 『무량수경』의 사상적 관련성을 밝혔고,[21] 『관무량수경』과 『무량수경』이 다른 내용을 보이는 부분에 대해서, 기존의 여러 견해를 제시한 후 낱낱이 비판하고, 양자를 회통하는 견해를 제시하였다.

예를 들어 『무량수경』 제18원에서는 "만약 제가 부처가 되었을 때, 시방세계의 중생이 정성스런 마음으로 믿고 좋아하면서 저의 국토에 태어나고자 하여, 열 번 칭념稱念하기에 이르기까지, 저의 국토에 태어나지 못한 중생이 있다면 정각을 취하지 않겠습니다. 오직 오역죄五逆罪를 짓고 정법을 비방한 이는 제외할 것입니다."[22]라고 했고, 『관무량수경』에서는 중생의 근기를 극락왕생하는 형태에 따라 상품상생·상품중생·상품하생·중품상생·중품중생·중품하생·하품상생·하품중생·하품하생 등의 아홉 부류로 분류하고, 하품하생을 설명하는 부분에서 '오역죄를 지은 중생도 왕생한다.'[23]라고 했는데, 이것은 피상적으로 보면 서로 모순된 내용을 설하고 있어서 예로부터 여러 가지 해석이 있어 왔다.

19 早田啓子, 「淨土敎略史(一)」『學苑』 845호, 2011), pp.1~10.
20 본 해제의 '3. 『무량수경연의술문찬』의 구성과 내용/1) 유래의 뜻'을 참조할 것.
21 뒤에 서술한 경흥의 교판적 시각을 참조할 것.
22 『無量壽經』 권상(T12, 268a26).
23 『觀無量壽經』(T12, 346a12).

경흥은 이들 여러 주장을 낱낱이 서술하고 비판적 입장을 제시하고 있다. 예컨대 제창자는 밝히지 않고, '『무량수경』에서는 아직 오역죄를 짓지 않은 이에 대해서 죄를 방지하기 위하여 "오역죄를 지을 경우에는 극락정토에 왕생하는 중생의 범주에서 제외한다."고 말했고, 『관무량수경』에서는 이미 오역죄를 지은 사람에 대해서 죄로 인한 절망에서 벗어나게 하기 위하여 "오역죄를 지었더라도 극락정토에 왕생한다."고 말한 것이다.'[24]라는 입장을 제시하고, 오역죄를 지은 이를 정진하게 하기 위한 방편으로 시설한 것이라면, 그것이 아직 오역죄를 짓지 않은 사람에게는 정진하려는 마음을 거두어들이는 결과를 낳는 것이니 논리적으로 타당하지 않다고 비판하였다. 그리고 경흥은 자신의 입장을 밝히기를 '『무량수경』의 제18원은 상품상생·상품중생·상품하생을 섭수하기 위한 서원이다. 상품의 중생 가운데는 오역죄를 짓는 이가 없으니 오역죄를 지은 이를 제외한 것이다. 『관무량수경』은 하품하생에 대해서 설한 것이기 때문에 오역죄를 지어도 왕생할 수 있다고 한 것이다. 결과적으로 오역죄를 지은 경우에는 왕생에 제약이 없다. 그러나 정법을 비방한 경우에는 어떤 경우에도 왕생할 수 없다.'라고 하였다.

3. 『무량수경연의술문찬』의 구성과 내용

모두 세 권으로 이루어졌는데 권상과 권중은 『무량수경』 상권에 대한 해석을 담았고 권하는 『무량수경』 하권에 대한 해석을 담았다.

먼저 『무량수경』을 풀이함에 있어서 크게 첫째 유래의 뜻(來意), 둘째 제

24 경흥은 이름을 밝히지 않았지만 정토종 제3조 선도善導(613~681)가 찬술한 『觀無量壽佛經疏』 권4(T37, 277a22)에 동일한 내용이 나온다.

목을 풀이함, 셋째 본문을 풀이함 등의 세 문을 지었다.

1) 유래의 뜻 : 『관무량수경』과 『무량수경』의 관계

유래의 뜻이란 특정 경전·품品 등이 특정 시기에 설해진 이유 혹은 특정 위치에 놓인 이유 등을 말하는 것인데, 여기에서는 『무량수경』이 『관무량수경』 뒤에 설해진 이유를 설명하고 있다.

첫째, 정토淨土의 소인所因을 보다 구체적으로 드러내고자 하기 때문이다. 『관무량수경』에서 정토왕생을 위한 십육관법十六觀法을 설한 것 중 제7 화좌관華座觀에서 화좌華座가 비록 법장 비구의 원력願力에 의해 이루어진 것임을 말하기는 했지만 아직 극락정토의 의보依報와 정보正報의 장엄이 모두 법적法積(法藏)이 세운 본서本誓의 힘에 의해 완성된 것에 대해서는 말하지 않았기 때문에, 이제 본경에서 숙세宿世에 세운 사십팔원四十八願을 자세히 설하여 그 극락정토가 지금 나툰 원인이 되었음을 드러내야 하는 것이라고 했다.

둘째, 일체의 부처님께서는 비록 본원本願을 일으키지만 본원을 또한 성취하지 못하는 경우도 있는데, 정토의 의보와 정보의 장엄을 보여 법적의 숙원은 이와 달리 반드시 이루어졌음을 보여 행자의 극락왕생의 뜻을 증가시키기 위한 것이다.

셋째, 『관무량수경』에서 비록 미래의 중생이 번뇌에 의해 고통 받을 것을 말하기는 했지만, 중생이 고통의 모습을 듣지 않으면 정토를 좋아하고 예토를 싫어하는 마음을 내지 않고 왕생의 업도 또한 이룰 수 없기 때문에, 이제 본경에서 오악五惡·오통五痛·오소五燒 등을 자세히 설하여, 행자로 하여금 부지런히 수행하는 마음을 일으켜 정토에 왕생하게 하기 위한 것이다.

이러한 분과를 통해서 경전의 성립 순서를 『관무량수경』→『무량수경』

으로 이루어진 것이라고 보는 경흥의 교판적 시각을 파악할 수 있다.

2) 제목을 풀이함 : 『무량수경연의술문찬』의 대본의 문제

먼저 동본이역同本異譯인 위魏 백연의 『무량청정평등각경』, 오吳 지겸의 『제불아미타삼야삼불살루불단과도인도경』, 서진 축법호의 『무량수경』(『불설무량수경』) 등의 삼대경三代經을 제시한 후, 자신이 대본으로 삼은 것은 축법호의 것임을 밝혔다.[25]

다음으로 축법호의 『불설무량수경』이라는 제목에 대해 총별상대總別相對·인법상대人法相對·전지상대詮旨相對·수미상대首尾相對 등의 네 가지 상대를 시설하여 풀이하였다.

총별상대란 곧 '불설'과 '경'은 총總(다른 경전과 공통된 것)이고 '무량수'는 별別(본경의 독자적인 것)이라고 풀이하는 것이며, 인법상대란 '불'이란 인人이고 그 나머지는 법法이라고 풀이하는 것이다. 전지상대란 곧 '무량수'는 지旨(언어에 담긴 뜻)이고 '경'은 전詮(언어)이며 '설'은 두 가지를 겸하는 것이라고 풀이하는 것이고, 수미상대란 '권상'이라고 한 부분에서 '상'이 말미의 '권하'에서의 '하'와 상대하는 것이라고 풀이한 것이다.

3) 본문을 풀이함

경흥은 본문의 풀이에 앞서 본 경에 대한 기존의 분과分科를 소개하고 이를 비판적으로 검토하였다.

먼저 유설有說(어떤 학자의 주장)이라 하여, 서설분序說分·현상분現相分·계청분啓請分·서흥분敘興分·정설분正說分·생생분生生分·권신분勸信分·설익

25 앞에서 서술한 것처럼 삼대경 중 백연본·축법호본은 현재 전하지 않는다.

분說益分 · 권청분勸請分 · 필희분畢喜分 등의 열 단락으로 분과한 사례를 제시하고 낱낱이 비판했다. 예컨대 10분과에서 현상분이라고 한 것은 장차 말씀하실 법문에 상응하는 명목을 드러낸 것이기 때문에 발기서라고 하는 것이 타당한 것이라고 했다.

경흥은 10분과설의 제창자를 밝히지 않았지만, 현존하는 자료에 의거할 때 현일玄一과 법위法位가 주장한 것과 내용이 동일한 것임을 알 수 있는데, 그 근거는 다음과 같다.

첫째, 현일의 『무량수경기』는 현재 일부만이 전한다. 여기에 10분과 중 제4 서흥분과 제5 정설분이 수록되어 있는데, 그 명칭과 해당 본문이 모두 일치한다.[26]

둘째, 법위의 『무량수경의소』는 현재 복원본이 전한다. 여기에는 10분과와 관련된 내용이 없지만,[27] 요혜了慧의 『무량수경초無量壽經鈔』와 성경聖冏의 『전통기유초傳統記糅鈔』에 법위의 설임을 명시하고 상기의 10분과와 동일한 내용을 전하고 있다.

다음에도 유설이라 하여 경흥과 동일하게 삼분三分하기는 했지만 그 단락을 나눈 부분이 다른 것을 소개했는데, 『무량수경의소無量壽經義疏』[28]에서 제시한 것과 그 내용이 일치한다.

혜원이 유서由序(正說의 유래를 서술한 것) · 정종분 · 유통분 등의 셋으로 분과하고 유서를 다시 증신서證信序와 발기서發起序의 둘로 나눈 것을 제시하고 낱낱이 비판했다. 예컨대 아난이 질문한 부분을 발기서라고 하고 부처님께서 이것에 대해 답변한 부분을 정종분이라고 한 것은 사례가 없는 일이라고 하여 옳지 않은 것이라고 했다.

---

26 『無量壽經記』(H2, 233a · 233c).

27 『無量壽經義疏』(H2, 9c).

28 『無量壽經』에 대한 가장 오래된 주석서. 수隋나라 정영사淨影寺 혜원慧遠(523~592)이 지었다.

마지막으로 경흥 자신은 전통적인 방법에 따라 본문을 설경인기분說經因起分 · 문답광설분問答廣說分 · 문설희행분聞說喜行分 등으로 삼분三分하였는데, 이러한 분과는 『불지경론佛地經論』에 의거한 것임을 밝혔다. 『불지경론』은 『불지경』에 대한 주석서로 본경을 교기인연분敎起因緣分 · 성교서설분聖敎所說分 · 의교봉행분依敎奉行分 등으로 삼분하였다. 유식 계통의 논서로 주로 호법護法 계통의 유식사상에 근거하여 해석했고 일부 내용에 오성각별설五性各別說이 들어 있다. 『불지경론』의 이러한 성격은 경흥의 소속학파를 결정하는 근거 중 하나로 제시된다.

(1) 설경인기분

전법傳法(如是我聞) · 전시傳時(一時) · 전주傳主(佛) · 전처傳處(王舍城 耆闍崛山中) · 전기傳機(聲聞衆 · 菩薩衆) 등의 다섯으로 분류했다.

전법에 해당하는 "나는 이와 같이 들었다."라는 문장은 백연본과 지겸본에는 없고 법호본에만 있는데, 이는 인도에서의 경전 서술 방식에 수순한 것이라고 하였다.

전기에 해당하는 성문중의 이름을 나열한 부분을 풀이하면서, 먼저 여러 경전에서 관점에 따라 나열의 순서가 다른 사례를 제시하였다. 곧 『법화경』은 행덕行德의 크고 작음, 『보은경』은 출가의 전후, 『무구칭경』은 덕변德辨(지혜의 덕이 밝은 것) 등에 의거한 것임을 밝히고, 본경에서 나열한 순서는 출가의 전후에 의거한 것이라고 하였다. 또한 지겸본 · 백연본과 비교하여 성문중의 숫자가 다르지만 모두 교진여를 처음에 둔 것은 동일함을 밝혔다.

각 성문중의 명칭이 백연본 · 지겸본에서 달리 쓰인 것을 일일이 제시하고 그 이유를 자세히 밝혔다. 경흥은 범어 음사어와 의역어를 비교적 상세히 대조하고 있는데, 이러한 사실에 의거하여 당대 통일신라의 여러 스님들과 비교할 때 범어에 대한 지식이 해박했던 것으로 여겨져 왔다. 그런데 실상 범어와 관련된 것은 대부분『일체경음의一切經音義』에 수록된 것에 근거한 것임이 밝혀지면서 이러한 주장은 그 신빙성이 약화되기도 했다. 그러나 범어에 대한 그의 적극적인 탐구의 태도는 그 자신의 범어의 수준을 보여주는 증거로 볼 수 있다.

전기에 해당하는 보살중의 이름을 나열한 부분에 대해, 현겁보살과 나머지 겁의 보살이라는 순서로 열거한 것이라고 해석했다. 특히 보살이 도솔천에 올라가서 정법을 베풀고 하강하여 성불하고 중생을 교화하는 모습을 설한 부분을 풀이하면서『방광대장엄경』에서 설한 석가모니 부처님의 팔상을 인용하여 자세하게 소개하였다. 그 자신 이러한 태도에 대한 힐난을 예시하여 석가의 생애의 중요한 사건을 여덟 가지 장면으로 나타낸 팔상八相은 곧 여러 보살의 승진행勝進行이기 때문에, 또한 팔상을 나툴 때 여러 보살이 낱낱이 나툰 모습은 서로 비슷하여 중생이 동일한 것이라고 말하기 때문이라고 하여 근거를 제시하고 있다. 이러한 그의 태도는 보살과 부처님의 위상을 동일시하는 것인데, 이는 보다 증대된 보살관을 보여주는 것으로 평가된다.

⑵ 문답광설분

먼저 아난의 질문에 대해 부처님께서 정토왕생의 인과因果를 설한 내용을 담았다.

다음은 본경의 핵심이라고 할 수 있는 법장의 사십팔원이 수록되어 있는데, 경흥은 사십팔원을 크게 셋으로 나누었다.

첫째, 불신佛身을 구하는 서원으로 제12·제13·제17원이고, 둘째, 불토를 구하는 서원으로 제31·제32원이며, 셋째, 중생을 이롭게 하는 서원으로 나머지 43가지 서원이다.

그리고 다시 자세하게 일곱 가지로 분류하였는데 이를 도표로 나타내면 다음과 같다.

<table>
<tr><td rowspan="10">중생을 섭수할 것을 서원한 것</td><td rowspan="2">고통을 여의게 할 것을 서원한 것</td><td colspan="3">원무고고願無苦苦(苦苦가 없게 할 것을 서원한 것 [1])</td></tr>
<tr><td colspan="3">원무괴고願無壞苦(壞苦가 없게 할 것을 서원한 것 [2])</td></tr>
<tr><td rowspan="8">즐거움을 얻게 할 것을 서원한 것</td><td colspan="3">원득신락願得身樂(신체와 관련된 즐거움을 얻게 할 것을 서원한 것 [3], [4])</td></tr>
<tr><td rowspan="7">마음과 관련된 즐거움을 얻게 할 것을 서원한 것</td><td colspan="2">원득숙명락願得宿命樂(숙명통의 즐거움을 얻게 할 것을 서원한 것 [5])</td></tr>
<tr><td colspan="2">원득천안락願得天眼樂(천안통의 즐거움을 얻게 할 것을 서원한 것 [6])</td></tr>
<tr><td colspan="2">원득천이락願得天耳樂(천이통의 즐거움을 얻게 할 것을 서원한 것 [7])</td></tr>
<tr><td colspan="2">원득견타심지락願得見他心智樂(견타심지통의 즐거움을 얻게 할 것을 서원한 것 [8])</td></tr>
<tr><td colspan="2">원득신족통락願得神足通樂(신족통의 즐거움을 얻게 할 것을 서원한 것 [9])</td></tr>
<tr><td rowspan="2">누진통漏盡通의 즐거움을 얻게 할 것을 서원한 것</td><td>누진체漏盡體(漏盡의 體를 밝힌 것 [10])</td></tr>
<tr><td>누진위漏盡位(누진통의 位를 밝힌 것 [11])</td></tr>
<tr><td rowspan="2">불신佛身을 섭수할 것을 서원한 것</td><td colspan="4">원광색願光色(광명이 한량없는 色을 얻을 것을 서원한 것 [12])</td></tr>
<tr><td colspan="4">원장수願長壽(장수할 것을 서원한 것 [13])</td></tr>
<tr><td rowspan="3">중생을 섭수할 것을 서원한 것</td><td colspan="4">섭권속원攝眷屬願(권속을 섭수하는 서원 [14])</td></tr>
<tr><td colspan="4">득장수원得長壽願(장수를 얻게 하려는 서원 [15])</td></tr>
<tr><td colspan="4">이기혐원離譏嫌願(혐오스러운 것을 여의게 하려는 서원 [16])</td></tr>
<tr><td colspan="5">섭법신원攝法身願(법신을 섭수하려는 서원 [17])</td></tr>
<tr><td rowspan="4">중생을 섭수할 것을 서원한 것</td><td rowspan="4">사람과 하늘을 섭수할 것을 서원한 것</td><td rowspan="3">왕생하는 이를 섭수하는 것</td><td colspan="2">섭상품원攝上品願(상품을 섭수하는 서원 [18])</td></tr>
<tr><td colspan="2">섭중품원攝中品願(중품을 섭수하려는 서원 [19])</td></tr>
<tr><td colspan="2">섭하품원攝下品願(하품을 섭수하려는 서원 [20])</td></tr>
<tr><td colspan="3">원소생보願所生報(중생이 왕생하면서 받는 과보를 서원한 것 [21])</td></tr>
</table>

<table>
<tr><td rowspan="9">중생을 섭수할 것을 서원한 것</td><td rowspan="9">보살을 섭수할 것을 서원한 것</td><td colspan="2">섭타국보살원攝他國菩薩願(다른 국토의 보살을 섭수하는 서원 22)</td></tr>
<tr><td rowspan="8">자신의 국토의 보살을 섭수하는 서원</td><td>승력공성원承力供聖願(부처님의 신력을 받아 성인을 공양하게 하는 서원 23)</td></tr>
<tr><td>공구수욕원供具隨欲願(공양할 물품을 원하는대로 얻게 하는 서원 24)</td></tr>
<tr><td>설법진승원說法盡勝願(법을 설하기를 다하여 뛰어나게 하는 서원 25)</td></tr>
<tr><td>신득견고원身得堅固願(견고한 신체를 얻게 하려는 서원 26)</td></tr>
<tr><td>광색특묘원光色特妙願(빛과 형색을 뛰어나고 미묘하게 하려는 서원 27)</td></tr>
<tr><td>지견도수원知見道樹願(도량수를 알아보게 하려는 서원 28)</td></tr>
<tr><td>사변무애원四辯無礙願(사변무애를 얻게 하려는 서원 29)</td></tr>
<tr><td>혜변무량원慧辯無量願(智慧辯才가 한량없게 하려는 서원 30)</td></tr>
<tr><td rowspan="2">부처님의 국토를 섭수할 것을 서원한 것</td><td colspan="3">형색공덕원形色功德願(형색의 공덕을 이루는 서원 31)</td></tr>
<tr><td colspan="3">장엄공덕원莊嚴功德願(장엄의 공덕을 이루는 서원 32)</td></tr>
<tr><td rowspan="8">중생을 섭수할 것을 서원한 것</td><td rowspan="5">다른 국토의 중생을 섭수할 것을 서원한 것</td><td colspan="2">몽광획리원蒙光獲利願(광명을 받아 이익을 획득하게 하려는 서원 33)</td></tr>
<tr><td rowspan="4">명호를 듣고 이익을 얻게 하려는 서원</td><td>법인총지원法忍總持願(無生法忍과 總持를 얻게 하려는 서원 34)</td></tr>
<tr><td>원리기혐원遠離譏嫌願(싫어하는 것을 멀리 여의게 하려는 서원 35)</td></tr>
<tr><td>상수범행원常修梵行願(항상 범행을 닦게 하려는 서원 36)</td></tr>
<tr><td>작례치경원作禮致敬願(예배를 드리고 지극히 공경받게 하려는 서원 37)</td></tr>
<tr><td rowspan="3">자신의 국토의 중생을 섭수할 것을 서원한 것</td><td colspan="2">의복응념원衣服應念願(의복을 생각대로 얻게 하려는 서원 38)</td></tr>
<tr><td colspan="2">수락무실원受樂無失願(즐거움을 누리며 잃어버리지 않게 하려는 서원 39)</td></tr>
<tr><td colspan="2">보견불토원普見佛土願(부처님의 국토를 두루 볼 수 있게 하려는 서원 40)</td></tr>
</table>

<table>
<tr><td rowspan="8">중생을
섭수할 것을
서원한 것</td><td rowspan="5">다른 국토의 중생을
이롭게 할 것을
서원한 것</td><td>제근모묘원諸根貌妙願(여러 감각기관의 모양을 미묘하게 하려는 서원 41)</td></tr>
<tr><td>지관구행원止觀俱行願(지와 관을 모두 행하게 하려는 서원 42)</td></tr>
<tr><td>화물고귀원化物高貴願(중생을 교화하여 고귀한 가문에 태어나도록 하려는 서원 43)</td></tr>
<tr><td>복지쌍수원福智雙修願(복덕과 지혜를 함께 닦게 하려는 서원 44)</td></tr>
<tr><td>불리제불원不離諸佛願(여러 부처님을 여의는 일이 없게 하려는 서원 45)</td></tr>
<tr><td colspan="2">이익자토원利益自土願(자신의 국토를 이익되게 하려는 서원 46)</td></tr>
<tr><td rowspan="2">다른 국토를 섭수할
것을 서원한 것</td><td>가피불퇴원加力不退願(가피의 힘에 의해 불퇴전의 지위를 얻게 하려는 서원 47)</td></tr>
<tr><td>자력불퇴원自力不退願(자신의 힘에 의해 불퇴전의 지위에 이르게 하려는 서원 48)</td></tr>
</table>

이상에서 일곱 부분으로 나누는 방식은 혜원의 것과 비슷하다. 다만 이 일곱 부분을 다시 세분할 때 다섯 번째 섭중생원에 속하는 열세 가지 원을 다시 분류하는 부분에서 약간의 차이가 있을 뿐이다

(3) 문설희행분

이는 설법을 듣고 기뻐한 부분으로 유통분에 해당한다.

이것은 다시 경을 찬탄하여 배울 것을 권한 것, 교설의 이익을 밝힌 것, 서상을 보여 믿게 한 것, 대중이 기뻐한 것 등의 넷으로 분과하였다.

첫 번째 부분은 다시 듣는 것을 찬탄하고 행할 것을 권한 것, 중생에게 의심을 없앨 것을 권한 것, 경이 두루 구제함을 찬탄한 것, 경을 듣는 것의 어려움을 찬탄하여 공경하고 소중하게 여기도록 한 것, 닦고 배울 것을 권하면서 맺은 것 등의 다섯으로 분과했다.

두 번째 부분은 서원을 발하는 이익·성문과를 얻는 이익·보살과를 얻는 이익 등의 셋으로 분과했다.

문설희행분에서는 “미래세에 경도經道가 멸하여 없어질 것인데, 나는

자비에 의해 중생을 불쌍히 여겨 특히 이 경만을 남겨 두고 백 년 동안 더 머물러 있게 할 것이다. 그때 어떤 중생이 있어 이 경을 지니고 실천하면 소원하는 대로 모두 열반의 세계로 건너갈 수 있을 것이다."라고 한 것을 풀이하면서, 말법시대에 대한 혜원의 설, 곧 정법시대 오백 년, 상법像法시대 천 년, 말법시대 만 년 등이라는 설을 소개한 후 성교聖教에 어긋난다고 하여 비판하고 『법주기法住記』에 의거하여 말법사상을 정립하였다. 곧 『법주기』에서 '수명이 7만 세가 되었을 때 무상법륜이 비로소 영원히 멸하여 없어진다'라고 한 것이 바로 "경도가 멸하여 없어질 것"이라는 말의 의미라고 했다.

이것은 선도善導(613~681)의 제자로 법상종과 관련이 깊은 정토종의 회감懷感이 『석정토군의론釋淨土群疑論』에서 제시한 것과 맥락을 같이한다.

4. 『무량수경연의술문찬』의 특성 및 의의

신라시대 정토교의 큰 특징 중 하나는 『무량수경』에 대한 연구가 활발했던 것에 있다.[29] 이는 동시대인 중국 당대唐代에 정토교가 『관무량수경』을 중심으로 발달하여 『무량수경』에 대한 주석서는 거의 보이지 않는 것과는 대조적이다.[30]

29 惠谷隆戒는 『浄土教の新研究』(山喜房佛書林, 1976), p.55에서 여러 경록에 신라 학자들의 『觀無量壽經』에 대한 주석서가 보이지 않음을 들어서 이렇게 주장했다. 愛宕邦康은 「新羅浄土教における『観無量寿経』の位置付け」(『印度学仏教学研究』 61권 제1호, 2012), pp.190~191에서 신라에서 『觀無量壽經』에 대한 직접적 주석서는 보이지 않지만, 여타 연구서에서 『觀無量壽經』을 언급하고 있고 『三國遺事』 「廣德嚴莊條」에 『觀無量壽經』에 나오는 십육관十六觀을 언급하는 것이 나오고 있기 때문에 본경에 대한 연구 혹은 관심 자체가 없었던 것으로 볼 수는 없다고 이견을 제시하고 있다.

30 이러한 경향의 원인을 일본 학자 梯信曉는 "첫째, 『無量壽經』에서 발원만 할 뿐 실천하지 않아도 극락왕생할 수 있다고 한 것에 대해, 섭론학자들이 이것은 별시別時의 원인

신라에서는 7세기 후반에서 8세기 초에 이르는 짧은 시간에 원효·법위·의적·현일·경흥 등이 그 주석서를 지었는데, 경흥의 『무량수경연의술문찬』 전문, 원효의 『무량수경종요無量壽經宗要』 전문, 현일의 『무량수경기無量壽經記』 일부, 일본 문헌에 인용된 내용을 복원한 법위의 『무량수경의소無量壽經義疏』와 의적의 『무량수경술의기無量壽經述義記』 등이 현존한다.

이 가운데 경흥의 『무량수경연의술문찬』은 혜원慧遠의 『무량수경의소無量壽經義疏』, 길장吉藏의 『무량수경의소無量壽經義疏』, 원효의 『무량수경종요無量壽經宗要』와 더불어 무량수경의 4대 주석서로 일컬어진다.

경흥은 기존에 전역된 여러 경론을 풍부하게 인용하면서 본문을 주석하고 있다. 또한 혜원·길장·회감 등의 당대唐代 학자, 원효·현일·법위 등의 신라 학자들의 입장을 두루 인용하고 있어서 그 학문적 폭이 매우 넓었음을 알 수 있다.[31] 경흥은 이들 입장을 때로 수용하기도 하고 때로 날카롭게 비판하면서 독자적 입장을 제시하였다.

遠因을 제시한 것뿐이라고 하여 실질적인 비판을 했는데, 신라의 정토학자들은 섭론교학의 영향하에 있었고 이러한 비판에 정면으로 대항하는 것을 피하려고 한 것이다. 둘째, 『無量壽經』을 『觀無量壽經』보다 뛰어난 경전으로 보았다. 곧 원효·법위·현일 등은 모두 『觀經』은 범부만 대상으로 하는 것에 비해 『無量壽經』은 범부와 성자를 모두 아우르는 경전이라고 파악했다. 그러나 경흥은 『無量壽經』도 범부만을 대상으로 하는 것이라고 하여 독자적인 주장을 펼쳤다."라고 했다(「憬興『無量壽經連義述文贊』の一考察」, 『印度学仏教学研究』 41권, 제1호, 1992, p.124). 단 여기에서 범부만 대상으로 하는 것이라는 말은 다음과 같이 제한적으로 이해되어야 한다. 경흥은 극락정토를 변화토와 타수용토의 두 가지로 분류하여 『無量壽經』에서 제시한 염불·발원 등의 행법은 오직 범부의 것이어서 변화토에 왕생할 뿐이고, 별도의 수행을 닦아서 초지初地 이상의 계위에 도달한 성인만이 타수용토에 왕생하는 것으로 파악했다. 愛宕邦康은 「新羅浄土教における『観無量寿経』の位置付け」(『印度学仏教学研究』 61권 제1호, 2012), pp.191~194에서 이 주장 역시 추정에 지나지 않을 뿐 근거가 매우 미약한 것이라고 비판하고, 현재 전거에 의해 그러한 현상의 원인을 찾는 것은 불가능함을 전제로 하고, 왕위찬탈이라는 『觀無量壽經』의 내용이 신라 왕실의 민감한 부분에 저촉될 것을 우려한 결과일 수 있다고 주장하였다.

31 본서에 인용된 저술과 본서를 인용하고 있는 저술에 대한 상세한 것은 渡辺顕正, 『新羅·憬興師述文賛の研究』(永田文昌堂, 1978) 제4장 1절과 2절(pp.29~53)을 참조할 것.

1) 오성각별설

본서의 두드러진 특성은 유식학의 입장에서 본문을 해석한 것에 있다. 먼저 법상종의 오성각별설五性各別說을 수용하는 면모를 살펴보면 다음과 같다.

오성각별설이란 법상종에서 중생은 선천적으로 다섯 가지의 다른 성품을 갖추고 있는데, 아뢰야식阿賴耶識의 본유종자本有種子에 의거한 것이기 때문에 바뀔 수 없는 것이라고 주장한 것을 말한다.

여기에서 다섯 가지 성품이란 첫째, 보살정성菩薩定姓(定姓菩薩)이고, 둘째, 독각정성獨覺定姓(定性緣覺)이며, 셋째, 성문정성聲聞定姓(定性聲聞)이고, 넷째, 삼승부정성三乘不定姓(不定種性)이며, 다섯째, 무성유정無姓有情(無種性) 등이다. 이 가운데 앞의 세 가지는 차례대로 불과佛果·벽지불과辟支佛果·아라한과阿羅漢果를 얻는데, 뒤의 두 가지는 합하여 정성이승定性二乘이라 한다. 부정종성은 보살·독각·성문의 본유종자를 모두 갖추고 있어서 그 종성이 어느 하나로 결정되어 있지 않은 것을 가리킨다. 무성유정은 영원히 미혹의 세계에 빠져서 벗어날 수 없고 단지 오계五戒·십선十善의 선인善因을 닦아 인천人天으로 태어나는 것만이 가능한 것이다.

이렇게 오성각별설은 『열반경』에서 일체중생의 성불을 주장한 것과 대조적으로 성불할 수 없는 중생의 존재를 인정하는 것이다.

경흥은 『무량수경』에서 중배中輩를 설명하면서 "비록 사문이 되어 크게 공덕을 닦는 일은 행할 수 없을지라도, 위없는 보리심을 발하고 한결같이 오로지 무량수불을 생각하면서 얼마간의 선을 닦고 재계齋戒를 받들어 지니며 탑과 불상을 건립하고 사문에게 공양하며 비단 휘장을 걸고 등불을 켜며 꽃을 뿌리고 향을 태워서 이것을 회향하여 그 국토에 왕생하기를 소원하는 사람이다."라고 한 것에 대해, 『무량수경연의술문찬』에서 "'보리심을 발하고'라고 한 것은 그곳에 왕생하는 이는 반드시 대심大心을 발해야

함을 나타내어, 성문과 연각의 정성定性이 왕생할 수 없는 것과 간별하고자 하기 때문이다."[32]라고 했다.

이는 정성이승이 왕생할 수 없다고 주장한 것으로 오성각별설과 그 맥락을 같이한다. 또한 이러한 입장은 현일玄一·원효元曉·의적義寂 등과 같은 동시대 정토 계통의 저술을 남긴 신라의 학자들이 모두 정성이승의 왕생을 허용한 것과는 다른 면모를 보이는 것으로 주목된다.

2) 별시의설

다음은 유식 계통의 논서인 『섭대승론』의 별시의설別時意說을 수용했는데 그 논거는 다음과 같다.

별시의란 유식학파의 논서인 『섭대승론』에서 제시한 사의취四意趣[33]의 하나로, 부처님의 가르침 가운데, 지금 당장 이익을 얻는 것이 아니고 먼 훗날에 이익을 얻는 것인데도, 중생 교화라는 목적을 위한 방편으로 지금 당장 이익을 얻는 것처럼 설한 것을 말한다.

『섭대승론』에 따르면, '어떤 사람이 다보불多寶佛의 명호를 외우고 수지하면 결정코 무상보리無上菩提를 얻어 물러나지 않는다고 설한 것과 같은 것이고, 또 오직 서원을 발하면 극락정토에 왕생할 수 있다고 설한 것과 같은 것'[34]이 바로 별시의이다.

경흥은 『무량수경연의술문찬』에서 아미타불의 사십팔원 중 제20원[35]에

---

32 『無量壽經連義述文贊』 권하(T37, 158c8).

33 사의취란 부처님의 교법을 문자 그대로가 아니라 그 뜻에 의해 파악하되, 그 뜻을 네 가지 측면에서 분류한 것이다.

34 무착無著의 『攝大乘論』 권중(T31, 121b12), "二別時意。譬如有說。若人誦持多寶佛名。決定。於無上菩提。不更退墮。復有說言。由唯發願。於安樂佛土。得往彼受生。"

35 섭하품원攝下品願(하품을 섭수할 것을 서원한 것) : "만약 제가 부처가 되었을 때, 시방세계의 중생이 저의 명호를 듣고 저의 국토를 늘 염두에 두어 여러 덕의 근본을 심

서 '저의 국토를 늘 염두에 두어'라고 한 부분은 왕생을 위한 행법을 가리키는 것[36]이라고 하여, 염불念佛·발원發願을 포괄하는 것이라고 파악하고, 또한 『섭대승론』에서 설한 별시의는 염불과 발원을 모두 포괄하는 것이라고 보았다.

그리하여 부처님께서 염불·발원을 행하면 달리 인因을 닦지 않아도 왕생할 수 있다고 한 것은 방편으로 설한 것이니 모두 원생인遠生因일 뿐이고 극락왕생의 직접적 원인은 아니니, 원생인을 닦은 중생은 화토化土(변화토)에 태어날 뿐이고 타수용토他受用土인 극락정토에는 태어날 수 없다고 주장했다.[37]

3) 정정취의 계위

경흥은 『무량수경』 제11원[38]에서 "정정취"라고 한 것을 풀이하면서 십신 이후 곧 십주의 첫 번째인 초발심주初發心住 이상이라고 하였는데,[39] 그 구체적인 이유가 여기에서는 나타나지 않는다. 『무량수경』의 뒤에서 "어떤 중생이 그 국토에 왕생하면 모두 정정취正定聚에 머문다. 그 이유는 무엇인가. 그 부처님의 국토에는 여러 사정취邪定聚와 부정취不定聚는 없기 때문이다."라고 한 것을 풀이하는 가운데 상세하게 드러난다.[40]

경흥은 네 학자의 주장을 제시한 후 논리적인 오류를 들어 비판하였다.

고 정성스런 마음으로 회향하여 저의 국토에 태어나고자 할 경우 그 과果를 성취하지 못한다면 정각을 취하지 않겠습니다."

36 『無量壽經連義述文贊』 권중(T37, 152a29).

37 『無量壽經連義述文贊』 권중(T37, 152a27).

38 제11원. "만약 제가 부처가 되었을 때, 국토에 거주하는 사람과 하늘이 정정취正定聚에 머물러 반드시 멸도滅度를 성취하기에 이르지 않는다면 정각을 취하지 않겠습니다."

39 『無量壽經連義述文贊』 권중(T37, 151a28).

40 『無量壽經連義述文贊』 권하(T37, 158a19).

【제1 : 유설有說】 누구의 주장인지 밝히지 않았지만 법장法藏의 저술에 나온다.

[주장] 열반법涅槃法을 성취할 성품을 갖춘 것을 "정정취"라 하고, 열반법을 성취할 성품이 없는 것을 "사정취"라 하며, 이 두 가지를 여읜 것을 "부정취"라 한다.

[경흥의 비판] 종성이 있는 것과 종성이 없는 것 두 가지를 떠난 부정취란 없다.

【제2 : 유설】 역시 누구의 주장인지 밝히지 않았지만 혜원의 저술에 나온다.

[주장] 대승법大乘法에서는 선취善趣(십신) 이전을 "사정취"라 하고, 선취위善趣位에서 거듭 물러나고 거듭 나아가는 것을 "부정취"라 하며, 습종성習種性(십주) 이후(십행)에 분위分位에서 물러나지 않는 것을 "정정취"라 한다.

[경흥의 비판] 십신 이전이 사정취이고 정정취는 십주 이후(십행)라면, 극락왕생하는 이는 십신을 경유하지 않고 건너뛰어서 바로 십주의 계위에 들어가야 하는데, 이것은 교리에 어긋난다. 또한 극락왕생하면 바로 십주의 계위에 들어가는 것이 아니기 때문에, 이런 허물이 없다고 주장한다면, 이 주장에 의거하면 극락정토에 부정취가 있는 결과가 생겨나기 때문에 역시 교리에 어긋난다.

【제3 : 유설】 누구의 주장인지 밝히지 않았고, 현재 주어진 자료에 의해서는 찾을 수 없었다.

[주장] 『중변분별론』에서 정위습기는 이미 초지에 들어간 것이라 했기 때문에 보살인 왕생자는 초지 이상이다.

[경흥의 비판] 오직 보살로만 한정하는 것은 모두 정정취에 머문다고 한 것과 부정취가 없다고 한 것 등의 교리에 어긋난다.

【제4 : 유설】 역시 누구인지 밝히지 않았고 현재 주어진 자료에 의해서

는 찾을 수 없었다.

[주장] 정정취는 아비발치阿鞞跋致인데, 십해의 제7심 이후에 해당한다. 비록 그 하위에 속하는 이가 있다고 해도 뛰어난 것을 좇아서 모두 아비발치라고 한 것이다.

[경흥의 비판] 제7심 이상이 불퇴위라면 그 하위는 모두 불퇴위가 아닌데, 이러한 이들이 있다고 한다면 부정취가 있는 것이 되어 교리에 어긋난다.

이상 경흥이 비판의 대상으로 삼은 네 가지 주장과 경흥의 입장을 비교하면 앞의 네 가지 주장이 갖는 공통점을 추지할 수 있는데, 그것은 정정취의 계위를 모두 경흥보다 높게 파악했다는 것이다.

이는 또한 현일이 제11원의 정정취를 풀이하면서, "변법사辨法師는 이렇게 말했다. 〈정취에 셋이 있다. 만약 승기수僧祇數[41]의 계위에 들어가기 때문에 정취라고 한 것이라면 십신十信을 말하는 것이고, 만약 불퇴不退이기 때문에 정취라고 한 것이라면 십해十解의 제7심第七心을 말하는 것이며, 만약 진관眞觀을 얻기 때문에 정취라고 한 것이라면 초지初地 이상을 말하는 것이다.〉"[42]라고 하여 회통적 입장을 보이는 것과도 대조된다. 현일은 변법사의 견해를 제시하고 비판적 입장을 보이지 않기 때문에 이 주장을 그대로 수용한 것으로 보아도 무방할 것이기 때문이다.

---

41 보살이 수행을 원만히 이루기 위해 필요한 시간과 관련된 말. '승기수'란 Ⓢ asaṃkhyeya의 한역어와 의역어가 합한 말로 아승기阿僧祇라고 음사하며, 무량수無量數·무수無數 등으로도 의역한다. 보살은 세 번의 아승기겁을 지나면서 수행해야 하는데 이를 3아승기겁이라 한다.

42 『無量壽經記』 권상(X22, 60b9).

4) 정토왕생의 어려움

경흥은『무량수경』에서 “쉽게 왕생할 수 있으나 왕생하는 사람이 없구나.”라는 부분을 해석하면서, 미륵정토왕생과 미타정토왕생의 난이難易에 대한 논란을 다루었다.[43]

【유설 : 미륵정토왕생이 더 쉬움】

[주장] 도솔천은 계界[44]에 속박되어 있고, 정토는 계에 속박되어 있지 않기 때문에, 정토에 태어나는 것이 도솔천에 태어나는 것보다 쉽다.

[경흥의 비판] “계”란 생사유전하는 곳이고, 서방정토란 그것을 벗어나고 여읜 곳인데, 생사유전과 관련된 세계에 태어나는 업을 닦는 것이 어렵고, 그것을 벗어나고 여의는 원인을 행하는 것이 쉽다고 하는 것은 바른 이치에 어긋나는 것이다.

【유설 : 도솔천왕생이 더 쉬움】 유설이라 했지만『석정토군의론』에 여러 주장 중 하나로 제시된 것이다.

[주장] 예로부터 덕망 있는 이들이 도솔천왕생에 주력한 것은 미타정토에 왕생하는 것이 어렵기 때문이다.

[경흥의 비판] 경전을 통해서 미타정토왕생이 쉬움을 증명할 수 있다.

첫째, 시간적으로 단지 조금만 닦으면 된다. 곧『관무량수경』에 ‘하품상생·하품중생·하품하생의 중생은 임종할 때 부처님의 명호를 한 번 생각했든 열 번 생각했든 모두 왕생할 수 있다.’라고 했기 때문이다.

둘째, 모든 부처님께서 호념護念하신다. 곧『칭찬정토불섭수경』에 ‘시방十方의 모든 부처님께서 호념한다’ 등이라고 한 것이 이것이다.

셋째, 광명을 비추어 섭수한다. 곧『관무량수경』에 “낱낱의 광명은 시방

43『無量壽經連義述文贊』권하(T37, 163c11).

44 삼계를 말한다. 도솔천은 욕계에 속하는 여섯 하늘 중 네 번째 하늘이기 때문에 이렇게 말한 것이다. 여전히 업에 의해 생사윤회하는 세계에 속하는 것임을 의미한다.

세계를 두루 비추어 부처님의 명호를 칭념하는 중생을 섭취하여 버리지 않는다."라고 했기 때문이다.

넷째, 부처님의 본원本願에 의지한다. 곧 이 경(『무량수경』)에서 설한 아미타불의 사십팔원이라는 큰 서원이 이것이다.

다섯째, 그 국토의 성중聖衆이 와서 맞이한다. 곧 앞의 문장에서 '나의 국토에 태어나기를 원하는데 와서 맞이하지 않는다면 정각을 취하지 않겠다.'라고 한 것이 이것이다.

여섯째, 모두가 염불하여 왕생하는 것을 돕는다. 곧 임종할 때 함께 염불왕생을 위해 수행하는 이들이 서로 도와 가면서 염불하여 보내는 것을 말하기 때문이다.

일곱째, 성인께서 왕생하는 것이 쉽다고 말씀하셨다. 곧 이 경의 문장에서 "쉽게 왕생할 수 있으나 왕생하는 사람이 없구나. 그 국토는 왕생하려는 이를 어기고 거스르지 않는다."라고 한 것이 이것이다.

그러나 이 일곱 가지 증거를 미타정토가 미륵정토와 비교할 때 왕생이 용이함을 말하는 증거로 삼을 수는 없다. 왜냐하면 미륵도 서원을 세우지 않은 것이 아니고, 그 하늘에 태어나는 이가 있으면 미륵이 광명을 쏘아 와서 맞이하며, 한번 덕호德號를 칭념해도 오히려 하늘에 태어나고, 함께 도솔천 왕생을 위해 수행하는 이들이 또한 반드시 서로 돕는데, 단지 이것에 대해 직접적으로 설하지 않았을 뿐이기 때문이다.

【경흥의 입장】

경흥은 어느 정토가 왕생이 용이한지를 따지는 것 자체를 거부한다. 어떤 곳이든 왕생하기 쉬운 것은 없고 쉽다고 한다면 그것에 따른 결과도 역시 하열한 것이기 때문에 좋아할 만한 일도 아니라는 것이다.

따라서 경흥은 이렇게 말한다.

"지혜가 있는 사람이라면 반드시 정토에 왕생하는 것이 쉽고 도솔천에 태어나는 것은 그렇지 않다고 말할 수는 없다. 만약 쉽게 태어날 수 있다면 과果는 반드시 뛰어나지 않기 때문이다. 지금 곧 서방정토에 태어나는 것은 비록 또한 매우 어렵지만 오로지 왕생을 추구하여 부처님의 명호를 한 번 칭념하거나 열 번 칭념하거나 하면 모두 왕생할 수 있으니, 태어나기 어려운 가운데에 쉬운 것이라고 말할 수 있다."

이상 살펴본 몇 가지 사실을 통해서 경흥의 정토사상은 원효·의적 등과 같은 신라의 사상가들이 정토왕생자의 자격을 최대한 완화하여 정토교 본연의 타력신앙을 강조한 것[45]과 명백한 차이점을 보이는 것을 알 수 있다. 경흥이 극락왕생할 수 없는 중생의 부류를 설정한 것, 극락정토의 별시의설을 주장하고 염불·발원 등에 그치고 더 이상 수행하지 않는 정토수행자의 지위를 격하시킨 것, 정정취의 계위를 다른 학자들과 비교할 때 하위에 둔 것, 극락정토이든 도솔정토이든 왕생은 어려운 것임을 강조한 것, 수행의 인因의 난이難易가 그 과보의 승렬勝劣을 결정한다는 것 등은 모두 타력신앙을 비판하고 자력신앙의 의미를 강조하는 그의 독자적 면모와 맥락적으로 맞닿아 있다.

45 정병삼, 「7세기 후반 신라불교의 사상적 경향」(『불교학연구』 제9호, 불교학연구회, 2004), p.157; 김영미, 「신라중대 초기 승려들의 인간관과 사회인식」(『역사와 현실』 제12호, 한국역사연구회, 1994), p.126.

차례

무량수경연의술문찬無量壽經連義述文贊 해제 / 5
일러두기 / 41

무량수경연의술문찬無量壽經連義述文贊 **권상** / 43

제1편 유래의 뜻 48

제2편 명칭을 풀이함 51

제3편 본문을 풀이함 54

제1장 설경인기분 54

제1절 전법권신분 54
1. 법을 전함 60
2. 때를 전함 61
3. 교주를 전함 61
4. 처소를 전함 62
5. 근기를 전함 62
1) 성문중 62
2) 보살중 87

무량수경연의술문찬無量壽經連義述文贊 **권중** / 215

제2절 설경인기서 282

제2장 문답광설분 285

제1절 부처님께서 상相을 드러내신 뜻을 질문함 285
1. 청문의 위의를 펼침 285
2. 바로 상을 나타내신 뜻을 질문함 286
1) 본 것을 펼침 286
2) 자신이 생각한 것을 밝힘 287
3) 한 것을 징문徵問함 293

제2절 질문한 이유를 살핌 294

제3절 아난이 질문한 이유를 밝힘 295

제4절 질문을 칭찬하고 허락함 295
1. 질문을 칭찬함 295
1) 총괄적으로 칭찬함 295
2) 별도로 그 질문을 칭찬함 296
3) 개별적으로 질문의 이익을 칭찬함 298
2. 덕을 들고 명령하면서 허락함 302
1) 부처님의 덕을 듦 302
2) 질문에 답변할 것을 명령하면서 허락함 307

제5절 아난이 듣고자 함 307

제6절 여래께서 자세하게 설함 308
1. 자세하게 여래의 정토의 인과를 설함 308
1) 정토에 왕생하는 인因을 설함 308
2) 성취한 불신과 정토의 과果를 펼침 444

무량수경연의술문찬無量壽經連義述文贊 권하 / 511

2. 중생의 왕생의 인과를 밝힘 525

1) 범부와 소승의 왕생 525
2) 대보살의 왕생 551
3) 칭찬과 꾸짖음, 얻는 것과 잃는 것에 의해 범부와 소승에게 권함 575
4) 거듭해서 대보살이 서방에 왕생하는 것을 펼쳐서 그 왕생의 뜻을 증대함 762

제3장 문설희행분 767

제1절 경을 찬탄하여 배울 것을 권함 767
1. 듣는 것을 찬탄하고 행할 것을 권함 767
2. 중생에게 의심을 없앨 것을 권함 768
3. 경이 두루 구제함을 찬탄함 768
4. 경을 듣는 것의 어려움을 찬탄하여 공경하고 소중하게 여기도록 함 774
5. 닦고 배울 것을 권하면서 맺음 774

제2절 교설의 이익을 밝힘 775
1. 서원을 발하는 이익 775
2. 성문과를 얻는 이익 776
3. 보살과를 얻는 이익 777

제3절 서상을 보여 믿게 함 777

제4절 대중이 기뻐함 778

발문 / 779
찾아보기 / 781

일러두기

1 '한글본 한국불교전서'는 문화체육관광부의 지원을 받아 동국대학교 불교학술원에서 수행하고 있는 '불교기록문화유산아카이브사업(ABC)'의 결과물을 출간한 것이다.

2 이 책의 번역은 『한국불교전서』(동국대학교출판부 간행) 제2책의 『무량수경연의술문찬無量壽經連義述文贊』을 저본으로 하였고, 저본에는 생략되어 있는 『무량수경』의 본문을 모두 수록하고 번역하였다.

3 본 역서의 차례는 저자 경흥璟興의 과목 분류에 의거해서 역자가 임의로 넣은 것이다.

4 본 역서에서는 『무량수경』 본문과 경흥의 해석을 **경** 과 **술** 로 구분하였다. 즉, 본문의 '經曰(경에서 말하기를)'을 **경** 으로, '述云(해석하여 말하기를)'을 **술** 로 대신하였다.

5 원문의 협주夾註는【 】로 표시하였다.

6 『무량수경』의 경문을 가리키거나 혹은 다른 경론의 문장을 그대로 직접 인용한 경우는 " "로 처리하였고, 그 밖에 출전의 문장을 요약·정리해서 인용하거나 출처가 확인되지 않는 학설을 진술한 경우는 ' '나 〈 〉로 묶어 주었다.

7 음역어는 현재의 한문 발음대로 표기하고, 그에 해당하는 범어 표기는 『佛光大辭典』에 의거하였다. Ⓢ는 범어를 뜻한다.

8 번역문에 이어 원문을 병기하였다. 원문은 『한국불교전서』를 저본으로 했으며, 띄어쓰기를 표시하기 위해 온점(.)을 사용하였다.

9 본 역서에서는 『무량수경연의술문찬』의 모든 인용문들에 대해 출전을 찾아서 확인·대조해서 원문 아래 별도의 교감주를 달았다. ㉯은 『한국불교전서』에 이미 교감된 내용으로 『속장경』에 근거한 교감이고, ㉰은 역주자가 새로 교감한 것이다.

10 역주에서 소개한 출전은 약호로 표기하였다. T는 『대정신수대장경大正新脩大藏經』, X는 『신찬대일본속장경新纂大日本續藏經』, H는 『한국불교전서韓國佛敎全書』의 약자이다.

무량수경연의술문찬 卷上

| 無量壽經連義述文贊* |

경흥璟興 스님 지음
釋璟**興 撰

* ㉯ 저본은『續藏經』제1편 32투套 4책에 수록된 것이다. 갑본甲本(이하 ㉮이라 표기함)은『新修大藏經』제38권에 수록된 것이다.[원록 12년(1699)에 간행되었고, 종교대학宗教大學 소장본이다.] ㉰『韓佛全』에서 제38권이라고 한 것은 오류이다.『新修大藏經』제37권에 수록되어 있다.『新修大藏經』의 갖춘 이름은『大正新修大藏經』이다. 이하 줄여서『大正藏』이라 한다.

** ㉰ '璟'은 '憬'이라고도 한다.『注進法相宗章疏』(T55, No.2181)·『東域傳燈目錄』(T55, No.2183) 등에서는 '璟'과 '憬'을 혼용했고,『三國遺事』(No.2039)·『新編諸宗教藏總錄』(T55, No.2184) 등에서는 '憬'이라고 했다.

무량수경연의술문찬無量壽經連義述文贊 권상
차례

제1편 유래의 뜻 48

제2편 명칭을 풀이함 51

제3편 본문을 풀이함 54

제1장 설경인기분 54

제1절 전법권신분 54
1. 법을 전함 60
2. 때를 전함 61
3. 교주를 전함 61
4. 처소를 전함 62
5. 근기를 전함 62
1) 성문중 62
(1) 행을 나타냄 65
(2) 수를 말함 66
(3) 덕을 찬탄함 67
(4) 이름을 열거함 69
(5) 생략하여 맺음 86
2) 보살중 87
(1) 행을 나타냄 87
(2) 이름을 열거함 88
① 현겁의 보살 88
② 나머지 겁의 보살 90
(3) 덕을 찬탄함 95

① 권실權實의 덕을 갖춤 95
가. 간략하게 찬탄함 95
가) 실덕을 찬탄함 95
나) 권덕을 찬탄함 98
나. 자세하게 찬탄함 99
가) 실덕을 찬탄함 99
나) 권덕을 찬탄함 101
㉮ 총괄적으로 찬탄함 101
㉯ 개별적으로 찬탄함 102
ㄱ. 이 세계를 버리고 하늘로 올라감 102
ㄴ. 강신하여 태내에 들어감 104
ㄷ. 태에서 나오면서 범상치 않은 모습을 보임 113
ㄱ) 태어난 곳의 범상치 않은 형상 113
ㄴ) 범상치 않은 모습을 보임 115
ㄷ) 하늘과 사람이 모시고 귀의함 120
ㄹ. 기예를 갖추고 지해를 넓힘 122
ㅁ. 기예를 드러내 보이고 아내를 맞이함 125
ㅂ. 속세를 벗어나 삿된 견해를 좇음 131
ㄱ) 속세의 티끌을 벗어남 131
ㄴ) 도류에 들어감 134
ㄷ) 삿된 것을 좇아 행함 141
ㅅ. 마구니를 항복시키고 불도를 이룸 147
ㄱ) 목욕하여 몸의 때를 씻어냄 147
ㄴ) 가서 도량에 도착함 153
ㄷ) 상서로운 풀에 의해 성과를 감응함 156
ㄹ) 지혜의 힘으로 마구니를 항복시킴 160
ㅁ) 깨달음의 과果를 모두 이룸 169
ㅇ. 불법으로 교화하여 널리 퍼뜨림 172
ㄱ) 위신력의 가호를 받아 기원하면서 요청함 172
ㄴ) 요청으로 인해 교설을 일으킴 183
㉠ 몸과 입으로 간략하게 교화함 183

a. 요청으로 인해 대중을 경각시킴 183
b. 별도로 법의 교화를 펼침 189
c. 간략하게 입으로의 교화를 맺음 203
ⓛ 몸과 입으로 널리 이롭게 함 203
a. 마구니를 항복시켜 삿된 것을 여의게 함 203
a) 총괄적으로 마구니를 항복시키는 것을 나타냄 203
b) 별도로 마구니를 항복시키는 것을 풀이함 204
b. 삿된 것을 무너뜨리고 바른 것을 넓힘 205
a) 삿된 것을 무너뜨림 205
ⓐ 견품의 삿됨을 제거함 205
ⓑ 애품의 삿됨을 제거함 206
b) 바른 것을 넓힘 207
c) 삿됨을 무너뜨리는 것을 맺음 208
d) 바른 것을 넓히는 것을 맺음 208
c. 공양을 받아들여 복을 낳도록 함 209
d. 법을 설하여 도를 닦게 함 211
a) 장차 설하고자 할 때의 모습을 나타냄 211
b) 바로 도교를 펼침 211
ⓐ 고통을 구제하는 가르침을 펼침 211

경 『불설무량수경』(권)상[1]

經曰。[1)] 佛說無量壽經上者。

1) ㉠ 저본에는 '經曰'이 없다. 편자가 갑본에 의해 보충해서 집어넣었다. 이하 동일하다.

술 앞으로 이 경을 풀이함에 있어서 간략히 세 문門을 짓는다. 첫째 유래의 뜻[2]이고, 둘째 명칭을 풀이하며, 셋째 본문을 풀이한다.

述云。將講此經。略作三門。一者來意。二者釋名。三解本文。

1 원문을 그대로 번역하면 "『佛說無量壽經』(권)상이란"이라고 해야 하지만, '者'의 해석을 생략하고 경의 본문을 번역하는 형식을 택했다. 이하 동일하다.

2 유래의 뜻 : '來意'를 이렇게 풀었다. 보다 정확히 말하자면 관련 경전과의 관계 속에서 본 경이 이 시점에서 설해진 뜻을 나타내는 말이다.

제1편 유래의 뜻

첫째, 유래의 뜻이란 다음과 같다. 간략히 세 가지 뜻이 있다.

첫째, 정토淨土의 소인所因을 드러내려 하기 때문이다. 앞의 경[3]에서 화좌華座[4]가 비록 법장法藏[5] 비구의 원력願力에 의해 이루어진 것임을 말했을지라도[6] 아직 극락정토의 의보依報와 정보正報[7]의 장엄이 모두 법적法積(法藏)이 세운 본서本誓[8]의 힘에 의해 완성된 것임을 말하지 않았기 때문에, 지금 다시 숙세宿世(과거세)에 세운 사십팔원四十八願을 자세하게 설하여 저 극락정토가 지금 나툰 원인이 되는 것임을 드러내야 하는 것이다.

---

3 앞의 경 : 경흥이 제시한 앞의 경에서 설한 내용은 『觀無量壽經』과 일치한다. 이것으로 두 경을 교설 시기에 의해 『觀無量壽經』→『無量壽經』의 순서로 이루어진 것이라고 하는 경흥의 교판적 시각을 파악할 수 있다.

4 화좌華座 : 아미타불의 극락정토에 있는 연꽃으로 이루어진 대좌로 연화대蓮華臺·연대蓮臺 등이라고도 한다.

5 법장法藏 : Ⓢ Dharmākara의 의역어. 무량수불無量壽佛(阿彌陀佛)의 인위因位(성불 이전의 수행계위)에서의 이름. 법적法積이라고도 한다. 『大智度論』 권10(T25, 134b)에 무량수불의 전신前身인 법장을 법적이라 칭했고, 본서의 뒷부분에서 경흥 자신이 『大智度論』에서 법적이라고 한 사례를 제시하였다.

6 『觀無量壽經』(T12, 343a)에서 "부처님께서 아난에게 말씀하셨다. '이와 같은 미묘한 화좌는 본래 법장 비구의 원력에 의해 이루어진 것이다. 그 부처님(아미타불)을 생각하려면 먼저 이 미묘한 화좌에 대한 생각을 해야 한다.'(佛告阿難。如此妙花。是本法藏比丘願力所成。若欲念彼佛者。當先作此妙花座想。)"라고 했다. 이는 정토왕생을 위한 십육관법十六觀法 중 제7 화좌관華座觀(연화대를 생각하는 관법)과 관련된 것이다.

7 의보依報와 정보正報 : 의보는 산하·대지 등과 같은 중생의 의탁처인 국토세간國土世間을 가리키고, 정보는 아수라·인간 등과 같이 의보에 의탁하여 살아가는 중생인 중생세간衆生世間을 가리킨다.

8 본서本誓 : Ⓢ pūrva-praṇidhāna. 과거에 세운 서원이라는 뜻. 전화하여 근원적인 서원이라는 뜻을 겸한다.

둘째, 본서가 헛되지 않음을 밝히려 하기 때문이다. 모든 부처님께서는 비록 본원本願(本誓)을 일으키지만 본원은 또한 성취할 수 없는 경우도 있으니, 예컨대 『반야경』에서 "모든 중생을 멸도滅度(涅槃)하게 할 것"[9]이라고 한 것과 같다. 법적의 원력은 이와 같지 않기 때문에, 지금 의보와 정보를 공덕으로 장엄하고 청정하게 한 것을 자세하게 설하여, 숙원宿願(本願)이 반드시 이루어졌음을 나타내어, 행자行者의 극락왕생의 뜻을 증대시킨다.

셋째, 예토穢土(현재 우리가 거주하는 세계)가 고통스러운 것임을 보이려 하기 때문이다. 『관무량수경』에서 비록 미래의 일체중생이 번뇌의 도적에 의해 고통과 방해를 받을 것임을 말하기는 했지만[10] 중생이 고통의 모습을 듣지 않으면 (정토를) 좋아하고 (예토를) 싫어하는 마음을 내지 않음으로써 왕생의 업도 또한 이룰 수 없기 때문에, 지금 (『무량수경』에서) 오악五惡·오통五痛·오소五燒 등에 의해서 고통과 방해를 받음을 널리 설함으로써, 수행자로 하여금 이 고역苦域(사바세계)을 싫어하고 저 낙방樂方(정토)[11]을 흠모하여 복행福行(福德行)과 관행觀行(慧行·智行)을 닦아 속히 사바娑婆[12]세계에서 벗어나 정토에 왕생하게 한다.

(두 번째와 세 번째는) 그 차례대로 소성所成(본원이 성취된 것)과 소화所化(중생을 교화한 내용)의 두 가지에 해당한다.

---

9 정확한 출처는 알 수 없다. 다만 『大品般若經』 권19(T8, 358c6)에서 "以是心。作是願。我既自度 亦當度未度者。我既自脫。當脫未脫者。我既安隱。當安未安者。我既滅度。當使未入滅度者得滅度."라고 한 것이 맥락적으로 일치하는 것 같다.

10 『觀無量壽經』(T12, 341c15)에서 "부처님께서 아난과 위제희에게 말씀하셨다. '잘 들어라, 잘 들어라. 이것에 대해 잘 생각하라. 여래께서 이제 미래세의 일체중생을 위해, 번뇌의 도적에 의해 해침을 당하는 이를 위해 청정업을 설할 것이다.'(佛告阿難及韋提希。諦聽諦聽。善思念之。如來今者。爲未來世一切衆生。爲煩惱賊之所害者。說淸淨業。)"라고 한 것을 말한다.

11 낙방樂方 : 무량수불의 주처住處로 극락정토極樂淨土를 가리키는 말이다.

12 사바娑婆 : Ⓢ sahā의 음사어. 감인堪忍·인토忍土 등으로 의역. 석가모니불의 교화가 진행되는 현실 세계를 일컫는 말. 이 세계의 중생은 십악十惡에 안주하면서 모든 번뇌를 받아들이고 벗어나려고 하지 않기 때문에 '인忍'이라 한다.

이 세 가지 뜻 때문에『관무량수경』다음에 이 경을 설하였다.

初來意者。略有三義。一者欲顯淨土之所因故。謂前經中。雖言華座由法藏比丘願力所成。而猶未說極樂依正二報莊嚴皆依法積本誓力成故。今更須廣說宿世四十八願。以顯彼土今現之因。二者欲辨本誓之不虛故。謂一切佛雖發本願。本願亦有不能果遂。如般若中所有衆生令得滅度。法積願力即不如此故。今廣說依正功德嚴淨。以顯宿願必有所辨。使增行者往生之意。三者欲示穢土之苦惱故。謂觀經中雖言未來一切衆生爲煩惱賊之所苦害。而衆生不聞痛惱之相。即不能起欣厭之意。往生之業亦不得成故。今廣宣五惡痛燒以於苦害。令修行者。厭此苦域。欣彼樂方。修福觀行。速出娑婆而生淨土。如其次第。即所成所化之二也。以是三義故。次觀經後。說此經也。

제2편 명칭을 풀이함

둘째, 명칭을 풀이하는 것이란 다음과 같다.

역대에 전래된 경본經本을 보면 경본의 제목은 비록 많지만 지금은 우선 삼대경三代經[13]의 앞머리에 쓰인 명칭을 서술하겠다. 위魏나라 때 백연帛延[14]은 『무량청정평등각경無量淸淨平等覺經』이라는 칭호를 나타냈고, 오吳나라 때 지겸支謙[15]은 『제불아미타삼야삼불살루불단과도인도경諸佛阿彌陀三耶三佛薩樓佛檀過度人道經』[16]이라는 칭호를 세웠는데, 이는 또한 『대아미타大阿彌陀』라고도 한다. 지금 [여기(『무량수경연의술문찬』)에서 대본臺本으로 삼

13 삼대경三代經 : 위魏·오吳·서진西晉 등의 삼대에 한역된 경전이라는 뜻. 자세한 것은 뒤의 서술을 참조할 것.

14 백연帛延 : 백연白延이라고도 한다. 출처에 따라 생존연대가 다르다. 『佛祖統紀』 권35(T49, 332a18)에 따르면 조위曹魏 256년(甘露 1) 낙양에 들어와 『無量淸淨平等覺經』 등 6부를 한역했다. 『開元釋敎錄』 권4(T55, 519a25)에 따르면 구자국龜玆國의 왕세자로 동진東晋 간문제簡文帝 374년(咸安 3) 양주涼州에서 지시륜支施崙과 함께 『首楞嚴經』·『須賴經』·『上金光首經』·『如幻三昧經』 등을 한역했다. 양자가 동일 인물인지의 여부는 확정할 수 없다.

15 지겸支謙 : 오吳나라 황무黃武 원년(222)~건흥建興 연간(252~253)에 번역에 종사한 행적이 보인다. 월지국月氏國(月支國이라고도 함. 아프가니스탄 인근 지역) 출신이기 때문에 이름에 '支'를 붙였다. 아버지 혹은 할아버지 대에 중국으로 와서 귀화하였고, 지루가참支婁迦讖의 손제자孫弟子이다. 우바새優婆塞(남자 재가 신자)로서 실질적인 의미에서 불교를 중국 강남 지역에 전파한 최초의 인물이다.

16 『제불아미타삼야삼불살루불단과도인도경諸佛阿彌陀三耶三佛薩樓佛檀過度人道經』 : 현재 『大正藏』에 실린 본 경의 경명은 『佛說阿彌陀三耶三佛薩樓佛檀過度人道經』이다. 단 『開元釋敎錄』 권19(T55, 680c25)에 "권상의 제목에 『佛說諸佛阿彌陀三耶三佛薩樓佛檀過度人道經』이라 했다."라고 되어 있으므로 경명의 차이는 문제가 되지 않는 것으로 보인다.

은 것은] 서진西晉 때 법호法護[17]의 『무량수경無量壽經』[18]이다. 그러므로 경의 명칭에 비록 또한 자세함과 간략함의 차이가 있지만 그 뜻은 대체로 같다.

법호본의 명칭을 풀이하고자 함에 곧 네 가지 상대(四對)가 있다.

첫째, 총별상대總別相對이니, 곧 '불설'과 '경'은 총總(다른 경전과 공통된 것)이고, '무량수'는 별別(본 경의 독자적인 것)이기 때문이다.

둘째, 인법상대人法相對이니, 곧 '불'이란 인人이고, 그 나머지는 법法이기 때문이다.

셋째, 전지상대詮旨相對이니, 곧 '무량수'는 지旨(언어에 담긴 뜻)이고, '경'은 전詮(언어)이며, '설'은 두 가지를 겸하기 때문이다.

넷째, 수미상대首尾相對이니, 곧 '상上'이란 '하下'라는 말과 상대하고, '하'는 또한 '상'이라는 말과 상대하여 차례대로 첫머리와 끝에 두었기 때문이다.

자세한 뜻은 앞에서 풀이한 것과 같다.[19]

---

17 법호法護 : Ⓢ Dharmarakṣa의 의역어. 음사어는 담마라찰曇摩羅刹이다. 월지국 출신이지만 선대부터 돈황敦煌에 거주했다. 인도 출신의 사문 축고좌竺高座에게 사사師事했기 때문에 '竺'을 붙여 축법호竺法護라고 부르는 경우가 많다. 구마라집鳩摩羅什 출현 이전에 생존한 역경승 중 가장 뛰어나다. 서진西晉 때 266년에서 308년까지 활발하게 역경에 종사한 행적을 보이고 있다.

18 『무량수경無量壽經』 : 갖추어서 『佛說無量壽經』이라고 한다. 현재 전해지지 않는다. 다만 강승개康僧鎧가 한역한 『無量壽經』이 전해지고 있다. 그 성이 '康'이므로 중앙아시아 강거국康居國 출신일 것으로 추정한다. 조위曹魏 252년(연희 15) 낙양에 들어와 역경에 종사했다. 여러 곳에 전기가 보이기 때문에 반드시 가공인물이라고 할 수는 없지만 그 실체가 명확하지는 않다. 특히 『無量壽經』의 한역자로서의 지위는 여러 학자들에 의해 부정되고 있는 실정이다. 또 학자들의 연구 결과에 의해 경흥이 대본으로 삼은 법호의 『無量壽經』은 강승개의 역본과 그 내용이 거의 일치하는 것으로 밝혀졌다. 비록 일부이기는 하지만 꼭 일치하는 것은 아니어서 여전히 논란의 여지가 있기는 하지만 이하 경흥이 인용한 법호의 『無量壽經』은 특별한 경우를 제외하고는 강승개의 『無量壽經』과 동일한 것으로 간주한다.

19 이 문장에 의해 현재 전해지고 있지는 않지만 경흥이 『觀無量壽經』에 대한 주석서를 먼저 쓴 다음 본서를 찬술했음을 알 수 있다. 실제 『新編諸宗教藏總錄』(T55, No.2184)에

第二釋名者。觀乎歷代傳來經本。經本題名。雖復多途。今且申三代經之首名也。魏時帛延顯無量清淨平等覺經之號。吳時支謙立諸佛阿彌陀三耶三佛薩樓佛檀過度人道經之稱。亦名大阿彌陀。今西晉法護名無量壽經。故經之名。雖復廣略。其義大同。欲釋法護經本之名。即有四對。一總別相對。即佛說及經名總。無量壽名別故。二人法相對。即佛者人。餘名法故。三詮旨相對。即無量壽名旨。經者詮也。說兼二故。四首尾相對。即上者對下之言。下亦對上之詞。如次首尾故。委細之義。如前釋。

용흥龍興이 『觀無量壽經疏』 3권(혹은 2권)을 찬술했다는 기록이 있는데, '龍'은 '憬'의 오류로 볼 수 있다. 또한 일본 스님들의 저술에서 경흥의 『觀無量壽經疏』를 인용한 사례가 종종 보인다. 渡辺顕正의 『新羅·憬興師述文贊の研究』(京都, 永田文昌堂, 1978) 제5장에 일본의 여러 저술에서 인용된 경흥의 『觀經疏』를 복원한 글이 수록되어 있다.

제3편 본문을 풀이함

제1장 설경인기분

제1절 전법권신분

경 나는 이와 같이 들었다.

經曰。我聞如是者。

술 세 번째로 본문을 풀이한다.

이 가운데 어떤 사람은 〈이 경은 크게 열 부분을 열었다. 첫째 처음부터 "일시一時에 와서 모였다."까지는 서설분序說分이고, 둘째 "(그)때 세존께서는 제근諸根[20]은 기쁨이 넘치고" 이하는 현상분現相分이며, 셋째 "존자 아난阿難[21]은 부처님의 성스러운 뜻을 받들어" 이하는 계청분啟請分이고, 넷째 "이에 세존께서 아난에게 말씀하셨다." 이하는 서흥분敍興分이며, 다

---

20 제근諸根 : 뒤에 나오는 경흥의 해석 및 혜원慧遠의 『無量壽經義疏』 권상(T37, 99c1)에 따르면 안근眼根·이근耳根·비근鼻根·설근舌根·신근身根 등의 오근五根을 가리킨다.

21 아난阿難 : Ⓢ Ānanda의 음사어. 부처님의 십대제자 중 한 명. 다문제일多聞第一로 일컬어진다. 출가 후 20여 년 동안 부처님을 떠나지 않고 시봉하였다. 부처님께서 열반에 드신 후 이루어진 교단의 1차 결집結集(경률의 편찬)에서 경장經藏 편찬의 중심인물로 참여했다.

섯째 "아난아, 잘 들어라. 이제 너를 위해 말할 것이다." 이하는 정설분正說分이고, 여섯째 "미륵보살[22]이 부처님께 여쭈었다." 이하는 왕생분往生分이며, 일곱째 "부처님께서 미륵에게 말씀하셨다. '(어떤 사람이 그 부처님의 명호를) 듣고 (뛸 듯이 기뻐하면서)'" 이하는 권신분勸信分이고, 여덟째 "그때 세존께서 이 경법經法을 설하시니" 이하는 설익분說益分이며, 아홉째 "그때 삼천대천" 이하는 권청분勸請分이고, 열째 "부처님께서 경을 설하시고 나자"(에서부터 시작하여) "기뻐하지 않음이 없었다."에서 마친 곳까지는 필희분畢喜分이다.〉[23]라고 했다.

---

22 미륵보살 : Ⓢ Maitreya의 음사어. 자씨慈氏라고 의역한다. 현재 도솔천兜率天에 머물고 있으며, 미래세에 이 세상에 태어나면 석가모니부처님의 뒤를 이어 성불한 후 중생을 구제할 것이 예정된 보살이다. 이 때문에 일생보처一生補處 보살이라고도 한다.

23 현일玄一의 『無量壽經記』(H2, 232b)에 따르면 이것은 현일의 입장으로 볼 수 있다. 본서는 전문全文이 전하고 있는 것은 아니기 때문에 앞에서 제시한 10분과分科와 전적으로 동일한 문장은 찾을 수 없다. 그러나 현재 전하는 부분에서 제4 서흥분·제5 정종분으로 분과한 것이 보이고, 각 분과에 배속한 경전의 본문의 범위도 동일하기 때문에 확대해석하여 현일의 입장으로 보아도 무방할 것 같다. 안계현의 『신라정토사상사연구』(현음사, 1987) 333~334쪽에서는 현일의 분과에 속한 경전의 본문이 일치하지 않음을 들어 현일의 10분과설을 인정할 수 없다고 했고, 김양순 역시 「경흥의 『無量壽經連義述文贊』 연구」(한국학중앙연구원, 박사학위 논문, 2008) 72~73쪽에서 이 주장을 그대로 받아들이고 있지만, 이는 현일이 배속한 경전의 본문을 잘못 이해함으로써 발생한 오류이다. 곧 두 사람은 『無量壽經記』에서 "於是世尊至問威顔耶。述曰第四叙興分。"이라 하고, "阿難至說汝。述曰第五正說分。"이라고 한 것에 대해, 현재 제시된 경문만을 서흥분과 정종분으로 본 것으로 파악했다. 그러나 전후 문맥을 보면 술에서 서흥분과 정종분이라고 한 것은 본 경문만을 가리키는 것이 아니고, 서흥분과 정종분의 시작점을 생략된 형태로 서술한 것일 뿐이므로 이렇게 파악하는 것은 오류이다. 좀 더 구체적으로 말하자면 현일의 『無量壽經記』에서 서흥분의 전부인 것처럼 보이는 부분은 현일 자신의 주석에 따르면 서흥분을 둘로 나눈 것(1. 질문이 법도에 맞음을 찬탄함. 2. 세상에 출현하신 뜻을 서술함) 중 첫 번째를 다시 셋으로 나눈 것(① 여래께서 반문함. ② 아난이 받들어 답함. ③ 지금의 질문을 찬탄함) 중 제1에 해당하는 부분이다. 정종분 역시 동일한 형태의 문제를 가지고 있으므로 별도로 밝히지 않는다. 다음으로 후대에 전하는 문헌에 따르면 10분과는 법위法位의 주장으로 볼 수도 있다. 현재 복원본의 형태로 전해지는 법위의 『無量壽經義疏』에는 본 내용이 나오지 않지만, 요혜了慧의 『無量壽經鈔』(『淨土宗全書』 14권, 5b)에서 경흥이 두 법사의 뜻을 파척함에 있어서 처음의 것은 법위의 주장이고 다음은 정영사 혜원의 주장이라고 했고, 성경聖冏의 『傳通記糅鈔』 권

述云。第三解本文。又有。[1] 第二直申彌陀宿成佛刹本願樂果以例衆生生之因果。[2] 此中有說。此經大開十分。一從初至於一時來會已來名序說分。二時世尊諸根悅豫下是現相分。三尊者阿難承佛聖旨下是啓請分。四於是世尊告阿難曰下是叙興分。五阿難諦聽今爲汝說下是正說分。六彌勒菩薩白佛言下是生[3]生分。七佛語彌勒其有得聞下是勸信分。八爾時世尊說此經法下是說益分。九爾時三千大千下是勸請分。十佛說經已盡靡不歡喜下是畢喜分。

---

1) ㉯ '有' 이하에 탈자가 있는 것 같다. ㉰ '又有'는 착간인 것 같지만 해당처는 알 수 없다. 2) ㉰ "第二直申彌陀宿成佛刹本願樂果以例衆生生之因果"도 착간인 것 같다. 문맥상 이치에 맞지 않는다. '以例' 이하는 제3편 제2장 제6절의 '2. 중생의 왕생의 인과를 밝힌 것'과 같은 의미를 지닌 것으로 보인다. 3) ㉰ 聖冏의『傳通記糅鈔』에 따르면 '生'은 '往'이다. 본문의 내용에 의거할 때 후자가 맞다.

이 열 가지 분과의 뜻이 있음을 차례대로 진술했다. 그러나 아직 이치를 다하지 않았기 때문에 채록하지 않는다. 어찌하여 아직 미진한 것인가.

여래께서 현상現相하신 것은 장차 성교聖敎에서 말씀하실 법문[24]에 상응하는 명목名目을 드러낸 것이니 어찌 현상분이라 하겠는가. 만약 앞으로 말씀하실 것을 발한 것을 발기서發起序[25]가 아니라고 한다면, 아난이

26(『淨土宗全書』 3권, 584b)에서 법위의 설임을 명시하고 상기의 10분과와 동일한 내용을 전하고 있기 때문이다.

24 정종분을 가리킨다. 정종분에서 설할 내용과 관련된 것을 펼친 것이라는 뜻이다.

25 발기서發起序 : 경전의 앞부분에 해당 경전을 설법하게 된 인연을 설한 부분을 일컫는 말. 경전은 일반적으로 그 내용에 따라 크게 서분·정종분·유통분 등의 셋으로 분과分科한다. 이 중 맨 처음이 서분序分이고, 발기서는 이 서분을 다시 둘로 구분한 것 중 하나이고, 나머지 하나는 증신서證信序이다. 증신서는 모든 경전의 처음에 "이와 같이(信) 나는 들었다(聞). 어느 때(時) 부처님께서(主) ~에서(處) ~와 함께(衆) 계셨다."라고 서술한 구절을 가리키는 말로, 여섯 가지 측면에서 해당 경전이 거짓이 없고 완전한 것임을 증명하여 사람들에게 믿음을 불러일으키는 역할을 한다. 동일한 서분이기는 하지만 발기서는 특히 해당 경전에만 속하는 것이기 때문에 별서別序라고 하고,

믿을 만한 것임을 증명한 증신서證信序[26]라고 해야 한다. 만약 증신서가 아니라고 한다면 결코 서설분序說分이라고 할 수 없기 때문이다. 또한 "세존께서는 제근은 기쁨이 넘치고"라고 한 부분 이전에는 아직 서序라고 할 만한 것을 설한 것이 전혀 없다. 무엇을 설했기 때문에 (이 이전의 부분에 대해서만) 서설분이라는 명칭을 짓는 것인가. 그것(10분과에서의 서설분)으로 발기서라는 명칭을 겸할 수 없으니, (10분과에서의) 서설분은 오직 증신서에만 붙여진 명칭이기 때문이다.

또한 (정종분이란) 아난이 앞에서 질문을 펼쳤고 여래께서 뒤에서 답을 보내신 것이니, 곧 말씀하실 것의 뜻을 나타낸 것이다. 어찌 덜어낼 것이 있어서 (아난이 질문한 부분은 빼고) "(아난아,) 잘 들어라." 이하를 정설분이라 할 수 있겠는가.

정설분과 서분을 이미 구별할 수 없으니, 뒤의 여러 분과의 뜻도 또한 어긋나고 모난 것이 있다. 여기에서 말한 대로 하려면 문장의 단락마다 모두 별도의 분과를 지어야 할 것이니 분과할 것이 오직 열 가지 만이 아니기 때문이다.

逐申有此十分之意。然未盡理故不採錄。有何未盡者。如來現相。將顯聖教所說法門應名目。如何乃言現相分耶。若發所說非發起序者。阿難證誰。[1)] 證信序。若非證信。必不可言序說分故。又自世尊諸根悅豫前。都未有說序。何所說故。作序說分之名也。不可以他兼發起名。序說分。目單證信故。又阿難申問於前。如來送答於後。即顯所說之旨。有何所少。諦聽已去。乃名正說。正說與序。既不能別。後諸分意。亦成乖角。若如所言。每章段。盡應

증신서는 모든 경전에 두루 통하는 것이기 때문에 통서通序라고 한다. 정종분은 경전의 종지를 설한 내용을 담은 부분이고, 유통분은 본 경의 유통을 당부하는 말씀이 실린 부분이다.

26 증신서證信序 : 앞의 발기서에 대한 주석을 참조할 것.

作別分。分非唯十故。

1) ㉠ 문맥상 '誰'는 '信'인 것 같다.

어떤 사람은 〈경의 문장을 구별함에 셋이 있다. 처음의 "나는 (이와 같이) 들었다."에서부터 "원하옵건대 듣고자 합니다."까지는 유서由序(正說의 유래를 서술한 것)이다. "부처님께서 아난에게 말씀하셨다. '지나간 과거의'" 이하는 정종분이다. "부처님께서 미륵에게 말씀하셨다. '(아미타 부처님의 명호를) 듣고 (~한 이가) 있다면'" 이하는 유통분이다. 첫째, 유서由序에 둘이 있다. 처음에 "나는 이와 같이 들었다."는 곧 증신서이다. 뒤의 "어느 때 부처님께서" 이하는 뜻이 이미 두 가지를 겸한다. 그러므로 증신이라고 한 것에 상대하고 준하여 발기서라고 한다. 이(발기서) 가운데 셋이 있으니, 첫째 교화의 주인을 밝힌 것이고, 둘째 도중徒衆을 밝힌 것이며, 셋째 여래께서 상相을 나투시고 아난이 청문請問한 것이다.〉[27]라고 했다.

有說。此經文別有三。從初我聞至願樂欲聞是其由序。佛告阿難乃往過去下是正宗分。佛語彌勒若有得聞下是流通分。初由序有二。初我聞如是即證信序。後一時佛下義既兩兼。故對準證信 爲發起序。於中有三。一辨化主。二辨徒衆。三如來現相阿難申請。

이것 또한 옳지 않다. 만약 아난이 청문한 것을 발기서라고 한다면 부처님께서 아난에게 답변하신 것은 정종분이 아니어야 하고, 만약 (부처님께서) 답변하신 것이 정종분이라면 (아난이) 질문한 것은 반드시 서분

27 『無量壽經』에 대한 현존하는 가장 오래된 주석서인 정영사淨影寺 혜원(523~592)의 『無量壽經義疏』 권상(T37, 92a14)에서 서술한 것과 내용이 일치한다.

이 아니어야 하기 때문이다. 여러 경론을 검토해 보면 답변을 정설분正說分이라고 하면 반드시 그 질문도 겸하여 (정설분이라 한다.) 질문은 비록 발기서이지만 답변은 정종분이라고 하는 것은 이러한 사례가 없기 때문이다.

또한 시간(時)·처소(處) 등을 증신서에 해당하는 "나는 이와 같이 들었다."라고 한 것에 (상대하고) 준하여 발기라고 한 것은 진실로 옳지 않다. "들었다."(고 하는 증신서나) "부처님께서"(라고 하는 발기서)나 모두 부처님께서 교설을 일으키시기 전에 있는 것이기 때문에 (양자를 나누는 것은 의미가 없다.)

또한 시간·부처님·처소 등을 그 교화의 주인을 밝힌 것이라고 한 것도 역시 『불지론佛地論』(『佛地經論』)에서 총괄적으로 자신이 들었음을 나타냄 등의 다섯 가지 뜻[28]을 설한 것과 어긋나기 때문이다.

此亦不然。阿難申請。若發起者。佛答阿難。應非正宗。若答正宗。問必非序故。撿諸經論。答名正說。必兼其問。言問雖發起。答是正宗。無此例故。又時處等。准證信我問[1)]如是。詎不然發起。[2)] 若聞若佛。皆說前有故。又時佛處。辨其化主。亦違佛地論。總顯已[3)]聞等五義故。

1) ㊇ '問'은 '聞'이다. 2) ㊇ 문맥상 '發起' 앞에 '爲'가 누락되었고, 그 위치는 '如是' 뒤에 놓여야 한다. 3) ㊇ 『佛地經論』에 따르면 '已'는 '己'이다.

28 『佛地經論』 권1(T26, 291c3)에서 "총괄적으로 자신이 들었음과 가르침이 일어난 때를 나타낸 것과 별도로 교설의 주인과 가르침이 일어난 곳과 가르침을 받는 이의 근기(機)를 나타낸 것은 곧 가르침이 일어난 소인所因(이유)이고 소연所緣(계기)이기 때문에 교기인연분敎起因緣分이라 한다.(總顯己聞。及敎起時。別顯敎主。及敎起處。敎所被機。即是敎起所因所緣故。名敎起因緣分。)"라고 한 것을 말한다. 여기에서 교화의 주인은 다섯 가지로 분류한 것 중 하나일 뿐이기 때문에 이것을 가지고 다섯 가지를 모두 포괄하는 것으로 파악하는 것은 타당하지 않다는 말이다.

지금 보건대 이 한 부의 경전은 세 단락으로 구분해야 한다. 처음에 "나는 (이와 같이) 들었다."에서부터 "광채 나는 얼굴은 높고 뛰어났다."까지는 설경인기분說經因起分이고, 다음에 "존자 아난은"에서부터 "간략하게 이것을 설했을 뿐이다."까지는 문답광설분問答廣說分이며, 뒤에 "부처님께서 미륵彌勒에게 말씀하셨다."에서 시작하여 "기뻐하지 않음이 없었다."에서 마친 것까지는 문설희행분聞說喜行分이다.

장차 해석함에 있어서 이 세 품의 뜻이 있음은 또한 『불지론』과 같다.[29] 처음에 또한 두 가지가 있다. 처음은 전법권신분傳法勸信分이고, 뒤는 발기성설서發起聖說序이다.

今觀。此一部之經。宜作三分。初從我聞至光顔巍巍已來。名說經因起分。次自尊者阿難迨于略說之耳已來。名問答廣說分。後始佛語彌勒盡於靡不歡喜已來。名問[1)]說喜行分。將釋。有此三品之意。還同佛地論。初又有二。初傳法勸信分。後發起聖說序。

1) ㉮ '問'은 '聞'이다.

처음에 또한 다섯 가지가 있다.

初又有五。

29 『佛地經論』 권1(T26, 291c4)에서 "가르침이 일어난 소인과 소연이기 때문에 교기인연분敎起因緣分이라 하고, 성교에서 설한 법문을 품류의 차별에 의해 나타냈기 때문에 성교소설분聖敎所說分이라 하며, 그때 대중이 부처님의 성교를 듣고 기쁜 마음으로 받들어 행한 것을 나타냈기 때문에 의교봉행분依敎奉行分이라 한다.(是敎起所因所緣故。名敎起因緣分。正顯聖敎所說法門品類差別故。名聖敎所說分。顯彼時衆聞佛聖敎歡喜奉行故。名依敎奉行分。)"라고 한 부분을 참조할 것. 단 교기인연분은 설경인기분이고, 성교소설분은 문답광설분이며, 의교봉행분은 문설희행분이다.

1. 법을 전함

"나는 이와 같이 들었다."라고 했는데, 이것은 처음에 법을 전한 것이다. 백연본과 지겸본[30]에는 모두 이 말이 없고, 법호본에는 있는데, 인도의 (풍속에) 수순하여 말한 것이다.

我聞如是 此初傳法也。帛延支謙。皆無此言。法護經存。言順印度。

2. 때를 전함

경 어느 때

經曰。一時者。

술 이것은 두 번째로 때를 전한 것이다.

述云。此第二傳時也。

3. 교주를 전함

경 부처님께서

30 경흥은 백연·지겸·법호의 한역본을 낱낱이 대조하는 방식으로 주석하고 있다. 백연·지겸·법호라고 했지만 실제로 한역본을 일컫는 말이기 때문에 앞으로 백연본·지겸본·법호본 등으로 서술한다.

經曰。佛者。

술 이것은 세 번째로 교주를 전한 것이다.

述云。此第三傳主也。

4. 처소를 전함

경 왕사성[31] 기사굴산[32]에 머물면서

經曰。王舍城。耆闍崛山中者。

술 이것은 네 번째로 처소를 전한 것이다. 이 네 단락에 해당하는 문장에 대한 풀이는 앞의 경에 (대한 주석서[33]에서 풀이한 것과) 같기 때문에 번거롭게 다시 해석하지 않는다.

述云。此第四傳處也。若釋此四文。即同前經故。不勞再解。

5. 근기를 전함

1) 성문중

31 왕사성 : Ⓢ Rājagṛha의 의역어. 중인도 마갈다국摩羯陀國(마가다국)의 도성都城. 부처님께서 오랫동안 머물면서 불법을 전한 주요 지역 중 하나이다.

32 기사굴산 : Ⓢ Gṛdhrakūṭa의 음사어. 영취산靈鷲山이라 의역한다. 왕사성 동북쪽에 있는 산으로 그 정상이 독수리(鷲)와 닮았고 산에 독수리가 많은 것에 의해 붙여진 이름이다.

33 경흥의 『觀無量壽經』에 대한 주석서. 앞의 주석을 참조할 것.

경 대비구大比丘

經曰。與大比丘者。

술 다섯 번째로 근기를 전한 것이다.

경본經本에 따라 (내용이) 같지 않다. 백연본[34]은 세 부류의 대중을 갖추어서 서술하였다. 첫째, 성문중聲聞衆[35]이니, 곧 대제자大弟子의 무리 1,250명, 비구니 5백 명, 청신사淸信士[36] 7천 명, 청신녀淸信女[37] 5백 명이다. 둘째, 보살중菩薩衆[38]이니, 곧 보살 72나술那術[39]이다. 셋째, 제천중諸天衆이니, 곧 욕계[40]의 천자 80만, 색계[41]의 천자 70만, 변정천遍淨天[42]

---

34 백연본 : 이미 살펴본 것처럼『無量淸淨平等覺經』의 번역자인 백연은 가공인물일 가능성이 크고, 현재 이 번역본은 전하지 않는다. 그런데 현재 전해지는 지루가참支婁迦讖이 한역한『無量淸淨平等覺經』의 내용이 경흥이 백연 한역본이라고 하여 서술한 내용과 거의 일치한다. 이하 경흥이 인용한 백연의『無量淸淨平等覺經』은 지루가참의 것을 함께 참조하기로 한다.

35 성문중聲聞衆 : '성문'은 S śrāvaka의 의역어. 부처님의 가르침을 직접 들은 제자를 일컫는 말. 후에 연각緣覺·보살 등과 함께 삼승三乘의 하나로 일컬어지는데, 이때는 사제四諦의 이치를 관찰하여 회신멸지灰身滅智의 무여열반無餘涅槃에 드는 것을 목적으로 하는 수행자라는 뜻이 있다.

36 청신사淸信士 : S upāsaka의 의역어. 음사어는 우바새優婆塞로 재가 남자 신도를 가리킨다.

37 청신녀淸信女 : S upāsikā의 의역어. 음사어는 우바이優婆夷로 재가 여자 신도를 가리킨다.

38 보살중菩薩衆 : '보살'은 S bodhi-sattva의 음사어. 각유정覺有情·도심중생道心衆生 등으로 의역한다. 보리를 얻기 위해 노력하는 중생, 부처님의 지혜를 갖춘 중생, 보리를 얻기 위해 노력하되, 보리를 증득할 것이 확정된 중생 등이라는 뜻이 있다. 삼승의 하나로 일컬어지는데 이때는 무상보리를 얻기 위해 일체중생을 제도하려는 서원을 세우고 육도만행六度萬行을 닦는 수행자라는 뜻이다.

39 나술那術 : S nayuta의 음사어. 나유다那由多·나유타那由他 등이라고도 한다. 인도에서 통용되던 수량의 명칭. 구체적인 수량은 일정한 설이 없고, 백만·천억 등으로 다양하게 제시된다.

40 욕계 : 삼계 중 가장 하위에 있는 세계. 식욕食欲·음욕淫欲·재물욕財物欲·명예욕名譽慾·수면욕睡眠欲 등의 탐욕에 의해서 유지되는 세계라는 뜻. 이곳의 중생은 욕심으

의 천자 60나술, 범천梵天[43] 1억이다. 지겸본은 오직 성문인 대중만 나타냈으니, 곧 마하비구승摩訶比丘僧(大比丘僧) 1만 2천 명이라 했다. 지금 법호본에서는 간략하게 비구와 보살의 두 대중만 들었고, 나머지는 모두 없다.

이렇게 완비한 것과 빠뜨린 것의 차이가 있는 이유는, 대체로 번역자의 의도(意樂)에 따라 서로 상세한 것과 생략해 버린 것이 있으니, 차이는 이것으로 말미암아 생겨난 것이다.

장차 법을 전수받은 근기를 풀이함에 두 가지가 있다. 처음에 성문중을 밝히고, 나중에 보살중을 밝혔다. 대중을 나열함에 이러한 차례가 있는 것은 또한 앞에서 풀이한 것[44]과 같다.

述云。第五傳機。經本不同。帛延備叙三衆。一聲聞衆。即與大弟子衆千二百五十人。比丘尼五百人。清信士七千人。清信女五百人也。二菩薩

로 인해 항상 산란한 마음(散心)으로 살아가는 특성이 있다.

41 색계 : 삼계 중 중간에 있는 세계. 욕계의 탐욕을 벗어난 세계. 청정하고 훌륭한 물질로 이루어졌기 때문에 색계라고 한다.

42 변정천遍淨天 : 색계 사선四禪 중 제3선에 속하는 세 하늘 중 가장 위에 있는 하늘.

43 범천梵天 : 색계 사선 중 초선初禪에 속하는 세 하늘 중 가장 위에 있는 하늘. 대범천大梵天이라고도 한다.

44 경흥의 『觀無量壽經疏』에서 주석한 것을 가리키는데 현존하지 않으므로 그 내용은 알 수 없다. 다만 경흥의 『三彌勒經疏』(T38, 310b23)에서 "둘째, 멀고 가까움에 의해 차례를 설정한다. 성문은 가깝기 때문에 앞에 서술하고, 보살은 멀기 때문에 뒤에 서술한다.(二近遠次第。謂聲聞近故前。菩薩遠故後。)"라고 했고, 규기窺基(632~682)의 『法華玄贊』 권1(T34, 666c24)에서 "처음의 대중 가운데 성문을 앞에 두고 보살을 뒤에 둔 것은 『佛地論』에서 비록 해석하기는 했지만 지금은 네 가지로 풀이한다. 첫째, 형상이 같지 않으니, 성문은 출가하여 부처님과 형상이 같고, 보살은 그렇지 않다. 둘째, 처소에 멀고 가까움이 있으니, 성문은 부처님과 가깝고, 보살은 부처님과 멀다. 셋째, 계덕戒德에 차이가 있으니, 성문은 출가하여 출가계出家戒(비구계 · 비구니계)를 수지하고, 보살은 그렇지 않으니, 부류에 따라 화생化生하기 때문이다. 넷째, 보살로 하여금 성문중에 대해 교만한 마음을 버리도록 하기 위해서이다.[初衆之中。聲聞居先。菩薩居後者。佛地論雖釋。今爲四解。一形相不同。聲聞出家。形同諸佛。菩薩不爾。二處有近遠。聲聞近佛。菩薩遠之。三戒德有殊。聲聞出家。持出家戒。菩薩不爾。隨類化生故。四欲令菩薩。於聲聞所(衆)。捨憍慢故。]"라고 하였다.

衆。即菩薩七十[1)]那衍[2)]也。三諸天衆。即欲天子八十萬。色天子七十萬。遍淨天子六十那衍。[3)] 梵天一億也。支謙唯標聲聞之衆。即摩訶比丘僧萬二千人也。今法護經。略擧比丘菩薩二衆。餘皆無也。所以有此備闕者。蓋翻家意樂。互存廣略。異由此也。將釋傳機有二。初聲聞衆。後菩薩衆。衆有此次第。亦如前解。

1) ㊀『無量淸淨平等覺經』 권1(T12, 279b)에 따르면 '十' 뒤에 '二'가 누락되었다. 2) ㊀『無量淸淨平等覺經』 권1(T12, 279b)에 따르면 '衍'은 '術'이다. Ⓢ nayuta를 '那衍'으로 음사한 사례는 없다. 3) ㊀『無量淸淨平等覺經』 권1(T12, 279b)에 따르면 '衍'은 '術'이다.

처음에 또한 다섯이 있다.

初又有五。

(1) 행을 나타냄

이것은 처음에 행行을 나타낸 것이다. 곧 『법화경론法華經論』[45]에서 "모든 성문은 소승행小乘行을 닦는다. 걸식 등에 의지하여 스스로 생활을 도모하기 때문에, 위의威儀가 일정하여 보살과 같지 않기 때문에 비구를 이름으로 삼는다."[46]라고 하였다.

45 『법화경론法華經論』: 『法華經』에 대한 세친世親의 부분 주석서. 후위後魏의 보리류지菩提流支·담림曇林 등이 한역한 『妙法蓮華經憂波提舍』(No.1519)와 원위元魏의 늑나마제勒那摩提·승랑僧朗 등이 한역한 『妙法蓮華經論優波提舍』(No.1520)의 두 가지 한역본이 있는데, 경흥의 인용문과 그가 주로 의지한 『法華玄贊』의 인용문을 비교해 보면, 후자를 대본으로 했을 가능성이 크다. 따라서 이하에서는 후자에 의거하여 그 출처를 밝힐 것이다.

46 『法華經論』 권상(T26, 11a7)에서 "一者。諸聲聞。修小乘行。"이라고 했고, 같은 책 권상(T26, 11a11)에서 "四者。出家人。威儀一定。不同菩薩故。"라고 했다. 경흥의 『法華經論』 인용문은 『法華經』에 대한 규기의 주석서인 『法華玄贊』에서 『法華經論』을 인용하면

此初標行也。即法華論中云。論[1]聲聞。修小乘行。依乞等自活故。威儀一定。不同菩薩故。以比丘爲名也。

1) ㉮『法華經論』에 따르면 '論'은 '諸'이다.

⑵ 수를 말함

경 1만 2천 명과 함께 계셨는데,

經曰。萬二千人俱者。

술 이것은 두 번째로 수를 말한 것이다. 『법화경론』에서 또한 "수성취數成就란 대중이 헤아릴 수 없을 정도로 많은 것을 말한 것이기 때문이다."[47]라고 했다. 총괄적인 것과 개별적인 것이라는 점에서 비록 차이가 있을지라도 그 뜻은 동일하다. 백연본에서 "1,250명"이라고 한 것은 간략하게 상중常衆[48]만을 든 것으로 (실제의 숫자를) 끝까지 헤아리지는 않은 말이다. 그러므로 또한 위배되지 않는다.

述云。此第二唱數也。彼論亦云。數成就者。謂大衆無數故。總別雖異。其

서 서술한 문장과 오히려 더 일치한다. 이 부분도 또한 그러하여 『法華玄贊』 권1(T34, 667a6)에서 "一諸聲聞。修小乘行。依乞食等自活。以比丘等爲名。"이라고 했고, 같은 책(T34, 667a12)에서 "四出家人。威儀一定。不同菩薩。由此定故。說爲比丘。"라고 했다.

47 『法華經論』 권1(T26, 11a6).

48 상중常衆 : 갖추어서 상수중常隨衆이라 한다. 야사 장자耶舍長者와 그 친구들을 합한 50명, 우루빈라가섭과 그 제자를 합한 5백 명, 나제가섭과 그 제자를 합한 250명, 가야가섭과 그 제자를 합한 250명, 사리불과 그 제자를 합한 1백 명, 대목건련과 그 제자를 합한 1백 명 등의 1천2백 명을 가리키는 말이다. 이들은 모두 외도를 신봉하다가 나중에 부처님께 귀의하여 깨달음을 얻었다. 이후 부처님께서 법회를 여실 때마다 항상 따라다녔기 때문에 상수중이라 한다. 여러 경전의 앞머리에 대중을 나열하면서 1천2백 명이라고 하는 경우가 많은 것은 이 때문이다.

義一焉。而帛延。唱千二百五十人者。略擧常衆。不盡之言。故亦不違。

(3) 덕을 찬탄함

경 이들은 모두 대성大聖으로 신통력에 이미 통달했다.

經曰。一切大聖。神通已達者。

술 이것은 세 번째로 덕을 찬탄한 것이다.

"일체"란 두루 하고 끝까지 다한다는 말이다. "대성"이란 이치를 아는 덕을 지녀 명성이 범부와 성인에게 두루 알려지기 때문이다. 『법화경론』에서 "마음이 자재로움을 얻어 피안彼岸(열반)에 도달한 것을 '대'라고 한다."[49]라고 했다.

"신통"이란 육통六通(六神通)[50]을 가리키는 것으로 막힘이 없고 불가능한 것이 없으며 (그 경지를) 헤아려 알 수 없는 것이라는 뜻이다. "이미"란 마친 것이다. "통달했다"란 증득했다는 뜻이다. 모두 육통을 궁극적 경지까지 증득했기 때문이다.

---

49 『法華經論』 권1(T26, 11b4)에서 "大羅漢等者。心得自在。到彼岸故。", 『法華玄贊』 권1(T34, 671b5)에서 "皆名大者。論自解云。心得自在。到彼岸故."라고 했다.

50 육통六通 : 인간의 능력을 넘어서는 자유자재하고 걸림이 없는 여섯 가지 능력. 첫째, 신경통神境通(神足通)으로 마음대로 걸림 없이 몸을 나투는 능력이다. 공중을 나는 것, 물 위를 걷는 것, 신체를 크게, 혹은 작게 하는 것, 한 몸을 여럿으로 나누는 것 등이 모두 여기에 해당한다. 둘째, 천안통天眼通으로 중생의 윤회의 형태를 모두 아는 것이다. 셋째, 천이통天耳通으로 세상의 모든 음성을 빠짐없이 들을 수 있는 것이다. 넷째, 타심통他心通으로 중생의 마음을 모두 꿰뚫어 볼 수 있는 것이다. 다섯째, 숙명통宿命通으로 자신과 중생의 과거세의 일을 모두 알 수 있는 것이다. 여섯째, 누진통漏盡通으로 번뇌의 인과因果를 모두 알고 일체의 미혹을 끊어 다시는 삼계에 태어나 윤회하는 몸을 받지 않는 것이다.

어떤 사람은 〈아난은 원래 학學(有學)[51]의 지위에 있었다.[52] 비록 아직 신통을 얻지 못했지만 뛰어난 덕이 있기 때문에 또한 "이미 통달했다."라고 한 것이다.〉라고 했지만 이는 옳지 않다.

아난의 사람됨은 범부가 헤아릴 수 있는 것이 아니다. 그 실상은 곧 경에서 (아난의) 자취(迹 : 성취한 계위)를 비록 초과初果(수다원과)라고 말했지만, 초과를 얻었어도 또한 욕망의 장애를 조복시키고 근본정根本定[53]을 얻었으니, 설령 누진통漏盡通은 얻지 못했을지라도 이미 (육신통 중 누진통을 제외한 나머지) 다섯 가지 신통은 일으켰기 때문에 대체적인 것에 의해 "이미 통달했다."라고 해도 전혀 이상하게 여길 것은 없다.

述云。此第三歎德也。一切者。即普及盡際之言。大聖者。即會理之德。名聞凡聖故。論云。心得自在。到彼岸。即其大也。神通者。即該六通之名。無壅叵測之義也。已者竟也。達者即作證義。皆於六通。究竟作證故。有說。阿難。既在學地位。雖未得通。而有勝德。亦名已達。非也。阿難爲人。非凡

---

51 학學 : 더 배워야 할 것이 있다는 뜻. 소승小乘 팔성八聖인 사향사과四向四果[預流向(須陀洹向)·預流果(須陀洹果)·一來向·一來果·不還向·不還果·阿羅漢向·阿羅漢果]에서 아라한과를 제외한 나머지 사향삼과四向三果의 성자를 가리킨다. 상대어는 무학無學으로 더 이상 배워야 할 것이 없는 아라한과의 성자를 가리킨다.

52 『長阿含經』 권4(T1, 25b29)에, 아난이 자신은 아직 학지에 있어 불도를 이루지 못했는데, 부처님께서 일찍 열반에 드신 사실을 한탄하는 말이 실려 있다. 다만 『摩訶般若波羅蜜經』 권1(T8, 217a12)에서는 아난이 유학 중에도 구체적으로 수다원을 증득했다(唯阿難。在學地。得須陀洹。)고 했는데, 그 근거는 알 수 없다. 아난이 수다원과를 얻는 것에 그친 다양한 이유는 『大智度論』 권3(T25, 83a16)을 참조할 것.

53 근본정根本定 : 몸이 아직 욕계에 있어 색계나 무색계에 아직 태어나지 못했을 때임에도 불구하고, 하지下地(욕계)의 수혹修惑을 완전히 끊은 상지上地(색계·무색계)의 선정. 색계의 사선四禪과 무색계의 네 가지 선정(四無色定) 각각에 근본정이 있어 모두 여덟 개의 근본정이 있다. 그런데 수혹을 완전히 끊고 이 근본정을 얻는 것은 결코 용이한 일이 아니므로 먼저 준비적인 수행(加行)이 있는데, 그것을 근분정近分定이라고 한다. 이 선정은 아직 수혹을 끊기에는 부족하지만 수혹을 제압하고 있는 단계를 말한다.

所知。其實。即經言。迹雖初果。初果。亦伏欲障。獲根本定。縱無漏盡。既發五通。故從多言已達。都無致怪。

⑷ 이름을 열거함

경 그 이름은 존자 요본제[54]·존자 정원·존자 정어·존자 대호·존자 인현·존자 이구·존자 명문·존자 선실·존자 구족·존자 우왕·존자 우루빈라가섭·존자 가야가섭·존자 나제가섭·존자 마하가섭·존자 사리불·존자 대목건련·존자 겁빈나·존자 대주·존자 대정지·존자 마하주나·존자 만원자·존자 이장·존자 유관·존자 견복·존자 면왕·존자 이승·존자 인성·존자 가락·존자 선래·존자 라운·존자 아난이다.[55]

經曰。其名曰。尊者了本際。尊者正願。尊者正語。尊者大號。尊者仁賢。尊者離垢。尊者名聞。尊者善實。尊者具足。尊者牛王。尊者優樓頻蠡[1)]迦葉。尊者伽耶迦葉。尊者那提迦葉。尊者摩訶迦葉。尊者舍利弗。尊者大目揵連。尊者劫賓那。尊者大住。尊者大淨志。尊者摩訶周那。尊者滿願子。尊

54 요본제 : Ⓢ Ājñāta-Kauṇḍinya의 의역어. 갖춘 음사어는 아야교진여阿若憍陳如이고, 줄여서 교진여라고도 한다. 부처님께서 최초로 제도하신 다섯 비구 중 한 명으로 부처님의 제자 중 가장 먼저 아라한과를 증득하였다. 이 때문에 석씨의 장자長子(맏아들)라는 뜻에서 석마남釋摩南이라고 하는 경우도 있다. 이때 마남은 Ⓢ Mahānāma의 줄인 음사어이다.

55 『韓佛全』에서는 "經曰。其名曰。尊者了本際。至尊者阿難者。"라고 하여 경의 본문을 생략된 형태로 서술하였다. 이하 대부분의 경우 이런 형식을 취하고 있다. 그러나 본서에서는 편집 원칙에 따라 이하 생략된 경의 본문을 모두 수록하고 번역하기로 한다. 이미 경흥 자신이 서술한 것처럼 그가 대본으로 삼은 경은 법호가 한역한 『無量壽經』으로 현재 전하지 않고, 강승개가 한역한 『無量壽經』만 현존하는데, 양자가 그 내용이 거의 일치하기 때문에 생략된 원문은 『大正藏』 제12권에 수록된 강승개가 한역한 『無量壽經』을 대본으로 삼는다. 단 『韓佛全』에 제시된 일부 경문은 강승개본과 일치하지 않는 경우가 있는데, 이 경우는 원문을 그대로 두고 주석을 통해 그 차이를 밝히기로 한다.

者離障関。[2] 尊者流灌。尊者堅伏。尊者面王。尊者果[3]乘。尊者仁性。尊者喜[4]樂。尊者善來。尊者羅云。尊者阿難者。

1) ㉤ 다른 판본에 따르면 '蠡'는 '螺'이다. ㉧ 아래 주석에 따르면 경흥의 대본에는 '螺'로 되어 있다. 2) ㉤ 다른 판본에는 '関'가 없다. ㉧ 아래 주석에 따르면 경흥의 대본에는 '関'가 없다. 3) ㉤ 다른 판본에는 '果'가 '異'라고 되어 있다. ㉧ 아래 주석에 따르면 경흥의 대본에는 '異'라고 되어 있다. 4) ㉤ 다른 판본에는 '喜'가 '嘉'로 되어 있다. ㉧ 아래 주석에 따르면 경흥의 대본에는 '嘉'로 되어 있다.

술 이것은 네 번째로 이름을 열거한 것이다.

여러 경에서 대중을 나열함에 있어서 정해진 차례는 없다. 그러므로 혹은 행덕行德의 크고 작음을 차례로 삼으니, 예컨대 『법화경』에서 가섭迦葉은 두 번째에 있고,[56] 추자鶖子[57]는 가전연迦旃延[58]의 앞에 나열되어 있는 것과 같다.[59]

혹은 출가의 전후를 차례로 삼으니, 예컨대 『보은경報恩經』[60]에서 처음

56 『法華經』 권1(T9, 1c22)에 첫 번째 아야교진여, 두 번째 마하가섭摩訶迦葉의 이름을 열거하였다. 마하가섭은 부처님의 십대제자 중 한 명으로 두타제일頭陀第一로 일컬어졌으며, 부처님께서 열반에 드신 후 이루어진 1차 결집을 주도하였다.

57 추자鶖子 : Ⓢ Śāriputra의 의역어. 음사어는 사리불舍利弗이다. 부처님의 십대제자 중 한 명으로 지혜제일로 일컬어진다.

58 가전연迦旃延 : Ⓢ Kātyāyana의 음사어. 부처님의 십대제자 중 한 명으로 논의제일論議第一로 일컬어진다.

59 『法華玄贊』 권1(T34, 670a5)에 동일한 문장이 나온다. 다만 아야교진여→마하가섭→사리불→가전연 등의 순서를 설정한 배경인 행덕에 있어서의 구체적 차이는 양쪽 모두 밝히지 않았다. 나머지 차례의 기준을 제시한 문장도 모두 『法華玄贊』과 같다.

60 『大正藏』에서 『報恩經』과 경명이 유사한 것은 『大放光佛報恩經』(T16, No.156)뿐인데, 여기에는 상기의 내용이 실려 있지 않다. 다만 『過去現在因果經』 권3, 권4(T3, 636b5~653b28)에 부처님께서 출가하여 불도를 이룬 후 제자를 교화하는 과정이 서술되어 있는데, 그 내용이 거의 일치한다. 곧 가야가섭과 나제가섭의 제자를 본서에서는 차례대로 300명, 200명이라 했고, 『過去現在因果經』에서는 250명, 250명이라 한 것만 차이가 있다. 그런데 『過去現在因果經』을 줄여서 『因果經』이라고 한 사례는 있지만 『報恩經』이라고 칭한 것은 없다. 또한 규기의 『法華玄贊』 권1에서는 앞에는 『報恩經』(T34, 669c28)을 인용했고, 이어서 바로 『因果經』(T34, 670a13)을 인용했다. 따라서 이는 별도의 경전일 가능성이 크다. 이밖에 『法華玄贊』 권1(T34, 669c28), 징관澄觀의 『大方廣

에 다섯 명을 제도했고, 다음에 야사耶舍와 그 문도門徒[61] 50명을 제도했으며, 다음에 우루빈라優樓頻螺[62]와 그 문도 5백 명을 제도했고, 다음에 가야伽耶와 그 문도 3백 명[63]을 제도했으며, 다음에 나제那提와 그 문도 2백 명[64]을 제도했고, 다음에 추자鶖子와 그 문도 1백 명을 제도했으며, 다음에 목련目連[65]과 그 문인 1백 명을 제도했던 것과 같다.

혹은 덕변德辨(지혜의 덕이 밝은 것)을 차례로 삼으니, 예컨대 『무구칭경』에서 (부처님께서 성문 제자로 하여금 무구칭 거사에게) 문병하러 갈 것을 명하자 (성문 제자들이) 지혜의 밝음을 빌어야만 비로소 마주하여 선양할 수 있을 것이라고 하면서 (사양했다고) 했기 때문이다.[66]

지금 이 경에서는 곧 『보은경』과 같이 성도聖道(佛道)에 귀의하여 (승단에) 들어온 차례에 의해 열거하였다. 백연본에서는 36명[67]을 열거했고, 지

佛華嚴經隨疏演義鈔』 권17(T36, 133c3) 등에 『報恩經』의 설이라고 하여 동일한 문장이 실려 있다.

61 『過去現在因果經』에 따르면 야사의 벗이다.

62 우루빈라優樓頻螺 : 니련선하尼蓮禪河(Ⓢ Nairañjanā) 부근에 살던 사화외도事火外道로 머리를 묶고 다녔으므로 결발외도結髮外道라고도 불렀다. 갖춘 이름은 우루빈라가섭優樓頻螺迦葉(Ⓢ Uruvilva-kāśyapa)으로 형제인 나제가섭那提迦葉(Ⓢ Nadī-kāśyapa)·가야가섭伽耶迦葉(Ⓢ Gayā-kāśyapa) 등과 함께 가섭 삼형제라 불린다. 삼형제 모두 부처님께 귀의하였다.

63 『過去現在因果經』에 따르면 250명이다.

64 『過去現在因果經』에 따르면 250명이다.

65 목련目連 : Ⓢ Mahāmaudgalyāyana의 줄인 음사어. 갖춘 음사어는 마하목건련摩訶目犍連으로 줄여서 목건련이라고도 한다. 부처님 십대제자 중 한 명으로 신통제일로 일컬어졌다.

66 『說無垢稱經』 권2 「聲聞品」(T14, 561b5)에서 부처님께서 무구칭無垢稱(維摩라고도 음사하고, 淨名이라고도 의역함) 거사에게 문병하러 갈 제자를 선택하는데, 먼저 사리자舍利子(사리불)가 지혜가 무구칭보다 부족함을 들어 사양하였고, 다음에 차례대로 대목련大目連→대가섭파大迦葉波(마하가섭)→대선현大善現(수보리)→만자자滿慈子(부루나)에서부터 마지막으로 아난의 차례에 이르지만 아난 역시 지혜가 부족함을 들어 사양하였다.

67 지루가참본에는 35명이라고 되어 있다. 백연본이라 하여 밝힌 것과 반드시 일치하지는 않는 사례이기 때문에 별도로 밝혔다.

겸본과 법호본은 모두 31명을 나타냈는데, (모두) 교진여憍陳如[68]를 그 처음에 두었기 때문이다.

백연본과 지겸본에서는 모두 "현자賢者"라고 했고, 법호본에서는 "존자"라고 했는데, 모두 덕을 찬탄한 말로 곧 앞에서 말한 "대성大聖"의 뜻이다.

述云。此第四列名也。諸經列衆。無定次第故。或有行德大小爲次第。如法華經。迦葉在第二。鶖子列在迦旃延上等。或有以出家前後爲次第。如報恩經。初度五人。次度耶舍門徒五十。次度優樓頻螺門徒五百。次度伽耶門徒三百。次度那提門徒二百。次度鶖子門徒一百。次度目連門人一百。或有以德辨爲次第。如無垢稱。以命問疾。要假智辨。方對揚故。今此經中。即同報恩。入聖次第。帛延列其三十六名。支謙法護皆標三十一。憍陳如爲其初故。帛謙並曰賢者。而法護云尊者。皆嘆德之言。即前大聖之義。

"요본제了本際"란 지겸본에서 구린拘隣이라 했다. 범어 음사어는 아야다교진나阿若多憍陳那이다. '교진憍陳'은 바라문의 성이고, '나那'는 남성男聲이며, '아야다阿若多'는 이해한다는 뜻이다. (부처님의 가르침을) 처음으로 이해했고, (그 뒤에) 정거천淨居天[69]도 또한 "이미 이해했다."라고 말했다.[70] 이것으로 인해 그를 (부처님의 가르침을) 처음으로 이해한 사람이라

---

68 교진여憍陳如 : 지겸본에서는 구린拘隣, 지루가참본에서는 지본제知本際, 법호본(주석에서 경흥이 제시한 것을 참조할 때)에서는 요본제了本際라고 했고, 강승개본에서도 역시 요본제라고 했다. 구린은 교진여의 줄인 음사어이고, 지본제·요본제는 의역어이다.

69 정거천淨居天 : 색계의 제4선에 속하는 아홉 하늘 중 상위에 해당하는 다섯 하늘을 일컫는 말. 곧 무번천無煩天·무열천無熱天·선견천善見天·선현천善現天·색구경천色究竟天 등으로 보통 오정거천五淨居天이라고 한다. 성문 사과四果 중 제3 아나함과阿那含果(不還果)를 증득한 성자가 태어나는 곳이다.

70 『雜阿含經』 권15 「轉法輪經」(T2, 103c13), 『過去現在因果經』 권3(T3, 644b18) 등에 따르면, 부처님께서 처음으로 법륜을 굴려 사제四諦를 설하시자 교진여(진나)가 처음으로

한다. 교진이라는 성은 또한 매우 많기 때문에, 해解(아야)로써 이름을 나타내었고, 남성으로 여성女聲과 간별하기 위해 다시 '나那'라고 하였다. 지금 '본제本際'라고 한 것은 사제의 참된 성품이고, '요了'란 이해하는 것이다. 그러므로 말은 비록 같지 않지만 그 뜻은 동일하다.

了本際者。即支謙云牣[1)]隣也。梵云阿若多憍陳那。憍陳是婆羅門姓。那是男聲。阿若多是解義。初解。淨居亦言已解。因以爲初解。憍陳之姓。乃亦衆多。以解標號。以男簡女。故復云那。今言本際者。即四諦眞性。了者即解。故言雖不同。其義一也。

1) ㉮ 지겸본에 따르면 '牣'는 '拘'이다.

"정원正願"이란 지겸본에서는 발지치拔智致라고 했다. 아마 발제拔提[71]의 이름인 것 같다.

어떤 사람은 〈마사馬師[72]이니 구빈법驅擯法[73]으로 인해 (추방되었으나) 다시 다른 사람의 집에 가지 않겠다는 서원을 발하고 마침내 아라한과를 증득했기 때문이다.〉라고 했는데, 옳지 않은 것 같다. 『대비바사론』(『바사론』)에서 "마사와 만숙滿宿[74]은 몸에 용의 모습이 나타났고, 마침내 그 가

깨달음을 얻었고, 지신地神을 필두로 하여 사천왕천에서부터 범천에 이르기까지의 여러 하늘이 차례대로 법륜을 굴리신 것을 찬탄하였다고 한다. '정거천'이란 색계의 제4선에 해당하는 다섯 하늘, 곧 무번천·무열천·선견천·선현천·색구경천 등을 가리키는데, 이 하늘은 이들 경에서는 언급되지 않았다. 다만 『法華玄贊』 권1(T34, 670a20)에서 "五人之中。陳那先報。我今已解。淨居等天。亦言已解."라고 한 것과 그 문장이 일치한다.

71 발제拔提 : Ⓢ Bhadrika의 음사어. 최초로 출가한 다섯 명의 비구 중 한 명이다.

72 마사馬師 : Ⓢ Aśvaka의 의역어. 음사어는 아세가阿說迦·아습바阿濕婆 등이다. 부처님 재세 시 나쁜 짓을 일삼던 여섯 명의 비구(六群比丘) 중 한 명이다.

73 구빈법驅擯法 : 멸빈법滅擯法이라고도 한다. '구빈'은 제거하다·축출하다 등의 뜻으로 비구·비구니의 승적을 박탈하는 대중결의를 말한다.

74 만숙滿宿 : Ⓢ Punarvasu의 의역어. 육군비구 중 한 명이다.

운데 태어났다."[75]라고 한 것에 의거하면, 아라한과를 증득하고도 축생의 몸을 받는 일은 없기 때문이다.

正願者。即謙云拔智致。蓋是拔提之名也。有說。馬師。因驅擯法。發更不往他家之願。遂得羅漢故。即恐非也。准婆沙論。馬師滿宿。身顯龍相。遂生其中。得羅漢果。受畜生身。無是處故。

어떤 사람은 〈"정어正語"는 필릉가바차畢陵伽婆差[76]〉라고 했으나 옳지 않다. 그 사람은 (5백 세 동안 바라문으로 태어나면서) 악한 성품에 거친 언어를 사용했기에, 비록 아라한과를 얻었더라도 남은 습기가 있었으니, 반드시 정어正語라고 말할 수 없기 때문이다.

지금(법호본) 곧 지겸본에서 마하나미摩訶那彌[77]라고 한 것을 의역하여

75 『大毘婆沙論』 권6(T27, 28b22)에서 "어떤 경에서 말하기를 부처님께서 마사와 만숙에게 사구법四句法을 들을지의 여부를 스스로 결정하라고 하자, 두 비구는 자신들이 그 법을 듣는 것이 아무런 소용도 없다고 하여 거절하였다고 했다."라고 하였고, 부처님께서 그들이 법기가 아님을 알면서도 그들 마음대로 결정하라고 한 이유와 그들이 법을 듣는 것을 거절한 이유에 대한 여러 논사의 해석을 실었는데, 후자의 여러 논의 중에 이와 관련된 내용이 있다. 곧 같은 책 권6(T27, 29b2)에서 "어떤 사람은 이렇게 말했다. 그 두 사람의 몸에 악상惡相이 나타났기 때문이다. 곧 그들 스스로 열 손가락 끝에 열 개의 길이 나서 물이 차 있는데, 장차 흘러나오려고 하는 것을 보고는, 곧 생각했다. '우리는 결정코 용으로 태어날 것이다. 이와 같은 때에 다시 세존의 정법을 안다고 한들 무슨 소용이 있겠는가.' 그러므로 법을 안다고 한들 무슨 소용이 있느냐고 말한 것이다.(有說。彼二身中。惡相現故。謂彼自見。於十指端。有十道水。將欲流出。便作是念。我等決定。當生龍中。於如是時。何用更知。世尊正法。故作是說。何用知爲。)"라고 했다. 단 여기에서는 만숙을 정숙井宿이라 했다. 여러 논사의 주장에서 만숙이 다음 생에 용으로 태어났음을 말하고 있다.

76 필릉가바차畢陵伽婆差 : Ⓢ Pilinda-vatsa의 음사어. 여습餘習·악구惡口 등으로 의역한다. 사위성舍衛城 바라문 출신으로 처음에 은둔술을 부리는 주술로 명성이 높았으나 나중에 부처님께 귀의하였다. 언어가 매우 거칠었던 것으로 전해진다.

77 마하나미摩訶那彌 : Ⓢ Mahānāma의 음사어. 마하남摩訶男·마남摩男 등이라고도 하고, 대호大號라고 의역한다. 부처님께서 최초로 제도하신 다섯 비구 중 한 명이다.

정어라고 한 것이니, 아마 마남摩男의 이름인 것 같다. 곧 백연본에서 현자 능찬能讚이라 한 것에 해당한다.

有說。正語即畢陵伽婆差。非也。其人即惡性麁言。雖得羅漢。餘習亦在。必不可言正語故。今即論[1]云摩訶那彌。此云正語。蓋是摩男之名矣。即帛延云賢者能讚也。

1) ㉮ '論'은 '謙'이다.

"대호大號"란 지겸본에서는 현자 함시含屍라고 했다. 아마 이바다離婆多[78]를 가리키는 것 같다. 그 사람은 불망어계不妄語戒(거짓말을 하지 않는 것)를 수지하기 위해 (두) 귀신의 싸움에 대해 (정직하게) 증언을 했기 때문에 시체와 그 몸을 바꾸는 환난을 당했지만, 마침내 (그 일로 인해) 왕위王位[79]에 올라 덕명德名이 온 세상에 퍼지도록 했기 때문이다.[80]

"인현仁賢"이란 지겸본에서는 수만일須滿日이라 했다. 안으로 현명함과 착함을 품고 밖으로 자애로움과 어짊을 펼쳤기 때문에 이것으로 인해 이름을 지었다.

78 이바다離婆多 : Ⓢ Revata의 음사어. 사리불의 아우로 항상 선정에 들어 마음에 산란함이 없었다. 그 부모가 이바다성離婆多星에 기도하여 태어났기 때문에 이렇게 불렸다.

79 왕위王位 : 문맥상 수행상 최고의 계위인 아라한과를 증득한 것을 달리 표현한 것으로 보인다.

80 『大智度論』 권12(T25, 148c5)에서 "어떤 사람이 비를 피해 신사神祠에서 묵었다. 밤에 두 귀신이 시체를 두고 서로 자신의 것이라고 다투다가 끝내 그곳에 머물고 있던 사람에게 판정을 맡겼다. 그가 사실 그대로 먼저 들어온 귀신의 것이라고 말했더니, 나중에 들어온 귀신이 화가 나서 그의 두 팔과 다리, 머리·허리 등을 모두 뽑아 버렸다. 이에 먼저 들어온 귀신이 시체의 두 팔과 다리, 머리·허리 등을 뽑아 그에게 붙여 주었다. 그리하여 두 귀신은 실제로는 살아 있는 사람의 몸인 시체의 몸을 다 먹어 치우고 떠나 버렸다. 그 사람은 자신의 실제 몸은 이미 귀신에 의해 다 먹혀 버렸는데 지금 남아 있는 이 몸은 무엇인지에 대해 고민했다. 후에 스님을 만나 사대의 화합에 의해 임시로 몸이 만들어진 것이라는 설법을 듣고 아라한과를 증득했다."라고 했다. 이 사건의 주인공은 밝히지 않았으나 사리불의 아우인 이바다로 보는 것이 일반적이다.

大號者。即論[1)]云賢者含屍。蓋爲離婆多也。其人持不妄語。因證鬼諍。以屍代身。遂居王位。德名令聞諸方故。仁賢者。即謙云須滿曰。[2)] 內懷賢善。外申慈仁。故因名之。

1) 역 '論'은 '謙'이다. 2) 역 지겸본에 따르면 '曰'은 '日'이다.

"이구離垢"란 지겸본에서는 유말지維末坻[81]라고 했다. 아마도 정제淨除를 가리키는 것 같다. 『불오백제자자설본기경佛五百弟子自說本起經』에서 윤제타輪提陀라고 했는데, (과거세 언제나) 절을 깨끗이 청소하면서 마음도 그 절처럼 티끌 한 점 없기를 소원했기 때문에 (세세생생 청정한 모습으로 태어났고 최후의 생을 받아 태어났을 때 부모님이) 정제라는 이름을 지어 주었다.[82] '정제'와 '이구'는 말은 다르지만 뜻은 동일하기 때문이다.

離垢者。即謙云維末坻。蓋淨除是也。說本起云。輪提陀。掃淨寺舍。願令心無塵垢如寺。故名淨除。淨除離垢。言異義同故。

"명문名聞"이란, 어떤 사람은 〈장조범지長爪梵志[83]이니, 박학하고 두루 통달했다는 명성이 시방에 퍼졌기 때문에 '명문'이라 했다.〉라고 하였는데, 이는 옳지 않은 것 같다. 『불오백제자자설본기경』에 어긋나기 때문이고, 이것을 제외하고는 준거로 삼을 만한 것도 없기 때문이다.

81 유말지維末坻 : 『翻梵語』 권2(T54, 1000b24)에서는 "유말지【비말제라고 해야 한다. 의疑라고 의역하고, 종종의種種意라고도 의역한다.】(維末坻。【應云毘末帝。譯曰疑也。亦云種種意。】)"라고 했다. 뒤에 나오는 '淨除'는 '離垢'라고도 하는데, S Vimala의 의역어이다. 『翻梵語』에서 '疑'·'種種意'라고 한 것은 S Vimatī의 의역어이다.

82 『佛五百弟子自說本起經』「輪提陀品」'淨除十七偈'(T4, 191a17)의 취의 요약이다.

83 장조범지長爪梵志 : S Mahā-kauṣṭila. 사리불의 외삼촌. 최고의 스승이 되기 전에는 손톱을 깎지 않겠다고 서원하여 손톱을 길게 기르고 다녔다. 총명하고 박학했으며 논의에 뛰어났으나, 부처님과의 논의에서 패배하고 출가하여 아라한과를 증득하였다.

지금 그 경에 의거하면 야야夜耶 존자를 명문이라 하니, 범행梵行을 실천하고 청결하여 대중이 공경했기 때문이다.[84]

名聞者。有說。長爪梵志。博達之名。聞於十方。故云名聞。此恐非也。違說本起故。無有除此而可准故。今依彼經。夜耶尊者。名爲名聞。梵行淨潔。衆所見敬故。

"선실善實"이란 곧 『설본기경』의 장자 범기凡耆로서 취선取善이라고도 하니, 유위불維衛佛[85]의 탑에 공양한 이후 91겁 동안 항상 사람과 하늘로 태어났고, 마침내 아라한과를 얻었기 때문이다.[86]

"구족具足"이란 『설본기경』의 수제樹提와 상응하니, 존자는 (부처님께서 사제를 설하시는 것을 듣고) 대계大戒(比丘戒)를 받기 원했고 (부처님께서는) 구족계具足戒(比丘戒)를 주어 사문이 되게 하셨기 때문이다.[87]

"우왕牛王"이란 곧 급방발지笈房鉢底[88]이니, 의역어는 우상牛相이지만 '왕'이라고 한 것은 미칭을 겸하였을 뿐이다.

善實者。即說本起。長者凡耆。名爲取善。供養維衛佛塔已來。九十一劫。常生人天。遂得阿羅漢故。具足者。即應說本起。樹提。尊者。願得受大戒。具足。成沙門故。牛王者。即笈房鉢底。此言牛相。而言王者。兼美而已。

---

84 『佛五百弟子自說本起經』「夜耶品」'名聞二十六偈'(T4, 193b9)의 취의 요약이다.

85 유위불維衛佛 : 과거 장엄겁莊嚴劫에 출현한 일곱 분의 부처님 중 첫 번째 부처님의 명호. 비바시불毘婆尸佛이라고 하는 경우가 많다.

86 『佛五百弟子自說本起經』「凡耆品」'取善八偈'(T4, 192a17)의 취의 요약이다.

87 『佛五百弟子自說本起經』「樹提衢品」(T4, 195b27)의 일부 내용을 취의 요약한 것이다.

88 급방발지笈房鉢底 : Ⓢ Gavāṃpati의 음사어. 부처님의 제자. 한 줄기 벼를 따서 낟알을 땅에 떨어뜨린 죄로 5백 세 동안 소로 태어났다. 현세에 인간으로 태어나서도 그 습기를 버리지 못하고 소처럼 수시로 되새김질하는 버릇이 있기 때문에 붙여진 이름이다.

범어 음사어 오로빈라鄔盧頻螺는 모과木瓜라 의역한다. 그 가슴에 병으로 인한 상처가 융기해 있었는데 그 모양이 모과와 같기 때문이다. 지금 "우루빈라"라고 한 것은 잘못된 것이다.

"가야伽耶(Ⓢ gayā)"란 곧 상두산象頭山이니, (머물렀던) 처소에 따라 이름을 붙였기 때문이다.

("나제那提"[89]에 해당하는) 범어의 (바른) 음사어는 날지捺地이고, 『방광대장엄경』에서는 난제難提라고 했다.[90] 곧 강의 이름이다.

이 세 명의 가섭은 모두 음광종飮光種(종족의 이름)에 속하는 세 명의 형제이다.

梵云鄔盧頻螺。此云木苽。[1)] 當其胸前。有一疴[2)]起。如木苽*故。今云優樓頻螺者。訛也。伽耶者。即象頭山。逐處之名故。梵云捺地。莊嚴經云難提。即江名也。此三迦葉。皆飲光種兄弟三人。

1) ⓔ『法華玄贊』 권1(T34, 670b4)에 따르면 '苽'는 '瓜'이다. 이하 동일하다. 2) ⓔ『法華玄贊』 권1(T34, 670b4)에 따르면 '疴'는 '癃'이다.

백연본에서는 다시 "현자 씨취가섭氏聚迦葉"을 열거했는데, 아마도 『설본기경』의 "선승가섭禪承迦葉"[91]인 것 같다. 여기(법호본)에서는 "존자 구족"을 말하는 것으로 보아야 하니, 『무량청정평등각경』에서 '씨취'를 설한 다음에 '우시牛呞'라고 했기 때문이다.[92] 이미 진실한 교설이 없어 또한 두 가

89 나제那提 : 강승개본에 따르면 '那提迦葉'이기 때문에 이것에 의거하여 보충했다.

90 『方廣大莊嚴經』 권12(T3, 612b17).

91 『佛五百弟子自說本起經』「禪承迦葉品」(T4, 197b22).

92 법호본과 거의 내용이 일치하는 강승개본에서는 구족·우왕·우루빈라 등의 순서로 나열하였고, 백연본과 거의 내용이 일치하는 지루가참본에서는 씨취가섭·우사·상시가섭上時迦葉(우루빈라가섭)의 순서로 나열했기 때문에, 씨취가섭은 곧 구족이라고 보아야 한다는 말이다.

지 길을 열어 취하고 버림을 뜻대로 했으니, 학자들은 알아야 한다.

帛延經中。更有賢者氏聚迦葉。蓋說本起云承禪[1]迦葉。應云此中尊者具足。覺經。除[2]氏聚後。即云牛飼[3]故。既無誠說。且開二途。取捨任意。學者應知。

1) ㊊『佛五百弟子自說本起經』에 따르면 '承禪'은 '禪承'이다. 2) ㊊ '除'는 '次'인 것 같다. 3) ㊊『無量淸淨平等覺經』에 따르면 '飼'는 '呵'이다.

범어 음사어 "가섭파迦葉波(Ⓢ kāśyapa, 迦葉)"는 음광飮光이라 의역한다. 곧 바라문婆羅門의 성姓이다. 먼 옛날 선인仙人이 있었는데 몸에 광명이 있어 해와 달의 광명을 마셔서 가렸는데, 가섭은 이 (선인의) 종성種姓이다. 그 자신도 또한 광명이 있어 해와 달을 마실 수 있었다. 그러므로 종성으로 인해 이름을 지었다. "마하摩訶"는 대大라고 의역한다. 이미 매우 부유한 장자의 아들이고, 또한 대인大人의 표식을 보여주었기 때문에 또한 '대'라는 이름을 나타내어 나머지 세 가섭 형제와 간별하였다.

梵云迦葉波。此云飮光。即婆羅門姓。上古有仙。身有光明。飮蔽日月之光。迦葉是種。自亦有光。能飮日月。故襲性[1]之名。摩訶言大。既大富長者之子。亦爲大人所識。故表大名。以簡餘三。

1) ㊊ '性'은 '姓'인 것 같다.

범어 음사어 사리불달라奢利弗怛羅에서 '사리'는 추鶖라고 의역하니, 곧 백설조百舌鳥를 말하고, 춘앵春鸎이라고도 한다. '불달라'는 자子라고 의역한다. 어머니의 변재辯才가 추조鶖鳥와 같았고, 이분은 그 아들이니, 이로 인해 이름을 지었기 때문에 추자鶖子라고 한다. (본문에서) "사리불"이라고 한 것은 잘못이다.

범어 음사어 마하몰특가라摩訶沒特伽羅는 대채숙씨大採菽氏라고 의역한다. 먼 옛날 선인이 있었는데 산의 적정처寂靜處에 머물면서 항상 녹두菉豆를 캐서 음식으로 충당했기 때문에 이것을 그 성姓으로 삼았다. 존자의 어머니가 그 종족이었으니, 이에 이것을 이름으로 삼았다. 대신통大神通을 얻었기에 나머지 이 성을 가진 사람과 간별하기 위해 '대(마하)'라고 했다. (본문에서) "목련"이라고 한 것[93]은 음이 와전된 것이다.

梵云奢利弗怛羅。舍利云鶖。即百舌鳥。亦曰春鸎。弗怛羅云子。以母才辯。猶如鶖鳥。此是彼子。因以名之。故云鶖子。言舍利弗者。訛也。梵云摩訶沒特伽羅。此云大採菽氏。上古有仙。居山寂處。常採菉豆。以充所食。因爲其姓。尊者之母。是彼之族。仍以名之。得大神通。簡餘此姓。故亦云大。言目連者。音訛也。

"겁빈나劫賓那(Ⓢ Kapphiṇa)"란 방숙房宿이라 의역한다. 부처님께서 함께 방에 묵으면서 늙은 비구의 모습으로 변하여 그를 위해 설법하여 불도를 깨닫도록 하셨기 때문이다.

범어 음사어 마하가다연나摩訶迦多衍那(Ⓢ Mahākātyāyana)는 대전척종남大剪剔種男이라 의역한다. 곧 바라문의 성姓이다. 먼 옛날 여러 선인이 산의 적정처에 머물렀다. 세월이 이미 오래 흐르면서 수염과 머리카락이 점점 자랐는데 그를 위해 깎아 줄 사람이 없었으니, 바라문법에서는 머리를 깎는 것을 오염된 행위로 보았기 때문이다. 어떤 선인에게 아들이 있어 형제 두 명이 모두 와서 아버지를 만났는데 아우가 여러 선인들을 위해 머리카락을 깎았다. 여러 선인들이 그를 호념할 것을 서원하였고 나중에 선도仙道와 부귀富貴를 이루었다. 이로부터 이 종성을 모두 전척剪剔이라 하

---

93 강승개본에서 대목건련이라고 했으니, 이것에 따르면 목건련이라고 해야 한다.

였다. 존자는 남자의 몸이고, 위덕威德이 기특하고 존귀하여 나머지 이 종성의 사람들과 간별하기 위해 대전척종남이라 했다. 고역古譯에 가전연迦旃延이라 음사하고 승선繩扇이라 의역한 것은 잘못이다. 지금 "대주大住"라고 한 것은 과거의 일로 인해 붙여진 이름이다. 어머니가 이 아들을 연모하여 다시 시집가려 하지 않음이 마치 밧줄로 사립문에 묶인 것과 같았으니 "주住"라고 할 만하기 때문이다.

劫賓那者 此云房宿。佛與同房宿。化作老比丘。爲之說法而悟道故。梵云摩訶迦多衍那。此云大剪剔種男。即婆羅門姓。上古多仙。山中靜處。年既掩[1)]久。鬚髮稍長。垂[2)]人爲剔。婆羅門法。行[3)]剔髮故。一仙。有子。兄弟二人。俱來覲父。小者。乃爲諸仙剔髮。諸仙願護。後成仙貴。爾來此種。皆稱剪剔。剔[4)]者。身是男子。威德特尊。簡餘此種。故云大剪剔種男。古迦旃延。此云繩扇。訛也。今云大住者。亦襲昔之名。母戀此子。不肯改嫁。如繩繫扇。可謂住故。

1) ㉮『法華玄贊』 권1(T34, 670b28)에 따르면 '既掩'은 '歲既'이다. 2) ㉯ '垂'는 '無'인 것 같다. 3) ㉮『法華玄贊』 권1(T34, 670b29)에 따르면 '行'은 '汚'이다. 4) ㉮『法華玄贊』(T34, 670c2)에 따르면 '剔'은 '尊'이다.

"대정지大淨志"란 곧 『설본기경』의 뇌타화라賴吒和羅(Ⓢ Rāṣṭrapāla)이다. 다시 좋아하는 것이 없고 청백법淸白法에 뜻을 두며 조용한 곳에 머무는 것을 좋아함이 가장 뛰어났기 때문에 대정지라고 했다.[94]

"마하주나摩訶周那(Ⓢ Mahācunda)"란 곧 주나반특周那般特(Ⓢ Cūḍapanthaka)[95]

94 『佛五百弟子自說本起經』「賴吒和羅品」(T4, 196b1)의 일부 내용을 취의 요약한 것이다.

95 주나반특周那般特 : 중인도 사위성의 바라문 출신. 부모가 그의 단명을 염려하여 태어났을 때 길가에 버려두고 사문의 축복을 받도록 한 것에서 유래한 이름이다. 일설에는 어머니가 길에서 출산한 것에서 유래한 것이라고도 한다. 여러 학문에 두루 능통하였는데 부처님의 설법을 듣고 출가하여 아라한과를 증득하였다. 그의 아우 역시 출가하

으로 노생路生이라 의역한다. 노생에 나이 많은 사람(형)과 어린 사람(아우)이 있기 때문에 '마하'를 붙여서 그 어린 사람과 간별하였다.

범어 음사어 보뢰나매달리예니불달라補賴拏梅怛利曳尼弗怛羅(Ⓢ Pūrṇa-maitrāyanīputra)는 만자자滿慈子라고 의역한다. 부루나미다라니자富樓那彌多羅尼子라고 음사하는 것은 잘못된 것이다. '만滿'은 그 이름이고, '자慈'는 어머니의 성이다. 어머니의 성이 '자慈'이고 만 존자는 이 자씨 성을 가진 여인의 아들이다. 이것으로 인해 이름을 붙였다. 지금 "만원자滿願子"라고 의역한 것은 잘못된 것이다.

범어 음사어 아니율타阿泥律陀(Ⓢ Aniruddha)는 무멸無滅이라 의역한다. 부처님의 사촌 동생이다. 곧 천안제일天眼第一이라 일컬어졌다. 지금 "이장離障"이라 한 것은 그 뜻에 있어서 또한 이것을 말한 것이다.[96] 아누루타阿耨樓馱라고 음사하는 것은 잘못된 것이다.

大淨志者。即說本起中賴吒和羅。更無所樂。志於清白法。樂閑居第一。故名大靜志。摩訶周那者。即周那般特。此云路生。路生有大小故。摩訶以簡其小。梵云補賴拏梅怛利曳尼弗怛羅。此云滿慈子。言富樓那彌多羅尼子者。訛也。滿是其名。慈是母姓。母姓是慈。滿尊者。是慈女之子。故因名之。今言滿願子者。訛也。梵云阿泥律陀。此云無滅。佛之堂弟。即天眼第一。今言離障。意亦此謂也。言阿耨樓馱。訛也。

"유관流灌"이란, 어떤 사람은 〈곧 이파다離婆多로 가화합假和合이라 의역

여 아라한과를 증득했다. 보통 형은 마하반특摩訶槃特(Ⓢ Mahāpanthaka), 아우는 주리반특周利槃特이라고 하는데, 경흥은 형와 아우를 모두 주나반특이라고 하고, '마하'를 붙여 형임을 나타낸 것이라고 하였다.

96 아나율타가 천안을 얻어 모든 장애물을 꿰뚫어 보는 능력을 지닌 것에서 유래한 이름이라는 뜻이다.

한다. 그러므로 유리流離라고 한다.〉라고 했는데, 이것은 아마 옳지 않은 것 같다. (앞에서 '관灌'이라 했으니) 이미 '이離' 자는 잘못된 것이고, 지겸본에서는 또한 난제難提라고 했기 때문이다.

지금 곧 『설본기경』[97]에서 난제難提(Ⓢ Nandi)라고 한 것이다. 범어 음사어는 손달라난타孫達羅難陀(Ⓢ Sundara-nanda)이고, 염희艶喜라 의역한다. '희'는 자신의 이름이고, '염'은 아내의 이름이다. 소를 기르는 일을 했던 난타難陀(Ⓢ Nanda)와 간별하기 위해서 아내로 인해 그 이름을 나타냈다. 곧 부처님의 친아우로 대성왕大聖王의 소생이다. (과거세) 유위불維衛佛께서 세상에 계실 때 따뜻한 욕실을 보시하였기 때문에 (그 과보로) 단정하기 이를 데 없는 모습을 지녀 아무리 보아도 싫증나지 않았다. 지금 "유관"이라 한 것은 그것으로 인해 붙여진 이름이다.

流灌者。有說。即離婆多。此云假和合。故云流離。此恐非也。既非離字。謙亦云難提故。今即說本起中。名難提也。梵云孫達羅難陀。此云艶喜。喜即自名。艶是妻號。欲簡牧牛難陀故。因妻以表其名。即佛親弟。大聖王之所生也。維衛佛世。施煖浴室故。端正大勢。見之無厭。今言流灌者。亦襲彼之名也。

"견복堅伏"이란 『설본기경』의 수제樹提(Ⓢ Jyotiṣka)에 상응한다. 그러므로 그 경에서 "굳건하게 정진하고 선정에 들어 뜻을 전일하게 하여 무위無爲하고 무동無動했기 때문이다."[98]라고 했고, 백연본에서도 또한 "현자 요심정了深定"이라고 했기 때문이다.

"면왕面王"이란 지겸본에서 "현자 파구라波鳩螺"라고 했다. 범어 음사어

97 『佛五百弟子自說本起經』「難提品」(T4, 199b12).

98 『佛五百弟子自說本起經』「樹提衢品」(T4, 195b27)의 일부 내용의 취의 요약이다. 단 여기에선 수제구樹提衢라고 했다.

박구라薄矩羅(Ⓢ Vakkula)는 선용善容이라 의역한다. 선한 용모의 표식은 비록 많지만 얼굴을 우선으로 하기 때문에 이러한 이치에 의해 면왕이라 했다.

堅伏者 即應說本起中樹提。故彼經云。堅精進定意。無爲無動故。帛延亦云賢者了深定故。面王者。即支謙云賢者波鳩螺也。梵云薄矩羅。此云善容。善容雖多。以面爲先。故義名面王。

"이승異乘"이란 백연본에서 현자 씨계취氏戒聚라고 했다. 계행이 빼어난 경지에 이르렀기 때문에 이승이라 했다.

"인성仁性"이란 『설본기경』의 시리라尸利羅(Ⓢ Sīvali)에 상응한다. 그러므로 그 경에서 "금전과 재물을 보시하여 모든 빈궁한 이를 구하고 하열한 중생을 제도했기 때문이다."[99]라고 했다.

"가락嘉樂"이란 『설본기경』에서 난타難陀라고 하고 흔락欣樂이라 했다.[100] 지겸본에서는 또한 난지難持라 했다. 바른 음사어는 난타이고 가본嘉本이라 의역한다. 곧 소를 기르는 일을 했던 사람이다.[101] 부처님께 소를 기르는 것과 관련된 열한 가지 일을 질문하고 부처님께서 일체지一切智를 구족한 분임을 알고 (출가하여) 아라한과를 얻었다. 매우 총명하고 음성이 절묘했기 때문에 (가락이라 한 것이니) 지금 가락이라 한 것은 또한 바른 번역에 의한 이름은 아니다.

異乘者。即帛延云賢者氏戒聚。戒行穎萃。故云異乘。仁性者。即應本起中

99 『佛五百弟子自說本起經』「尸利羅品」(T4, 194a4).

100 『佛五百弟子自說本起經』「難陀品」'欣樂'(T4, 193a13).

101 앞의 "유관"을 주석하면서 소를 기르는 사람인 난타와 구별하기 위해 부인의 이름을 빌렸다는 말을 참조할 것.

尸利羅。故彼經云。施與錢財。救諸貧窮。濟衆下劣故。嘉樂者。即本起中難陀。名爲欣樂。支謙亦云難持。正音即難陀。此云嘉本。乃是牧牛之人。因問佛牧牛十一事。知佛具一切智。獲阿羅漢。甚極聰明 音聲絕妙故。今嘉樂者。亦非正翻之名也。

“선래善來”란 지겸본에서 현자 살게薩揭라고 했고, 『설본기경』에서는 또한 화갈貨竭이라고 했다.[102] 『남해기귀내법전』에서 “범어 음사어 사게차莎揭哆(Ⓢ svāgata)는 선래라고 의역한다.”[103]라고 했다. ‘래來’란 귀의한다는 뜻이다. 와서 불법佛法에 귀의함으로써 막대한 이익을 얻기 때문에 선래라고 한다. “선래”[104]란 비록 1,250명에게 모두 통하는 명칭이지만 총괄적인 이름으로 개별적인 이름을 세웠기 때문이다. 원래 여래의 상중常衆은 모두 선래의 형식으로 계선戒善(戒福)을 획득했으니, 예컨대 『방광대장엄경』에서 설한 것과 같다.[105]

범어 음사어 라호라羅怙羅(Ⓢ Rāhula)는 집월執月이라 의역한다. 지금 “라운羅云”이라 했고, 백연본에서는 왕궁생王宮生이라 했는데, 모두 잘못된 것이다.

범어 아난타阿難陀는 경희慶喜라 의역한다. 지금 “아난阿難”이라 했고, 백연본에서는 박문博聞이라 했는데, 모두 개략적인 것으로 열거한

---

102 『佛五百弟子自說本起經』「貨竭品」‘善來’(T4, 192b28).

103 『南海寄歸內法傳』 권3(T54, 223a11).

104 선래 : 초기의 교단에서 부처님께서 비구에게 선래비구善來比丘(ehi bhikkhu : 오라, 비구여.)라고 하면 해당 비구는 바로 비구계比丘戒를 받은 것으로 간주했는데, 이러한 형태로 비구계를 받는 것을 선래득善來得이라 한다. 그러므로 “선래”란 본래 이렇게 비구계를 받은 모든 비구에게 통하는 명칭이라는 말이다. 선래득은 계를 얻는 열 가지 인연 중 하나로, 본문과는 달리 최초의 출가자인 다섯 비구와 그를 이은 55명의 출가자를 합한 60명을 선래득의 사례로 보는 것이 일반적이다.

105 『方廣大莊嚴經』 권11(T3, 606c4)·권12(T3, 612b15·612c1) 등에서 부처님께서 “선래”라고 함으로써 사문이 되는 과정을 설한 것을 가리킨다.

것이다.[106]

善來者。即支謙云賢者蔡揭。本起亦云貨竭。傳云。梵音莎揭哆。譯爲善來。來者歸也。來歸佛法。有莫大利。故云善來。善來。雖通千二百五十人名。即總以立別號故。無[1)]如來常衆。皆善來得戒善。如大莊嚴經。梵云羅怙羅。此云執月。今云羅云。延帛[2)]云王宮生。皆訛之也。梵云阿難陀。此云慶喜。今云阿難。帛延云博聞。皆略列也。

1) ㉯ 다른 판본에서는 '無'를 '元'이라 했다. 2) ㉯ '延帛'는 '帛延'인 것 같다.(편)

(5) 생략하여 맺음

경 이와 같은 이들은 모두 상수上首[107]가 되는 이였다.

經曰。皆如斯等上首者也者。

술 다섯 번째로 생략하여 맺었다.

述云。第五略結也。

106 '博聞'은 아난이 다문제일多聞第一이었던 것에 의거하여 붙여진 이름이고, '아난'은 '아난타'를 줄인 이름이라는 말인 것 같다.

107 상수上首 : 대중 가운데 가장 뛰어난 덕을 갖춘 이 또는 그에 상응하여 법회의 윗자리에 앉는 이를 가리킨다.

2) 보살중

(1) 행을 나타냄

경 또한 대승중大乘衆인 보살과 함께 계셨다.

經曰。又與大乘衆菩薩俱者。

술 두 번째로 보살중菩薩衆이다. 여기에 네 가지가 있는데, 이것은 처음에 행을 나타낸 것이다.

『법화경론』에서 "보살菩薩(Ⓢ bodhi-sattva, 菩提薩埵)은 대행大行(大乘行)을 닦아 깨달음(覺, Ⓢ bodhi)을 얻고 유정有情[108]을 이익되게 할 것을 추구하니 (보리)살타를 이름으로 삼는다."[109]라고 하였다. 또 (『법화경론』에서) "신통력으로 때에 따라 여러 모습을 시현하여 대승을 수행할 수 있으니, 예컨대 발타바라跋陀婆羅(Ⓢ Bhadrapāla) 등의 16명이 보살의 불가사의사不可思議事를 구족하여 (일정한 위의에 갇히지 않고) 우바새 등의 사중四衆(비구·비구니·우바새·우바이)의 모습을 나투어 보여서 보살이라고 하는 것과 같다."[110]고 하였다.

백연본에 준하면 보살의 숫자는 72나술인데 지금 설하지 않은 것은 생

108 유정有情 : Ⓢ sattva의 의역어. 구역에 따르면 중생衆生이다. 음사어는 살타薩埵이다. 유정과 중생의 관계에 대한 해석은 동일하지 않다. 예컨대 유정은 정식情識이 있는 생물이어서 초목금석草木金石 등의 비정非情(無情)과 간별하는 용어이고, 중생은 유정과 비정을 포괄하는 것으로 보아 양자를 간별하는 경우가 있다. 또한 양자를 체는 동일하고 명칭만 다를 뿐이라는 입장에서 유정 역시 유정과 비정을 모두 포함하는 용어라고 보는 경우도 있다.

109 『法華經論』 권상(T26, 1b16). 실제 문장은 『法華玄贊』 권1(T34, 667a7)과 더욱 가깝다.

110 『法華經論』 권상(T26, 1b17). 실제 문장은 『法華玄贊』 권1(T34, 667a8)과 더욱 가깝다.

략했기 때문에 그렇게 한 것이다.

述云。第二菩薩衆有四。此初標行也。即法華論中。菩薩修大行。求覺利有情。以薩埵爲目。又以神通力。隨時示現。能修行大乘。如拔[1]陀婆羅等十六人。具足菩薩不可思議事。示優婆塞等四衆之形。說爲菩薩。准帛延。菩薩七十[2]那衍。[3] 而今不說者。略故使然。

1) ㊇『法華經論』에 따르면 '拔'은 '颰'이고,『法華玄贊』에 따르면 '跋'이다. 2) ㊇『無量淸淨平等覺經』 권1(T12, 279b)에 따르면 '十' 뒤에 '二'가 누락되었다. 3) ㊇『無量淸淨平等覺經』 권1(T12, 279b)에 따르면 '衍'은 '術'이다. Ⓢ nayuta를 '那衍'으로 음사한 사례는 없다.

⑵ 이름을 열거함

① 현겁의 보살

경 **보현보살**普賢菩薩·**묘덕보살**妙德菩薩(文殊師利)·**자씨보살**慈氏菩薩(彌勒) **등이 있었으니, 이는 현겁**賢劫**의 일체의 보살이다.**

經曰。普賢菩薩。妙德菩薩。慈氏菩薩等。此賢劫中一切菩薩者。

술 두 번째로 이름을 열거했다. 여기에 두 가지가 있는데, 이것은 처음에 현겁賢劫(Ⓢ bhadrakalpa)[111]의 보살을 나타낸 것이다.

"보普"란 두루 널리 미치는 것이니 곧 진眞을 증득하는 지혜이고, "현賢"이란 현명하고 착한 것이니 곧 사事를 교섭하는 행위이다. 내덕內德은

111 현겁賢劫 : 삼겁三劫(三大劫)의 하나. 각 대겁大劫의 주겁住劫에 각각 천불千佛이 출현하시는데, 과거의 주겁을 장엄겁莊嚴劫이라 하고, 현재의 주겁을 현겁이라 하며, 미래의 주겁을 성수겁星宿劫이라 한다.

두루 미치고 외화外化는 현명하고 착하기 때문에 보현普賢이라 한다.

"묘덕妙德"이란 묘길상妙吉祥이라 해야 옳다. '길상'이란 공덕의 뜻이니, 그러한 이치에 의거하여 묘덕이라 한다.

"자씨慈氏"란 곧 자씨불慈氏佛의 처소에서 처음으로 보리심菩提心을 발했고, 또한 자성慈姓으로 태어났기 때문에 자씨라 한다.

("현겁"에 해당하는) 범어 음사어 발타跋陀(Ⓢ bhadra)는 선善이라 의역하기 때문에 또한 선겁善劫이라고도 한다. 뜻은 『대지도론』에서 설한 것[112]과 같다. '현賢'이란 사람으로부터 붙여진 명칭이다.[113] 겁의 길이에 길고 짧음이 있고, 부처님의 숫자에 많고 적음이 있는데, 자세한 것은 『미륵경술찬彌勒經述贊』[114]에서 풀이한 것과 같다.

述云。第二列名。有二。此初賢劫菩薩也。普者普遍。即證眞之智。賢者賢善。即涉事之行。內德普遍。外化賢善。故名普賢。妙德者。應云妙吉祥。吉祥者。即功德之義。義名妙德。慈氏者。即於慈氏佛所。初發菩提心。亦生

---

112 『大智度論』 권38(T25, 339c20)에서 "과거의 천만 겁 동안 어떤 부처님도 출현하지 않았다가, 이 겁에 이르러 천 분의 부처님이 출현하고, 여러 정거천淨居天이 이를 기뻐하기 때문에 선겁이라 한다."라고 했다.

113 이 겁에 천불千佛의 현성이 세간에 출현하는 것에서 유래한 명칭이라는 말이다.

114 『미륵경술찬彌勒經述贊』 : 현재 전하지 않는다. 다만 『新編諸宗教藏總錄』 권1(T55, 1172b6)에서 "『彌勒經述贊』 3권【비록 세 경을 풀이했지만 통틀어서 한 부로 만들었다.】, 『彌勒經逐義述文』 4권, 이상 경흥이 지었다.(彌勒經述贊三卷。【雖釋三經。總爲一部。】 逐義述文四卷。已上憬興述。)"라고 한 것에 따르면, 경흥의 저술인 것은 확실하다. 그리고 미륵과 관련된 세 부의 경전에 대한 주석서를 합한 것이라는 점에서 현존하는 경흥의 『三彌勒經疏』와 유사하다. 또한 『三彌勒經疏』(T38, 307b11)에 현겁의 길고 짧음, 현겁에 출현하시는 부처님의 많고 적음 등에 대한 여러 주장을 제시하였다. 이러한 자료에 의거하면 『彌勒經述贊』과 『三彌勒經疏』를 동일한 저술로 보아도 무방한 것도 같다. 그러나 비록 시론적이기는 하지만 『續藏經』에 실린 작자 미상의 『彌勒上生經述贊』의 내용을 『三彌勒經疏』에 실린 『彌勒上生經料簡記』와 비교하여 전자가 경흥 자신이 찬술한 후자의 축약본임을 밝힌 연구 결과를 수용할 수 있다면 두 저술은 별도의 것으로 보아야 한다. 박광연의 「『彌勒上生經述贊』의 저자 및 성격에 대한 고찰」(한국사상사학, 제40집, 2012. 4)을 참조할 것.

慈姓。故云慈氏。梵云吠[1]陀。此云善。故亦名善劫。義如智論。而言賢者。即從今[2]名也。劫之延促。佛之多少。廣如彌勒經述贊中解。

1) ㉧『大智度論』 권38(T25, 339c20)에 따르면 '吠'는 '跋'이다. 단 미주에서 '颰'이라고 한 판본도 있음을 밝혔다. 2) ㉧ 다른 판본에서는 '今'을 '人'이라 했다.

② 나머지 겁의 보살

경 또 현호 등의 열여섯 분의 정사正士[115]와 선사의보살·신혜보살·공무보살·신통화보살·광영보살·혜상보살·지당보살·적근보살·원혜보살·향상보살·보영보살·중주보살·제행보살·해탈보살이 있었는데,

經曰。又賢護等十六正士。善思議菩薩。信慧菩薩。空無菩薩。神通華菩薩。光英菩薩。慧上菩薩。智幢菩薩。寂根菩薩。願慧菩薩。香象菩薩。寶英菩薩。中住菩薩。制行菩薩。解脫菩薩者。

술 이것은 나중에 나머지 겁의 보살을 설한 것이다.

어떤 사람은 〈"현호 등의 열여섯 분의 정사"란 처음을 들어서 뒤의 것을 포괄함으로써 통틀어서 나타낸 것이다. "선사의善思議" 등은 소등所等(같은 부류에 속하는 것)을 따라 구별하여 나열한 것이다.〉[116]라고 했는데, 이것은 옳지 않은 것 같다. 만약 선사의 등이 곧 열여섯 분의 정사라고 한다면, (현호를 제외하고) 모두 열다섯 분의 정사를 말했어야 하는데, 그렇지 않아서 늘어선 보살을 나타내는 것에 있어서 서로 어긋남이 있기 때문이다. 설령 이 주장을 허용한다고 하더라도, 또한 『법화경론』에서 발타바라跋陀

115 정사正士 : 보살의 다른 이름. 정도正道를 추구하는 대사大士(Ⓢ mahāsattva)라는 뜻이다.

116 혜원이 『無量壽經義疏』 권상(T37, 94c1)에서 제시한 내용이다.

波羅[117] 등의 열여섯 분의 보살[118]이라고 한 것과 어긋나기 때문이다. 선사의 등은 『무진의경無盡意經』[119]에서 설한 열여섯 분의 보살과 명칭이 다르기 때문에 반드시 선사의 등이 곧 열여섯 분의 정사라고 할 수는 없다.

述云。此後餘劫菩薩也。有說。賢[1)]等十六正士者。擧初括後。以總標。善思議等者。逐其所等以別列。此恐不然。若善思議等。即十六正士者。應言十五正士。不爾。標列。有相違故。設許此者。亦違法華論云跋[2)]陀波羅等十六菩薩故。善思議等。與無盡意經中十六菩薩。名異。必不可言善思議等即十六正士。

1) ㊀ '賢'뒤에 '護'가 누락되었다. 2) ㊀『法華經論』에 따르면 '跋'은 '颰'이다.

어떤 사람은 〈"현호 등"이란 곧 두 보살을 나타내기 때문에 두루 합쳐서 열여섯 분의 정사가 된다.[120] 안으로 현명하고 인자한 덕을 갖추었기 때문에 현사賢士라고 하고, 밖으로 중생을 보호하려는 뜻을 품었기 때문에 호의護意라고 한다.〉라고 하였는데, 이것도 또한 옳지 않다. 발타바라는 현호라 의역하니, 이것을 나누어서 두 사람으로 보는 것은 반드시 서로 어긋나기 때문이다. 또한 "보현" 등은 각각 한 명을 나타낸 것이니, 현호도 (역시) 두 보살의 이름이 아니어야 하기 때문이다.

有說。賢護等即二菩薩。故遍十六士。內有賢仁之德。故云賢士。外懷護物

---

117 발타바라跋陀波羅 : Ⓢ Bhadrapāla의 음사어. 현호賢護라고 의역한다.

118 보리류지본『法華經論』권상(T26, 1b18)에서 "如颰陀波羅菩薩等十六大賢士"라고 했고, 늑나마제본『法華經論』권상(T26, 11a9)에서는 "如颰陀婆羅等十六人"이라 했다.

119 『무진의경無盡意經』: 현재 전하지 않는다. 다만 경흥의『三彌勒經疏』(T38, 311a22)에 『無盡意菩薩問菩提經』이라 하여 "同智菩薩等。十六菩薩。跋陀爲上首。"라는 문장을 인용했다.

120 현보살과 호보살에 뒤의 열 분의 정사를 합쳐서 모두 열여섯 분의 정사가 성립된다는 말이다.

之意。故云護意。此亦不然。跋陀婆羅。此云賢護。而分爲二。必相違故。又普賢等 各標一名。賢護。應非二菩薩名故。

어떤 사람은 〈비록 16이라는 숫자를 나타냈을지라도 15명을 열거한 것은 결락된 것이다. 예컨대 『교법경敎法經』에서 "두 보살이 있으니 한 명은 현호이고, 한 명은 일체세간낙견一切世間樂見이다."라고 했다[121]고 한 것과 같다.〉라고 했는데, 이것도 또한 옳지 않다. 그 경에서 이미 오직 두 보살을 말했고, 이 경에서는 열여섯 분이 있다고 했으니, 동일한 사례로 볼 수 없기 때문이다. 모든 경에 나오는 보살에 대해, 만약 현호의 뒤에 있기만 하면, 모두 열여섯이라는 숫자에 들어가는 것이라고 할 수는 없기 때문이다.

지금 곧 나머지 겁의 보살에 두 부류가 있는 것이다. 그러므로 "현호 등의 열여섯 분의 정사"란 곧 그 한 부류이다.

有說。雖標十六數。而列十五名。缺落。如教法經云。有二菩薩。一名賢護。二名一切世間樂見。此亦不然。彼既唯二。此有十六。不可一列[1)]故。不可諸經中菩薩。若在賢護後者。皆入十六數故。今即餘劫菩薩。自有二類。故賢護等十六正士。即其一類也。

1) ㉖ 다른 판본에서는 '列'을 '例'라고 했다.

어떤 사람은 〈16대국大國[122]에 각각 한 보살이 있기 때문에 "열여섯"이

121 『敎法經』은 경록經錄에 없다. 다만 『出三藏記集』 권4(T55, 32c26)를 비롯한 여러 경록에 『菩薩敎法經』이라는 경명이 전해지는데 현재 전하지 않는다. 이 밖에 『大法鼓經』 권하(T9, 298b24)에 여러 보살과 함께 두 보살의 명칭이 나온다.

122 16대국大國 : 부처님 재세 시 인도를 지배한 열여섯 대국을 일컫는 말. 출처에 따라 동일하지 않다. 『長阿含經』 권5(T1, 34b20)에 따르면, 앙가鴦伽·마갈摩竭·가시迦尸·거살라居薩羅·발지拔祇·말라末羅·지제支提·발사拔沙·거루居樓·반사라般闍羅·아

라는 숫자가 있는 것이다.〉라고 했는데, 옳지 않다. 한 나라에는 여러 보살이 이치상 반드시 있어야 하는 것이기 때문이다. 나라마다 각별하게 오직 한 보살만 있다고 하는 것은 별도의 이유가 없기 때문이다.

지금 곧 이 16에 상응하는 원행願行의 상相의 부류를 나타내려 하기 때문이다. 성교聖敎 가운데 곳곳에서 그러한 형태의 16이라는 숫자를 나타냈으니, 부사의사不思議事를 갖추고 중생을 따라 나투어 교화하기 때문이다. 자세한 것은『미륵경술찬』에서 풀이한 것과 같다.

有說。十六大國。各有其一。故有十六。非也。一國多菩薩。理必應有故。國別唯有一。無別所以故。今即此十六願行相類故。聖教中處處。皆標其十六數。備不思議事。逐物現化故。廣如彌勒經述贊中解也。

"선사의" 등의 열네 분의 보살은 그 두 번째 부류이다. 비록 다시 열네 분이 있지만 간략히 일곱 가지 상대를 짓는다.

첫째, 사법思法과 신해信解의 상대이다. 곧 "선사의"는 교법敎法을 관찰하는 것이고, 교수敎授한 것을 믿고 수순하는 것을 "신혜信慧"라고 하기 때문이다.

둘째, 증공證空과 섭유涉有의 상대이다. 곧 안으로 공의 이치를 증득하는 것을 "공무空無"라 하고, 제유諸有(欲有 · 色有 · 無色有 등의 三有)를 자유자재로 노닐고 변화하는 것을 "신통화神通化"라고 하기 때문이다.

셋째, 대자大慈와 대지大智의 상대이다. 곧 자애로움의 광명이 빼어나게 타오르는 것을 "광영光英"이라 하고, 지혜의 눈(慧根)이 더할 것이 없는 것을 "혜상慧上"이라 하기 때문이다.

습파阿濕波 · 아반제阿般提 · 바차婆蹉 · 소라바蘇羅婆 · 건다라乾陀羅 · 검부사劍浮沙 등이다.

넷째, 자리自利와 이타利他의 상대이다. 보리도菩提道를 닦는 것을 "지당智幢"이라 하고, 근문根門(감각기관)을 방호防護하는 것을 "적근寂根"이라 하기 때문이다.

다섯째, 법명法名과 유명喩名의 상대이다. 곧 "원혜願慧"[123]란 법이고, "향상香象"이란 비유[124]이기 때문이다.

여섯째, 복자福資와 지자智資의 상대이다. 곧 복덕의 자량을 갖춘 것을 "보영寶英"이라 하고, 지혜의 자량을 갖춘 것을 "중주中住"[125]라고 하기 때문이다.

일곱째, 수행修行과 제박除縛의 상대이다. 곧 성행聖行을 닦는 것을 "제행制行"이라 하고, 두 가지 계박繫縛[126]을 소멸시키는 것을 "해탈解脫"이라 하기 때문이다.

善思議等十四菩薩。即其二類也。雖復十四。略作七對。一思法信解對。即善思議。觀察敎法。信順敎授。名信慧故。二證空涉有對。即內證空理。名爲空無。遊化諸有。名神通化故。三大慈大智對。即慈光炬英。名爲光英。慧根無加。名慧上故。四自利利他對。修菩提道。名爲智幢。防護根門。名寂根故。五法名喩名對。即願慧者法。香象者喩故。六福資智資對。即備福資糧。名爲寶英。具智資糧。名中住故。七修行除縛對。即修聖行。名爲制行。滅除二縛。名解脫故。

---

123 원혜願慧 : 서원과 지혜의 법에 의거하여 붙여진 이름이라는 뜻이다.

124 향상은 교배기에 달한 큰 코끼리를 가리키는 말이다. 이 시기에 향을 분비하기 때문에 보살의 몸에 풍기는 청정한 향을 비유한 것으로 보기도 하고, 그 힘도 또한 강력해지기 때문에 보살의 강력한 힘을 비유한 것으로 보기도 한다.

125 중주中住 : 중도中道에 머무는 것이니, 이러한 지혜의 자량을 갖춘 것에 의해 이름을 붙인 것이라는 말이다.

126 두 가지 계박繫縛 : 해탈을 장애하는 두 종류의 계박. 상응박相應縛과 소연박所緣縛이니, 상응박이란 마음이 그것과 상응하여 일어나는 번뇌에 계박되는 것이고, 소연박이란 마음이 번뇌의 소연이 되어 계박되는 것을 말한다.

(3) 덕을 찬탄함

① 권실權實의 덕을 갖춤

가. 간략하게 찬탄함

가) 실덕을 찬탄함

경 모두 보현 대사의 덕을 좇고 모든 보살의 한량없는 행원行願을 갖추며 일체의 공덕의 법에 안주했으며,

經曰。皆遵普賢大士之德。具諸菩薩無量行願。安住一切功德之法者。

술 이것은 세 번째로 덕을 찬탄한 것이다. 여기에 두 가지가 있으니, 처음은 권실權實의 덕을 갖춘 것이고, 나중은 자신과 타인을 이롭게 하는 실천행이다. 처음에 또한 세 가지가 있으니, 처음은 간략하게 찬탄하였고, 다음은 자세하게 찬탄하였으며, 나중은 찬탄을 맺었다. 처음에 또한 두 가지가 있는데, 이것은 처음에 실덕實德을 찬탄한 것이다.

述云。此第三嘆德。有二。初備權實之德。後利自他之行。初又有三。初略歎。次廣歎。後結嘆。初又有二。此初嘆實德也。

"보현(대사)의 덕을 좇고"란 상위上位의 실천행을 닦는 것[127]이고, "보

127 상위上位의 실천행을 닦는 것 : 최상의 경지에 도달하기 위한 실천행을 가리킨다.

살의 (한량없는) 행원을 갖추며"란 곧 하위下位의 서원誓願을 갖춘 것[128]이며, "(일체의) 공덕의 법에 안주했으며"란 곧 스스로 안주하는 법을 밝힌 것이다.

遵普賢之德者。即修上位之行。具菩薩行願者。即備下位之願。住功德之法者。即辨自住之法。

"좇아(遵)"란 좇는 것(循)이고, 수순하는 것(順)이다. "보현"이란 여여如如(眞如)에 의지하여 온갖 덕행을 갖춤으로써 등각等覺[129]의 지위에 머무는 이의 이름이다. 그러므로 현호 등은 모두 보현 대사의 덕을 좇았으니, 곧 법운지法雲地[130]의 계위에 도달했음을 알 수 있다.

"행行"이란 곧 『유가사지론』에서 보리분법행菩提分法行·모든 바라밀행波羅蜜行·유정을 성취시키는 행·신통행神通行 등이라고 한 것[131]을 말한다. "원願"이란 광대한 서원(弘誓)이다. 경[132](『홍맹해혜경弘猛海慧經』)에서 일체법

---

128 하위下位의 서원誓願을 갖춘 것 : 중생을 구제하기 위한 행원을 가리킨다.

129 등각等覺 : 보살의 52수행 단계 가운데 제51위를 가리키는 말. 아직 부처의 지위인 제52 묘각위妙覺位에 도달하지는 못했지만, 그와 거의 같은 단계에 도달했다는 뜻에서 붙여진 이름이다.

130 법운지法雲地 : 보살의 52수행 단계 중 제50위. 보살십지菩薩十地 중 최고의 지위인 제10지. 법신을 얻고 자재력을 갖춘 궁극적 지위이다.

131 보살이 일체계위에서 행해야 할 실천행을 넷으로 묶은 것. 『瑜伽師地論』 권49(T30, 565c15)에서 "菩薩。始從勝解行地。乃至最後到究竟地。於此一切菩薩地中。當知。略有四菩薩行。何等爲四。一者波羅蜜多行。二者菩提分法行。三者神通行。四者成熟有情行."이라고 하였다.

132 『法華義疏』 권12(T34, 628c3)·『十一面神呪心經義疏』(T39, 1006c27)·『法華經玄贊要集』 권10(X34, 403c7) 등에서 동일한 내용의 글을 인용하면서 출처를 『弘猛海慧經』이라 했다. 따라서 본문의 "경"은 『弘猛海慧經』이라고 할 수 있는데 현존하지 않는다. 관세음보살이 과거세에 선수왕善首王의 첫 번째 아들 선광善光으로 태어났을 때 공왕관세음보살空王觀世音菩薩을 친견하여 열 가지 서원을 세우고, 미래세에 관세음이라는 이름의 부처가 되어 중생이 세 번 나의 명호를 칭념했는데도 구제할 수 없다면 미묘한 색신을 얻지 않겠다고 발원한 내용이다. 『開元釋敎錄』 권18(T55, 675b12)에서 『觀

을 아는 것·반야의 배를 얻는 것·지혜의 바람을 만나는 것·훌륭한 방편을 얻는 것·모든 사람을 제도하는 것·큰 고통의 바다에서 벗어나게 하는 것·구족도具足道[133]를 얻는 것·열반의 산을 오르는 것·무위無爲의 집에 들어가는 것·법성신法性身[134]을 얻는 것 등의 열 가지 서원을 설한 것과 같다. 서원이 없는 실천행은 (중생을) 고통의 바다에 침몰하게 하고, 실천행이 없는 서원은 또한 (중생을) 성숙시킬 수 없다. 그러므로 실천행과 서원을 갖추어야 보리의 도道라고 할 수 있다.

("일체의 공덕의 법"에서) "공功"이란 공능을 말하니, 온갖 실천행은 모두 이익되게 하는 공능이 있기 때문이다. 이 공능은 선행가善行家의 덕德이기 때문에 "공덕功德"이라 했다. 어떤 덕이든 모두 이루기 때문에 "일체"라고 했다. 덕을 이루어 원만하게 갖추었기 때문에 "안주했으며"라고 했다.

遵者。循也順也。普賢者。即依如如備諸德行居等覺之名也。故賢護等。皆遵普賢大士之德。即知位階法雲地也。行者。即瑜伽論中菩提分法諸波羅蜜成就有情神通之行。願者。即弘慧。[1)] 經中。知一切法。得般若舟。值智慧風。得善方便。度一切人。超大苦海。得具足道。[2)] 登涅槃山。入無爲舍。得法性身。十種之願。無願行。沈沒苦海。無行之願。亦無所熟。故備行願。可謂菩提之道也。功謂功能。諸行。皆有利國[3)]之功故。即[4)]善行家之德。故名功德。有德斯成。故云一切。成圓[5)]備。故云安住。

1) ㉾ '慧'는 '誓'인 것 같다. 2) ㉾ '具足道'를 『法華義疏』 권12(T34, 628c7)에서는 '戒

世音十大願經』의 갖춘 이름은 『大悲觀世音弘猛慧海十大願品第七百』이라고 했는데, 같은 책일 것으로 추정된다.

133 구족도具足道 : 『法華義疏』 권3(T34, 491c20)에서 "欲聞具足道者。昔說二乘。既爲半字。名不具足。今請說一乘滿字教門。稱爲具足。"이라고 했다. 곧 구족도란 소승의 반자교에 상대하는 말로 대승의 만자교를 가리킨다.

134 법성신法性身 : 제법의 본성을 증득함으로써 얻는 몸을 일컫는 말이다.

足'이라 했고, 『大正藏』의 미주에 따르면 다른 판본에서는 '戒定'이라 했다고 하였다. 또한 『十一面神呪心經義疏』(T39, 1007a5)에서는 '戒定道'라고 했고, 『法華經玄贊要集』(X34, 403c11)에서는 '戒持'라고 했다. '具足道'라고 보아도 문맥상 문제되지는 않기 때문에 그대로 풀었다. 3) ㉯ '國'은 '蓋'인 것 같다.(㉠) ㉰ 실제 갑본에 따르면 본문은 '國'이라 했고, 미주에서는 '益'인 것 같다고 했는데, 이것이 옳다. '蓋'라고 한 것은 『韓佛全』의 오류이다. 4) ㉯ '卽' 앞에 '此功'이 누락된 것 같다.(㉠) ㉰ 『無量壽經義疏』 권상(T37, 94c14)에 "此功是其善行家德。故名功德。"이라 한 것을 참조할 것. 5) ㉯ '圓' 앞에 '德'이 누락된 것 같다.(㉠) ㉰ 『無量壽經義疏』 권상(T37, 94c12)에서 "成德圓備。德成無退。故曰安住。"라고 한 것을 참조할 것.

나) 권덕을 찬탄함

경 시방을 노닐며 권방편權方便을 행했다.

經曰。遊步十方。行權方便者。

술 이것은 나중에 권덕權德을 찬탄한 것이다.

"노닐며"란 돌아다니는 것(行)이다. 몸을 변화시킴에 걸림이 없어 어떤 감感에도 응應하지 않음이 없기 때문에[135] "시방을 노닐며"라고 했다. 변화하는 행(化行)이 뛰어나 어떤 형태라도 나투지 않음이 없기 때문에 "권방편을 행했다."라고 했다.

述云。此後歎權德也。步者行也。身化無礙。無感不應。故云遊步十方。化行善巧。無形不現。故云行權方便。

135 '감感'이란 중생이 부처님·보살 등의 가피력에 감화되는 것, '응應'이란 부처님·보살 등이 중생의 근기와 여러 가지 고통에 따라 다양하게 대응하는 것을 말한다.

나. 자세하게 찬탄함

가) 실덕을 찬탄함

경 불법장佛法藏을 증입하여 궁극적 경지인 피안彼岸에 도달했고,

經曰。入佛法藏。究竟彼岸者。

술 두 번째로 자세하게 찬탄한 것이다. 여기에 두 가지가 있는데, 이것은 처음에 실덕實德을 찬탄한 것이다.

어떤 사람은 〈"불법장을 증입하여"란 인상승因上昇을 펼친 것이고, "궁극적 경지인 피안에 도달했고"란 과필경果畢竟을 나타낸 것이다. 여래장如來藏[136]에 있는 갠지스 강의 모래알처럼 많은 법을 "불법장"이라 하고, 증득하여 회합하는 것을 "증입하여(入)"라고 하며, 열반의 언덕에 도달하는 것을 "궁극적 경지(究竟)"라고 하기 때문이다.〉라고 했는데, 이것은 옳지 않은 것 같다. 여래장은 곧 불성佛性의 뜻인데, '갠지스 강의 모래알처럼 많은 공덕을 갖춘 법을 증득하여 회입하는 것을 인상승이라 한다'라고 한 것은, 경에서 "불성을 볼 때 무상각無上覺(위없는 깨달음. 곧 최고의 깨달음)을 얻는다."[137]라고 한 것과 어긋나기 때문이다. 만약 불성을 증득하였으나 보리과菩提果(無上覺의 果)는 얻지 않은 것이라고 한다면 열반의 언덕에 도달했어도 응당 원적과圓寂果(涅槃의 果)를 얻은 것은 아니어야 하기 때문이다.

---

136 여래장如來藏 : 모든 중생의 번뇌로 가득 찬 몸에 숨겨져 있는 본래 청정한 여래의 법신을 가리킨다.

137 『大般涅槃經』 권7(T12, 646a1).

述云。第二廣歎有二。此初歎實德也。有說。入佛法藏者。申因上昇。究竟彼岸者。彰果畢竟。如來藏中恒沙之法。名佛法藏。證會。名入。到涅槃岸。名究竟故。此恐不然。如來藏即佛性義。而言證會恒沙德法名因上昇者 即違經云。見佛性時。得無上覺故。若證佛性。非菩提果。至涅槃岸。應非圓寂果故。

지금 곧 "증입하여"란 궁극적 경지인 증해證解[138]를 통달하고 이해하여 진여실상眞如實相을 아는 자리自利의 지혜와 사事(현상적인 것)를 아는 이타利他의 지혜를 아는 것이다. 그러므로 "불법장을 증입하여"라고 했다. 곧 『법화경』에서 "부처님의 지혜에 잘 들어가고 큰 지혜에 통달한다."[139]라고 한 것이 그것이다. "피안"이란 진리이고, 이 실성實性(진실한 성품)을 증득하기 때문에 "궁극적인 경지"라고 하니, 곧 그 경(『법화경』)에서 "피안에 도달한다."[140]라고 한 것이 그것이다. 항상 이제二諦[141]를 비추어 자신과 타인을 이롭게 하니 실덕이라 말할 수 있기 때문이다.

今即入者。達解究竟證解。知如實自利及事利他。故云入佛法藏。即法華中。善入佛慧。通達大智也。彼岸者。眞理。證此實性。故云究竟。即彼經中。到於彼岸也。恒照二諦。以利自他。可謂實德故。

---

138 증해證解 : 진여실상을 깨달아 아는 것. 상대어는 신해信解로 믿음에 의지하여 뛰어난 이해를 얻는 것. 『法華義疏』 권3(T34, 489c11)에서 "[『法華經』 권1(T9, 5c27)에서] '믿음의 힘이 견고한 보살들은 제외한다'라고 한 것은, 능히 신해信解하는 것을 말했을 뿐이다. 부처의 경지에 이를 때라야 증해證解라고 한다.(除諸菩薩信力堅固。能信解耳。至佛之時。乃名證解。)"라고 한 것을 참조했다.

139 『法華經』 권1(T9, 2a6).

140 『法華經』 권1(T9, 2a6).

141 이제二諦 : 진리를 두 가지 측면에서 서술한 것. 곧 세제世諦(俗諦)와 진제眞諦(第一義諦)를 말한다. 세제란 현상적인 측면 혹은 현실적인 측면에서 진실이라고 인정되는 것, 진제란 본질적인 측면 곧 궁극적인 측면에서 진실이라고 인정되는 것을 말한다. 여기에서는 세제를 이타지利他智, 진제를 자리지自利智에 배대했다.

나) 권덕을 찬탄함

㉮ 총괄적으로 찬탄함

경 한량없는 세계에 몸을 나투어 등각等覺(최상의 깨달음)을 이루었다.

經曰。於無量世界。現成等覺者。

술 이것은 나중에 자세하게 권덕權德을 찬탄한 것이다. 여기에 두 가지가 있는데, 이것은 처음에 총괄적으로 찬탄한 것이다.

어떤 사람은 〈여러 보살이 각각 한 세계에서 성불하여 중생을 교화하기 때문에 "한량없는 세계"라고 했다.〉라고 했는데, 이것은 반드시 옳지 않다.

초지初地(보살 十地 중 제1 歡喜地)의 보살의 신통력이 미치는 경계도 오히려 백불百佛의 세계에 이르거늘, 하물며 또한 법운지法雲地(보살 십지 중 제10지)의 보살이 중생을 교화하는 세계를 일정한 숫자로 칭량할 수 있겠는가. 그런데도 '각각 한 세계에서 (성불하여 중생을 교화한다)'라고 한 것은 반드시 바른 이치가 아니기 때문이다.

지금 곧 낱낱의 보살이 각각 한량없는 세계에 나투어 교화하기 때문에 "한량없는 세계에 몸을 나투어 등각을 이루었다."라고 한 것이다.

述云。此後廣歎權德。有二。此初總嘆也。有說。諸菩薩。各於一界。成佛化生。故云無量世界。此心[1]不然。初地菩薩。神通境界。尚百佛世界。況亦法雲菩薩。化物世界。可得稱數。而言各於一界。必非正理故。今即一一菩薩。各於無量世界現化。故於無量世界。現成等覺。

1) ㉻ 心은 必인 것 같다.(㉿)

㉯ 개별적으로 찬탄함

ㄱ. 이 세계를 버리고 하늘로 올라감

경 도솔천兜率天[142]에 머물며 정법을 널리 베풀었고,

經曰。處兜率天。弘宣正法者。

술 이것은 나중에 개별적으로 찬탄한 것이다. 여기에 아홉 가지가 있으니, 첫째 이 세계를 버리고 하늘로 올라간 것이고, 둘째 강신降神하여 태내에 들어간 것이며, 셋째 태에서 나오면서 범상치 않은 모습을 보인 것이고, 넷째 기예技藝가 갖추어지고 지해知解가 넓혀진 것이며, 다섯째 기예를 드러내 보이고 아내를 맞이한 것이고, 여섯째 속세를 벗어나 삿된 견해를 좇은 것이며, 일곱째 마구니를 항복시키고 깨달음을 이룬 것이고, 여덟째 법으로 교화하여 두루 윤택하게 적신 것이며, 아홉째 진여의 세계로 돌아가서 중생을 이롭게 한 것이다. 이것은 처음에 해당하는 것이다.

述云。此後別嘆。有九。一捨此昇天。二降神入胎。三出胎異常。四伎備解寬。五效藝納妻。六出俗從邪。七伏魔成覺。八法化普洽。九歸眞利物。此初也。

142 도솔천兜率天 : '도솔'은 Ⓢ Tuṣita의 음사어. '천'은 Ⓢ deva의 의역어. 욕계에 속하는 여섯 하늘 중 네 번째 하늘. 지족천知足天·희족천喜足天 등이라고도 한다. 한 번만 태어나면 성불할 것이 예정된 보처補處보살이 머무는 곳. 이곳의 중생은 자신이 감수한 것에 대해 기쁘고 만족하는 마음을 내기 때문에 붙여진 이름이다.

"도솔천에 머물며"란 곧 하늘로 올라가는 것이고, "정법을 널리 베풀었고"란 천중天衆을 두루 교화하는 것이다. ("도솔천"의) 범어 음사어는 도사다제바覩史多提婆(Ⓢ Tuṣita-deva)이고 희족천喜足天이라 의역한다. 여러 부처님께서 항상 중도中道를 행하셨기 때문에 여러 보살들은 모두 이 하늘에 태어난다.[143]

處兜率天者。即昇天也。弘宣正法者。化備天衆。梵天[1)]覩史多提婆。此云喜足天。諸佛常行中道。故諸菩薩。皆生此天。

1) ㉑ '天'은 '云'인 것 같다. 범천은 색계의 초선初禪에 속하는 하늘로 도솔천과 무관하기 때문이다. 또한 경흥의 서술 방식의 일관성을 고려할 때도 '云'이 옳은 것 같다.

곧 『방광대장엄경』에서 "일찍이 4백억 나유타那由他 구지拘胝[144]의 부처님의 처소에서 부처님을 따라 출가했고, 일찍이 50백억 나유타 구지의 부처님의 처소에서 큰 보시를 행했으며, 이미 일찍이 350구지의 여러 벽지불辟支佛(緣覺·獨覺)을 친근히 했고, 이미 일찍이 한량없는 아승기阿僧祇[145]의 여러 성문중聲聞衆을 교화하여 모두 바른 방편에 머물게 했으며, 위없는 깨달음을 증득하고자 하여 바로 일생보처一生補處[146]의 지위에 나아가

143 『大智度論』 권4(T25, 89c5)에서 "復次。佛常居中道故。兜率天。於六天及梵之中。"이라고 한 것을 참조할 것. 곧 도솔천은 육욕천六欲天(四大王天→三十三天→焰摩天→兜率天→樂變化天→他化自在天)과 그 위의 범세천梵世天(색계의 初禪天을 통틀어서 일컫는 말)을 합한 일곱 하늘의 중간에 있는데, 그 이유가 부처님께서 항상 중도에 머무는 것과 관련이 있음을 밝힌 것이다.

144 구지拘胝 : Ⓢ koṭi, koṭī의 음사어. 인도에서 통용되던 수량의 명칭. 구체적인 수량은 일정하지 않아 천만·억·만억·백천·십만·경京 등으로 다양하게 제시된다.

145 아승기阿僧祇 : Ⓢ asaṃkhya의 음사어. 인도에서 통용되던 수의 명칭의 하나. 52수 중 제52에 해당하는 수로 무량수無量數·불가산계不可算計·무앙수無央數 등으로 의역한다.

146 일생보처一生補處 : Ⓢ eka-jāti-pratibaddha. 한 번만 태어나면 성불할 것이 예정된 지위를 가리키는 말이다.

서 이 세상에서 목숨이 다하고 도솔천에 태어나서 그곳의 천자가 되었으니, 이름은 정당淨幢이었다. 여러 천자들은 백천 구지 나유타의 숫자만큼 있는데, 모두 법당에 모여 보살을 둘러싸고 말씀하신 위없는 큰 법(無上大法)을 듣고 받아들여 온갖 번뇌를 끊고 광대한 마음(廣大心)을 일으켰다."[147]라고 하였다.

即莊嚴經云。曾於百[1)]億那由他物[2)]胝佛。[3)] 隨佛出家。曾於五十百億那由他物*胝佛所。而行大施。已曾親近三百五十物*胝諸辟支佛。已曾敎化無量阿僧祇諸聲聞衆。皆令住正方便中。爲欲證無上覺。乃趣一生補處。從此命終。生兜率天。爲彼天子。名曰淨幢。諸天子等百千物*胝那由他數。大集法堂。圍遶菩薩。聽受所說無上大法。斷諸煩惱。生廣大心。

1) ㊊『方廣大莊嚴經』 권1(T3, 540c13)에 따르면 '百' 앞에 '四'가 누락되었다. 2) ㊊『方廣大莊嚴經』 권1(T3, 540c13)에 따르면 '物'는 '拘'이다. 이하 동일하다. 3) ㊊『方廣大莊嚴經』 권1(T3, 540c13)에 따르면 '佛' 뒤에 '所'가 누락되었다.

ㄴ. 강신하여 태내에 들어감

경 그 천궁天宮을 버리고 강신하여 모태에 들어갔다.

經曰。捨彼天宮。降神母胎者。

술 이것은 두 번째로 강신하여 태내에 들어간 것이다. 중생으로 하여금 존중하는 마음을 내어 말씀하신 것을 쉽게 받아들일 수 있게 하려고

147 『方廣大莊嚴經』 권1(T3, 540c13~541a11). 내용은 같지만 문장이 꼭 일치하는 것은 아니며 중략된 부분도 있다. 이하 경흥이 출처를 밝히지 않고 『方廣大莊嚴經』을 취의 요약하고 있는 문장은 해당 문장을 가능한 한 모두 밝혀 두었다.

천궁을 버리고 하강하여 태내에 들어간 것이다.

述云。此第二降神入胎也。欲使衆生。生尊重心。易受所說。故捨天宮。以下入胎。

그 경에서 다음과 같이 말했다.

보살이 장차 강생降生하고자 했는데, (그로부터) 12년 전에 정거천淨居天이 있어 염부지閻浮地[148]에 하강하여 바라문의 모습을 짓고 『베다론』[149]을 설하였다. (그 논서에 실린 것에 따르면) "12년 후 어떤 뛰어난 사람이 있어 흰 코끼리의 모습을 나투고 모태에 들어가 대인상大人相[150]을 갖추고 태어날 것인데, 출가한다면 응당 성불할 것이다."라고 했다. 또 어떤 천자는 염부제로 하강하여 벽지불에게 말하였다.

"이 세상을 버려야 할 것이니, 앞으로 (12년 후) 어떤 보살이 강신降神하여 태내에 들어갈 것이기 때문이다."

그때 왕사성 미반산尾盤山에 마등摩燈이라는 벽지불이 있어 이 말을 듣고 (자신의 몸이 부서지는 흙처럼 덧없음을 보고는) 자리에서 일어나 허공으로 일곱 다라수多羅樹[151] 높이만큼 치솟아 올라 불을 일으키고 몸

148 염부지閻浮地 : Ⓢ Jambu-dvīpa의 음사어. 염부제閻浮提라고도 한다. 수미산須彌山을 중심으로 사방에 솟은 네 개의 섬 중 남쪽에 있는 것으로, 우리가 현재 살고 있는 세계를 가리킨다. 불교의 세계관에 따르면 수미산을 중심으로 바다와 산에 의해 차례대로 둘러싸여서 이루어진 소세계小世界는 무수히 많이 있기 때문에 염부제의 숫자 또한 무수히 많다.

149 『베다론』 : '베다'는 Ⓢ Veda의 음사어. 위타韋陀라고 음사한다. 고대인도 바라문교婆羅門敎의 근본 성전으로 현존하는 인도 최고最古의 문헌군이다.

150 대인상大人相 : 부처님·보살 등과 같은 뛰어난 분이 갖추고 있는 서른두 가지의 뛰어난 모습을 가리킨다.

151 다라수多羅樹 : '다라'는 Ⓢ Tāla의 음사어. 의역어는 안수岸樹·고송수高竦樹 등이다. 인도·스리랑카 등의 해안의 모래땅에 서식하며, 높이 최고 22m까지 자란다. 잎

을 태워 열반에 들었는데, 오직 남은 사리舍利(遺骨)만 허공에서 떨어졌다. 바라나국波羅奈國[152]의 5백 명의 벽지불도 모두 또한 이와 같이 하였다.

보살은 천궁에 머물면서 (강신하기에 적합한) 시기·방위·나라·족성族姓 등을 살폈다. (그리고) 고당高幢이라는 대전大殿에 올랐는데 가로와 세로 모두 64유순由旬[153]이었다. (이곳에서) 여러 천중을 위해 백팔법문百八法門을 설하였으니 신법문信法門에서 시작하여 관정법문灌頂法門에서 마치는 것이었다. 그 천궁에서 하강하여 태내에 들어가려 할 때 (보살은 여러 하늘에게 어떤 형상으로 해야 할지 물었다.)

승광勝光이라는 천자가 말했다.

"『베다론』에서 설한 것에 따르면 보살이 하생下生할 때는 코끼리의 형상을 하고 모태에 들어가야 합니다."

보살은 동절기冬節期가 지나고 춘분春分 중 비사가월毘舍佉月[154]에, (곧)

이 크고 평평하며 견고하여 예로부터 경전을 서사하는 데 사용하였다. 이 잎을 범어로 pattra라고 하고, 패다貝多·패다라貝多羅 등으로 음사하며, 엽葉·수엽樹葉 등으로 의역한다. 이러한 연유로 경전을 패엽경貝葉經이라고 부르기도 한다. 높이의 단위로 자주 쓰이는데 그 구체적인 수량은 일정하지 않다. 다만 『翻譯名義集』 권3(T54, 1102a20)에서 "다라. 구역에는 패다라고 했다. 안岸이라 의역한다. 모양은 중국에서 산출되는 종려나무와 같다. 곧고 높게 자라서 가장 높은 것은 길이가 80, 90척에 달한다. 꽃은 황미자와 같다. 어떤 사람은 말하였다. '1다라수는 높이 7인仞인데, 7척을 1인이라 한다. 이러한즉 나무의 높이는 49척이다.'(多羅。舊名貝多。此翻岸。形如此方椶櫚。直而且高。極高長八九十尺。華如黃米子。有人云 一多羅樹。高七仞。七尺曰仞。是則樹高四十九尺。)"라고 했다.

152 바라나국波羅奈國 : S Vārāṇasī의 음사어. 의역어는 강요江繞·구요丘繞 등이다. 고대 인도의 나라 혹은 도시 이름. 부처님께서 처음 법륜을 설한 곳인 녹야원鹿野苑이 근교에 있다.

153 유순由旬 : S yojana의 음사어. 화합和合·한량限量·역驛 등으로 의역한다. 인도에서 거리를 계산할 때 사용하던 단위. 소에 멍에를 메어 하루 정도 갈 수 있는 거리 혹은 왕이 하루 동안 군대를 이끌고 행군할 수 있는 거리. 출처에 따라 구체적인 길이는 다르다. 『大毘婆沙論』·『俱舍論』 등에 따르면 8,640m에 해당하는 길이이다.

154 비사가월毘舍佉月 : S Viśākhā의 음사어. 장양長養·별지別枝 등으로 의역한다. 인도

춥지도 않고 덥지도 않은 기후가 형성되는 저수氐宿[155]와 합하는 시기에, 백월白月(초하루에서 보름에 이르기까지의 달)이 둥글고 청정하여 불사성弗沙星[156]이 바로 달과 합하는 날, 그 어머니가 청정하게 재계齋戒를 수지하고 편안하게 잠들었을 때, 여섯 개의 어금니를 갖춘 흰 코끼리의 형상을 하였으되 그 어금니는 금색金色이며, 머리에는 붉은 광명이 감돌며, 형상과 제근諸根(감각기관)은 모두 원만한 상태에서 생각을 집중하여 분명히 알아차리면서 어머니의 옆구리로 강신하여 들어갔다.[157]

彼經云。菩薩。將欲降生。十二年前。有淨居天。下閻浮地。作婆羅門。說韋陀論。十二年後。有一勝人。現白象形。入於母胎。具大人相。若出家者。當得成佛。復有天子。下閻浮提。告辟支佛。應捨此土。當有菩薩。降神入胎。時王舍城。尾盤山中。有辟支佛。名曰摩燈。聞是語已。起踊在虛空高七多羅樹。化火焚身。入於涅槃。唯餘舍利。從空而下。波羅奈國。五百辟支。皆亦如是。菩薩。處於天宮。觀時方國族。昇一大殿。名曰高幢。縱廣正等六十四由旬。爲諸天衆。說百八法門。謂從信法門。終灌頂法門。從彼天宮。下生入胎。有一天子。名曰勝光。作如此說。圍陀論所說。菩薩下生。當作象形。而入母胎。菩薩。冬節過已。於春分中。毘舍佉月。不寒不熱之氐宿合時。白月圓淨。弗沙星。正與月合。其母受持清淨齋戒。安穩睡眠時。爲白象形。六牙具足。其牙金色。首有紅光。形相諸根。悉皆圓滿。正念了知。

력 2월에 해당하는 달의 이름으로, 나뭇잎과 꽃이 선명하고 윤택해지는 봄날을 가리킨다.

155 저수氐宿 : Ⓢ Viśākhā의 의역어. 달이 한 달 동안 지나는 궤도에 있는 28개의 별자리(宿) 중 하나이다.

156 불사성弗沙星 : Ⓢ Puṣya의 음사어. 귀수鬼宿라고 의역한다. 달이 한 달 동안 지나는 궤도에 있는 28개의 별자리 중 하나이다.

157 『方廣大莊嚴經』 권1 「法門品」(T3, 543c24)과 같은 책 권2 「降生品」(T3, 546a2), 같은 책 권2 「處胎品」(T3, 548c7)의 취의 요약이다. 생략된 부분이 많은데, 문맥상 필요할 경우는 괄호로 표시하여 보충하였다.

於母右脇。降神而入。

“(『무량수경』의 본문은) 여러 보살의 덕을 찬탄한 것인데 (『방광대장엄경』에서 석가보살의 일을 설한 것을 가지고) 어떻게 장차 이 아홉 가지 상相을 보인 문장[158]을 풀이하려는 것인가?”라고 힐난하지 말아야 한다. 석가釋迦(Ⓢ Śākya)의 팔상八相[159]은 곧 여러 보살의 승진행勝進行[160]이기 때문이다. 또한 팔상을 나툴 때 여러 보살이 낱낱이 상相을 나툰 것과 서로 비슷하여 중생이 동일한 것이라고 말한다. 그러므로 그 경(『방광대장엄경』)에서 설한 석존釋尊의 장엄莊嚴을 인용하여 여기에서 보살의 아홉 가지 상相을 설한 문장을 풀이하는 것이 어찌 어긋남이 있겠는가. 단지 경전의 문장이 번거롭고 자세하여 말을 낭비할 것을 염려할 뿐이다. 그러므로 이제 뜻을 미루어 말을 줄였으니, 경에 칭합하고 이치를 갖추었다.

不應難言。歎諸菩薩德。如何。將釋此九相文者。釋迦八相。即諸菩薩勝進行故。又現八相時。諸菩薩。一一現相。相似。衆生謂一。故引彼經。釋尊莊嚴。釋此菩薩九相之文。有何乖角。但經文煩廣。恐費言論。故今推義而約言。稱經而備理。

---

158 ‘제3편-제1장-제1절-5-2)-(3)-①-나-나)-㉯ 개별적으로 찬탄함’에서 설한 아홉 가지 상. ‘ㄱ. 이 세계를 버리고 하늘로 올라감’에서부터 ‘ㅈ. 진여의 세계로 돌아가 중생을 이롭게 함’까지를 가리킨다.

159 팔상八相 : 부처님의 일생을 여덟 가지 모습으로 요약한 것. 대승과 소승이 차이가 있고, 각각에 있어서도 일률적이지 않다. 일반적으로 첫째 강도솔상降兜率相, 둘째 탁태상託胎相, 셋째 강생상降生相, 넷째 출가상出家相, 다섯째 항마상降魔相, 여섯째 성도상成道相, 일곱째 설법상說法相, 여덟째 열반상涅槃相 등을 가리킨다.

160 승진행勝進行 : 이전에 달성한 특정 수행의 경지로 말미암아 다시 그보다 뛰어난 수행의 경지를 향해 나아가는 실천행이라는 뜻이다. 상대어는 자분행自分行으로 특정한 수행의 경지를 달성하는 것이다.

보살이 태내에 머물 때의 장엄은 비록 많지만 간략하게 세 가지가 있다.

첫째, 궁전이다. 곧 "욕계의 여러 하늘은 각각 묘궁妙宮을 가지고 수단왕輸檀王(Ⓢ Śāuddhodana, 淨飯王)에게 왔다. 왕도 또한 보살을 위해 궁전을 지었는데 매우 아름다워 인간 세상에서는 볼 수 없는 것이었다. 보살은 (삼매三昧의) 위력威力에 의해 모든 궁전에 전부 마야摩耶(Ⓢ Māyā) 성후聖后의 몸을 나투게 하고, (모든) 보살이 오른쪽 옆구리에 가부좌跏趺坐[161]를 틀고 앉아 있도록 했다. 여러 하늘은 스스로 '보살의 어머니는 오직 나의 궁전에만 계신다'라고 말했다. 보살의 궁전은 가로와 세로가 똑같이 3백 유순이었고, 세 겹으로 둘러쳐 장엄되었으며, 모두 우두전단牛頭栴檀[162]의 천향天香으로 이루어졌는데, 그 향 1푼(分)은 삼천대천세계에 달하는 가치가 있는 것이었다. 욕계의 여러 천궁天宮이 모두 보살의 궁전에 나타났다. 일체의 보살은 장차 태내에 들어갈 때 어머니의 오른쪽 옆구리에 먼저 이러한 궁전이 있다. 그렇게 한 후에 도솔천에서 강신하고 태내에 들어가서 이 궁전에 가부좌를 틀고 앉는다."[163]라고 했다.

菩薩處胎。莊嚴雖多。略申三種。一者宮殿。即欲界諸天。各持妙宮。至輸檀王。王亦爲菩薩。造殿綺麗。人間所無。菩薩威力。故令諸宮中。悉現摩耶聖后之身。皆有菩薩右脇結坐。諸天自謂。菩薩之母。唯住我宮。菩薩寶殿。縱廣正等三百由旬。三重匝飾。皆以牛頭栴檀天香所成。其香一分。價直三千大千世界。欲界諸天宮。皆現菩薩宮殿之中。一切。[1)] 將入胎時。於

161 가부좌跏趺坐 : 좌법坐法의 하나. 양다리를 교차시켜 발바닥을 위로 보이게 앉는 자세이다.

162 우두전단牛頭栴檀 : Ⓢ gośīrṣa-candana의 음사어. 향목香木인 전단수旃檀樹 중에서도 가장 뛰어난 것으로 불상佛像을 조성할 때 사용한 나무이기도 하다. 가루 혹은 기름의 형태로 향을 만들어 쓰기도 한다.

163 『方廣大莊嚴經』 권2 「處胎品」(T3, 549c4~550b14)의 취의 요약이다.

母右脇。先有此殿。然後從天降神入胎。於此殿中。結跏趺坐。

1) 역『方廣大莊嚴經』 권2(T3, 550b12)에 따르면 '一切' 뒤에 '菩薩'이 누락되었다.

둘째, 음식이다. 곧 "보살이 태내에 들어가던 날 밤 아래로 수륜水輪의 끝에서 연꽃이 솟아 나와 지륜地輪(대지)을 뚫고 위로 범세梵世까지 뻗어 나갔는데, 가로와 세로는 모두 68낙차洛叉 유순이었다. 오직 부처님과 보살 그리고 대범왕大梵王을 제외하고는 볼 수 있는 사람이 없다. 삼천세계三千世界[164]의 모든 미미美味, 곧 감로甘露[165] 같은 것이 이 꽃 속에 나타났다. 대범천왕은 비유리毘瑠璃[166]로 만든 그릇으로 이 청정하고 미묘한 감로의 맛을 지닌 것을 담아 보살께 받들어 올렸고, 보살은 받아서 먹었다. 이것은 오직 십지十地의 구경인 제10 법운지에 도달하여 최후의 몸을 성취한 보살을 제외하고는 먹을 수 있는 사람이 없다. 이것은 오랜 세월 동안 의약으로 병든 중생을 구제하고 미묘한 꽃으로 성인에게 공양했기 때문에 그 복의 과보로서 초래된 것이다."[167]라고 했다.

二者飮食。即菩薩入胎之夜。下從水際涌出蓮華。穿過地輪。上至梵世。縱廣正等六十八洛叉由旬。唯除佛菩薩及大梵王。無能見者。三千世界。所

164 삼천세계三千世界 : 삼천대천세계三千大天世界·삼천계三千界 등이라고도 한다. 부처님의 교화가 미치는 영역. 수미세계須彌世界를 1천 개 합친 것을 소천세계小千世界, 소천세계를 1천 개 합친 것을 중천세계中千世界, 중천세계를 1천 개 합친 것을 대천세계大千世界라고 한다. 여기에서 소천세계는 1천 개를 한 번 합쳐서 성립된 것이므로 일천세계一千世界라고도 하고, 중천세계는 1천 개를 두 번 합쳐서 성립된 것이므로 이천세계二千世界라고도 하며, 대천세계는 1천 개를 세 번 합쳐서 성립된 것이므로 삼천세계라고도 한다.

165 감로甘露 : 신들이 상용하는 음료. 신약神藥 또는 불사不死의 영약靈藥으로, 이것을 마시면 불로불사不老不死한다고 전한다.

166 비유리毘瑠璃 : Ⓢ Vaiḍūrya의 음사어. 칠보七寶 중 하나. 청옥靑玉·청색보靑色寶 등으로 의역한다.

167 『方廣大莊嚴經』 권2 「處胎品」(T3, 550a25~b12).

有美味。猶如甘露。現此華中。大梵天王。以毘瑠璃器。盛此淨妙甘露之味。奉上菩薩。菩薩受食。唯除[1)]究竟[2)]後身菩薩。無能食者。斯由長夜。醫藥救病。妙華侍[3)]聖。福報所招。

1) 역『方廣大莊嚴經』 권2(T3, 550b4)에 따르면 '除' 뒤에 '十地'가 누락되었다. 2) 역『方廣大莊嚴經』 권2(T3, 550b4)에 따르면 '竟' 뒤에 '最'가 누락되었다. 3) 원『方廣大莊嚴經』 권2(T3, 550b8)에 따르면 '侍'는 '供'이다.

셋째, 중생을 교화하는 것이다. 곧 "보살이 태내에 머물 때 몸에서 나툰 광명이 세계를 두루 비추었다. 사대천왕四大天王·야차대장夜叉大將 등과 그 권속, 석제환인釋提桓因(도리천의 天主인 帝釋天)과 삼십삼천三十三天,[168] 사바세계娑婆世界[169]의 주재자인 대범천왕大梵天王과 한량없는 범중梵衆이 그 차례대로 아침과 정오와 신시申時(오후 3시~5시)에 법을 듣기 위해 모두 보살을 만나 보살께 문안을 여쭈었고,[170] (보살은) 그들을 위해 설법하였으며, (설법이 끝나면) 예배를 드리고 물러갔다. 시방세계의 한량없는 보살은 해가 질 때에 법을 듣기 위해 찾아와 서로 문답하였다. (이 보살들은) 오직 동일하게 수행한 이만이 볼 수 있는 것이어서 마야부인은 볼 수 없었다."[171]라고 했다.

그 경(『방광대장엄경』)에 준하면 "(강신하려 할 때) 시방세계에 있는 한량없는 일생보처의 보살과 시방세계에 있는 욕계의 천자가 모두 도솔천

168 삼십삼천三十三天 : 욕계의 여섯 하늘 중 두 번째 하늘 혹은 그 하늘의 구성원. 도리천忉利天이라고도 한다. 수미산의 정상에 있다. 산정山頂의 사방에 각각 8천성天城이 있고, 중앙에는 도리천주忉利天主인 제석천이 머무는 궁전인 선견성善見城(喜見城)이 있다. 이들을 모두 합하여 33처가 되기 때문에 삼십삼천이라고도 한다.

169 사바세계娑婆世界 : Ⓢ Sahā-loka-dhātu. 석가모니불이 교화하는 현실 세계. 사바(Ⓢ Sahā)란 인忍·감인堪忍 등으로 의역한다. 이 세계의 중생들은 십악十惡에 안주하여 번뇌를 참고 견디면서 벗어나려고 하지 않기 때문에 이렇게 부른다.

170 사대천왕과 야차대장과 그 권속은 아침에, 석제환인과 삼십삼천은 정오에, 대범천왕과 한량없는 범중은 신시에 문안을 여쭈었다는 말이다.

171 『方廣大莊嚴經』 권2 「處胎品」(T3, 550b20~c13).

에 와서 보살에게 공양했다. 보살은 곧 도솔천의 가장 뛰어난 천궁에서 바로 강생하였다. 그때 몸에서 광명을 쏘아 삼천계三千界를 비추었고, (삼천계는) 여섯 가지 형태로 진동하면서 열여덟 가지 모습[172]을 보였다."[173] 라고 하였다. 그러나 지금은 없는 것은 대체로 생략한 것일 뿐이다.

三者化物。即菩薩處胎。身相光明。普遍世界。四大天王夜叉大將與其眷屬。釋提桓因與三十三天。娑婆世界主大梵天王與無量梵衆。如其次第。晨朝中時申時。爲聽法故。皆見菩薩。菩薩慰問。爲其說法。禮退而去。十方無量諸菩薩。於日入時。爲聽法故。來互相問答。唯同行所見。摩耶不能見。又准彼經。十方無量一生補處。十方世界欲色天子。皆至兜率。供養菩薩。菩薩。即於兜率最勝天宮。而便降生。時放身光。照三千界。六種震動。有十八相。而今無者。蓋略而已。

172 열여덟 가지 모습 : 『方廣大莊嚴經』에 따르면 열여덟 가지 진동이란, ① 요동치는 것(搖動), ② 매우 요동치는 것(極搖動), ③ 두루 요동치는 것(遍搖動), ④ 두드리고 부딪치는 것(扣擊), ⑤ 매우 두드리고 부딪치는 것(極扣擊), ⑥ 두루 두드리고 부딪치는 것(遍扣擊), ⑦ 옮겨 가는 것(移轉), ⑧ 매우 옮겨 가는 것(極移轉), ⑨ 두루 옮겨 가는 것(遍移轉), ⑩ 솟았다가 덮치는 것(涌覆), ⑪ 매우 솟았다가 덮치는 것(極涌覆), ⑫ 두루 솟았다가 덮치는 것(遍涌覆), ⑬ 소리를 내는 것(出聲), ⑭ 매우 소리를 내는 것(極出聲), ⑮ 두루 소리를 내는 것(遍出聲), ⑯ 가장자리가 솟고 가운데가 꺼지며 가운데가 솟고 가장자리가 꺼지는 것(邊涌中沒中涌邊沒), ⑰ 동쪽에서 솟아오르고 서쪽에서 꺼지며, 서쪽에서 솟아오르고 동쪽에서 꺼지는 것(東涌西沒西涌東沒), ⑱ 남쪽에서 솟아오르고 북쪽에서 꺼지며 북쪽에서 솟아오르고 남쪽에서 꺼지는 것(南涌北沒北涌南沒) 등이다. 여섯 가지 형태의 진동이란, 마지막 세 가지를 둘로 나누어 ① 동용서몰東涌西沒, ② 서용동몰西涌東沒, ③ 남용북몰南涌北沒, ④ 북용남몰北涌南沒, ⑤ 변용중몰邊涌中沒, ⑥ 중용변몰中涌邊沒 등을 가리키는 경우가 많은데, 여기에서 말하는 여섯 가지 형태의 진통이란, ① 요동치는 것(搖動), ② 두드리고 부딪치는 것(扣擊), ③ 옮겨 가는 것(移轉), ④ 솟았가다 덮치는 것(涌覆), ⑤ 소리를 내는 것(出聲), ⑥ 솟고 꺼지는 것(涌沒) 등을 말한다. 이 여섯 가지를 그 세력이나 모양에 따라 다시 셋으로 나누어 모두 열여덟 가지가 된다.

173 『方廣大莊嚴經』 권2 「降生品」(T3, 547c27~548a17).

ㄷ. 태에서 나오면서 범상치 않은 모습을 보임

ㄱ) 태어난 곳의 범상치 않은 형상

경 오른쪽 옆구리에서 태어나서,

經曰。從右脇生者。

술 세 번째로 태에서 나오면서의 범상치 않은 모습을 보인 것이다. 여기에 세 가지가 있는데, 이것은 처음에 태어난 곳의 범상치 않은 형상을 나타낸 것이다.

어떤 사람이 말하기를 〈마야부인이 열 달이 되어 운모雲母(보석의 일종)로 만든 수레를 타고 임미니원林微尼園(Ⓢ Lumbinī)으로 가서 무우수無憂樹(Ⓢ Aśoka)를 잡았을 때, 오른쪽 겨드랑이에서 태어났다.〉라고 한 것은 옳지 않다. 『방광대장엄경』을 검토해 보면 이러한 말은 없기 때문이다.

지금 곧 "보살이 태내에 머물면서 열 달을 채우고 장차 태에서 나오려고 할 때, 성후聖后(마야부인)가 바로 이를 알고 밤의 초분初分[174]에 왕에게 용비원龍毘園(룸비니)으로 가게 해 줄 것을 요청하자 왕은 신하에게 명령하였다. '2만 마리의 코끼리에 멍에를 메어 사용하되, 빛깔은 흰 구름과 같고 형체는 산처럼 거대한 것으로 하며, 여러 거병車兵(수레를 모는 병사)을 갖추되 무기를 굳게 지닐 것이며, 온갖 미묘한 보배로 용비원을 밝혀 환희원歡喜苑[175]처럼 만들어라.' 성후가 보배로 장엄한 수레에 올라타니, 세

174 초분初分 : 밤에 해당하는 시간을 셋으로 나눈 것 중 처음에 해당하는 것. 초야初夜라고도 하고, 오후 8시를 가리킨다. 이 밖에 중야中夜는 자정, 곧 밤 12시이고, 후야後夜는 새벽 4시이다.

175 환희원歡喜苑 : 제석천의 처소인 선견성善見城 북쪽에 있는 동산. 이 동산에서 노닐

계는 여섯 가지 형태로 진동하였고, 제석천은 길을 깨끗이 치웠으며, 사천왕은 수레를 몰았고, 범천은 앞서서 길을 가며 온갖 악한 것을 제거했다. 동산에 도착하여 거닐며 구경하다가 그 보수寶樹[176]에 이르렀다. 과거의 한량없는 여러 부처님의 어머니도 모두 와서 이 보수 아래 앉았다. 그때 백천 정거천도 또한 이 나무 아래에 이르러서 성후를 둘러싸고 기쁜 마음으로 예배드리고 찬탄하였다. 성후는 몸에서 광명을 쏘고 나무를 우러러보면서 바로 오른손으로 나무의 동쪽 가지를 잡고 기지개를 켜면서 하품을 하고 단정하고 위엄 있는 자태로 서 있었다. (보살은) 어머니의 오른쪽 옆구리에서 편안하고 고요하게 태어났다. 그때 제석천과 범왕이 몸을 숙이며 앞으로 나와 바로 두 손으로 교사야의憍奢耶衣[177]를 덮어 보살을 받들었다. 그리고 보살이 (태내에서 머물렀던 보배로 장엄한) 궁전을 가지고 범궁梵宮으로 돌아갔다."[178]라고 했다.

述云。第三出胎異常。有三。此初生處異常也。有說。摩耶。十月已滿。乘雲母車。往於林微尼園。攀無憂樹。從右腋下而生者。非也。撿莊嚴經。都無此言故。今即菩薩處胎。十月既滿。將出胎時。聖后即知。於初夜[1)]分。請王欲詣彼龍毘園。王勅臣佐。駕二萬象。色類白雲。[2)] 其形似仙。[3)] 備諸車兵。執持器杖。以諸妙寶。瑩龍毘園。如歡喜苑。聖后昇寶乘。世界六種動。帝釋淨路。四王御車。梵天前道。除諸惡相。到園遊觀。至彼寶樹。過去無量

면 미묘한 경계가 모두 앞에 나타나 싫증나지 않고 마음이 유연해져서 투쟁심이 사라지며 기쁨이 넘치게 하기 때문에 붙여진 이름이다.

176 보수寶樹 : 『方廣大莊嚴經』 권3(T3, 552c18)에서는 "바차보수波叉寶樹"라고 했다. '바차'는 S Plakṣa의 음사어이다.

177 교사야의憍奢耶衣 : '교사야'는 S kauśeya의 음사어. 충蟲·잠蠶 등으로 의역한다. 교사야의란 야생 누에로부터 얻은 명주실로 만든 옷이다.

178 『方廣大莊嚴經』 권3 「誕生品」(T3, 551b29~553a8). 보살이 태내에서 머물렀던 보배 궁전에 대해서는 앞의 "보살이 태내에 머물 때의 세 가지 장엄 중 첫 번째인 궁전을 설명한 것"을 참조할 것.

諸佛之母。皆來坐此寶樹下。時百千淨居天。亦至此樹下。圍遶聖后。喜禮而歎。后身放光。仰觀於樹。即以右手。攀樹東枝。頻呻欠呿。端嚴而立。從母右脇。安詳而生。時帝釋梵王。曲躬而前。即以兩手。覆憍奢耶衣。承捧菩薩。將菩薩殿。還於梵宮。

1) ㊊『方廣大莊嚴經』 권3(T3, 552a7)에 따르면 '初夜'는 '夜初'이다. 初夜라고 해도 의미의 차이는 없다. 2) ㊊『方廣大莊嚴經』 권3(T3, 552a19)에서 '雲'을 '雪'이라 했다. 미주에서 다른 판본에서는 '雲'이라 했음을 밝혔다. 3) ㊞ 다른 판본에서는 '仙'을 '山'이라 했다. ㊊『方廣大莊嚴經』 권3(T3, 552a19)에서는 '山'이라 했다.

ㄴ) 범상치 않은 모습을 보임

경 일곱 걸음을 걷는 모습을 보였다. 광명은 밝게 빛나 시방의 한량없는 부처님의 국토를 비추고 대지는 여섯 가지로 진동하였다. 소리 높여 스스로를 일컬어 "나는 세상에서 무상존無上尊(가장 존귀한 분)이 될 것이다."라고 하였다.

經曰。現行七步。光明顯曜。普照十方無量佛土。六種振[1)]動。擧聲自稱。吾當於世。爲無上尊者。

1) ㊊ 경흥의 주석에 따르면 '振'은 '震'이다. 『無量壽經』 권상(T12, 265c29)에서는 '振'이라 했고, 미주에서 【宋】·【元】·【明】·【流布本】 등에서는 '震'이라 하였다고 했다.

술 이것은 다음에 범상치 않은 모습을 보인 것이다.

"보살은 태어나자마자 지탱하기 위한 어떤 도움도 빌리지 않고 바로 시방으로 각각 일곱 걸음을 걸었는데 발을 내딛는 곳마다 모두 연꽃이 피어났다. 보살은 (이때) 두려워하는 마음이 전혀 없었다."[179]라고 했다. 장부丈夫로서 육도六道(윤회의 여섯 범주)를 넘어설 수 있는 기운찬 힘이 있음

179 『方廣大莊嚴經』 권3 「誕生品」(T3, 553a17).

을 보이고자 하기 때문에 "일곱 걸음을 걸었다."라고 하였다.

"광명은 (밝게 빛나) 시방의 (한량없는 부처님의 국토를) 비추고"란 몸의 광명이 중생을 이롭게 하기 때문이다. 그 경에서 "보살이 광명을 쏘니 한량없는 다양한 빛깔이 삼천계를 가득 채웠다. 중생이 이 광명을 만나면 마음이 안락해지고 탐욕·분노·어리석음을 멀리 여의며 온갖 죄의 장애를 여의었다."[180]라고 하였다.

述云。此次示非常相也。菩薩生已。不假扶持。即於十方。各行七步。下足之處。皆生蓮華。無有怖畏。欲示丈夫。超于六道奮迅之力。故行之七步。光照十方者。即身光利物故。彼經中。菩薩放光。無量異色。滿三千界。衆生遇者。心安樂。遠貪恚癡。離諸罪障。

"여섯 가지로 진동하였다."란 마구니로 하여금 겁을 내어 굴복하게 하려는 것이다. "진震"이란 움직이는 것이다.

여섯 가지 진동에는 세 종류가 있다.[181]

『장아함경』에 준한 것으로, 첫째, 육시六時의 진동이 있다. 태내에 들어갈 때, 태에서 나올 때, 출가할 때, 불도를 이룰 때, 법륜을 굴릴 때, 열반에 들 때 등을 말한다. 지금 여기에서 "진동하였다"라고 한 것은 태내에서 나올 때를 말한다.[182]

---

180 『方廣大莊嚴經』 권3(T3, 553b14).

181 이하 세 종류의 진동은 『法華玄贊』 권2(T34, 679c29~680a10)와 거의 내용이 동일하다. 다만 『法華玄贊』에서는 제1은 『長阿含經』의 설, 제2는 『大般若經』의 설, 제3도 『大般若經』의 설이라고 했는데, 경흥은 이를 모두 『長阿含經』의 설인 것처럼 서술하였다. 그러나 실제 『長阿含經』에는 제2와 제3설이 나오지 않는다. 또한 『長阿含經』의 내용이라고 한 것도 실제 내용과 약간 어긋나는 면이 있는데, 이것은 바로 뒤의 주석을 참조할 것.

182 『長阿含經』 권2(T1, 15c28)에 대지가 진동하는 여덟 가지 인연을, "① 공륜空輪→풍륜風輪→수륜水輪→지륜地輪의 순서로 형성된 대지에서 허공에 큰 바람이 일어날 때

둘째, 여섯 방위의 진동이다. 동쪽에서 솟아올라 서쪽으로 꺼지는 것, 서쪽에서 솟아올라 동쪽으로 꺼지는 것, 남쪽에서 솟아올라 북쪽으로 꺼지는 것, 북쪽에서 솟아올라 남쪽으로 꺼지는 것, 중앙에서 솟아올라 가장자리로 꺼지는 것, 가장자리에서 솟아올라 중앙으로 꺼지는 것 등이다.[183]

셋째, 여섯 가지 모습의 진동이다. 동動·용涌·진震·격擊·후吼·폭爆 등이다. 흔들리며 안정되지 않은 것을 '동'이라 하고, 비늘 언덕처럼 솟았다 들어갔다 하는 것을 '용'이라 하며, 은은하게 소리가 나는 것을 '진'이라 하고, 두드리는 소리가 나는 것을 '격'이라 하며, 돌이 구르고 부딪치는 소리가 나는 것을 '후'라 하고, 놀랍고 경이로운 소리가 나는 것을 '폭'이라 한다. 이것에 각각 세 가지가 있어서 열여덟 가지 모습이라 하니, 동動·등동等動[184]·등극동等極動 등을 말하고, 나머지 다섯 가지도 모두 그러하다.[185]

여기에서 "여섯 가지 진동"이란 곧 여섯 가지 모습의 진동이다. 그러므

대지가 그 연쇄반응으로 함께 진동한다. ② 도를 얻은 비구·비구니·위신력 있는 하늘 등이 물의 성질이 많고 땅의 성질이 적은 것을 관찰하고 자신의 능력을 시험하고자 할 때 대지가 진동한다. ③ 보살이 도솔천에서 강신하여 모태에 들어갈 때 진동한다. ④ 보살이 모태에서 나와 태어날 때 진동한다. ⑤ 보살이 불도를 이룰 때 진동한다. ⑥ 부처님께서 처음으로 불도를 성취하여 위없는 법륜을 굴릴 때 진동한다. ⑦ 부처님께서 성명性命을 버리고자 할 때 진동한다. ⑧ 부처님께서 열반에 드셨을 때 진동한다."라고 했다. 이 가운데 부처님의 일생과 관련된 것은 ③~⑧의 여섯 가지인데, 『無量壽經連義述文贊』에서는 ⑦에 대당하는 내용이 없고, 대신에 ④와 ⑤ 사이에 '출가할 때의 진동'을 넣었다.

183 『大般若經』 권1(T5, 2b14)·권513(T7, 620a20).

184 『法華玄贊』 권2(T34, 680a11)에 따르면 적은 부분만 조금 움직이는 것을 '動', 여러 곳이 두루 움직이는 것을 '等動', 두루 크게 움직이는 것을 '等極動'이라 한다. 『大般若經』을 인용한 것이라고 했지만 실제 『大般若經』 권1(T5, 2b11)에서는 '等動'을 '極動'이라 했고, 이 밖에도 이 용어를 쓴 사례가 많다. 그러나 '等動'이라고 한 사례도 많기 때문에 오자로 보지 않았다.

185 『大般若經』 권1(T5, 2b11).

로 『방광대장엄경』에서 “여섯 가지 진동이 열여덟 가지 모습으로 일어난다.”[186]라고 했다.

> 六種震動者。欲使魔怯伏也。震者動也。准長阿含。[1] 六動有三。一六時動。謂入胎。出胎。出家。成道。轉法輪。入涅槃。今動者即出胎時。二六方動。謂東涌西沒。西涌東沒。南涌北沒。北涌南沒。中涌邊沒。邊涌中沒。三六相動。謂動涌震擊吼爆。搖颺不安爲動。鱗隴凹凸爲涌。隱隱有聲爲震。有所扣打爲擊。碎[2]磕發響爲吼。出聲驚異爲爆。此各有三。名十八相。謂動等[3]極動。餘五皆爾。此中六動。即六相動。故莊嚴經云。六動有十八相。
>
> 1) ㉾ 『法華玄贊』과 『長阿含經』의 내용에 의거할 때 ‘准長阿含’은 ‘一六時動’ 뒤로 옮겨야 한다. 2) ㉾ 다른 판본에서는 ‘碎’를 ‘砰’이라고 했다. 3) ㉾ 『法華玄贊』 권2(T34, 680a10)에 따르면 ‘等’ 뒤에 ‘動等’이 누락되었다.

(스스로를) “무상존”이라 칭한 것은 곧 스스로 존호를 외쳐 중생으로 하여금 귀의하여 나아갈 곳으로 삼게 한 것이다.

(일곱 걸음 걸으면서 외친 것을) 갖추어 말하면, “동쪽으로 (일곱 걸음) 걷고 말하기를 ‘나는 일체의 선법을 얻고 중생을 위해 이것을 설할 것이다’라고 하였고, 남쪽으로 (일곱 걸음 걷고) 말하기를 ‘나는 하늘과 사람(天人)에게 공양 받아야 할 사람이다’라고 하였으며, 서쪽으로 (일곱 걸음 걷고) 말하기를 ‘나는 세간에서 가장 존귀하고 가장 뛰어난 사람이다’라고 하였고, 북쪽으로 (일곱 걸음 걷고) 말하기를 ‘나는 모든 중생 가운데 그보다 나은 이가 없는 사람이 될 것이다’라고 하였으며, 하방下方으로 (일곱 걸음 걷고) 말하기를 ‘나는 일체의 마구니의 군대를 항복시킬 것이다’라고 하였고, 상방上方으로 (일곱 걸음 걷고) 말하기를 ‘나는 모든 중생이 우러르며 따르는 사람이 될 것이다’라고 했다. 보살이 이 말을 했을 때 그

186 『方廣大莊嚴經』 권2(T3, 548a12).

음성은 모든 삼천세계에 두루 들리도록 울려 퍼졌다."[187]라고 한 것이다.

비록 이러한 차이가 있지만 세존께서 하지 않은 것은 아니기 때문에 총괄하여 "무상존"이라고 한 것이다. 예컨대 그 경(『방광대장엄경』)에서 "보살은 아승기 백천 구지 나유타 겁 동안 온갖 선을 닦고 정진精進을 행한 힘 때문에 처음 태어났을 때 바로 시방을 각각 일곱 걸음 걸을 수 있었다. 모든 부처님께서 위신력에 의해 가지加持하여 이 땅을 금강으로 변화하게 하니, 보살이 밟고 지나가도 함몰되거나 갈라지는 일이 없었다."[188]라고 한 것과 같다.

稱無上尊者。即自唱尊號。令物歸趣也。若具言之。東方行言。我得一切善法。當爲衆生說之。於南方言。我於天人應受供養。於西方言。我於世間最尊最勝。於北方言。我當於一切衆生中爲無有上。於下方言。我當降伏一切魔軍。於上方言。我當爲一切衆生之所瞻仰。菩薩說是語時。其聲普聞一切三千世界。雖有此異。莫非世尊之所爲。故總云無上尊。如彼經云。菩薩。於阿僧祇百千㹊[1)]胝那由他劫。修[2)]精進力故。初生之時。即能十方各行七步。一切諸佛威加。此地化爲金剛。菩薩遊踐。得無陷裂。

1) 역『方廣大莊嚴經』 권3(T3, 553b25)에 따르면 '㹊'는 '拘'이다. 2) 역『方廣大莊嚴經』 권3(T3, 553b25)에 따르면 '修' 뒤에 '諸善行'이 누락되었다.

ㄷ) 하늘과 사람이 모시고 귀의함

경 제석천과 범천이 받들어 모시고 하늘과 사람이 귀의하여 따랐다.

經曰。釋梵奉侍。天人歸仰者。

187 『方廣大莊嚴經』 권3 「誕生品」(T3, 553a17~b4).

188 『方廣大莊嚴經』 권3 「誕生品」(T3, 553b25).

술 이것은 하늘과 사람이 모시고 귀의하는 것을 밝힌 것이다.

"보살이 태어나자 용비니원에서 일곱 낮과 일곱 밤을 사람과 하늘이 온갖 미묘한 음악을 연주하면서 공양하고 존경하며 찬탄하였다. 3만 2천의 명성이 높고 뛰어난 지혜를 갖춘 바라문이 필요한 것을 공급하여 모두 만족할 수 있도록 했다. 범왕과 제석천은 단정한 어린아이(摩那婆)[189]의 몸으로 변화하여 대중이 모인 회좌의 첫 번째 자리에 앉아서 길상하고 미묘함을 말하고 찬탄하였다. 마혜수라摩醯首羅[190]와 정거천은 큰 공양을 바치고 이 보살이 결정코 성불할 것이라고 말하고는 본래의 처소로 돌아갔다. 태어난 지 7일이 지나자 마야성후는 바로 목숨을 마치고 삼십삼천에 태어났다. 7일이 지나서 가비라성에 돌아왔는데 의식과 장엄의 빼어남은 성후가 용비니원으로 갈 때보다 더 넘어선 것이었다. 5백 명의 석가 종족이 각각 궁전을 짓고 수단왕에게 청하여 말하기를 '훌륭하십니다. 모든 것이 이익을 성취했나이다. 원하옵건대 천중천天中天께서 저의 궁전에 행차케 해 주옵소서'라고 했다. 이렇게 이익을 성취하게 한 인연 때문에 보살의 이름을 살바실달다薩婆悉達多[191]라 지었다. 왕이 여러 석가 종족을 불쌍히 여겨 바로 보살을 데리고 여러 석가 종족의 궁전으로 들어갔다. 4개월이 지나서야 비로소 (모든 궁전을) 두루 방문할 수 있었고, 이에 보살을 데리고 자신의 궁전으로 돌아왔다. 자신의 궁전에 보장엄寶莊嚴이라는 큰 궁전이 있었는데 보살을 그곳에 거주하게 했다. 왕은 여러 친족 중 장덕長德(덕이 뛰어난 이)·기년耆年(나이 많은 어른)을 불러 (양육주養育主를 의논했

189 어린아이(摩那婆) : Ⓢ māṇava의 음사어. 유동儒童·소년 등으로 의역한다. 어린이의 총칭. 혹은 바라문족 출신의 어린아이를 가리키기도 한다.

190 마혜수라摩醯首羅 : Ⓢ Maheśvara의 음사어. 대자재천大自在天이라 의역한다. 힌두교의 시바신이 불교에 흡수되어 호법신이 되었다. 색계 제4선천第四禪天의 맨 위에 있는 색구경천色究竟天에 머물고 있다.

191 살바실달다薩婆悉達多 : Ⓢ Sarva-siddhārtha의 음사어. 일체성취一切成就·돈길頓吉 등이라 의역한다.

고 이들은) 마하파사파제摩訶婆闍波提[192]를 양육주로 삼을 것을 요청했다. 왕은 몸소 보살을 안아다가 이모姨母에게 맡겼고, 이모는 마침내 32명의 양육모養育母에게 명하여 보살을 양육하게 했는데, (보살은) 비유컨대 백월이 초하루부터 보름에 이르기까지 청정하고 원만한 모습으로 변화하는 것처럼 (그렇게 자랐다.)"[193]라고 했다.

述云。此[1)]明天人侍歸也。菩薩生已。於龍毘尼園。七日七夜。人天擊奏種種微妙音樂。以供尊顏。[2)] 三萬二千名聞勝智諸婆羅門。隨其所須。皆令滿足。梵王帝釋。化作端正摩那婆身。於衆會中。坐第一座。而演吉祥微妙讚嘆。摩醯首羅與淨居天。設大供養。宣說此菩薩定得作佛。還歸本處。生滿七日已。摩那[3)]聖后。即使[4)]命終生三十三天。過七日已。還迦毘羅。儀式莊嚴殊勝。倍過聖后往龍毘尼園。五百釋種。各造宮殿。請王而言。善哉。一切成利。願天中天。幸我宮殿。以是成利因緣。故名菩薩爲薩婆悉達多。王哀諸釋。即將菩薩。入諸釋宮。經於四月。方得周遍。乃將菩薩。歸於自宮。自宮之中。有一大殿。名寶莊嚴。菩薩居已。王召諸親族長德耆年。請摩訶婆闍波提爲養育主。王躬抱。付於姨母。姨母。遂命三十二養育母。養育菩薩。譬如白月。從初一日至十五日。清淨圓滿也。

1) ㉠ 앞의 분과에 따르면 '此' 뒤에 '後'가 누락되었다. 2) ㉠『方廣大莊嚴經』 권3「誕生品」(T3, 555b19)에서 "以供養尊重讚歎"이라고 한 부분을 요약한 것이므로, '顏'은 '讚'인 듯하다. 3) ㉠『方廣大莊嚴經』 권3(T3, 553b22)에 따르면 '那'는 '耶'이다. 4) ㉣ 다른 판본에서는 '使'를 '便'이라 했다. ㉠『方廣大莊嚴經』에서 '便'이라 했다.

192 마하파사파제摩訶婆闍波提 : Ⓢ Mahāprajāpatī의 음사어. 마야부인의 여동생이며, 석가모니 부처님의 양모養母이다. 대애도大愛道·대생주大生主 등으로 의역한다. 부처님께 귀의하여 최초의 비구니가 되었다.

193『方廣大莊嚴經』 권3「誕生品」(T3, 555b18~556b10).

ㄹ. 기예를 갖추고 지해를 넓힘

경 산계算計와 문文과 예藝와 사射와 어御를 배우는 모습을 나타내 보이고, 도술道術을 두루 익히며 온갖 서적(群籍)을 꿰뚫어 익혔다.

經曰。示現算計 文藝射御。博綜道術。貫練群籍者。

술 이것은 네 번째로 기예를 갖추고 지해知解를 넓힌 것이다.

"산계算計"란 수리數理(수학)이고, "문文"이란 시서詩書(문학)이며, "예藝"란 예禮와 악樂이고, "사射"란 활 쏘는 기술이며, "어御"란 수레를 모는 것이니, 이를 육예六藝[194]라 한다. 육예를 오래전에 통달했으나 마침내 또한 배우는 모습을 나타내 보이기 때문에 "나타내 보이고"라고 했다.

("박종도술博綜道術"에서) "종綜"은 그 음이 자子와 송送의 반절이고, 뜻은 익힌다는 말이다. 육법언陸法言[195]의 『절운切韻』에서는 ("종綜"을) "기루機縷(베틀 바디)"라고 했는데, 음은 아울러 동일하지만 여기에서의 뜻은 아니다. "도술道術"이란 신선이 되는 방책이다. 선도仙道의 비밀스런 술법을 거듭해서 익히지 않음이 없기 때문에 "박종博綜(두루 익히며)"이라 했다.

("관련군적貫練群籍"에서) 세속에 전하는 이도異道(外道)의 전적을 "군적(온갖 서적)"이라 한다. "관貫"이란 꿰뚫는 것이고, "련練"이란 미세한 것까지 익히는 것이다. 세속의 이도의 가르침도 또한 꿰뚫어 미세한 것까지 익히기 때문에 "관련貫練"이라 했다.

---

194 육예六藝 : 구체적으로는 중국 고대 유가儒家에서 중시한 여섯 가지 기초 학문을 가리키는 말이지만, 학문의 통칭으로 볼 수 있다.

195 육법언陸法言 : 중국 수隋나라 때의 학자. 그가 편찬한 『音韻』은 중국의 고대 언어학, 특히 음운학 분야에서 매우 높고 영향력이 큰 저술로 평가된다.

述云。此第四伎備解寬也。算計者數。文者即詩書。藝者禮樂。射者射術。御者即御車。是謂六藝。六藝久達。遂且示學。故云示現。綜子送反習也。陸法言。切韻云機縷也。音並同也。非此中義。道術者。即神仙之方。世俗異典。名爲群籍。[1] 仙道祕術。無不溫習。故云廣[2]綜。貫者通也。練者委也。世俗異教。亦皆通委。故云貫練。

1) ㉮ 전후 문맥의 일관성을 위해서는 '世俗異典, 名爲群籍'은 '綜' 뒤에 놓아야 한다.
2) ㉮『無量壽經』(T12, 266a2)에 따르면 '廣'은 '博'이다.

곧 그 경에서 (다음과 같이 말했다.)

보살의 나이 7세가 되었을 때 길상한 위의를 갖추었다. 여러 천인을 비롯한 팔부중八部衆[196]과 일체의 석가 종족이 수단왕을 따라서 보살을 데리고 학당學堂을 방문하였다. 그때 박사博士 비사밀다毘奢蜜多(S Viśvamitra)가 보살이 오는데 그 위덕이 (뛰어난 것을) 보고는 (자신이 보살의 스승이 되기에 부족함을 알고) 큰 부끄러움과 두려움을 일으키면서 정신이 혼미해져 땅에 넘어졌고, 지족천知足天(도솔천)의 천자 묘신妙身이 부축하여 일으켜 주었다. 왕은 (보살을 맡겨 두고) 본래의 궁전으로 돌아갔다.

보살은 손에 전단수栴檀樹(향목)로 만든 판에 천향天香을 바르고 마니명기摩尼明璣(寶玉)로 장엄한 천서天書를 들고 스승에게 물었다.

"예순 다섯 가지의 문자[197]가 있는데 어떤 문자로 가르치려고 하시는

196 팔부중八部衆 : 천天·용龍·야차夜叉·건달바乾闥婆·아수라阿修羅·가루라迦樓羅·긴나라緊那羅·마후라가摩睺羅伽 등으로 부처님의 위대한 덕에 의해 교화를 받고 귀의하여 부처님의 권속이 되어 불법을 수호하는 역할을 한다.

197 예순 다섯 가지의 문자 : 인도에 통용되던 외전外典의 총칭이라고 보는 경우가 많다. 그러나 뒤에서 경흥이 인용한『方廣大莊嚴經』의 내용을 보면 문자로 보는 것이 타당하다.

것입니까?"

그때 비사밀다는 아직까지 들어본 적이 없던 문자를 듣고 기뻐하며 자신을 높이 여기는 마음을 버리고 보살을 세간에 둘도 없는 분이라고 찬탄하였다. 십천 동자가 보살과 함께 학당에 머물 때 다 같이 자음과 모음을 외치면서 한량없는 법문의 소리를 내어 3만 2천의 동남과 3만 2천의 동녀가 모두 위없는 바르고 평등한 깨달음의 마음을 내게 하였다. 이러한 인연 때문에 학당에 들어가는 모습을 나타내 보였다.[198]

即彼經中。菩薩。年始七歲。備吉祥之儀。諸天人八部一切釋種。隨輸檀王。而將菩薩。詣於學堂。時有博士毘奢蜜多。見菩薩來威。生大慚懼。迷悶躃地。知足天子。名曰妙身。扶之令起。王還本宮。菩薩手執天書。梅檀之簡。塗以天香。摩尼明璣以爲嚴飾。以問師云。有六十五[1)]書。欲以何書而相教乎。時毘奢蜜多。聞所未聞。喜去高心。以嘆菩薩世間無二。十千童子。與菩薩俱。居學堂時。日[2)]唱字母。演出無量法門之聲。令三萬二千童男三萬二千童女。皆發無上正等覺心。故示現入於學堂也。

1) ㉮『方廣大莊嚴經』 권4(T3, 559c4)에서는 '四'라고 했다. 단 미주에서 다른 판본에 '五'라고 한 경우도 있다고 했다. 2) ㉮『方廣大莊嚴經』 권4(T3, 560b3)에 따르면 '日'은 '同'이다.

ㅁ. 기예를 드러내 보이고 아내를 맞이함

경 후원後園에서 노닐면서 무예를 드러내고 기예를 시험하였으며, 궁전에 머물면서 색미色味를 즐기는 모습을 나타내 보였다.

198 『方廣大莊嚴經』 권4 「示書品」(T3, 559a12~560b6). 문장이 똑같지는 않고 축약하거나 누락된 부분도 있다. 이러한 부분은 원문에 의거하여 풀이하였다.

經曰。遊於後園。講武試藝。現處宮中。色味之間者。

술 이것은 다섯 번째로 기예를 드러내 보이고 아내를 맞이한 것이다. "무예를 드러내고 기예를 시험하였으며"란 곧 아내를 맞이하기 이전의 일이고, "궁전에 머물면서 색미를 즐기는 모습"이란 아내를 맞이한 뒤의 일이다.

어떤 사람은 『수행본기경』을 인용하여 〈(제바提婆에 의해 죽은) 코끼리를 (성 밖으로) 던져 (그 힘을 보이고 다시 살아나게 한 것과) 씨름을 하여 (최후의 승자가 된 것을) "강무講武"라고 하고, (일곱 개의) 쇠북을 (한 개의 화살로) 한꺼번에 쏘아 맞힌 것을 "시예試藝"라고 한다.〉[199]라고 했으나, 미진한 것이 있는 것 같다.

述云。此第五效藝納妻也。講武試藝者。即娉妻之前事。處色味間者。即納妻之後事。有人。引本起云。擲象角力。名爲講武。共射金[1)]鼓。說爲試藝。猶有未盡。

1) ㉮『修行本起經』 권상(T3, 465c21)에 따르면 '金'은 '鐵'이다.

그러므로 지금 (『방광대장엄경』을 인용할 것이니) 곧 다음과 같다.

보살이 이미 장성하자 왕은 누가 태자의 비가 될 만한지를 물었다. (여러 신하들이 수소문했더니) 집장執杖의 딸 야수다라耶輸陀羅(Ⓢ Yaśodharā)가 단정하고 위엄 있는 자태가 으뜸이라고 했다. 왕이 국사國師에게 명하여 집장을 찾아가서 (혼인의 의사를) 진술하게 했다.

199 『修行本起經』 권상 「試藝品」(T3, 465b8)의 내용을 축약한 것이다. 혜원이 『無量壽經義疏』 권상(T37, 95b28)에서 제시한 것과 같다.

집장이 말했다.

"우리 집안 법도로서 대대로 이어져 온 것이 있는데 기예가 뛰어난 사람이어야 딸을 시집보낼 수 있습니다."

왕은 이 말을 듣고 근심하면서 즐거워하지 않았다.

보살이 왕에게 말했다.

"남다른 기술이 있는 이를 부르면 저의 기예를 보이도록 하겠습니다."

왕은 성 밖에 시험장을 설치하고 천하에 두루 알려 "(7일이 지난 후) 뛰어난 기술이 있는 사람은 모여라."라고 했다.

일곱째 날 5백 명의 석자釋子(석가족의 자제)는 보살을 우두머리로 삼아 함께 나와 시험장이 설치된 곳으로 갔다. 왕은 흰 코끼리를 보내어 보살을 맞이하게 했다. 제바提婆[200]는 먼저 도착하여 (보살을 영접하기 위해 왕이 마련한 가장 뛰어나게 장엄한 코끼리를 보고) 질투심을 내어 앞에서 코끼리의 코를 잡고 손으로 쳐서 죽였다. 난타難陀[201]는 이어서 도착하여 성문을 나가려고 하다가 그 흰 코끼리가 길에 쓰러져 죽어 있는 것을 보고 손으로 거꾸로 들어 끌어다가 길옆에 두었다. 보살이 바로 도착하여 보배 수레에 앉아 왼쪽 발가락으로 그 흰 코끼리를 잡아 천천히 허공에 던졌더니, 일곱 겹의 성을 넘고 1구로사拘盧舍[202]를 지나서 그 코끼리가 떨어진 곳에 바로 큰 구덩이가 생겼다. 이후로 사람들이 이를 상갱

---

200 제바提婆 : S Devadatta의 음사어. 갖춘 음사어는 제바달다提婆達多이다. 부처님의 사촌 동생. 승단의 일인자가 되려는 욕심에 부처님을 위해하였고, 늘 부처님을 적대시한 악비구惡比丘로 알려져 있다.

201 난타難陀 : 석가 종족이라 했기 때문에 이는 앞에서 서술한 손달라난타孫達羅難陀를 가리킨다.

202 구로사拘盧舍 : S krośa의 음사어. 성聲·명환鳴喚 등으로 의역한다. 거리의 단위. 큰 소의 울음소리 혹은 북소리가 들리는 거리, 혹은 마을에서부터 그곳에서 멀리 떨어진 조용한 곳에 자리잡은 수행처까지의 거리이다. 구체적으로 환산하면 활을 5백 개 이어 놓은 길이의 거리를 가리킨다. 1궁을 7척 2촌이라고 한 기록에 의거하여 환산하면 1,080m 정도의 길이를 말한다.

象坑(코끼리 구덩이)이라고 불렀다.

5백 명의 석가 종족의 (동자童子가) 모두 이 시험장에 도착하였다. (여러 석가 종족이) 비사밀다에게 시예사試藝師가 되어 줄 것을 요청하고 말하였다.

"여러 석가 종족의 (동자) 가운데 누가 가장 문자에 능합니까?"

비사밀다는 미소 지으면서 말했다.

"하늘과 인간 세상의 모든 문자를 태자는 완전히 통달했습니다."

왕은 또한 알순나頞順那(Ⓢ Arjuna, 산술에 능했던 大臣)에게 말했다.

"여러 동자 중 누가 산술이 뛰어난지를 살펴 주십시오."

그때 보살은 자신이 숫자를 외치고 여러 동자들로 하여금 차례대로 산가지를 놓게 했는데, (보살이 외치는 속도에) 미치는 이가 없었다. (방법을 바꾸어서) 5백 명의 동자가 모두 차례대로 숫자를 들고 보살이 산가지를 놓았는데 숫자를 외치는 것이 계산을 틀림없이 끝낸 시간을 따르지 못했고, 5백 명의 동자가 동시에 모두 외쳤어도 또한 헷갈리는 법이 없었다.

알순나는 마음으로 희유한 일이라는 생각을 일으키고 찬탄하기를 "마음의 지혜가 기특하고 민첩하여 석가 종족 중에 미칠 이가 없도다." 라고 했고, 여러 석가 종족과 사람과 하늘은 모두 으뜸이신 분이라고 찬탄하였다

5백 명의 석가 종족의 자제들이 씨름하여 서로 넘어뜨리기 위해 32무리(朋)로 갈라졌다. 난타는 앞에 나와 강건하고 용맹함을 떨치고 있었다. 보살이 손을 들어 약간 그 몸을 건드렸는데 위력威力이 더해져서 닿자마자 바로 넘어졌다.

제바가 대중 가운데에서 나와 보살을 꺾고자 하였다. 보살은 편안하고 조용히 (그가 공격하기를) 기다렸다가 오른손으로 천천히 잡아서 나부끼듯이 높이 들어 올려 그 아만我慢을 꺾고 세 번 공중에 던졌지만 자

비로운 마음 때문에 다친 부분은 없게 하였다.

여러 석가 종족의 동자가 모두 분투의 마음과 예리한 의지를 품고 다 같이 달려왔지만 보살이 손가락으로 건드리기만 해도 거꾸러지지 않는 이가 없었다.

집장 대신大臣이 말했다.

"이제 활쏘기를 시험하도록 합시다."

아난타는 "쇠북을 2구로사의 거리에 두는 것이 좋겠다."라고 했고, 제바달다는 "쇠북을 4구로사의 거리에 두는 것이 좋겠다."라고 했으며, 손타라난타孫陀羅難陀(손달라난타)는 "쇠북을 6구로사의 거리에 두는 것이 좋겠다."라고 했고, 집장 대신은 "쇠북을 8구로사의 거리에 두는 것이 좋겠다."라고 했으며, 보살은 "쇠북을 10구로사의 거리에 두는 것이 좋겠다."라고 했고, 보살은 "(아울러) 일곱 마리의 쇠로 만든 돼지와 일곱 그루의 쇠로 만든 다라수多羅樹를 10구로사 밖에 두라."라고 했다.

아난과 제바와 난타와 집장은 활을 쏘았으나 오직 스스로 정한 거리에만 미쳤고, 모두 그것을 넘어서지 못했다. 보살이 활을 끌어당기자 활과 활시위가 동시에 모두 끊어졌다. 다시 좋은 활을 구하였더니 (왕이 너무 억센 탓에 당길 사람이 없어 천묘天廟에 보관해 두었던) 선왕先王이 쓰던 활을 가져다가 석가 종족의 동자에게 주었는데, 석가 종족의 동자들은 모두 활시위를 당기지 못했고, (이에 활을) 보살에게 주었다. 보살은 편안하게 앉아 왼손으로 활을 잡고 오른 손가락을 활시위에 얹어 순식간에 잡아 당겼다. 힘을 준 것 같지도 않았는데 활을 튕기는 소리가 가비라성에 두루 퍼져 사람들이 모두 놀라고 두려워하였다. 그렇게 한 후 활시위를 당겨 쏘았는데 여러 쇠북을 모두 뚫고 지나서 쇠로 만든 돼지와 쇠로 만든 나무도 뚫고 지나지 않은 것이 없었다. 화살이 땅에 떨어지자 그곳은 우물이 되었다. 이후 사람들이 이를 전장箭井(화살 우물)이라 불렀다.

사람과 하늘이 말했다.

“태자는 태어나고 자라면서 일찍이 배운 적이 없는데도 이러한 기예를 갖추었도다.”

이에 집장은 자신의 딸을 주어 태자비로 삼게 했다.[203]

故今。即菩薩年既長大。王問。堪爲太子之妃。執杖之女。名耶輸陀羅。端嚴第一。王勅國師。往陳執杖。執杖報云。自我家法。積代相承。技能過人。以女妻之。王聞此言。憂愁不樂。菩薩白王。召有異術。現我技藝。王於城外。爲一試場。遍告天下。集善技術。至第七日。五百釋子。菩薩爲首。當共出。往試場所。王遣白象。以迎菩薩。提婆先至。生嫉妬心。前執象鼻。以手搏而死。難陀續至。欲出城門。見彼白象。當路而斃。以手倒曳。到於路側。菩薩尋至。坐於寶輅。以左足指。持彼白象。徐擲虛空。越七重城。過一拘盧舍。其象墮處。便爲大抗。[1) 爾後衆人。號爲象抗。* 五百釋種。皆至此場。請毘奢蜜多。爲試藝師。語言。應觀諸釋種中。誰最工書。毘奢蜜多。微笑而言。天上人間所有文字。太子究之。王亦語頞順那。觀諸童子。誰優算數。時菩薩。自唱數。令諸童子。次第下籌。無能及者。諸童子等。次第擧數。菩薩運籌。唱不能及。五百童子。一時俱唱。亦不雜亂。頞順那。心生希有歎。心智奇敏捷。釋種無及。諸釋人天。皆歎第一。五百釋子。角力相撲。分爲三十二朋。難陀就前。騁其剛勇。菩薩擧手。纔觸其身。威力所加。應時而倒。提婆出衆。欲挫菩薩。菩薩安祥待。右手徐[2)投。[3) 飄然擎擧。摧其我慢。三擲空中。以慈悲故。使無傷損。諸釋種子。俱生瞋忿銳意齊奔。菩薩指之。無不顚仆。執杖大臣。今可試射。阿難陀曰。可置鐵鼓二拘慮舍。提婆達多曰。可置鐵鼓四拘盧舍。孫陀羅難陀曰。可置鐵鼓六拘盧舍。執杖大臣曰。可置鐵鼓八拘盧舍。菩薩言。可將鐵鼓置十拘盧舍。菩薩七鐵楯[4)及七鐵

203 『方廣大莊嚴經』 권4 「現藝品」(T3, 561a13~564c18).

多羅樹。置十拘盧舍外。阿難。提婆難陀執杖。唯及自限。皆不能越。菩薩引弓。弓及以弦。一時俱斷。更求良弓。取先王弓。與釋子。釋子。皆不能張。授與菩薩。菩薩。安穩而坐。左手執弓。右指上弦。忽然而張。似不加力。彈弓之響。遍迦毘羅城。人皆驚怖。然後。控弦射。諸鐵鼓。悉皆穿過。鐵楯*鐵樹。無不貫達。箭沒於地。因而成井。爾後衆人。號爲箭井。人天唱言。太子生年。未曾習學。備此技藝。於是。執杖。以女爲妃。

1) ㉧ '抗'은 '坑'인 것 같다. 다음의 경우도 동일하다. ㉰『方廣大莊嚴經』 권4(T3, 562c9)에 따르면 '坑'이다. 다음의 경우도 동일하다. 2) ㉧ 다른 판본에서는 '徐'를 '捉'이라 했다. ㉰『方廣大莊嚴經』 권4(T3, 564a20)에 따르면 '徐'이다. 3) ㉰『方廣大莊嚴經』 권4(T3, 564a20)에 따르면 '投'는 '促'이다. 4) ㉰『方廣大莊嚴經』 권4(T3, 564b8)에 따르면 '楯'은 '猪'이다. 다음의 경우도 동일하다.

그러므로 지금 "강무講武(무예를 드러내고)"라고 한 것은 힘과 화살을 쏘아 북을 맞추기를 겨룬 것이고, "시예試藝(기예를 시험하였으며)"란 문자와 수리數理(산가지로 셈하는 것)의 능력을 시험한 것이다.

故今 言講武者。即角力射鼓也。試藝者。即試書運籌也。

"후원後園"이란 성 밖에 있는 동산이다.

"(궁전에) 머물면서 (색미를 즐기는 모습을) 나타내 보였다."란 비록 애욕을 끊었지만 형편의 마땅함에 따라 거처하는 모습을 보인 것이다. 그러므로 곧 그 경에 "그때 보살은 세간의 법에 수순하여 궁중에 거처하면서 8만 4천 채녀婇女(侍女)와 즐겁게 머물고 야수다라를 첫 번째 태자비로 삼는 모습을 나투었다."[204]라고 했고, (또 그 경에서) "왕궁에 거처할 때 8만 4천의 채녀들로 하여금 무상각심無上覺心(阿耨多羅三藐三菩提心)을 일으키도

204 『方廣大莊嚴經』 권4(T3, 564c19).

록 했다. 한량없는 여러 하늘이 모두 무상정등보리無上正等菩提에 대해 불퇴전不退轉의 지위를 얻고 미묘한 게송을 설하여 보살께 속히 출가할 것을 권청했다."[205]라고 하였다.

後園者。即城外之苑也。現處者。難陀[1)]愛欲。遂宜示處。故即彼經云。爾時菩薩。隨順世法。現處宮中。八萬四千婇女。娛樂而住。耶輸陀羅。爲第一妃。處王宮時。能令八萬四千諸婇[2)]等。發無上覺心。無量諸天。皆於無上正等菩提。得不退轉。說微妙偈。勸請菩薩。速疾出家。

1) ㉥ 다른 판본에서는 '難陀'를 '雖絶'이라 했다. 2) ㉥ '婇' 뒤에 '女'가 누락된 듯하다. ㉧『方廣大莊嚴經』 권5(T3, 569b28)에 따르면 '女'가 누락되었다.

ㅂ. 속세를 벗어나 삿된 견해를 좇음

ㄱ) 속세의 티끌을 벗어남

경 **늙음과 병듦과 죽음의 현실을 보고 세상이 영원하지 않음을 깨달아 나라와 재물과 지위를 버리고 산에 들어가 도를 배웠다.**

經曰。見老病死。悟世非常。棄國財位。入山學道者。

술 여섯 번째로 속세를 벗어나 삿된 도리를 좇는 것이다. 여기에 세 가지가 있는데, 이것은 처음에 속세의 티끌을 벗어나는 것이다.

述云。第六出俗從邪。有三。此初出俗塵也。

205 『方廣大莊嚴經』 권5(T3, 569b27).

"나라와 재물과 지위를 버리고"란 포기한 것을 말한다.

(『방광대장엄경』에서) "여러 하늘이 보살에게 출가할 것을 권청하고 나서, 보살은 여러 관속을 이끌고 성의 동문으로 나갔다가, 정거천이 변화하여 나툰 노인의 모습을 보고 근심에 차서 궁전으로 돌아왔다. 성의 남문으로 나갔다가 또한 (정거천이 변화하여 나툰) 병든 사람의 모습을 보고 즐겁지 않은 마음으로 궁전으로 돌아왔다. 서문으로 나가서 또한 (정거천이 변화하여 나툰) 죽은 사람의 모습을 보고 수레를 돌려 돌아왔다."[206] 라고 했다. 그러므로 지금 "늙음과 병듦과 죽음의 현실을 보고"란 정거천이 변화하여 나툰 싫어할 만한 모습이다. 무릇 생명이 있는 모든 것은 존귀함과 비천함을 불문하고 모두 늙고 병들며 반드시 죽음으로 돌아가지만 (어리석은 중생은) 삶을 좋아할 만한 것으로 여기기 때문에 (싫어할 만한 모습을) 나투어 보여 (실상을) 보도록 한 것이다.

"세상이 영원하지 않음을 깨달아"란 경에서 "삼계三界[207]의 번뇌 맹렬히 타오르는 불과 같으니, 미혹하여 떠나지 않으면, 늘 그 불길에 휩싸인다네. 마치 뜬구름이 문득 사라지는 것처럼 화합하여 나타났다가 다시 흩어지니 희장戲場에 모인 무리와 같다네."[208]라고 한 것과 같으니, 그러므로 "영원하지 않음"이라고 했다.

棄國財位者。即所棄也。諸天勸發菩薩已。將諸官屬。出城東門。見淨居天所化老人。愁憂還宮。出城南門。亦見病人。不樂還宮。從西門出。復見死人。迴駕還入。故今言見老病死者。即淨居天所化。可厭之相也。凡有生者。

206 『方廣大莊嚴經』 권5 「感夢品」(T3, 569c4~570c19).

207 삼계三界 : 욕계·색계·무색계 등을 일컫는 말. 욕계에 지옥·아귀·축생 등의 삼악도三惡道 및 인간·하늘의 일부가 포섭되고, 색계와 무색계에 하늘이 포섭된다. 정토에 삼악도가 없다고 했고, 인취와 천취에도 포함되지 않는다고 했으니, 결국 삼계의 어디에도 포섭되지 않는 것이다.

208 『方廣大莊嚴經』 권5 「音樂發悟品」(T3, 567b20).

不問貴賤。皆有老病。必歸於死。而生可欣。故示令見。悟世非常者。如經云。三界煩惱。猶如猛火。迷惑不離。恒爲所燒。猶如浮雲。須臾而滅。合已還散。如聚戲場。故云非常。

"나라와 재물과 지위를 버리고"란 (『방광대장엄경』에서) 게송으로 말하기를 "유위有爲의 제법諸法은 모두 영원하지 않고 오욕五欲[209]과 왕의 지위 모두 일정하지 않습니다. 고통으로 핍박 받는 모든 중생을 위해 속히 출가하여 구제해 주시길 원하옵니다."[210]라고 한 것과 같다.

"재물을 버린다."란 경에서 "오욕에 집착함은 그물에 포박된 날짐승과 같고, 욕망은 원수와 도적과 같으니 두려워할 만한 것입니다. 오욕에 머무는 이는 칼날을 밟고 선 것과 같고, 오욕에 집착하는 이는 독이 든 나무를 안고 있는 것과 같습니다. 성인은 이것을 버리기를 콧물과 침을 뱉어내듯 합니다."[211]라고 한 것과 같다.

棄國財位者。如頌云。有爲諸法悉無常。五欲財[1)]位皆不定。爲苦所逼諸衆生。願速出家救濟之。棄財者。如經云。染著五欲。如被網禽。欲如怨賊。甚可怖畏。處五欲者。猶如履刃。著五欲者。如抱毒樹。聖人捨之。如棄涕涶也。

1) ㉯『方廣大莊嚴經』 권5(T3, 567b16)에 따르면 '財'는 '王'이다.

"산에 들어가 도를 배웠다."란 곧 배운 것이다. "태자는 북문으로 나가 출가한 사람을 보고 수레에서 내려 물었다. '출가하면 어떤 이익이 있는

209 오욕五欲 : 색色·성聲·향香·미味·촉觸 등의 오경五境에 물들고 집착하여 일어나는 다섯 가지 정욕情欲. 차례대로 색욕·성욕·향욕·미욕·촉욕 등이라고 한다.

210 『方廣大莊嚴經』 권5(T3, 567b16).

211 『方廣大莊嚴經』 권5(T3, 567b28).

가?' 비구가 대답했다. '공한처空閑處[212]에 머물러 성도聖道를 닦아 온갖 근根(감각기관)을 조복시키고 중생을 호념하며 세간에 물들지 않고 영원히 해탈을 얻습니다.' 보살은 기뻐하며 말했다. '하늘과 사람 중 오직 이 사람이 가장 뛰어나다. 나는 결정코 이 도를 배울 것이다.'"[213] 경에서 "(보살께서는 과거세에) 옛날 모든 부처님께서 산림에 머물며 일체지一切智를 얻고 (중생을 위해) 법의 비를 두루 뿌린 것처럼 그렇게 할 것이라고 (서원했으니) 이제 출가해야 합니다."[214]라고 한 것과 같다.

入山學道者。即所學也。太子出北門。見出家人。即下車問。夫出家者。何所利益。比丘答言。處於空間。[1] 修習聖道。調伏諸根。護念衆生。不染世間。永得解脫。菩薩喜歎。天人之中。唯此爲上。我定修學。如經云。如昔諸佛。處山林門。[2] 得一切智。廣雨法雨。今宜出家也。

1) ㉮『方廣大莊嚴經』권5(T3, 571a14)에 따르면 '間'은 '閑'이다. 2) ㉯ 다른 판본에서는 '門'을 '間'이라 했다. ㉮『方廣大莊嚴經』권5(T3, 566a5)에 따르면 '間'이다.

ㄴ) 도류에 들어감

경 타고 왔던 흰말과 착용했던 보관寶冠·영락瓔珞은 차닉을 보내어 돌려주게 하고 진귀하고 미묘한 옷을 버리고 법복을 입고 머리카락과 수염을 깎았다.

經曰。服乘白馬寶冠瓔珞。遣之令還。捨珍妙衣 而著法服。剃除鬚髮者。

212 공한처空閑處 : Ⓢ araṇya의 의역어. 공한림空閑林 등과 같은 말. 인가人家에서 멀리 떨어진 적정한 곳. 수행자가 수행하기에 적합한 장소. 음사어는 아란야阿蘭若이다.

213 『方廣大莊嚴經』권5「感夢品」(T3, 571a6~20).

214 『方廣大莊嚴經』권5「音樂發悟品」(T3, 566a5~8).

술 이것은 다음에 도류道類(출가하여 도를 닦는 부류)에 들어간 것이다. "보관·영락은 차닉을 보내어 돌려주게 하고 진귀하고 미묘한 옷을 버리고"란 곧 버린 것이다. 어떤 사람은 〈"복승服乘"이란 승乘의 다른 이름(別目)이다.〉라고 했는데, 옳지 않다. "보관"과 "영락"은 타는 것(乘)이 아니기 때문이다. 지금 여기에서 "복"이란 착용하는 것(著)이고, "승"이란 타는 것이다. "흰말"이란 건척乾陟[215]이고, "보관·영락"이란 온갖 장엄 도구이다.

述云。此次入道類也。寶冠瓔珞。遣之令還。捨珍妙衣。[1] 即所捨也。有說。服乘。即乘之別目。非也。不應乘寶冠及瓔珞故。今即。服者著[2]也。乘者騎也。白馬者即乾涉[3]也。寶冠瓔珞者即諸莊嚴具也。

1) ㉰ 문맥상 『無量壽經』 본문의 인용문이므로 '衣' 뒤에 '者'가 누락되었다. 2) ㉯ 다른 판본에서는 '㭼'라고 했다. ㉰ 문맥상 '著'가 타당한 것 같다. 3) ㉰ '涉'은 '陟'이다.

(『방광대장엄경』에서 다음과 같이 말했다.)

보살은 '(부왕父王께 알리지 않고) 사사로이 출가하면 곧 법교法教를 위반하는 것이고 세속의 이치에 수순하지 않는 것이다'라고 생각하고, 왕의 처소를 찾아가 말씀드렸다.

"이제 출가하기를 원하오니 오직 불쌍히 여기어 허락해 주소서."

왕은 석가 종족에게 명령을 내려 (보살의 출가를 막기 위해) 성의 사면四面에 각각 5백 명의 석가족의 동자를 배치하고 경계하여 잠시도 쉬는 일이 없게 하였다. 보살이 말했다.

215 건척乾陟 : Ⓢ Kaṇṭhaka의 음사어. 부처님께서 태자 시절에 탔던 말의 이름으로 출가할 때 역시 이 말을 탔다.

"차닉車匿[216]이여, 나는 건척을 쓰고자 한다."

차닉은 (여러) 하늘이 (공중에서 보살의 출가를 도울 것을) 명령하는 소리를 듣고 곧 가장 좋은 금으로 만든 재갈과 보배 안장과 온갖 장엄 도구를 마왕馬王에게 입히고 그 말을 잡고 가서 받들어 올렸다. 그때 정혜천靜慧天은 성에 사는 사람들을 모두 잠들게 했고, 엄혜천자嚴慧天子는 허공에 신통변화로 보배로 만든 길을 놓았다. 보살이 말을 타고 처음 걸음을 떼었을 때 (시방의 대지가 여섯 가지 형태로 진동했고,) 허공으로 날아갈 때 사천왕이 말의 발을 받들었으며, 범천과 제석천은 보배로 만든 길을 열었다.

가비라성을 떠나 미니국彌尼國에 도착하였다. 그날 밤이 지나고 날이 밝았을 때 지나온 길은 6유순을 넘었다. 여러 하늘을 비롯한 팔부중은 (여기에 도착하자) 일을 마치고 나타나지 않았다. 보살이 이윽고 가서 과거에 선인仙人들이 고행하던 숲(苦行林)에 이르자 말에서 내려 (출가하는 자신을 도와 이곳까지 말을 몰고 따라온) 차닉을 찬탄하였다.

"나는 이미 한처閑處(조용한 수행처)에 도착했으니 너는 건척을 데리고 돌아가라."

그리고 바로 스스로 상투를 풀어 마니보摩尼寶를 취하여 차닉에게 돌아가서 대왕에게 바칠 것을 부탁했고, 몸에 걸었던 영락을 벗어 대생주大生主(양모인 마하파사파제)에게 바칠 것을 부탁했으며, 나머지 장엄구는 야수다라에게 주고 "사람이 세상에 태어나 살아가면서 사랑하면 반드시 헤어짐이 있다. 이제 이러한 고통을 끊기 위해 출가하여 도를 배우려고 한다."라고 말해 줄 것을 부탁했다.

차닉은 보살의 말씀을 듣고 큰 소리로 통곡하였다. 말은 앞에서 두 다

216 차닉車匿 : Ⓢ Chandaka의 음사어. 보살이 출가할 때 말을 몰았던 수단왕(정반왕)의 심부름꾼. 부처님께 귀의하여 출가했으나 악구惡口의 성품을 버리지 못하여 비구들과 화합하지 못하고 잦은 쟁론의 주범이 되었다.

리를 구부려 보살의 발을 핥고 눈물을 떨구며 슬프게 울었다. 보살이 곧 차닉으로부터 마니검摩尼劍을 취하여 스스로 상투를 잘라 공중에 던졌더니 제석천이 받아 취하여 (삼십삼천으로) 돌아가 예배하고 공양하였다. 보살은 스스로 몸에 보배 옷을 입고 있음을 보고 옳지 않은 것이라고 여겼다. 그때 정거천이 사냥꾼으로 변화하여 몸에 가사를 입고 보살 앞에 조용히 머물러 있었다. 보살이 말했다.

"그대가 입고 있는 것은 과거의 모든 부처님이 입던 옷이다. 그대가 나에게 준다면 나는 그대에게 교사야의憍奢耶衣를 주겠다."

사냥꾼은 바로 부탁을 들어주고 홀연히 본래의 모습으로 돌아와서 허공으로 날아올라 범천에 이르렀다. 이에 보살은 수염과 머리카락을 깎고 가사를 입고 말했다.

"(이제) 진실로 출가한 것이구나."

그리고 차닉을 떠나보내니 건척을 이끌고 돌아갔다. 천천히 저 발거선인跋渠仙人[217]이 머무는 고행림으로 갔다. 대왕은 다섯 사람을 선발하여 (보살이 수행하는) 산에 들어가 시중을 들도록 하였으나, (이들이 아무리 보살을 좇으려 했으나 찾을 수 없었고 돌아가면 대왕의 손에 죽을 것을 두려워하여) 마침내 산림에 숨었다.[218]

菩薩思惟。私自出家。即違法敎。不順俗理。詣王所言。今願出家。唯垂哀許。王勑釋種。於城四面。各有五百。警無暫休。菩薩語車匿。我欲須乾涉。[1)]匿聞天勑。即取最上金勒寶鞍諸莊嚴具。用被馬王。持以奉進。時靜慧天。令城人民。皆悉昏睡。嚴慧天子。於虛空中。化爲寶路。菩薩乘已。初擧步時。昇虛而行。四王。捧承馬足。梵釋。示開寶路。去迦毘羅城。至彌尼園。[2)]其夜

217 발거 선인跋渠仙人 : '발거'는 Ⓢ Bhārgava의 음사어. 발가跋伽·발가바跋伽婆 등으로도 음사하고, 와사瓦師·무부달無不達 등으로 의역한다.

218 『方廣大莊嚴經』 권6 「出家品」(T3, 572a28~578c1).

已曉。所行道路。過六由旬。諸天八部。事畢不現。菩薩遂[3]行。至往仙人苦行林中。下馬歎匿。我既至間[4]處。汝將乾涉*還。即自解髻。取摩尼寶。以付車匿。還奉大王。脫身瓔珞。奉大聖[5]主。餘嚴具與耶輸陀言。人生世間。愛必別離。今爲斷此苦故。出家學道。匿聞菩薩語。擧聲大哭。馬前屈雙脚。甜菩薩足。淚下悲鳴。菩薩。即從車匿取摩尼劍。即自剃髻擲致空中。釋天承取。還禮供養。菩薩自觀。身著寶衣。即念不當。時淨居天。化作獵師。身著袈裟。於菩薩前。默然而住。菩薩語言。汝所著者。乃是往古諸佛之服。汝若與我。我當與汝憍奢耶衣。獵師即應。忽復本形。上至梵天。於是。菩薩。剃鬚髮。身著袈裟言。眞出家。發遣車匿。將乾涉*還。徐步往彼跋樂[6]仙人苦行林中。大王敎五人。入山求侍。而不能及。遂遁山林。

---

1) ㊂ '涉'은 '陟'이다. 다음 경우에도 동일하다. 2) ㊓ 다른 판본에서는 '園'을 '國'이라 했다. ㊂『方廣大莊嚴經』 권6(T3, 576a18)에 따르면 '國'이다. 3) ㊓ 다른 판본에서 '遂'를 '旣'라 했다. ㊂『方廣大莊嚴經』 권6(T3, 576a20)에 따르면 '旣'이다. 4) ㊂『方廣大莊嚴經』 권6(T3, 576a27)에 따르면 '間'은 '閑'이다. 5) ㊂ '聖'은 '生'인 것 같다.『方廣大莊嚴經』 권6(T3, 576b12)에서는 '摩訶波闍波提'라고 했다. 이는 ⓢ Mahāprajāpatī의 음사어로 mahā는 대大를 뜻하고, prajā는 동사 prajan(~으로부터 생하다, 낳다)의 명사형으로 자손·자녀·창조물 등의 의미가 있으며, patī는 pati의 여성 단수로 주主·지배자 등의 뜻이다. 그러므로 Mahāprajāpatī는 대생주大生主로 의역한다. 이 밖에 대애도大愛道라고 의역하기도 하지만 대성주大聖主라고 의역한 사례는 본서를 제외하고는 없다. 6) ㊓ '樂'은 '渠'인 것 같다. ㊂『方廣大莊嚴經』 권6(T3, 576c26)에 따르면 '渠'이다.

(또『방광대장엄경에서 다음과 같이 말했다.)

보살은 비류鞞留라는 이름의 고행하는 여인의 처소에 가서 그의 공양청供養請을 받았고, 파두마波頭摩라는 이름의 고행하는 여인의 처소에 가서 또한 공양청을 받았다. 이바타利婆陀라는 이름의 범행梵行을 행하는 선인의 처소에 가서 이미 공양청을 받고 난 뒤에는 광명光明·조복調伏 두 선인의 처소에 가서 다음날 베푼 재齋(공양)를 받았다.

(이렇게 하면서) 마침내 비사리성毘舍離城(Ⓢ Vaiśālī)에 이르렀는데, 성 옆에 아라라阿羅邏[219]라는 선인이 있어 3백 명의 제자를 거느리고 항상 그들을 위해 무소유처정無所有處定[220]을 설하였다. 선인이 설하는 것을 듣고 부지런히 닦아 게을리 하지 않았더니 얼마 지나지 않아 모든 것을 이미 증득하여 다시 닦을 것이 없었다.

(보살은 이 법에 의해) 고통을 모두 없앨 수 있는 것은 아니라고 (생각하고는) 바로 그 성을 나와 왕사성으로 가서 영취산에 들어가 홀로 한 곳에 머물렀는데 여러 하늘이 수호하였다. 아침에 가사를 입고 발우를 지니고 온천문溫泉門에서 왕사성으로 들어가 차례대로 걸식하였다. 빈바사라왕頻婆娑羅王[221]은 (보살의 위용을) 찬탄하는 말을 전해 듣고 스스로 높은 누각에 올라 보살의 몸을 보았다. (그 모습이 뛰어났기 때문에 왕은) 주위의 신하에게 명하여 음식을 바치도록 하고 머무는 곳을 찾기 위해 사람을 파견하도록 했다.

보살의 처소를 방문하여 "원하옵건대 대자비를 드리워 이 나라에서 불보리佛菩提를 증득하시고 저를 버리지 마소서."라고 하고, 예배를 드리고 궁전으로 돌아갔다.[222]

菩薩。行詣鞞留苦行女人所。受彼請已。往波頭摩苦行女人所。亦受請已。

219 아라라阿羅邏 : Ⓢ Ārāḍa-kālāma의 줄인 음사어. 갖춘 음사어는 아라라가람阿羅邏迦藍이다.

220 무소유처정無所有處定 : 공空과 심식心識을 모두 버리고 어디에도 마음을 두지 않는 선정의 경계. 그러한 정신세계에 도달한 중생이 태어나는 하늘을 무소유처천無所有處天이라 한다. 이 하늘은 무색계에 속하는 네 하늘 중 아래에서부터 세 번째에 해당한다.

221 빈바사라왕頻婆娑羅王 : Ⓢ Bimbisāra의 음사어. 부처님 재세 시 마가다국의 왕. 재위 기간은 기원전 6세기 전반~5세기 초이다. 왕비 위제희韋提希와 함께 부처님께 귀의하였다. 가란타에 죽림정사를 지어 부처님께 헌납하고 그 제자들인 승가에 공양하고 불교를 호지護持하며 교단을 지원한 최초의 외호자外護者이다.

222 『方廣大莊嚴經』 권7 「頻婆娑羅王勸受俗利品」(T3, 578c8~580a21).

往利婆陀梵行仙人所。既受請已後。往光明調伏二仙人所。受明日齋。遂至毘舍離城。城傍有仙。名阿羅邏。將三百弟子。常爲其說無所有所[1)]定。聞仙所說。勤修不倦。住於小時。皆已得證。更無所修。非能盡苦。即出彼城。往王舍城。入靈鷲山。獨住一處。諸天守護。旦著衣持鉢。從溫泉門。入王舍城。次第乞食。王傳聞嘆。自涉[2)]高樓。觀菩薩身。因勅左右。奉上飲食。令發[3)]所住。詣菩薩所。願大慈悲。於此國境。證佛菩提。使不我遠。[4)] 禮已還宮。

1) ㉷『方廣大莊嚴經』 권7(T3, 578c21)에 따르면 '所'는 '處'이다. 2) ㉷『方廣大莊嚴經』 권7(T3, 579b14)에 따르면 '涉'은 '陟'이다. 3) ㉷『方廣大莊嚴經』 권7(T3, 579b17)에 따르면 '發'은 '遣'이다. 4) ㉷『方廣大莊嚴經』 권7(T3, 580a17)에 따르면 '遠'은 '遺'이다.

그런데 『대지도론』에서는 "성을 떠나 12유순을 지나 발가 선인跋伽仙人(발거 선인)의 처소에 이르렀다."[223]라고 했다.[224] 대체로 (『대지도론』은) 머리를 깎은 장소를 말한 것이기 때문에, 또한 "6유순을 넘었다."[225]라고 한 것과 어긋나지 않는다.

而智論云。去城十二由旬。至跋伽仙人所者。蓋說剃髮之所。故亦不違過六由旬。

지금 "진귀하고 미묘한 옷을 버리고"란 곧 뛰어나고 영예롭게 몸을 장엄한 도구를 주는 것이다. "법복을 입고"란 사냥꾼이 입은 본래의 형체가

223 『大智度論』 권1(T25, 58a18)에서 "夜半踰城。行十二由旬。到跋伽婆仙人所住林中。以刀剃髮。"라고 했다.

224 앞에서 인용한 『方廣大莊嚴經』에서는 6유순이라고 했는데, 『大智度論』에서는 12유순이라고 하여 서로 다른 것에 의문을 제기한 것이다.

225 『方廣大莊嚴經』에서는 동이 트고 시위하던 팔부중이 임무를 마치고 사라진 때를 기준으로 계산하여 6유순이라고 했다는 말이다.

훼손된 낡은 옷을 구하여 입은 것을 말한다. 이 옷을 입으면 반드시 티끌을 여의기 때문에 "법복"이라 한다.

今言[1)]珍妙衣者。即與持擧[2)]嚴身之具。著法服者。即求獵師毁形之衣。若著此衣。必離塵垢。故云法服。

1) ㊕ '言' 뒤에 '捨'가 누락되었다. 2) ㊓ '持擧'는 '特譽'인 것 같다.

ㄷ) 삿된 것을 좇아 행함

경 나무 아래에 단정히 앉아 (선정을 익히고) 6년 동안 고행에 정진하면서 수학해야 할 것을 그대로 행했다.

經曰。端坐樹下。勤苦六年。行如所應者。

술 이것은 나중에 삿된 것을 좇아 행한 것이다.

述云。此後行從邪也。

"보살은 왕의 요청을 받고 니련하尼連河[226]로 가고자 했다."[227]

226 니련하尼連河 : Ⓢ Nairañjanā. 니련선하尼連禪河라고도 한다. 갠지스 강의 지류. 중인도 마가다국 가야성의 동쪽에 있다.

227 『方廣大莊嚴經』 권7 「頻婆娑羅王勸受俗利品」(T3, 578c8)의 내용을 축약한 것이다. 빈바사라왕이 보살에게 자신의 나라를 함께 다스릴 것을 권하자, 보살이 세속의 이익을 탐하는 것은 고통의 원인임을 다양하게 보이고, 지혜로운 이는 오직 적멸의 즐거움을 추구하는 것에 전념할 뿐이라고 대답하였다. 빈바사라왕은 세속의 이익을 권한 자신의 허물을 뉘우치고 깨달음을 증득하여 자신을 구제해 줄 것을 요청하였고, 보살은 니련선하로 떠날 것을 결심하였다.

菩薩。受王請。欲往尼連河。

(『방광대장엄경』에서 다음과 같이 말했다.)

왕사성 근처에 어떤 선인이 있는데 라마지자羅摩之子(羅摩子)[228]로 이름은 오특가烏特迦였다. 7백 명의 제자와 함께하면서 항상 비상비비상정非想非非想定[229]을 설했다. 선인의 처소에 이르러서 그의 설법을 듣고 조용한 곳에서 오로지 힘써 수학하여 바로 세간의 백천百千 삼매를 증득했고, 그 여러 선정을 따라 온갖 행상行相이 모두 앞에 나타났다. 선정에서 일어나 선인에게 (이를 넘어선 법이 있는지를) 물었더니 다시 남아 있는 법은 없다고 하였다. (보살은) '또한 사문의 법이 아니다'라고 (생각했다.) 다섯 발타라跋陀羅[230]는 곧 선인을 버리고 다시 보살을 좇았다.

보살은 왕사성을 나와 다섯 발다라와 함께 니련하를 향했고, 가야산伽耶山[231]에 이르러서 생각했다.

'탐욕을 여의고 몸과 마음을 고요히 하여 부지런히 고행을 닦으면 세

---

228 라마지자羅摩之子 : Ⓢ Udraka-rāma-putra. 일반적으로 부처님께서 출가하여 두 번째로 수학했던 스승으로 일컬어진다. 비상비비상정非想非非想定이 최고의 경지라고 주장했다.

229 비상비비상정非想非非想定 : 본문에서는 무상정無想定이라 했고, 『方廣大莊嚴經』(T3, 580a24)에서는 비상비비상정非想非非想定이라고 했다. 비상비비상정은 무색계無色界의 네 처소 중 가장 높은 곳에 있는 비상비비상처非想非非想處에 태어나는 원인이 되는 선정이고, 무상정無想定은 색계의 아홉 하늘 중 아래에서 네 번째에 있는 무상천無想天에 태어나는 원인이 되는 선정이다. 이렇게 두 가지 선정은 서로 성격이 다르기 때문에 경흥이 무상정이라고 한 것은 오류인 것으로 생각된다. 또한 부처님께서 오특가로부터 비상비비상정을 전수받았다는 것이 통설이다.

230 발타라跋陀羅 : Ⓢ bhadra. 현인賢人이라는 뜻. 이들은 오특가의 제자였는데 보살이 오특가를 넘어선 면모를 보이자 그를 떠나 보살을 따랐다.

231 가야산伽耶山 : Ⓢ gayā. 갠지스 강 유역의 평야에 있는 중인도 마가다국의 수도 가야성伽耶城의 서남쪽에 있는 산이다.

간을 벗어나는 뛰어난 지혜(出世勝智)를 증득할 수 있다.'

그 산에서 나와 돌아다니다가 우루빈라 연못(優樓頻螺池)[232] 동쪽에 이르러 니련하를 바라보았다. 그 물은 맑고 차가웠으며 물가는 반듯한 모양이었다. 니련하 주변의 마을은 집들이 줄지어 늘어섰고 주민은 번화하여 성대하였다. 점점 나아가 한곳에 이르렀는데 조용하고 사람 손이 닿지 않은 텅 빈 곳이었다.

(보살은) 곧 생각했다.

'오랜 옛날부터 성행聖行을 닦는 이가 많이 머물던 곳이다. 여러 외도를 보니 아견我見에 집착하는 이들이 고행을 닦고 있다. 그들을 꺾고 항복시키기 위해 지극한 고행을 행할 것이다.'

보살은 6년 동안 고행을 행하면서도 일찍이 본지本志를 잃거나 무너뜨린 적이 없었다. 제4선第四禪인 아나바정阿那婆定[233]에 들었는데 항상 하늘과 용과 귀신이 공양하였고, 12낙차洛叉의 천인天人을 삼승三乘의 길에 머물게 하였다.[234]

王舍城邊。有一仙人。摩羅[1)]羅[2)]子。名烏特迦。與七百弟子。常說無想定。[3)] 至仙人所。受彼說已。於一靜處。專精修學。即得世間百千三昧。隨彼諸定。

---

232 우루빈라 연못(優樓頻螺池) : '우루빈라'는 Ⓢ Uruvilvā의 음사어. 붓다가야(Ⓢ Buddha-gayā) 남쪽 니련선하尼連禪河 인근 지역에 있는 마을 이름. 가섭 삼형제 중 한 명인 우루빈라가섭의 이름은 이 지명에서 유래한 것이다. 우루빈라 연못은 그 자체 고유명사일 수도 있고, 우루빈라에 있는 연못이라는 보통명사일 수도 있다.

233 아나바정阿那婆定 : 『方廣大莊嚴經』 본문에서는 '제4선'이라는 말은 나오지 않고 단지 아나바정이라 했다. 일설에 따르면 부처님께서는 색계 사선四禪 중 제4선에 의해 깨달음을 성취하였다. '아나바'에 해당하는 범어를 대장경 미주에서 Dhyāyatyāsphanaka-dhyāna라고 했으나 음사어와의 관계를 확인하기 어렵다. 보통 제4선은 더 이상의 동요가 없다는 뜻에서 부동정不動定이라고도 하고, 더 나아갈 곳이 없는 궁극적인 경지라는 뜻에서 변제정邊際定(Ⓢ prānta-koṭika-dhyāna)이라고 한다. '아나바'는 바로 제4선 중 첫 번째인 무운천無雲天(Ⓢ Anabhraka-deva)을 가리키는 것 같다.

234 『方廣大莊嚴經』 권7 「苦行品」(T3, 580a22).

種種行相。皆現在前。起定問仙。更無餘法。亦非沙門之法。五跋陀羅。便捨仙人。還從菩薩。菩薩。出王舍城。與五跋陀羅。向尼連河。至伽耶山。思惟。離貪身心寂靜。勤修苦行。即能證得出世勝智。出彼山已。行至優樓頻螺池側東西。[4] 而視見尼連河。其水清冷。涯岸平正。河邊村邑。棟宇相接。人民殷盛。漸至一處。寂靜間[5]曠。即作是念。往古已來。修聖行者之所多住。見諸外道。著我見者。修習苦行。爲欲摧伏。故極苦行。經於六年。曾不失壞。入第四禪。名爲阿婆[6]婆定。常爲天龍鬼神之所供養。能令十二洛叉天人。住三乘路。

1) ㉮『方廣大莊嚴經』 권7(T3, 580a23)의 미주에 따르면, '摩羅之子'에 해당하는 범어는 Rudrako nāma rāmaputra이다. 또한 뒤에서 깨달음을 얻고 법륜을 굴리려고 할 때 부처님께서 전법륜의 적법자를 찾을 때 다시 등장하는데 이곳에서는 '羅摩之子'라고 했다. 따라서 '摩羅'는 '羅摩'라고 해야 한다. 2) ㉮『方廣大莊嚴經』 권7(T3, 580a23)에 따르면 '羅'는 '之'이다. 3) ㉮『方廣大莊嚴經』(T3, 580a24)에 따르면 '無想定'은 '非想非非想定'이다. 4) ㉯ 다른 판본에서는 '西'를 '面'이라 했다. ㉮『方廣大莊嚴經』 권7(T3, 580c15)에 따르면 '面'이다. 5) ㉮『方廣大莊嚴經』 권7(T3, 580c18)에 따르면 '間'은 '閑'이다. 6) ㉮『方廣大莊嚴經』 권7(T3, 582b5)에 따르면 '婆'는 '那'이다.

"파순波旬[235]이 항상 살피며 그 허물을 찾았으나 찾지 못하자 싫증을 내고 우울한 마음으로 물러났다."[236]

波旬常隨伺求其過。而不能得。生厭倦心。怡[1]然而退。

1) ㉯ '怡'는 '悒'인 것 같다. ㉮『方廣大莊嚴經』 권7(T3, 582b22)에 따르면 '悒'이다.

"해야 할 것을 그대로 행했다."란 어떤 사람은 〈삿된 것을 돌이켜서 바른 도를 배우는 것이니, 곧 응당 수학해야 할 것을 수순하여 행하기 때문

235 파순波旬 : Ⓢ Pāpīyas. 마파순魔波旬(Ⓢ Māra-pāpīyas)이라 칭하는 경우가 많다. 사람의 생명과 선근善根을 끊어 없애는 악마로 마왕魔王의 이름이다.

236 『方廣大莊嚴經』 권7 「往尼連河品」(T3, 582b19).

이다.〉[237]라고 했다. 이와 같다면 이 문장은 응당 성도成道에 속한 것으로 보아야 할 것인데 어째서 스스로 출가상出家相이라고 했는가.[238]

어떤 사람은 〈행위가 이전의 성인이 행한 것에 상응하기 때문에 '상응해야 할 것을 그대로'라고 했다.〉라고 했는데, 이것도 또한 옳지 않다. 이전의 성인은 아직 반드시 고행을 닦지는 않았기 때문이다.

지금 곧 "해야 할 것을 그대로 행했다."란 헛되이 고생하고(劬勞) 줄어들고 미약해지며(減劣) 떠돌아다니면서 빠지고(漂溺) 그릇된 방편을 행하는 것(非方便行)과 간별한 것이다. 곧 『유가사지론』의 게송을 인용하여 말하자면 "이러저러하게 나는 헛되이 노력했고 이러저러하게 미약해졌네. 이러저러하게 미약해지고 나서 이러저러하게 멈추었네. 이러저러하게 멈추고 나서 이러저러하게 떠돌아다녔네."[239]라고 한 것을 말한다. (『유가사지론』 게송의 해석 부분에서) "이 게송에서 고행을 닦을 때 그릇된 방편에 포섭되는 것에 용맹정진하는 것을 '고생하는 것(劬勞)'이라 한다. 그릇된 방편을 행하여 선법에서 물러나 잃어버린 것을 '줄어들고 미약해지는 것(減劣)'이라 한다. 이미 모든 선법에서 물러나 잃어버린 것을 알고 삿된 방편을 그치는 것을 '멈추는 것(止住)'이라 한다. 온갖 고행을 버리고 다시 다른 스승을 구하여 마침내 올달락가嗢達洛迦[240]와 아라다阿羅茶[241] 등이 그릇되게

237 혜원이 『無量壽經義疏』 권상(T37, 95c15)에서 제시한 것이다.

238 혜원이 『無量壽經義疏』 권상(T37, 95c3)에서 『無量壽經』 본문 중 여섯 구절을 출가상出家相을 나타내는 것으로 분류하고 "나무 아래에 단정히 앉아~해야 할 것을 그대로 행한다."를 여섯 번째 구절에 해당하는 것이라고 한 것과 모순된다는 점을 지적한 것이다.

239 『瑜伽師地論』 권18(T30, 378a7).

240 올달락가嗢達洛迦 : 앞의 『方廣大莊嚴經』에서 설한 "오특가"와 동일 인물로 볼 수 있다.

241 아라다阿羅茶 : Ⓢ Ārāḍa-kālāma의 줄인 음사어. 일반적으로 부처님께서 출가하여 최초로 수학했던 스승으로 일컬어진다. 무소유처정無所有處定을 최고의 경지라고 주장했다.

집착의 대상으로 삼는 것에 수순하여 관찰하기 때문에 '떠돌아다니면서 빠지는 것(漂溺)'이라 한다."[242]라고 하였다.

이것으로 말미암아 말하자면 보살은 비록 다시 온갖 고행을 닦는다고 할지라도 (그것은) 곧 바른 행위에 나아가도록 하는 방편이기 때문에 "해야 할 것을 그대로"라고 한 것이다. 그리고 고행을 닦고 나서 다른 스승이 (대상으로 삼는 것에) 수순하여 관찰한 것은 도리어 앞에서 이미 닦은 두 가지 선정을 관찰한 것이기 때문에 경의 뜻에 위배되지 않는다.

行如所應者。有說。反邪學正道。即其所應修學。愼[1)]而行故。若爾。此文。應屬成道。如何自許是出家相。有說。行應前聖之所行。故云如所應。此亦不然。前聖。未必修苦行故。今即行如所應者。簡虛設劬勞。減劣漂溺。非方便行。即瑜伽論。引頌而言。如如我劬勞。如是如是劣。如如我劣如如[2)]也如如是是住我住。已如是漂。此中修苦行時。非方便攝。勇猛精進。名曰劬勞。行邪方便。善法退失。名爲減劣。既知退失諸善法已。息邪方便。說名正[3)]住。捨諸苦行。更求餘師。遂於嗢達洛迦阿[4)]茶等。邪所執處。隨順觀察。故名漂溺。由此言之。菩薩。雖復修諸苦行。即趣正行之方便。故云如所應。而修苦行已。於餘師隨順觀察者。却觀前已所修二定。故不違經義。

1) ㉯ 정영淨影(혜원)의 소疏(『無量壽經義疏』)에 따르면 '愼'은 '順'이다. 2) ㉯ '如如'이하는 『瑜伽師地論』에 따르면 "如如我劣已。如是如是住。如如我住已。如是如是漂。"이다. 3) ㉯ '正'은 '止'인 것 같다. ㉰ 『瑜伽師地論』 권18(T30, 378a22)에 따르면 '止'이다. 4) ㉰ 『瑜伽師地論』(T30, 378a23)에 따르면 '阿' 뒤에 '邏'가 누락되었다.

242 『瑜伽師地論』 권18(T30, 378a19).

ㅅ. 마구니를 항복시키고 불도를 이룸

ㄱ) 목욕하여 몸의 때를 씻어냄

경 오탁五濁[243]의 찰토刹土[244]에 나투어 군생群生(중생)에게 수순하여 번뇌의 때가 묻은 모습을 보이고 금하金河에 몸을 씻었으며, 하늘이 나뭇가지를 당겨서 드리우니 붙잡고 연못에서 나올 수 있었다.

經曰。現五濁刹。隨順群生。示有塵垢。沐浴金流。[1] 天按樹枝。得攀出池者。

1) 역 경흥의 주석에 따르면 '流'는 '河'이다.

술 일곱 번째로 마구니를 항복시키고 불도를 이룬 것이다. 여기에 다섯 가지가 있는데, 이것은 처음에 목욕하여 몸의 때를 씻어낸 것이다.

"찰刹"이란 (음사어로 의역어는) 토土이다.

243 오탁五濁 : 감겁減劫(인간의 수명이 점차 짧아지는 시대)에 일어나는 다섯 가지의 더럽고 혼탁한 현상을 일컫는 말. 첫째, 겁탁劫濁으로, 감겁에 인간의 수명이 30세로 줄어들 때는 기근의 재난이 일어나고, 20세로 줄어들 때는 역병의 재난이 일어나며, 10세로 줄어들 때는 도병刀兵의 재난이 일어나서 세계의 중생이 온갖 피해를 당하는 것이다. 둘째, 견탁見濁으로 정법이 이미 멸하고 상법像法이 점차 일어나며 사법邪法이 생겨나고 사견邪見이 증대하여 사람들이 선도善道를 닦지 못하게 되는 것이다. 셋째, 번뇌탁煩惱濁으로 중생의 애욕이 늘어나고 간탐慳貪이 깊어지며 서로 투쟁하며 아첨하고 거짓말을 일삼으며 사법을 섭수하여 심신이 어지러워지는 것이다. 넷째, 중생탁衆生濁으로 중생이 온갖 부정하고 사악한 행위를 일삼아 부모에게 효도하지 않고 어른을 공경하지 않으며 악업의 과보를 두려워하지 않아 공덕을 쌓지 않으며 은혜를 베풀지 않고 재법齋法을 행하지 않으며 금계禁戒를 수지하지 않게 되는 것이다. 다섯째, 명탁命濁으로 과거세에는 인간의 수명이 8만 세였으나 이 시기에는 악업이 증가하여 사람의 수명도 점차 감소하여 짧아져서 백 살까지 사는 이도 보기 드물어지는 것이다.

244 찰토刹土 : '찰'은 Ⓢ kṣetra의 줄인 음사어. 토土·국토 등으로 의역하고, 의역어와 음사어를 합쳐 찰토라고도 한다.

述云。第七伏魔成道。有五。此初沐蕩形垢也。剎者土也。

“보살은 이미 고행이 보리의 원인이 아니라는 것을 알고 또한 생각했다.
‘옛날 부왕의 동산에 있는 염부수閻浮樹 아래에서 닦아서 증득한 사선四禪이 보리의 원인이다.’”[245]

菩薩。既知苦行非菩提因。亦念。於昔父王園中。閻浮樹下。修得四禪。是菩提因。

(『방광대장엄경』에서 다음과 같이 말했다.)

(또 생각했다.) ‘좋은 음식을 받아 신체에 기력을 불어넣어야 비로소 보리의 도량에 갈 수 있을 것이다.’

다섯 발타라는 곧 보살을 버리고 바라나波羅奈[246]의 선인타처仙人墮處[247]로 갔다. 보살이 고행을 행한 이후 우루빈라 마을의 촌주村主인 사나발지斯那鉢底[248]에게 열 명의 동녀童女(어린 딸)가 있어서 과거에 (고행을 행할 때) 다섯 발타라와 함께 항상 참깨와 보리를 공양하였다. 보살

---

245 『方廣大莊嚴經』 권7(T3, 583a3).

246 바라나波羅奈 : Ⓢ Vārāṇasī의 음사어. 부처님 재세 시 가시국迦尸國의 수도. 부처님께서 성도하신 후 처음으로 설법하여 다섯 비구의 귀의를 받았던 녹야원鹿野苑이 이곳에서 10km 떨어진 곳에 있다.

247 선인타처仙人墮處 : 부처님께서 성도하신 후 처음 설법을 행한 장소인 녹야원鹿野苑을 달리 부르는 이름. 옛날 5백 명의 선인이 허공을 날다가 이곳에서 왕의 채녀婇女를 보고 욕심이 발동하여 신통력을 잃고 이곳에 떨어졌기 때문에 이러한 이름이 붙여졌다.

248 사나발지斯那鉢底 : Ⓢ Senani의 음사어. 부처님 재세 시 우루빈라 마을의 촌주의 이름이다.

이 고행을 버린 것을 알고 바로 온갖 음식을 만들어 바쳤더니, 여러 날이 지나지 않았는데도 얼굴에 광채가 흐르고 환해졌다.

시림尸林[249] 아래에 낡고 찢어졌으며 더럽고 버려진 옷이 있는 것을 보고 손수 취하여 지니고 고행으로 인해 낡고 해진 옷을 갈아입고자 하여 말하였다.

"물은 어디에 있을까?"

그때 어떤 하늘이 있어 보살 앞에서 손으로 땅을 가리켰더니 바로 하나의 연못이 생겨났다. 다시 생각했다.

'돌은 어디에 있을까?'

석제환인釋提桓因[250]이 사각형의 돌을 연못에 놓아두었다. 보살은 돌을 보고 가져다가 이것을 사용하여 옷을 빨았다. 옷을 빨고 나서 연못에 들어가 목욕을 했다. 그때 마구니 파순波旬은 (나오지 못하게 하려고) 그 연못의 언덕을 변화시켜 높게 솟아오르게 했다. 연못 주변에 아사나阿斯那라는 나무가 있었는데 수신樹神이 가지를 당겨 낮게 드리웠고, 보살은 가지를 붙잡고 연못의 언덕에 오를 수 있었다. 그 나무 아래에서 그 전에 입었던 옷을 거두어 입었다. 정거천자淨居天子 무구광無垢光은 사문沙門의 규정에 맞는 가사[251]를 가져다가 보살께 공양했다.

보살은 받고 나서 새벽에 승가리僧伽梨[252]를 입고 마을에 들어가 걸

---

249 시림尸林 : Ⓢ Śītavana. 갖추어서 시타림尸陀林이라 한다. 중인도 마가다국 왕사성 북방에 있는 숲의 이름. 처음에 시체를 버리는 장소로 쓰였고, 나중에는 죄인의 거주지로 쓰였다. 시체를 버리는 장소를 일반적으로 시림이라고 하기도 한다.

250 석제환인釋提桓因 : Ⓢ Śakra Devānām Indra. 도리천忉利天의 천주天主인 제석천帝釋天을 가리킨다. 줄여서 석천釋天이라고도 한다.

251 가사 : Ⓢ kaṣāya, kāṣāya의 음사어. 스님들이 입는 옷을 그 색깔에 의해 칭하는 말. 부정색不正色·염색染色·탁색濁色 등으로 의역한다.

252 승가리僧伽梨 : Ⓢ saṃghāṭi의 음사어. 스님들이 입는 세 가지 옷 중 하나. 대의大衣·중의重衣·정장의正裝衣 등이라고도 한다. 걸식·설법·왕궁의 출입 등을 행할 때 정장의 형태로 입는 옷이다.

식하였다. 선생善生[253]이라는 여인이 있었는데, 나무신(樹神)이 (선생에게 그대가 옛날에 '보살께서 나의 음식을 드시고 보리를 증득하게 할 것'이라는 서원을 했는데, 지금 보살이 좋은 음식을 드시려고 하니 바로 그 서원을 이루기 위해 음식을 바칠 때라고) 권유하는 말을 듣고 바로 천 마리의 암소를 취하여 그 우유를 짜서 일곱 번 끓여 오직 그 가운데 최상의 매우 정제되고 순수한 것만 취하여 새 그릇에 담고 향기로운 멥쌀을 넣어 끓여서 죽을 만들었다. 죽을 끓일 때 우유죽 위에 천 개의 바퀴살을 가진 바퀴[254]와 파두마波頭摩[255] 등의 길상한 모습이 나타났다. 어떤 선인이 (그러한 조짐의 의미를) 말하였다.

"이것을 먹는 사람이 있다면 보리를 증득할 것이다."

선생은 우유죽을 끓이고 나서 우다라녀優多羅女에게 범지를 청하여 모셔 와야 한다고 했다. (우다라녀가) 사방을 향해 돌아다녔으나 (범지는 보지 못하고) 오직 보살만 보았으므로 되돌아와 선생에게 말하였다.

"범지는 보이지 않고 오직 사문 구담瞿曇만이 있습니다."

선생은 속히 요청하여 모셔 오도록 하였다. 보살은 그곳에 와서 우유죽을 받고 나서 우유죽을 담은 발우를 들고 우루빈라 마을을 나와 니련하로 갔다. 발우를 언덕 위에 두고 수염과 머리카락을 깎고 강으로 들어가 목욕했다. 목욕을 마치고 강에 살고 있는 용龍의 왕비가 바친 보배 자리(寶座)에 앉아 그 우유죽을 먹었더니 신체의 형상이 본래의 모습

---

253 선생善生 : Ⓢ Sujātā의 의역어. 사나발지의 열 명의 딸 중 막내이다. 보살이 옛날 고행을 행할 때 8백 명의 범지梵志에게 공양하면서 그 공덕으로 보살이 보리를 증득할 수 있기를 소원하였다. 또한 보살이 자신이 공양한 음식을 드시고 보리를 증득할 것을 서원하였다.

254 천 개의 바퀴살을 가진 바퀴 : 전륜성왕·보살 등이 갖춘 서른두 가지 뛰어난 모습 중 하나와 관련된 것. 양 발바닥에 천 개의 바퀴살을 가진 바퀴 무늬가 있는 것이다.

255 파두마波頭摩 : Ⓢ padma의 음사어. 홍련紅蓮을 가리킨다. 발두마화鉢頭摩라고도 한다.

을 회복하였다. 발우를 강에 던졌더니 강의 용왕이 거두어 취하여 궁중에 모셔 두고 공양하였다. 제석천(釋天)이 형상을 금시조金翅鳥로 바꾸어 금발우[256]를 빼앗아 취하여 자신의 궁전으로 돌아가 탑을 세워 공양하였다.

보살의 복덕과 지혜의 힘으로 말미암아 우유죽을 먹고 나서 서른두 가지 눈에 띄게 뛰어난 모습과 여든 가지의 은밀하고 미세하게 뛰어난 모습(相好)[257]이 원만하게 빛나고 점점 더 환히 빛났다.[258]

應受美食。令身有力。方能往詣菩提之場。五跋陀羅。便捨菩薩。詣波羅奈仙人墮處。菩薩。苦行已來。優樓頻螺聚落。主名斯那鉢底。有十童女。昔與五跋陀羅。常以麻麥。供養菩薩。知捨苦行。即作種種飮食奉上。未經多日。色相光悅。於尸林下。見有故破糞掃之衣。自手取持。欲代苦行弊壞衣服言。何處有水。時有一天。於菩薩前。以手指地。便成一池。後[1)]更思惟。何處有石。釋提桓因。即以方石安處池中。菩薩。見石。持用浣衣。浣衣已訖。入池澡浴。時魔波旬。變其池岸。極令高峻。池邊有樹。名阿斯那。樹神。按枝令低。菩薩。攀枝得上池岸。於彼樹下。自納[2)]故衣。淨居天子。名無垢光。將沙門應量袈裟。供養菩薩。菩薩受已。於晨朝時。著僧伽梨。入村乞食。有善生女。聞樹神勸。即聚[3)]千牸[4)]牛。而搆[5)]其乳。七度煎煮。唯取其上極精純者。置新器內。用香粳米。煮以爲糜。當煮之時。於乳糜上。現千輻輪。波頭摩等。吉祥之相。有仙人語。若有食者。得菩提。善生煮已。告優多。[6)] 必[7)]往請梵志。向四方行。唯見菩薩。歸白善生。不見梵志。唯有沙門瞿曇。善

256 금발우 : 선생이 바친 우유죽을 담았던 금으로 만든 발우를 가리킨다.

257 삼십이상三十二相과 팔십종호八十種好를 줄여서 상호相好라고 했다. 모두 보살이 갖춘 뛰어난 모습인데, 전자는 두드러져서 쉽게 볼 수 있는 것이고, 후자는 미세하고 은밀하여 보기 어려운 것이다.

258 『方廣大莊嚴經』 권7(T3, 583a12).

生。速令延請。菩薩至尋。受乳糜[8]已。擎乳糜*鉢。出優樓頻螺聚落。往尼連河。置鉢岸上。剃除鬚髮。入河而浴。浴竟。坐河龍妃所奉之寶座。食彼乳糜。* 體相如本。以鉢擲河。龍王收取。宮中供養。釋天。變形爲金翅鳥。奪取金鉢。將還本宮。起塔供養。由菩薩福慧力故。食乳糜*已。相好圓光。轉增赫奕。

1) ㉯ '後'는 '復'인 것 같다. ㉺『方廣大莊嚴經』 권7(T3, 583b12)에 따르면 '復'이다. 2) ㉯ '納'은 '衲'인 것 같다. ㉺『韓佛全』 편찬자 주석이라는 별도의 표기는 없지만 본서의 저본인 『續藏經』에는 없는 주석이다. 『方廣大莊嚴經』 권7(T3, 583b21)에 따르면 '納'이고, '衲'이라고 볼 근거는 없다. 3) ㉺『方廣大莊嚴經』 권7(T3, 583b28)에 따르면 '聚'는 '取'이다. 4) ㉯ 다른 판본에서는 '㹀'을 '㹀'라고 했다. ㉺『方廣大莊嚴經』 권7(T3, 583b29)에 따르면 '㹀'이다. 5) ㉯『方廣大莊嚴經』에서는 '搩'을 '犨'라고 했는데, '搆'라고 해야 한다. ㉺『續藏經』 주석에서 "宋本에 따르면 '搆'이다."라고 했다. 6) ㉺『方廣大莊嚴經』 권7(T3, 583c7)에 따르면 '多' 뒤에 '羅女'가 누락되었다. 7) ㉯ '必'은 '宜'인 것 같다. ㉺『方廣大莊嚴經』 권7(T3, 583c7)에 따르면 '宜'이다. 8) ㉺ 저본과 갑본에 따르면 '糜'는 '糜'이다. 『韓佛全』의 오류이다. 이하 동일하다.

총괄적으로 말하자면 부처님께서 변화한 모습을 나투어 오탁의 악토惡土에 머물며, 중생에게 수순하여 번뇌의 때가 묻은 모습을 보이고 목욕하여 청정하게 했기 때문에 "나투고 보였다."라고 했다.

그리고 "금하에 몸을 씻었으며, 하늘이 나뭇가지를 당겨서 드리우니"라고 한 것에서 '금하'란 곧 (『방광대장엄경』에서 말한) 니련하이다. (『무량수경』에서 하늘이) 당겨서 드리운 나뭇가지는 곧 (『방광대장엄경』에서 말한) 연못의 언덕에 있던 나무이다. 앞과 뒤에서 서로 거론하였기 때문에 서로 위배되지 않는다.

(『무량수경』의 "하늘"을 『방광대장엄경』에선 "수신"이라 했는데) 신神은 또한 하늘이라 이름하기 때문에 (어긋나지 않는다.)

總而言之。佛現化相。處濁惡土。隨順衆生。示有塵垢。沐浴令淨。故云現示。而沐浴金河。[1] 天按樹枝者。金河即尼連河。按枝即池岸樹。前後互擧。

故不相違。神亦名天故。

1) ㉮『無量壽經』 권상(T12, 266a8)에 따르면 '河'는 '流'이다. 그러나 저본의 차이를 고려할 때 '河'일 수도 있다.

ㄴ) 가서 도량에 도착함

경 신령한 새가 호위하며 따르는 가운데 도량에 도착했다.

經曰。靈禽翼從。往[1]詣道場者。

1) ㉮『無量壽經』에 따르면 '往'은 '往'이다

술 두 번째로 가서 도량에 도착한 것이다.

述云。第二行詣道場也。

(『방광대장엄경』에서 이렇게 말했다.)

보살은 몸을 씻은 후 우유죽을 먹고 기력이 고르고 온전해졌다. 정념正念으로 저 보리수를 향해 나아갔다. (그때 풍천風天과 우천雨天은) 니련하에서 보리수에 이르기까지 먼지를 쓸고 물을 뿌려서 깨끗하게 하였다. 삼천세계의 온갖 나무와 온갖 산은 크거나 작거나 나뭇가지를 낮추고 봉우리를 낮추어 보리수를 향했다. 욕계의 모든 하늘은 각각 칠보七寶로 이루어진 다라수多羅樹를 변화하여 만들었다. 두 나무 사이에는 칠보로 이루어진 연못이 있고, 연못의 네 둘레에는 칠보로 이루어진 계단이 있었다. 곧 가릉빈가迦陵頻伽 · 오리(鳧) · 기러기(鴈) · 원앙鴛鴦 · 명명命命 등과 같은 온갖 새가 조화롭고 아름답게 지저귀었다.

보리수에 도착했을 때 그 몸에서 한량없는 광명이 두루 쏟아졌다. 또한 한량없는 앵무새·사리舍利·구지라조拘只羅鳥·가릉빈가·오리·기러기·원앙·공작·물총새·공명共命 등의 새들이 날개짓 하며 둘러싸고 조화롭고 아름답게 지저귀었다.

보살이 보리좌에 앉으려고 하자 그날 밤 대범천왕大梵天王이 신통력으로 삼천세계에서 온갖 모래·소금밭·기와·조약돌·가시나무 등을 제거하고 땅을 손바닥처럼 평평하게 만들어 언덕을 없애고 모두 칠보로 장엄하여 꾸몄다.

열여섯 명의 천자天子가 있었으니, 전진轉進·무승無勝·시여施與·애경愛敬 등으로 보리도량菩提道場을 수호하여 모두 무생인無生忍을 증득하였다.

다시 네 신神이 있어 보리수를 보호하였으니, 비류박구毘留薄瞿·소마나蘇摩那 등이다. 각각 신통력으로 보리수를 변화시켜 높고 넓게 하고 장엄하여 아름답게 만들었는데 각각 높이가 여든 그루의 다라수에 해당하는 나무가 되었다.[259]

菩薩。澡浴身體後。食乳糜。氣力平全。正念。向彼菩提之樹。從尼連河。至菩提樹。掃灑令淨。三千世界。諸樹諸山。若大若小。無不低枝低峯。同[1)]菩提樹。欲界諸天。各化七寶多羅之樹。二[2)]間。有七寶池。池之四邊。七寶階道。即有迦陵頻伽鳧鴈鴛鴦命命諸鳥。出和雅音。詣菩提樹時。其身普放無量光明。又有無量鸚鵡舍利拘只羅鳥迦陵頻伽鳧雁鴛鴦孔雀翡翠共命諸鳥。翻翔圍遶。出和雅音。菩薩。欲坐菩提座。夜大梵天王。以神通力。令三千界。除諸砂鹵瓦礫荊棘。地平如掌。無有丘墟。皆以七寶。而嚴飾之。有十六天子。所謂轉進無勝施與受欲[3)]等。守護菩提場。皆證無生忍。復有

259 『方廣大莊嚴經』 권8 「詣菩提場品」(T3, 584b6).

四神。護菩提樹。毘留薄瞿。蘇摩那等。各以神力。變菩提樹。高廣莊嚴姝好。各長八十多羅之樹。

1) ㉯ 다른 판본에서는 '同'을 '向'이라 했다. ㉰『方廣大莊嚴經』권8(T3, 584c4)에 따르면 '向'이다. 2) ㉯ 다른 판본에서는 '二'를 '一一'이라 했다. ㉰『方廣大莊嚴經』권8(T3, 584c10)에서 "復化七寶多羅之樹。一一樹間。絡以金繩."라고 한 것과 상응하는 것으로 파악하여 '一一'이라고 한 것 같은데, 이는 옳지 않다. 문맥상 같은 책 권8(T3, 584c11)에서 "其樹兩間。有七寶池."라고 한 것과 상응하고, 이 경우 '二'는 '兩'을 달리 표현한 것으로 볼 수 있다. '二'와 '兩'은 동일한 뜻이다. 3) ㉯ '受欲'은 '愛敬'인 것 같다. ㉰『方廣大莊嚴經』권8(T3, 585c3)에 따르면 '愛敬'이다.

"보살은 마구니인 원수를 항복시키고자 하였기 때문에 대인大人의 모습으로 서쪽으로 가서 보리도량에 도착했다."[260]

菩薩。爲欲降伏魔怨故。以大人相。西面而行。詣菩提場也。

어떤 사람은 〈경(『불본행집경』)에서 "5백 마리의 청작靑雀(새 이름)이 부처님의 뒤를 따랐다."[261]라고 한 것과 같기 때문에 "새가 호위하며 따르는 가운데"라고 했다. 모두 신령스러운 새이기 때문에 또한 "신령한"이라 했다.〉[262]라고 했는데, 이것은 반드시 정확하게 해석한 것이라고 할 수는 없다. 오직 청작만 있었던 것은 아니니 앞에서 인용한 것과 같기 때문이다.[263]

지금 곧 "호위하고 또한 따랐다."라고 했다. "종從"은 따르는 것(隨)이다.

의탁하여 나타낸 것을 말하자면 "하늘이 나뭇가지를 당겨서 드리우니"란 중생의 감感이 이미 발하였음을 나타낸 것이고, "붙잡고 연못에서 나

260 『方廣大莊嚴經』 권8 「詣菩提場品」(T3, 584b8).

261 『佛本行集經』 권26(T3, 773b23).

262 혜원이 『無量壽經義疏』 권상(T37, 95c27)에서 제시한 것이다.

263 『方廣大莊嚴經』에서 온갖 새들이 함께했음을 설한 것을 말한다.

올 수 있었다."란 부처님께서 응하여 기機에 나아갔음[264]을 나타낸 것이며, "신령한 새"란 함께 실천하는 권속을 나타내는 것이다. 그렇지 않다면 곧 『설무구칭경』[265]에서 "(여러 부처님의) 모든 행동거지에 있어서 (수용하고) 베풂을 행하는 것이 모두 불사佛事이다."[266]라고 한 것과 위배되기 때문이다.

有說。如經云。五百青雀。隨從佛後。故名禽翼從。皆神鳥。故亦云靈。此必不盡。非唯青雀。如前引故。今即翼亦從。從者隨也。寄表而言。天按樹者。即表衆生感既發也。攀出池者。即表佛應赴于機也。靈禽者。即表同行眷屬。不爾。便違。無垢稱云。所有進止施爲。皆是佛事故。

ㄷ) 상서로운 풀에 의해 성과를 감응함

경 길상吉祥을 감견感見하여 상서로운 징조로 여기고, (자신이 성취할) 공과功果와 복조福祚를 나타내는 것임을 알았다. 불쌍히 여기는 마음으로 그가 바친 풀을 받아 불수佛樹 아래에 깔고 가부좌를 틀고 앉았다.

經曰。吉祥感微。1) 表章功祚。哀受施草。敷佛樹下。跏2)趺而坐者。

1) ㉯ '微'는 '徵'인 것 같다. ㉰ 『無量壽經』 권상(T12, 266a9)에 따르면 '徵'이다. 2) ㉰ 경흥의 주석에 따르면 그가 대본으로 삼은 경에서는 '跏'를 '加'라고 했다.

---

264 '감'이란 중생이 부처님의 가피력에 감화되는 것, '응'이란 부처님이 중생의 근기와 상황에 따라 응용應用하는 것을 뜻한다. 중생이 감화하고 부처님이 응용하는 것이 서로 잘 교섭되는 관계에 있는 것을 감응도교感應道交라고 한다.

265 『설무구칭경』: 줄여서 『無垢稱經』이라고도 한다. '무구칭'은 Ⓢ Vimalakīrti의 의역어로 정명淨名이라고도 의역하고, 유마힐維摩詰·유마維摩 등으로 음사한다. 구역舊譯에서는 '정명'이라 했고, 신역新譯에서는 '무구칭'이라 했다.

266 『說無垢稱經』 권5 「菩薩行品」(T14, 582a25)에서 "諸佛所有。威儀進止。受用施爲。皆令所化有情調伏。是故。一切皆名佛事."라고 한 것을 취의 요약한 것이다.

술 이것은 세 번째로 상서로운 풀에 의해 성과聖果를 감응한 것이다.

述云。此第三瑞草應聖也。

(『방광대장엄경』에서 다음과 같이 말했다.)

보살은 곧 과거의 모든 부처님께서 모두 깨끗한 풀에 앉아 정각正覺을 이루었음을 알았다. 그때 제석천은 그 몸을 풀을 베는 사람으로 변화하여 보살의 오른편에 풀을 가지고 섰는데 그 풀은 공작의 꼬리처럼 검은빛을 띤 푸른빛이었다. 점차 그곳을 향해 나아가서 물었다.

"이름이 무엇인가?"

(그 사람이 대답했다.)

"길상입니다."

(보살은) 곧 이렇게 생각했다.

'자신과 타인을 이롭게 하고자 하는데, 길상이라는 이름을 가진 사람이 내 앞에 서 있으니, 결정코 보리를 증득하겠구나.'

그러므로 게송을 설하여 말했다.

길상이여! 그대 이제 속히 깨끗한 풀을 베풀어야 하리.
나는 이 풀에 앉아 저 마구니의 군대를 항복시키리.
또 적멸寂滅을 증득하여 무상도無上道를 얻으리.
길상은 이 말을 듣고 손수 깨끗하고 미묘한 풀을 가지고 보살의 앞에 머물렀네.

바라옵건대 먼저 보리의 수기授記를 주시고
그 후에 깨끗한 풀을 받으소서.

보살이 길상에게 말하였네.

오직 청정한 풀을 베푸는 것만으로 대보리大菩提를 얻는 것은 아니라네.

한량없는 덕을 닦아야 비로소 여러 부처님의 수기를 받는다네.

길상이여! 그대는 알아야 하네.

나는 보리를 증득하여 모든 세간에 널리 퍼뜨릴 것이니

그대는 나의 처소에서 감로법甘露法을 듣고 수지하라.

보살은 풀을 취하여 두루 펼쳐서 깔고 장차 보리를 증득하고자 하여 얼굴을 동쪽으로 향하고 깨끗한 풀 위에 가부좌를 틀고 앉아 큰 서원을 발하여 말했다.

"나는 이제 위없는 큰 보리를 증득하지 못한다면 차라리 이 몸이 부서질지언정 끝내 자리에서 일어나지 않을 것이다."[267]

菩薩。即知過去諸佛。皆坐淨草。而成正覺。時釋天。變其身。爲刈草人。在菩薩右。持草而立。其草青紺。如孔雀尾。漸問名。答曰吉祥。便作是念。欲求利自他。吉祥立我前。定證菩提。故說頌曰。吉祥汝今時。宜速施淨草。我當坐是草。降伏[1)]魔軍。若證寂滅時。即問[2)]無上道。吉祥聞此言。手持淨妙草。住於菩薩前。幸先授菩提。然後受淨草。菩薩報吉祥。非唯坐[3)]淨草。即護大菩提。應修無量德。方蒙諸佛記。吉祥汝應知。我證菩提已。分布諸世間。汝當於我所。聽受甘露法。菩薩取草。周遍敷設。將證菩提。而面向東。於淨草上。結跏趺坐。發大誓言。我今若不得無上大菩提。寧可碎是身。終不起座。

---

267 『方廣大莊嚴經』 권8(T3, 587a20).

1) ㉤ '伏' 뒤에 '彼'가 누락된 것 같다. ㉧『方廣大莊嚴經』 권8(T3, 587b17)에 따르면 '彼'가 누락되었다. 2) ㉧『方廣大莊嚴經』 권7(T3, 587b18)에 따르면 '問'은 '得'이다. 3) ㉧『方廣大莊嚴經』 권8(T3, 587c1)에 따르면 '坐'는 '施'이다.

총괄적으로 말하자면, 부처님께서 장차 불도를 이루려고 할 때 이 길상이라는 사람을 감견感見하고 상서로운 징조로 여기어, 반드시 깨달음을 이루어 두루 이롭게 할 것임을 안 것이다. 그러므로 "길상을 감견하여 상서로운 징조로 여기고"라고 했다.

"징徵"란 상서로운 것(瑞)이다. 곧 이 상서에 의해 앞으로 이룰 공과와 복조를 보였다. 그러므로 "공과와 복조를 나타내는 것임을 알았다."라고 했다. "조祚"는 지之와 아阿의 반절로 복福이고 돕는 것(助)이다. "장章"은 또한 현顯(나타내다)이다.

풀을 받는 뜻은 큰 보리를 증득하여 중생을 이롭게 하는 것이기 때문에 "불쌍히 여기는 마음으로 그가 바친 풀을 받아"라고 했다.

나무에 의탁하여 깨달음을 이루기 때문에 "불수"라고 하였으니, 곧 삼천세계의 중심이다. 중생의 근기에 맞추어 나타내 보임에 이미 온갖 품류가 있기 때문에 부처님께서 응하여 시현함에 그 앉는 자리도 또한 일정하지 않다. 성인의 가르침이 같지 않은 것은 뜻이 여기에 있다.

'가부좌를 틀고 앉는 것'은 곧 마구니를 항복시키기 위한 좌법坐法이다. 좌법에 두 가지 모습이 있다. 첫째 항복좌降伏坐이니 왼발로 오른발 넓적다리를 누르는 것이고, 둘째 길상좌吉祥坐이니 오른발로 왼발 넓적다리를 누르는 것이다. 그 자신(보살)은 지금 비록 마구니를 항복시키려고 하는 때일지라도 뜻은 불도를 이룰 것을 생각하기 때문에 길상좌를 짓는다. "가加"란 겹치는 것이니, 곧 서로 넓적다리에 발을 올려놓고 앉는 것이다. 어떤 곳에서 "가跏"라고 한 것은 출처를 알 수 없다.

總而言之。佛將成道。感此吉祥而爲瑞。知必成覺而普利。故云吉祥感徵。徵瑞也。即以此瑞。示當所成功果福祚。故云表章功祚。祚之阿反福也助也。章亦顯也。受草之意。證大菩提而利衆生。故云哀受施草。寄樹成覺。故云佛樹。即三千界之中心也。衆生宜見。既有萬品。故佛應示。座亦不定。聖教[1)]而[2)]同。意在此也。結跏[3)]趺者。即伏魔之坐。坐有二相。一降伏坐。以左押右。二吉祥坐。以右押左。我今雖伏魔。意想成佛。故作吉祥坐。加者重也。即交置足而坐。有爲跏者。不知所從。

1) ㉯ 관주冠註에 말하기를 "성교聖敎 이하에 탈자와 오자가 있는 것 같다."라고 했다.(㉠) 2) ㉯ 다른 판본에서는 '而'를 '不'이라 했다. 3) ㉷ 경흥의 주석에 따르면 '跏'는 '加'이다.

ㄹ) 지혜의 힘으로 마구니를 항복시킴

경 큰 광명을 떨쳐 내어 마구니로 하여금 알게 하니, 마구니가 관속을 이끌고 와서 핍박하며 시험하였지만 바른 지혜와 신통력으로 제압하여 모두 항복시켰다.

經曰。奮大光明。使魔知之。魔率官屬。而來逼試。制以智力。皆令降伏者。

술 네 번째로 지혜의 힘으로 마구니를 항복시킨 것이다.

어떤 사람은 〈이 마구니의 뜻은 통틀어서 여덟 가지가 있다. (여기에서) 무위無爲에 대한 네 가지 전도는 가까이는 바른 이해를 무너뜨리고 멀리는 진덕眞德을 장애한다. 비록 성문聲聞의 근심은 아니지만 또한 보살의 원수로서 마구니라고 하기 때문에 (여덟 가지가 있는 것이다.)〉[268]라고 했

268 혜원의 『無量壽經義疏』 권상(T37, 96a17)에서 일반적으로 마구니는 번뇌마煩惱魔·음마陰魔(五蘊魔)·사마死魔·천마天魔 등의 넷을 들지만, 『涅槃經』에서는 이 네 가지에

는데, 이것은 반드시 그러한 것은 아니다.[269] 제유諸有[270]를 왕래하니, 곧 천마天魔여야 하기 때문이다. 또 보이고 일으킨 상相을 보면 반드시 상常 등(의 마구니와는) 관련이 없기 때문이다. 지금 곧 마구니는 비록 여러 종류가 있지만 여기에서 항복시킨 것은 바로 천마이기 때문이다.

述云。第四智力降魔也。有說。此魔義。通八種。無爲四倒。近壞正解。遠障眞德。雖非聲聞之患。亦是菩薩之怨。名爲魔故。此必不然。諸有往來。即應天魔故。又示作相。必非常等故。今即魔雖多種。而此所伏。正是天魔故。

(『방광대장엄경』에서 이렇게 말했다.)

보살은 보리좌菩提座에 앉아 (생각했다.)

'이제 정각을 이루어야겠다. 마왕 파순이 (욕계에서 가장 존귀하고 가

무위無爲(생성과 소멸의 세계에서 벗어난 것)인 열반·법신 등에 대한 네 가지 전도된 견해를 마구니로 제시하였다. 그 네 가지란 상常을 무상無常이라 계탁하는 것, 락樂을 불락不樂이라 계탁하는 것, 아我를 무아無我라고 계탁하는 것, 정淨을 부정不淨이라 계탁하는 것 등이다. 앞의 네 가지는 소승과 대승의 공통 대상으로서의 마구니이고, 뒤의 네 가지는 대승에서만 마구니로 삼는다(汎論有四。涅槃說八。言其四者。一煩惱魔……二者陰魔……三者死魔……四者天魔……此之四種。大小通說。言其八者。前四種上。更加無爲四倒之心。於佛眞德。常計無常。樂計爲苦。我計無我。淨計不淨。以此四種。近壞正解。遠障眞德。故名爲魔。此後四種。小乘法中。未以爲患。不說爲魔。大乘爲過。故說爲魔。通論此八。並須降伏。)고 했다.

269 경흥은 혜원이 본문의 "마구니"를 여덟 가지 마구니라고 한 것으로 파악하고, 이러한 입장이 옳지 않은 것이라고 했다. 그러나 실제로 혜원은 뒤에 나오는 문장에서, 마구니를 통틀어서 논하면 모두 여덟 가지이지만, 본문에서의 "마구니"는 이들 가운데 천마天魔라고 제한하고 있어 실제로는 경흥과 같은 입장을 보이고 있다. 경흥의 오류인 것 같다. 혹은 혜원이 아닌 다른 사람의 견해일 수도 있다. 혜원의 『無量壽經義疏』 권상(T37, 96b12)에서 "今此所論。偏降天魔。違其自行。正智降之。違其利他。通力伏之。故云智力皆令降伏。"이라고 한 것을 참조할 것.

270 제유諸有 : 삼유三有를 가리키는 말. 욕계·색계·무색계 등의 삼계에 속한 존재를 통칭하는 것이다.

장 뛰어나니 그를) 불러 항복시켜 보리심을 발하도록 해야겠다.'

바로 백호상白毫相에서 광명을 쏘아 삼천세계를 두루 비추어 파순의 궁전 곁을 비추니, 마구니 왕은 광명 속에서 게송을 들었다.

> 세간에 가장 뛰어나고 청정한 분이 있어 오랜 세월 동안 수행을 원만하게 닦았네.
>
> 석가족의 왕손이신 그분은 왕위를 버리고 이제 보리도량에 나투어 앉으셨네.
>
> 그대는 자칭 큰 용맹함이 있다고 하니 나무 아래로 와서 함께 겨뤄 보세나.

파순은 이 게송을 듣고 나서 (다시) 꿈에 그 궁전이 모두 암흑에 휩싸이고 크게 흔들리는 것을 보았다. 잠에서 깨어나니 온몸은 떨리고 마음은 두려움과 공포로 가득 찼다. 마구니에게 천 명의 아들이 있었는데, 5백 명은 (청정하고 깨끗한 부류로) 마구니 왕의 오른편에 있으면서 보살께 귀의하였고, 5백 명은 (어둡고 나쁜 부류로) 마구니 왕의 왼편에 있으면서 마구니 왕을 찬탄하면서 도왔다. 마구니 왕은 아들들에게 말했다.

"어떤 방도를 써서 그를 꺾고 항복시킬 수 있을까?"

오른편에 있던 마구니의 아들 유신有信이 파순에게 말했다.

> 가령 삼천세계를 부술 정도의 힘
> 그 큰 힘을 갠지스 강의 모래알만큼 더한다고 해도
> 보살의 한 터럭도 움직이지 못합니다.
> 어찌 지혜로운 이를 손상시킬 수 있겠습니까.

왼쪽 편에 있던 마구니의 아들 백비百臂가 다시 파순에게 말했다.[271]

지금 제 몸에는 백 개의 팔이 달려 있고
낱낱이 백 개의 화살을 쏠 수 있습니다.
대왕이여, 단지 나아가기만 할 뿐
이러한 사문을 어찌 해칠 수 있을까
그런 근심은 하지 마소서.[272]

菩薩。坐菩提座已。今當成正覺。魔王波旬。應召降伏。令發菩提心。即放白毫相光。遍照三千世界。傍耀波旬之宮。魔王。聞光中偈。世有最勝清淨人。經歷多時修行滿。是彼釋種捨王位。今現坐於菩提場。汝自稱有大勇猛。當往樹下共相校。波旬。聞此偈已。夢見。其宮殿。皆黑闇。震動不安。寤已。遍體戰慄。心懷懼恐。魔有千子。五百。在魔王右。歸依菩薩。五百。在魔王左。贊助魔王。魔王。語諸子。以何方計。能摧伏彼。右面魔子。名曰有信。白波旬言。假使力碎三千界。如是大力滿恒沙。不動菩薩之一毛。何足能傷智慧者。左面魔子。名曰百臂。復白波旬言。我今身有百臂。一一皆能放百箭。大王但去不假憂。如此沙羅[1)]何足害。

1) ㉑『方廣大莊嚴經』에 따르면 '羅'는 '門'이다.

(이 뒤에도) 여러 아들이 위로하며 간언한 내용이 나오는데 모두 인용할 수는 없다.[273]

諸子慰諫。不可備引。

271 『方廣大莊嚴經』에 따르면 그 차례는 '유신有信'의 앞에 와야 한다.
272 『方廣大莊嚴經』 권9 「降魔品」(T3, 590b8~591b27).
273 이것은 경흥 자신의 말이다. 『方廣大莊嚴經』의 인용문은 대부분 취의 요약인데 굳이 여기에서만 생략했음을 밝히고 있는 점이 특이하다.

(『방광대장엄경』에서 이렇게 말했다.)

마구니 왕은 또한 여러 딸에게 명령하였다.

“너희들은 저 보리수 아래에 가서 이 석가족의 아들을 유인하여 그 청정한 행을 무너뜨려라.”

이에 마구니의 딸들은 (보리수로) 가서 보살의 앞에서 서른두 가지의 아름다운 언어와 아리따운 자태를 꾸며 보이며 보살을 유혹하였다. 또한 게송을 설하여 말했다.

초봄 화창하고 따뜻한 좋은 시절에
온갖 풀과 나무 모두 번성하네.
대부여! 시기에 맞는 즐거움 누릴지니
젊은 시절은 한번 가면 다시 오기 어렵네.
그대 비록 단정하고 아름다운 얼굴 지녔지만
세간의 오욕은 또한 구하기 어렵네.
이렇게 즐겁고 기뻐할 만한 뛰어난 경계 마주하고
어찌 저 보리법을 즐거움으로 삼고 있는 것인가.

보살은 듣고 나서 슬프고 불쌍히 여기는 마음을 내어 곧 미묘한 게송으로 말했다.

내가 보았더니 오욕은 숱한 근심거리이니
이 번뇌로 인해 신통력을 잃는다네.
비유컨대 불구덩이와 독이 담긴 그릇 같나니
중생들 이를 향해 치달아 가면서도 알아차리지 못하네.

이 몸 허망하여 업에서 생겨나니
사대四大와 오온五蘊이 임시로 합하여 이루어지네.
힘줄과 뼈 서로 얽혀 잠시 형체 지닌다네.

지혜로운 이 누가 이것에 탐착하랴.
범부는 미혹으로 욕심을 일으키네.

나는 이미 세간에서 벗어났으니
허공의 바람을 매어 두기 어려운 것과 같다네.

(보살은 마구니의 딸들에게 말했다.)

"가죽 주머니에 똥이 가득한 깨끗하지 않은 물건들아, 나는 지금 기쁘지 않으니 속히 떠나야 할 것이다."

(마구니 왕의) 여러 딸들은 (보살을) 유혹할 수 없었다. 꽃을 보살의 위에 뿌리고 오른쪽으로 세 번 돌고 예배를 드리고 떠나가서 마구니 왕에게 말했다.

"우리들은 예로부터 아직까지 욕계에서 우리의 자태와 용모를 보고도 마음이 흔들리지 않는 이와 같은 사람이 있는 것을 본 적이 없습니다. 오직 원하옵건대 대왕이시여, 이 사람과 함께 미움과 불화를 만드는 일을 하지 마소서."

그때 파순은 보리수에 이르러 보살에게 말하였다.

"그대는 속히 반드시 일어나서 전륜성왕의 지위를 얻도록 하라. 보리는 증득하기 어려운 것이니 스스로 몸을 고달프게 하지 말라."

보살이 대답했다.

"나는 이미 먹었다가 토한 음식과 같은 오욕을 좋아하지 않는다. 이미 금강좌에 앉았으니 보리를 증득할 것이다. 그대는 이러한 말을 하지 말고 속히 가 버려야 할 것이다."

파순은 눈을 부릅뜨고 바로 병중兵衆(군사)을 일으켰다. 무량 무변 백천만억의 (병중이) 보리수 둘레로 다가와 가득 메우며 막아섰으나 모두 (보살을) 해칠 수 없었다. 파순이 보살에게 가까이 가려고 했으나 역시 나아갈 수 없었다.

보살이 말했다.

"그대는 작은 선으로 지금 하늘의 과보를 얻었지만, 나는 한량없는 겁 동안 성행聖行을 닦았기에 마땅히 보리를 얻을 것이다."

손으로 대지를 가리키니, 지신地神이 바로 보살 앞에 솟아나와 스스로 "제가 증명하겠습니다."라고 했다. 이 말을 할 때 대천세계가 진동하면서 큰 소리를 내었다. 마구니의 무리가 모두 흩어졌고, 마구니(의 왕 파순도) 또한 궁전으로 돌아갔다.[274]

魔王。又命諸女。汝等。往彼菩提樹下。誘此釋子。壞其淨行。放諸[1)]魔女。詣菩薩前。綺言妖姿。三十二種。媚惑菩薩。復說頌曰。初春和暖好時節。衆草林木盡敷榮。大夫爲樂宜及時。一棄盛年難可再。仁雖端正美顏色。世間五欲亦難求。對斯勝境可歡娛。何爲樂彼菩提法。菩薩聞已。心生哀愍。即以妙偈云。我觀五欲多過患。由是煩惱失神通。譬如火坑及毒篋。衆生赴之而不覺。是身虛妄從業生。四大五蘊假合成。筋骨相纏而暫有。智者誰應耽著此。凡夫迷故生欲心。我已解脫於世間。如空中風難可繫。革囊盛糞非淨物。我今不喜。應疾去。諸女不能得。即以華散菩薩上。右遶三匝作禮去。白魔王言。我等昔來未曾見有如是之士。於欲界中覩我姿容而心不動。唯願大王。勿與此人。共爲嫌障。[2)] 時波旬。詣菩提樹。告菩薩言。汝應速必起。得輪王。菩提難得。勿自勞形。菩薩報云。我不樂五欲。如既吐食。既坐金

274 『方廣大莊嚴經』 권9 「降魔品」(T3, 592b22~595a19).

剛座。勿得[3]菩提。汝不應作此說。而宜疾去。波旬瞋恨。[4] 即發兵衆。無量無邊百千萬億。側塞塡咀[5]菩提樹邊。皆不能害。波旬。欲近菩薩。亦不能進。菩薩語言。汝以微善。今獲天報。我無量劫。修習聖行。當得菩提。手指大地。地神。即於菩薩前出。自我爲證。作此語時。大千震動。出大音聲。魔衆皆散。魔亦還宮。

1) ㊄『方廣大莊嚴經』 권9(T3, 592b24)에 따르면 '放諸'는 '於是'이다. 2) ㊊ '障'은 '隙'인 것 같다. ㊄『方廣大莊嚴經』 권9(T3, 593a25)에 따르면 '隟'이다. 3) ㊊ 다른 판본에서는 '勿得'을 '當得'이라 했다. ㊄『方廣大莊嚴經』 권9(T3, 593c3)에 따르면 '當得'이다. 4) ㊊ 다른 판본에서는 '恨'을 '目'이라 했다. ㊄『方廣大莊嚴經』 권9(T3, 593c4)에 따르면 '目'이다. 5) ㊊ 다른 판본에서는 '咀'을 '咽'이라 했다. ㊄『方廣大莊嚴經』 권9(T3, 594a28)에 따르면 '咽'이다.

총괄적으로 말하자면 다음과 같다.

"큰 광명을"이란 미간의 백호에서 나온 광명이 대천계를 두루 비추기 때문에 다시 "큰"이라 했다. "마구니로 하여금 알게 하니"란 곧 꿈에 나타난 길상하지 않은 모습이다.[275] "와서 핍박하며 시험하였지만"이란 곧 모든 병중을 이끌고 보살에게 가까이 다가가려고 한 때를 말한다. "마魔"란 (갖춘 음사어는) 마라魔羅이다. 폐악弊惡이라 의역하고, 또한 살자殺者라고도 한다.

어떤 사람은 〈"지력智力"[276]이란 곧 십력지十力智(오직 부처님만이 갖추고 계신 열 가지 지혜의 힘)이다.〉라고 했는데, (이는 옳지 않다.) (경의 본문에서) '(지력으로) 마구니를 모두 항복시켰다'라고 했는데, 이와 같다면 (이미 부처님의 지혜를 성취했으니 항복시킬 마구니도 없어야 할 것인데) 어떻게 또한 '마구니를 항복시켰다'라고 했겠는가. (이는) 자정慈定[277]의 힘에

275 앞에서 인용한『方廣大莊嚴經』에서 마왕 파순이 불길한 꿈을 꾼 것을 가리키는 것 같다.
276 지력智力 : 역자가 경의 본문 해석에서 경흥의 주석에 의거하여 "지혜와 신통력"으로 풀이한 것에 해당하는 원문이다.
277 자정慈定 : 한량없는 중생을 이익되게 하고 안락하게 하려는 뛰어난 의지가 수반되

의거하는 것이기 때문이다.

지금 곧 "바른 지혜(智)"란 보살의 도道이고, "신통력(力)"이란 위신威神의 힘이다. 자리행自利行을 파괴하려고 하면 곧 지혜에 의해 항복시킬 수 있고, 이타행利他行을 파괴하려고 하면 곧 신통력에 의해 항복시킬 수 있다. 선善의 한 가지[278]를 따르면 이치상 바로 다른 것[279]을 결여하기 때문에 이것을 겸하였다. 신통력은 반드시 자정으로 말미암아 발하기 때문에 "지혜와 신통력으로 모두 항복시켰다."라고 했다. 곧 『대지도론』에서 "(자삼매로) 말미암아 보살도를 증득한다."[280]라고 했고, 다른 경에서도 또한 "자삼매慈三昧(慈定)로 말미암아 (보살도를 증득한다.)"라고 한 것이 이것이다.

總而言之。大明者。即眉間白毫之光。遍大千界。故復云大。使魔知者。即夢所見不吉祥之相。來逼試者。即將諸兵衆。欲近菩薩之時。魔者魔羅。此云弊惡。亦名殺者。有說。智力者。即十力智。令魔降伏。若爾如何。亦云降魔。是慈定力故。今即智者菩薩之道。力者威神之力。欲壞自利即智能伏。若破利他即神力伏。隨善一種。義即闕焉。故兼之也。神力。必由慈定發。故云智力皆令降伏。即智論云由得菩薩道。[1] 餘經亦云由慈三昧。是也。

1) ㉠ '道' 뒤에 '等'이 누락된 것 같다. ㉮ 동일한 문장이 없기 때문에 따르지 않았다.

는 선정을 말한다.

278 선善의 한 가지 : 보살도의 한 축인 자리행을 말하는 것 같다.

279 다른 것 : 보살도의 다른 한 축인 이타행을 말하는 것 같다.

280 『大智度論』에 동일한 문장은 없고, 단지 보살도로서 자삼매慈三昧와 그 복덕을 설한 부분은 종종 있다. 『大智度論』 권29(T25, 273c19) · 권32(T25, 300c5) 등을 참조할 것.

ㅁ) 깨달음의 과果를 모두 이룸

경 은밀하고 묘한 법을 얻고 최정각最正覺을 성취했다.

經曰。得微妙法。成寂[1)]正覺者。

1) ㉠ 다른 판본에서는 '寂'을 '最'라고 했다. ㉧ 강승개본에 따르면 '最'이다.

술 이것은 다섯 번째로 깨달음의 과를 모두 이룬 것이다.

어떤 사람은 〈"묘한 법"이란 이치(理)이다.〉[281]라고 했고, 어떤 사람은 〈("묘한 법"이란) 열반인 적멸(滅)이다.〉라고 했는데, 모두 옳지 않으니, 오직 이치를 얻고 적멸을 얻어야만 정각을 이룬다고 말할 수는 없기 때문이다.

述云。此第五覺果斯成也。有說。妙法是理。有說。涅槃滅。皆非也。不可唯言。得理得滅。成正覺故。

지금 곧 (『방광대장엄경』에서 다음과 같이 말했다.)

보살은 마구니인 원수를 항복시키고, 법당法幢을 건립하고 사선四禪[282]에 차례대로 들어가서 동요함이 없었다. 초야분初夜分[283]에 지智를

281 혜원의 『無量壽經義疏』 권상(T37, 96b15)에서 "이치를 묘법이라 한다. 이 법을 얻음으로 말미암아 정각을 이룬다.(理是妙法。由得此法故。成正覺。)"라고 했다.

282 사선四禪 : 미혹을 다스리고 온갖 공덕을 낳는 네 가지 근본 선정. 곧 색계에서의 네 가지 선정인 초선初禪·제2선第二禪·제3선·제4선을 가리킨다.

283 초야분初夜分 : 하루의 밤을 세 때로 나눈 것 중 첫 부분에 해당하는 것. 초야분은 초저녁으로 오후 8시, 중야분中夜分은 자정으로 밤 12시, 후야분後夜分은 새벽으로 오전 4시 등이다.

얻고 명明(神通)을 얻었으며, 일심一心을 섭지攝持하여 천안통天眼通[284]을 일으켰다. 중야분中夜分에 숙명통宿命通[285]을 얻고 자신과 다른 사람에게 과거에 일어났던 일을 기억하였다.

곧 일체중생을 관찰했더니, 노사老死는 생生으로 인해 있고, 내지 행行은 또한 무명無明으로 인해 있었다. 또다시 생각했다.

'무엇을 소멸함으로 인해 노사가 소멸할 것인가. 바로 무명이 소멸하기 때문에 노사가 소멸한다. 내지 생生이 멸하기 때문에 노사가 소멸하는구나.'

또다시 생각했다.

'이것이 무명이고, 이것이 무명의 원인이며, 이것이 무명의 소멸이고, 이것이 무명을 소멸시키는 도道이다.'

내지 노사와 우비고뇌憂悲苦惱에 대해서도 모두 또한 이와 같이 생각했다. 후야분後夜分에 명성明星(金星, 곧 샛별)이 뜰 때 조어장부調御丈夫[286]의 성스러운 지혜가 알아야 할 것과 깨달아야 할 것과 보아야 할 것과 증득해야 할 것, 그러한 것 일체에 일념으로 상응하는 지혜에 의해 무상각無上覺을 증득하여 삼명三明[287]을 온전히 갖추었다.

(그리고 과거세의 여러 부처님께서 하셨듯이 상서로운 모습을 기대하는) 여러 천자를 위해 불도를 이루었음을 보이는 상서로운 모습을 나타내셨다. 허공으로 높이 일곱 다라수 만큼 올라가서 게송으로 말했다.

---

284 천안통天眼通 : 업보에 의해 윤회전생하는 중생의 미래를 두루 꿰뚫어 아는 능력을 말한다.

285 숙명통宿命通 : 자신과 중생의 과거세를 모두 꿰뚫어 아는 능력을 말한다.

286 조어장부調御丈夫 : 부처님의 열 가지 명호 중 하나. 큰 자비와 큰 지혜로 온갖 방편으로 중생을 조절하고 다스리는 장부라는 뜻이다.

287 삼명三明 : 육신통六神通 중 천안통·숙명통·누진지통 등을 별도로 묶어 삼명이라 한다. 누진지통이란 사제四諦의 이치를 진실 그대로 증득하고 모든 속박에서 완전히 벗어나며 모든 번뇌를 소멸한 지혜를 말한다. 천안통과 숙명통은 앞의 주석을 참조할 것.

번뇌가 모두 이미 끊어지니
온갖 번뇌가 누설되는 곳도 모두 말라 텅 비었네.
다시 생生을 받음을 되풀이하지 않으니
이를 고통의 끝을 다했다고 하네.

여러 하늘은 기뻐하면서 천화天華를 부처님께 뿌렸고 (그 꽃이) 무릎까지 쌓였다.[288]

今即菩薩。降伏魔怨。建立法幢。遊入四禪。無有動搖。至初夜分。得智得明。攝持一心。發天眼通。於中夜分。得宿命通。皆憶自他過去之事。便觀一切衆生。老死因生故有。乃至行亦因無明有。復更思惟。因何滅故老死滅。即無明滅故行滅。乃至生滅故老死滅。復更思惟。此色[1)]無明。此無明因。此無明滅。此滅無明道。乃至老死憂悲苦惱。皆亦如是。於後夜分。明星出時。調御聖智。所應知所應悟所應見所應證。彼一切一念相應慧。證無上覺。備足三明。爲諸天子。現成佛瑞。上昇虛空高七多羅。以頌而言。煩惱悉已斷。諸漏皆空渴。更不復受生。是名盡苦際。諸天生喜。天華散佛。積至于膝故。

1) 역『方廣大莊嚴經』 권9(T3, 595c8)에 따르면 '色'은 '是'이다.

"은밀하고 묘한 법"이란 곧 증득한 것(所證, 이치)과 과덕果德(열반)을 포섭하여 모두 다하는 말이다. 곧 『유가사지론』에서 "다시 후시後時에 보리좌에 앉아 모든 그릇된 방편에 포섭되는 것에 용맹정진하는 것을 버리고 모든 선법을 마침내 증장시켰다."라고 했고, (같은 책에서) '수학해야 할 것과 끊어야 할 것에 대해서 전전하면서 바르게 수행하면서 뛰어나고 미

288 『方廣大莊嚴經』 권9 「成正覺品」(T3, 595a21~596a10).

묘한 것을 구했다. 마침내 다시 다른 외도의 스승을 찾지 않고 스승 없이 저절로 삼십칠보리분법三十七菩提分法을 닦아 위없는 바르고 평등한 보리를 증득하여 대각자大覺者라 이름했다'[289]라고 한 것이 이것이다.

微妙法者。即攝所證果德。悉盡之言。即瑜伽論云。復於後時。坐菩提座。棄捨一切非方便攝勇猛精進。所有善法。遂得增長。於所修斷。轉求勝妙。遂不更求餘外道師。無師自然。修三十七菩提分法。證得無上正等菩提。名大覺者。是也。

ㅇ. 불법으로 교화하여 널리 퍼뜨림

ㄱ) 위신력의 가호를 받아 기원하면서 요청함

경 제석천과 범천은 간절하게 법륜을 굴려 주실 것을 권청했다.

經曰。釋梵。祈勸請轉法輪者。

술 여덟 번째로 불법으로 교화하여 널리 퍼뜨린 것이다. 여기에 두 가지가 있으니, 처음은 위신력의 가호를 받아 기원하면서 요청한 것이고, 나중은 요청으로 인해 교설을 일으킨 것이다. 이것은 처음에 해당한다.

述云。第八法化普洽有二。初加威祈請。後因請起說。此初也。

289 『瑜伽師地論』 권18(T30, 378a27). 문장이 꼭 일치하지는 않기 때문에 앞의 문장과 분리하여 간접인용으로 처리했다.

(『방광대장엄경』에서 이렇게 말했다.)

처음 정각을 이루고 여러 하늘이 찬탄한 후에 희열정喜悅定[290]에 머물러 보리수를 관찰하면서 잠시도 눈을 떼지 않았다. 선열禪悅[291]을 음식으로 삼고 자리에서 일어나지 않았다. 7일이 지나도록 이곳에 머물렀으니 온갖 고통을 제거하기 위한 때문이었다. 두 번째 7일은 두루 경행하면서 대천세계를 남김없이 돌았다. 세 번째 7일은 보리도량을 관찰하면서 역시 이곳에 머물렀는데 이는 대각大覺을 얻기 위한 때문이었다. 네 번째 7일은 가까운 곳을 따라 경행하면서 대해大海의 끝까지 돌았다.

그때 마구니 왕이 요청하였다.

"과거의 오랜 세월 동안 고행을 행하여 비로소 성불하셨으니 오직 원하옵건대 선서善逝[292]여, 열반에 드시옵소서."

부처님께서 파순에게 말씀하셨다.

"대보리大菩提를 구하여 중생을 이롭게 하려는 것이 (나의 뜻이었다.) 그런데 (중생들이) 나의 법 안에서 아직 이치와 이익을 얻지 못했고 삼보가 아직 갖추어지지 않았으며 아직 미묘한 법을 설하지 않았는데 어찌 (나로 하여금 속히) 열반에 들라고 하는 것이냐?"

파순은 이 말을 듣고 마음 가득히 근심이 쌓였다. 그때 그의 세 딸이 아버지가 근심스러워하는 것을 보고 다시 그 형체를 변하여 한 명은 어

---

290 희열정喜悅定 : 『方廣大莊嚴經』 권10(T3, 599b24)에서는 "如來以喜悅三昧爲食而住"라고 하여 희열삼매라고 했는데, 같은 뜻이다.

291 선열禪悅 : 선정에 들어서 몸과 마음이 가볍고 고요한 상태를 느끼면서 얻는 희열. 그 기쁨이 맛있는 음식과 같기 때문에 선열식禪悅食 혹은 선열미禪悅味 등이라고 한다.

292 선서善逝 : Ⓢ sugata의 의역어. 부처님의 열 가지 명호 중 하나. 수가타修伽陀라고 음사한다. 갖가지 깊은 삼매와 헤아릴 수 없이 많은 지혜로 들어가는 것 혹은 피안의 세계로 잘 떠나가서 더 이상 생사의 바다에 빠지지 않는 것 등의 덕을 나타내는 명호이다.

린아이의 모습이 되고, 한 명은 젊은 부인의 모습을 했으며, 한 명은 중년 부인의 모습을 하고 부처님의 처소에 찾아왔다. (부처님께서) 신통력으로 모두 늙은 여인으로 변화시키자 아버지의 처소로 돌아와서 (게송으로) 말하였다.

저희들이 다시 변화하여
저 사문을 미혹시키고 어지럽히려 하였더니
큰 신통력으로 우리를 늙은 여인으로 변화시켰더이다.
원하옵건대 왕이시여, 위대한 힘으로
본래의 모습대로 되돌려 주소서.

마구니가 여러 딸에게 말했다.

"너희들 스스로 (부처님께) 가서 이전에 지은 죄를 참회하라. 그가 위신력으로 섭수해야 비로소 본래의 모습으로 돌아갈 수 있다."

여러 딸들이 부처님께 이르러 (게송으로) 말씀드렸다.

저희들 지금 무척 후회하면서
죄가 소멸되길 바라고 있습니다.
오직 원하옵건대 자비의 힘으로
본래의 모습으로 되돌려 주옵소서.

부처님께서 자비로 인해 신통력으로 섭수하여 본래의 모습으로 돌아가게 하였다. 다섯 번째 7일에는 목진린타용왕目眞隣陀龍王[293]의 처소에

293 목진린타용왕目眞隣陀龍王 : Ⓢ Mucilinda의 음사어. 마가다국의 목진린타지目眞隣陀池(혹은 目眞隣陀窟이라고도 함)에 살았던 용왕. 부처님께서 선정에 드신 7일 동안 찬 바람이 불고 장맛비가 내려서 그치지 않았을 때 자신의 몸으로 부처님을 덮어서 호위

머물렀는데 (목진린타용왕을 비롯한) 용신龍神들이 수호하였다. 여섯 번째 7일에는 니구타수尼俱陀樹[294] 아래로 갔는데, 근처 니련하尼連河에 많은 외도가 있어 모두 와서 위문하였다. 일곱 번째 7일에는 다연림多演林(Ⓢ Tārāyaṇa)에 이르러 온갖 중생이 생·노·병·사에 의해 핍박당하는 것을 관찰하였다.

그때 북인도에 두 명의 형제가 있었는데 뭇 상인의 우두머리로 한 명의 이름은 제리부바帝履富婆[295]였고, 다른 한 명의 이름은 바리婆履[296]였다. 5백 대의 수레에 진귀한 보배를 싣고 본국으로 돌아가는데 두 마리의 대열을 이끄는 소가 있었으니, 한 마리의 이름은 선생善生(Ⓢ Sujāta)이었고, 다른 한 마리의 이름은 명칭名稱(Ⓢ Kīrti)이었다. (두 소는) 앞길을 잘 알아서 (별도의 지시 없이도 스스로 대열을 잘 인도했는데 어느 지점에 이르러) 멈춰서서 나아가지 못하게 되자 (두 형제는) 두려운 마음이 들었다. 숲의 신神이 갑자기 말했다.

"두려워하지 말라. 너희는 큰 이익을 얻을 것이다. 부처님께서 세상에 출현하여 처음으로 정각을 이루시고 이 숲에 머물고 계시는데, 음식을 드시지 않은 지 49일이 지났다. 너희들은 온갖 음식을 장만하여 부처님께 올려야 할 것이다."

그때 두 마리의 대열을 이끄는 소가 곧장 부처님을 향해 나아갔기 때

하였다. 수많은 용신들도 또한 그를 따라서 부처님을 호위했다.

294 니구타수尼俱陀樹 : Ⓢ Nyagrodha의 음사어. 큰 교목으로 잎이 매우 무성하여 큰 그늘을 형성한다. 경전에서는 5백 대의 수레를 덮을 수 있는 크기라고 했다. 과거칠불過去七佛 중 제6불인 가섭불迦葉佛의 도량수道場樹이기도 하다.

295 제리부바帝履富婆 : Ⓢ Trapuṣa의 음사어. 제위提謂·제리부사帝梨富娑 등이라고도 하고, 황조黃瓜·호조胡瓜 등으로 의역한다. 부처님께서 불도를 이룬 후 아우인 바리와 함께 최초로 공양하고 귀의하여 재가 신자가 되었다.

296 바리婆履 : Ⓢ Bhallika의 음사어. 바리波利라고도 하고, 금정金挺·촌락村落 등으로 의역한다. 부처님께서 불도를 이룬 후 형인 제리부바와 함께 최초로 공양하고 귀의하여 재가 신자가 되었다.

문에 여러 상인도 대열을 이끄는 소를 따라갔다. 멀리서 여래의 서른두 가지 밖으로 나타난 뛰어난 모습(相)과 여든 가지 은밀한 뛰어난 모습(好)과 해가 솟는 것과 같은 광명으로 빛나는 모습을 보고, 희유하다는 마음을 내면서 천신天神이라 여겼다. 부처님께서 가사袈裟를 (약간) 들어 보였더니 곧 여래임을 알아차렸다. 온갖 맛있는 음식인 소蘇[297]·밀蜜(꿀)·사탕수수(甘蔗)·우유죽(乳糜) 등과 같은 것을 마련하여 (적법한) 때에 맞추어 바쳐야겠다고 (말하고), (음식을 장만하여 부처님을 찾아가) 오른쪽으로 세 번 돌고 물러나 한 면에 앉아 부처님께 말씀드렸다.

"불쌍히 여기는 마음으로 저희들이 바치는 보잘것없는 공양을 받아주소서."

부처님께서 이렇게 생각하셨다.

'어떤 그릇으로 받을까?'

그때 사천왕四天王이 각각 금발우(金鉢)를 바쳤다.

부처님께서 말씀하셨다.

"출가(의 법에 따르면) 너희들이 바친 발우는 합당하지 않다."

북방천왕北方天王이 다른 하늘에게 말했다.

"옛날 청신천青身天이 네 개의 돌발우(石鉢)를 가지고 와서 우리에게 준 적이 있다. 돌발우를 바치려고 한다면 지금이 바로 그때이다."

각각 자신의 궁전으로 돌아가 그 돌발우를 가지고 와서 여래께 바쳤다. 부처님께서 (네 개를 다 받는 것은 출가의 법에 합당치 않지만 하나만 받으면 다른 천왕이 원망할 것을 아시고) 각각 사천왕이 바친 발우를 받으시고, 차례대로 서로 겹쳐서 놓고 오른손으로 어루만지자 합해져서 한 개의 그릇이 되었는데, 네 개의 테두리는 그 경계가 분명히 드러났다.

---

297 소蘇 : Ⓢ ghṛta. 우유를 정제하여 얻은 진한 유즙인 락酪을 한 번 더 정제하여 얻은 유제품. 소酥라고도 하고, 좀 더 세분하여 생소生蘇·숙소熟蘇로 구별하기도 한다.

그때 뭇 상인이 있었다. 이른 아침에 소 치는 사람이 젖을 짰는데 짠 것마다 제호醍醐[298]로 변하였다. 희유하다는 마음을 내어 (제호에) 최상의 멥쌀을 섞어 끓여 죽을 만들고 향기로운 꿀을 타서 전단발우(栴檀鉢)에 담아 여래께 바쳤다. 여래께서 공양을 받고서 발우를 허공에 던지니 범왕이 받아 들고 자신의 궁전으로 돌아가 탑을 세워 공양했다. 부처님께서 스스로 주문을 통해 기원하면서 (상인들에게) 기별記莂[299]을 주셨다.[300]

初成正覺。諸天嘆已。住喜悅定。觀菩提樹。目不暫捨。禪悅爲食。不起于座。經於七日。爲居此處。除諸苦故。第二七日。周匝經行。大千爲限。第三七日。觀菩提場。亦爲居此。得大覺故。第四七日。隨近經行。大海爲邊。時魔王請。曠劫苦行。方得成佛。唯願善逝。入於涅槃。佛報波旬。求大菩提。欲利衆生。而我法中。未獲義利。三寶未備。未說妙法。云何涅槃。波旬聞已。心生憂惱。時彼三女。見父愁苦。更變其形。一[1)]爲少婦之形。一爲中婦之形。來至佛所。以神通力。皆成老母。還至父所言。我復爲變化。惑亂彼沙門。仍以大神通。化我爲老母。願王以威力。令得如本形。魔報諸女。汝可自往。懺悔前罪。彼攝神力。方得復本。諸女至佛言。我今極生悔。冀得罪銷滅。唯願慈悲力。令復於本形。佛以慈悲故。攝神通令復如本。第五七日。住目眞隣陀龍王所居。龍神守護。第六七日。往尼俱陀樹下。近尼連河。有多外道。皆來慰問。第七七日。至多演林中。觀諸衆生。爲生老病死所逼迫。時北天竺 兄弟二人。爲衆商之主。一名帝履富婆。一名婆履。以

---

298 제호醍醐 : Ⓢ maṇḍa. 우유를 정제하여 얻을 수 있는 가장 뛰어난 품질의 음식. 역시 우유 정제품인 소蘇를 더욱 정제하여 얻는 것으로 고대 인도의 모든 병을 다스릴 수 있는 약으로 중시되었다.

299 기별記莂 : 부처님께서 중생이 미래에 겪을 깨달음의 내용을 일일이 구별하여 예언하는 것이다.

300 『方廣大莊嚴經』 권10 「商人蒙記品」(T3, 599b8~602c23).

五百乘車。載其珍寶。還歸本國。有二調牛。一名善生。二號名稱。巧識前路。止不能進。心懷恐懼。林神忽語。勿懷恐。汝得大利。有佛出世。初成正覺。住此林中。不食已來。四十九日。汝等應將種種飲食。而以上之。時二調牛。便向佛行故。諸商人。隨調牛而往。遙覩。如來相好。光如日出。生希有心。以爲天神。佛擧袈裟。即知如來。辨[2]諸美味。蘇蜜甘蔗乳糜豆[3]屬。乃[4]時奉施。右遶三匝。却住一面。白佛。哀愍受我微供。佛作是思。以何器受。時四天王。各上金鉢。佛言。出家。不合汝鉢。北方天王。語餘天言。昔青身天。將白[5]石鉢來。與我等。欲施石鉢。今正是時。各還自宮。持彼石鉢。以上如來。佛各受四天王之鉢。次第相重安置。右手按之。合成一器。四際分明。時商衆。於晨朝時。牧人搆乳。凡所搆者。化爲醍醐。心生希有。選上粳米。煮以爲糜。和好合密。盛栴檀鉢。以上如來。如來受已。鉢擲空中。梵王。接還自宮。起塔供養。佛自呪願。而授記莂。

1) 역『方廣大莊嚴經』 권10(T3, 601a26)에 따르면 '一' 앞에 '一爲童女之形'이 누락되었다. 취의 요약된 부분이긴 하지만 문맥상 논리가 맞지 않기 때문에 누락으로 보았다. 2) 역『方廣大莊嚴經』 권10(T3, 602a4)에 따르면 '辨'은 '辦'이다. 3) 원 다른 판본에서는 '豆'를 '之'라고 했다. 역『方廣大莊嚴經』 권10(T3, 602a5)에 따르면 '之'이다. 4) 원 다른 판본에서는 '乃'를 '及'이라 했다. 역『方廣大莊嚴經』 권10(T3, 602a5)에 따르면 '及'이다. 5) 역『方廣大莊嚴經』 권10(T3, 602a18)에 따르면 '白'은 '四'이다.

(『방광대장엄경』에서 이렇게 말했다.)

깊은 선정에 들어 온갖 세간을 관찰하고 바로 생각했다.

'(내가) 증득한 법은 마음이나 언어에 의해 알 수 있는 경계가 아니어서 (사람들에게 말해 주어도) 아마 이익이 되지 못할 것이니, 침묵해야 할 것이다.'

그리고 게송을 설하여 말했다.

나는 감로의 무위법을 얻어
매우 깊고 고요한 경계에 도달하여 번뇌의 때를 여의었네.
범왕이 와서 나에게 권청한다면
나는 그를 위해 은밀하고 묘한 법을 굴리겠노라.

나계 범왕螺髻梵王[301]은 부처님의 위신력에 의해 여래께서 침묵하고 계신 뜻을 알고, 68구지拘胝의 범중梵衆과 함께 와서 부처님께 말씀드렸다.

"세존이시여, 많은 중생이 매우 깊은 법을 깨달을 수 있는 능력을 지니고 있습니다. 오직 원하옵건대 그 법을 설해 주시옵소서."

그러나 부처님께서는 침묵하셨다. 범왕이 또한 침묵하고 계신 뜻을 알고 제석천 내지 아가니타천阿迦尼吒天에 이르기까지의 여러 하늘과 함께 밤중에 다연림에 와서 예배를 드리고 오른쪽으로 돌았다. 제석천이 부처님께 말씀드렸다.

"청하옵건대 법륜을 굴려 주소서."

부처님께서는 여전히 침묵하셨다. 대범천왕이 거듭해서 요청했더니 부처님께서 2행의 게송을 설하셨다.

내가 증득한 생사를 거슬러 올라가는 도道는
매우 깊어 보기 어려워
눈먼 이가 볼 수 없는 것과 같으니
그러므로 침묵하고 말하지 않는 것이라네.

세간의 온갖 중생

301 나계 범왕螺髻梵王 : 범천왕梵天王의 정수리에 있는 상투가 소라(螺) 모양이기 때문에 나계 범왕이라 한 것이다. 혹은 나계범螺髻梵이라고도 한다.

저 오진五塵[302]의 경계에 집착하여
나의 법을 이해할 수 없으니
그러므로 지금 침묵을 지키는 것이라네.

범왕과 제석천과 여러 하늘이 듣고 나서 근심하면서 갑자기 나타나지 않았다.

또 어느 때 대범천왕이 마가다국의 여러 외도가 삿된 견해에 달라붙어 집착하는 것을 탄식하여 부처님을 찾아와 게송으로 청하였다.

마가다국에서
온갖 다른 도를 주장하는 많은 이들
삿된 견해로 인해
여러 가지로 헤아립니다.

오직 원하옵건대 모니牟尼께서는
그들을 위해 감로인
가장 청정한 법을 열어
그들이 들을 수 있게 하소서.

세존께서 불안佛眼으로 모든 중생에게 상·중·하의 근기와 삼취三聚[303]의 차이가 있음을 관찰하고[304] 범왕에게 (게송으로) 말씀하셨다.

---

302 오진五塵 : 오경五境이라고도 한다. 인식주관에 해당하는 오근五根 각각의 대상 경계인 색경色境·성경聲境·향경香境·미경味境·촉경觸境 등을 말한다.

303 삼취三聚 : 『方廣大莊嚴經』 권10(T3, 604c19)에 "爾時世尊。以佛眼觀見諸衆生上中下根。或邪定聚。或正定聚。或不定聚。"라고 했으니, 삼취란 사정취邪定聚·정정취正定聚·부정취不定聚 등의 셋을 말한다. 이는 중생을 불도 성취 능력 혹은 방법의 차이에 의해 세 부류로 묶은 것으로, 삼정취三定聚라고도 한다. 차례대로 기필코 전도를 무너뜨릴

나는 이제 너의 요청으로 인해
감로법을 뿌릴 것이다.
일체 온갖 세간의
하늘·사람·용·신 등으로
청정한 믿음을 지닌 이가 있다면
이와 같은 법을 듣고 받아들이도록 하라.

범왕이 듣고 기뻐 찬탄하고 (갑자기) 나타나지 않았다. 지신地神이 (허공신虛空神에게) 말하였다.

"여래께서 지금 범왕의 권청을 받아들이셨습니다."

일념에 허공신이 듣고 전전하면서 전하여 아가니타천까지 이르렀다.[305]

入深禪定。觀諸世間。便作思惟。所證之法。非心言境。恐無利。[1)]應默然住。而說偈言。我得甘露無爲法。甚深寂靜離塵垢。梵王若來勸請我。或[2)]當爲轉微妙法。螺髻梵王。以佛威神。即知如來默然之旨。與六十八拘胝梵衆。來白佛言。世尊。多有衆生。堪能悟入甚深之法。唯願說之。而佛默然。梵王。亦知默然之旨。即與釋天。乃至阿迦尼吒天。於夜分中。至多演林。禮已右遶。釋天。白佛。請轉法輪。佛猶默然。大梵重請。佛說二偈。我證逆流

수 없는 부류의 중생·기필코 전도를 무너뜨릴 수 있는 부류의 중생·인연이 있으면 전도를 무너뜨릴 수 있고 인연을 얻지 못하면 무너뜨릴 수 없는 부류의 중생을 가리킨다.

304 관찰의 구체적인 의미는 『方廣大莊嚴經』 권10(T3, 604c24)에서 "내가 법을 설하든 설하지 않든 사정취 중생은 끝내 알지 못할 것이고, 정정취 중생은 분명히 깨달을 것이다. 그런데 부정취 중생은 내가 만약 법을 설하면 분명히 깨달을 수 있지만, 법을 설하지 않으면 깨달을 수 없다. 나는 이 부정취 중생을 위해 법륜을 굴리고자 세상에 출현하였다."라고 한 것을 참조할 것.

305 『方廣大莊嚴經』 권10 「大梵天王勸請品」(T3, 603a1~605a14).

道。甚深難可見。盲者莫能覩。故默而不說。世間諸衆生。著彼五塵境。不能解我法。是故今默然。梵釋諸天。聞已憂惱。忽然不現。復於一時。大梵天王。歎摩伽陀國。諸外道等。封著邪見。詣佛偈請。摩伽陀國。多諸異道。因邪見故。種種籌量。唯願牟尼。爲開甘露。最清淨法。令其得聞。世尊。以佛眼。觀諸衆生。上中下根及以三聚。告梵王言。我今爲汝請。當雨於甘露。一切諸世間。天人龍神等。若有淨信者。聽受如是法。梵王聞已。喜歎不現。神唱言。如來。今受梵王勸請。於一念頃。虛空神聞。展轉傳至阿迦[3]吒天。

1) ㉯ '利' 뒤에 '蓋'가 누락된 것 같다.(㉮) ㉰ 갑본에 따르면 '益'이다.『韓佛全』의 오류이다.『方廣大莊嚴經』 권10(T3, 603a10)에서 '益'이라 했다. 2) ㉰『方廣大莊嚴經』 권10(T3, 0603a26)의 미주에 따르면 다른 판본에서는 '或'을 '我'라고 하였다고 했다. 문맥상 이를 따랐다. 3) ㉯ '迦' 뒤에 '尼'가 누락된 것 같다. ㉰『方廣大莊嚴經』 권10(T3, 605a13)에 따르면 '尼'가 누락되었다.

그런데 지금 '범천과 제석천이 기원하면서 요청했다'라고 한 것은 간략하게 든 것이니, (실제 상황을) 다 설명하지 않은 말이다. "기祈(기원하면서)"는 거巨와 의衣의 반절이다. 기蘄라고도 하며, 뜻은 복福을 구하는 것이다. "전轉(굴려 주실 것을)"이란 자신과 타인을 통틀어서 굴리는 것이다. 자신이란 곧 여래께서 삼도三道[306]를 옮겨 가면서 원만하게 이룬 것이고, 타인이란 곧 증득한 법을 굴려 다른 사람에게 이르도록 하여 법을 상속하는 것이다. "전"이란 곧 고정되어 있지 않다는 뜻이니, 옮겨서 구르기 때문이다. 부처님께서 비록 이미 스스로 굴렸으나 아직 다른 사람에게 굴린 일이 없기 때문에 다음에 굴려 주실 것을 요청한 것이다.

而今言梵釋祈請者。略擧。不盡之言也。祈巨衣反。作蘄求福也。轉者即通自他轉。自即如來三道轉滿。他即轉所得法。至他相續法。轉者即不定義。

306 삼도三道 : 불도를 성취하기 위해 밟아야 할 세 가지 수행 단계. 견도見道·수도修道·구경도究竟道 등을 가리킨다.

以移轉故。佛雖既自轉。而未有他轉。故次請轉。

ㄴ) 요청으로 인해 교설을 일으킴

㉠ 몸과 입으로 간략하게 교화함

a. 요청으로 인해 대중을 경각시킴

경 부처님의 위의를 나투어 유행遊行하면서 부처님의 사자후獅子吼[307]로 설법하셨다.

經曰。以佛遊步。佛吼而吼者。

술 두 번째로 요청으로 인해 교설을 일으킨 것이다. 여기에 두 가지가 있으니, 처음은 몸과 입으로 간략하게 교화한 것이고, 나중은 몸과 입으로 널리 이롭게 한 것이다. 처음에 또한 세 가지가 있는데, 처음은 요청으로 인해 대중을 경각시킨 것이다.

述云。第二因請起說有二。初身口略化。後身口廣利。初又有三。初文[1)]請警物也。

1) ㉮ 문맥상 '文'은 '因'인 것 같다.

"부처님의 위의를 나투어 유행하면서"란 곧 신업身業에 의한 교화를 말

307 사자후獅子吼 : 그 무엇도 두려워함이 없이 펼쳐지는 부처님의 걸림 없는 설법을 사자의 포효에 비유한 말이다.

한다. 부처님의 위의를 나투어 유행하면서 중생을 교화하기 때문이다.

佛遊者。即身業化。現佛威儀。遊化物故。

(『방광대장엄경』에서 다음과 같이 말했다.)

여래께서는 이루어야 할 것을 이미 다 이루어 어떤 덕德도 갖추지 않은 것이 없었다. 청정한 오안五眼[308]으로 세간을 관찰하면서 법을 받을 만한 이를 찾아야겠다고 (생각했다.)

곧 라마자羅摩子(羅摩之子)는 세 가지 때(三垢 : 탐욕·분노·어리석음)가 미미하고 엷어 법을 들으면 증득할 수 있을 것이라고 생각하고 불안佛眼으로 관찰했더니 죽은 지 7일이 지났다. (여러) 하늘이 역시 말했다.

"(그는) 죽은 지 7일이 지났습니다."

그 뒤에 외도 아라라阿羅邏[309] 선인을 관찰했더니 죽은 지 3일이 지났다. 허공에서 하늘이 말했다.

"죽은 지 역시 3일이 지났습니다."

그 뒤에 '다섯 발타라는 근기와 성품이 이미 성숙했으니 들으면 깨달을 수 있을 것이다'라고 생각하고, 불안으로 관찰했더니 녹야원에 있었다. 보리수로부터 가비라국迦毘羅國 바라나성波羅奈城(녹야원은 이곳에서 10km 떨어진 곳에 있음)을 향해 나아가니 대천세계가 진동하였다.

---

308 오안五眼 : 육안肉眼(육체적인 눈)·천안天眼(색계의 天人이 선정을 닦아서 얻은 눈, 전후·내외·주야 등에 걸림이 없이 모두 볼 수 있는 능력을 지닌 눈)·혜안慧眼(二乘人의 눈. 諸法의 平等과 性空을 분명히 아는 지혜의 눈)·법안法眼(보살이 일체중생을 구제하기 위해 일체의 법문을 두루 비추어 보는 눈)·불안佛眼(앞의 네 가지 눈이 갖춘 작용을 온전히 갖춘 눈. 보지 못하는 것도 없고 알지 못하는 것도 없고 듣지 못하는 것도 없는 눈) 등을 말한다.

309 아라라阿羅邏 : 앞의 『瑜伽師地論』 인용문에서 설한 "아라다阿羅茶"와 동일 인물이다.

가야성伽耶城[310] 옆에 아자바阿字婆라는 외도가 있었는데, 부처님께 스승은 누구이고 가는 곳은 어디인지를 물었고, 부처님께서는 [부처님에게는 본래 스승이 없고, (자신은) 녹야원으로 갈 것이라고 대답하고, 이 밖의 여러 질문에 대해] 빠짐없이 답해 주셨다.

(그때 아자바는 남쪽으로 갔고, 여래께서는) 바로 북쪽으로 가서 가야성을 지났는데, 성 안에 선견善見이라는 용이 있어 다음날 재齋를 마련하여 (부처님을 초청하였다.)

여래께서 공양을 받고 나서 노혜다바소도촌盧醯多婆蘇都村으로 갔고, 다음은 다라多羅 취락으로 갔으며, 다음은 바라촌婆羅村을 지나갔다. 이와 같이 유력하면서 모두 장자·거사가 공양한 음식을 받으셨다. 이렇게 차례대로 여러 마을을 지나 갠지스 강가에 이르렀는데, 강물이 갑자기 불어나 수위가 언덕까지 차올랐으므로 허공을 날아올라 건너편 언덕에 도달하여 바라나성에 이르렀다. 이른 아침에 옷을 입고 발우를 들고 성에 들어가 걸식하여 (본래 있던 곳으로 돌아와 공양을 마치고) 녹야원으로 가셨다. 다섯 발다라가 멀리서 세존(께서 오시는 것)을 보고 함께 서로 의논하면서 말했다.

"(그는 도를 이룰 그릇이 아니니) 받들어 섬기는 일을 하지 말아야 한다."

그런데 오직 교진여憍陳如는 다른 여러 사람의 마음과 같지 않았다. 부처님께서 다섯 사람이 있는 곳에 가까이 다가오자 모두 본래의 맹세를 어기고 일어나 맞이하지 않는 이가 없었다. 그들은 모두 말했다.

"잘 오셨습니다. 장로여, 청컨대 자리에 앉으소서."

세존께서 자리에 앉아 다섯 사람에게 말씀하셨다.

"나는 일체종지一切種智(佛智)를 갖추었으니 장로라고 불러서는 안 된다."

310 가야성伽耶城 : 부처님께서 깨달음을 이루신 곳. 중인도 마가다국의 도성都城이었다.

다섯 발다라는 말했다.

"청하옵건대 (불법 안에서) 사문이 되게 해 주십시오."

부처님께서 "잘 왔다."라고 말씀하시자 곧 사문이 되었는데, 수염과 머리카락의 길이는 깎은 지 7일이 지난 것과 같았고, 위의의 정숙함은 백랍百臘[311]의 비구와 같았다.

세존께서 연못에 들어가 목욕을 하고 나서 (한곳에 조용히 앉아) 생각했다.

'과거의 부처님께서는 어떤 자리에 앉아 법륜을 굴리셨을까?'

(이때) 갑자기 천 개의 보좌寶座가 땅에서 솟아 나왔다. 바로 공경하는 마음으로 돌고 처음의 세 고좌高座를 지나 네 번째 고좌에 이르러 가부좌를 틀고 앉았다.

그때 다섯 발다라는 부처님 앞에 앉았다. 부처님께서 큰 광명을 쏘아 대천세계를 비추어 사람과 하늘의 무리를 부르셨다. 지신地神은 신통력으로 이 도량을 세로와 너비를 똑같이 7백 유순이 되게 하였다. 욕계의 여러 하늘은 8만 4천의 보배로 만든 사자좌師子座를 가지고 와서 도량에 안치하고 각각 요청하였다.

"세존이시여, (저희를) 불쌍히 여기시어 이 자리에 앉아 바른 법륜을 굴려 주소서."

시방세계의 한량없는 구지拘胝의 보살과 시방의 삼천세계의 제석천과 범천과 세상을 호위하는 여러 하늘(護世諸天)[312]이 모두 부처님의 처

---

311 백랍百臘 : '랍'은 계랍戒臘·법랍法臘 등이라고도 한다. 비구가 비구계를 받은 이후부터 셈한 나이를 가리킨다. 백랍이란 출가한 이후부터 셈하여 그 나이가 백 세라는 뜻이다.

312 호세제천護世諸天 : 호세사천왕護世四天王을 일컫는 말. 호국사왕護國四王·사대천왕四大天王 등이라고도 한다. 동방을 수호하는 지국천왕持國天王·남방을 수호하는 증장천왕增長天王·서방을 수호하는 광목천왕廣目天王·북방을 수호하는 다문천왕多聞天王 등을 가리킨다. 이 사천왕은 우주의 중심인 수미산須彌山(불교의 세계관에 따를

소에 와서 법륜을 굴려 주실 것을 요청하며 (말했다.)

"중생을 불쌍히 여겨 큰 법우法雨를 내리고 큰 법당法幢을 건립하며 큰 법라法螺를 불고 큰 법고法鼓를 치시옵소서."

그때 전법轉法이라는 보살이 있어 온갖 보륜寶輪을 지니고 있었는데, 천 개의 바퀴살을 갖추고 아름답고 곱게 장엄하였으며, 천 줄기의 광명을 내뿜었다. 과거의 모든 부처님께서 다 이 바퀴가 있은 연후에 법륜을 굴렸는데, (전법 보살도 이 바퀴를 가져다가) 여래께 바쳤다. 여래께서는 초야를 침묵의 상태에서 지내셨고, 중야분에는 대중을 편안하게 위로하셨으며, (후야에 이르러서는) 다섯 발다라를 불러 말씀하셨다.

"출가한 사람에게는 두 가지의 장애가 있다. 첫째, 마음이 욕망의 대상에 달라붙어 떨어지지 못하는 것이다. 둘째, 바르지 않은 생각으로 스스로 자신의 몸을 괴롭히면서 벗어나 여의기를 바라는 것이다. 이러한 두 변(二邊 : 욕락과 고행의 두 가지 극단)을 버려야 한다."[313]

如來。所作已辦。無德不備。五眼淸淨。觀諸世間。堪受法者。即念羅摩子三垢微薄。聞法得證。以佛眼觀。命終七日。有天。亦曰死經七日。後觀外道阿羅邏仙。死經三日。空中天言。死亦三日。後作是念。五跋陀羅。根性已熟。若聞開悟。以佛眼觀。在鹿野苑中。從菩提樹。向迦毘羅國。波羅奈城。振動大千。伽耶城傍。有一外道。名阿字婆。問佛所師及以所往。如來備答。即北遊[1)]經伽耶城。城中有龍。名曰善見。明日設齋。如來受訖。往盧醯多婆蘇都村。次至多羅聚落。次經婆羅村。如是遊歷。皆受長者居士飮食。次第而行。至恒河邊。河水瀑[2)]集。平流彌岸。飛騰虛空。達于彼岸。至波羅奈城。於晨朝時。著衣持鉢。入城乞食。請[3)]鹿園中。五跋陀羅。遙見世

때 우주의 중심에 있는 산)의 사방의 중간 지역에 머물면서 항상 불법을 수호하고 사천하를 보호하여 온갖 악한 귀신이 중생을 해치지 못하게 한다.

313 『方廣大莊嚴經』 권11 「轉法輪品」(T3, 605b9~607b21).

尊。共相謂言。不須承事。唯憍陳如。不同衆心。佛近五人。皆違本要。無不起迎。皆言。善來長老。請坐。世尊坐已。語五人言。我備種智。不得稱呼爲長老也。五跋陀羅。請爲沙門。佛言。善來。便成沙門。鬚髮長短。如剃經七日。威儀整肅。如百臈[4]比丘。世尊入池。澡浴已訖。思過去佛。坐於何座。而轉法輪。忽有千寶座。從池[5]涌出。即起恭遶。初三高座。至第四座。結跏趺座。時五跋陀羅。坐於佛前。佛放大光。照大千界。召人天衆。地神神力。令此道場。縱廣正等七百由旬。欲色諸天。將八萬四千寶師子座。置道場中。各請。世尊。哀坐我[6]座。轉正法輪。十方無量拘胝菩薩。十方三千世界釋梵護世諸天。皆至佛所。請轉法輪。愍衆生故。雨大法雨。建大法幢。吹大法螺。擊大法鼓。時有菩薩。名曰轉法。持衆寶輪。備有千輪。[7] 莊嚴綺麗。放千光明。過去諸佛。皆有此輪。然後轉法。奉上如來。如來。於初夜。默然而過。於中夜分。安慰大衆。[8] 喚五跋陀羅言。出家之人。有二種障。一心著欲境。而不能離。二不正思惟。自苦其身。而求出離。當捨此二邊。

1) ㉾ 다른 판본에 따르면 '遊'는 '逝'이다. ㉳『方廣大莊嚴經』 권11(T3, 606a17)에 따르면 '逝'이다. 2) ㉾ 다른 판본에 따르면 '瀑'은 '暴'이다. ㉳『方廣大莊嚴經』 권11(T3, 606a22)에 따르면 '瀑'이고, 그 주석에 다른 판본에 따르면 '暴'이라고 했다. 3) ㉾ 다른 판본에 따르면 '請'은 '詣'이다. ㉳『方廣大莊嚴經』 권11(T3, 606b3)에 따르면 '詣'이다. 4) ㉳『方廣大莊嚴經』 권11(T3, 606c6)에서 '臈'을 '臘'이라 했다. '臈'과 '臘'은 같은 글자이다. 5) ㉾ 다른 판본에 따르면 '池'는 '地'이다. ㉳『方廣大莊嚴經』 권11(T3, 606c11)에 따르면 '地'이다. 6) ㉳『方廣大莊嚴經』 권11(T3, 607a14)에 따르면 '我'는 '此'이다. 7) ㉾ 다른 판본에 따르면 '輪'은 '輻'이다. ㉳『方廣大莊嚴經』 권11(T3, 607a26)에 따르면 '輻'이다. 8) ㉳『方廣大莊嚴經』 권11(T3, 607b14)에 따르면 '衆' 뒤에 '至後夜已'가 누락되었다. 취의 요약이기는 하지만 누락될 경우 문맥이 통하지 않기 때문에 밝혔다.

지금은 성스러운 가르침이 바로 부처님의 사자후이기 때문에 "부처님의 사자후"라고 하였다. (방금 인용한 『방광대장엄경』에서의) "후吼"란 곧 그 경(『방광대장엄경』)의 앞에서 덕호로 일컬었던 것[314]과는 어긋나니, (방금

314 『方廣大莊嚴經』 권1 「兜率天宮品」(T3, 540b21)에서 부처님이 지닌 다양한 덕성을 설

인용한 『방광대장엄경』에서는) 간략하게 중도中道를 설했기 때문이다. 지금 곧 간략하게 두 가지 장애를 펼치고 총괄적으로 중도를 설했기 때문에 "부처님의 사자후"라고 한다. 후吼(사자의 포효처럼 설법하는 것)는 또한 전轉(법륜을 굴리는 것)이라고도 한다.

今聖教是佛吼。故云佛吼。吼即違彼經。先稱德號。略說中道故。今即略申二障。總說中道。故云佛吼。吼亦轉也。

b. 별도로 법의 교화를 펼침

경 법의 북(法鼓)을 두드리고 법의 소라(法螺)를 불며, 법의 검劍을 잡고 법의 깃발(法幢)을 건립하며, 법의 천둥을 울리고 법의 번개를 번쩍이며, 법의 비를 적시고 법의 보시를 펼쳐서,

經曰。扣法鼓。吹法螺。執法劍。建法幢。震法雷。曜法電。澍法雨。演法施者。

술 이것은 다음에 별도로 법의 교화를 펼친 것이다.

어떤 사람은 〈인연이 있는 사람으로 하여금 두루 들을 수 있게 하려 하기 때문에 법의 북을 두드리니, 법의 북이란 멀리까지 들리게 하기 때문이다. 법의 소라를 부는 것은 곧 큰소리로 꾸짖어 고치게 하고자 함이니, 삿된 것을 고쳐서 바른 것을 좇도록 하는 것이다. 장애를 끊게 하려 했기 때문에 법의 검을 잡고, 특출난 것을 나타내고자 하기 때문에 법의 깃발

하면서 "자재함과 두려움 없음과 무아無我와 무법無法을 그 후吼의 내용으로 삼는다.(自在無畏無我無法。以爲其吼。)"라고 한 것을 가리키는 것으로 생각된다.

을 건립한다. 집착을 흔들고자 하기 때문에 법의 천둥을 울리고, 어둠을 없애고자 하기 때문에 법의 번개를 번쩍인다. 중생을 윤택하게 하고자 하기 때문에 법의 비를 적시고, 약藥을 베풀고자 하기 때문에 법의 보시를 펼친다.〉라고 했다. 여기에는 허언虛言이 있으니 모두 채용할 수는 없다. 세친世親[315]의 『법화경론』에도 어긋나고[316] 또한 바른 이치에도 어긋난다.

어떤 사람은 〈법의 북을 두드리는 것은 문혜법聞慧法[317]을 설한 것이고, 법의 소라를 부는 것은 사혜법思慧法[318]을 설한 것이며, 법의 검을 잡는 것은 수혜법修慧法[319]를 설한 것이고, 법의 깃발을 건립하는 것은 증혜법證慧法[320]을 설한 것이며, 법의 천둥을 울리는 것은 법무애지法無礙智[321]로 (중

---

315 세친世親 : Ⓢ Vasubandhu의 의역어. 바수반두婆藪槃豆라고 음사한다. 4~5세기경 생존한 인도 대승 유식학파唯識學派의 대표적 논사. 본래 설일체유부에 소속되었으나 형인 무착無著의 영향으로 대승으로 전향하여 미륵彌勒에서 무착으로 이어지는 유식 사상을 계승하고 완성시켰다.

316 『法華經論』과 어긋나는 이유는 뒤에서 서술하고 있다.

317 문혜법聞慧法 : 문혜는 문소성혜聞所成慧(Ⓢ śrutamayī prajñā)의 줄임말로서 다른 이가 설하는 것을 직접 들음으로써 성취한 지혜를 뜻한다.

318 사혜법思慧法 : 사혜는 사소성혜思所成慧(Ⓢ cintāmayī prajñā)의 줄임말로서 들은 교법의 의미를 스스로 깊이 사유함으로써 성취한 지혜를 뜻한다.

319 수혜법修慧法 : 수혜는 수소성혜修所成慧(Ⓢ bhāvanāmayī prajñā)의 줄임말로서 듣고 사유한 것을 직접 닦아 익힘으로써 성취한 지혜를 뜻한다. 문혜·사혜·수혜를 합쳐 삼혜三慧라 한다. 여기서 '혜'란 간택簡擇하는 작용, 즉 사리事理를 잘 판단하는 지혜를 가리킨다. 삼혜 자체는 유루有漏의 세속지世俗智이지만 이것이 근본이 되어 궁극적인 무루無漏의 지혜를 낳는다. 초기 불교의 논서에서 삼혜는 말(名, Ⓢ nāma)의 의미(義, Ⓢ artha)를 어느 정도 깊이 이해하고 있는가에 따라 구분된다. 문혜는 항상 말에 의지하여 그 뜻을 추구함으로써 생겨난 지혜이고, 사혜는 때로는 말에 의지하고 때로는 말에 의지하지 않고 그 의미를 이해하여 생겨난 지혜이다. 이 단계에서는 말의 의미를 깊이 이해하기는 하지만, 아직 말에 구애되지 않고 자재하게 그 의미를 인식하는 것은 아니다. 수혜는 말에 의지하지 않고 오로지 궁극적 의미만을 인식 대상으로 하여 성취된 지혜이다.

320 증혜법證慧法 : 증혜는 문혜·사혜·수혜가 인연이 되어 궁극적인 깨달음을 얻음으로써 성취된 지혜이다.

321 법무애지法無礙智 : 사무애지四無礙智 중 하나. 사무애지란 네 가지 걸림이 없는 지혜라는 뜻으로 지혜를 본질로 함을 드러낸 용어이다. 이에 대해 이해 능력을 강조할 때는 사무애해四無礙解라 하고, 언어에 의한 표현 능력을 강조할 때는 사무애변四無

생을) 교화하는 것이고, 법의 번개를 번쩍이는 것은 의무애지義無礙智[322]로 (중생을) 이롭게 하는 것이며, 법의 비를 적시는 것은 사무애지詞無礙智[323]로 (중생에게) 설하는 것이고, 법의 보시를 펼치는 것은 요설무애지樂說無礙智[324]로 중생을 이롭게 하는 것이다.〉[325]라고 했다. 이것도 또한 옳지 않다. (문혜·사혜·수혜 등의) 세 가지 지혜는 모두 증혜법을 깨닫는 것이기 때문이다. 세 가지 지혜로 배워야 할 것도 또한 다름이 없기 때문이다. 사변四辯(四無礙智)에 의해 설한 것은 또한 곧 세 가지 지혜의 법이기 때문이다.

述云。此[1)]別申法化也。有說。欲使有緣。普得聞故。扣法鼓。法鼓者。令遠聞故。吹法螺。即欲改號令。改邪從正也。欲斷障故。執法劍。表勝出故。建法幢。欲動執故。振法雷。欲亡暗故。曜法電。欲潤衆生故。澍法雨。欲布藥故。演法施。此有虛言。皆無可採。違世親論。亦違正理故。有說。扣法鼓者。說聞慧法。吹法螺者。說思慧法。執法劍者。說修慧法。建法幢者。宣證慧法。振法雷者。法無礙化。曜法電者。義無礙利。澍法雨者。詞無礙說。演法

礙辯(줄여서 四辯이라 함)이라 한다. 법무애지란 명신名身·구신句身·문신文身 등을 소연所緣(대상)으로 하는 걸림이 없는 지혜를 가리킨다. '명'은 물질·소리·향기 등과 같은 단어를 가리키는 말로 어떤 의미를 갖는 최소 단위이다. 그 개념에 해당하는 대상을 떠올리게 하는 힘을 갖는다. '구'는 단어(名)로 구성된 문장을 가리킨다. 예컨대 '제행은 무상하다' 등과 같은 것이 여기에 해당하며, 이것에 의해 동작·성질·시제 등의 관계가 이해된다. '문'은 sa·dha 등과 같은 낱낱의 글자를 가리킨다. '신'이란 이러한 것들의 집합을 일컫는 말이다.

322 의무애지義無礙智 : 사무애지 중 하나. 소전所詮(언어에 담겨진 뜻)의 의義(의미)를 소연으로 하는 걸림이 없는 지혜를 가리킨다.

323 사무애지詞無礙智 : 사무애지 중 하나. 모든 지방의 언사言詞를 소연으로 하는 걸림이 없는 지혜를 가리킨다.

324 요설무애지樂說無礙智 : 사무애지 중 하나. 바른 이치에 의거하여 중생의 근기에 맞추어 걸림이 없이 자유자재하게 설법할 수 있는 지혜를 가리킨다. 상대의 희망에 따라 가장 적절한 방편으로 기꺼이 설해 주기 때문에 요설무애지라고 한다.

325 혜원이『無量壽經義疏』권상(T37, 96b24)에서 제시한 주장이다.

施者。樂說無礙。利衆生也。此亦不然。三慧。皆覺證慧法故。三慧所學。亦無異故。四辨[2]所說。亦即三慧法故。

1) ㉮ 앞의 분과에 따르면 '此' 뒤에 '次'가 누락되었다. 2) ㉮ '辨'은 '辯'이다.

지금 곧 (『방광대장엄경』에서 다음과 같이 말했다.)

여래께서 중도를 설하고 나서 교진여 등을 위해 사제법四諦法[326]과 십이연기十二緣起의 유전流轉과 환멸還滅의 두 문門[327]의 수행을 설하셨다. 삼전십이행법륜三轉十二行法輪[328]을 설하시자 교진여 등은 모두 제법

326 사제법四諦法 : 네 가지 근본적인 진리. 고제苦諦(일체는 고통이라는 진리)·집제集諦(고통의 원인은 집착이라는 진리)·멸제滅諦(고통을 소멸한 경지인 열반이 있다고 하는 진리)·도제道諦(고통의 소멸로 이끄는 실천도가 있다는 진리) 등을 가리킨다.

327 십이연기는 고통의 발생(유전)과 소멸(환멸)의 구조를 열두 가지 고리로 설명한 것. 열두 가지의 발생 구조란, 무명無明→행行→식識→명색(정신적인 것과 물질적인 것 : 六境)→육처六處(六根)→촉觸→수受→애愛→취取→유有→생生→노사老死 등을 말한다. 노사에서부터 거꾸로 올라가면 열두 가지의 소멸 구조가 성립된다. 무명으로 인해 끝내 노사 등의 고통이 발생하고, 노사 등의 고통이 소멸됨으로 인해 무명도 소멸한다. 『方廣大莊嚴經』에 상세히 설한 것을 경흥이 축약하였다.

328 삼전십이행법륜三轉十二行法輪 : 사제의 교법 형식 및 그 교설의 수용에 의해 일어나는 행상行相과 관련된 용어. 먼저 삼전은 교법 형식과 관련된 용어이다. 곧 사제 각각에 대해 시상전示相轉·권상전勸相轉·증상전證相轉의 세 가지 교법의 형식을 설한 것을 삼전이라 한다. 이 중 개별적인 관점에서 볼 때 한 가지 제諦에 대해 세 가지 교법의 형식(1×3)을 설했으므로 이를 삼전이라고 하고, 총괄적인 관점에서 볼 때 고제·집제·멸제·도제 등의 네 가지 제諦에 대해 세 가지 교법의 형식(4×3)을 설했으므로 이를 십이전十二轉이라 한다. 시상전이란 '이것은 고(苦)이고, 이것은 집(集)이며, 이것은 멸(滅)이고, 이것은 도(道)이다'라고 말씀하신 것이고, 권상전이란 '고를 알아야 하고, 집을 끊어야 하며, 멸을 깨달아야 하고, 도를 닦아야 한다'라고 말씀하신 것이며, 증상전이란 '고는 내가 이미 알았고, 집은 내가 이미 끊었으며, 멸은 내가 이미 깨달았고, 도는 내가 이미 닦았다'라고 스스로 자신의 깨달음을 들어 보임으로써 다른 이들이 깨닫도록 한 것이다. 사제에 대한 삼전의 교법을 설할 때 이를 수용하는 이에게 차례대로 안眼(Ⓢ cakṣus, 보는 것)·지智(Ⓢ jñāna, 결단하는 것)·명明(Ⓢ vidyā, 비추어 아는 것)·각覺(Ⓢ buddhi, 조심스럽게 성찰하는 것) 등의 네 가지 행상行相이 일어난다. 이 행상을 사제 각각의 개별적인 관점에서 말하자면, 한 가지 제諦에 대해 시상전·권상전·증상전을 행할 때마다 네 가지 행상이 일어나서(1×3×4),

의 인연에 통달하여 아라한이 되었고, 이로써 바로 삼보가 출현하였으니, 바가바婆伽婆(Ⓢ Bhagavat, 世尊)는 불보佛寶가 되고, 삼전십이행법륜은 법보法寶가 되며, 다섯 발다라는 승보僧寶가 되었다. (부처님께서) 법륜을 굴리시는 소리가 시방의 불국토에 두루 퍼졌다. (시방의) 불국토에 개별적으로 머물고 계신 여러 부처님께서는 (석가모니부처님의 설법을 듣기 위해) 침묵하고 설법하지 않았다.[329]

今即如來。說中道已。爲陳如等。說四諦法及十二緣。流轉還滅。二門修行。三[1)]轉十二行法輪已。陳如。[2)] 皆達諸法因緣。成阿羅漢。即三寶出。婆伽婆爲佛。三轉十二行法輪爲法。五跋陀羅爲僧。轉法輪聲。遍十方佛土。土別諸佛。默不說法。

1) ㉮『方廣大莊嚴經』에 따르면 전체 맥락상 '三' 앞에 '說'이 누락된 것으로 보아야 한다. 2) ㉮『方廣大莊嚴經』 권11(T3, 608a26)에 따르면 '如' 뒤에 '等'이 누락되었다.

(또『방광대장엄경』에서 다음과 같이 말했다.)

(부처님께서) 다섯 사람을 교화하시고 나서 (불을 섬기는 외도인) 우루빈라가섭의 처소에 이르러 (독룡毒龍이 머물고 있는) 석실石室에서 (하룻밤) 지내시며 독룡을 항복시켰다. 가섭은 부처님의 신통력이 대적하기 어려운 것임을 보고 5백 명의 제자와 함께 사문이 되게 해 줄 것을 청하였다. 부처님께서 "잘 왔다!"라고 하시자 (의복과 불을 섬기기 위한 도구를 물에 버리고) 모두 사문이 되었다.

모두 열두 가지 행상이 일어나니, 이를 십이행상이라 한다. 사제를 통틀어서 말하자면 네 가지 제諦에 48가지 행상(4×3×4)이 일어나니, 이를 사십팔행상四十八行相이라 한다.

329 『方廣大莊嚴經』 권11 「轉法輪品」(T3, 607b25~608b9). 바로 앞에서 중도中道를 설하고, 뒤이어서 설한 교법의 내용이다.

가섭의 두 아우인 난제難提와 가야伽耶에게 각각 250명의 제자가 있었는데, 불을 섬기는 의식에 사용되는 도구가 물결을 따라 떠내려가는 것을 보고 바로 5백 명과 함께 물길을 거슬러 올라가서 가섭이 부처님의 도道의 신통변화를 찬탄하는 것을 듣고 (부처님께) 사문이 되게 해줄 것을 청하였다. 부처님께서 "잘 왔다!"라고 하셨더니 모두 사문이 되었다.

부처님께서 천 명의 비구와 함께 바라나波羅奈로 가서 숲 아래에서 여러 가지 형태[330]로 교화하시니 모두 응공應供(阿羅漢)이 되었다. 곧바로 바라나에서 가섭 형제 세 명과 천 명의 아라한과 함께 마가다국에 이르렀다. 빈바사라왕은 (보배 수레를 타고) 대신과 백관百官이 앞뒤로 인도하여 좇으며 천 대의 수레와 만 필의 말을 이끌고 성을 나와 부처님을 맞이하였다. (그때) 부처님께서는 왕사성 근처의 차월림遮越林에 계셨다. 왕이 수레에서 내려와 부처님께 예배드리자 부처님께서 바로 위문하시고 말씀하셨다.

"오온五蘊[331]은 무상無常하고 고苦이며 공空한 것입니다. 삼계는 진실한 것이 아니니 일체는 무상합니다."

그리고 왕에게 물었다.

"이 나라가 있어온 지 얼마나 되었습니까? (다스렸던 왕은 모두 아십니까?)"

왕이 대답했다.

"7백여 대代가 되었습니다. 그런데 다스렸던 왕은 (다 알지 못하고)

---

330 신통변화를 나타내 보이거나, 법을 설하거나, 계를 설하는 것 등의 다양한 방법으로 제자를 가르치신 것을 말한다.

331 오온五蘊 : 일체의 유위법有爲法을 다섯 부류로 구별한 것. 색온色蘊(물질적인 것 일체)·수온受蘊(감수 작용의 결과물 일체)·상온想蘊(지각 작용의 결과물 일체)·행온行蘊(의지 작용의 결과물 일체)·식온識蘊(眼識 등을 비롯한 일체의 인식 작용의 결과물 일체)을 가리킨다.

오직 저의 부왕에 대해서만 알고 있을 뿐입니다."

부처님께서 말씀하셨다.

"세간은 잠시 (있다 사라지는 것이니) 오직 도道만이 믿고 의지할 만한 것입니다. 내세의 복福을 닦고 헛되이 시간을 버리는 일은 없어야 할 것입니다."

마침내 연기의 유전과 환멸의 뜻을 설하시니, 왕은 법안法眼의 청정함을 얻고 오계五戒[332]를 받았다.

장자 가란타迦蘭陀(Ⓢ Kalandaka)가 훌륭한 죽원竹園[333]을 여래께 바쳤다. 여래께서는 주문을 외워 기원하시면서 받아 항상 성중聖衆과 함께 그 안을 노닐며 머무셨다. 부처님께 사바기舍婆耆라는 제자가 있어 성에 들어가 걸식하였다. (그의 위의가 법도에 맞고 행보行步는 편안하여 보는 이마다 기뻐하였다). 그때 (이 모습을 본) 사리불舍利弗이 사문의 스승이 누구인지를 묻고, (그로부터) 부처님의 덕에 대해 듣고 제자들을 이끌고 여래의 처소에 와서 사문이 되게 해 줄 것을 청하였다. 부처님께서 "잘 왔다!"라고 하시자 바로 사문이 되었고, 또한 그를 위해 법을 설하시자 아라한이 되었다.

(사리불은) 왕사성으로 들어가 (도를 얻으면 서로 가르쳐 주기로 약속했던) 목련目連을 방문하였다. 목련이 사리불의 형상이 변한 것을 보고 그가 얻은 법을 묻고 함께 부처님의 처소에 찾아와 "사문이 되기를 소원합니다."라고 했고, 부처님께서 "잘 왔다!"라고 하시자 바로 사문이 되었으며, 또한 그를 위해 법을 설하자 아라한이 되었다.

---

332 오계五戒 : 재가 신자가 수지해야 할 다섯 가지 계. 살생을 하지 말 것·도둑질을 하지 말 것·부정한 형태의 성관계를 맺지 말 것·거짓말을 하지 말 것·술을 마시지 말 것 등이다.

333 죽원竹園 : 불교 최초의 승원. 중인도 마가다국摩揭陀國 왕사성王舍城의 북쪽 가란타촌迦蘭陀村에 있다. 가란타죽원迦蘭陀竹園·죽림정사竹林精舍 등이라고도 한다.

그때 수두단왕輸頭檀王(정반왕)은 아들이 도를 얻은 지 6년이 지났다는 말을 듣고 흠모하면서 갈망하는 마음이 더욱 커져 우타이優陀夷에게 말했다.

"부처님께 가서 이렇게 요청했으면 한다. '이별한 지 12년이 지났는데 밤낮으로 슬픈 마음을 금할 수 없다. 한번 만날 수 있기만 하면 곧 다시 살아날 것 같구나.'"

왕의 명령을 받고서 부처님을 찾아가 그대로 말씀드리고, (여러 하늘과 범왕과 제석천이 귀의한 것을 보고) "사문이 되기를 원합니다."라고 하였고, 부처님께서 "잘 왔다!"라고 하시자 바로 사문이 되어 아라한을 얻었다.

바로 우타이를 (본국으로) 파견하여 (먼저 신통력을 보여 부처님의 덕이 그보다 빼어남을 보이도록 하였다. 왕이 우타이의 신통력을 보고 부처님이 도를 이루었음을 알고, 우타이에게 부처님은 언제 오시는지 물었더니 우타이가 대답했다.)

"7일이 지나면 도착하실 것입니다."

7일이 되자 부처님께서는 제자들을 이끌고 가비라성을 향하셨다. 부왕이 성을 나와 40리 밖에서 여래를 맞이하였다. 곧 명령을 내려 나라 안의 뛰어난 석가 종족으로 단정한 이 5백 명을 선발하고 출가하여 사문이 되어 부처님의 좌우에서 모시게 하였다. 부처님의 아우 난타도 또한 사문이 되었다. 난타의 종복인 우파리優婆離가 부처님께 구제하여 출가하게 해 주실 것을 요청하였다. 부처님께서 "잘 왔다!"라고 말씀하시자 바로 사문이 되었다. 왕을 위해 법을 설하시자 바로 도를 얻었다.[334]

化五人竟。至優樓頻螺迦葉所。寄止石室。降伏毒龍。迦葉。見佛神力難當。

334 『方廣大莊嚴經』 권12 「轉法輪品」(T3, 611b18~616a16).

與五百資。[1] 請爲沙門。佛言善來。皆成沙門。迦葉二弟。難提伽耶。各有二百五十弟子。見事火物。遂[2]水下流。即與五百人。泝流而上。聞迦葉。歎佛道神化。求爲沙門。佛言善來。皆成沙門。佛與千比丘。往波羅奈。於林下。種種教化。盡成應供。即從波羅奈。與兄弟三人及千羅漢。至摩訶[3]陀國。頻婆娑[4]王。大臣百官。前後道[5]從。千乘萬騎。出城迎佛。佛近王舍。在遮越林。王下車禮佛。佛即慰問。以說云。五蘊。無常苦空。三界不實。一切無常。問王。有此國來。幾時。王答。七百餘代。而王領者。唯知五文。[6] 佛言。世間須臾。唯道可恃。應修來福。無爲空過。遂說緣起轉還之義。王得法眼淨。受五戒。有長者迦蘭陀。以好竹園。奉上如來。如來。呪願而受。恒與聖衆。遊處其內。佛有弟子。名舍婆耆。入城乞食。時舍利弗。問沙門師。以聞佛德。將諸弟子。至如來所。請爲沙門。佛言善來。便成沙門。亦爲說法。成阿羅漢。入王舍城。訪目連。目連。見舍利弗。形狀變改。問所得法。共詣佛所。願爲沙門。佛言善來。便成沙門。亦爲說法。得阿羅漢。時輸頭檀王。聞子得道已。經六年。飲[7]渴彌積。語優陀夷言。可往請佛。離別已來。十有二載。夙夜悲感。[8] 不能自已。得一相見。還如更生。受王教已。詣佛具述。願爲沙門。佛言善來。便成沙門。得阿羅漢。即遣優陀夷。七日當至。至[9]七日已。佛將諸弟子。向迦毘羅城。父王出城。四十里外。以迎如來。便勅。國內豪種端正。選五百人。度爲沙門。侍佛左右。佛弟難陀。亦爲沙門。難陀所使。名優婆離。請佛救度。佛言善來。便成沙門。爲王說法。即時得道。

---

1) 역『方廣大莊嚴經』 권12(T3, 611c20)에 따르면 '資'는 '弟子'이다. 2) 원 다른 판본에 따르면 '遂'는 '逐'이다. 역『方廣大莊嚴經』 권12(T3, 612b19)에 따르면 '遂'는 '隨'이다. 3) 역『方廣大莊嚴經』 권12(T3, 612c7)에 따르면 '訶'는 '伽'이다. 4) 역『方廣大莊嚴經』 권12(T3, 612c7)에 따르면 '娑'뒤에 '羅'가 누락되었다. 5) 원 '道'는 '導'인 것 같다. 역『方廣大莊嚴經』 권12(T3, 612c13)에 따르면 '導'이다. 6) 원 다른 판본에 따르면 '五文'은 '吾父'이다. 역『方廣大莊嚴經』 권12(T3, 613a23)에 따르면 '吾父'이다. 7) 원 '飲'은 '欽'인 것 같다. 역『方廣大莊嚴經』 권12(T3, 614a20)에 따르면 '欽'이다. 8) 원 '感'은 '慼'인 것 같다. 역『方廣大莊嚴經』 권12(T3, 614a20)에 따르면 '慼'이다. 9) 역『方廣大莊嚴經』 권12(T3, 615b22)에 따르면 '至'는 '到'이다.

총괄적으로 말하자면 (이상 『방광대장엄경』의 인용 부분은) 여덟 구절[335] 중 “법의 검을 잡는 것”과 “법의 비를 적시는 것”에 해당한다. 그러므로 『법화경론』에 의거하여 이치에 의해 이것을 추론하면, “③ 법의 검을 잡고, ⑦ 법의 비를 적시며, ① 법의 북을 두드리고, ⑤ 법의 천둥을 울리며, ④ 법의 깃발을 건립하고, ⑥ 법의 번개를 번쩍이며, ② 법의 소라를 불고, ⑧ 법의 보시를 펼친다.”라고 해야 한다.

總而言之。即八句中。執法劍。澍法雨。故依法華論。以義推之。應言。執法劍。澍法雨。扣法鼓。震法雷。建法幢。耀法電。吹法螺。演法施。

그러므로 그 논(『법화경론』)에서 “의심하는 사람에 대해서는 의심을 끊기 위해 대법大法을 설하고자 한다.”(1+①)[336]라고 하였는데, 이는 곧 지금 “③ 법의 검을 잡는다.”라고 한 것에 해당하니, 외범外凡[337]의 의심을 끊고

---

335 여덟 구절 : 『無量壽經』 본문에서 “① 법의 북(法鼓)을 두드리고, ② 법의 소라(法螺)를 불며, ③ 법의 검劍을 잡고, ④ 법의 깃발(法幢)을 건립하며, ⑤ 법의 천둥을 울리고, ⑥ 법의 번개를 번쩍이며, ⑦ 법의 비를 적시고, ⑧ 법의 보시를 펼친다.(扣法鼓。吹法螺。執法劍。建法幢。震法雷。曜法電。澍法雨。演法施。)”라고 한 것을 가리킨다.

336 이하의 『法華經論』 인용문은 본 논서에서 여덟 구절로 가르침의 형태를 설하고, 여덟 가지 중생과 그에 상응하는 가르침을 설한 것을 경흥이 자신의 입장에서 문장을 조합한 것이다. 그러므로 문장이 꼭 일치하지는 않고 서로 얽혀 있는데, 편의상 『法華經論』의 직접 인용문으로 처리하였다. 해당 본문은 『法華經論』(T26, 13b19)에서 “大義因成就者。八句示現。應知。① 一者欲轉大法輪。② 二者欲雨大法雨。③ 三者欲擊大法鼓。④ 四者欲建大法幢。⑤ 五者欲然大法燈(炬)。⑥ 六者欲吹大法蠡(螺)。⑦ 七者欲不斷大法鼓。⑧ 八者欲說大法。此八句示現如來欲說大法等故。何等爲八種大義。1 謂疑者斷疑故。2 已斷疑者。增長淳熟智身故。3·7 根熟者。爲說二種密境界。謂聲聞密境界。菩薩密境界。大法鼓二句示現。以遠聞故。4 入密境界者。令進取上上清淨義故。5 取上上淸淨義者。進取一切智現見故。6 取一切智現見者。爲一切法建立名字章句義故。8 建立名字章句義者。令入不可說證智。轉法輪故。”라고 한 것이다. 번호는 뒤에서 경흥이 팔구와 팔종의 대의를 짝한 것에 의거하여 역자가 붙인 것이다.

337 외범外凡 : 견도見道 이전의 계위 중 하나. 불도佛道를 수행하였으나 아직 바른 이치를 증견證見하지 못한 이를 범부라 하고, 바른 이치를 마주하여 서로 유사한 지해智

수도위修道位로 나아가게 하려는 때문이다.

(『법화경론』에서) "이미 의심을 끊은 사람에 대해서는 지혜의 몸(智身)을 증장하고 순숙淳熟해지도록 하기 위해 큰 법의 비를 뿌린다."(2+②)라고 했는데, 이는 곧 지금 "⑦ 법의 비를 적신다."라고 한 것에 해당하니, 이미 내범內凡[338]에 들어가서 의심이 없는 사람에 대해 선善의 새싹을 북돋워 성위聖位에 들어가도록 하기 때문이다.【첫 번째 짝(第一對)】[339]

故彼論云。疑者。斷疑法。[1)] 欲說大法。即今執法劍。欲斷外凡疑。令進修故。已斷疑者。增長淳熟智身故。雨大法雨。即今澍法雨。既入內凡。而無疑者。滋善萌牙。令入聖位故。

1) ㉮『法華經論』(T26, 13b24)에 따르면 '法'은 '故'인 것 같다.

(『법화경론』에서) "이미 근기가 성숙한 사람에 대해서는 그를 위해 두 가지의 비밀스러운 경계를 설하니, 성문과 보살의 비밀스러운 경계를 말한다. (앞에서 여덟 구절로 나타내 보인 것 가운데) 두 구절에서 그 뜻을 나타내 보였으니, 곧 '(세 번째) 큰 법의 북을 두드리려고 하는 것이다'라고 한 것과 '(일곱 번째) 큰 법의 북을 끊이지 않게 하려는 것이다'라고 한 것이 그것으로, 멀리까지 들리기 때문이다."(3·7+③·⑦)라고 했다. 이는

解를 발한 이를 내범內凡이라 하며, 아직 서로 유사한 지해를 발하지 못한 이를 외범外凡이라 한다. 소승에서는 오정심五停心·별상념처別相念處·총상념처總相念處 등의 삼현위三賢位를 외범이라 하고, 난煖·정頂·인忍·세제일법世第一法 등의 사선근위四善根位를 내범이라 한다. 대승에서는 십신十信에 해당하는 복인위伏忍位를 외범이라 하고, 십주十住·십행十行·십회향十迴向 등의 삼현위三賢位를 내범이라 한다.

338 내범內凡 : 바른 이치를 마주하여 서로 유사한 지해智解를 발한 이. 상대어는 외범外凡이다. 바로 앞의 주석을 참조할 것.

339 경흥은 여덟 구절과 여덟 가지 중생 및 그에 상응하는 가르침을 설한 것을 다시 둘씩 묶어 네 개의 짝을 시설하는데, 이는 이 중 첫 번째 짝에 해당한다. 이해를 돕기 위해 역자가 임의로 붙인 것이고, 나머지 두 번째 짝, 세 번째 짝, 네 번째 짝에 대한 표시 역시 동일한 뜻에서 역자가 붙인 것이다.

곧 지금 "① 법의 북을 두드리고, ⑤ 법의 천둥을 울린다."라고 한 것에 해당하니, 법의 천둥과 북은 뜻이 서로 통하기 때문이다.[340]

과거에 성문승을 개시한 것(開)을 권밀경權密境으로 삼고, 지금 설한 보살승을 현시(顯)한 것을 실밀경實密境으로 삼아 두 가지 비밀스러운 경계(二密境)라고 이름하였다. 지금 근기가 성숙한 이를 위해서는 권權(방편)을 버리고 실實(진실)을 취하도록 하기 때문이다.【두 번째 짝(第二對)】

已根熟者。爲說二種密境界。謂聲聞菩薩密境界。二句示現。即擊大法鼓。不斷大法鼓。以遠聞故。即今扣法鼓。振法雷。法雷與鼓。義相涉故。開往聲聞乘。爲權密境。顯今所說菩薩乘。爲實密境。名二密境。今根熟者。捨權取實故。

(『법화경론』에서) "비밀스러운 경계에 들어간 사람에 대해서는 정진하여 가장 뛰어난(上上) 청정한 뜻을 취하도록 하기 때문에, 곧 큰 법의 깃발을 건립하고자 한다."(④+④)라고 하였다. 보리의 미묘한 지혜는 매우 높고 뚜렷한 것이 큰 깃발과 같다. 권權과 실實을 알기 때문에 사捨가 있고 취取가 있으니, 대승행大乘行을 행하고 보리지菩提智를 얻어 장애를 여의고 청정해지기 때문이다.

(『법화경론』에서) "정진하여 가장 뛰어난 청정한 뜻을 취한 사람에 대해서는 정진하여 일체지一切智를 취하여 현견現見할 수 있게 하기 때문에 큰 법의 횃불을 태우고자 한다."(⑤+⑤)라고 했는데, 이는 지금 "⑥ 법의 번개를 번쩍인다."라고 한 것과 같으니, 이미 진지眞智를 얻어 보리를 건립하고 진경眞境을 비추어 열반을 증득하기 때문이다.【세 번째 짝(第三對)】

---

340 전후 문맥상 "지금 '④ 법의 깃발을 건립한다'라고 한 것과 같다."라는 문장이 누락되었다.

入密境界者。令進取上上清淨義故。即建大法幢。菩提妙智。極高顯然。猶如大幢。由知權實。有捨有取。行大乘行。得菩提智。離[1)]清淨故。進取上上清淨義者。進取一切智現故。燃大法炬。即今耀法電也。既得眞智。建立菩提。照於眞境。證涅槃故。

1) ㊂ 규기窺基의 『法華玄贊』 권2(T34, 688c21)에 동일한 문장이 나오는데, 이것에 따르면 '離' 뒤에 '障'이 누락되었다.

(『법화경론』에서) "일체지를 취하여 현견現見한 사람에 대해서는 다른 사람을 위해 일체법을 (설하도록) 명자名字·장구章句의 뜻을 건립하게 하려는 때문에, 곧 큰 법의 소라를 불고자 한다."(⑥+⑥)라고 했다. 이미 진경眞境을 얻었으면 반드시 교의를 설하여 일체법을 언어에 의해 나타내야 하기 때문에, '일체법을 (설하도록) 명자·장구의 뜻을 건립하게 한다." 라고 이름했다. 예컨대 세속에서 음악을 연주할 때 곡이 끝나 마지막 순간에 도달하면 큰 소라를 불어 크게 소리 내는 것처럼, 이제 이미 과果를 얻어 지어야 할 일(事)을 원만하게 이룬 지위에 도달하여 다른 사람을 위해 법을 설하는 것도 또한 이와 같다. 곧 『열반경』에서 "소라를 불어 시간을 알리는 것을 (법세간法世間이라 한다.)"[341]라고 한 것이 여기에 해당한다.[342]

(『법화경론』에서) "명자·장구의 뜻을 건립한 사람에 대해서는 불가설증지不可說證智를 증득하여 법륜을 굴리게 하려는 때문에, 곧 법시를 펼친다."(⑧+⑧)라고 했다. 가르침을 설한 사람에 대해서는 제도해야 할 대상으로 하여금 증지證智를 증득하도록 하기 위해 법륜을 굴리는 것을 완성하여 번뇌를 꺾도록 한다.[343]【네 번째 짝(第四對)】

341 40권본 『涅槃經』 권13(T12, 443b1).
342 전후 문맥상 "지금 '② 법의 소라를 분다'라고 한 것과 같다."라는 문장이 누락되었다.
343 전후 문맥상 "지금 '⑧ 법의 보시를 펼친다'라고 한 것과 같다."라는 문장이 누락되었다.

取一切智現者。爲一切法建立名字章句義故。即吹大法螺。既得眞境。必須說教義。詮一切法故。名爲一切法建立名字等。如俗作樂。曲洛[1]滿位。吹大螺吼。今既得果。事圓滿位。爲他證[2]法。亦復如是。即涅槃云。吹貝知時。建立名字章句義者。令入不可說證故。[3] 轉法義。[4] 令[5]演法施也。說於教者。令所應度。入於證故。[6] 求[7]轉法輪。摧於煩惱故。[8]

1) ㉯ '洛'은 '洽'인 것 같다. 다른 판본에 따르면 '終'이다. ㉰ 동일한 문장이 실린 규기의『法華玄贊』권2(T34, 688c27)에 따르면 '終'이다. 2) ㉯ 다른 판본에 따르면 '證'은 '詮'이다. ㉰ 동일한 문장이 실린 규기의『法華玄贊』권2(T34, 688c29)에 따르면 '說'이다. 3) ㉰『法華經論』(T26, 13c2)에 따르면 '故'는 '智'이다. 4) ㉰『法華經論』(T26, 13c2)에 따르면 '義'는 '輪'이고, 뒤에 '故'가 누락되었다. 5) ㉰ '令'은 '即'인 것 같다. 6) ㉰ 문맥상 '故'는 '智'인 것 같다. 7) ㉰『法華玄贊』(T34, 689a3)에 따르면 '求'는 '成'이다. 8) ㉰『法華玄贊』(T34, 689a3)에 따르면 '故'는 잉자剩字이다.

이미 설한 것을 헤아려 보면 네 개의 짝으로 거두어진다. 첫째, 악을 무너뜨리는 것과 선에 나아가는 것의 짝이니, 처음의 두 가지이다. 둘째, 권權을 여는 것과 실實을 현시하는 것의 짝이니, 다음의 두 가지이다. 셋째, 지혜를 얻는 것과 진眞을 증득하는 것의 짝이니, 곧 다음의 두 가지이다. 넷째, 법을 설하는 것과 중생을 이롭게 하는 것의 짝이니, 곧 뒤의 두 가지이다.

여덟 구절의 뜻은 이러한 순환循環의 구조를 가졌기에 "법륜"이라 한다. 스스로 이미 과를 얻고 중생으로 하여금 성스러운 참된 지혜(聖眞智)를 증득하여 번뇌를 파멸하도록 하기 때문에 "굴린다(轉)"라고 한다.

그런데 여기에서 여덟 가지 모습(八相)의 뜻을 풀이함에 있어서 (『방광대장엄경』을 인용하여) 부족하게나마 모니牟尼(부처님의 다른 명호)께서 이미 과거에 베푸셨던 교화에 의지하여 여러 보살이 현재 나타낸 모습의 법식으로 삼았으니, 아직 반드시 모두 갖추었다고 할 수는 없다. 지혜로운 이는 잘 살펴서 알아야 할 것이다.

散糧[1]已說。[2] 應於四對。一破惡進善對。即初二也。二開權顯實對。即次二也。三得智證眞對。即次二也。四說法利生對。即後二也。八句之義。有此循環。名爲法輪。自既得果。欲令衆生。證聖眞智。破滅煩惱。故亦云轉。然此釋八相之義。聊依牟尼既往之化。以例諸菩薩當現之相。未必皆有。智者察矣。

1) ㉾ 문맥상 '散糧'은 '稱量'인 것 같다. 2) ㉯ 다른 판본에 따르면 '說'은 '訖'이다. ㉾ 문맥상 '說'이 타당한 것으로 보인다.

c. 간략하게 입으로의 교화를 맺음

경 항상 법음法音으로 온갖 세간을 깨닫게 했다.

經曰。常以法音。覺諸世間者。

술 이것은 나중에 간략하게 입으로의 교화를 맺은 것이다.

述云。此後略結口化也。

㉡ 몸과 입으로 널리 이롭게 함

a. 마구니를 항복시켜 삿된 것을 여의게 함

a) 총괄적으로 마구니를 항복시키는 것을 나타냄

경 광명을 내어 한량없는 불국토를 두루 비추고 (신통력으로) 일체 세계를 여섯 가지 형태로 진동하게 하여,

經曰。光明。普照無量佛土。一切世界。六種振動者。

술 두 번째로 몸과 말로 널리 이롭게 한 것이다. 여기에 네 가지가 있으니, 첫째 마구니를 항복시켜 삿된 것을 여의게 하는 것이고, 둘째 삿된 것을 무너뜨려 바른 것을 넓히는 것이며, 셋째 공양을 받아들여 복을 낳게 하는 것이고, 넷째 법을 설하여 도를 닦게 하는 것이다. 처음에 또한 두 가지가 있는데, 이것은 처음에 총괄적으로 마구니를 항복시키는 것을 나타낸 것이다.

述云。第二身語廣利。有四。一伏魔令離邪。二破邪以弘正。三受供以生福。四說法令修道。初又有二。此初總標伏魔也。

b) 별도로 마구니를 항복시키는 것을 풀이함

경 마구니의 세계를 모두 포섭하고 마구니의 궁전을 동요하게 하니, 온갖 마구니가 두려워하며 귀의하고 항복하지 않음이 없었다.

經曰。總攝魔界。動魔宮殿。衆魔慴[1]怖。莫不歸伏者。

1) ㉮ 강승개본에서는 본문에 '慴'이라 했고, 미주에서 다른 판본에서는 '懾'이라 한 곳도 있다고 했는데, 경흥의 주석에 따르면 경흥이 대본으로 삼은 경에는 '懾'이라고 되어 있다.

술 이것은 나중에 별도로 마구니를 항복시키는 것을 풀이한 것이다. 광명을 놓음으로 말미암아 마구니의 세계를 모두 포섭하여 귀의하고 항복하지 않음이 없으며, 진동으로 말미암아 마구니의 궁전을 동요케 하여 두려워하지 않음이 없다.

"습慴"【종從과 섭葉의 반절이다.】은 두려워하는 것(畏)이니, 몸을 움츠리는 모양이다.

述云。此後別釋伏魔也。由放光故。總攝魔界。莫不歸伏。由動震故。動魔宮殿。無非慴怖。慴【倚[1]葉反】畏也。攝身之貌也。

1) ㉯ '倚'는 '從'인 것 같다.

b. 삿된 것을 무너뜨리고 바른 것을 넓힘

a) 삿된 것을 무너뜨림

ⓐ 견품의 삿됨을 제거함

경 삿된 그물을 찢고 무너뜨려 온갖 견해를 소멸시키고,

經曰。摑裂邪網。消滅諸見者。

술 두 번째로 삿된 것을 무너뜨리고 바른 것을 넓힌 것이다. 여기에 네 가지가 있는데, 이것은 처음에 삿된 것을 무너뜨리는 것을 서술한 것이다. 여기에 또한 두 가지가 있는데, 첫째는 견품見品(견해와 관련된 것)의 삿됨을 제거하는 것이다.

"삿된 그물"이란 삿된 법이고, "온갖 견해"란 곧 삿되게 집착하는 것이다. 삿된 견해는 반드시 삿된 법에 의지하여 일어나기 때문에 이것을 모두 무너뜨린다. "괵摑"【고古와 악惡의 반절이다.】은 또한 찢는 것(裂)이고, 또한 꺾는 것이다. "렬裂"【려呂와 얼糵의 반절이다.】은 육법언陸法言이 지은 『절운切韻』에서 "파破(무너뜨리는 것)이다."라고 했다.

述云。第二破邪弘正。有四。此初序破邪。又有二。初除見品之邪也。邪網者。即邪法也。諸見者。即邪執也。邪見。必依邪法起。故皆破之。摑【古惡反】亦裂也。足蹴口裂也。[1] 亦折也。裂【呂蘖反】。陸法言。切韻云破也。

1) ㉠ 관주冠註에 "'足蹴口裂也'는 탈자나 오자가 있는 것 같다."라고 했다.(㉮)

ⓑ 애품의 삿됨을 제거함

경 **온갖 노고로움의 근원인 대상 경계(塵勞)[344]를 흩어 버려 온갖 욕망의 구덩이를 무너뜨리며,**

經曰。散諸塵勞。壞諸欲塹者。

술 이것은 나중에 애품의 삿됨을 제거하는 것이다.

"노고로움의 근원인 대상 경계"란 곧 오욕의 대상 경계이니, 대상 경계(坌)가 중생을 어지럽히기 때문에 "노고로움의 근원인 대상 경계"라고 하였다. 공空을 설하여 쫓아내기 때문에 "흩어 버려"라고 했다. "욕망의 구덩이"란 곧 애착하고 욕망하는 마음이다. 대상 경계에 의지하여 애착이 일어나니, 대상 경계가 중생을 더럽히기 때문에 "노고로움의 근원인 대상 경계"라고 했다. 탐욕이 깊어서 넘어서기 어려운 것을 구덩이라고 할 만하기 때문에 ("구덩이"라고 했다.) 이미 대상 경계가 공空임을 관찰하면 애욕이 바로 그치기 때문에 또한 "무너뜨리며"라고 했다.

述云。此後除愛品之邪也。塵勞者。即五欲境。坌亂衆生。故云塵勞。說空

344 노고로움의 근원인 대상 경계(塵勞) : 보통 진로塵勞는 번뇌와 같은 뜻으로 쓰이지만, 경흥은 이를 오욕五欲의 대상 경계인 오경五境(色境·聲境·香境·味境·觸境)이라고 보았기 때문에 이렇게 풀이하였다.

以進。[1] 故云散。欲塹者。即愛欲之心。依境愛起。境垢衆生。故云塵勞。貪深而難越。可謂塹故。卽[2]觀境空。愛欲斯息。故亦云壞。

1) ㊀ 문맥상 '進'은 '遣'인 것 같다. 2) ㊀ 저본과 갑본에 따르면 '卽'은 '既'이다. 『韓佛全』의 오식인 것 같다.

b) 바른 것을 넓힘

경 법의 성城을 장엄하고 보호하며 법의 문門을 열어 널리 퍼지게 했다.

經曰。嚴護法城。開闡法門者。

술 이것은 두 번째로 바른 것을 넓히는 것이다.

어떤 사람은 〈법은 능히 (나쁜 것과 그릇된 것을) 막을 수 있으니 그러므로 "성城"이라 한다. 법은 통하여 들어가고 나아가서 들어가는 뜻이 있기 때문에 "문門"이라 한다.〉[345]라고 했는데, 이는 옳지 않다. (앞의) 법과 (뒤의) 법이 동일한 것이라면 반드시 거듭해서 말한 허물이 있기 때문이다.

지금 곧 "법의 성"이란 지덕智德(菩提)과 단덕斷德(涅槃)이라는 과果이고, "법의 문"이란 선정과 지혜(定慧)라는 인因이다. 과果를 (증득하면) 반드시 (번뇌의) 도적을 살해하니, "성城"이라 했다. 인因을 (실천하면) 능히 덕德을 거두어들일 수 있으니 "문門"이라 했다. 선善을 찬탄하기 때문에 "장엄하고"라고 했고, 비방을 그치게 하기 때문에 "보호하며"라고 했으며, (중생을 위해) 연설하기 때문에 "열어"라고 했고, 나아가게 하기 때문에 "널리 퍼지게 했다."라고 했다.

345 혜원이 『無量壽經義疏』 권상(T37, 96c23)에서 제시한 것이다.

述云。此第二弘正也。有說。法能遮防。故名城。法有通入。趣入義。故名門。非也。法法若一。必有重言過故。今即法城者。即智斷之果。法門者。即定慧之因。果必殺賊。故名城。因能納德。故云門。嘆善故嚴。止謗故護。爲演故開。令進故闡。

c) 삿됨을 무너뜨리는 것을 맺음

경 더러운 티끌을 씻어 내고,

經曰。洗濯垢污者。

술 이것은 세 번째로 삿된 것을 무너뜨리는 것을 맺는 것이다. "더러운 티끌"이란 곧 견품見品과 애품愛品을 겸하는 총괄적인 언어이다. 가르침을 좇아 제거하기 때문에 "씻어 내고"라고 했다. "탁濯(씻는 것)"은 또한 욕浴(목욕하는 것)이다.

述云。此第三結破邪也。垢污者。即該見愛之通言。從教以除。故云洗濯。濯亦浴也。

d) 바른 것을 넓히는 것을 맺음

경 밝은 것을 드러내고 맑고 흰 모습을 보이며, 불법佛法을 널리 통달하고 (중생에게) 베풀고 유포하여 법으로 교화했다.

經曰。顯明清白。光融佛法。宣流正[1]化者。

1) 역 경흥의 주석에 따르면 그가 대본으로 삼은 경의 본문에서는 '正'을 '法'이라 했

다. 혜원의 『無量壽經義疏』 권상(T37, 97a2)에서도 역시 '法'이라 했다.

술 이것은 네 번째로 바른 것을 넓히는 것을 맺는 것이다.

삿된 것을 제거하고 바른 것을 드러내기 때문에 "밝은 것을 드러내고"라고 하였다. 온갖 훼방을 넘어서기 때문에 "맑고 흰 모습을 보이며"라고 했으니, 곧 "법의 성城을 장엄하고 보호하는 것"이다. "광光"은 넓다는 뜻이고, "융融"은 통달한다는 뜻이다. 성행聖行을 널리 통달하기 때문에 "불법을 널리 통달하고"라고 했다. 이끌고 교화함이 끊어지지 않기 때문에 "베풀고 유포하여"라고 했다. "법으로 교화했다."란 곧 "법의 문을 열어 널리 퍼지게 하는 것"이다.

총괄적으로 말하자면 법의 성을 장엄하기 때문에 밝은 것을 드러내는 것이고, 법의 성을 보호하기 때문에 맑고 흰 모습(을 보이는 것)이며, 법의 문을 열기 때문에 널리 통달하는 것이고, 법의 문을 널리 퍼지게 하기 때문에 베풀고 유포하는 것이다.

述云。此第四結弘正也。除邪顯正。故云顯明。超諸毁傍。[1] 故云清白。即嚴護法城也。光廣也。融通也。廣通聖行。故云光融佛法。導化不絕。故云宣流。法化。即開闡法門也。總而言之。嚴法城故顯明。護法城故清白。開法門故光融。闡法門故宣流。

1) 원 '傍'은 '謗'인 것 같다.

c. 공양을 받아들여 복을 낳도록 함

경 나라에 들어가 분위分衛[346]하여 온갖 풍요로운 음식을 얻음으로써 (오

348 분위分衛 : S piṇḍacaryā, piṇḍapāta, paiṇḍapātika. 걸식하는 것. '분위'는 범어의 잘못

랫동안) 쌓은 공덕에 의해 복전福田[347]이 되는 모습을 나타내 보였다.

經曰。入國分衛。獲諸豐饍。貯功德。示福田者。

술 이것은 세 번째로 공양을 받아 복덕을 낳게 하는 것이다. (“분위”의) 범어 음사어는 빈다파다賓荼波陀이고, 걸식乞食이라 의역한다. 지금 “분위”라고 한 것은 잘못된 것이다. “분위하여 (온갖) 풍요로운 음식을 (얻음으로써)”란 공양을 받는 것이다. “(오랫동안) 쌓은 공덕에 의해 복전이 되는 모습을 나타내 보였다.”란 복을 낳도록 하는 것이다. “저貯”【죽竹과 여與의 반절이다.】는 성대하게 받아들이는 것을 “저”라 한다. “저”는 또한 쌓는다(積)는 뜻이다. 덕을 쌓음이 이미 광대하여 세속인의 공양을 받아 복덕과 이익을 낳도록 하는 모습을 보이는데, (그 공능이) 밭에 비유할 만하기 때문에 (“복전”이라 했다.)

述云。此第三受供生福也。梵云賓荼波陀。此云乞食。今言分衛。訛也。分衛豐饍者。即受供也。貯德示田者。即生福也。貯【竹與反】。盛受曰貯。貯亦積也。積德既廣。現受世供。以生福利。可譬田故。

된 축약 음사어라고 보는 설과 의역어라는 설이 혼재한다. 후자의 경우에 걸식이란 음식물을 스님들에게 나누어 주어(分) 그 몸을 바르게 유지할 기운을 얻고(衛), 이를 기반으로 불도를 닦을 수 있도록 하는 역할을 하기 때문에 붙여진 이름이라고 해석한다.

347 복전福田 : Ⓢ puṇya-kṣetra. 복덕을 낳을 수 있는 밭이라는 뜻. 밭에 씨앗을 뿌리면 열매를 얻을 수 있는 것처럼 부처님·스님·부모님 등을 공경하고 슬픔과 고통에 빠진 사람 등을 구제하는 것은 모두 선한 씨앗을 심는 행위로서 그 행위자로 하여금 복덕을 얻을 수 있도록 하기 때문에 이런 의미에서 이들 공경과 구제의 대상을 모두 복전이라 한다.

d. 법을 설하여 도를 닦게 함

a) 장차 설하고자 할 때의 모습을 나타냄

경 법을 베풀고자 하여 환히 웃는 모습을 나투고,

欲[1]宣法。現欣咲者。

1) 역 편집의 일관성을 위해 '欲' 앞에 '經曰'을 넣어야 한다. 이것은 『無量壽經』 본문에 해당하는 부분이다. 현재 한불전에서는 본문에 대한 주석 부분에 혼합된 형태로 배치되어 있는데 이는 오류이다.

술 네 번째로 법을 설하여 도를 닦게 한 것이다. 여기에 두 가지가 있는데, 이것은 처음에 장차 설하고자 할 때의 모습을 나타낸 것이다. 뜻은 뒤의 문장과 같다.

述云。第四說法令修道。有二。此初標將說之相。義同下文也。

b) 바로 도교를 펼침

ⓐ 고통을 구제하는 가르침을 펼침

경 온갖 법의 약藥으로 삼고三苦에서 구제하여 치료하며,

經曰。以諸法藥。救療三苦者。

술 이것은 나중에 바로 도교道教를 펼친 것이다. 여기에 두 가지가 있

으니, 처음은 고통을 구제하는 가르침(을 펼친 것)이고, 나중은 도에 들어가는 가르침(을 펼친 것)이다. 이것은 처음에 해당한다.

"삼고"란 고고苦苦[348]·괴고壞苦[349]·행고行苦[350]인데, 그 차례대로 세 가지 수受(감수 작용)와 관련된다.[351] 가르침은 고통을 제거하는 작용이 있기 때문에 "법의 약"이라 한다. 가르침대로 행하면 반드시 두 가지 형태의 생사生死[352]을 넘어서기 때문에 "구제하여 치료하며"라고 했다.

---

348 고고苦苦 : Ⓢ duḥkha-duḥkhatā. 마음에 들지 않는 대상 경계에 의해 생겨나는 몸과 마음의 고통을 일컫는 말. 추위·굶주림 등과 같이 생겨날 때부터 고통이라는 감수 작용을 일으키는 것을 말한다.

349 괴고壞苦 : Ⓢ vipariṇāma-duḥkhatā. 마음에 드는 대상 경계에 의해 생겨나는 몸과 마음의 고통을 일컫는 말. 이는 생겨날 때, 지속될 때에는 즐거운 것이지만, 그것이 무너질 때는 몸과 마음에 고통을 일으키기 때문에 고통이라 한다.

350 행고行苦 : Ⓢ saṃskāra-duḥkhatā. 마음에 드는 대상 경계와 마음에 들지 않는 대상 경계를 제외한 나머지에 의해서 일어나는 고통. 인연에 의해 생겨난 것(行)은 어느 것이든 생멸을 면하기 어렵다. 그러므로 성자의 눈으로 이를 바라보았을 때 몸과 마음에 모두 고통을 느끼게 되니, 이를 역시 고통이라 한다. 일체의 유루행법有漏行法은 모든 찰나에 생멸하는 법이기 때문에 행고行苦가 아닌 것이 없지만, 이를 마음에 드는 유루행법과 마음에 들지 않는 유루행법으로 나누어 설명한 것에 지나지 않는다고 하여, 삼고 중 행고는 고고와 행고를 포괄한 것, 곧 고고와 괴고는 행고를 둘로 분류한 것으로 보는 학자도 있다.

351 세 가지 수受란 고수苦受·낙수樂受·불고불락수不苦不樂受 등을 말한다. 고고는 마음에 들지 않는 대상과 부딪쳤을 때 생겨나는 고통이고, 괴고는 좋아하는 대상이 파괴될 때 생겨나는 고통이며, 행고는 항상 영원하지 않고 변화하는 대상과 부딪쳤을 때 생겨나는 고통이다. 이런 점에서 삼고는 차례대로 고수·낙수·불고불락수와 관련되어 있다는 말이다. 삼고와 삼수의 관계에 대해서는 『法界次第初門』 권중의 상(T46, 680b4)을 참조할 것.

352 두 가지 형태의 생사生死 : 분단생사分段生死와 변역생사變易生死를 일컫는 말. 분단생사란 계내界內(삼계의 안)에서 윤회하는 범부의 생사를 가리키는 말로, 자신이 지은 업인業因에 따라 몸집의 크고 작음, 수명의 길고 짧음 등에 있어서 한정이 있는 형태의 신체로 생사하는 것을 말한다. 변역생사란 부사의변역생사不思議變易生死라고도 한다. 아라한·벽지불·대력보살大力菩薩 등과 같은 성자가 삼계三界(六道)를 생사윤회하는 몸인 분단생사하는 몸을 벗어나 삼계 밖에서 미묘한 작용이 헤아리기 어려운 몸을 받아 이러한 신체로 생사하는 것을 말한다.

述云。此後正申道教。有二。初救苦之教。後入道之教。此初也。三苦者。即苦苦壞苦行苦。如其次第。三受之也。教有除苦之用。故云法藥。如教而行。必度二死。故云救療。

무량수경연의술문찬 卷中

| 無量壽經連義述文贊 |

경흥 스님 지음
釋璟興 撰

무량수경연의술문찬無量壽經連義述文贊 권중
차례

ⓑ 도에 들어가는 가르침을 펼침 231
i. 인因을 닦는 가르침 231
ii. 과果를 획득하는 가르침 231
ㅈ. 진여의 세계로 돌아가 중생을 이롭게 함 232
다. 권덕과 실덕의 두 가지를 맺음 234
② 실덕에 나아가서 두 가지 이익을 찬탄함 235
가. 간략하게 찬탄함 235
가) 개별적으로 찬탄함 235
㉮ 자신의 실천행의 청정함을 찬탄함 235
㉯ 교화의 선교를 찬탄함 236
ㄱ. 비유 236
ㄴ. 합合 237
㉰ 자신의 실천행에 있어서의 청정함을 맺음 239
㉱ 교화의 선교를 맺음 239
나) 총괄적으로 맺음 240
나. 자세하게 찬탄함 240
가) 보살법에 의해 자분행을 닦음 240
나) 여래법에 의해 승분행을 닦음 241
㉮ 내덕을 닦음 241
㉯ 외적으로 교화하는 것을 찬탄함 244
ㄱ. 교화의 모습 244
ㄴ. 교화의 덕 246
다) 자분행을 닦아 덕을 이룸 248
㉮ 수행의 방편 248
ㄱ. 자리의 수행 248
ㄴ. 이타의 수행 251
ㄷ. 거듭해서 자리의 수행을 밝힘 252

ㄹ. 다시 이타의 수행을 밝힘 254
㉯ 닦아서 덕을 이룸 258
ㄱ. 자리행의 덕 258
ㄱ) 증득한 것의 평등함 258
ㄴ) 성취한 것이 매우 많음 260
ㄷ) 증득한 것의 넓음 262
ㄹ) 성취한 것의 뛰어남 264
ㄴ. 이타행의 덕 264
㉰ 거듭해서 수행을 일으킴 265
ㄱ. 자리의 수행을 일으킴 265
ㄴ. 이타의 수행을 일으킴 267
㉱ 거듭해서 이룬 것을 펼침 272
ㄱ. 자신의 덕을 이룸 272
ㄴ. 교화의 덕을 이룸 273
라) 거듭해서 승분勝分을 닦아서 덕을 이룸 276
㉮ 닦은 행行 276
ㄱ. 자리의 수행 276
ㄴ. 이타의 수행 278
ㄱ) 법 278
ㄴ) 비유 279
ㄷ) 합合 280
㉯ 성취한 덕 281
(4) 총괄적으로 맺음 281

제2절 설경인기서 282

제2장 문답광설분 285

제1절 부처님께서 상相을 드러내신 뜻을 질문함 285
1. 청문의 위의를 펼침 285
2. 바로 상을 나타내신 뜻을 질문함 286

1) 본 것을 펼침 286
2) 자신이 생각한 것을 밝힘 287
(1) 첫 번째 생각 287
(2) 두 번째 생각 289
(3) 세 번째 생각 290
(4) 네 번째 생각 291
(5) 다섯 번째 생각 292
3) 한 것을 징문徵問함 293
(1) 한 것을 생각함 293
(2) 한 것을 징문함 294

제2절 질문한 이유를 살핌 294

제3절 아난이 질문한 이유를 밝힘 295

제4절 질문을 칭찬하고 허락함 295
1. 질문을 칭찬함 295
1) 총괄적으로 칭찬함 295
2) 별도로 그 질문을 칭찬함 296
3) 개별적으로 질문의 이익을 칭찬함 298
(1) 부처님께서 자비로운 마음으로 중생을 불쌍히 여기시는 것을 밝힘 298
(2) 부처님께서 중생을 이롭게 하는 것을 밝힘 299
(3) 부처님을 만나 뵙기 어려움을 밝힘 300
(4) 바로 질문의 이익을 펼침 301
2. 덕을 들고 명령하면서 허락함 302
1) 부처님의 덕을 듦 302
(1) 바로 과果의 뛰어남을 서술함 302
① 아난이 생각한 것에 대해 서술함 302
② 아난이 본 것에 대해 서술함 303
(2) 인因으로써 뛰어난 것을 드러냄 305
2) 질문에 답변할 것을 명령하면서 허락함 307

제5절 아난이 듣고자 함 307

제6절 여래께서 자세하게 설함 308
1. 자세하게 여래의 정토의 인과를 설함 308
1) 정토에 왕생하는 인因을 설함 308
(1) 뛰어난 연緣을 총괄적으로 나타냄 308
① 거리가 먼 연을 나타냄 308
가. 시간을 나타냄 308
나. 부처님을 순서대로 나열함 310
다. 총괄적으로 맺음 314
② 가까운 뛰어난 인연을 밝힘 315
(2) 별도로 뛰어난 행을 펼침 317
① 간략히 뛰어난 행을 설함 317
가. 법을 듣고 발심함 317
나. 속세를 떠나 도를 닦음 319
다. 부처님을 찬탄하고 서원을 일으킴 320
가) 몸으로 찬탄함 320
나) 말로써 찬탄함 321
㉮ 문장의 종류를 구분함 321
㉯ 바로 찬탄함 321
ㄱ. 별도로 신업을 찬탄함 321
ㄱ) 찬탄을 나타냄 321
ㄴ) 찬탄을 풀이함 322
㉠ 광채가 높고 뛰어난 것을 풀이함 322
㉡ 얼굴이 높고 뛰어난 것을 풀이함 324
ㄴ. 별도로 구업을 찬탄함 324
ㄷ. 의업을 찬탄함 325
ㄱ) 업의 뛰어남을 찬탄함 325
㉠ 일에 이르러 뛰어난 것을 찬탄함 325
㉡ 이치를 증득함에 있어서 뛰어난 것을 찬탄함 326
ㄴ) 과의 뛰어남을 찬탄함 327

ㄹ. 총괄적으로 세 가지 업을 찬탄함 327
다) 스스로 서원함 329
㉮ 찬탄한 것을 구할 것을 서원함 329
ㄱ. 바로 찬탄한 것을 구함 329
ㄱ) 과果를 구함 329
ㄴ) 인因을 구함 330
㉠ 자신의 이익을 위한 인을 구함 330
㉡ 다른 사람을 이익되게 하는 인을 서원함 331
ㄷ) 서원의 뛰어남을 찬탄함 331
ㄴ. 정토의 과果 333
ㄱ) 여러 부처님의 국토를 찬탄함 333
ㄴ) 여러 국토를 마주하여 뛰어난 국토를 구함 334
ㄷ) 정토를 구하려는 의도를 나타냄 335
㉯ 부처님께서 증명해 주실 것을 요청함 336
ㄱ. 세자재왕불께 서원이 헛되지 않음을 증명해 주실 것을 요청함 336
ㄴ. 시방세계의 부처님께 바라는 것을 이루기 위해 행하면서 후회하지 않을 것을 증명해 주실 것을 요청함 337
② 뛰어난 행을 자세히 설함 338
가. 바로 수행을 밝힘 338
가) 법장이 설해 줄 것을 요청함 338
㉮ 앞의 것을 헤아리고 바로 요청함 338
㉯ 설할 것을 요청한 뜻을 펼침 339
나) 부처님께서 허락하지 않음 340
다) 법장이 거듭해서 요청함 341
라) 여래께서 법장 비구를 위해 설함 342
㉮ 총괄적으로 설할 것을 허락한 것을 나타냄 342
㉯ 별도로 설한 것을 펼침 343
ㄱ. 비유에 의해 수행을 권함 343
ㄴ. 요청한 것에 바로 답함 344
마) 바로 뛰어난 행을 닦음 346

㉮ 상을 보고 서원을 발함 346
㉯ 서원에 의지하여 수행함 347
㉰ 아난의 질문을 따라 거듭해서 해설함 351
나. 수행한 것을 펼침 354
가) 수행한 것을 펼침 354
㉮ 법장이 수행한 것을 우러르며 말씀 드림 354
㉯ 부처님께서 설할 것을 권함 355
㉰ 스스로 발원한 것을 설함 356
ㄱ. 부처님께서 권한 것에 나아가 말할 것을 승인함 356
ㄴ. 바로 자신의 서원을 펼침 356
ㄱ) 중생을 섭수할 것을 서원한 것(1~11) 356
㉠ 고통을 여의게 할 것을 서원한 것(1, 2) 356
a. 원무고고願無苦苦(苦苦가 없게 할 것을 서원한 것 1) 356
b. 원무괴고願無壞苦(壞苦가 없게 할 것을 서원한 것 2) 364
㉡ 즐거움을 얻게 할 것을 서원한 것(3~11) 364
a. 원득신락願得身樂(신체와 관련된 즐거움을 얻게 할 것을 서원한 것 3, 4) 364
b. 마음과 관련된 즐거움을 얻게 할 것을 서원한 것(5~11) 365
a) 원득숙명락願得宿命樂(숙명통의 즐거움을 얻게 할 것을 서원한 것 5) 365
b) 원득천안락願得天眼樂(천안통의 즐거움을 얻게 할 것을 서원한 것 6) 366
c) 원득천이락願得天耳樂(천이통의 즐거움을 얻게 할 것을 서원한 것 7) 366
d) 원득견타심지락願得見他心智樂(견타심지통의 즐거움을 얻게 할 것을 서원한 것 8) 367
e) 원득신족통락願得神足通樂(신족통의 즐거움을 얻게 할 것을 서원한 것 9) 367
f) 누진통의 즐거움을 얻게 할 것을 서원한 것(10, 11) 368
ⓐ 누진체漏盡體(漏盡의 體를 밝힌 것 10) 368
ⓑ 누진위漏盡位(누진통의 位를 밝힌 것 11) 369

ㄴ) 불신을 섭수할 것을 서원한 것(⑫, ⑬) 370
㉠ 원광색願光色(광명이 한량없는 色을 얻을 것을 서원한 것 ⑫) 370
㉡ 원장수願長壽(장수할 것을 서원한 것 ⑬) 370
ㄷ) 중생을 섭수할 것을 서원한 것(⑭~⑯) 371
㉠ 섭권속원攝眷屬願(권속을 섭수할 것을 서원한 것 ⑭) 371
㉡ 득장수원得長壽願(장수하게 할 것을 서원한 것 ⑮) 371
㉢ 이기혐원離譏嫌願(혐오스러운 것을 여의게 할 것을 서원한 것 ⑯) 372
ㄹ) 섭법신원攝法身願(법신을 섭수할 것을 서원한 것 ⑰) 372
ㅁ) 중생을 섭수할 것을 서원한 것(⑱~㉚) 373
㉠ 사람과 하늘을 섭수할 것을 서원한 것(⑱~㉑) 373
a. 왕생하는 이를 섭수할 것을 서원한 것(⑱~⑳) 373
a) 섭상품원攝上品願(상품을 섭수할 것을 서원한 것 ⑱) 373
b) 섭중품원攝中品願(중품을 섭수할 것을 서원한 것 ⑲) 386
c) 섭하품원攝下品願(하품을 섭수할 것을 서원한 것 ⑳) 386
b. 원소생보願所生報(중생이 왕생하면서 받는 과보를 서원한 것 ㉑) 389
㉡ 보살을 섭수할 것을 서원한 것(㉒~㉚) 389
a. 섭타국보살원攝他國菩薩願(다른 국토의 보살을 섭수할 것을 서원한 것 ㉒) 389
b. 자신의 국토의 보살을 섭수할 것을 서원한 것(㉓~㉚) 391
a) 승력공성원承力供聖願(부처님의 신력을 받아 성인을 공양하게 할 것을 서원한 것 ㉓) 391
b) 공구수욕원供具隨欲願(공양할 물품을 원하는 대로 얻게 할 것을 서원한 것 ㉔) 392
c) 설법진승원說法盡勝願(설법에 지극히 뛰어나게 할 것을 서원한 것 ㉕) 392
d) 신득견고원身得堅固願(견고한 신체를 얻게 할 것을 서원한 것 ㉖) 393
e) 광색특묘원光色特妙願(빛과 형색을 뛰어나고 미묘하게 할 것을 서원한 것 ㉗) 394

f) 지견도수원知見道樹願(도량수를 알아보게 할 것을 서원한 것 ㉘) 394

g) 사변무애원四辯無礙願(사변무애를 얻게 할 것을 서원한 것 ㉙) 395

h) 혜변무량원慧辯無量願(智慧辯才가 한량없게 할 것을 서원한 것 ㉚) 395

ㅂ) 부처님의 국토를 섭수할 것을 서원한 것(㉛, ㉜) 396

㉠ 형색공덕원形色功德願(형색의 공덕을 이룰 것을 서원한 것 ㉛) 396

㉡ 장엄공덕원莊嚴功德願(장엄의 공덕을 이룰 것을 서원한 것 ㉜) 397

ㅅ) 중생을 섭수할 것을 서원한 것(㉝~㊽) 397

㉠ 다른 국토의 중생을 섭수할 것을 서원한 것(㉝~㊲) 397

a. 몽광획리원蒙光獲利願(광명을 받아 이익을 획득하게 할 것을 서원한 것 ㉝) 397

b. 명호를 듣고 이익을 얻게 할 것을 서원한 것(㉞~㊲) 398

a) 법인총지원法忍總持願(無生法忍과 總持를 얻게 할 것을 서원한 것 ㉞) 398

b) 원리기혐원遠離譏嫌願(싫어하는 것을 멀리 여의게 할 것을 서원한 것 ㉟) 399

c) 상수범행원常修梵行願(항상 범행을 닦게 할 것을 서원한 것 ㊱) 404

d) 작례치경원作禮致敬願(예배를 드리며 지극히 공경하게 할 것을 서원한 것 ㊲) 405

㉡ 자신의 국토의 중생을 섭수할 것을 서원한 것(㊳~㊵) 405

a. 의복응념원衣服應念願(의복을 생각대로 얻게 할 것을 서원한 것 ㊳) 405

b. 수락무실원受樂無失願(즐거움을 누리며 잃어버리지 않게 할 것을 서원한 것 ㊴) 406

c. 보견불토원普見佛土願(부처님의 국토를 두루 볼 수 있게 할 것을 서원한 것 ㊵) 406

ㄷ 다른 국토의 중생을 이롭게 할 것을 서원한 것(41~45) 407
a. 제근모묘원諸根貌妙願(여러 감각기관의 모양을 미묘하게 할 것을 서원한 것 41) 407
b. 지관구행원止觀俱行願(지와 관을 모두 행하게 할 것을 서원한 것 42) 408
c. 화물고귀원化物高貴願(중생을 교화하여 고귀한 가문에 태어나게 할 것을 서원한 것 43) 409
d. 복지쌍수원福智雙修願(복덕과 지혜를 함께 닦게 할 것을 서원한 것 44) 409
e. 불리제불원不離諸佛願(여러 부처님을 여의는 일이 없게 할 것을 서원한 것 45) 410
ㄹ 이익자토원利益自土願(자신의 국토를 이익되게 할 것을 서원한 것 46) 410
ㅁ 다른 국토를 섭수할 것을 서원한 것(47, 48) 411
a. 가력불퇴원加力不退願(가피의 힘에 의해 불퇴전의 지위를 얻게 할 것을 서원한 것 47) 411
b. 자력불퇴원自力不退願(자신의 힘에 의해 불퇴전의 지위에 이르게 할 것을 서원한 것 48) 412
㉣ 스스로 맹세하고 상서로운 징조를 감感함 413
ㄱ. 문장의 종류를 구분함 413
ㄴ. 맹세를 세움 414
ㄱ) 맹세를 세움 414
㉠ 등각을 이루지 않을 것을 맹세함 414
a. 부처님을 마주하여 자신의 덕을 맹세함 414
b. 부처님을 마주하여 교화의 덕을 맹세함 415
a) 재물을 보시하여 교화하고 이롭게 할 것을 맹세함 415
b) 법에 의한 보시를 마주하여 맹세함 416
㉡ 등각을 이룰 것을 맹세함 417
a. 간략하게 맹세함 417
b. 자세하게 맹세함 418
a) 부처님의 덕을 자세하게 찬탄함 418

ⓐ 교화의 덕을 찬탄함 418
ⓑ 자신의 덕을 찬탄함 419
ⓒ 거듭해서 교화의 덕을 찬탄함 420
ⓓ 거듭해서 자신의 덕을 찬탄함 421
b) 총괄적으로 맺으면서 맹세함 422
ㄴ) 상서로운 징조를 요청함 422
㉺ 요청에 따라 상서로운 징조를 나타냄 423
ㄱ. 맹세에 응하여 상서로운 징조를 나타냄 423
ㄴ. 소리를 내어 찬탄하고 수기를 줌 423
㉻ 총괄적으로 찬탄을 맺은 것 424
나) 뛰어난 행을 닦은 것을 펼침 424
㉮ 뛰어난 서원을 맺음 424
㉯ 바로 뛰어난 행을 펼침 426
ㄱ. 불토를 성취하기 위해 닦는 행 426
ㄱ) 원인을 닦음 426
ㄴ) 수행을 통해 얻는 과果를 드러냄 426
ㄴ. 불신을 얻기 위해 닦는 행 427
ㄱ) 인因을 닦음 427
㉠ 총괄적으로 나타냄 427
㉡ 개별적으로 풀이함 429
a. 염오를 여읨 429
a) 자신의 번뇌를 여읨 429
ⓐ 염오의 인因과 연緣을 여읨 429
ⓑ 번뇌를 대치하기 위한 행을 닦음 431
ⓒ 바로 번뇌를 여읨 432
ⓓ 바로 번뇌를 대치하기 위한 행을 닦음 432
b) 다른 사람을 교화하여 염오를 여의게 함 433
b. 선을 닦음 434
a) 무간수 434
b) 공경수 435
c) 수행을 이루고 이치를 증득하는 수행 436

c. 악업을 여읨 438
a) 허물을 여읨 438
b) 선을 섭수함 439
d. 선을 닦음 439
㉢ 다시 맺음 440
ㄴ) 과果를 찬탄함 440
㉠ 공덕의 과보를 찬탄함 440
a. 총괄적으로 나타냄 440
b. 개별적으로 찬탄함 441
c. 찬탄을 맺음 442
㉡ 의보依報와 정보正報를 찬탄함 443
a. 정보의 뛰어남을 찬탄함 443
b. 의보의 뛰어남을 찬탄함 443
㉢ 지덕의 과果를 찬탄함 444
2) 성취한 불신과 정토의 과果를 펼침 444
(1) 성취한 것을 간략하게 펼침 444
① 부처님께서 이미 성불했음을 밝힘 444
② 국토를 이미 변현했음을 나타냄 446
③ 성불한 시점의 오래됨과 가까움을 논함 446
④ 국토를 아름답게 장엄하기를 다함 447
가. 국토의 장엄을 나타냄 447
나. 국토를 장엄하여 더러운 것이 없음 450
가) 총괄적으로 없는 것을 펼침 450
나) 없는 이유를 밝힘 452
㉮ 질문 452
㉯ 부처님께서 되물음 452
㉰ 아난이 대답함 453
㉱ 부처님께서 성취한 것을 서술함 453
㉲ 질문한 의도를 펼침 454
(2) 성취한 것을 자세하게 펼침 455
① 불신佛身의 과果를 찬탄함 455

가. 광명의 뛰어나고 미묘함을 찬탄함 455
가) 개별적으로 찬탄함 455
㉮ 석가모니불이 스스로 찬탄함 455
ㄱ. 하열한 것을 마주하여 뛰어남을 찬탄함 455
ㄴ. 찬탄을 맺으면서 뛰어남을 드러냄 457
㉯ 광명을 보는 사람이 이익을 얻음 459
㉰ 여러 성인이 함께 찬탄한 것 460
㉱ 광명의 위신공덕을 듣고 이익을 얻음 461
나) 찬탄을 맺음 462
나. 성취한 수명을 밝힘 463
가) 바로 수명의 원대함을 나타냄 463
나) 일에 의탁하여 수명의 장구함을 나타냄 463
② 그 권속을 펼침 464
가. 수명의 분량과 관련된 것을 나타냄 464
나. 대중이 헤아릴 수 없이 많음을 나타냄 465
다. 간략하게 덕의 뛰어남을 찬탄함 466
라. 대중의 숫자가 많음을 자세하게 나타냄 466
가) 총괄적으로 나타냄 466
나) 개별적으로 풀이함 467
㉮ 지혜를 마주하여 많은 것을 찬탄함 467
㉯ 일에 의지하여 많음을 나타냄 468
ㄱ. 비유를 세우고 반문함 468
ㄴ. 그 많고 적음을 답함 468
ㄷ. 부처님께서 진술하여 완성함 469
③ 국토의 과보를 나타냄 470
가. 나무의 장엄 470
가) 보배 나무의 장엄 470
㉮ 보배 나무 470
ㄱ. 순일純一한 보배 나무 470
ㄴ. 몇 가지가 섞인 보배 나무 471
ㄷ. 총괄적으로 찬탄함 473

㉯ 음악 473
나) 도량수의 장엄을 밝힘 475
㉮ 도량수의 체상 475
㉯ 음성을 내어 사물을 이롭게 함 477
㉰ 보고 들음으로써 이익을 얻음 478
ㄱ. 대상을 마주하여 이익을 얻음 478
ㄴ. 지력智力으로 인忍을 얻음 479
ㄱ) 위신력에 의해 이익을 얻음 479
ㄴ) 서원의 힘에 의해 이익을 얻음 480
다) 대상을 시설하여 뛰어남을 나타냄 481
나. 음악의 장엄 482
다. 궁전의 장엄 483
라. 연못의 장엄 484
가) 연못의 모양 484
㉮ 연못의 크기 484
㉯ 물의 모양 485
㉰ 연못의 장엄 486
㉱ 뜻대로 취하여 씀 487
나) 소리를 찬탄함 488
㉮ 부류에 따라 다르게 들음 488
㉯ 소리를 듣고 선을 닦음 489
㉰ 오직 즐거움만 있는 곳임을 설명함 490
④ 그 섭수한 것을 나타냄 491
가. 다른 국토에서 처음 왕생하는 중생을 섭수하려는 서원의 힘으로 이룬 것 491
가) 정보의 미묘함 491
나) 의보의 뛰어남 492
나. 오랫동안 머무는 이의 과보가 뛰어남 495
가) 정보의 뛰어남 495
㉮ 바로 과보가 뛰어난 것을 나타냄 495
㉯ 일에 의탁하여 뛰어남을 나타냄 499

ㄱ. 가난한 이와 속산왕을 대조함 499
ㄱ) 일에 의탁하여 반문함 499
ㄴ) 아난이 뛰어난 것을 답함 500
ㄷ) 부처님께서 설명하여 완성함 502
ㄴ. 제왕과 전륜성왕을 대조함 502
ㄷ. 전륜성왕과 제석천을 대조함 503
ㄹ. 제석천과 마왕을 대조함 503
ㅁ. 마천과 서방중을 대조함 504
나) 의보가 미묘한 것을 밝힘 504
㉮ 생활 용구가 형색에 칭합함 504
㉯ 온갖 보배를 마음대로 얻음 505
㉰ 보배 옷이 대지에 펼쳐짐 505
㉱ 보배 그물이 덮여 있음 506
㉲ 덕의 바람이 불어 그물과 나무를 두드림 506
㉳ 보배 연꽃이 가득함 508
ㄱ. 화엄세계 508
ㄴ. 꽃의 광명이 중생을 이롭게 함 509

ⓑ 도에 들어가는 가르침을 펼침

ⅰ. 인因을 닦는 가르침

경 도道(菩提)를 얻으려는 마음을 일으키는 것의 의미를 현현하여 (발심하게 하고,) 한량없는 공덕을 (찬탄하여 수행하게 하며,)

經曰。顯現道意。無量功德者。

술 두 번째로 도에 들어가는 가르침을 펼친 것이다. 여기에 두 가지가 있는데, 이것은 처음에 인因을 닦는 가르침이다. 보살이 보리심菩提心을 발하는 것의 의미를 나타내어 발심하게 하고, 한량없는 덕을 찬탄하여 수행하도록 하기 때문이다.

述云。第二申入道之敎。有二。此初修因之敎也。顯菩薩發菩提心之意。令得發心。難[1]無量德。使修行故。

1) ㉠ 다른 판본에 따르면 '難'은 '歎'이다.

ⅱ. 과果를 획득하는 가르침

경 보살의 수기를 주어 등정각等正覺을 이루게 했다.

經曰。授菩薩記。成等正覺者。

술 이것은 과를 획득하는 가르침이다.
"보살의 수기를 주어"란 『법화경론』에서 "결정심決定心을 얻게 하기 때문이다."[1]라고 했다. "기記"란 기록하는 것(識)이고, 분별하는 것(別)이다. "수授"란 주는 것이다. 성인께서 미래에 얻을 과果를 설하여 인因의 이익을 기록하게 하기 때문에 "수기를 주어"라고 했다. "등정각을 이루게 했다."란 기별한 내용에 해당하는 과果이다.

述云。此後獲果之教也。授菩薩記者。即論云。令得決定心故。記者識也別也。授者與也。聖說當果。令識因利。故云授記。成等覺者。即所記之果也。

ㅈ. 진여의 세계로 돌아가 중생을 이롭게 함

경 멸도를 나투어 보이고 건져서 구제함에 다함이 없으며 모든 번뇌를 제거하고 온갖 덕의 근본을 심었다.

經曰。示現滅度。拯濟無極。消除諸漏。殖衆德本者。

술 이것은 아홉 번째로 진여의 세계로 돌아가 중생을 이롭게 하는 것이다.

---

1 문장이 꼭 같지는 않지만 유사한 내용을 지닌 다른 논서가 없기 때문에『法華經論』을 인용한 것은 분명한 것으로 보인다. 다만 그 본문은『法華經論』(T26, 18a24)에서, 성문에게 수기를 주는 것이 실제로 성불하기 때문에 주는 것이라면, 보살은 무엇 때문에 한량없는 겁 동안 수행하면서 한량없는 공덕을 쌓아야 하는 것이며, 만약 성불하지 않는 것이라면 무엇 때문에 허망하게 수기를 주는 것인가라는 의문을 설정하고, 그에 대한 답변으로 "저 성문에게 수기를 주는 것은 결정심을 얻게 하는 것이지 법성法性을 성취하는 것을 말한 것은 아니기 때문이다. 여래는 삼평등三平等에 의거하여 일승법一乘法을 설하기 때문이다. 여래의 법신은 저 성문의 법신과 다름이 없기 때문에 수기를 주는 것이지 수행의 공덕을 원만하게 갖추었기 때문인 것은 아니다. 그러므로 보살은 공덕을 원만하게 갖추었고, 여러 성문은 아직 공덕을 원만하게 갖추지 않았다.(彼聲聞授記者。得決定心。非成就法性故。如來。依三平等。說一乘法故。以如來法身。與彼聲聞法身。無異。故與授記。非即具足修行功德故。是故。菩薩。功德具足。諸聲聞人。功德未具足。)"라고 하였다.

『섭대승론』에서 "화신化身이 멸도하는 것에 여섯 가지 뜻이 있다. 첫째 일(事)을 완성했기 때문이고,[2] 둘째 즐거움에 대한 전도된 견해를 제거하기 위해서이며,[3] 셋째 (부처님에 대해) 지닌 경만輕慢한 마음을 버리게 하기 위해서이고,[4] 넷째 (불신佛身에 대해) 갈망하고 우러르는 마음을 내도록 하기 위해서이며,[5] 다섯째 자신을 위해 정진하도록 하기 위해서이고,[6] 여섯째 (중생을) 빨리 성취시키려고 해서이다.[7]"[8]라고 했는데, 지금 멸도를 보인 것도 뜻이 또한 여기에 있다.

"건져서 구제함에 다함이 없으며"란 이익을 주는 일의 광대함을 말한다. "극極"은 이已(그치는 것)이다. "번뇌를 제거하고 근본을 심었다."란 곧 이익이 갖추어진 것을 말한다. "누漏(번뇌)"란 삼루三漏[9]를 말하는 것으로 (허물

2 중생을 성숙시켜 모두 해탈하게 한 것을 말한다. 『攝大乘論』 권하(T31, 132b18)를 참조할 것.

3 이미 해탈을 얻고 나서 무여열반無餘涅槃을 구하고자 하니, 이들에 대해 열반의 즐거움이라는 전도된 견해를 없애기 위해 화신을 버려 그것의 무상함을 보이고 법신을 보여 상주하는 법신을 즐겨 추구하게 하는 것을 말한다. 『攝大乘論』 권하(T31, 132b18)를 참조할 것.

4 부처님의 화신을 보고 부처님께서도 생·노·병·사 등이 있으니 자신들과 다르지 않다고 여기니, 화신은 가명신假名身이고, 법신은 진실신眞實身임을 보여 그러한 마음을 버리게 하는 것을 말한다. 『攝大乘論』 권하(T31, 132b20)를 참조할 것.

5 화신은 일정한 모습이어서 시간이 흐르면 만족하여 싫어하는 마음을 내지만 법신은 다양하게 변화하여 여러 차례 보아도 만족하여 싫어하는 마음을 내지 않는 것을 말한다. 『攝大乘論』 권하(T31, 132b21)를 참조할 것.

6 부처님의 화신이 오래 머물면 만나기 어렵다는 생각을 하지 않아 나태해지는데, 부처님께서 세상에 오래 머물지 않음을 알면 자신의 해탈을 위해 부지런히 노력하게 되는 것을 말한다. 『攝大乘論』 권하(T31, 132b23)을 참조할 것.

7 이미 정진하는 이들로 하여금 정진을 버리지 않고 더욱더 정진하여 속히 원만함을 얻게 하는 것을 말한다. 『攝大乘論』 권하(T31, 132b24)를 참조할 것.

8 『攝大乘論』 권하(T31, 132b17)의 취의 요약이다. 『攝大乘論』을 인용하여 본문을 해석한 것은 법위가 『無量壽經義疏』 권상(H2, 10b6)에서 설한 것과 같다.

9 삼루三漏 : 중생을 삼계의 윤회에서 벗어나지 못하게 하는 세 가지 번뇌. 곧 욕루欲漏(Ⓢ kāmāsrava)·유루有漏(Ⓢ sāsrava)·무명루無明漏(Ⓢ avidyāsrava) 등을 말한다. 욕루란 욕계의 서른여섯 가지 번뇌 중 오부五部[번뇌를 사제 각각에 대한 네 가지 관찰(見道)에 의해 끊어지는 것과 선정을 통한 수습(修道)에 의해 끊어지는 것 등의 다섯 가지 유형에

이) 흘러서 새어 나오는 것을 뜻으로 삼으니, 곧 생사生死의 인因이다. "덕德"이란 복덕과 지혜(福智)를 말하는 것으로 윤택하게 더욱 불어나는 것을 공功으로 삼으니, 열반의 인因이다. "근본"도 또한 인因이다. 부처님께서 멸도하는 모습을 나투신 것으로 인하여 중생이 유有[10]를 싫어하여 생사의 인因을 제거하려는 마음을 일으키고, 적寂(열반)을 좋아하여 열반의 인因을 닦으니, 이익이 갖추어졌다고 말할 수 있기 때문이다.

述云。此第九歸眞利物也。如攝論。化身滅度。有六意。一事究竟故。二爲除樂倒故。三令捨輕慢故。四爲生渴仰故。五爲身精進故。六欲速成就故。今示滅度。意亦在此。拯濟無極者。即益廣也。極已也。除漏殖本者。即利備也。漏謂三漏。注泄爲義。即生死之因。德謂福智。潤益爲功。即涅槃之因。本亦因也。因佛現滅。衆生厭有。除生死因。忻寂。以修涅槃之因。可謂利備故。

다. 권덕과 실덕의 두 가지를 맺음

경 공덕을 원만하게 갖추니 미묘하여 헤아리기 어렵고 여러 불국토를 노닐며 두루 도교道敎를 나타냈다.

經曰。具足功德。微妙難量。遊諸佛國。普現道教者。

따라 분류한 것]의 무명을 제외한 서른한 가지에 십전十纏을 더하여 모두 마흔한 가지 번뇌를 말한다. 유루란 색계·무색계의 예순두 가지 번뇌 중 오부의 무명을 제외한 쉰두 가지를 말한다. 무명루란 삼계 오부의 열다섯 가지 무명을 말한다.

10 유有 : 욕유欲有(욕계의 존재)·색유色有(색계의 존재)·무색유無色有(무색계의 존재) 등을 말한다. 삼계에 몸을 받아 태어나는 것을 일컫는 말이다.

술 이것은 세 번째로 쌍으로 맺은 것이다.

"공덕을 원만하게 갖추니 헤아리기 어렵고"란 그 실덕을 맺은 것이고, "국토를 노닐며 가르침을 나타낸다."란 권덕을 맺은 것이기 때문이다.

述云。此第三雙結也。具德難量者。結其實德。遊國顯敎者。結權德故。

② 실덕에 나아가서 두 가지 이익을 찬탄함

가. 간략하게 찬탄함

가) 개별적으로 찬탄함

㉮ 자신의 실천행의 청정함을 찬탄함

경 그 닦은 실천행은 청정하여 더러움이 없었고,

經曰。其所修行。清淨無穢者。

술 두 번째로 실덕에 나아가서 두 가지 이익을 찬탄한 것이다. 여기에 두 가지가 있으니, 처음은 간략하게 찬탄한 것이고, 나중은 자세하게 찬탄한 것이다. 처음에 또한 두 가지가 있는데, 이것은 처음에 개별적으로 찬탄한 것이다. 여기에 또한 네 가지가 있는데, 처음에 자신의 실천행의 청정함을 찬탄한 것이다.

述云。第二就實。以歎二利。有二。初略歎。後廣讚。初又有二。此初別歎。又有四。初歎自行淨也。

㉯ 교화의 선교를 찬탄함

ㄱ. 비유

경 **비유컨대 환사幻師(마술사)가 온갖 차별된 형상을 나투어 남자를 만들기도 하고 여자를 만들기도 하면서 변화시키지 못하는 것이 없음은 근본이 되는 것을 배우고 밝게 아는 것에 의해 뜻대로 할 수 있는 것인 것처럼,**

經曰。譬如幻師。現衆異像。爲男爲女。無所不變。本學明了。在意所爲者。

술 이것은 두 번째로 교화의 선교善巧를 찬탄한 것이다. 여기에 두 가지가 있는데, 이것은 처음에 해당하는 것으로 비유이다.

보살은 변화한 모습을 나타냄에 있어서 대상의 마땅함(物宜)에 교묘하게 수순하니, 환사라고 할 만하다. (보살이) 일으키는 변화한 모습은 (환사가) '온갖 차별된 형상을 나투는 것'과 같고, (보살이) 변화를 일으키는 덕은 (환사가) '근본이 되는 것을 배워 밝게 아는 것'과 같다. 변화하는 법은 곧 익히고 배우는 것을 근본으로 하기 때문에 "근본이 되는 것"이라 했다. 이것을 배워 세세한 것까지 잘하기 때문에 "배우고 밝게 아는"이라고 했다. 배움이 이루어져 변화를 일으키는 것을 뜻대로 할 수 있기 때문에 "뜻대로 할 수 있는"이라고 했다.

혜원 법사慧遠法師[11]는 〈배움이 이루어져 작용을 일으키는 것에서, 이루는 것은 마음에 있기 때문에 '뜻대로(在意)'라고 했고, 뜻대로 변화하기 때문에 '할 수 있는(所爲)'이라 했다.〉[12]라고 했는데, 이는 옳지 않은 것 같다.

---

11 혜원 법사慧遠法師 : 수隋나라 정영사淨影寺 혜원(523~592). 지론종地論宗 남도파南道派의 스님. 저술로 『無量壽經義疏』 2권·『觀無量壽經義疏』 2권 등이 있다.

12 『無量壽經義疏』 권상(T37, 97b3).

배움이 아직 이루어지지 않는 것도 또한 마음에 있다. 그러므로 지금 채용하지 않는다.

述云。此第二歎化善巧。有二。此初喻也。菩薩顯化。巧順物宜。可云幻師。所起化相。如顯衆像。起化之德。如本學明。化法。即以習學爲本 故云本。學之委善。故云學明了。學成起化。任意所爲。故云在意所爲。遠法師云。學成起用。成在於心 故云在意。任意化。故云所爲。此恐非也。學未成。亦在心。故今不存也。

ㄴ. 합合

경 이 여러 보살도 또한 다시 이와 같이 일체법을 배워 통달하고 종합하며 언어에 의해 나타내고 다듬으며, 머물러야 할 곳에 편안하게 머물러 자세히 알며, 도달하여 교화하지 않는 곳이 없어 무수한 불토에 모두 두루 나투었다.

經曰。此諸菩薩。亦復如是。學一切法。貫綜縷練。所住安諦。靡不致化。無數佛土。皆悉普現者。

술 이것은 나중에 합한 것이다.

"여러 보살"이란 "환사"와 합치한다. 일체의 중생을 교화하는 법을 배우기 때문에 "일체법을 배워"라고 했으니, 곧 "근본이 되는 것을 배우는 것(本學)"과 합치한다.

"관貫"은 통달하는 것(通)이고, "종綜"은 모으는 것(集)이다. "누縷"란 언어로 나타내는 것이고, "연練"이란 다듬은 것(陶)이다. 온갖 책을 통달하여 꿰뚫고 사리事理를 모아서 묶으며 현묘한 뜻을 언어로 나타내고 온갖 의심을 다듬어서 버리기 때문에 “통달하고 종합하며 언어에 의해 나타내고 다듬으며”라고 했으니, 곧 “밝게 아는 것”과 합치한다.

지혜와 자비의 대상 경계는 권술權術이 노니는 대상이기 때문에 “머물러야 할 곳”이라 했다. 해심解心(지혜로운 마음)으로 대상 경계에 안주하여 어긋나거나 잊어버리는 일이 없기 때문에 “편안하게 머물러 자세히 알며”라고 했으니, 곧 “뜻대로”와 합치한다.

“미靡”는 없는 것(無)이고, “치致”는 운運(옮겨 가는 것)이다. (중생이) 감感하는 곳은 어느 곳이든 가서 교화하지 않음이 없기 때문에 “도달하여 교화하지 않는 곳이 없다.”라고 했다. 어떤 경본經本에서는 “감感하는 곳에 대해 교화하지 않음이 없어(靡不感化)”라고 했는데, 그 뜻은 어긋남이 없다. (이것은) 곧 “할 수 있는 것”과 합치한다.

대상의 마땅함(物宜)은 이미 만품萬品이니, 어떤 상相도 나투지 않음이 없기 때문에 “무수한 불토에 모두 두루 나투었다.”라고 했으니, 곧 다시 “온갖 차별된 형상을 나투어”와 합치한다.

述云。此後合也。諸菩薩者。即合幻師也。修學一切化物之法。故云學一切法。即合本學也。貫通也。綜集也。縷詮也。練陶也。即通穿群典。集括事理。詮表玄旨。陶委衆疑。故云貫綜縷練。即合明了也。智悲之境。是權術所遊。故云所住。解心安境。無錯忘。故云安諦。即合在意也。靡無也。致運也。於諸感處。無不運化。故言靡不致化。又致即感致。令一切衆。無不感化故。有經本云。靡不感化。其義無違。即合所爲也。物宜。既萬品。無相不現。故[1]無數佛土。皆悉普現。即却合現衆異像也。

1) 역 앞의 문장과의 일관성을 고려할 때 ‘故’ 뒤에 ‘云’이 누락되었다.

㉰ 자신의 실천행에 있어서의 청정함을 맺음

경 일찍이 교만하거나 방자한 적이 없고,

經曰。未曾慢恣者。

술 이것은 세 번째로 자신의 실천행의 청정함을 맺은 것이다. 닦아야 할 행위에 대해 공경하는 마음을 내기 때문에 '교만함이 없는 것'이고, 또한 (그 마음을 유지하여) 조금도 틈이 생기는 일이 없기 때문에 '방자함이 없는 것'이다.

述云。此第三結自行淨也。於所修行。生恭敬。故無慢。亦無間。故無恣。

㉱ 교화의 선교를 맺음

경 중생을 불쌍하게 여겼다.

經曰。愍傷衆生者。

술 이것은 네 번째로 교화의 선교善巧(뛰어난 것)를 맺은 것이다.

"민愍"은 사랑하는 마음(慈)으로 불쌍히 여기는 것이고, "상傷"은 슬퍼하는 마음(悲)으로 불쌍히 여기는 것이다. 중생을 불쌍하게 여기기 때문에 어떤 모습도 나투지 않음이 없는 것이다.

述云。此第四結化善巧也。愍謂慈愍。傷謂悲傷。傷愍衆生。故無相不現。

나) 총괄적으로 맺음

경 이와 같은 법을 모두 원만하게 갖추었다.

經曰。如是之法。一切具足者。

술 이것은 나중에 총괄적으로 맺은 것이다.

述云。此後總結也。

나. 자세하게 찬탄함

가) 보살법에 의해 자분행을 닦음

경 보살도를 설한 경전에 대해 요체가 되는 도리를 궁구하고 미묘한 뜻에 통달하여 명성이 두루 이르고 시방(의 중생)을 인도했다.

經曰。菩薩經典。究暢要妙。名稱普至。導御十方者。

술 두 번째로 자세하게 찬탄하는 것이다. 여기에 네 가지가 있으니, 첫째 보살법에 의지하여 자분행自分行[13]을 닦는 것이고, 둘째 여래법에 의지하여 승분행勝分行을 닦는 것이며, 셋째 자분행을 닦아 덕을 이루는 것

13 자분행自分行 : 법장의 『華嚴經探玄記』 권2(T35, 133b27), 자분과 승진의 일곱 가지 뜻 가운데에서 "여섯째는 두 가지 계위에 나아간 것이다. 이전의 계위가 이미 이루어진 것을 자분이라 하고, 뒤의 계위를 향해 나아가는 것을 승진이라 한다.(六約二位。謂前位已成爲自分。趣向後位爲勝進。)"라고 했다. 여기서의 승진은 곧 본문의 승분과 같다.

이고, 넷째 승분행을 부지런히 닦아 덕을 이루는 것이다. 이것은 처음에 해당한다.

"전典"은 영원하다(常)는 뜻이다. "구究"는 다하다(盡)는 뜻이고, "창暢"은 펼친다(申)는 뜻이고 통달한다(通)는 뜻이며, "요要"는 요체가 되는 도(要道)이고, "묘妙"는 묘법妙法이다. 자분법自分法에 대해 요도要道를 끝까지 궁구하고 미묘한 뜻에 통달하기 때문에 "요체가 되는 도리를 궁구하고 미묘한 뜻에 통달하여(究暢要妙)"라고 했는데, 이는 곧 자신의 이익을 추구하는 것이다. 빼어난 덕이 내면에 갖추어지면 아름다운 명성이 밖으로 흘러넘쳐 어떤 중생도 찬탄하지 않음이 없기 때문에 "명성이 두루 이르고"라고 했다.

"(시방의 중생을) 인도했다."란 곧 다른 사람을 이롭게 하는 것이다.

述云。第二廣歎。有四。一依菩薩法。修自分行。二依如來法。修勝分行。三自分成德。四勝進成德。此初也。典常也。究盡也。暢申也通也。要要道。妙妙法也。於自分法。究盡要道。通申妙旨。故云究暢要妙。即自利也。殊德在懷。嘉響外流。無物不歎。故云名稱普至。導御。即利他也。

나) 여래법에 의해 승분행을 닦음

㉮ 내덕을 닦음

경 한량없는 여러 부처님께서 모두 함께 호념護念하시고, 부처님께서 머무신 것에 모두 이미 머물며, 대성大聖이 세우신 것을 모두 이미 세워서 마쳤다.

經曰。無量諸佛。咸共護念。佛所住者。皆已得住。大聖所立。而皆已立者。

술 두 번째로 승분행을 닦는 것이다. 여기에 두 가지가 있는데, 이것은 처음에 내덕內德을 닦는 것이다.

실천하여 부처님의 경계에 들어가기 때문에 "함께 호념하는 것"이다. "염念"은 선善이 생장하게 하는 것이고, "호護"는 악이 모조리 소멸하게 하는 것이기 때문이다.

述云。第二修勝分行。有二。此初修內德也。行入佛境。故共護念。念善令生長。護惡使殄滅故。

어떤 사람은 〈"머무신 것(所住)"은 곧 진법계眞法界이니, 『섭대승론』에서 설한 십법계十法界이다.[14] "세우신 것"이란 곧 신통력이니, 『열반경』에서 "(이 대열반大涅槃은) 능히 큰 뜻을 건립한다."[15]라고 했다.〉라고 했는

---

14 『攝大乘論』 권하(T31, 125c25)에서 보살 수행 계위인 십지十地는 열 가지 무명無明을 제거하기 위해 시설된 것으로, 각 지地에 해당하는 무명의 장애를 제거함으로써 각 지에 해당하는 진여인 법계가 드러나는데, 이것이 바로 법계의 열 가지 모습이라고 하였다. 경흥이 말한 열 가지 법계는 바로 이것을 가리키는 것으로 보인다. 제1 환희지歡喜地에서는 모든 것에 두루 가득하여 남음이 없다는 의미로 말미암아 법계를 안다. 어떤 법도 자성이 없으니, 이로써 인식주관과 인식 대상의 두 가지 집착을 벗어난다. 제2 무구지無垢地에서는 가장 뛰어나다는 의미로 말미암아 법계를 안다. 제3 명염지明焰地에서는 뛰어난 흐름의 의미로 말미암아 법계를 안다. 가장 뛰어난 지혜인 무분별지無分別智는 바로 진여인 법계에서 흘러나온 것이다. 제4 소연지燒然地에서는 섭지攝持함이 없다는 의미로 말미암아 법계를 안다. 나와 남과 법이라는 세 가지 의미를 얻을 수 없기 때문에 어떤 것도 섭지한다는 생각을 하지 않는다. 제5 난승지難勝地에서는 모든 것이 서로 이어져 다르지 않다는 의미로 말미암아 법계를 안다. 제6 현전지現前地에서는 본래 물듦이 없기 때문에 청정함도 없다는 의미로 말미암아 법계를 안다. 제7 원행지遠行地에서는 여러 가지 법이 결국은 한 가지로 통하여 다름이 없다는 의미로 말미암아 법계를 안다. 제8 부동지不動地에서는 늘어나는 것도 없고 줄어드는 것도 없다는 의미로 말미암아 법계를 안다. 제9 선혜지善慧地에서는 선정의 자재·토자재土自在·지자재智自在 등을 근거로 하여 법계를 안다. 제10 법운지法雲地에서는 업자재業自在·다라니문陀羅尼門과 삼마제문三摩提門의 자재 등을 근거로 하여 법계를 안다.

15 40권본 『涅槃經』 권4(T12, 388a12)에서 "가섭이 부처님께 '이미 번뇌의 바다를 건너셨다면 어찌하여 야수다라를 아내로 맞이하여 라후라를 낳았습니까?'라고 하자, 부처님

데, 이것은 아마 옳지 않은 것 같다. 능히 큰 뜻을 건립한다고 하면, (그것은) 이미 대열반은 중생을 이롭게 하는 뜻이 있는 것이어서 반드시 자신의 이익을 위하는 것은 아니기 때문이다.[16]

어떤 사람은 〈"머무신 것"은 곧 공空·무상無相의 이치이고, "세우신 것"은 곧 십이분교十二分敎[17]이다.〉[18]라고 했는데, 이것도 또한 옳지 않다. 세속의 일도 응당 승의勝義(궁극적인 이치)와 마찬가지로, 또한 부처님께서 머무시는 것이기 때문이다.

어떤 사람은 〈"머무신 것"은 곧 증행證行이고, "세우신 것"은 곧 교행敎行이니, 법계의 제도諸度(모든 바라밀)는 부처님께서 세우신 것이기 때문이다.〉[19]라고 했는데, 이것도 또한 옳지 않다. 『법화경』에서 "부처님께서는 스스로 대승大乘에 머무신다."[20]라고 한 뜻과 어긋나기 때문이다. 대승은 반드시 교敎(언어에 의한 가르침)·리理(그 가르침이 드러내는 이치)·행行(이치를 좇아서 수행하는 것)·과果(수행을 통해 증득하는 결과)를 총괄한다. (여기에서) 제도를 이미 행하였으니 응당 세우는 것은 아니어야 하기 때문이다.

有說。所住即眞法界。攝論所說十法界也。所立即神通力。涅槃云能建大義也。此恐不然。能建大義。既大涅槃。利物之義。必非自利故。有說。所住即空無相理。所立即十二分敎。此亦不然。世俗之事。應如勝義。亦佛所住故。

께서 말씀하셨다. '이 대열반은 큰 뜻을 세우는 것이니 의심하지 말라.(是大涅槃。能建大義。)'"라고 하였다. 여기에서 큰 뜻을 세운다는 것은 부처님께서 대열반에 머물러 여러 가지 모습을 나툰 것을 의미하고, 이 때문에 신통력이라는 말과 맥락을 같이한다.

16 경흥은 이 부분을 내덕內德을 닦는 것으로 파악했음을 참조할 것.

17 십이분교十二分敎 : 불법佛法을 그 내용에 따라 열두 가지로 분류한 것. 가장 이른 형태의 경전 분류법이다. 열두 가지란, ① 계경契經(長行), ② 응송應頌(祇夜·重頌), ③ 기별記別, ④ 풍송諷頌(伽陀·孤起), ⑤ 무문자설無問自說, ⑥ 인연, ⑦ 비유, ⑧ 본사本事, ⑨ 본생本生, ⑩ 방광方廣, ⑪ 희법希法(未曾有法), ⑫ 논의論議 등이다.

18 법위의 『無量壽經義疏』 권상(H2, 10b11).

19 혜원이 『無量壽經義疏』 권상(T37, 97b29)에서 제시한 것이다.

20 『法華經』 권1(T9, 8a23).

有說。所住即證行。所立即教行。法界諸度。是佛所立故。此亦不然。違法華佛自住大乘義故。大乘。必通教理行果。諸度既行。應非所立故。

지금 곧 "부처님께서 머무신 것"이란 이제二諦[진제眞諦(궁극적인 관점에서의 진리)와 속제俗諦(세속적 관점에서의 진리)]의 뜻이다. 보살은 부처님을 좇아 이미 깨달았기 때문에 "이미 머물며"라고 했다.

대성이 세운 것은 삼장三藏[21]이라는 언어적 가르침인데, 대사大士[22]도 또한 언어에 의해 나타낸 의취意趣를 꿰뚫었기 때문에 "모두 이미 세워서 마쳤다."라고 했다. "부처님"과 "대성"은 언어는 다르지만 체體는 같기 때문에 서로 번갈아 들면서 칭했을 뿐이다.

今即佛所住者。即二諦之旨。菩薩。逐佛而既悟。故云已得住。大聖立者。即三藏之詮。大士。亦達詮之意趣。故云皆已立。佛與大聖。即言異體同。故互稱而已。

㉯ 외적으로 교화하는 것을 찬탄함

ㄱ. 교화의 모습

경 여래의 도화道化(불도에 의해 교화하는 것)를 각각 능히 널리 베풀어 전파하고 여러 보살을 위해 대사가 되며 매우 깊은 선정과 지혜로 온갖 사람을 열

21 삼장三藏 : 불교의 교리를 담은 경장經藏, 부처님께서 제정하신 교단의 생활 규칙을 담은 율장律藏, 불전佛典에 실린 내용을 정밀하게 논의하여 의미를 상세하게 밝힌 논장論藏 등을 함께 일컫는 말이다.

22 대사大士 : Ⓢ mahāsattva. 보살의 미칭. 개사開士라고도 의역하고, 마하살타摩訶薩埵·마하살摩訶薩 등으로 음사한다.

어 주고 (불도佛道로) 인도했다.

經曰。如來道化。各能宣布。爲諸菩薩。而作大師。以甚深禪慧。開導衆人者。

술 이것은 나중에 외적으로 교화하는 것을 찬탄한 것이다. 여기에 두 가지가 있는데, 이것은 처음에 교화의 모습이니, 보살이 두루 영향중影響衆[23]이 되어 불사를 돕고 선양하기 때문이다.

"도화를 (각각) 능히 (널리) 베풀어"는 곧 법을 설하는 것이 부처님과 같은 것이고, 또한 '부처님의 교화를 행함을 나타내기 때문에 보살의 스승이 되는 것'은 곧 중생을 교화하는 것이 부처님과 같은 것이다.

"깊은 선정과 지혜로"란 교화하는 행위가 부처님과 같은 것이다. 선정에 의해 지止를 이루고 지혜에 의해 관觀을 이루니, 실천행이 비록 많지만 요체는 이 두 가지에 있기 때문이다.

"온갖 사람을 열어 주고 (불도로) 인도했다."란 곧 중생을 이롭게 하는 것이 부처님과 같은 것이다. "개開"란 비로소 배우게 하는 것이고, "도導"란 끝내 성숙하게 하는 것이기 때문이다.

述云。此後歎外化。有二。此初化相也。菩薩。普爲影響。助揚佛事故。道化能宣。即說法同佛也。示[1]行佛化。故爲菩薩師。即化物同佛也。深禪慧者。即化行同佛。禪止慧觀。行雖衆多。要在此二故。開導衆人者。即利物同佛。開者令始學。導者令終熟故。

1) ㉮ '示'는 '亦'인 것 같다.(㉯) ㉰ 문맥상 '示'가 맞는 것 같다.

23 영향중影響衆 : 여러 보살이 부처님의 교화를 돕기 위해 그 원극圓極의 과果를 숨기고 청법중聽法衆 가운데 시현하는 것. 석가 법왕釋迦法王은 형形(형체)·성聲(소리)과 같고, 여러 보살은 영影(그림자)·향響(메아리)과 같다. 예컨대 문수文殊·보현普賢 등의 여러 보살이 여기에 해당한다.

ㄴ. 교화의 덕

경 모든 법의 성품을 꿰뚫고 중생의 상相에 통달하며 모든 국토를 분명하게 알았다.

經曰。通諸法性。達衆生相。明了諸國者。

술 이것은 나중에 교화의 덕을 나타낸 것이다.

어떤 사람은 〈"모든 법의 성품을 꿰뚫고"란 법공法空의 이치를 통달하는 것이고, "중생의 상相에 통달하며"란 인공人空이라는 중생의 진실한 모습에 통달하는 것이며, "모든 국토를 분명하게 알았다."란 기계器界(器世間 : 山河·大地 등)의 공을 통달하는 것이다.〉라고 했는데, 이것은 옳지 않다. 인공과 법공을 떠나서 다시 별도의 공은 없기 때문이다. 만약 별도로 있는 것이라면 또한 두 가지 지혜를 떠난 것이니, 응당 별도의 지혜가 있어야 하기 때문이다.

어떤 사람은 〈"모든 법의 성품을 꿰뚫고"란 지정각智正覺의 자재행自在行이니, 이제二諦의 법성에 통달했기 때문이다. "중생의 상에 통달하며"란 중생세간衆生世間의 자재행이니, 중생의 여러 가지 체體와 상狀을 모두 분명하게 통달하기 때문이다. "모든 국토를 분명하게 알았다."란 기세간의 자재행이다. 처음에 "통通"이라 했고, 다음에 "달達"이라 했으며, 나중에 "명明"이라 한 것은 언어를 사용한 순서의 차이일 뿐이다.〉[24]라고 했는데, 이것도 또한 옳지 않다. (이 논지에 따르면) 중생세간과 기세간器世間(外器)은 응당 세속이 아니어야 하기 때문이다. 만약 세속이라고 한다면 (이미) 이제를 통달하고 나서 다시 알아야 할 것이 없기 때문이다.

---

24 혜원이 『無量壽經義疏』 권상(T37, 97c11)에서 제시한 것이다.

述云。此後化德也。有說。通諸法性者。通法空理。達衆生相者。達人空生眞。明了諸國者。達器界空。非也。離人法空。更無別空故。若有別者。亦離二智。應有別智故。有說。通諸法性。是智正覺自在行。通達二諦法性故。達衆生相。是衆生世間自在行。衆生種種體狀。皆了達故。明了諸國。是器世間自在行。初云通。次言達。後言明。言之左右。此亦不然。衆生外器。應非世俗故。若世俗者。通二諦已。更無所知故。

지금 곧 "법의 성품을 꿰뚫고"란 곧 법계무량法界無量(한량없는 법계를 잘 아는 것)을 실천한 것이고, "중생의 상에 통달하며"란 곧 중생계무량衆生界無量(한량없는 중생계의 차별을 잘 아는 것)을 실천한 것이며, "모든 국토를 분명하게 알았다."란 곧 세계무량世界無量(한량없는 중생의 住處를 잘 아는 것)을 실천한 것이다.

소조복계무량所調伏界無量(한량없는 중생의 根性을 잘 아는 것)은 무종성無種姓을 포섭하지 않기 때문에 생략하고 설하지 않았다. 조복방편무량調伏方便無量(한량없는 중생을 제도하는 법을 잘 아는 것)은 곧 앞에서 설한 선교善巧와 같은 것이기 때문에 (이것과 관련된 실천행)도 또한 설하지 않았다.[25]

今即通法性者。即法界無量行。達衆生相者。即衆生界無量行。明了諸國者。即世界無量行。所調伏界無量。不攝無種姓故。略不說。調伏方便無量。即前善巧。故不亦說。

25 보살이 다섯 가지 대상의 무량無量함을 잘 아는 것을 오무량상五無量想이라 하고, 다섯 가지 대상의 무량함을 오무량五無量이라 하는데, 경흥은 본문을 오무량에 의거하여 풀이하였다. 법계무량·중생계무량·세계무량·소조복계무량·조복방편계무량調伏方便界無量(調伏方便無量) 등의 오무량은 『瑜伽師地論』 권46(T30, 548a14)·『大乘義章』 권12(T44, 704b6) 등을 참조할 것.

다) 자분행을 닦아 덕을 이룸

㉮ 수행의 방편

ㄱ. 자리의 수행

경 여러 부처님께 공양하기 위해 번갯불처럼 그 몸을 변화하여 나투며, 무외無畏의 그물을 잘 배우고 환화幻化의 법을 환히 깨달았다.

經曰。供養諸佛。化現其身。猶如電光。善學無畏之網。曉了幻化之法者。

술 세 번째로 자분행을 닦아 덕을 이루는 것이다. 여기에 네 가지가 있으니, 첫째 수행의 방편이고, 둘째 수행을 통해 덕을 이루는 것이며, 셋째 거듭해서 수행을 일으키는 것을 밝힌 것이고, 넷째 거듭해서 덕을 이루는 것을 밝힌 것이다. 처음에 또한 네 가지가 있는데, 이것은 처음에 자리의 수행이다.

"여러 부처님께 공양하기 위해 번갯불처럼 그 몸을 변화하여 나투며"란 복행福行(복덕을 쌓은 실천행)이고, "무외의 그물을 잘 배우고 환화의 법을 환히 깨달았다."란 지행智行(지혜를 낳는 실천행)이다.

述云。第三自分成德。有四。一修之方便。二修之成德。三重辨起修。四重申成德。初又有四。此初自利修也。供養諸佛。化如電光者。即福行也。善學無畏。曉幻化者。即智行也。

어떤 사람은 〈여러 부처님께 공양하고자 그 몸을 변화하여 나투어 일념一念에 두루 이르는데 빠르기가 번갯불과 같다. 삿된 것을 간별하고 바른 것을 취하기 때문에 "잘 배우고"라고 했고, 바른 것을 통달하고 삿된 것을 넘어서기 때문에 "무외"라고 했으며, (무외지無畏智로) 제법을 통틀어서 포섭하기 때문에 그물이라 했으니, 곧 지방편智方便을 (수습하는 것)이다. 또한 제법이 결정코 유有이거나 무無인 것이 아니어서 그 성품이 허깨비(幻)와 같음을 보기 때문에 "환화를 환히 깨달았다."라고 했으니, 곧 지행智行을 성취하는 것이다. 또한 사람을 두려워하지 않기 때문에 "무외를 배우고"라고 했고, 법을 능히 잘 알기 때문에 "환화를 환히 깨달았다." 라고 했다.〉[26]라고 했다.

어떤 사람은 〈제법이 비록 무無도 아니지만 유有도 아니기 때문에 어떤 법도 두려워할 만한 것을 보지 않는다. 대상(物)을 포섭하여 버리지 않기 때문에 "무외의 그물을 배우고"라고 했다. 비록 다시 유有가 아니지만 무無도 아니어서, 유有를 여의고 무無를 여의기 때문에 "환화"라고 했다.〉라고 했다.

어떤 사람은 〈관세음보살觀世音菩薩처럼 무외시無畏施의 그물로 중생을 포섭하기 때문에 "무외의 그물"이라 했다.〉라고 했다. 이상 세 가지 해석은 모두 옳지 않다.

"잘 배우는 것"이 만약 지방편智方便(을 수습하는 것)이라면 아직 삿된 것과 바른 것에 통달하지 못한 것이니, 응당 무외지無畏智(를 얻은 것)이 아니어야 하기 때문이다.[27] 제법이 유가 아니기 때문에 두려워할 만한 것을 보지 않는다면, 이미 또한 무가 (아니라고 했으니 바로 이 때문에) 두려워할 만한 것이 되기 때문이다.[28] 이 비판은 (앞의 두 가지 해석에) 차례대로 관련된 것이다.

---

26 혜원이 『無量壽經義疏』 권상(T37, 97c25)에서 제시한 것이다. 문장의 순서는 많이 뒤바뀌어 있지만 내용은 같다.

27 첫 번째 해석에 대한 비판적 견해이다.

28 두 번째 해석에 대한 비판적 견해이다.

有說。欲供諸佛。化現其身。一念遍至。疾如電光。簡邪取正。故云善學。達正過邪。故云無畏。統攝諸法。故云網。即智方便也。亦見諸法。非定有無。其性如幻。故云曉幻化。即智成就也。又於人不怯。故學無畏。於法能知。故曉幻化。有說。諸法雖非無而非有故。不見一法可畏。攝物不捨。故云學無畏網。雖復非有而非無。離有離無。故云幻化。有說。如觀世音。以無畏施網。攝衆生。故云無畏網。三俱不然。善學。若方便。未達邪正。應非無畏故。諸法非有。不見可畏。既亦非無。可畏故。如其次第。

지금 곧 화신을 나투어 부처님께 공양함에 비록 홀연히 두루 이르지만 머물지 않기 때문에 "번갯불과 같고"라고 했다. "무외의 그물을 배우고"란 언어에 의해 나타난 가르침에 통달하는 지혜(達詮之智)이고, "환화의 법을 환히 깨달았다."란 뜻을 깨닫는 지혜(悟旨之智)이다. "그물"이란 가르침이다. 곧 부처님께서 사무외四無畏[29]를 갖추셨기 때문에 "무외"라고 했다. 이理이거나 사事이거나 허깨비와 같지 않은 것이 없기 때문에 "환화"라고 했다. 보살은 부처님의 가르침의 뜻을 칭량하여 제법의 언설이 자성을 얻을 수 없음을 통달하기 때문에 '잘 배우고 환히 깨달았다'라고 했다.

今即現化供佛。雖忽遍至。而不住故。如其電光。學無畏網者。即達詮之智。曉幻化法者。即悟旨之智。網者敎也。即佛備四無畏。故云無畏。若理若事。

29 사무외四無畏 : 부처님만이 갖추고 계신 네 가지 측면에서의 두려움 없음을 일컫는 말. 첫째, 제법현등각무외諸法現等覺無畏(一切智無所畏·正等覺無畏·等覺無畏)이니, 모든 법을 바르게 깨달았음을 선언함에 있어서 어떤 두려움도 없는 것이다. 둘째, 일체누진지무외一切漏盡智無畏(漏永盡無畏·漏盡無所畏·流盡無畏)이니, 모든 번뇌를 다하였음을 선언함에 있어서 어떤 두려움도 없는 것이다. 셋째, 장법불허결정수기무외障法不虛決定授記無畏(說障法無畏·說障道無所畏·障法無畏)이니, 장애가 되는 법의 부류를 설함에 있어서 그 설법으로 인해 비난받을 일이 생겨날 것을 두려워하지 않는 것이다. 넷째, 위증일체구족출도여성무외爲證一切具足出道如性無畏(說出道無畏·說盡苦道無所畏·出苦道無畏)이니, 세간을 벗어나는 도리를 설함에 있어서 두려움이 없는 것이다.

無不如幻。故云幻化。菩薩。稱佛敎之意。以達諸法言說。自性不可得。故云善學曉了。

ㄴ. 이타의 수행

경 마구니의 그물을 파괴하여 온갖 전纏과 박縛에서 벗어나게 했다.

經曰。壞裂魔網。解諸纏縛者。

술 이것은 두 번째로 이타의 수행이다.

"마구니의 그물"이란 천마天魔의 가르침이다.

"전纏과 박縛"이란 곧 팔전八纏[30]과 삼박三縛[31]이다.

어떤 사람은 〈십전사박十纏四縛[32]이다.〉[33]라고 했는데, 소승종小乘宗에서는 비록 이러한 뜻이 있다고 해도 대승에서의 의미는 아니기 때문에 (취지에 꼭 일치하는 해석은 아니다.) 곧 마구니의 그물을 파괴하여 악업을

30 팔전八纏 : '전纏'이란 번뇌의 다른 이름으로 중생을 속박하여 생사의 세계에서 떠나지 못하게 하는 것이라는 뜻이다. 여덟 가지란 무참無慚(내적으로 부끄러움이 없는 것)·무괴無愧(타인에 대해 창피함이 없는 것)·질㤀(嫉 : 질투하는 것)·간慳(인색한 것)·회悔(이미 저지른 허물을 후회하면서 마음이 안정되지 못하는 것)·면眠(睡 : 마음이 흐리멍덩한 것)·도거掉擧(마음이 들뜨는 것)·혼침昏沈(마음이 무기력한 것) 등이다.

31 삼박三縛 : '박縛'이란 번뇌의 다른 이름으로 중생을 속박하여 자유롭지 못하게 하는 것이라는 뜻이다. 세 가지란 탐박貪縛(삼계 오부의 모든 탐)·진박瞋縛(욕계 오부의 모든 진)·무명박無明縛(삼계 오부의 모든 무명) 등을 말한다.

32 십전사박十纏四縛 : 혜원의 『無量壽經義疏』 권상(T37, 98a10)에 따르면 '십전'이란 무참無慚·무괴無愧·수睡(마음이 흐리멍덩한 것)·회悔·간慳·질㤀·도掉·한恨(분노의 대상에 대해 원한을 갖는 것)·분忿(분노하는 것)·부覆(허물을 은폐하는 것) 등이다. '사박'이란 욕박欲縛(욕계의 모든 번뇌 중 無明見을 제외한 것)·유박有縛(색계와 무색계의 모든 번뇌에서 무명견을 제외한 것)·무명박無明縛(삼계의 무명)·견박見縛(삼계의 모든 견해) 등이다.

33 혜원이 『無量壽經義疏』 권상(T37, 98a10)에서 제시한 것이다.

여의게 하고, 속박을 벗겨 주어 번뇌를 끊게 하는 것이기 때문이다.

述云。此第二利他修也。魔網者即天魔之敎。纏縛者即八纏三縛。有說。十纏四縛。於小乘宗。雖有此義。非大乘故。即壞魔網。令雖[1]惡業。解纏縛。而使絕煩惱故。

1) ㉻ '雖'를 '離'라 했다.(㉮)(오식誤植인 것으로 보인다.) ㉺ 이것은 『韓佛全』의 오류이다. 저본인 『續藏經』에서는 '雖'를 '離'라고 했고, 별도의 교감은 없다. 또한 갑본인 『大正藏』에서는 '雖'라고 했고, 별도의 교감이 없다. 그러므로 "갑본에 따르면 雖는 離이다."라고 한 것은 『韓佛全』 편찬자의 오류이다. 저본의 '離'에 대한 『韓佛全』의 오식일 뿐이다.

ㄷ. 거듭해서 자리의 수행을 밝힘

경 성문과 연각의 지위를 초월하여 공삼매空三昧 **· 무상삼매**無相三昧 **· 무원삼매**無願三昧**를 얻었다.**

經曰。超越聲聞緣覺之地。得空無相無願三昧者。

술 이것은 세 번째로 거듭해서 자리의 (수행)을 밝힌 것이다.

"(성문과 연각의) 이승二乘의 지위를 초월하여"란 여타의 승乘과 상대적 시각에서 (보살승의) 뛰어남을 나타낸 것이고, "공삼매·무상삼매·무원삼매를 얻었다."란 바로 수행의 뛰어남을 펼친 것이다. 처음으로 대승의 보리를 얻으려는 마음을 일으켜도 오히려 이승을 넘어서니, 하물며 또한 오랫동안 (대승의 보리를 얻기 위한) 수행을 행하였음에랴. 그러므로 "초월하여"라고 하였다. 대열반大涅槃에 들어가려면 반드시 세 가지 삼매를 문으로 삼아야 하기 때문에 치우치게 이 세 가지를 설하였다. 예컨대 『유가사지론』에서 "아我와 법法이 실체가 없기 때문에 공空이고, 공이기 때문에 상相이 없으며, 상이 없기 때문에 바라고 추구할 수도 없다."[34]라고 한 것과 같다. 그런데 어떤 곳에서는 "공·무원·무상"이라고 했는데,[35] 곧 이승二乘과 함께하는 실천행이기 때문에 서로 어긋나지 않는다.

어떤 사람은 〈앞의 것[36]은 교행敎行이고 이것은 증행證行이기 때문에 같지 않은 것이 있다.〉[37]라고 했지만 옳지 않다. "무외의 그물을 배우는 것"은 비록 교행이라고 할 수 있지만, "환화(의 법)을 깨닫는 것"은 응당 증행이라고 해야 하기 때문이다.

지금 곧 앞의 것은 보리의 도道를 설한 것이고, 뒤의 것은 열반의 문을 설한 것이다. 그러므로 (동일하게 자리행을 닦는 것이지만) 거듭해서 설해야 하는 것이다.

述云。此第三重辨自利也。超二乘地者。即對餘乘以顯勝。得空無相無願者。即直申行勝。初發大心。尚過二乘。況亦久行。故云超越。欲入大涅槃。必三三昧爲門。故偏說此三。如瑜伽論云。我法無故空。空故無相。無相故不可願求。而有處云。空無願無相者。即共二乘行。故不相違。有說。前敎行。此證行。故有不同。非也。學無畏網。雖可敎行。而曉幻化。應言證故。

---

34 『瑜伽師地論』에 꼭 일치하는 문장은 없다. 다만 『瑜伽師地論』 권11(T30, 328c22)에서 "等持者。謂三三摩地。一空。二無願。三無相。"이라고 하였고, 권12(T30, 337a27)에서는 삼삼마지三三摩地라고 하여, 공삼마지空三摩地·무원심無願心삼마지·무상심無相心삼마지 등을 설하고 있기는 하다. 거의 일치하는 문장은 오히려 『攝大乘論釋』 권15(T31, 264a2)에 나오는데, 여기에서 "由無性故空。空故無相。無相故無願。"이라고 했다.

35 무원과 무상의 순서가 바뀐 것을 말한다. 예컨대 바로 앞의 주석의 『瑜伽師地論』 본문도 역시 공→무상→무원이라 했다.

36 앞의 것 : 'ㄱ. 자리의 수행'에 해당하는 내용을 말한다.

37 혜원이 『無量壽經義疏』 권상(T37, 97c22)에서 "첫 번째 단락은 자리自利이니 교행敎行을 닦는 것을 밝힌 것이고, 두 번째는 이타利他이니 사람을 가르쳐 허물을 여의게 하는 것이며, 셋째는 자리이니 증행證行을 닦는 것을 밝힌 것이고, 넷째는 이타이니 가르쳐서 선을 닦도록 하는 것이다.(初段自利。明修敎行。第二利他。敎人離過。第三自利。明修證行。第四利他。敎令修善。)"라고 분과한 것을 참조할 것.

今即前是菩提之道。後是涅槃之門。故須再解。

ㄹ. 다시 이타의 수행을 밝힘

경 방편을 잘 세우고 삼승三乘을 나타내 보이며 이 중승中乘(연각승)과 하승下乘(성문승)에게 멸도滅度를 나투었다.

經曰。善立方便。顯示三乘。於此中下。現滅度者。

술 이것은 네 번째로 다시 이타의 수행을 밝힌 것이다.

"방편"의 의미는 비록 다양하지만 여기에서의 방편은 교권巧權의 뜻을 가진 명칭이다.

어떤 사람은 〈"방편을 잘 (세우고)"란 곧 의방편意方便(意業方便)이고, "삼승을 나타내 보이며 (이 중승과 하승에게) 멸도를 나투었다."란 구방편口方便(口業方便)이다. 삼업三業을 잘 세워 교묘한 방편으로 중생을 제도하기 때문에 '방편'이라 한다. (삼승을 나타내 보여) 삼승의 인因을 설하고, (연각승과 성문승에게 소승과小乘果인) 멸도의 과果가 있음을 설한 것을, '삼승을 나타내 보이며 멸도를 나툰 것'이라고 이름한다.〉[38]라고 했는

38 문장이 꼭 같지는 않지만 혜원이 『無量壽經義疏』에서 제시한 것과 맥락적으로 의미가 동일하다. 경흥의 인용문은 지나치게 소략하기 때문에 그 전문을 다시 요약하면 다음과 같다. 『無量壽經義疏』 권상(T37, 98b18)에서 "방편의 뜻에 진취방편進趣方便(七方便 등과 같이 果를 향해 나아가도록 하는 것)·시조방편施造方便(十波羅蜜 중 방편바라밀과 같이 교묘하게 諸行을 닦는 것)·권교방편權巧方便(方便智와 같이 방편을 교묘하게 적용하여 중생을 포섭하는 것)·집성방편集成方便(제법이 同體이면서 교묘하게 서로 모여서 이루어지는 것) 등의 넷이 있는데, 『無量壽經』 본문에서 'ⓐ 방편을 잘 세우고, ⓑ 삼승三乘을 나타내 보이며 이 중승中乘과 하승下乘에게 멸도滅度를 나투었다'라고 한 것은, 통틀어서 권교방편과 관련된 것이다. 권교방편에 다시 신업방편身業方便(방편으로 다양한 모습을 나투는 것)·구업방편口業方便(중생의 근기에 따라 여러 가지

데, 이것은 반드시 그러한 것은 아니다. 하승과 중승에게 멸도를 나툰 것은 이미 감응하여 교화한 모습이니, 반드시 이승과二乘果(小乘果)를 설한 것이라고 말할 수는 없다. 그렇지 않다면 어째서 "멸도를 나투었다."라고 말하고 설한 것은 말하지 않았는가 (하는 문제가 발생하기) 때문이다.

述云。此第四復辨利他也。方便雖多。此中方便。即巧權之名。有說。善方便。即意方便。示現三乘。而滅度者。即口方便。善立三乘。[1] 隨[2]便度物。名善[3]方便。說三乘因及滅度果 名顯示[4]現滅故。此必不然。於下中乘。而現滅度。既應化相。必不可言說二乘果。不爾。如何。言現滅度。而不言說故。

1) ⓔ 혜원의『無量壽經義疏』권상(T37, 98c4)에 따르면 '乘'은 '業'이다. 2) ⓦ 다른 판본에서는 '隨'를 '巧'라고 했다. ⓔ『無量壽經義疏』권상(T37, 98c4)에 따르면 '巧'이다. 3) ⓔ『無量壽經義疏』권상(T37, 98c5)에 따르면 '善'은 잉자이다. 4) ⓔ 전후 문맥상 '示' 뒤에 '三乘'이 누락되었다

어떤 사람은 〈"방편을 잘 세우고"란 구방편이다. "삼승을 나타내 보이며 중승과 하승에게 멸도를 나투었다."는 모두 신방편이다.〉라고 했는데, 이것도 또한 옳지 않다. 삼승을 나타내 보인 것으로 뜻이 이미 온전히 갖

로 달리 설하는 것)·의업방편意業方便(方便智로 중생을 교화하여 여러 가지 다른 이해를 낳게 하는 것) 등이 있다. ⓐ는 화타지化他智로서 의업방편이고, ⓑ는 화타행化他行으로 삼승인과 소승과를 설했으니 구업방편이다.(自下第四重明利他。善立方便。是化他智。方便之義。汎論有四。一進趣方便。如見道前七方便等。進趣向果。故名方便。二施造方便。如十波羅蜜中。方便波羅蜜。巧修諸行。故曰方便。三權巧方便。如二智中。方便智等。權巧攝物。故名方便。四集成方便。諸法同體。巧相集成。故曰方便。故地論云。此法巧成。名爲方便。又他經中。說六相門。以爲方便。此亦是其集成方便。今此所論。權巧方便。於權巧中。方便有三。一身業方便。權形異現。如觀世音。方便之力。其事云何。應以佛身得度者。即現佛身而爲說法。如是一切。二口業方便。隨化衆生。種種異說。名爲方便。如無二乘。權以說之。如是一切。三意業方便。謂方便智。隨化衆生。種種異解。今此所論。是其權中。意業方便。善立三業。巧便度物。故曰方便。顯示三下。是化他行。顯示三乘。說三乘因。就大分小。名示三乘。於此中下。而現滅度。說小乘果。緣覺名中。聲聞名下。於此二中。說有涅槃。名現滅度。此等即是口業方便。)"라고 했다.

추어졌는데, 또한 "(중승과 하승에게) 멸도를 나투었다."라고 말하면 응당 무용한 것이기 때문이다. 그렇지 않다면 삼승이 포섭하지 않는 어떤 것이 있기에 또한 중승과 하승을 설한 것인가.

有說。善立方便。是口方便。示中下[1)]乘。而現中下滅。皆身方便。此亦不然。示現三乘。義已具足。亦言現滅度。應無用故。不爾。三乘。有何不攝。亦說中下耶。

1) ㉮ 전후 문맥상 '中下'는 '現三'인 것 같다.

그러므로 지금 곧 "방편을 잘 세우고"란 의방편이다. 여러 부처님께 수순하여 삼승을 잘 탐구하여 교화하기 때문이다. 곧 『섭대승론석』에서 "변화의 공능을 갖기 때문에 의意라고 한다."[39]라고 한 것과 같은 의미이다. 『불지경』에서 "성소작지成所作智[40]는 삼업에 의한 온갖 변화사를 일으킨다. (의업意業에 의해 변화사를 일으킴에 있어서) 사기론四記論[41]을 지어 (대치

39 꼭 일치하는 문장은 없다. 다만 『攝大乘論釋』 권11(T31, 234a3)에서 "또한 이러한 변화는 보살의 의업에서 생겨난다.(又此變化。從菩薩意業生。)"라고 했다.

40 성소작지成所作智 : 유루有漏인 팔식八識을 질적으로 변화시켜서 얻는 네 가지 무루無漏의 지혜 중 하나. 해야 할 일을 해서 마치는 지혜라는 뜻으로 전오식前五識(眼識·耳識·鼻識·舌識·身識)의 변화에 의해 얻는 지혜이다. 전오식의 감각 작용의 상태가 변화하고, 중생을 구제하기 위해 여러 장소에 여러 가지 변화신變化身을 나타낸다.

41 사기론四記論 : 여러 질문에 답할 때 문제의 성질에 따라 답변하는 방식을 넷으로 분류한 것. 첫째, 일향기一向記이니, 한 가지 답변을 시설하는 것이다. 예컨대 '제행諸行은 모두 무상한가?'라고 질문할 때 '제행은 무상하다'라고 답변하는 것을 말한다. 둘째, 분별기分別記이니, 관점에 따라서 차이가 있다는 형식으로 답변을 시설하는 것이다. 예컨대 '모든 죽은 사람은 전부 다시 태어날 것인가?'라고 질문할 때, '번뇌가 있는 이는 죽고서 다시 태어나지만 번뇌가 없어진 이는 죽고 나서 다시 태어나지 않는다'라는 형식으로 답변하는 것이다. 셋째, 반문기反問記이니, 상대방에게 반문하는 형식으로 답변이 성립되게 하는 것이다. 질문의 내용이 불분명하거나, 희론을 목적으로 질문했을 때 답변하는 형식이다. 예컨대 '사람은 뛰어난 것인가?'라고 질문했을 때, '하늘을 상대하여 물은 것인가, 아니면 축생을 상대하여 물은 것인가?' 등으로 반문하는 것이다. 넷째, 사치기捨置記이니, 질문에 답변하지 않거나, 상대방에게 답변이 성립할 수

한다.)"[42]라고 한 것이 그 일이다.

"삼승을 나타내 보이며"란 구방편이다. 일승을 분별하여 삼승을 설하는데, 삼승은 또한 부처님의 방편이기 때문이다.

"중승과 하승에게 멸도를 (나투었다.)"란 신방편이다. 연각을 "중승"이라 하고, 성문을 "하승"이라고 한다. 곧 『법화경』에서 "(오직 일승만 있을 뿐이고) 이승도 없고 삼승도 없다."[43]라고 한 것과 뜻이 같다. 보살은 부정이승不定二乘[44]을 인도하여 불승佛乘에 나아가게 하고자 하기 때문에 그들의 열반에 의거하여 멸도를 나툰다.

故今即善立方便。即意方便。隨順諸佛。尋三乘化故。顯示三乘。即口方便。分別一乘。而說三乘。三乘。亦即佛方便故。中下滅度。即身方便。緣覺名中。聲聞名下。即同法華中。無二三之義。菩薩。欲引不定二乘。令趣佛乘故。於彼涅槃。而現滅度。即同攝論。變化故云意。佛地經曰。成所作智。起三乘[1)]化。作四記論。即其事也。[2)]

1) ㉯ '乘'은 '業'인 것 같다. ㉰『佛地經論』권3(T26, 303a20)에 따르면 '業'이다. 2) ㉰ "即同攝論~即其事也"는 의방편을 그 내용으로 하기 때문에, "即意方便。隨順諸佛。尋三乘化故。" 뒤로 옮겨야 할 것 같다.

없는 질문임을 알려 주는 형식으로 답변하는 것이다. 답변이 성립할 수 없는 질문이란, '세간은 영원한 것인가, 영원하지 않은 것인가?' 등과 같은 것이다.

42 『佛地經』(T16, 722b9~c28)에서 성소작지에 대해 상세하게 설한 것을 『佛地經論』 권3(T26, 303a20)에서 요약했는데, 경흥은『佛地經』이라고 하면서 실제로는『佛地經論』의 문장을 인용하고 있다.

43 『法華經』 권1(T9, 8a18).

44 부정이승不定二乘 : 선천적으로 성문승과 연각승의 종자를 지니고 있지 않은 성문승과 연각승. 결정적인 것이 아니기 때문에 수행을 통해 불과佛果를 증득할 수 있는 길이 열려 있는 성문승과 연각승을 일컫는 말이다.

㉯ 닦아서 덕을 이룸

ㄱ. 자리행의 덕

ㄱ) 증득한 것의 평등함

경 **또한 소작所作도 없고 소유所有도 없으며, 일어남도 없고 소멸함도 없으며, (어떤 차별상도 없는) 평등한 법을 증득했고**

經曰。亦無所作。亦無所有。不起不滅。得平等法者。

술 두 번째로 닦아서 덕을 이루는 것이다. 여기에 두 가지가 있으니, 처음은 자리행의 덕이고, 나중은 이타행의 덕이다. 처음에 또 네 가지가 있는데, 이것은 처음에 증득한 것의 평등을 나타낸 것이다.

述云。第二修之成德。有二。初自利之德。後利他之德。初又有四。此初所得平等也。

어떤 사람은 〈삼승의 성性이 공空하기 때문에 "소작도 없고"라고 했고, 개별적으로 증득한 삼승의 과果를 보지 않기 때문에 "소유도 없으며"라고 했으며, 성性이 없다고 하는 진실을 통달하여 제법은 생겨나거나 소멸하지 않는다는 것을 이해하기 때문에 "일어남도 없고 소멸함도 없으며"라고 했다.〉라고 했는데, 옳지 않다. 결정이승決定二乘[45]은 이미 무여열반無

45 결정이승決定二乘 : 선천적으로 성문승과 연각승의 종자를 지니고 있는 성문승과 연각승. 오직 성문승과 연각승의 과果를 얻을 뿐이고 불과佛果는 증득할 수 없다.

餘涅槃[46]에 들어갔기 때문에 개별적으로 증득한 (삼승의 과를 보지) 않는 것에 대해서 결정코 말할 수 없다. 또한 (앞에서) "삼승을 나타내 보이며"라고 했기 때문에 (삼승의 성이 공하여) 소작이 없는 것은 아니고, (앞에서) "멸도를 나투었다."라고 했기 때문에 (과果에 있어서) 소유가 없는 것은 아니기 때문이다.

有說。三乘性空。故無所作。不見別證三乘之果。故無所有。達無性眞。以解諸法不生滅。故不起不滅。非也。決定二乘既入無餘。不可定言即無別證故。又顯三乘故非無所作。現滅度故非無所有故。

어떤 사람은 〈지을 만한 인因이 없기 때문에 "소작도 없고"라고 했고, 있다고 할 만한 과果가 없기 때문에 "소유도 없으며"라고 했으며, 일으킬 만한 청정함도 없고 소멸시킬 만한 오염도 없기 때문에 "평등"이라고 했다.〉[47]라고 했는데, 이것도 또한 옳지 않다. 인因은 공능을 지니고 있기 때문에 소작이 없는 것은 아니고, 과果는 연緣을 빌려서 있기 때문에 소유가 없는 것은 아니기 때문이다.

有說。無因可作。故無所作。無果可有。故無所有。無淨可起。無染可滅。故云平等。此亦不然。因有功能故。非無所作。果藉緣有故。非無所有故。

지금 곧 "소작도 없고 소유도 없으며"란 곧 사평등事平等이고, "일어남도 없고 소멸함도 없으며"란 이평등理平等이다. 진실한 작용이 없기 때문

46 무여열반無餘涅槃 : 무여의열반無餘依涅槃이라고도 한다. 일체의 번뇌를 끊고 의지처인 신체마저 모두 소멸한 것을 일컫는 말이다. 상대어는 유여열반有餘涅槃으로 일체의 번뇌를 끊었으나 아직 신체를 유지하고 있는 상태에 있는 것을 말한다.

47 혜원이 『無量壽經義疏』 권상(T37, 98c13)에서 제시한 것이다.

에 "소작도 없고"라고 했고, 스스로 생겨날 수 없기 때문에 "소유도 없으며"라고 했으며, 청정한 법이 비록 증대하더라도 진여는 따라서 증대하지 않기 때문에 "일어남도 없고"라고 했으며, 오염된 법이 비록 소멸하더라도 진여는 따라서 소멸하지 않기 때문에 "소멸함도 없으며"라고 했으며, 제법은 일상一相이어서 어떤 (차별적인) 상相도 없기 때문에 "평등"이라고 했고, 이것을 증회證會했기 때문에 "증득했고"라고 했다.

今即無作無有者。即事平等也。不起不滅者。理平等也。無實作用。故無所作。不能自生。故無所有。淨法雖增。眞不隨增。故云無起。染法雖滅。如不隨滅。故云不滅。諸法一相。所謂無相。故云平等。於是證會。故亦云得。

ㄴ) 성취한 것이 매우 많음

경 **무량한 총지總持[48]와 백천의 삼매三昧[49]와 제근諸根(六根)과 지혜를 원만하게 성취했으며,**

經曰。具足成就。無量總持。百千三昧。諸根智慧者。

술 두 번째로 성취한 것이 매우 많은 것이다.

述云。第二所成衆多也。

48 총지總持 : Ⓢ dhāraṇī의 의역어. 능지能持·능차能遮 등이라고도 의역한다. 무량한 불법을 빠짐없이 모두 기억하여 잊어버리지 않는 염혜력念慧力을 가리킨다.
49 삼매三昧 : Ⓢ samādhi의 음사어. 삼마지三摩地라고도 한다. 의역어는 등지等持·정定·정의定意 등이다. 마음을 하나의 대상이나 경계에 집중하여 동요함이 없이 안정된 상태를 말한다.

어떤 사람은 〈처음에 익힌 것을 "삼매"라고 하고, 성취한 것을 "총지"라고 한다.〉라고 했는데, 옳지 않다. (이 말대로라면) 불지佛地에는 삼매가 없어야 할 것인데, 곧 여러 가르침에서 (불지에 삼매가 있는 것과) 어긋나기 때문이다.

지금 곧 "총지"란 비록 선정과 지혜에 모두 통하지만 본질적으로는 혜성慧性이다. 그러므로 "백천 삼매"란 곧 총지의 소의所依(의지하는 대상)이다. 자세한 것은 『십지경十地經』에서 설한 것[50]과 같다.

有說。初習名三昧。成就名總持。非也。佛地。應無三昧。即違諸教故。今即總持。雖通定慧。正是慧性。故百千三昧。即總持所依。廣如地經。

어떤 사람은 〈"제근諸根"이란 통시적인 관점에서 말하자면 일체의 선법善法이고, 개별적인 관점에서 말하자면 신信·정진精進·염念·정定·혜慧[51]이다.〉[52]라고 했는데, 옳지 않다. 통상적으로 말하자면, 선법은 모두 유위有爲(어떤 조건에 의해 조작된 것)의 제법에 통한다. 유위인 선善 가운데에는 비록 근根이라고 이름할 것이 있을지라도, 무위無爲(어떤 조건에 의해 조작되지 않은 것)의 경우에는 반드시 그러한 것은 아니기 때문이다. 또한 신信·정진 등을 제근이라고 한 것이라면 (지혜는 이 가운데 혜근慧根에 속하니) 별도로 지혜를 설하지 말았어야 했기 때문이다. 이미 (무량삼매라고 하여) 삼매를 설했고, (삼매란) 곧 정定의 다른 이름인데, 어떤 이유가 있어서 또한 정근定根을 설했겠는가.

---

50 『십지경十地經』에서 설한 것 : 『十地經論』 권5(T26, 159a25)

51 이 다섯 가지를 통틀어서 오근五根이라 한다. 다섯 가지 무루근無漏根으로, 번뇌를 항복시키고 성도聖道를 증득하는 데 힘을 보태는 작용을 한다.

52 혜원의 『無量壽經義疏』 권상(T37, 98c19)에서 "信進念等。名爲諸根。若通論之。一切善法。悉名諸根。"이라고 했다. 문장이 꼭 일치하지는 않기 때문에 경흥의 주석에 대한 이해를 돕기 위해 원문을 밝혀 둔다.

有說。諸根。通即一切善法。別即信精進念定。[1] 非也。汎言善法。皆通有爲諸法。有爲善中。雖有名根。無爲必非故。又信精進等。名諸根者。不應別說智慧故。既說三昧。即定別目。而有何因。亦說定根故。

1) ㉮ 혜원의『無量壽經義疏』권상(T37, 98c19)에 따르면 '定' 뒤에 '慧' 혹은 '等'이 누락되었다. 앞의 주석에 나오는 원문을 참조할 것.

지금 곧 "제근"이란 육근이 청정한 것을 말한다. 이 여러 보살은 지위가 십지十地에 이르러서 자유자재하게 육근이 서로 넘나들면서 이쪽으로도 쓰고 저쪽으로도 쓸 수 있기 때문이다.[53] "총지"는 비록 지혜이지만 지혜가 아직 반드시 유지되는 것은 아니기 때문에, 중생을 인도해야 하기 때문에 반드시 (총지와는) 별도로 ("지혜"를) 설해야 하는 것이다.

今即諸根者。六根清淨。此諸菩薩。位階十地已。得自在六根互用故。總持雖慧。慧未必持故。引導衆行故。須別說。

ㄷ) 증득한 것의 넓음

경 넓고 두루 하는 적정寂定을 얻고 보살법장菩薩法藏을 깊이 증득하여 들어갔고

經曰。廣普寂定。深入菩薩法藏者。

술 이것은 세 번째로 증득한 것이 넓은 것이다.

"법장"이란 10만 법온法蘊[54]이고, 이승장二乘藏과 간별하기 위해서 "보

53 낱낱의 근根이 일체의 작용을 가져서 눈으로 들을 수 있고 귀로 볼 수 있는 것을 말한다.
54 법온法蘊 : Ⓢ dharma-skandha. 법장法藏과 같은 말. 부처님의 교법을 일컫는 말로, 여

살"이라 했으니, 곧 증득한 것이 심오함을 말한다.

어떤 사람은 〈"넓고 (두루 하는) 적정"이란 능증能證이 넓은 것이니, 일체법 가운데 망상을 일으키지 않기 때문이다. "법장"이란 소증所證이 깊은 것이니, 참된 법장에 능히 깊이 들어가기 때문이다.〉[55]라고 했는데, 이것이 성립된다면 곧 스스로 (이 문장을 분과하면서) 소증의 깊음과 넓음(所證深廣)이라는 제목을 붙인 것[56]에는 어긋난다.[57]

述云。此第三所證廣也。法藏者。即十萬法蘊。簡二乘藏。故云菩薩。即所證深也。有說。普定能[1)]證廣。一切法中。不起妄想故。藏所證深。於眞法藏。能深入故。若爾。即違自許所證深廣名義也。

1) ㉺ 다른 판본에서는 '能'을 '所'라고 했다. ㉮ 혜원의『無量壽經義疏』권상(T37, 98c21)에 따르면 '所'이다. 그러나 전후 문맥상 경흥 자신은 분명히 '能'이라는 전제하에 문제를 풀어 가고 있기 때문에 본 저술에서는 오자로 볼 수 없다.

러 가지 법문法門이 쌓여서 이루어진 것이므로 이렇게 부른다.

55 혜원의『無量壽經義疏』권상(T37, 98c21)에서 "廣普寂定。所證廣也。一切法中。不起妄想。名廣寂定。深入法藏。所證深也。於眞法藏。能深入矣。"라고 한 것과 문장이 꼭 일치한다. 다만 밑줄 친 '所'를 경흥의 인용문에서는 '能'이라고 했다. 여기에서 '能'을 오자라고 볼 수는 없는 것이 경흥 자신이 '能'이라는 개념에 대해 이의를 제기하고 있기 때문이다. 아마도 경흥이 대본으로 삼은 혜원의『無量壽經義疏』에서는 '能'이라고 했을 수도 있다. 그러나 전후 문맥을 보면 혜원은 이미 이 부분을 분과하면서 "所證深廣"임을 분명히 드러내고 있기 때문에 그가 갑자기 이를 '能'으로 해석할 이유는 전혀 없다. 따라서 경흥처럼 혜원 자신의 오류라고 보는 것보다는 유통 과정에서 발생한 오자로 보는 것이 타당할 것으로 생각된다.

56 혜원 자신이『無量壽經義疏』권상(T37, 98c12)에서 해당 부분을 분과하면서 "所證深廣"이라고 한 것을 말한다.

57 결론적으로 말하자면 이 부분은 저본의 오자에 근거한 단선적 비판으로 타당하지 않다.

ㄹ) 성취한 것의 뛰어남

경 불화엄삼매佛華嚴三昧를 얻었다.

經曰。得佛華嚴三昧者

술 이것은 네 번째로 성취한 것이 뛰어난 것이다.

불지佛地의 공덕으로 능히 불신佛身을 장엄하기 때문에 "불화엄"이라 했다. 이 삼매에 들어가 온갖 방위의 부처님과 부처님의 국토를 눈앞에서 보기 때문에 또한 "얻었다"라고 했다. 곧 『화엄경』에서 "그 하나의 삼매가 법계를 거두니, 일체의 불법이 모두 그 가운데 들어간다."[58]라고 했다.

述云。此第四所成奇勝也。佛地功德。能嚴佛身。故云佛華嚴。入此三昧。現見諸方佛及佛土。故亦言得。即華嚴云。彼一三昧。該攝法界。一切佛法。悉入其中也。

ㄴ. 이타행의 덕

경 일체의 경전을 펼쳐서 드러내고 연설했다.

經曰。宣揚演說一切經典者。

58 『華嚴經』에 내용이 꼭 일치하는 문장은 없다. 다만 혜원의 『無量壽經義疏』 권상(T37, 98c23)에서 "'화엄삼매'란 『華嚴經』에서 설한 것과 같다. 그 하나의 삼매가 법계를 통틀어서 포섭하고 일체의 불법이 모두 그 안에 들어간다.(華嚴三昧。如華嚴說。彼一三昧。統攝法界。一切佛法。悉入其中。)"라고 한 것을 참조할 때, 『華嚴經』에서 설한 화엄삼매에 대한 혜원 자신의 정의에 해당하는 문장으로 보인다.

술 이것은 두 번째로 이타행의 덕이다.

부처님을 도와 드러내고 교화하기 때문에 "펼쳐서 드러내고"라고 했다. 곧 여래와 간별하는 것이니, 여래께서는 스스로 연설하시기 때문이다.

述云。此第二利他之德也。助佛揚化。故云宣揚。即簡如來。如來自演說故。

㉰ 거듭해서 수행을 일으킴

ㄱ. 자리의 수행을 일으킴

경 깊은 선정의 문門에 머물러 눈앞에 계시는 한량없는 여러 부처님을 모두 보고 한 생각에 두루 이르지 않음이 없었다.

經曰。住深定門。悉覩現在無量諸佛。一念之頃。無不周遍者。

술 세 번째로 거듭해서 수행을 일으키는 것을 밝혔다. 여기에 두 가지가 있는데, 이것은 처음에 자리의 수행을 일으킨 것이다.

述云。第三重辨起修。有二。此初起自利修也。

어떤 사람은 〈"깊은 선정"이란 신통을 일으킴에 있어서 의지의 대상인 이정理定[59]이다.〉라고 했고, 어떤 사람은 〈"한 생각에 두루 이른다."란 선

59 이정理定 : 이선理禪이라고도 한다. 번뇌의 망상을 끊는 무루無漏의 선정, 상대어는 사선事禪으로 유루정有漏定을 가리킨다. 그 내용은 학파에 따라 다른데 아비달마논서를 기준으로 판별하면, 사제四諦를 반연하여 지혜를 닦는 것을 이선이라 하고, 다만 사事를 반연하여 닦는 것을 사선이라 한다.

정에 들어 중생을 관찰하는 것이다.〉라고 했는데, 이 두 가지는 모두 옳지 않다. 신통은 사덕事德이니, 의지의 대상이 되는 선정은 반드시 이정理定이 아니기 때문이고, '한량없는 부처님을 보는 것'은 한 생각에 이루어지는 것이 아니어야 하기 때문이다.[60] 비판한 내용은 앞에서 서술한 것과 같은 차례이다.[61]

有說。深定者。起通所依理定。有說。一念周遍者。入定觀衆生。二俱不然。通既事德。所依之定。必非理定故。覩無量佛。應非一念故。如其次第。

지금 곧 신통이 의지하는 선정은 어떤 대상도 관찰하지 않는 것이 없기 때문에 "깊은 선정"이라 했다. "여러 부처님을 보는 것"은 곧 천안통이고, "한 생각에 두루 이르는 것"은 신경통神境通[62]이다. 이 깊은 선정에 의해 천안통을 일으켜 능히 여러 부처님을 볼 수 있기 때문에 섭행攝行이 넓은 것이며, 또한 신경통을 일으켜 보는 대상인 부처님의 국토에 한 생각에 두루 이르러 (부처님을 공양하여) 복덕을 섭수하고 (법을 받아들여) 지혜를 낳기 때문에 기행起行이 빠른 것이다.

今即通所依定。無境不觀。故云深定。覩諸佛者。即天眼通。一念遍者。即神境通。依此深定。以發天眼。能見諸佛。故攝行廣。亦起神[1)]通。一念遍至。

---

60 '한 생각에 두루 이르지 않음이 없다'와 관련된 대상을 경흥은 한량없는 부처님으로 보았고, 앞의 해석자는 중생으로 보았기 때문에 이러한 비판이 성립된다. 곧 이것이 중생을 대상으로 하는 것이라면 부처님에 대해서는 성립되지 않아야 하는데, 이는 옳지 않다는 말이다.

61 두 가지 비판은 차례대로 앞의 두 가지 해석에 짝지워지는 것이라는 말이다.

62 신경통 : 인간의 능력을 넘어선 여섯 가지 자유롭고 걸림이 없는 힘 중 하나. 신족통神足通이라고도 한다. 자유자재하게 걸림이 없이 마음대로 오고가고 몸의 형태를 다양하게 변형시킬 수 있는 능력을 말한다.

所覩佛土。攝福生智。故起行疾。

1) ㉠ '神' 뒤에 '境'이 누락되었다.

ㄴ. 이타의 수행을 일으킴

경 여러 극심한 어려움에 처한 중생과 여러 한자閑者와 불한자不閑者를 구제하고, 진실의 변제를 분별하고 현시하며, 여러 여래의 변재辯才의 지혜를 얻고 온갖 언어를 통달하여 일체중생을 교화했다.

經曰。濟諸劇難。諸閑不閑。分別顯示眞實之際。得諸如來辯才之智。入衆言音。開化一切者。

술 이것은 나중에 이타의 수행을 일으킨 것이다.

述云。此後起利他修也。

어떤 사람은 〈이승二乘은 중생을 구제하는 것에 있어서 곧 막혀 있고(閑), 보살은 곧 막혀 있지 않다(不閑). 범부는 수행에 있어서 곧 막혀 있고 보살은 막혀 있지 않다. 이승과 범부는 무상도無上道에 있어서 곧 막혀 있고 보살은 곧 막혀 있지 않다.〉[63]라고 했는데, 이것은 모두 옳지 않다. 해석한 대로라면 (본문의 "제한불한諸閑不閑"은) 나태함(諸閑)과 정진(不閑)을 말한 것이어야 하기 때문인데, 한閑이란 곧 한가한 곳이라는 뜻[64]으로 반드시 나태함을 가리키는 것은 아니기 때문이다.

63 법위의『無量壽經義疏』권상(H2, 10b15).
64 자세한 것은 뒤에 나오는 경흥 자신의 주석을 참조할 것.

有說。二乘於救生即閑。菩薩即不閑。凡夫於修即閑。菩薩不閑。二乘凡夫於無上道即閑。菩薩即不閑。此皆不然。若如所言。應說懈怠精進故。閑即閑處。必非嬾惰故。

어떤 사람은 〈어려움에 여덟 가지[65]가 있다. 악취惡趣에 셋이 있으니 곧 삼악취三惡趣(地獄·餓鬼·畜生)이다. 인간에 넷이 있으니 첫째 맹인·귀머거리·벙어리 등이고,[66] 둘째 세속적인 것에 대한 지혜가 밝고 총명한 것이며,[67] 셋째 부처님이 세상에 출현하기 이전이나 부처님께서 열반에 드신 이후의 세상에 태어나는 것이고, 넷째 북구로주北俱盧洲[68]에 태어나는 것이다. 하늘에는 한 가지가 있으니 무상천無想天[69]을 말한다. 그러므로 여덟 가지 어려움 중 삼도三塗(三惡趣)가 극심하게 어려우니, 보살은 이들을 부지런히 구제한다. 사람과 하늘의 고통은 미미하기 때문에 "여러 한가한 곳(諸閑)"이라 했고, (삼악취는) 보살이 부지런히 교화하기 때문에 "한가하지 않은 곳"이라고 했다.〉[70]라고 했는데, 이것도 또한 옳지 않다. '하늘에

65 팔난八難·팔불한八不閑 등이라고도 한다. 성도聖道의 성취를 장애하는 여덟 가지 상황을 가리킨다.

66 비록 부처님이 계시는 곳에 태어난다고 해도 감각기관이 온전하지 않아 부처님을 친견하거나 불법을 들을 수 없기 때문이다.

67 오직 외도의 경전을 배울 뿐 출세간出世間의 정법正法인 불법은 믿지 않기 때문이다.

68 북구로주北俱盧洲 : '북'은 Ⓢ uttara의 의역어이고, '구로'란 Ⓢ kuru의 음사어이며, '주洲'란 Ⓢ dvīpa의 의역어이다. 수미산을 둘러싼 네 개의 주州 중 북쪽에 있는 지역을 가리키는 말로 수명이 천 세이고 중간에 요절하는 일이 없으며, 온갖 즐거움이 넘치는 곳이다. 이 때문에 불법을 수용할 자세를 지닐 수 없고 부처님께서도 이곳에 출현하지 않아 부처님을 친견하고 법을 듣는 것이 불가능하다.

69 무상천無想天 : 색계 제4선第四禪에 속하는 하늘이다. 외도의 수행자들이 최고의 열반으로 여기는 곳으로 이곳에 태어나는 중생은 마치 겨울잠을 자는 벌레처럼 염상念想이 없다. 이 때문에 부처님을 친견하고 법을 들을 수 없다.

70 혜원이 『無量壽經義疏』 권상(T37, 99a3)에서 "難別有八。三塗爲三。人中有四。一盲聾瘖瘂。二世智辨聰。三佛前佛後。四欝單越界。天中有一。謂色界中。長壽天離。此八難中。三塗爲劇。菩薩濟之。人天苦微。名曰諸閑。菩薩勸化。故曰不閑。"이라고 했다. 여기에서 울단월계는 북구로주와 같고, 장수천은 무상천과 같은 말이다. 장수천은 『大智度論』 권

는 한 가지가 있다'라고 한 것은 곧 다른 경에서 비상천非想天[71]을 여덟 번째 어려움으로 제시한 것[72]과 어긋나기 때문이다. 또한 "사람과 하늘의 어려움을 '여러 한가한 곳'이라 한다."라고 한 것은 (이것에 의거하면) 여러 하늘과 사람은 어떤 어려움에도 포함되지 않는 것이어서 보살이 교화할 대상이 아니어야 하는데, (실제로는 교화의 대상이기) 때문이다.

有說。劇[1)]難有八。惡趣有三。即三惡趣也。人間有四。一盲聾瘖瘂。二世智辯聰。三佛前佛後。四北俱盧洲。天上有一。謂無想天。故八難中。三塗爲劇。菩薩濟之。人天苦微。故云諸閑。菩薩勤[2)]化。故云不閑。此亦不然。天上有一。即違餘經。說非想天。爲第八難故。又人天難。言諸閑者。有諸人天。非難所攝。應非菩薩之所化故。

1) ㉮『無量壽經義疏』 권상(T37, 99a3)에 따르면 '劇'은 잉자이다. 혜원은 팔난 중 세 가지만 극난劇難으로 보기 때문에 이것을 잉자로 보지 않으면, 혜원이 극난에 여덟 가지가 있다고 한 것이 되어서 무리가 있다. 2) ㉮『無量壽經義疏』 권상(T37, 99a21)에 따르면 '勤'은 '勸'이다. 그런데 문맥에 따르면 '勤'이 옳은 것 같다.

38(T25, 339a6)에서 비유상비무상처非有想非無想處라고 하고, 이어서 무색계無色界의 하늘 일체·무상천·색계의 초선初禪에서 사선四禪까지의 모든 하늘 중 정거천淨居天을 제외한 나머지 전부 등의 다양한 설을 소개한 것(長壽天者。非有想非無想處……或有人言。一切無色定……或說無想天……或說從初禪至四禪。除淨居天。皆名長壽。)을 참조할 것.

71 비상천非想天 : 갖추어서 비상비비상천非想非非想天이라고 하고, 비유상비무상천非有想非無想天이라고도 한다. 이 하늘의 중생은 지극히 고요하고 미묘하여 거친 생각이 이미 사라졌으므로 '비상'이라 하고, 여전히 미세한 생각은 남아 있기 때문에 '비비상'이라 한다.

72 팔난을 설한 대표적 경전은 『長阿含經』 권9(T1, 55c5)·『中阿含經』 권29(T1, 613a27) 등인데, 본 경에서는 장수천이라고만 했고, 구체적으로 이것이 어느 하늘을 가리키는 것인지에 대한 설명은 없고, 여타 팔난을 설한 경에서도 동일한 경향을 보이고 있다. 따라서 경흥이 다른 경과 어긋난다고 하는 것의 구체적 근거는 찾을 수 없다. 다만 앞의 주석에서 설한 것처럼 『大智度論』에서 장수천을 비유상비무상처라고 했으니, 이것에 의거하면 뜻이 성립된다.

어떤 사람은 〈"극심한 어려움"이란 곧 팔난八難이다. 이 가운데 아비지옥阿鼻地獄[73]은 고통을 받음에 한 치의 간격도 없기 때문에 "불한不閑"이라 했고, 나머지 일곱 가지는 "한閑"이라고 했다. 보살이 능히 구제하는 것을 "제濟"라고 한다.〉라고 했는데, 이것도 또한 옳지 않다. 나머지 일곱 가지가 무엇을 가리키는지를 설했어야 한다. 무엇을 일곱 가지라고 한 것인가. 만약 (일반적으로 말하는 팔난 중 지옥을 제외한) 나머지 일곱 가지 여려움을 한閑이라고 한 것이라면 (팔열지옥에서 아비지옥을 제외한 나머지) 일곱 가지 지옥은 응당 불한不閑이 아니어서 한閑에 포섭되어야 하는 것인데, (실제로 이것은 불한不閑과 관련되어 있기) 때문이다. 만약 (팔열지옥에서 아비지옥을 제외한 나머지) 일곱 지옥을 한閑이라고 한 것이라면, 팔한지옥八寒地獄(추위와 관련된 고통을 받는 여덟 지옥)은 또한 한閑과 불한不閑의 어디에도 포섭되지 않으니, 보살이 구제하는 범주가 응당 두루하지 않는 것이 되어야 하는 문제가 발생하기 때문이다.

有說。劇難者。即八難也。此中阿鼻。受苦無間。故言不閑。餘七名閑。菩薩以能救名濟。此亦不然。應說餘七。說何名七。若說後七難名閑者。即七地獄。應非不閑閑所攝故。若說七地獄名閑者。即八寒獄。亦非二攝。菩薩救濟。應非遍故。

지금 곧 팔난을 "극심한 어려움"이라고 하고, 여기에 비상천을 겸한다. 다시 업장業障[74]과 혹장惑障[75]의 두 가지 장애가 있는 것을 "불한不閑"이라

73 아비지옥阿鼻地獄 : '아비'는 Ⓢ Avīci의 음사어로 무간無間이라고 의역한다. 팔열지옥八熱地獄(뜨거움으로 고통 받는 여덟 지옥)의 하나로 고통이 잠시도 끊이지 않음을 나타낸다.

74 업장業障 : 중생이 온갖 선법을 부지런히 행하지 않아서 신·구·의로 악업을 짓고 정도正道를 막고 가리는 것을 말한다.

75 혹장惑障 : 중생이 탐욕·분노·어리석음 등의 혹惑에 의해 근성根性이 혼미해져서 정

고 한다. 팔난에도 속하지 않고 두 가지 장애도 없는 것을 모두 "한閑"이라 한다. 보살이 대비大悲로 모두 고통을 뿌리 뽑고 제거할 수 있기 때문에 "제濟"라고 한다.

"진실의 변제"란 증득해야 할 것을 말한다. 이공진여二空眞如[76]를 다시 넘어서는 것이 없기 때문에 '실제實際'라고 한다. 보살이 대자大慈로 그것에 대한 언설적 가르침을 분별하고 그 뜻을 개시하여 깨달을 수 있게 하기 때문에 "분별하고 현시하며"라고 했다.

"변재의 지혜"란 교설을 일으키는 이해(解)이니, 여래의 사무애지四無礙智를 얻어 여러 가지 뜻을 이해하기 때문이다. "온갖 언어를 통달하여"란 교설를 일으키는 언어이니, 해어언삼매解語言三昧[77]를 얻어 여러 가지 교설을 일으키기 때문이다. "입入"이란 통달하는 것(解)이다. 변재에 의해 내부를 충만히 하고 교언巧言을 외부로 발하니, 교화하지 않는 중생이 없기 때문에 "일체중생을 교화했다."라고 했다.

今即八難。名爲劇難。兼非想天。更有業惑二種障者。名爲不閑。若非八難及無二障。皆曰閑。菩薩大悲。皆能拔除。故亦云濟。眞實際者。即所證也。二空眞如。更無過者。故云實際。菩薩大慈。分別其詮。開示其旨。令證入。故云分別顯示。辯才智者。即發說之解。以得如來四無礙智。解諸義故。入衆言音者。即起說之言。以得解語言三昧。起諸說故。入者解也。辯才充內。巧言外發。無物不化。故云開化一切。

도를 막고 가리는 것을 말한다.

76 이공진여二空眞如 : 인공진여人空眞如와 법공진여法空眞如를 일컫는 말. 인연에 의해 이루어지는 현상계의 구성 요소의 무실체성이 있는 그대로 드러난 것을 인공진여, 인연에 의해 이루어진 현상계의 무실체성이 있는 그대로 드러난 것을 법공진여라고 한다.

77 해어언삼매解語言三昧 : 중생의 언어를 통달하여 그들을 위해 설법할 수 있도록 하는 삼매이다. 『法華義疏』 권12(T34, 622a26)에 "解一切語言三昧者。得是三昧。解衆生語。而爲說法。"이라고 했다.

㉣ 거듭해서 이룬 것을 펼침

ㄱ. 자신의 덕을 이룸

경 세간의 모든 법을 넘어서서 마음이 항상 세간을 넘어서는 도에 안주하고

經曰。超過世間諸所有法。心常諦住度世之道者。

술 네 번째로 거듭해서 이룬 것을 펼친 것이다. 여기에 두 가지가 있는데, 이것은 처음에 자신의 덕을 이룬 것이다.

"세간의 (모든 법을) 넘어서서"란 단덕斷德(열반)을 성취하여 두 가지 형태의 생사[78]를 넘어선 것을 펼쳤기 때문이다. 곧 『대법론對法論』(『대승아비달마잡집론』)에서 "세간을 넘어서는 것은 통틀어서 번뇌에서 해탈하는 뜻을 나타낸다."[79]라고 했다.

"세간을 넘어서는 도에 안주하고"란 지덕智德(菩提)을 성취했음을 나타내니, 두 가지 지혜를 아우르기 때문이다. 곧 『성유식론』에서 "(진여인 무상無相의) 바다(법)의 빠른 흐름 속에서 자유자재하게 구르기 때문이다."[80]라고 했다.

78 두 가지 형태의 생사 : 변역생사와 분단생사를 가리키는 말. 이 용어의 의미는 앞의 주석을 참조할 것.

79 『大乘阿毘達磨雜集論』 권15(T31, 767a7)에서 "從此諸天世間。乃至并天人。皆得解脫者。顯煩惱解脫。"이라고 한 부분을 가리키는 것 같다.

80 『成唯識論』 권13(T31, 13b6). 해석은 규기窺基의 주석서인 『成唯識論述記』 권3(T43, 342b4)에서 "第八地已上菩薩。於無相海。任運而轉。諸佛勸等。乃至廣說。剎那剎那。眞俗雙運。以無功用故。任運轉。"이라고 한 것과 『成唯識論疏義演』 권3본(X49, 578c16)에서 "法謂眞如無相海也。駛流者。即六度等舟。"라고 한 것을 참조하였다.

"체諦"란 안安이고, "도度"란 넘어서는 것(出)이니, 곧 ("도세지도度世之道"란) 출세도出世道의 다른 이름이기 때문이다.

述云。第四重申所成。有二。此初成自德也。過世間者。申斷德成。過二死故。即對法云。過世間者。總顯煩惱解脫義也。住度世道者。標智德成。并二智故。即唯識云。法駛流中。任運轉故。諦者安也。度者出也。即出世道之別名故。

ㄴ. 교화의 덕을 이룸

경 일체 만물에 대해 뜻대로 자유자재하게 이루고, 중생을 위해 청하지 않은 벗이 되어 군생群生을 짊어지고 무겁게 책임져야 할 것으로 여겼다.

經曰。於一切萬物。隨意自在。爲衆生類。[1] 作不請之友。荷負群生。爲重擔者。

1) ㉮ 강승개본에서는 '衆生類'라고 했는데, 경흥의 주석에 따르면 '庶類'라고 해야 한다. 그 자신이 '중생류'는 다른 경본에 나오는 것임을 명백히 밝히고 있기 때문이다.

술 이것은 나중에 교화의 덕을 이룬 것이다.

지덕과 단덕을 성취함으로 말미암아 만물에 두루 하여 변變이든 화化이든 모두 뜻대로 이루기 때문에 "자유자재하게 이루고"라고 했다.

"서庶"란 많은 것이고, "류類"란 품류品類이니, 곧 중생을 총괄적으로 일컫는 명칭이다. 그러므로 어떤 경본에서는 "중생류衆生類"[81]라고 했다.

과거세에 심은 도道의 뿌리가 없고 현세에 믿음의 즐거움이 없어서 성

81 중생류衆生類 : 강승개본과 일치한다. 강승개본에 대해서는 앞의 주석을 참조할 것.

인을 감感하는 것을 알지 못하기 때문에 "청하지 않은"이라 했다. 이렇게 청하지 않은 이도 오히려 접인하는데 하물며 또한 청하는 자임에 있어서랴! 그러므로 "청하지 않은 벗이 되어"라고 했다. 곧 경에서 "시기를 기다리지 않는다."[82]라고 한 것이 같은 뜻이다.

"군생"이란『승만경』에서 설한 네 가지 중생이니, 이른바 법을 듣지 않는 법의 그릇이 아닌(無聞非法) 중생과 삼승三乘[성문승·연각승·대승(보살승)]을 구하는 이 등을 말한다.[83]

述云。此後成化德也。由成智斷。遍於萬物。若變若化。皆任意。故名爲自在。庶者凡庶。類者品類。即衆生之總名。故有經本云衆生類也。宿無道根。現無信樂。不知感聖。故云不請。於是。尚接引。況亦有請者。故云不請友。即經云不待時義也。群生者。即勝鬘其[1)]四種衆生。所謂無聞非法及求三乘者。

1) ㉯ '其'는 '中'이다.(㉮)

어떤 사람은 〈네 군생 중 처음에 해당하는 법의 그릇이 아닌 중생은 성인을 감感할 선善이 없기 때문에 "청하지 않은 (중생의 벗이 되어)"라고 했다.〉라고 했는데, 옳지 않다. 뒤의 삼승의 종성도 아직 반드시 모두 부

82 『合部金光明經』 권1(T16, 362c22)에서 "여래께서 과거에 수행의 계위에 계실 때 일체 중생을 위해 온갖 법을 닦고 이러한 여러 수행법으로 수행이 원만해지기에 이르렀다. 수행의 힘 때문에 자재함을 얻고 자재력 때문에 중생의 마음을 따라, 중생의 행위를 따라, 중생계를 따라 여러 가지를 분명히 구별하여 알고, 시기를 기다리지 않고, 시기를 지나치지도 않으며, 처소에 상응하고, 시기에 상응하며, 행동에 상응하고, 설법에 상응하게 여러 가지 몸을 나투었으니 이것을 화신이라 한다.(如來。昔在修行地中。爲一切衆生。修種種法。是諸修法。至修行滿。修行力故。而得自在。自在力故。隨衆生心。隨衆生行。隨衆生界。多種了別。不待時。不過時。處所相應。時相應。行相應。說法相應。現種種身。是名化身。)"라고 했다.

83 『勝鬘經』(T12, 218b11)에서 자세하게 설했다.

처님을 감感할 선을 지니고 있지는 않기 때문이고, 처음의 법을 듣지 않는 (법의 그릇이 아닌) 중생도 또한 응당 성인이신 세존(聖世)을 감感할 선이 있어야 하는 것이기 때문이다.

『화엄경』과 『유가사지론』에 모두 이 네 가지가 있는데, 뒤의 세 가지는 정定과 부정不定에 통한다.[84] 처음의 한 가지는 무성유정無性有情[85]이기 때문에 응당 인천人天의 선근善根으로 (이것을) 성취하도록 해야 한다.[86]

보살은 이 네 군생을 짊어지고 스스로 무겁게 책임져야 할 것으로 여기고 성취하도록 하기 때문에 "짊어지고"라고 했다. "청하지 않은 벗이 되어"란 네 군생을 모두 포괄한다.

有說。於四群中。初非法人。無感聖善。故云不請。非也。後三乘種。未必皆有感佛善故。初無聞人。亦應有感聖世善故。華嚴瑜伽。皆有此四。而後三

84 60권본 『華嚴經』 권30(T9, 595a21)에서는 정정正定·사정邪定·부정不定 등이라 했고, 『瑜伽師地論』 권2(T30, 289a3)·권64(T30, 656b1) 등에서는 사성취정邪性聚定(邪性定聚)·정성취정正性聚定(正性定聚)·부정취정不定聚定(不定聚) 등이라 했는데, 글자만 다르고 뜻은 동일하다. 곧 『勝鬘經』과 대조하면, 법의 그릇이 아닌 중생은 '사정'에 해당하고, 삼승을 구하는 이는 다시 그 성취 결과가 정해진 것과 정해지지 않은 것에 모두 통하여 전자를 정정, 후자를 부정이라고 하여 구분한 것이니, 결과적으로는 동일한 것이라는 말이다. "정定"이란 성문·연각·보살 등의 성취 결과가 정해진 종성을 가리키는 말로 차례대로 성문승정성·연각승정성·보살정성 등이라고 한다. "부정不定"이란 앞에서 설한 세 가지 중 어느 것을 성취할 것인지 정해지지 않은 종성을 가리키는 말로 갖추어서 부정종성不定種性이라 한다. 다시 넷으로 나누어, 보살·성문의 두 가지 과를 성취할 종자를 지닌 이를 보살성문이성부정菩薩聲聞二性不定이라 하고, 보살·독각의 두 가지 과를 성취할 종자를 지닌 이를 보살독각이성부정菩薩獨覺二性不定이라 하며, 성문·독각의 두 가지 과를 성취할 종자를 지닌 이를 성문독각이성부정聲聞獨覺二性不定이라 하고, 성문·독각·보살의 세 가지 과를 성취할 종자를 지닌 이를 성문독각보살삼성부정聲聞獨覺菩薩三性不定이라 한다.

85 무성유정無性有情 : 선근善根을 모두 끊어 버려 성불할 수 있는 성품이 없는 유정. 곧 일천제一闡提(Ⓢ iccantika)로 사정취와 같다.

86 열반을 증득할 수 있는 무루종자無漏種子를 지니지 못하였고, 오직 사람과 하늘의 과보를 얻을 수 있는 유루종자有漏種子만을 갖추고 있으므로 이것을 개발하도록 이끌어야 한다는 말이다.

種。通定不定。初之一種。無性有情故。人天善根。應成就。菩薩。此四群生。爲自重擔。而成就。故云荷負。作不請友。皆該四群也。

라) 거듭해서 승분勝分을 닦아서 덕을 이룸

㉮ 닦은 행行

ㄱ. 자리의 수행

경 여래의 매우 깊은 법장法藏을 받아 지니고 불종성佛種性을 보호하여 항상 끊어지는 일이 없도록 했다.

經曰。受持如來甚深法藏。護佛種性。常使不絕者。

술 네 번째로 거듭해서 승분을 닦아 덕을 이룬 것을 밝혔다. 여기에 두 가지가 있으니, 처음은 닦은 행을 밝혔고, 나중은 이룬 덕을 밝혔다. 처음에 또 두 가지가 있는데, 이것은 처음에 자리의 수행을 밝혔다.

述云。第四重辨勝分修成德。有二。初辨所修行。後申所成德。初又有二。此初自利修也。

어떤 사람은 〈"매우 깊은 법장"이란 곧 여래장성如來藏性이다. 어둡게 가렸던 장애가 이미 제거되어 자기의 마음이 드러나기 때문에 "받아 지니고"라고 했다. 법계의 여러 도度(波羅蜜[87])가 곧 "불종성"이다. (불종성을)

---

87 바라밀波羅蜜 : Ⓢ pāramitā의 줄인 음사어. 갖추어서 바라밀다波羅蜜多라고 하고, 도

보호하여 장애를 여의고 선善을 일으키는 일에 어떤 간격도 없도록 하는 것을 "항상 끊어지는 일이 없도록 했다."라고 한 것이다.〉[88]라고 했는데, 이것은 옳지 않은 것 같다.

여래장성은 이미 진체眞體이니 반드시 "법장을 받아 지니고"라고 말할 수는 없기 때문이다. 이미 "법장"이라고 하고 또한 "받아 지니고"라고 했으니, 곧 (법장이란) 교법이고 불성이 아니라는 것을 알 수 있다.

지금 이미 부처님의 가르침을 받아 지니고 세상에 오랫동안 머물게 함으로써 불성이 있는 이들이 이것에 의해 선善을 심기 때문에 "항상 끊어지는 일이 없도록 했다."라고 했으니, 곧 『미륵상생경』에서 "너희들은 잘 받아 지녀 불종佛種이 끊어지는 일이 없도록 하라."[89]라고 한 것과 같다.

有說。甚深法藏。即如來藏。[1) 暗障既除。顯在己心。故云受持。法界諸度。即佛種性。護使離障。起善無間。名常不絕。此恐不然。如來藏性。既是眞體。必不可言受持法藏故。既言法藏。亦云受持。即知教法非佛性也。今既受持佛教。令久住世。有性之屬。依之殖善。故常使不絕。即同上生云。汝善受持。莫斷佛種也。

1) ㉮『無量壽經義疏』 권상(T37, 99b2)에 따르면 '藏'뒤에 '性'이 누락되었다.

度·도피안度彼岸 등으로 의역한다. 완성된 경지에 도달하기 위해 행해야 하는 모든 종류의 완전한 실천을 통틀어서 일컫는 말이다.

88 혜원이 『無量壽經義疏』 권상(T37, 99b2)에서 제시한 것이다.

89 『觀彌勒菩薩上生兜率天經』(T14, 420c15).

ㄴ. 이타의 수행

ㄱ) 법

경 대비大悲를 일으켜 중생을 불쌍히 여기고, 자애로운 마음에서 일어난 변재로 교설을 베풀어 법안을 주며, 삼악취에 떨어지는 것을 막고, 선문善門(人道·天道)을 열며, 청하지 않은 법을 여러 중생에게 베풀었으니,

經曰。興大悲愍衆生。演慈辯授法眼。杜三趣開善門。以不請之法。施諸黎庶者。

술 이것은 나중에 이타의 수행을 밝힌 것이다. 여기에 셋이 있는데, 이것은 처음으로 법에 해당한다.

"대비를 (일으켜) 중생을 불쌍히 여기고"란 고통을 뽑아 주는 행위이고, "자애로운 마음에서 일어난 변재로 교설을 베풀어 법안을 주며"란 즐거움을 주는 행위이다. "변재"란 중생이 원하는 것에 기꺼이 맞추어서 설해 주는 것에 능한 변재이다.

자정慈定[90]에 기반한 마음으로 법을 설하기 때문에 "자애로운 마음에서 일어난 변재로 교설을 베풀어"라고 했다. 교설한 대로 행하면 반드시 성인의 지위에 들어가서 법안의 청정함을 얻기 때문에 "법안을 주며"라고 했다. "법안"이란 혜안慧眼으로 체體에 나아가서 이름을 붙인 것이다.

비정悲定[91]에 기반한 마음으로 설법하여 삼악도의 고통을 뿌리 뽑기 때

90 자정慈定 : 무량 중생에게 즐거움을 주려고 하는 의지가 수반되는 선정. 『法界次第初門』 권상(T46, 672b14)에서 "能與他樂之心。名之爲慈。若行者。於禪定中。念衆生令得樂時。心數法中生定。名爲慈定。"이라고 한 것을 참조할 것.

91 비정悲定 : 무량 중생에게 고통을 뿌리 뽑아 주려는 의지가 수반되는 선정. 『法界次第

문에 "삼악취에 떨어지는 것을 막고"라고 했다. "두杜"란 막는 것이다.

자애로운 마음에서 일어난 변재로 교설을 베풀어 사람과 하늘의 과보를 낳는 업을 닦게 하기 때문에 "선문을 열며"라고 했다.

述云。此後利他修。有三。此初法也。大悲愍衆生者。即拔苦行。演慈辯授法眼者。即與樂行。辯者。即樂說之辯。以慈定心而說法。故云演慈辯。如說而行。必入聖地。得法眼淨。故云授法眼。法眼者。即慧眼。遂體之名也。悲定說法。以拔三塗之苦。故云杜三趣。杜者塞也。演慈辯而令修人天業。故云開善門。施諸[1]黎庶。

1) ㉻ '施諸' 앞에 빠진 문장이 있는 것 같다. ㉾ '施諸黎庶'는 본문에 나오는 문장이다. 앞이나 뒤에 이와 관련된 해석이 누락된 것 같다.

ㄴ) 비유

경 마치 효자가 어머니를 가엾게 여기고 아버지를 존경하는 마음으로 대하는 것처럼,

(經曰。猶如孝子。愛敬父母。)[1]

1) ㉾ 『韓佛全』에서 경의 본문과 술을 짝지음에 있어서 오류가 있다. 따라서 별도로 경에 해당하는 원문을 집어넣고 그에 상응하는 술을 배열했다.

술 아버지를 섬기는 것을 오직 공경으로 하고 어머니에 대해서는 또한 가엾게 여기기 때문이다. "자慈"는 아버지를 존경하는 것과 같으니, 즐거움이 존경할 만한 것이기 때문이다. "비悲"는 어머니를 가엾게 여기는

初門』 권상(T46, 672b19)에서 "能拔他苦之心。名之爲悲。若行者。於禪定中。念受苦衆生令得解脫時。心數法中生定。名爲悲定。"이라고 한 것을 참조할 것.

것과 같으니, 고통이 가엾게 여길 만한 것이기 때문이다.

事[1]父唯敬。於母亦愛故。慈若敬父。樂可尊故。悲如愛母。苦可愛故。

1) ㊀ '事' 앞에 '述云'이 누락되었다.

ㄷ) 합습

경 모든 중생을 자신과 똑같이 여겼다.

於[1]諸衆生。視若自己者。

1) ㊀ '於' 앞에 '經曰'이 누락되었다. 이것도 또한 **경**의 본문과 **술**을 짝지음에 있어서 편집상의 오류가 있다. 따라서 별도로 배열했다.

술 이것은 나중에 합한 것이다.

"자신과 똑같이 여겼다."란 마음으로 자신의 외아들처럼 여기는 것을 말한다. 곧 『열반경』에서 "모든 중생을 외아들처럼 여긴다."[92]라고 한 것이 이것이다. 자慈와 비悲에 의해 가엾게 여기고 근심하는 것을 모두 자신의 아들과 같이 하기 때문이다.

此[1]後合也。若己者。意在如自一子。即涅槃云。視諸衆生。猶如一子。是也。慈悲怜傷。皆如己子故。

1) ㊀ '此' 앞에 '述云'이 누락되었다.

92 『涅槃經』 권24(T12, 764c27).

㉯ 성취한 덕

경 일체의 선본善本으로 모두 피안彼岸에 이르고, 모두 여러 부처님의 한량없는 공덕을 획득하며, 지혜는 성스럽고 밝아 불가사의不可思議[93]했다.

經曰。一切善本。皆度彼岸。悉獲諸佛無量功德。智慧聖明不可思議者。

술 이것은 두 번째로 성취한 덕이다.

"선본"이란 복덕과 지혜의 인因이다. "도度"란 이르는 것이니, 복덕과 지혜의 실천행으로 모두 보리와 열반의 피안에 이르기 때문이다. 곧 인因이 이루어진 것을 말한다.

"부처님의 (한량없는) 공덕을 획득하며"란 복덕의 장엄이고, "지혜는 성스럽고 밝아 불가사의했다."란, 곧 지혜의 장엄이니, 과果가 이루어진 것이 이것이다.

述云。此第二所成之德也。善本者即福智之因。度者至也。福智之行。皆至菩提涅槃彼岸故。即因成也。獲佛功德者。即福德莊嚴。智慧聖明不可思議者。即智慧莊嚴。果成。是也。

⑷ 총괄적으로 맺음

경 이와 같은 부류의 보살이 수를 헤아릴 수 없을 정도로 한량없이 많았는데, 일시一時에 와서 모였다.

---

93 불가사의不可思議 : 언어나 사유에 의해 칭량할 수 없는 경계. 주로 부처님·보살이 깨달은 경지를 형용하는 말로 쓰인다.

經曰。如是之等菩薩。無量不可稱計。一時來會者。

술 이것은 네 번째로 총괄적으로 맺은 것이다.

述云。此第四總結也。

제2절 설경인기서

경 그때 세존께서는 제근諸根은 기쁨이 넘쳤고, 미묘한 색은 청정했으며, 광채 나는 얼굴은 높고 뛰어났다.

經曰。爾時世尊。諸根悅豫。姿色清淨。光顏巍巍。

술 이것은 두 번째로 설경인기서說經因起序[94]이다.

"제근은 기쁨이 넘쳤고"란 기뻐하는 모습이다. 색을 갖춘 오근五根(眼根·耳根·鼻根·舌根·身根)이 모두 기쁨에 넘치는 것을 드러내어 정토에 즐거움이 끊어지는 일이 없음을 나타내기 때문이다. "예豫"는 또한 여悆(기뻐하다)라고도 한다.

"미묘한 색은 청정했으며"란 근심이 없는 것이다. 색에 근심이 없는 것으로 불토佛土에는 온갖 고통이 없음을 나타내기 때문이다.

"높고 뛰어났다."란 높고 위대한 것을 칭하는 것이다. "광채 나는 얼굴은"이란 근根과 색을 포괄하여 통틀어서 일컫는 말이다. 그러므로 그 국

94 설경인기서說經因起序 : 앞의 분과에서는 발기성설서發起聖說序라고 했는데, 양자 모두 교설을 일으키는 인연을 서술한 부분이라는 뜻으로 그 의미는 같다.

토(정토)에 즐거움이 있고 고통이 없음을 거듭해서 나타낸 것이다. "자姿"란 미묘한 것이다.

곧 백연본과 지겸본에서 모두 "얼굴에 구색광九色光이 있어 수천백으로 변하니 광색光色이 매우 밝았다."[95]라고 했다.

述云。此第二說經因起序也。諸根悅豫者。是喜悅相。有色五根。皆顯喜悅。以表淨土快樂無間故。豫亦作悆也。姿色清淨者。是無憂惱。色無慘慼。以表佛土無衆苦故。巍巍者。即高大之稱。光顏者。即該根色之[1)]總言。故重表彼土有樂無苦。姿者妙也。即帛謙皆云。面有九色光數千百變。光色甚大明也。

1) ㊔ '之'는 '於'이다.(갑) ㊕ 문맥상 '之'여도 무방할 것으로 보인다.

어떤 사람은 〈부처님께서는 선정의 마음이 아닌 경우가 있지 않고, 제근과 서른두 가지 외적으로 드러난 뛰어난 모습(相)과 여든 가지 은밀하게 내재된 뛰어난 모습(好)의 신체적 형상을 갖추었는데, 다시 어느 때에 기쁘지 않을 수가 있겠는가. 단지 여래께 질문하려고 하기 때문에 이것으로 인해 설할 것을 나타낸 것이다.〉라고 했는데, 옳지 않다. 부처님께서는 비록 근심과 기쁨이 없지만 기뻐서 웃는 모습을 드러내신다. 진실로 여러 상相과 호好를 갖추어서 기뻐하는 모습을 드러내는 것은 아니기 때문이다. 지금 세존께서 기뻐하는 모습을 드러내신 것은 저 부처님이 이룬 행덕行德이 기뻐할 만한 것이기 때문이고, 중생이 이익을 얻을 때가 장차 이르렀기 때문이다.

95 백연본과 동일시되는 지루가참의 『無量清淨平等覺經』 권1(T12, 279c5), 지겸의 『阿彌陀三耶三佛薩樓佛檀過度人道經』 권상(T12, 300a21).

有說。佛無有不定心。備諸根相好身相。復有何時不悅。但欲加[1]來問故。因此表所說。非也。佛雖無憂喜。而顯欣咲。詎備諸相好。無顯喜悅故。今世尊顯喜悅者。彼佛所成行德。可慶故。衆生獲利時。將至故。

1) ㉯ '加'는 '如'인 것 같다.(㉮)

제2장 문답광설분

제1절 부처님께서 상相을 드러내신 뜻을 질문함

1. 청문의 위의를 펼침

경 존자 아난은 부처님의 성스러운 뜻을 받들어 바로 자리에서 일어나 오른쪽 어깨를 드러내고 무릎을 꿇고 합장하면서,

經曰。尊者阿難。承佛聖旨。即從座起。偏袒右肩。長跪合掌者。

술 두 번째로 문답광설분問答廣說分[96]이다. 여기에 여섯 가지가 있으니, 첫째 부처님께서 상相을 드러낸 것의 의미를 질문한 것이고, 둘째 (부처님께서) 질문의 이유를 살핀 것이며, 셋째 (아난이) 질문은 스스로 요청한 것임을 밝힌 것이고, 넷째 질문을 칭찬하고 명령하면서 허락하신 것이며, 다섯째 아난이 듣고자 한 것이고, 여섯째 여래께서 자세하게 설한 것이다. 처음에 또 두 가지가 있는데, 이것은 처음에 청문의 위의를 펼친 것이다.

"성스러운 뜻"이란 여래께서 상相을 드러낸 뜻을 말한다. 은밀하게 위신력을 가지했기 때문에 "(부처님의 성스러운) 뜻을 받들어"라고 했다. "장궤長跪"란 두 무릎을 땅에 대고 꿇어앉는 것을 일컫는 말이다.

---

96 문답광설분問答廣說分 : 질문에 답하면서 자세하게 설한 부분이라는 뜻. 통상적인 삼분과三分科(序分·正宗分·流通分) 중 성교聖教를 설한 내용을 담은 정종분에 해당한다.

述云。第二問答廣說分。有六。一問佛顯相。二審問所以。三彰問自請。四歎問勅許。五阿難欲聞。六如來廣說。初又有二。此初申請問之儀也。聖旨者。即如來顯相之旨。以密加威。故云承旨。長跪者。即雙膝著地之號也。

2. 바로 상을 나타내신 뜻을 질문함

1) 본 것을 펼침

경 부처님께 말씀드렸다.

“오늘 세존께서는 제근은 기쁨이 넘치고 미묘한 색은 청정하며 광채 나는 얼굴은 높고 뛰어납니다. 마치 밝고 깨끗한 거울이 그림자를 밖으로 펼치고 속으로 펼치는 것과 같습니다. 위엄 있는 모습이 환히 빛나 탁월함이 한량없으니, 일찍이 지금처럼 절묘한 것을 본 적이 없습니다.”

經曰。而白佛言。今日世尊。諸根悅豫。姿色清淨。光顏巍巍。如明淨鏡。影暢表裏。威容顯耀。超絕無量。未曾瞻覩殊妙如今者。

술 이것은 나중에 바로 상을 나타내신 뜻을 질문한 것이다. 여기에 세 가지가 있으니, 처음은 본 것을 펼친 것이고, 다음은 생각한 것을 밝힌 것이며, 나중은 한 것을 징문徵問한 것이다. 이것은 처음에 해당한다.

거울의 빛이 밖으로 비치는 것을 “그림자를 밖으로 펼치는 것(影表)”이라 하니, 곧 불신의 광명이 밖으로 펼쳐지는 것과 같다. 밖으로 비친 빛이 그림자를 드러내어 거울 속에 깃들어 있는 것을 “그림자를 속으로 펼치는 것(影裏)”이라고 하니, 또한 쏘아낸 빛이 되돌아와 불안佛顏을 빛내는 것과 같다. 그러므로 “밖으로 펼치고 속으로 펼치는 것”이라고 했다. 곧 자신이 본 것을 든 것이다.

"일찍이 ~을 본 적이 없습니다."란 지금의 현상이 옛날과 다름을 기이하게 여기는 것이다. "첨瞻"은 또한 견見이라고도 한다.

述云。此後正問顯相意。有三。初申所見。次唱所念。後徵所爲。此初也。鏡光外照。名爲影表。即同佛身光明外舒。外照之光。顯影暢在鏡內。名爲影裹。亦同所放之光。還曜佛顔。故云表裏。即擧已所見也。未曾瞻者。怪今異昔。瞻亦見也。

2) 자신이 생각한 것을 밝힘

(1) 첫 번째 생각

경 "예, 대성大聖이시여! 제가 마음속으로 생각한 것을 말씀드리겠습니다. 오늘 세존께서는 기특한 법에 머무셨고,"

經曰。唯然大聖。我心念言。今日世尊。住奇特之法者。

술 이것은 두 번째로 자신이 생각한 것을 밝힌 것이다.

혜원 법사가 말하기를 〈비록 다섯 가지 생각이 있지만, 처음의 생각은 곧 총괄적으로 나타낸 것이고, 나중의 네 가지 생각은 개별적으로 펼친 것이기 때문에 오직 네 가지 뜻이 있다. 곧 뒤의 네 가지 생각은 세상에 없는 것이기 때문에 '기특한'이라고 한 것이다.〉[97]라고 했는데, 이것은 옳지 않은 것 같다. 부처님께서 머무신 법은 이 다섯 가지 생각으로 다 생각할 수 있는 것이 아닌데, 하물며 또한 네 가지 생각임에랴. 그러므로 모두

97 혜원의 『無量壽經義疏』 권상(T37, 99c21)의 내용을 취의 요약한 것이다.

다섯 가지이지만 (한 가지는 총괄적으로 나타낸 것이므로 결국) 네 가지를 말하는 것이라고 할 수는 없다. "기특한"이라고 했기 때문에 총괄적인 생각을 나타낸 구절임을 알 수 있다고 한다면, 여래의 덕은 또한 개별적으로 가리킬 수 없는 것이기 때문에 응당 개별적으로 생각할 수 없는 것이어야 하기 때문이다.

곧 지금 아난이 간략하게 다섯 가지 생각을 펼친 것은 각각 나타내는 것이 있다. 이것은 첫 번째 생각이다.

述云。此第二彰已所念也。遠法師云。雖有五念。初即總表。後四別申。故唯有四意。即後四所念。在世所無。故云奇特。此恐不然。佛所住法非此五念之所盡念。況亦四念。故不可總五而言四。若言奇特故知總句者。如來之德。亦無別指故。應非別念故。即今阿難。略申五念。各有所標。此初念也。

어떤 사람은 〈"유唯"란 전專의 뜻이니, 자신이 전념專念한 것을 밝힌 것이다.〉[98]라고 했는데, 이것은 옳지 않다. 여러 세간의 전적에서 상대방에 응답하는 의례로 쓰이는 것과 어긋나기 때문이다.

지금 곧 "유연唯然"이란 윗분에 응대하는 말이다.

일반적으로 "오늘"이란 곧 과거·미래와 간별하는 말이다.

신통륜神通輪[99]에 의해 나툰 모습이 오직 일상적인 것과 다를 뿐 아니라, 또한 동등한 것이 없기 때문에 "기특"이라 했으니, 곧 "세존"이라는 명호를 세운 이유이다.

---

98 혜원이 『無量壽經義疏』 권상(T37, 99c17)에서 제시한 것이다.

99 신통륜神通輪 : 부처님의 삼업三業의 뛰어난 작용을 전륜성왕의 윤보輪寶에 비유한 삼륜三輪(神通輪·教誡輪·記心輪) 중 하나. 삼업 중 신업身業의 뛰어난 작용으로, 신체와 관련된 신통력을 가리킨다.

有說。唯者即專義。唱[1]己專念故。非也。違諸世典應對之儀故。今即唯然者。應上之言也。汎言今日者。即簡往來之言。依神通輪。所現之相。非唯異常。亦無等者。故云奇特。即立世尊名之所以也。

1) ㉯ '唱'은 '彰'인 것 같다.(㉮)

(2) 두 번째 생각

경 "오늘 세웅世雄께서는 여러 부처님이 머무는 것에 머무셨으며,"

經曰。今日世雄。住諸佛所住者。

술 이것은 두 번째 생각이다.

어떤 사람은 〈"머무는 것"이란 곧 대열반大涅槃이니 여러 부처님이 동일하게 머물기 때문이다. 부처님께서는 세간에서 가장 뛰어나게 용맹스럽기 때문에 "세웅"이라 한다.〉[100]라고 했는데, 이는 옳지 않다. 부처님께서는 항상 열반에 머무시고 오늘에야 머무는 것은 아니기 때문이다.

지금 곧 여래께서 여러 부처님의 평등삼매平等三昧에 머물러 능히 온갖 마구니와 웅건한 하늘을 제도하시기 때문에 "부처님이 머무는 것에 머무셨으며"라고 했으니, "세웅"이라는 명호를 세운 원인이다.

述云。此第二念也。有說。所住者。即大涅槃。諸佛同住故。佛於世間。最爲雄猛。故云世雄。非也。佛常住涅槃。非今日住故。今即如來。住諸佛平等三昧。能制衆魔雄健之天。故住佛住。爲世雄名之因也。

100 혜원이 『無量壽經義疏』 권상(T37, 100a1)에서 제시한 것이다.

(3) 세 번째 생각

경 "오늘 세안世眼께서는 도사導師(중생을 이끄는 스승)의 행에 머무셨고,"

經曰。今日世眼。住導師之行者。

술 이것은 세 번째 생각이다.

어떤 사람은 〈사섭법四攝法[101]이 바로 부처님께서 도사가 되어 중생을 포섭하고 교화하는 행이다. 부처님께서 이 행에 머물러 능히 세상 사람들이 눈을 뜨고 바른 길을 볼 수 있게 하기 때문에 "세안"이라 한다.〉[102]라고 하였는데, 이것도 또한 옳지 않다. 사섭의 행은 비록 다시 중생을 교화하는 것이기는 하지만 "안眼"의 뜻은 내포하고 있지 않기 때문이다.

지금 곧 오안五眼[103]을 "도사의 행"이라 한 것이다. 부처님께서 오안에 머물러 중생을 인도함에 다시 넘어서는 것이 없기 때문에 "도사의 행"으로 "세안"의 뜻을 풀이했다.

述云。此第三念也。有說。四攝法。是佛導師攝化之行。佛住此行。能開世

---

101 사섭법四攝法 : 보살이 중생을 섭수하여 그들로 하여금 친애하는 마음을 일으키게 하여 불도佛道로 끌어들이고 깨달음을 얻도록 하는 네 가지 방법. 보시에 의해 포섭하는 보시섭布施攝·좋은 말에 의해 포섭하는 애어섭愛語攝·이로운 행위에 의해 포섭하는 이행섭利行攝·고통과 즐거움, 좋아하는 것 등을 함께하는 것에 의해 포섭하는 동사섭同事攝 등을 말한다.

102 혜원이 『無量壽經義疏』 권상(T37, 100a5)에서 제시한 것이다.

103 오안五眼 : 다섯 가지 형태의 눈의 힘. 첫째 육안肉眼(육체적인 눈)이고, 둘째 천안天眼(色界의 天人이 선정을 닦음으로써 얻은 눈. 遠近·前後·內外·晝夜·上下를 막론하고 모두 볼 수 있는 눈)이며, 셋째 혜안慧眼(二乘人의 눈으로 諸法平等과 性空을 분명히 아는 지혜의 눈)이고, 넷째 법안法眼(보살이 일체중생을 구제하기 위해 일체의 法門을 비추어 보는 눈)이며, 다섯째 불안佛眼(앞의 네 가지 눈의 작용을 갖춘 부처님의 눈. 보고 알지 못하는 것이 조금도 없는 눈) 등이다.

眼[1]令見正路。故名世眼。此亦非也。四攝之行。雖復化物。而非眼義故。今即五眼。名導師行。佛住五眼。引導衆生。更無過者故。以導師行。以釋世眼之義也。

1) ㉧ '眼'은 '人'이다.(㉲) ㉢ 慧遠의 『無量壽經義疏』 권상(T37, 100a5)에 따르면 '眼' 앞에 '人'이 누락된 것이다.

⑷ 네 번째 생각

경 "오늘 세영世英께서는 가장 뛰어난 도에 머무셨으며,"

經曰。今日世英。住最勝道者。

술 이것은 네 번째 생각이다.

"가장 뛰어난 도"란 대보리大菩提인 네 가지 지혜(四智)[104]와 상응하는 심품心品[105]이다. 부처님께서 네 가지 지혜에 머물러 홀로 빼어나 맞설 것이 없기 때문에 "가장 뛰어난 도"를 좇아 "세영"이라는 명호를 세웠다.

此第四念也。最勝道者。即大菩提四智心品。佛住四智。獨秀無匹故。從最勝道。立世英之名也。

104 네 가지 지혜(四智) : 불과佛果의 네 가지 지혜. 유식종의 설로 사지四智·불과사지佛果四智 등이라고도 한다. 유루有漏의 제8식·제7식·제6식 그리고 전5식前五識 등을 각각 차례대로 뒤집어 성취한 대원경지大圓鏡智·평등성지平等性智·묘관찰지妙觀察智·성소작지成所作智 등 네 가지 무루無漏의 지혜를 말한다.

105 심품心品 : 네 가지 지혜가 심왕心王·심소心所에 통하기 때문에 이렇게 말한 것이다.

(5) 다섯 번째 생각

경 "오늘 천존天尊께서는 여래의 덕을 행하셨습니다."

經曰。今日天尊。行如來德者。

술 이것은 다섯 번째 생각이다.

"천존"이란 제1의천第一義天[106]이니 불성이 불공不空인 뜻을 이해하기 때문이다. 곧 오직 부처님만이 갖추고 계신 것으로 누구와도 함께하지 않는 불법(不共佛法)을 "여래의 덕"이라 한다. 다른 성인에게는 없는 것이기 때문에 "여래의 덕"으로 "천존"이라는 명호를 풀이하였다.

비록 혜원 법사는 명호와 덕을 별도로 해석했지만[107] 지금 곧 덕으로 명호를 풀이하는 것은 이 경문을 보고 나타내려는 것에 수순하여 뜻을 풀이했기 때문이다. '명호'란 세존·세웅 등을 말하고, '덕'이란 기특(한 법에) 머무는 것 등을 말한다.

述云。此第五念也。天尊者。即第一義天。以解佛性不空義故。即唯佛所有不共佛法。名如來德。餘聖所無故。以如來德。釋天尊之名。雖遠法師。名德別解。今即以德釋名者。觀此經文。順標釋義故。名者世尊世雄等。德者即奇特所住等。

---

106 제1의천第一義天 : 『無量壽經義疏』 권상(T37, 100a12)에 따르면 세천世天(세간의 왕)·생천生天(四王天~非想天)·정천淨天(須陀洹~辟支佛)·의천義天(菩薩. 諸法이 空寂한 뜻을 이해하기 때문임)·제1의천 등의 다섯 하늘이 있다고 하였다.

107 혜원이 『無量壽經義疏』 권상(T37, 100a16)에서 천존을 제1의천이라 하고, 여래의 덕은 십력十力·무외無畏·십팔불공十八不共·오안五眼·육통六通·사무애四無礙 등이라고 하여 별도로 해석한 것을 말한다.

3) 한 것을 징문徵問함

(1) 한 것을 생각함

경 "과거와 미래와 현재의 부처님께서는 부처님과 부처님이 서로 생각하신다고 하는데, 지금 부처님께서 여러 부처님을 생각하셔서 그런 것이 아닙니까?"

經曰。去來現佛。佛佛相念。得無今佛念諸佛耶者。

술 세 번째로 한 것을 징문한 것이다. 여기에 두 가지가 있는데, 이것은 처음에 한 것을 생각한 것이다.

어떤 사람은 〈"과거와 미래와 현재의 부처님"이란 삼세의 부처님이 서로 생각하는 것이고, "부처님과 부처님이 서로 생각하신다고"란 시방의 부처님이 서로 생각하는 것이다.〉라고 했는데, 이것은 옳지 않다. 삼세를 떠나 다시 시방의 부처님은 없으니, 또한 옳지 않기 때문이다.

지금 곧 삼세의 부처님께서 서로 생각하시는 것을 들어서 이것이 지금의 여래께서 여러 부처님을 생각해서가 아닌가를 유추한 것이다. "야耶"는 확정하지 않는 말이니, 이 부처님께서 여러 부처님을 생각하시는 것이라고 추측하기는 하지만 아직 감히 단독으로 결정할 수는 없기 때문이다.

述云。第三徵所爲。有二。此初念所爲也。有說。去來現佛者。三世佛相念。佛佛相念者。十方佛相念。非也。離於三世。更無十方佛。亦不然故。今即擧三世佛相念。類此得無今如來念諸佛耶。耶者。即不定之言。測此佛念諸佛。未聽[1]敢專決故。

---

1) 역 이 부분은 혜원이『無量壽經義疏』권상(T37, 100a22)에서 제시한 것을 그대로

따랐는데, 이것에 의하면 '聽'은 잉자이다.

⑵ 한 것을 징문함

경 "무엇 때문에 위신威神이 밝게 빛남이 이와 같은 것입니까?"

經曰。何故。威神光光。乃爾者。

술 이것은 나중에 한 것을 징문한 것이다. "광광光光"이란 밝게 빛나는 모양이다.

述云。此後徵所爲也。光光者。即顯曜之狀也。

제2절 질문한 이유를 살핌

경 이에 세존께서 아난에게 말씀하셨다.
"어째서 그런 말을 하는 것인가. 아난이여, 여러 하늘이 너를 가르쳐 부처님께 와서 질문하게 한 것인가, 스스로 혜견慧見으로 위엄 있는 얼굴을 하신 이유를 물은 것인가?"

經曰。於是。世尊。告阿難曰。云何阿難。諸天教汝。來問佛耶。自以慧見。問威顔乎者。

술 두 번째로 부처님께서 (아난이) 질문한 이유를 살핀 것이다.

述云。第二佛審問所以也。

제3절 아난이 질문한 이유를 밝힘

경 아난이 부처님께 말씀드렸다.

"여러 하늘이 저에게 와서 가르친 것은 없고 스스로 본 것이 있어서 이러한 (현상의) 뜻을 질문한 것일 뿐입니다."

經曰。阿難。白佛。無有諸天來敎我者。自以所見。問斯義耳者。

술 이것은 세 번째로 아난이 질문한 이유를 밝힌 것이다.

이치의 실상은 비록 여래의 가피의 힘을 받든 것이지만 여러 하늘을 마주하여 말하는 것이기 때문에 '스스로 질문한 것'이라고 했다.

述云。此第三阿難唱[1]問所以也。理實雖承如來加力。而對諸天。故云自問。

1) ㉑ '唱'은 '彰'인 것 같다.

제4절 질문을 칭찬하고 허락함

1. 질문을 칭찬함

1) 총괄적으로 칭찬함

경 부처님께서 말씀하셨다.

"훌륭하구나! 매우 좋은 질문이다."

經曰。佛言。善哉。至[1]所問甚快者。

1) ㉮ 생략된 문장이 없기 때문에 '至'는 잉자이다.

술 네 번째로 질문한 것을 칭찬하고 명령하면서 허락한 것이다. 여기에 두 가지가 있으니, 처음은 그 질문한 것을 칭찬한 것이고, 나중은 덕을 들고 명령하면서 허락한 것이다. 처음에 또 세 가지가 있는데, 이것은 처음에 총괄적으로 칭찬한 것이다.

아난이 질문한 것이 기機와 법法에 칭합하고 시의時宜에 적합하기 때문에 "매우 좋은"이라고 하였다.

述云。第四歎問勅許。有二。初歎其所問。後擧德勅許。初又有三。此初總歎也。阿難所問。稱機及法。而合時宜。故云甚快。

2) 별도로 그 질문을 칭찬함

경 "깊은 지혜를 발하여 참되고 미묘한 변재辯才로 중생을 불쌍히 여기어 이러한 지혜의 뜻을 질문하였구나."

經曰。發深智慧。眞妙辯才。愍念衆生。問斯慧義者。

술 이것은 다음에 별도로 그 질문을 칭찬한 것이다.

"깊은 지혜를 발하여"란 질문의 바탕이 된 지혜를 칭찬한 것이고, "참되고 미묘한 변재로"란 질문의 바탕이 된 언어를 칭찬한 것이며, "중생을 불쌍히 여기어"란 질문의 바탕이 된 뜻을 칭찬한 것이다.

어떤 사람은 〈부처님의 다섯 가지 덕을 생각했기 때문에 "깊은 지혜를 발하여"라고 했고, 부처님께서 다섯 가지 덕에 머무시는 것을 찬탄했기 때문에 "참되고 미묘한 변재로"라고 했다.〉[108]라고 했는데, 이것은 옳지 않은 것 같다. 부처님의 다섯 가지 덕을 생각한 것과 부처님께서 다섯 가지에 머무시는 것을 찬탄한 것은 뜻에 차이가 없기 때문이다. 생각하고 찬탄하지 않거나, 찬탄하고 생각하지 않거나 하는 것은 모두 바른 이치가 아니기 때문이다.

지금 곧 부처님의 다섯 가지 명호[109]를 칭탄했기 때문에 "깊은 지혜를 발하여"라고 했고, 다섯 가지에 머무시는 덕[110]을 끌어들여 다섯 가지 명호의 뜻을 찬탄했기 때문에 "참되고 미묘한 변재로"라고 했다. 비록 다섯 가지 덕을 질문했지만 다섯 가지 덕은 모두 지혜를 주主로 하기 때문에 "이러한 지혜의 뜻을 질문하였구나."라고 했다.

述云。此次別歎其問也。發深智慧者。歎問之智。眞妙辯才者。歎問之言。愍念衆生者。歎問之意。有說。念佛五德。故發深智慧。歎佛住於五德。故云眞妙辯才。此恐不然。念佛五德。歎佛五住。義無別故。念若不歎。歎若不念。皆非正理故。今即稱佛之五號。故發深智慧。將五住之德。歎五號之義。故眞妙辯才。雖問五德。五德皆以智爲主。故云問慧義。

---

108 혜원이 『無量壽經義疏』 권상(T37, 100b4)에서 제시한 것이다.

109 부처님의 다섯 가지 명호 : 대성·세웅·세안·세영·천존 등을 가리킨다. 앞의 본문을 참조할 것.

110 다섯 가지에 머무시는 덕 : 기특한 법·여러 부처님이 머무는 것·도사의 행·가장 뛰어난 도·여래의 덕 등을 가리킨다. 앞의 본문을 참조할 것.

3) 개별적으로 질문의 이익을 칭찬함

(1) 부처님께서 자비로운 마음으로 중생을 불쌍히 여기시는 것을 밝힘

경 "여래는 무개대비無蓋大悲로 삼계를 불쌍히 여긴다."

經曰。如來。以無蓋大悲。矜哀三界者。

술 이것은 나중에 개별적으로 질문의 이익을 칭찬한 것이다. 여기에 네 가지가 있는데, 이것은 처음에 부처님께서 자비로운 마음으로 중생을 불쌍히 여기시는 것을 밝힌 것이다.

("무개대비"를) 어떤 경본에서는 "무진대비無盡大悲"[111]라고 했는데, 어떤 사람은 이것(무진)을 풀이하기를 〈안으로 다함이 없는 법에 의지하여 생겨나는 것이기 때문이다.〉라고 했다. 지금 곧 부처님의 대비大悲는 다시 덮을 것이 없기 때문에 "무개"라고 했다. "무개"가 바른 것이니, ("무진"으로) 바로잡은 것은 옳지 않다.

"긍矜"은 또한 린憐이다.

述云。此後別歎問利。有四。此初彰佛悲憐也。有經本云無盡大悲。有人釋此。依內無盡法而生故。今即佛之大悲。更無覆蓋。故名無蓋。無蓋是正 不可須治。矜亦憐也。

---

111 무진대비無盡大悲 : 현재 『大正藏』에 실린 강승개본 『無量壽經』 권상(T12, 266c12)에서 '無盡'이라 했고, 미주에서 유포본流布本에 따르면 '蓋'라고 하였다고 했다.

(2) 부처님께서 중생을 이롭게 하는 것을 밝힘

경 "세상에 출현한 이유는, 도교道教를 널리 펼쳐 군맹群萌(중생)을 구제하고 진실한 이익을 베풀어 주고자 하는 때문이다."

經曰。所以出興於世。光闡道教。欲拯群萌。惠以眞實之利者。

술 이것은 두 번째로 부처님께서 중생을 이롭게 하는 것을 밝힌 것이다.

"도교를 널리 펼쳐 군맹을 구제하고"란 교教에 의해 중생을 이롭게 하는 것을 밝힌 것이다. "광光"이란 넓은 것이고, "천闡"이란 펼치는 것이다.

"진실한 이익을 베풀어 주고자 하는 때문이다."란 곧 이치로써 중생을 이롭게 하는 것이다. "혜惠"란 베푸는 것이다.

다른 판본에서는 "군맹으로 하여금 두루 진실한 법의 이익을 얻게 한다."[112]라고 했는데, 뜻은 또한 어긋나지 않는다. 여래께서 세상에 출현한 이유는 교教와 이치로써 중생을 이롭게 하려고 한 것이기 때문이다.

述云。此第二彰佛利物也。光闡道教欲拯群萌者。辨教利物。光者廣也。闡者申也。慧[1)]以眞實之利者。即理利物。慧*者施也。有別本云。普令群萌。獲眞法利。義亦無違。如來。所以出於世者。欲以教理利衆生故。

1) ㉯ '慧'는 '惠'인 것 같다.(㉮) 이하 동일하다.

112 현재 『大正藏』에 실린 강승개본 『無量壽經』 권상(T12, 266c13)에서 '普令'이라 했고, 미주에서 유포본에 따르면 '欲拯'이라고 하였다고 했다.

(3) 부처님을 만나 뵙기 어려움을 밝힘

경 "한량없는 억겁 동안 만나기 어렵고 뵙기 어려우니, 마치 영서화靈瑞華가 때때로 피어나는 것과 같다."

經曰。無量億劫。難値難見。猶靈瑞華。時時乃出者。

술 이것은 세 번째로 부처님을 만나 뵙기 어려움을 밝힌 것이다.

백연본과 지겸본에서 모두 말하기를 "세간에 우담수優曇樹[113]가 있는데, 단지 열매만 있고 꽃은 있지 않으며, 천하에 부처님이 계시면 그때 꽃이 필 뿐인 것처럼, (세상에서 부처님을 만나 뵙기란 무척 어렵다.)"[114]라고 했다. 지금 "영서화"라고 한 것은 진단震旦(중국)에서의 이름이다. "때때로"란 드물게 피어난다는 뜻이니, 좋은 시절에 피어나기 때문이다.

述云。此第三辨佛難値也。帛謙皆云。如世間。有優曇樹。但有實無有華也。天下有佛。乃有華出耳。今言靈瑞華者。即存震旦之名。時時者。即希出之義。以善時出故。

---

113 우담수優曇樹 : Ⓢ udumbara. 뽕나뭇과에 속하는 은화식물隱花植物. 우담발수優曇鉢樹라고도 한다. 그 꽃은 우담화優曇華·우담발화優曇鉢華 등이라고 하고, 영서화라고 의역한다. 산출지는 히말라야 산 기슭·데칸 고원·스리랑카 등이다. 높이 3m까지 자라고, 잎은 10~18cm까지 자란다. 꽃이 항아리 모양으로 움푹 패인 꽃받침에 숨어 있어 꽃이 없는 식물로 오인되었고, 이로 인해 여러 가지 전설이 생겨났다.

114 백연본과 거의 일치하는 지루가참의 『無量淸淨平等覺經』 권1(T12, 279c27). 지겸의 『阿彌陀三耶三佛薩樓佛檀過度人道經』 권상(T12, 300b15).

(4) 바로 질문의 이익을 펼침

경 "지금 질문한 것은 이익되는 것이 많아 일체의 하늘과 인민을 열어서 교화하게 될 것이다."

經曰。今所問者。多所饒益。開化一切天人民者。

술 이것은 네 번째로 바로 질문의 이익을 펼친 것이다. 곧 백연본과 지겸본에서 "부처님께 질문한 것과 같은 것은 하나의 천하에 있는 아라한과 벽지불을 공양하고, 여러 하늘과 인민人民 및 날아다니고 꾸물거리며 기어 다니는 무리에게 누겁累劫(여러 겁) 동안 보시한 것보다 백천만억 배나 뛰어나다."[115]라고 했다.

述云。此第四正申問益也。即帛謙云。若問佛者。勝於供養一天[1)]阿羅漢辟支佛。布施諸天人民及蜎飛蠕動之類累劫。百千萬億倍矣。

1) ㉮ 백연본과 지겸본에 따르면 '天' 뒤에 '下'가 누락되었다.

115 백연본과 거의 일치하는 지루가참의 『無量清淨平等覺經』 권1(T12, 279c20). 지겸의 『阿彌陀三耶三佛薩樓佛檀過度人道經』 권상(T12, 300b08).

2. 덕을 들고 명령하면서 허락함

1) 부처님의 덕을 듦

(1) 바로 과果의 뛰어남을 서술함

① 아난이 생각한 것에 대해 서술함

경 "아난아, 마땅히 알라. 여래의 정각은 그 지혜가 헤아리기 어렵고 많은 중생을 제도하며 혜견慧見이 걸림이 없어 능히 막거나 끊을 수 없다."

經曰。阿難當知。如來正覺。其智難量。多所導御。慧見無礙。無能遏絶者。

술 두 번째로 덕을 들고 명령하면서 허락한 것이다. 여기에 두 가지가 있으니, 처음은 부처님의 덕을 들어서 이룬 것을 서술하였고, 나중은 질문한 것에 답할 것을 명령하면서 허락하였다. 처음에 또 두 가지가 있으니, 처음은 바로 과果의 뛰어남을 서술하였고, 나중은 인因을 이끌어서 뛰어남을 드러냈다. 처음에 또 두 가지가 있는데, 이것은 처음에 아난이 생각한 것에 대해 서술한 것이다.

"여래의 정각"이란 곧 (아난의 첫 번째 생각인) "기특한 법"이다.

"그 지혜가 헤아리기 어렵고"란 (두 번째 생각과 관련된) "평등삼매"[116]이다. 뛰어나고 미묘한 지혜를 일으키기 때문에 지혜를 헤아리기 어려운 것으로 (두 번째 생각인) "부처님이 머무는 것에 머무는 것"을 서술하였다.

---

116 평등삼매 : 앞의 두 번째 생각의 본문을 풀이하면서 부처님께서 머무시는 것을 구체적으로 평등삼매라고 한 것을 참조할 것.

"많은 중생을 제도하며"란 곧 (세 번째 생각인) "도사導師의 행行"을 서술한 것이다.

어떤 사람은 〈"혜견이 걸림이 없어"란 (다섯 번째 생각인) "여래의 덕"이다.〉[117]라고 했는데, 옳지 않다. (다섯 번째 생각인) 천존天尊의 덕을 서술한 ("여래의 덕"을) (그 차례를) 넘어서게 하고, (네 번째 생각인) "가장 뛰어난 도"를 이룬 것을 버리는 것은, (그렇게 할 만한) 별도의 이유가 없기 때문이다.

지금 곧 "혜견이 걸림이 없어"란 (네 번째 생각인) "가장 뛰어난 도"를 서술한 것이다.

"능히 막거나 끊을 수 없다."란 곧 (다섯 번째 생각인) 여래의 덕이다. "알遏"【아阿와 달達의 반절이다.】은 옹壅(막는 것)이고, 절絶(끊는 것)이다. 부처님의 덕이 이미 뛰어나고 미묘하여 나머지 성인이 누르고 막을 수 없기 때문에 "막거나 끊을 수 없다."라고 한 것이다.

述云。第二擧德勅許。有二。初擧佛德以述成。後勅許以答所問。初又有二。初直述果勝。後將因顯勝。初又有二。此初述阿難所念也。如來正覺者。即奇特之法。其智難量者。即平等三昧。發勝妙智故。以智難量。述住佛住。多所導御者。即述導師行。有說。慧見無礙。即如來德。非也。越述天尊之德。却成最勝道。無別所以故。今即慧見無礙者。述最勝之道。無能遏絕者。即如來德。遏【阿達反】壅也絕也。佛德既勝妙。不爲餘聖之抑遏。故云無遏絕。

② 아난이 본 것에 대해 서술함

경 "한 끼니의 밥을 보시한 힘으로 억백천 겁의 셀 수 없고 칭량할 수 없으

117 혜원이 『無量壽經義疏』 권상(T37, 100c2)에서 제시한 것이다.

며, 다시 이것을 넘어서는 수명에 머물 수 있고, 제근은 기쁨이 넘치고 훼손되지 않으며, 미묘한 색은 변하지 않고 광채 나는 얼굴은 달라지지 않는다."

經曰。以一湌之力。能住壽命。億百千劫無數無量。復過於此。諸根悅豫。不以毀損。姿色不變。光顏無異者。

술 이것은 나중에 아난이 본 것에 대해 서술한 것이다.

"한 끼니의 밥을 보시한 힘으로"란 곧 음식을 보시한 인因이다.

"(억백천 겁의 셀 수 없고 칭량할 수 없으며) 다시 이것을 넘어서는 수명에 머물 수 있고"란 수명을 헤아려 찬탄한 것이다.

"제근諸根은 기쁨이 넘치고~광채 나는 얼굴은 달라지지 않는다."란 바로 본 것에 대해 서술한 것이다. "제근은 기쁨이 넘치고"란 곧 앞에서 본 것이고, "훼손되지 않으며"란 그 기쁨이 넘치는 것의 뜻을 밝힌 것이다. "미묘한 색은 변하지 않고"란 곧 앞에서 "미묘한 색은 청정하며"라고 한 것과 같은 것이니, "청정"이란 변하지 않는 것을 뜻하기 때문이다. "광채 나는 얼굴은 달라지지 않는다."란 곧 앞에서 "광채 나는 얼굴이 높고 뛰어났다."라고 한 것과 같은 것이니, "높고 뛰어났다."는 곧 달라지지 않는 것을 뜻하기 때문이다.

음식을 베풀면 비록 다섯 가지 과果[118]를 얻지만 오직 수명과 색色에 대해서만 서술한 것은 색은 소현所現이기 때문이고, 수명은 소의所依이기 때문이다.

어떤 사람은 〈"훼손되지 않는 것"과 "변하지 않는 것"과 "달라지지 않

118 『十住毘婆沙論』 권6(T26, 50a10)에 따르면 음식을 보시하여 얻는 다섯 가지 과보란, 수명·우러러보는 것·즐거움·힘(力)·색이다.(菩薩立願。須食者施食。令我得五事報。一者得壽命。二者得瞻。三者得樂。四者得力。五者得色。)

는 것"은 모두 항상 그러한 것을 밝힌 것이다.〉[119]라고 했는데, 이는 옳지 않다. 항상 그러한 것이라면 아난은 "지금처럼 절묘한 것을 본 적이 없습니다."라고 말하지 않았어야 하기 때문이다.

述云。此後述阿難所見也。一湌之力者。即施食之因。能住壽命乃至復過於此者。乘歎壽命。諸根悅豫乃至光顔無異者。正述所見。諸根悅豫者。即前所見。不以毁損者。辨其悅豫義。姿色不變者。即前姿色清淨。清淨。即不變義故。光顔無異者。即前光顔巍巍。巍巍。即無異義故。施食。雖有五果。而唯述命色者。色是所現故。命是所依故。有說。不以毁損。不變。無異。皆辨常然。非也。若常然者。阿難。不應言未曾覩妙如今故。

⑵ 인因으로써 뛰어난 것을 드러냄

경 "그 이유는 무엇인가. 여래는 선정과 지혜를 궁극적인 곳까지 통달하여 끝이 없는 경지에 이르러 일체법에 자유자재함을 얻었기 때문이다."

經曰。所以者何。如來定慧。究暢無極。於一切法。而得自在者。

술 이것은 두 번째로 인因으로써 뛰어난 것을 드러낸 것이다.

"선정"은 지止이고, "지혜"는 관觀이다. "구창究暢"이란 곧 궁극적인 곳까지 통달한다는 뜻이다. "무극無極"이란 곧 넓고 멀어 끝이 없는 것을 일컫는 말이다.

여래께서 지혜와 관련된 다섯 가지 덕과 신체와 관련된 세 가지 상相을

---

119 혜원이 『無量壽經義疏』 권상(T37, 100c11)에서 "諸根悅豫。不以毁損"은 상덕常德, "姿色不變"은 상명常命, "光顔無異"는 상정常定을 밝힌 것이라고 풀이한 것을 가리키는 것 같다.

얻은 이유는 곧 지혜를 궁극적인 곳까지 통달했기 때문에 (아난이) 생각한 다섯 가지 덕을 얻었고, 선정을 궁극적인 곳까지 통달했기 때문에 나투신 세 가지 상을 얻었다. 원인은 비록 많지만 지止와 관觀의 두 가지 행이 정토의 길이기 때문에, 만행萬行이 의지하는 것으로 온갖 행을 이끌기 때문에 이 두 가지 행을 설하면 나머지는 (저절로) 겸하는 것이다. 두 가지 인因이 이미 원만하여 어떤 덕도 원만하지 않음이 없기 때문에 여러 과법果法을 자유자재하게 굴릴 수 있으니, 곧 안혜安慧[120]는 "깨달음을 얻어 일체법을 자유자재하게 굴린다."[121]라고 했다.

어떤 사람은 〈"선정과 지혜를 궁극적인 곳까지 통달하여 끝이 없는 것"은 곧 (닦은 인因으로서의) 심자재행心自在行이고, "제법을 자유자재하게 굴리는 것"은 곧 (배운 인因으로서의) 법자재행法自在行이니, 일체법계문一切法界門을 잘 증득하여 들어가 나투지 않는 것이 없기 때문에 (자재自在라고 한다.)〉[122]라고 했는데, 이는 잘못된 것이다. (인因이라고 한 것에 해당하는) "일체법에 자유자재함을 얻는 것"이 과果가 아니라면 반드시 자재할 수 없기 때문이다. 앞의 해석이 좋다.

述云。此第二以因顯勝也。定止也。慧觀也。究暢者。即究竟通暢之義。無極者。即廣遠無邊之名。所以如來得慧五德身三相者。即慧究竟故。得所念

---

120 안혜安慧 : Ⓢ Sthiramati. 475~555. 남인도 출신. 유식 십대 논사의 한 명으로 『大乘阿毘達磨雜集論』 등을 지었다.

121 『大乘阿毘達磨雜集論』 권1(T31, 694b20). 또한 같은 책 권1(T31, 694c9)에서 본문을 풀이하기를 "得一切法自在者。顯果義。謂永斷一切煩惱障所知障及彼餘習。證得無邊希有功德無上三菩提果。於一切法自在轉故。"라고 한 것을 참조할 것.

122 혜원이 『無量壽經義疏』 권상(T37, 100c15)에서 제시한 것이다. 이해를 돕기 위해 좀 더 풀이해 보면, 혜원은 "如來定慧。究暢無極"은 원인이 된 수행(修), "於一切法。而得自在"는 원인이 된 배움(學)이라고 하여 모두 인因으로 파악하였다. 경흥은 전자를 인因, 후자를 과果로 파악하고, 후자를 인因으로 보는 것은 자유자재하다는 것과 모순되는 것이라고 비판하고 있다.

五德。定究竟故。得所現三相。因雖衆多。止觀二行。是淨土路故。萬行所依。導衆行故。說此二行。餘者兼也。二因既滿。無德不圓故。於諸果法而得自在。即安慧云。證得一切法自在也。有說。定慧究竟無極。即心自在行。得諸法自在。即法自在行。善入一切法界門。無所不現故。非也。於一切法而得自在。若非果者。必非自在故。前解爲善。

2) 질문에 답변할 것을 명령하면서 허락함

경 "아난아, 잘 들어라, 이제 너를 위해 말할 것이다."

經曰。阿難。諦聽。今爲汝說者。

술 이것은 두 번째로 질문에 답변할 것을 명령하면서 허락한 것이다. "잘 들어라."란 그 뒤에 일으켜야 할 마음을 명령한 것이다. "너를 위해 말할 것이다."란 그 앞에서의 요청을 허락한 것이다.

述云。此第二勅許以答所問也。諦聽者。即勅其後心。爲說者。即許其前請。

제5절 아난이 듣고자 함

경 아난이 대답하였다.
"예! 원하옵건대 듣고자 합니다."

經曰。對曰。唯然。願樂欲聞者。

술 이것은 다섯 번째로 아난이 듣고자 한 것이다.

述云。此第五阿難欲聞也。

제6절 여래께서 자세하게 설함

1. 자세하게 여래의 정토의 인과를 설함

1) 정토에 왕생하는 인因을 설함

(1) 뛰어난 연緣을 총괄적으로 나타냄

① 거리가 먼 연을 나타냄

가. 시간을 나타냄

경 부처님께서 아난에게 말씀하셨다.
"지나간 과거의 매우 오래된 한량없고 불가사의한 무앙수겁無央數劫[123]에"

經曰。佛告阿難。乃往過去。久遠無量。不可思議。無央數劫者。

술 이것은 여섯 번째로 여래께서 자세하게 설하신 것이다. 여기에 두

123 무앙수겁無央數劫 : Ⓢ asaṃkhyeya-kalpa. 아승기겁阿僧祇劫과 같은 말. '무앙수'는 고대 인도에서 사용되던 52수 가운데 52번째에 해당하는 수이다.

가지가 있다. 처음은 여래의 정토의 인과를 자세하게 설한 것이니, 곧 행한 것과 이룬 것이다. 나중은 중생의 왕생의 인과를 자세하게 나타낸 것이니, 섭수하는 것과 이익되는 것이다. 처음에 또 두 가지가 있으니, 처음은 정토에 왕생하는 인을 설한 것이고, 나중은 지금 이루어진 불신과 정토의 과果를 설한 것이다. 처음에 또 두 가지가 있으니, 처음은 뛰어난 연緣을 총괄적으로 나타냈고, 나중은 뛰어난 행行을 별도로 펼쳤다. 처음에 또 두 가지가 있으니, 처음은 거리가 먼 연을 나타냈고, 나중은 가까운 연을 펼쳤다. 처음에 또 세 가지가 있는데, 이것은 처음에 시간을 나타낸 것이다.

述云。第六如來廣說。有二。初廣說如來淨土因果。即所行所成也。後廣顯衆生往生因果。即所攝所益也。初又有二。初說往淨土之因。後說今佛土之果。初又有二。初總標勝緣。後別申勝行。初又有二。初標遠緣。後舒近緣。初又有三。此初標時也。

어떤 사람은 〈불가수不可數(헤아릴 수 없는 수)에 이른 것을 "겁"이라 한다. 서역西域의 수법數法에서 육십전六十轉에 이르면 곧 불가수이기 때문이다.〉라고 했는데, 이는 옳지 않다. 비록 또한 헤아릴 수 있는 수(可數)라고 해도 역시 "겁"이라고 하기 때문이고, 또한 『화엄경』에서 "일백이십전一百二十轉"[124]이라고 한 것과 어긋나기 때문이다. 지금 곧 "겁"이란 시간을 통틀어서 일컫는 이름이기 때문이다.

범어 아승기阿僧祇(Ⓢ asaṃkhya)를 "무앙수"라고 의역한다. 왕일王逸은 "앙央은 다하는 것(盡)이다."[125]라고 했다. (앙央을 앙鞅이라고 쓴 경우도 있는

124 60권본 『華嚴經』 권29(T9, 586a14).

125 왕일의 생몰 연대는 대략 89?~158?로 추정된다. 후한後漢의 학자로 『楚辭』에 대한 주석서인 『楚辭章句』를 지었는데, 본문은 『楚辭章句』에 나오는 것이다.

데)[126] 『설문해자說文解字』[127]에서 "앙鞅은 목에 메는 굴레이다."라고 했으니, (앙鞅은) 여기에서의 자체字體가 아니다. 또한 앙鞅은 소나 말을 제어하는 것이니, 마땅히 앙央을 좇아야 한다.

有說。至不可數。名劫。西域數法。至六十轉。即不可數故。非也。雖復可數。亦名劫故。亦違華嚴一百二十轉故。今即劫者。是時之總名故。梵云阿僧祇。此云無央數。王逸云央盡也。說文鞅頸靼也。非此字體也。又鞅所以制牛馬也。宜從央也。

나. 부처님을 순서대로 나열함

경 "정광여래錠光如來께서 세상에 출현하여 한량없는 중생을 교화하고 제도하여 모두 도道를 증득하게 하고 멸도를 취하셨다. 다음에 광원이라는 명호의 여래가 계셨고, 다음에 월광, 다음에 전단향, 다음에 선산왕, 다음에 수미천관, 다음에 수미등요, 다음에 월색, 다음에 정념, 다음에 이구, 다음에 무착, 다음에 용천, 다음에 야광, 다음에 안명정, 다음에 부동지, 다음에 유리묘화, 다음에 유리금색, 다음에 금장, 다음에 염광, 다음에 염근, 다음에 지동, 다음에 월상, 다음에 일음, 다음에 해탈화, 다음에 장엄광명, 다음에 해각신통, 다음에 수광, 다음에 대향, 다음에 이진구, 다음에 사염의, 다음에 보염, 다음에 묘정, 다음에 용립, 다음에 공덕지혜, 다음에 폐일월광, 다음에 일월유리광, 다음에 무상유리광, 다음에 최상수, 다음에 보리화, 다

126 문맥이 전혀 이어지지 않기 때문에 『法華玄贊』 권8(T34, 814a21)·『一切經音義』 권9(T54, 359b21) 등을 참조하여 첨가하였다.

127 『설문해자說文解字』: 중국 최초의 자전字典. 한漢나라 때 허신許愼 지음. 30권 14편으로 이루어졌다. 동한 시대 이전부터 축적된 문자학의 연구 성과를 집대성했다. 1만여 자의 모양·뜻·발음 등을 종합적으로 해설하였다.

음에 월명, 다음에 일광, 다음에 화색왕, 다음에 수월광, 다음에 제치명, 다음에 도개행, 다음에 정신, 다음에 선숙, 다음에 위신, 다음에 법혜, 다음에 난음, 다음에 사자음, 다음에 용음, 다음에 처세 (등의 명호를 지닌 여래께서 출현하셨다.)"

經曰。錠光如來。興出於世。教化度脫無量衆生。皆令得道。乃取滅度。次有如來名曰光遠。次名月光。次名栴檀香。次名善山王。次名須彌天冠。次名須彌等曜。次名月色。次名正念。次名離垢。次名無著。次名龍天。次名夜光。次名安明頂。次名不動地。次名琉璃妙華。次名琉璃金色。次名金藏。次名炎光。次名炎根。次名地動。次名月像。次名日音。次名解脫華。次名莊嚴光明。次名海覺神通。次名水光。次名大香。次名離塵垢。次名捨厭意。次名寶炎。次名妙頂。次名勇立。次名功德持慧。次名蔽日月光。次名日月琉璃光。次名無上琉璃光。次名最上首。次名菩提華。次名月明。次名日光。次名華色王。次名水月光。次名除癡冥。次名度蓋行。次名淨信。次名善宿。次名威神。次名法慧。次名鸞音。次名師子音。次名龍音。次名處世者。

술 이것은 다음에 부처님을 순서대로 나열한 것이다.

백연본에서는 간략하게 36분의 부처님을 들었는데,[128] 대부분 의역한 명칭을 썼으니, 서른두 번째 부처님만 인도의 언어인 범어의 명칭을 썼기 때문이다.[129] 지겸본에서는 오직 33분의 부처님만 나열했는데,[130] 모두 범

128 백연본과 유사한 지루가참본『無量淸淨平等覺經』권1(T12, 280a4)에서 모두 37분의 부처님을 들었는데, 현재『無量壽經』본문에서는 마지막에 해당하는 세자재왕 부처님은 다음에서 거론하기 때문에 이것에 준하여 마지막 부처님인 누이긍라樓夷亘羅를 제외하여 36분이라고 한 것이다.

129 지루가참본에 따르면 서른두 번째 부처님의 명호는 법의法意이다. 따라서 내용이 일치하지 않는다. 참고로 지루가참본에서는 앞의 36분의 부처님은 중국어로 의역한 명칭을 쓰고, 마지막 서른일곱 번째 부처님인 누이긍라만 범어의 명호를 그대로 쓰고

어 음사어에 의한 칭호를 썼다. 지금 이 법호본에서는 53분의 부처님을 모두 나타냈다. 대개 번역한 사람이 자신의 의도에 따라 자세한 것과 생략한 것이 있으니 이상하게 여길 것은 없다.

述云。此次叙佛也。帛延經。略擧三十六佛。多存此方之名。第三十二佛。即印度名故。支謙經。唯叙三十二[1)]佛。皆存梵音之號。今此法護。備標五十三佛。蓋翻譯之家。意存廣略。不可致怪。

1) ㊔ '二'는 '三'인 것 같다. 마지막 누이긍라를 제외하면 모두 33분의 부처님을 나열하고 있기 때문이다.

"정광"이란 지겸본에서는 "제화갈라提和竭羅"라고 했다.

어떤 사람은 〈떠받치는 발이 있는 것을 "정錠"이라 하고, 떠받치는 발이 없는 것을 "등燈"이라 하니, 정광과 연등燃燈[131]은 동일한 것이다. 석가불이 불도를 이룰 것이라는 수기를 얻은 당사자이기 때문에 처음에 두었다.〉라고 했다.

어떤 사람은 이것을 힐책하여 말하기를 〈이와 같다면[132] 석가불은 이미 먼저 수기授記를 얻었는데, 어찌하여 아미타불의 뒤에 불도를 이루었는가. 만약 미타의 뒤에 불도를 이룬 것이 아니라면 곧 '미타불이 성불한 지 10소겁이 지났다'[133]라고 한 것과 어긋나기 때문이다.〉라고 하였고, 마침

있다.

130 『阿彌陀三耶三佛薩樓佛檀過度人道經』 권상(T12, 300b21).

131 연등燃燈 : Ⓢ Dīpaṃkara. 과거세에 석가보살에게 수기를 준 부처님의 명호이다.

132 53분의 부처님 중 가장 앞에 있는 정광여래가 곧 석가불에게 수기를 주었던 연등불이라면 쉰세 번째 부처님인 처세를 마지막으로 맺고, 다음에 출현한 세자재왕불께서 아미타불의 전신인 법장 비구에게 수기를 주었으니, 석가불이 아미타불보다 먼저 수기를 받은 것이 성립되는 것을 말한다.

133 『阿彌陀三耶三佛薩樓佛檀過度人道經』 권상(T12, 303b17)에서 "佛告阿難。阿彌陀。作佛已來。凡十小劫。"이라고 했고, 또한 『無量壽經』 권상(T12, 270a6)에서는 "阿難又問。其佛成道已來。爲經幾時。佛言。成佛已來。凡歷十劫。"이라고 했다.

내 자신의 뜻을 펼쳐서 말하기를 〈이름은 비록 동일하다고 할 수 있지만 부처님은 곧 다르다.〉라고 했다.

錠光者。即謙云提惒竭羅也。有說。有足曰錠。無足曰燈。錠光燃燈一也。釋迦獲道記之主。故在初也。有彈此言。若爾。釋迦。既先得授記。何在彌陀後而成道耶。若非後者。便違彌陀成佛已來十小劫故。遂申自意言。名之雖同。佛即異也。

이 두 가지는 모두 (진실한 의미를) 다한 것이 아니다. 결정코 동일한 부처님이라면 '연등불께서 이미 출현하셨는데, 제2 아승기겁이 찼을 때였다'[134]라고 했는데, 이것은 반드시 (『무량수경』에서) '미타불이 성불한 지 10겁이 지났다'라고 하는 문장과 일치하지 않기 때문이다.[135] 오직 다를 뿐이라면 또한 여러 부처님께서 세상에 출현하실 때 동일한 명호를 사용하는 부류와 어긋나기 때문이다.

二俱不盡。若定一者。燃燈既出。第二劫滿。必不能會彌陀成佛既十劫文故。若唯異者。亦違諸佛出世同名之屬故。

지금 곧 정광과 연등은 또한 동일하기도 하고 또한 다르기도 하다. 다른 것은 곧 정광은 비록 또한 연등이라고 하기는 하지만, 석가불에게 수

134 『俱舍論』 권18(T29, 95a29)에서 "(석가불께서 과거세에) 두 번째 아승기겁이 찼을 때 친견하여 부처님을 섬겼으니, 그 부처님의 명호는 연등然燈(燃燈)이었다.(第二劫滿。所逢事佛。名曰然燈。)"라고 했다.

135 정광불이 연등불이라면 제2 아승기겁에 출현하셨고, 석가불은 이후 제3 아승기겁과 91겁을 채우고 성불하셨다. 또한 아미타불은 석가불보다 10겁 이전에 성불하셨다. 그러므로 연등불에서 아미타불까지의 시간을 산출하면 제3 아승기겁과 81겁이 된다. 산술적인 관점에서 일치하지 않는 것을 말한 것으로 보인다.

기한 부처님은 아니기 때문이다. 동일하다는 것은 곧 본석가本釋迦의 이전에도 또한 정광이라고 할 수 있는 연등이 있었기 때문이다. 정광이 만약 석가불이 불도를 이룰 것이라는 수기를 얻은 부처님이 아니라면 어떤 인연으로 정광을 처음에 두고 다른 부처님을 두지 않은 것인지를 힐난하지 말아야 한다. 그 부처님 이후 54분의 부처님[136]이 자주 세상에 출현하셨기 때문에 이렇게 이른 것이다. 정광으로부터 점차 정토를 섭수하는 실천행이 있었기 때문이다. 이로 말미암아 정광은 또한 연등이라고 하니, 뜻에 있어서 또한 허물이 없다.

今即錠光燃燈。亦同亦異。異即錠光雖復燃燈。非釋迦授記佛故。同即本釋迦前。亦有燃燈可錠光故。不應難言錠光。若非釋迦獲道記佛。有何因緣。錠光爲初。而非餘佛者。從彼佛已來。五十四佛。頻興世。故云爾。從錠光來。漸有攝受淨土行故。由此。錠光。亦名燃燈。義亦無咎。

다. 총괄적으로 맺음

경 "이와 같은 여러 부처님께서 모두 이미 세상에 출현하셨다."

經曰。如此諸佛。皆悉已過者。

술 이것은 나중에 총괄적으로 맺은 것이다.

述云。此後總結也。

---

136 앞의 53분의 부처님과 아미타불이 법장 비구로서 수행할 때 세상에 출현하신 세자재왕불을 합쳐서 54불이라고 한 것이다.

② 가까운 뛰어난 인연을 밝힘

경 "그때 다음에 세자재왕世自在王이라는 명호의 부처님이 계셨는데, (그 덕호는) 여래如來·응공應供·등정각等正覺·명행족明行足·선서善逝·세간해世間解·무상사조어장부無上師調御丈夫·천인사天人師·불佛·세존世尊이셨다."

經曰。爾時。次有佛。名世自在王。如來應供等正覺明行足善逝世間解無上士調御丈夫天人師佛世尊者。

술 이것은 두 번째로 가까운 뛰어난 인연을 밝힌 것이다.

범어 음사어 누이긍라樓夷亙羅(Ⓢ Lokeśvararāja)를 "세자재왕"이라 의역한다. 일체법에 자유자재함을 얻었기 때문에 붙여진 것이니, 곧 이 부처님의 개별적인 명호이다.

부처님의 덕은 한량없으니 명호도 반드시 끝이 없다. 그러므로 이제 간략히 자신과 타인의 이익을 나타내는 관점에서 열 가지 명호를 세웠으니, 곧 여러 부처님의 총괄적인 명호이다.

비록 열 가지 명호가 있지만 간략히 두 가지의 비슷한 부류로 묶을 수 있다. 처음은 자신의 이익과 관련된 덕에 바탕을 둔 명호[137]이니, 곧 앞의 다섯 가지 명호이다. 나중은 중생을 이롭게 하는 것과 관련된 덕에 바탕을 둔 명호이니, 곧 뒤의 다섯 가지 명호[138]이다.

자신의 이익과 관련된 덕에 바탕을 둔 명호에 또한 두 가지 짝이 있다. 첫째, 도를 원만히 이룬 것(道圓)과 번뇌를 남김없이 소멸시킨 것(滅極)이 짝하는 것이다. 곧 "여래"는 도를 원만하게 이루었음을 나타내는 명칭이

137 여래에서 선서까지의 다섯 가지 명호를 가리킨다.
138 세간해에서 세존까지의 다섯 가지 명호를 가리킨다.

고, "응공"은 번뇌를 남김없이 소멸시켰음을 나타내는 명호이기 때문이다. 둘째, 인因이 원만한 것과 과果가 원만한 것이 짝하는 것이다. 곧 "등정각"과 "명행족"은 인因이 원만함을 나타내는 명호이니, 그 차례대로 해解(지혜)와 행行(수행)이 원만한 것을 나타낸 것이기 때문이다. "선서"는 과果가 원만한 것을 나타내는 명호이니, 위로 올라가 돌아오지 않기 때문이다.

중생을 이롭게 하는 것과 관련된 덕에 바탕을 둔 명호에도 또한 세 가지 짝이 있다. 첫째, 총괄적인 명칭과 개별적인 명칭이 짝하는 것이다. 곧 앞의 네 가지는 개별적인 명칭이고, 뒤의 한 가지는 총괄적인 명칭이기 때문이다. 중생 속에 처하여 더할 나위가 없는 것을 "세존"이라 하기 때문이다. 둘째, 교화하는 지혜(化智)와 교화하는 마음(化心)이 짝하는 것이다. 곧 "세간해"는 다른 사람을 교화하는 지혜를 나타내는 명호이고, "무상사조어장부"는 다른 사람을 교화하는 마음을 나타내는 명호이기 때문이다. 셋째, 교화하는 능력(化能)과 교화하는 덕(化德)이 짝하는 것이다. 곧 "천인사"는 다른 사람을 교화하는 능력을 나타내는 명호이고, "불"은 다른 사람을 교화하는 덕을 나타내는 명호이다.

이 열 가지 명호를 자세하게 모두 해석했는데, 자세한 것은 『유가사지론』에서 설한 것[139]과 같다.

述云。此第二近勝緣也。梵云樓夷亙羅。此云世自在王。於一切法。得自在故。即別名也。佛德無量。名必無邊。故今略標自他利。以立十號。即通號也。雖有十號。略爲二例。初自德名。即前五也。後利物名。即後五也。自德之名。亦有二對。一道圓滅極對。即如來名道圓。應供名滅極故。二因滿果圓對。即等正覺明行足名因滿。如其次第。解行滿故。善逝名果圓。上昇不

139 『瑜伽師地論』 권83(T30, 765a15).

還故。利物之名。亦有三對。一總名別稱對。即前四是別。後一是總故。處物而無加名世尊故。二化智化心對。即世間解名化他智。無上調御名化他心故。三化能化德對。即天人師名化他能。佛名化他德故。委悉釋此十號。廣如瑜伽論。

⑵ 별도로 뛰어난 행을 펼침

① 간략히 뛰어난 행을 설함

가. 법을 듣고 발심함

경 "그때 국왕이 있었는데 부처님의 설법을 듣고 기뻐하고 즐거워하는 마음을 품고 이어서 위없는 바르고 참된 도를 얻으려는 뜻을 발했다."

經曰。時有國王。聞佛說法。心懷悅豫。尋發無上正眞道意者。

술 이것은 두 번째로 뛰어난 행을 펼친 것이다.

혜원 법사는 〈행을 일으킨 것에 두 가지가 있다. 처음부터 게송이 끝나는 부분[140]까지는 세간행世間行을 밝힌 것이니, 곧 지전地前[141]에 행한 것이다. "(부처님께서 아난에게 말씀하셨다.) '법장 비구는 이 게송을 설하고 나서'" 이하는 출세행出世行을 밝힌 것이니, 곧 지상地上에 행한 것이

140 『無量壽經』에서 "時有國王。聞佛說法。心懷悅豫~忍終不悔."에 해당하는 부분을 가리킨다.

141 지전地前 : 보살 수행의 52계위 중 제41위~제50위에 해당하는 십지十地를 중심으로 그 이전의 계위를 가리키는 말. 상대어는 지상地上으로 제41위 이상, 곧 초지初地 이상을 가리킨다.

다.〉[142]라고 했는데, 이것은 옳지 않은 것 같다. 지상의 보살은 생각마다 항상 중생을 이롭게 하고 불국토를 위한 청정한 행을 닦는데, 5겁 동안 오로지 정토행을 섭취하는 것만 닦는 것과는 상응하지 않기 때문이다.[143]

지금 곧 다시 두 가지가 있으니, 처음은 간략하게 뛰어난 행을 설한 것이고, 나중은 자세하게 뛰어난 행을 설한 것이다. 처음에 또 세 가지가 있는데, 이것은 처음에 법을 듣고 발심發心한 것이다.

"위없는 (바르고 참된) 도를 얻으려는 뜻을 발하였다."란 곧 크게 발심했기 때문이다. 『관음수기경觀音授記經』(『觀世音菩薩授記經』)[144]·『비화경悲華經』[145]과 어긋나지 않는다.

述云。此第二申勝行也。遠法師云。起行有二。從初盡頌。辨世間行。即地前所行也。法藏比丘說此頌以下。辨出世行。即地上所修也。此恐不然。地上菩薩。念念常修。利諸衆生。淨佛國土。不應五劫。專修受淨土行故。今即還有二。初略說勝行。後廣說勝行。初又有三。此初聞法發心也。發無上道意者。即增發心故。不違觀音授記悲華經。

---

142 혜원이 『無量壽經義疏』 권상(T37, 101b18)에서 제시한 것이다. 법장 보살이 최초로 발심했을 때는 지전의 보살이고, 사십팔원을 일으켰을 때는 지상의 보살이라고 하여 발원의 지위를 정한 것이다.

143 혜원이 출세행이라고 분과한 부분에 법장 비구가 5겁 동안 불국토를 장엄하는 청정한 행만 섭취했다고 한 내용이 나오는데, 만약 이 부분이 (혜원의 말대로) 지상 보살의 지위에서 행한 것이라면, 지상 보살의 덕목과 어긋나는 것임을 말한 것이다.

144 『관음수기경觀音授記經』: 본 경은 아미타불의 정토에 머물고 있는 관세음보살과 득대세보살이 미래에 성불할 것이라는 수기를 주는 것을 주된 내용으로 하고, 아미타불의 수기와 관련된 내용은 없다.

145 『비화경悲華經』: 『悲華經』 권3(T3, 185b19)에서 무량정왕無量淨王이 아미타불이 될 것이라는 수기를 받은 것을 가리키는 것 같다.

나. 속세를 떠나 도를 닦음

경 "나라를 버리고 왕위를 물려주고 떠나서 사문이 되었는데, 호를 법장法藏이라 했다. 재능이 뛰어나고 용맹스러우며 현명하여 세상과 더불어 넘어서고 다른 면모를 보였다."

經曰。棄國捐王。行作沙門。號曰法藏。高才勇哲。與世超異者。

술 이것은 두 번째로 속세를 떠나 도를 닦는 것이다.

"사문"이란 사문나沙門那[146]이니, 뜻은 앞에서 풀이한 것[147]과 같다.

백연본에서 "담마가류曇摩迦留"[148]라고 한 것이 곧 "법장"이다. 지겸본에서는 "류留"자를 빼어 ("담마가"라고 하고) "보살도를 지었다."[149]라고 했고, 『대지도론』에서는 "법적 보살法積菩薩"[150]이라고 했다.

"재능이 뛰어나고 용맹스러우며 현명하여"란 곧 사람의 성품과 행동을 말하는 것인데, 이것이 세상에서 홀로 뛰어났기 때문에 "넘어서고 다른 면모를 보였다."라고 했다.

述云。此第二出俗修道也。沙門者。即沙門那。義如前解。帛延云曇摩迦留。即法藏也。謙去留字云作菩薩道。即智論。法積菩薩也。高才勇哲者。即爲人性行。孤出於世。故云超異。

---

146 사문나沙門那 : Ⓢ śramaṇa의 갖춘 음사어. 출가자를 총칭하는 말. 줄여서 사문이라고 하고, 근식勤息·수도修道·빈도貧道·핍도乏道 등으로 의역한다.

147 현재 전하지 않는 경흥의 『觀無量壽經』에 대한 주석서를 가리키는 것 같다.

148 『無量淸淨平等覺經』 권1(T12, 280a28).

149 『阿彌陀三耶三佛薩樓佛檀過度人道經』 권상(T12, 300c21).

150 『大智度論』 권10(T25, 134b8)·권50(T25, 418a29).

다. 부처님을 찬탄하고 서원을 일으킴

가) 몸으로 찬탄함

경 "세자재왕여래의 처소를 방문하여 머리를 숙여 부처님의 발에 가져다 대어 예배드리고 오른쪽으로 세 번 돌고 나서 무릎을 꿇고 합장하고,"

經曰。詣世自在王如來所。稽首佛足。右遶三匝。長跪合掌者。

술 이것은 세 번째로 부처님을 찬탄하고 서원을 일으킨 것이다. 여기에 세 가지가 있으니, 처음은 몸으로 예배드린 것이고, 다음은 말로써 찬탄한 것이며, 나중은 스스로 서원한 것이다. 이것은 처음에 해당한다.

"계稽"란 이르는 것(至)이고, "수首"란 머리(頭)이다. 머리를 땅에 이르도록 숙여 존경하는 마음으로 발에 가져다 대기 때문에 "계수稽首"라고 했다.

"세 번 돌고"란 여래께서 삼덕三德[151]을 닦은 것을 나타낸다.

述云。此第三歎佛起願。有三。初身禮。次語歎。後自誓。此初也。稽者至也。首者頭也。至頭於地。以尊接足。故云稽首。三匝者。即標如來修三德也。

151 삼덕三德 : 불과위佛果位에서 구족하는 세 가지 덕상德相. 지덕智德(부처님의 입장에서 일체제법을 관찰하는 지혜)·단덕斷德(일체 번뇌업을 멸진하는 덕)·은덕恩德(중생을 구제하려는 願力으로 말미암아 중생을 제도하는 은혜의 덕) 등이다. 이상 세 가지 덕은 차례대로 법신·보신報身·응신應身에 배대할 수 있다.

나) 말로써 찬탄함

㉮ 문장의 종류를 구분함

경 "게송으로 찬탄하여 말하였다."

經曰。以頌讚曰者。

술 두 번째로 말로써 찬탄한 것이다. 여기에 두 가지가 있는데, 이것은 처음에 문장의 종류를 구분한 것이다. 게송으로 표현한 말은 미묘하고 또한 여러 가지 뜻을 포함하기 때문에 게송으로 찬탄한 것이다.

述云。第二語歎。有二。此初瑣文也。頌之言。妙亦攝多義。故以頌歎。

㉯ 바로 찬탄함

ㄱ. 별도로 신업을 찬탄함

ㄱ) 찬탄을 나타냄

경

광채 나는 얼굴 높고 뛰어남이여!

經曰。光顔巍巍者。

술 이것은 나중에 바로 찬탄한 것이다. 여기에 네 가지가 있으니, 첫째 별도로 신업身業을 찬탄한 것이고, 둘째 별도로 구업口業을 찬탄한 것이며, 셋째 별도로 의업意業을 찬탄한 것이고, 넷째 총괄적으로 삼업을 찬탄한 것이다. 처음에 또 두 가지가 있는데, 이것은 처음에 찬탄을 나타낸 것이다.

"광채가 높고 뛰어나다."란 빛의 뛰어남을 나타낸 것이고, "얼굴이 높고 뛰어나다."란 몸의 뛰어남을 나타낸 것이다.

述云。此後正歎。有四。一別歎身業。二別歎口業。三別歎意業。四總歎三業。初又有二。此初標歎也。光巍巍者。標光勝也。顏巍巍者。標身勝也。

ㄴ) 찬탄을 풀이함

㉠ 광채가 높고 뛰어난 것을 풀이함

경

위신威神이 다함이 없으니
이렇게 환히 비치는 광명
더불어 견줄 이 없습니다.
해와 달과 마니주摩尼珠[152]의
타오르는 빛도
모두 가리어져
먹 덩어리처럼 되고 맙니다.

---

152 마니주摩尼珠 : '마니'는 Ⓢ maṇi의 음사어. 주珠·보주寶珠 등으로 의역한다. 주옥珠玉의 총칭이다. 혹은 여의如意라고도 의역하는데, 이는 뜻하는 것을 모두 산출해 내는 구슬이라는 의미가 내포되어 있다.

經曰。威神無極。如是炎明。無與等者。日月摩尼。珠光炎耀。皆悉隱蔽。猶若聚墨者。

술 이것은 나중에 찬탄을 풀이한 것이다. 여기에 두 가지가 있는데, 이것은 처음에 광채가 높고 뛰어난 것을 풀이한 것이다.

"위신"이란 광채가 의지하는 것이다.

"더불어 견줄 이 없습니다."란 사람을 마주하여 뛰어남을 찬탄한 것이고, "먹 덩어리처럼"이란 일(事)을 마주하여 뛰어남을 찬탄한 것이다.

어떤 사람은 〈"요耀"란 오성五星[153]이다.〉라고 했는데, 옳지 않다. 곧 백연본에 "그 빛(景)이 미칠 수 없다."[154]라고 하여 ("요"를 "경景"이라 의역했으니, "요"란) 빛의 다른 이름을 말하는 것일 뿐이다. 해와 달 등의 광명이 부처님의 광명을 마주하는 것은 마치 먹 덩어리가 흰 조개 가까이에 있는 것과 같기 때문이다.

述云。此後釋歎。有二。此初歎[1)]光巍巍也。威神者。即光所依。無與等者者。對劣[2)]歎勝。若聚墨者。對事歎勝。有說。耀者五星。非也。即帛延云其景不可及。謂光之別目故。日月等光。對佛光明。猶若聚墨。在珂貝邊故。

1) ㉮ 문맥상 '歎'은 '釋'인 것 같다. 2) ㉮ 이 부분은 慧遠이 『無量壽經義疏』 권상(T37, 101c15)에서 제시한 것과 내용이 일치하는데, 이것에 따르면 '劣'은 '人'인 듯하다.

153 오성五星 : 세성歲星(木曜)·형혹성熒惑星(火曜)·진성鎭星(土曜)·태백성太白星(金曜)·진성辰星(水曜) 등의 다섯 개의 별을 가리킨다. 이 다섯 개의 별은 하늘을 일주一周하는 데 걸리는 시간이 같지 않다. 태백성과 진성은 1년, 형혹성은 2년, 세성은 12년, 진성은 29년 반이 걸린다.

154 『無量清淨平等覺經』 권1(T12, 280b3)에서 "無量之光曜。威神無有極。如是之焰明。無能與等者。若以日摩尼。火月水之形。其景不可及。其色亦難比。"라고 한 부분 전체를 참조할 것.

㉡ 얼굴이 높고 뛰어난 것을 풀이함

경

여래의 얼굴 모양
세간을 넘어서 짝할 이 없습니다.

經曰。如來顏容。超世無倫者。

술 이것은 나중에 얼굴이 높고 뛰어난 것을 풀이한 것이다.
"윤倫"이란 필匹(짝)이라는 뜻이다.

述云。此後釋顏巍巍也。倫者匹也。

ㄴ. 별도로 구업을 찬탄함

경

정각正覺의 뛰어난 음성을 내니
그 소리 시방세계에 울려 퍼집니다.

經曰。正覺大音。響流十方者。

술 이것은 두 번째로 구업을 찬탄한 것이다.

"뛰어난 음성"이란 말씀이 은밀한 음성이다. 여래의 음성은 다시 이것을 넘어서는 것이 없기 때문에 "뛰어난 음성"이라 한다. "그 소리"란 드러나 알 수 있도록 하는 소리이니, 마땅한 것에 따라 그에 적합한 분한分限을 가지고 발하기 때문이다.

述云。此第二歎口業也。大音者。即語密之音。如來之聲。更無過此。故云大音。響者。即顯了之音。逐宜而有分限發故。

ㄷ. 의업을 찬탄함

ㄱ) 업의 뛰어남을 찬탄함

㉠ 일에 이르러 뛰어난 것을 찬탄함

경

계를 수지하고 법을 들으며
정진하고 삼매에 들며 지혜를 얻으셨으니
위대한 덕은 짝할 이 없고
수승하며 희유합니다.

經曰。戒聞精進。三昧智慧。威德無侶。殊勝希有者。

술 세 번째로 의업을 찬탄한 것이다. 여기에 두 가지가 있으니, 처음은 업의 뛰어남을 찬탄했으니, 곧 보리품菩提品(보리와 관련된 성질의 것)이고, 나중은 과果의 뛰어남을 찬탄했으니, 곧 업의 과에 의해 (번뇌를) 끊은 것이다. 처음에 또한 두 가지가 있는데, 이것은 처음에 일(事)에 이르러 뛰어난 것을 찬탄한 것이다.

"계"란 곧 업의 체體이니, 사思라는 심소心所(마음 작용)의 종자이기 때문이다. "법을 들으며 정진하고" 등은 업의 권속이다. 나머지 어떤 사람도 견줄 이가 없기 때문에 "짝할 이 없고"라고 했다. "려侶"는 또한 필匹이다. 부처님의 덕은 나머지 모든 이를 넘어서기 때문에 "희유합니다"라고 했다.

述云。第三歎意業。有二。初歎業勝。即菩提品也。後歎果勝。即果[1)]果斷也。初又有二。此初歎涉事勝也。戒即業體。以思種故。聞精進等。即業眷屬。餘不能齊。故云無侶。侶亦匹也。佛德過餘。故云希有。

1) ㉺ 다른 판본에 따르면 '果'는 '業'이다.

ⓛ 이치를 증득함에 있어서 뛰어난 것을 찬탄함

경

모든 부처님의 바다처럼 광대한 법을
깊이 살피고 잘 생각하면서
깊은 곳을 궁구하고 그윽한 곳을 다하여
그 끝까지 궁구하셨습니다.

經曰。深諦善念。諸佛法海。窮深盡奧。窮其涯底者。

술 이것은 나중에 이치를 증득함에 있어서 뛰어난 것을 찬탄한 것이다. "체諦"란 자세하게 살피는 것이다. "바다처럼 광대한 법"이란 하나의 참된 법계이다. 곧 후득지後得智[155]로 깊이 생각하고 자세히 관찰하면서 참된 법계를 헤아리기 때문에 "잘 생각하면서"라고 했고, 무분별지無分別智[156]로 깊은 진여를 궁구하여 통달하고 그 오묘한 실상을 다하기 때문에

155 후득지後得智 : 근본지根本智에서 인발引發하는 지혜. 의타기성依他起性이 허깨비와 같은 것임을 통달하는 지혜로, 능분별能分別과 소분별所分別의 작용이 있다. 이와 달리 근본지는 능분별도 없고 소분별도 없다.
156 무분별지無分別智 : 주관과 객관의 차별상을 여읜 진실한 지혜를 가리킨다.

"끝까지 궁구하셨습니다."라고 했다.

述云。此後歎證理勝也。諦者審察。法海者一眞法界。即後得智。深思諦觀。稱眞法界。故云善念。無分別智。窮達深眞。盡其奧實。故云究涯底。

ㄴ) 과의 뛰어남을 찬탄함

경

무명無明과 탐욕과 분노를
세존께서는 영원히 없애셨습니다.

經曰。無明欲怒。世尊永無者。

술 이것은 두 번째로 과의 뛰어남을 찬탄한 것이니, 삼독三毒의 습기를 다했기 때문이다.

述云。此二歎果勝也。三毒習盡故。

ㄹ. 총괄적으로 세 가지 업을 찬탄함

경

사람 중 영웅이고 동물의 왕 사자와 같은 분이시여!
신령스러운 덕이 한량없습니다.
공훈이 광대하고
지혜는 깊고 미묘하며
광명이 빛나는 위의 있는 모습을 갖추시고

대천大千을 진동하는 음성을 펼치십니다.

經曰。人雄師子。神德無量。功勳廣大。智慧深妙。光明威相。震動大千者。

술 이것은 네 번째로 총괄적으로 세 가지 업을 찬탄한 것이다.

"공훈이 광대하고"란 의업意業의 과果를 찬탄한 것이다. "훈勳"은 또한 공功이라고도 한다. "지혜는 깊고 미묘하며"란 의업의 작용을 찬탄한 것이다. 곧 그것의 뛰어난 것을 치우치게 찬탄하였을 뿐이고, 다하지 않은 말이니, (의업을 찬탄한 부분에서 설한) "계를 수지하고 법을 들으며" 등을 생략했기 때문이다.

"광명이 빛나는 위의 있는 모습을 갖추시고"란 신업身業의 뛰어남을 찬탄한 것이다.

"대천을 진동하는 음성을 펼치십니다."란 "정각의 (뛰어난) 음성"을 찬탄한 것이니, (구업의 뛰어남을 찬탄한 것이다.)

이미 이렇게 뛰어나고 미묘한 덕을 갖추었기 때문에 "사람 중 영웅이고 동물의 왕 사자와 같은 분이시여! 신령스러운 덕이 한량없습니다."라고 할 수 있는 것이다.

此第四總歎三業也。功勳廣大者。歎意業果。勳亦功也。智慧深妙者。歎意業用。即偏歎其勝。不盡之言。略戒聞等故。光明威相者。歎身業勝。震動大千者。歎正覺音。既有此勝妙之德。故可謂人雄師子神德無量。

다) 스스로 서원함

㉮ 찬탄한 것을 구할 것을 서원함

ㄱ. 바로 찬탄한 것을 구함

ㄱ) 과果를 구함

경

원하옵건대 제가 부처가 되어
성스러운 법왕法王과 같은 경지에 이르고
생사의 세계를 넘어서고 건너서
벗어나지 않은 것이 없게 하소서.

經曰。願我作佛。齊聖法王。過度生死。靡不解脫者。

술 세 번째로 스스로 서원한 것이다. 여기에 두 가지가 있다. 처음은 찬탄한 것을 구할 것을 서원한 것이니, 곧 열 수의 게송이 여기에 해당한다. 나중은 부처님께서 증명해 주실 것을 요청한 것이니, 곧 세 수의 게송이 여기에 해당한다. 처음에 또 두 가지가 있다. 처음은 바로 찬탄한 것을 구한 것이니, 곧 부처님의 법신이고, 나중은 의지할 것을 헤아리고 구한 것이니, 곧 부처님의 정토이다. 처음에 또한 세 가지가 있는데, 이것은 (처음에) 과果를 구한 것이다.

어떤 사람은 〈"성스러운 법왕과 같은 경지에 이르고"란 부처님의 자덕自德을 구한 것이고, "생사의 세계를 넘어서고 (건너서)" 등은 이타利他의 덕을 구한 것이다.〉[157]라고 했는데, 옳지 않다. 무릇 부처님이라고 칭하는 것은 반드시 두 가지 이익을 갖추었기 때문이다.

지금 곧 "원하옵건대 제가 부처가 되어 성스러운 법왕과 같은 경지에 이르고"란 획득해야 할 덕을 서원한 것이고, "생사의 세계를 넘어서고 건너서 벗어나지 않은 것이 없게 하소서."란 버려야 할 것을 서원한 것이다.

述云。第三自誓。有二。初願求所歎即十頌也。後請佛作證即三頌也。初又有二。初正求所歎即佛法身也。後乘祈所依即佛淨土也。初又有三。此求果也。有說。齊聖法王。求佛自德。過生死等。求利他德。非也。凡稱佛者。必備二利故。今即願我作佛齊聖法王者。願所獲德。過度生死靡不解脫者。願所棄也。

ㄴ) 인因을 구함

㉠ 자신의 이익을 위한 인을 구함

경

보시를 통해 뜻을 조절하고
계율을 지키고 인욕忍辱을 실천하며 정진精進하고
삼매를 닦으면서
지혜를 개발함을 으뜸으로 삼을 것입니다.

經曰。布施調意。戒忍精進。如是三昧。智慧爲上者。

157 혜원이 『無量壽經義疏』 권상(T37, 102a12)에서 제시한 것이다.

술 이것은 두 번째로 인을 구한 것이다. 여기에 두 가지가 있는데, 이것은 처음에 자신의 이익을 위한 인을 구한 것으로, 곧 육도六度(六波羅蜜)이다.

보시를 통해 인색함을 다스리기 때문에 "뜻을 조절하고"라고 했다.

述云。此第二求因。有二。此初求自利因。即六度也。施治慳悋。故云調意。

㉡ 다른 사람을 이익되게 하는 인을 서원함

경

저는 맹세코 부처가 되어
이 서원 두루 행할 것이오니
두려움에 빠진 모든 중생들
큰 안락함을 이루게 하겠습니다.

經曰。吾誓得佛。普行此願。一切恐懼。爲作大安者。

술 이것은 나중에 다른 사람을 이롭게 하는 인을 서원한 것이니, 과果를 들어 인因을 구했기 때문이다.

述云。此後願利他因也。擧果求因故。

ㄷ) 서원의 뛰어남을 찬탄함

경

가령 백천억만의

부처님이 계셔서
갠지스 강의 모래알처럼 많은
한량없는 대성이
이들 여러 부처님께
모든 것을 공양한다고 해도
불도를 구하기 위해
굳게 지키고 바르게 실천하며 물러나지 않는 것만 같지 못합니다.

經曰。假令有佛。百千億萬。無量大聖。數如恒沙。供養一切。斯等諸佛。不如求道。堅正不却者。

술 이것은 세 번째로 서원의 뛰어남을 찬탄한 것이다.

"부처님"이란 불보佛寶이고, "대성"이란 승보僧寶이다.

어떤 사람은 〈"공양사등供養斯等"이란 승보를 겸한 것이다.〉[158]라고 했는데, 이는 옳지 않다. 비록 다시 "사등斯等"이라고 했지만 모든 부처님을 말하는 것이기 때문이다. 곧 향상向上(뛰어난 것)으로서의 "등等"임을 알 수 있기 때문이다.

지금 곧 "부처님"이란 공양의 대상이고, "대성"이란 공양의 주체이다. 한량없는 대성이 비록 여러 부처님께 공양한다고 해도 (복덕에) 한계가 있기 때문에 불도를 구하려는 마음에서 물러나지 않아서 다시 한계가 없

158 혜원이 『無量壽經義疏』 권상(T37, 102a21)에서 "'가령 백천억만의 부처님'이란 그 불보를 든 것이고, '갠지스 강의 모래알처럼 많은 한량없는 대성'이란 그 승보를 든 것이다. '이들에게 공양한다'란 승보를 공양하는 것이고, '이들 여러 부처님께 공양한다'란 불보에 공양하는 것이다.(假令。有佛百千億萬。擧其佛寶。無量大聖。數如恒沙。擧其僧寶。供養斯等。供前僧寶。斯等諸佛。供前佛寶。)"라고 하여, 부처님과 대성을 모두 공양의 대상으로 해석한 것을 가리킨다. 뒤의 주석에 따르면 경흥은, 대성은 공양의 주체, 부처님은 공양의 대성으로 해석하여 이견을 보이고 있다.

는 것만 같지 못하기 때문이다. "각却"이란 물러나는 것이다.

述云。此第三歎願勝也。佛者即佛寶。大聖者僧。有說。供養斯等。亦兼僧寶。非也。雖復斯等。而言諸佛故。即知向上之等故。今即佛者所供養。大聖者能供養。無量大聖。雖供多佛。而有邊故。不如求佛心不退。還以無邊故。却者退也。

ㄴ. 정토의 과果[159]

ㄱ) 여러 부처님의 국토를 찬탄함

경

비유컨대 갠지스 강의 모래알처럼 많은
여러 부처님의 세계에
다시 헤아릴 수 없고
셀 수 없는 국토에
광명을 쏘아 모두 비추어
이 여러 국토에 두루 퍼집니다.
이와 같이 정진하시니
위신威神을 헤아리기 어렵습니다.

經曰。譬如恒沙。諸佛世界。復不可計。無數剎土。光明悉照。遍此諸國。如是精進。威神難量者。

159 앞의 분과에서는 "의지할 것을 헤아리고 구한 것"이라고 했다. "정토의 과"란 그 내용에 의거하여 붙인 이름이다.

술 두 번째로 정토의 과를 밝혔다. 여기에 세 가지가 있는데, 이것은 처음에 여러 부처님의 국토를 찬탄한 것이다.

"광명을 쏘아 (모두 비추어 이) 여러 국토에 두루 퍼집니다."란 곧 부처님께서 광명을 비추어 그 국토를 장엄한 것이다. "위신을 헤아리기 어렵습니다."란 부처님께서 신통력으로 그 국토를 장엄한 것이다. 부처님께서 그 국토에서 부지런히 화사化事(變化事)를 짓기 때문에 "정진"이라 했고, 화사를 나툰 것을 계산하여 나타냈기 때문에 "헤아리기 어렵습니다."라고 했다.

述云。第二淨土果。有三。此初歎諸佛土也。光遍諸國者。即佛施光明。莊嚴其國。威神難量者。即佛神通。莊嚴其土。佛於彼土。懃作化事。故云精進。現化算表。故云難量。

ㄴ) 여러 국토를 마주하여 뛰어난 국토를 구함

경

제가 부처가 되면
가장 뛰어난 국토를 이룰 것이니
중생은 기묘하고
도량은 더할 나위 없이 빼어나며
니원泥洹처럼 즐거운 나라가 되어
견줄 만한 것이 없을 것입니다.

經曰。令我作佛。國土第一。其衆奇妙。道場超絕。國如泥洹。而無等雙者。

술 이것은 다음에 여러 국토를 마주하여 뛰어난 국토를 구한 것이다.

"국토"란 곧 지금의 극락세계이고, "가장 뛰어난"이란 곧 온갖 상相으로 장엄한 것이며, "기묘하고"란 곧 중생이 가장 뛰어난 것이며, "도량"이란 좌처座處가 가장 뛰어난 것이고, "니원처럼"이란 쾌락이 가장 뛰어난 것이다. ("니원"의 갖춘) 범어 음사어는 닉박남匿縛南(Ⓢ nirvāṇa)이고, 의역어는 원적圓寂이다. "니원"이라고 한 것은 잘못 줄인 음사어이다. 그 국토의 즐거움은 열반에 버금가기 때문에 이것으로 비유하였다.

"견줄 만한 것이 없을 것입니다."란 "가장 뛰어난 국토"라고 한 것이니, 일반적으로 "제일第一(가장 뛰어난)"이란 하열한 것에 상대하여 일컫는 것이다. 그렇지 않다면 곧『화엄경』에서 설한 것[160]과 어긋난다. 앞에서 이미 설한 것과 같기 때문이다.

述云。此次對求勝土也。國土者。即今極樂世界。第一者。即諸相莊嚴。奇妙者。即衆第一。道場者。即座第一。如泥洹者。即快樂第一。梵云匿縛南。唐云圓寂。言泥洹者。訛略也。彼土快樂。可次涅槃。故以譬之。而無等雙者。國土第一。汎言第一者。即對下之稱。不爾。便違華嚴。如前已說故。

ㄷ) 정토를 구하려는 의도를 나타냄

경

저는 불쌍히 여기는 마음으로
일체 중생을 제도하여 벗어나게 할 것입니다.
시방세계에서 왕생한 중생들
마음이 기쁘고 청정할 것이니,

160 구체적으로 어느 부분을 가리키는 것인지 알기 어렵다.

이미 저의 국토에 와서는
즐겁고 평안할 것입니다.

經曰。我當哀愍。度脫一切。十方來生。心悅清淨。已到我國。快樂安隱者。

술 이것은 세 번째로 정토를 구하려는 의도를 나타낸 것이다. "일체 중생을 제도하여 벗어나게 할 것입니다."란 예역穢域(穢土)에서 벗어나는 이익이고, "마음이 기쁘고 청정할 것이니"란 정토에 들어가는 이익이다. 이 두 가지 이익을 위해서 정토의 과를 구한 것이다.

述云。此第三求淨土之意也。度脫一切者。即出穢域之利。心悅快樂[1]者。即入淨土益。爲此二利。故求土果。

1) ㉰『無量壽經』에 따르면 '快樂'은 '淸淨'인 것 같다.

㉯ 부처님께서 증명해 주실 것을 요청함

ㄱ. 세자재왕불께 서원이 헛되지 않음을 증명해 주실 것을 요청함

경

원하옵건대 부처님께서 진실한 것임을 밝히시어
내가 진실임을 증명하노라 하소서.
그것을 발원하고
바라는 것을 위해 힘써 정진하겠나이다.

經曰。幸佛信明。是我眞證。發願於彼。力精所欲者。

술 두 번째로 부처님께서 증명해 주실 것을 요청한 것이다. 여기에 두 가지가 있는데, 이것은 처음에 세자재왕불께 서원이 헛되지 않음을 증명해 주실 것을 요청한 것이다.

"행幸"이란 원하는 것(願)이다. "신信"이란 진실한 것(誠)이다. 부처님께서 진실한 것이어서 구하는 것이 헛되지 않고 반드시 과果를 얻을 것임을 밝혀 줄 것을 원하기 때문이다.

"바라는 것"은 공덕을 지닌 법신과 즐거운 정토이다. 그 두 가지 과를 얻기 위해 힘써 정진하면서 수습하기 때문에 "그것(발원하고 바라는 것)을 얻기 위해 힘써 정진하겠나이다."라고 했다.

述云。第二請佛作證。有二。此初請世王佛證願不虛也。幸者願也。信者誠也。願佛誠明。所求不虛。必得果故。所欲者。功德法身。快樂淨土。於彼二果。力勵精勤。而修習。故云於彼力精。

ㄴ. 시방세계의 부처님께 바라는 것을 이루기 위해 행하면서 후회하지 않을 것을 증명해 주실 것을 요청함

경

시방세계의 세존께서
걸림 없는 지혜를 지니셨으니
항상 이들 존귀한 분들로 하여금
저의 마음과 실천행을 알게 하소서.
설령 몸이 온갖 독약 같은
고통에 빠져들지라도
저는 정진을 행하면서
참아 내어 끝내 후회하지 않을 것입니다.

經曰。十方世尊。智慧無礙。常令此尊。知我心行。假令身止。諸苦毒中。我行精進。忍終不悔者。

술 이것은 나중에 시방세계의 부처님께 바라는 것을 이루기 위해 행하면서 후회하지 않을 것을 증명해 주실 것을 요청한 것이니, 부처님을 마주하여 맹세를 맺기를, 몸이 온갖 고통에 빠져들지라도 부지런히 정진하고 참아 내어 후회하지 않을 것이라고 했기 때문이다.

述云。此後請十方佛證行不悔也。對佛結誓。身止諸苦。勤忍不悔故。

② 뛰어난 행을 자세히 설함

가. 바로 수행을 밝힘

가) 법장이 설해 줄 것을 요청함

㉮ 앞의 것을 헤아리고 바로 요청함

경 부처님께서 아난에게 말씀하셨다.
"법장 비구가 이 게송을 설하고 나서 부처님께 말씀드렸다.
'예, 세존이시여. 제가 무상정각無上正覺을 얻으려는 마음을 발하였으니, 원하옵건대 부처님께서는 저를 위해 경법을 자세히 말씀해 주시옵소서.'"

經曰。佛告阿難。法藏比丘。說此頌已。而白佛言。唯然世尊。我發無上正覺之心。願佛爲我。廣宣經法者。

술 두 번째는 뛰어난 행을 자세히 설하였다. 여기에 두 가지가 있으니, 처음은 바로 수행을 밝혔고, 나중은 닦아야 할 것을 헤아려 나타냈다. 처음에 또한 다섯 가지가 있으니, 첫째 법장이 설해 줄 것을 요청한 것이고, 둘째 여래께서 제지한 것이며, 셋째 법장이 거듭해서 요청한 것이고, 넷째 여래께서 설할 것을 허락한 것이며, 다섯째 뛰어난 행을 닦는 것을 밝힌 것이다. 처음에 또한 두 가지가 있는데, 이것은 처음에 앞의 것을 헤아리고 바로 요청한 것이다.

"무상정각을 얻으려는 마음을 발하였으니"란 곧 앞에서 부처님의 법신과 정토를 얻기를 소원한 마음이다.

述云。第二廣說勝行。有二。初正辨修行。後乘顯所修。初又有五。一法藏請說。二如來抑止。三法藏重請。四如來許說。五辨修勝行。初又有二。此初乘前正請也。發無上覺心者。即前願佛法身淨土之心也。

㉯ 설할 것을 요청한 뜻을 펼침

경 "'저는 수행하여 부처님의 국토에서 좋은 것을 취하여 청정하고 장엄하여 한량없이 미묘한 국토를 이룰 것이니, 저로 하여금 세상에서 속히 정각을 이루고, 생사의 과果와 그러한 고통의 근원을 뽑아 없앨 수 있게 해 주시옵소서.'"

經曰。我當修行。攝取佛國。清淨莊嚴。無量妙土。令我於世。速成正覺。拔諸生死。勤苦之本者。

술 이것은 나중에 설할 것을 요청한 뜻을 펼친 것이다.

"수행하여"란 부처님의 법신과 정토를 얻기 위한 인因을 수행하는 것이다. “(부처님의 국토에서 좋은 것을 취하여 청정하고 장엄하여 한량없이) 미묘한 국토를 이룰 것이니”란 곧 정토의 과果를 얻고자 하기 때문이다. “정각을 이루고”란 부처님의 법신의 과果를 증득하고자 하기 때문이다.

“생사의 과果와 그러한 고통의 근원을 뽑아 없앨 수 있게 해 주시옵소서.”란 중생을 이롭게 하고자 하기 때문이다. “생사”란 과果이고, “그러한 고통의 근원”이란 인因이다. 인因으로 말미암아 되풀이해서 생사의 고통을 받기 때문에 “그러한 고통의 근원”이라고 했다. 여러 중생을 교화하여 정토에 태어나서 영원히 생사의 인과因果의 고통을 끊게 하기 때문에 또한 “뽑아 없앨 수 있게 해 주시옵소서.”라고 했다. 곧 그 차례대로 닦는 것, 얻는 것, 교화하는 것[161]에 해당한다.

述云。此後申請說之意也。當修行者。即修行身土之因。攝妙土者。即欲得土果故。令成正覺者。即欲證身土[1)]果故。拔生死苦者。即欲利衆生故。生死者果。勤苦本者即因也。由因數受生死之苦。故云勤苦本。化諸衆生。令生淨土。永絕生死因果之苦。故亦云拔。即如其次第。所修所得所化之也。

1) ㉯ ‘土’는 잉자이다.

나) 부처님께서 허락하지 않음

경 부처님께서 아난에게 말씀하셨다.

“그때 세요왕불世饒王佛(세자재왕불)께서 법장 비구에게 말씀하셨다.

‘수행해야 할 것이나 불국토를 장엄하는 것과 같은 것은 네가 스스로 알게 될 것이다.’”

161 “我當修行”은 닦는 것이고, “攝取佛國。淸淨莊嚴。無量妙土。令我於世。速成正覺。”은 얻는 것인데, 이 가운데 다시 전자는 정토, 후자는 법신이며, “拔諸生死。勤苦之本”은 교화하는 것에 해당한다는 말이다.

經曰。佛語阿難。時世饒王佛。告法藏比丘。如所修行。莊嚴佛土。汝自當知者。

술 이것은 두 번째로 부처님께서 허락하지 않으신 것[162]이다.

"요饒"란 "자재"를 풀이한 말이다. 이미 큰 서원을 발했기 때문에 네가 또한 능히 알 수 있을 것이라고 했는데, 이는 곧 (법장의) 요청과는 어긋나는 말이다.

述云。此第二佛不許也。饒者即釋自在之言。既發大願故。汝亦能知。即違請之言也。

다) 법장이 거듭해서 요청함

경 "(법장) 비구가 부처님께 말씀드렸다.

'이러한 뜻은 넓고 깊어 제가 알 수 있는 경계가 아닙니다. 오직 원하옵건대 세존이시여, 제불여래(의 법신)과 정토를 얻기 위한 행을 자세하게 설해 주소서. 저는 이 말씀을 듣고 말씀하신 대로 수행하여 서원한 것을 원만하게 성취하겠습니다.'"

經曰。比丘白佛。斯義弘深。非我境界。唯願世尊。廣爲敷演。諸佛如來淨土之行。我聞此已。當如說修行。成滿所願者。

술 이것은 세 번째로 법장이 거듭해서 요청한 것이다.

"홍弘"이란 넓고 큰 것이다. 곧 지상地上의 보살의 성스러운 행은 그 뜻

162 앞의 분과에서는 "여래께서 제지한 것"이라고 했다.

이 넓고 깊어 스스로 알 수 있는 경계가 아니기 때문에 이것을 설해 주실 것을 요청해야 했던 것이다. 그러나 (앞의 문장에서) 부처님께서 네가 스스로 알아야 할 것이라고 하여 제지하신 것은 곧 지전地前의 보살이 닦아야 할 것과 관련된 것이다. 그러므로 서로 어긋나지 않는다.

어떤 사람은 〈이 가운데 오직 정토를 구하는 행만 있고 법신을 구하는 원인은 생략하고 없다.〉[163]라고 했는데, 이것은 옳지 않다. "여래정토如來淨土"는 상위석相違釋[164]이기 때문이다. 그 차례대로 법신을 얻기 위한 수행과 정토를 얻기 위한 수행을 설했기 때문이다.

述云。此第三法藏重請也。弘者廣大也。即地上聖行。其義廣深。非自境界。故須請之。而佛止言汝自知者。即地前所修。故不相違。有說。此中。唯求淨土行。身因略無。非也。如來淨土。即相違釋。如其次第。身土行故。

라) 여래께서 법장 비구를 위해 설함

㉮ 총괄적으로 설할 것을 허락한 것을 나타냄

경 "그때 세자재왕불께서 그가 매우 현명하고 의지와 서원이 깊고 넓음을 아시고, 곧 법장 비구를 위해 경經을 설하여 말씀하셨다."

---

163 혜원이 『無量壽經義疏』 권상(T37, 102c22)에서 제시한 것이다.

164 상위석相違釋 : 두 단어 이상의 명사가 대등한 관계에 있어서 독립적으로 열거된 범어 복합어의 해석 방법을 일컫는 말. 예를 들면 산천초목山川草木이라는 단어를, 산·천·초·목의 병렬 관계에 있는 것으로 해석하는 것이다. 여기에서 혜원은 "여래정토"를 여래의 정토라고 해석했기 때문에 부처님의 법신을 얻기 위한 수행은 생략되었다고 했으나, 경흥은 이것은 여래와 정토의 병렬 관계로 해석함으로써 생략된 것이 아님을 밝힌 것이다.

經曰。爾時。世自在王佛。知其高明。志願深廣。即爲法藏比丘。而說經言者。

술 넷째, 여래께서 법장 비구를 위해 설하신 것이다. 여기에 두 가지가 있는데, 이것은 처음에 총괄적으로 설할 것을 허락한 것을 나타낸 것이다.

述云。第四如來爲說。有二。此初總標許說也。

㉯ 별도로 설한 것을 펼침

ㄱ. 비유에 의해 수행을 권함

경 "'비유건대 큰 바다를 어떤 사람이 말(斗)로 헤아려 무수한 겁을 지나면 오히려 바닥에 이르러 그 미묘한 보배를 얻을 수 있는 것처럼, 어떤 사람이 지극한 마음으로 부지런히 도를 구하면 반드시 과果를 얻는 것에만 그치지 않으니, 어찌 서원이 성취되지 않겠는가.'"

經曰。譬如大海。一人斗量。經歷劫數。尚可窮底。得其妙寶。人有至心。精進求道。不止會當剋果。何願不得者。

술 이것은 나중에 별도로 설한 것을 펼친 것이다. 여기에 두 가지가 있는데, 이것은 처음에 비유에 의해 수행을 권한 것이다.

"회會"는 또한 필必(반드시)이다. "극剋"이란 성취하는 것(遂)이고, 얻는 것(得)이다.

述云。此[1)]別申所說。有二。此初寄喻勸修也。會亦必也。剋者遂也得也。

1) ㉮ '此' 뒤에 '後'가 누락되었다.

ㄴ. 요청한 것에 바로 답함

경 **"이에 세자재왕불은 바로 210억 부처님의 국토에 있어서 (그곳에 태어나는) 하늘과 사람의 선악과 국토의 거칢과 미묘함을 자세하게 설하고, 그가 마음속으로 소원한 것에 응하여 (이러한 모습을 직접 볼 수 있도록) 모두 나투어 주었다."**

經曰。於是。世自在王佛。即爲廣說二百一十億諸佛刹土。天人之善惡。國土之粗妙。應其心願。悉現與之者。

술 이것은 나중에 요청한 것에 바로 답한 것이다.

"210억 부처님의 국토"란 정토와 예토의 여러 부처님의 국토를 통틀어서 말한 것이기 때문이다. "(그곳에 태어나는) 하늘과 사람의 선악"이란 곧 여러 국토의 인因이고, "국토의 거칢과 미묘함"이란 곧 여러 국토의 과果이다. "조粗"란 거친 것(麁)이다. 그러므로 어떤 판본에서는 "국토의 추묘麁妙"[165]라고 했다. (그곳에 태어나는 중생의) 몸은 국토를 따르기 때문에 별도로 설하지 않았다. 오직 정토의 인과因果만을 설하지 않고 예토를 겸한 것은 그 악하고 거친 것을 버리고, 그 선하고 미묘한 것을 닦게 하기 위한 때문이다. 오직 말씀하신 것뿐만 아니라, 또한 나투어 보이셨기 때문에 "그가 마음속으로 소원한 것에 응하여 (이러한 모습을 직접 볼 수

165 강승개본이 실린『大正藏』의 미주에 따르면【宋】·【元】·【明】·【流布本】등에서는 '粗'를 '麤'라 하였다고 했다.

있도록) 모두 나투어 주셨다."라고 했다.

백연본과 지겸본에서 (법호본의 본문에 이어서) "누이긍라불(세자재왕불)께서 설법을 마치자 담마가(법장)는 바로 그 마음을 전일하게 하여 곧 천안天眼을 얻어 꿰뚫어 볼 수 있는 능력을 갖추어 스스로 210억 부처님의 국토에 있는 여러 천인의 선악과 국토의 호추好醜를 모두 보았다."[166] 라고 했다.

또한 이 여러 국토들은 가까운 곳에 있는 것이 아니기에 어떤 국토를 선택할 것인지를 (법장의) 기機(根器)와 바라는 것에 응하여 보게 했기 때문이다. 이렇게 한 것이 아니라면 곧 백연본과 지겸본에서 "그 부처님께서 곧 210억 부처님의 국토에 있는 여러 천인의 선악과 국토의 호추를 가려내어 주셨다."[167]라고 한 것과 어긋나기 때문이다.

이에 대해서 무릇 사람이 보는 광명 중의 여러 국토는 이미 예토가 없는 것인데 어째서 법장을 위해 악하고 추한 국토를 나툰 것인지를 힐난하지 말아야 한다. 근기와 바라는 것이 이미 다르니, 성인이 응하는 것도 동일하지 않기 때문이다. 이와 같지 않다면 무릇 사람이 이미 예국穢國(예토)을 싫어하여 정토를 구하기 때문에 오직 그가 바라는 정토의 상만을 나투어서 섭수하게 하는 경우가 있는 것일 뿐이다.

述云。此後正答所請也。二百一十億佛土者。即通説淨穢諸佛之土故。天人善惡。即諸土之因。國土粗妙。即諸土之果。粗者麁也。故有本云國土之麁妙。攝身從土。故不別説。所以不唯説淨土因果而兼穢土者。欲令捨其惡麁。而脩其善妙故。非唯爲説。亦使現見。故應心現與。即帛謙云。樓夷亙

166 『無量清淨平等覺經』 권1(T12, 280c29)·『阿彌陀三耶三佛薩樓佛檀過度人道經』 권상(T12, 301a10).

167 『無量清淨平等覺經』 권1(T12, 280c27)·『阿彌陀三耶三佛薩樓佛檀過度人道經』 권상(T12, 301a8).

羅佛說竟。曇摩迦。便一其心。即得天眼徹視。悉自見二百一十億諸佛國中。諸天人民之善惡。國土之好醜也。又此諸土。非隣次有。選擇何土。應機所欲而令見故。不爾。便違帛謙經中。其佛。即選擇二百一十億佛國土中。諸天人民之善惡。國土之好醜故。不應難言。夫人所見。光中諸土。既無穢土。如何。爲法藏。亦現惡麁者。機欲既異。聖應非一故。若不爾者。夫人既厭穢國。以求淨處故。唯現所祈淨土之相。而令攝受。

마) 바로 뛰어난 행을 닦음

㉮ 상을 보고 서원을 발함

경 "그때 그 비구는 부처님께서 설한 장엄하고 청정한 국토를 듣고 모두 보고 나서 더욱 위없는 수승한 서원을 발하였다."

經曰。時彼比丘。聞佛所說。嚴淨國土。皆悉覩見。超發無上殊勝之願者。

술 다섯 번째 바로 뛰어난 행을 닦은 것이다. 여기에 세 가지가 있는데, 이것은 처음에 상을 보고 서원을 발한 것이다.

이미 구하려는 정토의 상을 보아서 정토를 섭수하고자 하는 서원이 다시 더욱 깊어졌기 때문에 "더욱 수승한 서원을 발하였다."라고 했다.

述云。第五正修勝行。有三。此初覩相發願也。既見所求淨土之相。攝淨土願。更轉深。故云超發勝願。

㉯ 서원에 의지하여 수행함

경 "그 마음은 고요하고 뜻은 집착하는 것이 없으며 일체의 세간에서 능히 미칠 만한 이가 없었다. 5겁 동안 불국토를 장엄하는 청정한 행行을 사유하고 섭취하였다."

經曰。其心寂靜。志無所著。一切世間。無能及者。具足五劫。思惟。攝取莊嚴佛國清淨之行者。

술 이것은 두 번째로 서원에 의지하여 수행한 것이다.

어떤 사람은 〈지혜를 증득하여 상相을 여의었기 때문에 "고요하고"라고 했고, 지전地前을 넘어섰기 때문에 "능히 미칠 만한 이가 없었다."라고 했다.〉라고 했는데, 이는 옳지 않다. (상을 여읜 상태인) 무분별지無分別智는 사토事土의 인연이 될 수 없기 때문이다. 또한 이치상으로 보더라도 지상地上의 행行이라고 말할 수 없기 때문이다.

어떤 사람은 〈정토의 행은 비록 또한 여러 가지가 있지만 오직 두 부류로 나눌 수 있다. 첫째, 사事를 연緣하는 행行이니, 칭명염불稱名念佛[168]하기 때문이다. 둘째, 이치에 의지한 행이니, 반연을 그치기 때문이다. 처음 것은 곧 아미타 부처님의 명호를 칭념하는 것이기 때문에 (아미타 부처님의 정토인) 극락에 왕생하기 위한 개별적인 행이다. 뒤의 것은 곧 여러 부처님의 국토에 모두 통하는 행이니, 이른바 "마음은 고요하고 (뜻은) 집착이 없으며"라고 한 것이 이것이다.〉라고 했는데, 이것도 또한 옳지 않다. "마음에서 바라고 원하는 것을 선택하여 곧 이십사원경二十四願經을

168 칭명염불稱名念佛 : 부처님의 명호를 칭념하는 것.

완성하여 바로 받들어 행했다."[169]라고 했기 때문이다. 마음에서 바라고 원한 것이 이미 극락정토이니 반드시 여러 국토에 통하는 행을 말할 수는 없기 때문이다.

지금 곧 정토가 반드시 선정을 근본으로 삼는 것을 나타내고자 한 때문에 "그 마음은 고요하고"라고 했고, 지혜가 그 선정을 이끌기 때문에 "집착하는 것이 없으며"라고 했다. 이른바 (고요한) 마음으로 관찰하는 것을 정토의 업이라 하니, 곧 뛰어난 출세간의 선근 방편이기 때문이다.

述云。此第二依願修行也。有說。證智離相。故云寂靜。超過地前。故無能及者。非也。無分別智。不可爲事土因緣故。亦無可理而言地上行故。有說。淨土之行。雖復衆多。唯有二類。一緣事行。稱名念佛故。二依理行。息攀緣故。初即稱彌陀名故。是極樂別行。後即通諸佛土行。所謂心寂無著。是也。此亦不然。違即選心所欲願。便結得是二十四願經。即奉行故。心所欲願。既極樂土。必不可言是諸土通行故。今即欲現淨土。必定爲本故。其心寂靜。慧導其定。故云無所著。所謂。心觀。名淨土之業。即勝出世間善根方便故。

"일체의 세간에 능히 미칠 이가 없었다."란 무분별품無分別品을 성취한 데서 연유한 것이다.

"5겁 동안 불국토를 (장엄하는 청정한 행行을) 사유하고 섭취하였다."란 뒤에 얻을 지혜의 방편이다.

어떤 사람은 〈비록 5겁이라고 해도 오직 한 가지 행만 닦았으니, 이른바 그 마음이 고요하고 뜻은 집착이 없는 것이 그것이다.〉[170]라고 했지만,

---

169 백연본과 지겸본, 곧 『無量淸淨平等覺經』 권1(T12, 281a3)·『阿彌陀三耶三佛薩樓佛檀過度人道經』 권상(T12, 301a13) 등에 나오는 말이다.

170 玄一의 『無量壽經記』 권상(X22, 59c6).

옳지 않다. 서원이 이미 마흔여덟 가지이니 행도 반드시 하나가 아니기 때문이다. 곧 5겁이 지나도록 그 국토와 관련된 여러 가지 행을 수습한 것이다.

一切世間無能及者。是無分別品之所由也。五劫思攝佛國行者。即後所得智之方便。有說。雖五劫。而唯修一行。所謂。其心寂靜。志無所著。非也。願既四十八。行必非一故。即經於五劫。修習彼土種種行也。

이 가운데 어떤 사람은 〈법장은 곧 십주十住[171] 중 제6심第六心인 석법공위折法空位(법을 쪼개어 공임을 아는 지위)가 이것이다.[172]〉[173]라고 했고, 어떤 사람은 이것을 힐난하여 〈제6심에서 이미 정토의 인因을 닦는다면, 서방극락정토에는 응당 화주化主가 없어야 한다.〉라고 했는데, 모두 옳지 않다. 만약 제6심이라고 한다면 어떤 위位에서 닦아야 할 정토행을 섭취하는 것인지를 설했어야 한다. 또한 정토의 인을 닦으면 바로 정토가 나투니 제불인 화주化主는 어느 때이든 있지 않음이 없기 때문이다. 그 차례대로 그릇된 것을 힐난한 것을 풀이했다.

此中。有說。法藏。即十住中之第六心。折法空位。是也。有難此云。若第六。既修淨土因。西方土中。應無化主。皆不然也。若在第六心。應說攝取何位所修淨土行耶。又修土因。便現淨土。諸佛化土。[1)] 無時不有故。如其次第。

---

171 십주十住 : 보살 수행의 52계위 중 제11위~제20위에 해당하는 것. 십해十解라고도 한다.

172 십주의 제6심은 정법주正法住이다. 여기에 대한 무자성의 이치를 깨닫는 지위이다. 이를 '석법공위'라고 해석한 사례는 보이지 않는다.

173 길장의 『觀無量壽經義疏』(T37, 234c26)에 따르면 남지사南地師의 주장이다.(一南地師傳云。法藏菩薩發願。在破拆空位。此因爲本所造依正兩報。) 단 여기에서는 '파석공위'라고만 했을 뿐 제6심이라는 말은 없다.

釋難非也。

1) ㉪ '土'는 '主'인 것 같다.

어떤 사람은 〈법장은 팔지八地[174] 이상의 보살이다. 여러 대원大願을 발하여 정토의 인因을 닦았는데, 이는 변역신變易身[175]이기 때문이다.〉[176]라고 했다. 또한 어떤 사람은 이것을 힐난하여 말하기를 〈다시 그 국토에 주인이 없다는 허물이 생겨난다.〉라고 했는데, 이것도 또한 모두 옳지 않다. 팔지의 보살은 생각마다 두루 한량없는 부처님의 국토를 보니, 반드시 210억의 부처님의 국토를 본다고 말할 수는 없기 때문이다.

有說。法藏。是八地已上菩薩也。發諸大願。修淨土因。是變易故。亦有難言。還成彼土。無主之過。此亦皆非。八地菩薩。念念。普見無量佛土。必不可言見二百一十億土故。

지금 곧 법장은 생각건대 십향十向[177]을 원만하게 이룬 계위의 보살[178]이기 때문이다. 5겁 동안 정토의 인을 수행하여 초겁初劫에 수행을 원만

174 팔지八地 : 보살 수행의 52계위 중 제41위~제50위의 십지十地 중 여덟 번째에 해당하는 부동지不動地를 가리킨다.

175 변역신變易身 : 변역생사變易生死하는 몸을 일컫는 말. 상대어는 분단신分段身이다. 삼계 안에서 생사윤회하는 몸을 여읜 이후부터 성불成佛에 이르기 이전까지의 성자가 받는 몸이다. 무루無漏의 비원력悲願力으로 말미암아 분단생사分段生死(삼계를 윤회하는 범부의 생사. 자신이 지은 業因에 따라 신체에 大小, 長短 등의 분한이 있어 分分段段으로 생사하는 것)하는 거칠고 하열한 몸을 변화하여 미세하고 미묘하며 색형色形·수명 등에서 한정을 갖지 않는 몸을 받기 때문에 변역신이라 한다.

176 길장의 『觀無量壽經義疏』(T37, 234c27)에 따르면 북지사北地師의 주장이다.(二北地師傳云。在八地以上。無漏業爲本。所造依正兩報。)

177 십향十向 : 보살 수행의 52계위 중 제31위~제40위를 일컫는 말. 갖추어서 십회향十迴向이라 한다. 대비심으로 일체중생을 구호하려는 뜻을 일으키는 계위이다.

178 십회향을 원만히 이루고 다음 단계인 십지 중 제1지(초지)에 도달한 보살이라는 뜻.

하게 이루었기 때문에 "섭취하였다"고 하였다. 초지의 보살은 백 분의 부처님의 세계를 볼 뿐인데, 어떻게 법장은 이런 정도의 국토를 볼 수 있었던 것인지를 힐난하지 말아야 한다. (법장이 초지의 보살이지만 210억 부처님의 국토를 볼 수 있었던 것이) 서로 어긋나지 않는 것은 가피의 힘에 의해 보는 것은 또한 그보다 더 높은 계위의 보살이 보는 것을 넘어서기 때문이다. 초지의 보살도 만약 가행加行을 짓는다면 보는 것이 초지의 한계를 넘어서기 때문이다.

今即法藏。蓋是十向滿位菩薩故。五劫修行。淨土之因。初劫行滿。故云攝取。不應難言。初地菩薩。見百佛世界。如何法藏。見爾許土。不相違者。加力所見。亦過上位故。初地菩薩。若作加行。所見過此故。

㈐ 아난의 질문을 따라 거듭해서 해설함

경 아난이 부처님께 말씀드렸다.
"그 부처님의 국토는 수량이 얼마나 되는 것입니까?"
부처님께서 말씀하셨다.
"그 부처님의 수명은 42겁이다. 그때 법장 비구는 210억 부처님의 미묘한 국토와 같은 국토를 장엄하는 청정한 행을 섭취하였다."

經曰。阿難白佛。彼佛國土。壽量幾何。佛言。其佛壽命。四十二劫。時法藏比丘。攝取二百一十億諸佛妙土清淨之行者。

술 이것은 세 번째로 아난의 질문을 따라 거듭해서 해설한 것이다.
부처님의 수명이 만약 짧다면 5겁 동안 청정한 행을 할 수는 없기 때문에 그 부처님의 수명이 42겁이라는 것을 나타내어 이러한 의심을 풀었다.

어떤 사람은 〈(법장의 수명도 42겁인데, 겁이 다할 때는 어느 곳에 머물러 수행했는지를 질문하고) 그 수명이 (이렇게) 다겁多劫이지만, 겁이 다할 때 (다른) 중생들은 비록 겁이 다하여 불타는 것을 보지만 그 국토는 안온安穩하기 때문에 법적보살法積菩薩(法藏比丘)은 5겁 동안 청정한 국토의 인을 수행할 수 있었다. 곧 『법화경』에서 "중생은 불타는 것을 보지만 나의 국토는 안온하여 천인天人이 항상 가득하다."[179]라고 한 것과 같다.〉[180]

라고 했는데, 이것은 아마 옳지 않은 것 같다. (『법화경론』에서 앞의) 『법화경』에서 설한 것을 논하면서 (해당 부분을) 풀이하기를 "보불여래報佛如來의 진실한 정토"[181]라고 했으니, 곧 그 국토는 타수용토他受用土[182]임을 알 수 있고, 타수용불他受用佛의 수명은 반드시 한량없어서 42겁이라고 말할 수 없기 때문이다.[183]

---

179 『法華經』 권5(T9, 43c6)에서 "衆生見劫盡。大火所燒時。我此土安隱。天人常充滿。"이라고 한 것을 취의 요약한 것이다.

180 혜원의 『無量壽經義疏』(T37, 103a10)에서 "아난이 먼저 묻고 나중에 부처님께서 그것에 답하셨다. 그 부처님의 수명은 42겁이니 법장의 수명도 또한 응당 이와 같다. 그러므로 그 법장이 일신一身 속에서 그 부처님의 처소에 있으면서 5겁 동안 수행했다. **문** 그가 다겁의 수명을 얻었다면, 겁이 다할 때는 어느 곳에 머물러서 수행할 수 있었는가. **해** 다른 사람은 그 겁이 다하는 것을 보지만 법장 등과 같은 이는 그 국토가 안은하고 동요하지 않는 것을 본다. 그러므로 수행을 일으킬 수 있다. 『法華經』에서 '중생은 겁이 다하여 큰 불이 타오르는 것을 볼 때 나는 이 국토에서 안은하며 천인이 항상 가득하다'라고 한 것과 그 뜻이 서로 비슷하다.(阿難先問。後佛答之。彼佛壽命。四十二劫。法藏壽命。亦應如是。故彼法藏。於一身中。在彼佛所。五劫修行。問曰。若彼得壽多劫。劫盡之時。居住何處。而得修行。釋言。餘人。見其劫盡。其法藏等。見彼國土安隱不動。故得起修。與*法華中。衆生見劫盡。大火所燒時。我此土安隱。天人常充滿。其義相似。)"라고 한 것을 취의 요약한 것인데, 경흥의 문장은 의미가 명료하게 드러나지 않아 인용문을 좀 더 확장하고 원문을 풀이했다. 본문의 '與'는 '如'인 것 같다.

181 『法華經論』(T26, 19a7).

182 타수용토他受用土 : 타수용신他受用身이 의지하여 머무는 국토. 실보토實報土라고도 하며, 부처님께서 큰 자비의 힘으로 십지十地 보살에게 응하여 적절한 양태의 정토와 불신佛身으로 변화하여 법락法樂을 향유할 수 있도록 한다.

183 『法華經』에서 석가불께서 말씀하신 것은 보불여래의 정토에 머무는 것을 말한 것이고, 이때 부처님의 수명은 한량없는 것이기 때문에 이를 42겁이라는 제한된 수명과

지금 곧 “42겁”이란 아마 세수겁歲數劫[184]인 것 같다. 그러므로 5겁 동안 정토행을 섭취해도 겁이 다하는 일은 없다. 대통불大通佛[185]의 수명은 헤아릴 수 없는 겁이었지만 오히려 정토를 성취하지 못했는데, 어떻게 42겁이라는 세월을 근거로 정토를 말할 수 있겠는가.

述云。此第三逐難重解也。佛壽若短。不應五劫淸淨行故。顯彼佛壽四十二劫。以釋此疑。有說。彼壽多劫。劫盡之時。衆生雖見劫盡所燒。其土安穩故。法積菩薩。五劫修行淸淨之因。卽同法華云。衆生見所燒。我土安穩。天人常滿。此恐不然。法華所說論。自釋云。報佛如來眞實淨土。卽知彼土是他受用。他受用佛壽。必無量不可言四十二劫故。今卽四十二劫者。蓋歲數劫。故經五劫攝淨土行。非劫盡也。大通佛壽。不可數劫。尙非淨土。如何。四十二劫。可言淨土。

관련된 사례로 보는 것은 무리라는 말로 보인다.

184 세수겁歲數劫 : 갖추어서 일월세수겁日月歲數劫이라 한다. 세월로서의 겁이라는 뜻. 『瑜伽師地論略纂』 권1(T43, 14b3)에서 “겁에 아홉 가지가 있다. 첫째, 일월세수日月歲數이니, 곧 주晝·야夜·월月·시時·년年 등이다. 둘째, 증감겁增減劫이니, 곧 기饑·병病·도刀 등의 소삼재겁小三災劫을 가리키는 것으로 중겁中劫이라 한다. 셋째, 20겁을 1겁으로 삼으니, 곧 범중천겁梵衆天劫이다. 넷째, 40겁을 1겁으로 삼으니, 곧 범전익천겁梵前益天劫이다. 다섯째, 60겁을 1겁으로 삼으니, 대범천겁大梵天劫이다. 여섯째, 80겁을 1겁으로 삼으니, 화재겁火災劫이다. 일곱째, 일곱 화재겁을 1겁으로 삼으니, 곧 수재겁水災劫이다. 여덟째, 일곱 수재겁을 1겁으로 삼으니, 곧 풍재겁風災劫이다. 아홉째, 3대아승기겁三大阿僧祇劫이다.”라고 했다.

185 대통불大通佛 : 갖추어서 대통지승불大通智勝佛이라 한다. 과거세에 『法華經』을 설하신 부처님. 천태종에서는 『法華經』을 이금당已今當(과거·현재·미래) 삼설三說의 경전이라고 하여 교상판석에서 가장 뛰어난 위치에 배대하였는데, 대통지승불과 연등불이 바로 과거에 『法華經』을 이미 설한(已說) 부처님이다. 『法華經』 권3(T9, 22b19)에 따르면, 그 수명은 540만억 나유타겁인데, 10소겁 만에 정각을 이루었고, 『法華經』을 강설한 후 8만 4천 겁 동안 선정에 들었고, 그 가르침을 받은 16사미가 『法華經』을 강설했는데, 부처님께서 열반에 드신 후에도 역시 그렇게 하였다.

나. 수행한 것을 펼침

가) 수행한 것을 펼침

㉮ 법장이 수행한 것을 우러르며 말씀 드림

경 "이와 같이 닦고 나서 그 부처님의 처소를 방문하여 머리를 숙여 발에 예배드리고 부처님의 주위를 세 번 돌고 합장하고 멈추어서 세존께 말씀드렸다.
'저는 이미 불국토를 장엄하는 청정한 행行을 섭취하였습니다.'"

經曰。如是修已。詣彼佛所。稽首禮足。遶佛三匝。合掌而住。白言世尊。我已攝取莊嚴佛土清淨之行者。

술 두 번째, 수행한 것을 펼친 것이다. 여기에 두 가지가 있으니, 처음은 수행한 것을 펼친 것이고, 나중은 뛰어난 행을 닦은 것을 펼친 것이다. 처음에 또한 여섯 가지가 있으니, 첫째 법장이 수행한 것을 우러르며 말씀드린 것이고, 둘째 여래께서 말씀하시도록 한 것이며, 셋째 법대로 할 것을 맹세하고 서원을 말한 것이고, 넷째 서원을 세우고 스스로 약속한 것이며, 다섯째 약속을 끝내고 상서를 나타낸 것이고, 여섯째 총괄적으로 찬탄을 맺은 것이다. 이것은 처음에 해당한다.

述云。第二申所修行。有二。初申所修行。後申修勝行。初又有六。一法藏喟喟[1]行。二如來令說。三誓法宣願。四立誓自契。五遂契現瑞。六總以結歎。此初也。

1) ㉠ '喟喟'는 '喁喁'인 것 같다.

㉯ 부처님께서 설할 것을 권함

경 "부처님께서 법장 비구에게 말씀하셨다.

'네가 지금 말할 수 있는 바로 그때라는 것을 알아야 한다. 일체 대중을 발기發起하게 하고 기뻐하게 할 수 있으며, 보살은 듣고 나서 이 법을 수행하게 할 수 있으며, 그것을 인연으로 한량없는 대원大願을 원만하게 성취하기에 이를 것이다.'"

經曰。佛告比丘。汝今可說。宜知是時。發起悅可一切大衆。菩薩聞已。修行此法。緣致滿足無量大願者。

술 이것은 두 번째로 부처님께서 설할 것을 권한 것이다.

"일체 대중"이란 범부와 이승二乘이다. 법장이 자신이 발원한 것을 설하면 대중이 모두 함께 그 국토에 왕생하기를 소원하기 때문에, "발기하게 하고 기뻐하게 할 수 있으며"라고 했다. 보살은 설한 것을 듣고 또한 함께 발원하기 때문에 "수행하게 할 수 있으며"라고 했다. 이 서원을 수행한 인연 때문에 대원大願을 원만하게 성취하기에 이른다.

述云。此第二佛勸說也。一切大衆者。即凡夫二乘。法藏。若說已所發願。大衆皆同願生彼土。故云發起悅可。菩薩聞說。亦同發願。故云修行。修行此願因緣故。致滿大願也。

㈐ 스스로 발원한 것을 설함

ㄱ. 부처님께서 권한 것에 나아가 말할 것을 승인함

경 "(법장) 비구가 부처님께 말씀드렸다.

'오직 듣고 살펴 주십시오. 제가 원하는 것을 그대로 자세히 말하겠습니다.'"

經曰。比丘白佛。唯垂聽察。如我所願。當具說之者。

술 세 번째로 스스로 발원한 것을 설한 것이다. 여기에 두 가지가 있는데, 이것은 처음에 부처님께서 권한 것에 나아가 말할 것을 승인한 것이다.

述云。第三自宣發願。有二。此初逐勸許說也。

ㄴ. 바로 자신의 서원을 펼침

ㄱ) 중생을 섭수할 것을 서원한 것(1~11)

㉠ 고통을 여의게 할 것을 서원한 것(1, 2)

a. 원무고고願無苦苦(苦苦[186]가 없게 할 것을 서원한 것 1[187])

186 고고苦苦 : S duḥkha-duḥkhatā. 마음에 들지 않는 대상 경계에 의해 생겨나는 몸과 마음의 고통을 일컫는 말이다.

187 1 : 마흔여덟 가지 서원의 순서를 분명히 드러내기 위해 역자가 임의로 번호를 붙인

경 "'만약 제가 부처가 되었을 때 그 국토에 지옥·아귀·축생이 있다면 정각正覺을 취하지 않겠습니다.'"

經曰。說[1]我得佛。國有地獄餓鬼畜生者。不取正覺者。

1) ㉮ '說'은 '設'이다.

술 이것은 나중에 바로 자신의 서원을 펼친 것이다.

그런데 법장의 발원은 세 가지 경본經本에 있어서 (서원의) 숫자와 개합開合[188]과 차례가 같지 않다. 이제 백연본과 지겸본의 스물네 가지 서원을 이 법호본의 마흔여덟 가지 서원과 대조할 것인데, 서원에 대해 간략한 이름으로 만들어 이름을 풀이할 것이다. 광대한 서원을 펼친 문장은 백연본과 지겸본에 모두 스물네 가지이지만 그 뜻은 각각 다르다.

백연본은 이 경(법호본)에서 (제18원을 뺀) 앞의 스물네 가지 서원을 선택하고,[189] (법호본의 제23원과 제24원을 합쳐 제22원으로 삼아 모두 23원을 만든 후)[190] 여기에 제23 보발원寶鉢願(七寶鉢願)[191]을 더하여 스물네

것이다. 이하 동일하다.

188 개합開合 : 어느 곳에서는 하나의 서원으로 묶은 것을 둘이나 셋으로 나눈 것을 '개'라 하고, 어느 곳에서는 둘이나 셋인 것을 하나의 서원으로 묶은 것을 '합'이라 한다.

189 곧 법호본의 제1원~제25원 중에서 제18원만 제외했다는 말이다. 그러므로 그 숫자는 현재 모두 24원이 된다.

190 법호본에서는 "제23 : 만약 제가 부처가 되었을 때 국토에 거주하는 보살이 부처님의 신력神力을 받아 여러 부처님을 공양하되, 한 끼의 밥을 먹을 시간에 셀 수 없고 헤아릴 수 없는 나유타의 여러 부처님의 국토에 두루 이르지 못한다면, 정각을 취하지 않겠습니다."와 "제24 : 만약 제가 부처가 되었을 때 국토에 거주하는 보살이 여러 부처님의 앞에서 그 덕의 근본이 되는 여러 가지 구하려는 공양구를 나투어 보이려고 하는데, 뜻대로 되지 않는다면 정각을 취하지 않겠습니다."라고 했다. 백연본에서는 "제22 : 제가 부처가 되었을 때 저의 국토에 있는 모든 보살들이 함께 팔방과 위아래의 무수한 여러 부처님들께 공양하고자 하면 모두 날아가게 할 것이고, 만 가지의 자연의 물품을 얻고자 하면 모두 앞에 나타나서 그것을 가지고 여러 부처님들께 공양하여 두루 공양한 후에는 정오가 되기 전에 저의 국토에 되돌아올 수 있어야 할 것이니, 만

가지 서원을 이루었다.

지겸도 또한 마흔여덟 가지 서원 중 스물다섯 가지 서원을 초출하고, (법호본의 제23원과 제24원을 합해 제13원[192]으로 삼고, 제5원·제6원·제7원을 합해 제22원으로 삼으며,[193] 제2원[194]은 생략하고), 여기에 다시 (제14) 보발원[195]과 (제17) 그 부처님(아미타불)이 천안통·천이통·신경통

일 그렇게 되지 않는다면 저는 부처가 되지 않겠습니다."라고 하여 제23과 제24를 함께 묶었다. 그러므로 그 숫자는 현재 모두 23원이 된다.

191 백연본에서는 앞의 23원에 다시 "제23 : 제가 부처가 되었을 때 저의 국토에 있는 모든 보살들이 밥을 먹으려고 할 때에는 칠보 발우 속에 저절로 온갖 음식이 생겨 앞에 나타나고, 밥을 먹고 나면 발우가 모두 저절로 없어질 것이니, 만약 그렇게 되지 않는다면 저는 부처가 되지 않겠습니다."를 추가하여 모두 24원이 성립된다.

192 지겸본에서는 "제13 : 제가 부처가 되었을 때 저의 국토에 있는 모든 보살이 함께 팔방과 위아래의 무앙수의 여러 부처님을 공양하려고 하면 모두 날아가게 할 것이고, 곧바로 그 장소에 도착하여 자연으로 이루어진 만 가지의 물품을 얻고자 하면 곧바로 모두 앞에 나타나며, 그것을 가지고 여러 부처님께 공양하되 모두 두루 공양한 후에 정오가 되기 전에 바로 날아서 저의 국토로 되돌아와야 할 것입니다. 이 원이 성취되어야만 부처가 될 것이고, 이 원이 성취되지 않는다면 끝내 부처가 되지 않을 것입니다."라고 했다. 25원 가운데 둘을 합했으니, 현재 24원이 된다.

193 법호본에서는 "제5 : 만약 제가 부처가 되었을 때 국토에 거주하는 사람과 하늘이 숙명宿命(과거에 지은 業果의 차별)을 알지 못하여 가장 적게는 백천 나유타의 제겁諸劫에 이르기까지 일어난 일을 알지 못하기에 이른다면 정각을 취하지 않겠습니다. 제6 : 만약 제가 부처가 되었을 때 국토에 거주하는 사람과 하늘이 천안天眼을 얻지 못하여 가장 적게는 백천억 나유타의 여러 부처님의 국토를 보지 못하기에 이른다면 정각을 취하지 않겠습니다. 제7 : 만약 제가 부처가 되었을 때 국토에 거주하는 사람과 하늘이 천이天耳를 얻지 못하여 가장 적게는 백천억 나유타의 여러 부처님께서 설한 것을 듣지 못하고 모두 수지하지 못하기에 이른다면 정각을 취하지 않겠습니다."라고 했다. 지겸본에서는 "제22 : 제가 부처가 되었을 때 저의 국토에 있는 여러 보살과 아라한이 모두 지혜와 용맹을 갖추고, 스스로 전생 억만 겁 때의 숙명宿命을 알고, 지어 왔던 선악도 모두 꿰뚫어 알며, 시방세계의 과거·미래·현재의 일을 알아야 할 것입니다. 이 원이 성취되어야만 부처가 될 것이고, 이 원이 성취되지 않으면 끝내 부처가 되지 않을 것입니다."라고 했다. 제5·제6·제7을 합해 제22로 삼았으니, 현재 모두 22원이 성립된다.

194 법호본에서는 "제2 : 만약 제가 부처가 되었을 때 국토에 거주하는 사람과 하늘이 수명을 마친 후 다시 삼악도三惡道에 떨어지는 일이 있다면 정각을 취하지 않겠습니다."라고 했다. 이것이 생략되었다고 했으니, 현재 모두 21원이 성립된다.

195 지겸본에서는 "제14 : 제가 부처가 되었을 때 저의 국토에 있는 여러 보살과 아라한

등의 삼통三通을 갖출 것이라는 서원[196]과 제18 지변원智辨願[197]을 더하여 스물네 가지 서원을 이루었기 때문이다.

述云。此後正申己願也。然法藏發願。三代經本。頭數開合。次第不同故。今將彼帛謙二十四。對此法護四十八願。略製以釋名。弘誓之文。帛謙兩本經。皆二十四。其意各異。帛延。選此經中前二十四願。足寶鉢願爲二十四願。支謙。亦抄四十八中二十五願。更加寶鉢。彼佛眼耳神境三通。及以智辨。爲二十四故。

또한 저 두 경은 이미 마흔여덟 가지 서원에서 초출한 것이기 때문에 차례도 또한 다르다. 법호본의 제7원·제14원·제12원·제13원·제19원·제22원·제25원은 차례대로 백연본에서는 제9원·제12원·제13원·제14원·제18원·제20원·제24원에 해당하기 때문이다. 개합開合에 있어서도 또한 같지 않으니, 법호본의 제23원과 제24원을 합한 것이 백연본의 제22원이고, 칠보발원七寶鉢願은 제23원이며, 법호본의 제18원은 생략되어 없고, 백연본의 제20원은 법호본에는 없기 때문이다.[198]

이 음식을 먹으려고 할 때에는 곧바로 모두 저절로 생긴 칠보 발우에 저절로 온갖 맛을 내는 밥과 음식이 앞에 나타나고, 밥을 먹고 나서는 저절로 사라질 것입니다. 이 원이 성취되어야만 부처가 될 것이고, 이 원이 성취되지 않으면 끝내 부처가 되지 않을 것입니다."라고 했다. 현재 모두 22원이 성립된다.

196 지겸본에서는 "제17 : 제가 부처가 되었을 때 저의 꿰뚫어 보고 환히 들을 수 있고 날아다니는 능력은 다른 여러 부처님보다 열 배 뛰어날 것입니다. 이 원이 성취되어야만 부처가 될 것이고, 이 원이 성취되지 않으면 끝내 부처가 되지 않을 것입니다."라고 했다. 현재 모두 23원이 성립된다.

197 지겸본에서는 "제18 : 제가 부처가 되었을 때 저의 지혜와 경을 설하고 도를 행하는 능력은 다른 여러 부처님보다 열 배 뛰어날 것입니다. 이 원이 성취되어야만 부처가 될 것이고, 이 원이 성취되지 않으면 끝내 부처가 되지 않을 것입니다."라고 했다. 모두 합쳐서 24원이 성립된다.

198 이 말은 타당하지 않은 것 같다. 백연본에서 "제20 : 제가 부처가 되었을 때 저의 국토에 있는 모든 보살들이 일생보처一生補處가 아니면 안 될 것입니다. 다만 나머지

지겸본의 스물네 가지 서원의 차례도 또한 다르니, 법호본의 제35원·제38원·제27원·제20원·제18원·제19원·제30원·제26원·제21원·제25원·제13원·제14원·제15원·제28원·제33원은 그 차례대로, 곧 지겸본의 앞의 여덟 가지와 제10원·제11원·제15원·제16원·제19원·제20원·제21원·제22원·제23원·제24원이기 때문이다.[199]

개합에 있어서도 또한 같지 않으니, 법호본의 제23원과 제24원을 합한 것이 지겸본의 제13원이고,[200] 법호본의 제5원·제6원·제7원을 합한 것이 지겸본의 제22원이기 때문이다.[201]

있고 없음에도 또한 차이가 있으니, 지겸본의 제14 보발원과 제17 삼통원과 제18 지변원[202]은 법호본에는 없고, 법호본의 제2원이 지겸본에는 없기 때문이다.[203]

중생 구제의 서원을 세우고 공덕을 쌓은 이는 제외할 것입니다. 만일 그렇게 되지 않는다면 저는 부처가 되지 않을 것입니다."라고 한 것은, 법호본에서 "제22 : 만약 제가 부처가 되었을 때 다른 불토佛土의 여러 보살의 무리가 저의 국토에 와서 태어나 끝내 반드시 일생보처의 지위에 이르게 하되, 다만 그 본원本願이 자재롭게 교화하는 것이어서 중생을 위하여 큰 서원의 갑옷을 입고 덕의 근본을 쌓아 일체중생을 제도하여 번뇌에서 벗어나도록 하고, 모든 불국토에 두루 다니며 보살행을 닦아 시방세계의 여러 부처님을 공양하며, 또한 갠지스 강의 모래알처럼 한량없는 중생을 교화하여 위없는 바르고 참된 도리를 성취하도록 하고자 하여 범부의 무리(常倫)가 행해야 하는 여러 지위를 차례대로 낱낱이 행하는 실천행을 넘어서 자신이 지금 서 있는 바로 그 곳에서 보현보살普賢菩薩의 덕을 닦으려 하는 이들은 제외할 것인데, 이와 같은 일이 이루어지지 않는다면 정각을 취하지 않겠습니다."라고 한 것과 일치하기 때문이다.

199 경흥이 법호본과 지겸본의 차례를 배대한 것은 현행본(강승개본)에 의거할 때는 일치하지 않는 부분이 많다. 현행본에 의해 대조한 결과를 도표로 나타내면 다음과 같다.

법호본(강승개본)	1	35	32	17,18	20	19	19	2	8	10	3	25	13	14	15	5,6	12	12
지겸본	1	2	3	4	5	6	7	8	10	11	15	16	19	20	21	22	23	24

200 구체적인 내용은 앞의 주석을 참조할 것.

201 구체적인 내용은 앞의 주석을 참조할 것.

202 이 세 가지 서원의 구체적 내용은 앞의 주석을 참조할 것.

203 법호본의 제2원이란, "만약 제가 부처가 되었을 때 국토에 거주하는 사람과 하늘이 수명을 마친 후 다시 삼악도에 떨어지는 일이 있다면, 정각을 취하지 않겠습니다."이다. 지겸본 제8원이란, "제가 부처가 되었을 때 저의 국토에 있는 여러 보살이 타방에

이러한 차이가 있는 이유는 범본梵本에 완비된 것과 결여된 것이 있기 때문에 번역하면서 그에 따라서 빠진 것이 생겨난 것으로 생각된다. 뜻에 의해 이 문제를 추론하면 법호본이 지남指南이 되어야 한다.

又彼二經。既抄出於四十八願故。次第亦異。此經。第七第十四第十二第十三第十九第二十二第二十五。如次帛延第九第十二第十三第十四第十八第二十第二十四故。開合亦不同。合此二十三四爲第二十二。七寶鉢願爲第二十三。略無此第十八。彼第二十願。此中無故。支謙二十四。次第亦異。此經。三十五三十八二十七二十十八十九三十二十六二十一二十五十三十四十五二十八三十三。如其次第。即彼前八第十第十一第十五第[1]六第十九第二十第二十一第二十二第二十三第二十四故。開合亦異。合此二十三二十四爲第十三。合五六七爲第二十二故。有無亦異。彼第十四寶鉢。第十七三通。第十八智辨。此經中無。此第二願。彼中無故。所以有此參差者。蓋梵本有備闕故。傳譯。逐而脫落也。義推言之。即法護經。應爲指南。

1) ㊄ 전후 문맥상 '第' 뒤에 '十'이 누락되었다. 그렇지 않으면 "앞의 여덟 가지"라는 말과 중복되기 때문이다.

문 여러 부처님의 본서本誓(근본이 되는 서원)는 동일한 것인가, 다른 것인가. 다르다면 『화엄경』에서 "일체의 제불諸佛이 모두 일체의 서원을 갖추어서 원만히 한 다음에 비로소 성불하였다."라고 한 것과 어긋나기 때문

있는 부처님의 국토에 이르러 태어나고자 하면 모두 다시 니리·금수·벽려로 태어나지 않게 할 것이며, 모두 불도를 얻게 할 것입니다. 이 원이 성취되어야만 부처가 될 것이고, 이 원이 성취되지 않으면 끝내 부처가 되지 않을 것입니다."이다. 법호본의 제2원과 지겸본의 제8원은 내용이 동일하다. 강승개본이 법호본과 동일한 내용이라고 한다면 경흥의 말은 타당하지 않다.

이고, 동일하다면 약사불藥師佛은 십이원[204]을 세우고, 미타불은 사십팔원을 세운 것과 어긋나기 때문이다.

답 어떤 부처님도 한 가지 서원이라도 덜어서 행하고서 불도를 이룬 분은 있지 않기 때문에 그 서원은 모두 동일하다. 그러나 교화의 대상인 중생의 기機를 마주하여 연緣의 성숙함이 같지 않기 때문에 약사불은 이 국토의 중생을 위해 십이대원을 세워서 현재의 고통에서 구제해 주었고, 연緣이 이미 성숙했기 때문에 사십팔원이 있음은 설하지 않았으며, 미타여래는 사십팔원을 세워 미래의 즐거움을 주었고, 연이 성숙했기 때문에 십이원이 있음을 설하지 않았다. 이 여러 부처님의 모든 서원은 비록 아직 반드시 과果를 이루지 못한 것이 있을지라도 법장 보살이 발한 서원은 모두 성취되었기 때문이다.

問。諸佛本誓。爲同爲異。異即違。華嚴云。一切諸佛。悉具一切願滿。方得成佛故。若同者亦違。藥師十二本願。彌陀四十八願故。答。無有一佛。少一願行。而成道者。故悉同也。然以對所化之機。緣熟不同故。藥師佛。於此土衆生。十二大願。救現在苦。緣既熟故。不說有四十八願。彌陀如來。四十八願。與未來樂。緣熟故。不說有十二願。由此諸佛所有誓願。雖有未必遂果。而法藏菩薩所發之願。皆有成辨故。

사십팔원에 간략히 세 가지 뜻이 있다. 첫째 불신을 구할 것을 서원한 것이고,[205] 둘째 불토를 구할 것을 서원한 것이니, 곧 제31원·제32원이 여기에 해당하며, 셋째 중생을 이롭게 할 것을 서원한 것이니, 나머지 마흔세 가지 서원이 여기에 해당한다.

---

204 『藥師如來本願經』(T14, 401a1)을 참조할 것.
205 뒤의 주석을 참조할 때 제12원·제13원·제17원이 여기에 해당한다.

이 세 가지 뜻으로 사십팔원을 서술한 문장을 풀이함에 있어서 일곱 가지로 분류할 수 있다. 첫째 처음의 열한 가지 서원은 중생을 섭수할 것을 서원한 것이고, 둘째 다음의 두 가지 서원은 불신을 섭수할 것을 서원한 것이며, 셋째 다음의 세 가지 서원은 중생을 섭수할 것을 서원한 것이고, 넷째 다음의 한 가지 서원은 불신을 섭수할 것을 서원한 것이며, 다섯째 다음의 열세 가지 서원은 중생을 섭수할 것을 서원한 것이고, 여섯째 다음의 두 가지 서원은 불토를 섭수할 것을 서원한 것이며, 일곱째 뒤의 열여섯 가지 서원은 중생을 섭수할 것을 서원한 것이다.

처음에 또한 두 가지가 있으니, 처음의 두 가지 서원은 고통을 여의게 할 것을 서원한 것이고, 뒤의 아홉 가지 서원은 즐거움을 얻게 할 것을 서원한 것이다. 처음에 또한 두 가지가 있는데, 이것은 처음에 고고苦苦가 없을 것을 서원한 것이다.

四十八願。略有三意。一求佛身願也。二求佛土願即三十一第三十二願也。三利衆生願即餘四十三也。以此三意。釋四十八願之文。有七。一初十一願願攝衆生。二次二願願攝佛身。三次三願願攝衆生。四次一願願攝佛身。五次十三願願攝衆生。六次二願願攝佛土。七後十六願願攝衆生。初又有二。初之二願願離苦。後之九願願得樂。初又有二。此初願無苦苦也。

일반적으로 "원願(소원)"이란 바라고 구하는 것을 뜻한다. 이른바 "만약 제가 부처가 되었을 때" 등과 같은 것을 말한다. 또한 "서誓(맹세)"란 소원을 이루기 위해 그 마음을 자제하는 것을 뜻한다. "정각을 취하지 않겠습니다."라고 한 것이 이것이다. 모든 소원이 원만하게 이루어지지 않으면 끝내 성불하지 않을 것이기 때문이다. 만약 소원이 원만하게 이루어지지 않았으나 성불할 수 있는 상황이 생겨난다면 끝내 취하지 않을 것을 맹세했기 때문이다. 나머지 여러 가지 소원도 모두 이렇게 (원願과 서誓의) 두 가지 의미가 있으니, 응당 이치대로 생각해야 할 것이다.

汎言願者。即悕求義。所謂設我得佛等。又言誓者。即邀制義。不取正覺。是也。諸願若不滿。終不成佛故。假使願不滿。而得成者。誓終不取故。所餘諸願。皆有此二。應如理思。

b. 원무괴고願無壞苦(壞苦[206]가 없게 할 것을 서원한 것 ②)

경 "'만약 제가 부처가 되었을 때 국토에 거주하는 사람과 하늘이 수명을 마친 후 다시 삼악도三惡道에 떨어지는 일이 있다면, 정각을 취하지 않겠습니다.'"

經曰。設我得佛。國中人天。壽終之後。復更三惡道者。不取正覺者。

술 이것은 나중에 괴고壞苦가 없게 할 것을 서원한 것이다.

述云。此後願無壞苦也。

㉡ 즐거움을 얻게 할 것을 서원한 것(③~⑪)

a. 원득신락願得身樂(신체와 관련된 즐거움을 얻게 할 것을 서원한 것 ③, ④)

경 "'만약 제가 부처가 되었을 때 국토에 거주하는 사람과 하늘이 모두 진금색眞金色을 얻지 못한다면 정각을 취하지 않겠습니다. 만약 제가 부처가 되

206 괴고壞苦 : Ⓢ vipariṇāma-duḥkhatā. 마음에 드는 대상 경계에 의해 생겨나는 몸과 마음의 고통을 일컫는 말. 이는 생겨날 때, 지속될 때에는 즐거운 것이지만, 그것이 무너질 때는 몸과 마음에 고통을 일으키기 때문에 고통이라 한다.

었을 때 국토에 거주하는 사람과 하늘이 형색形色이 동일하지 않고 아름다운 이와 못생긴 이가 있다면 정각을 취하지 않겠습니다.'"

經曰。設我得佛。國中人天。不悉眞金色者。不取正覺。設我得佛。國中人天。形色不同。有好醜者。不取正覺者。

술 두 번째로 즐거움을 얻게 할 것을 서원한 것이다. 여기에 두 가지가 있는데, 이것은 처음에 두 가지 서원을 밝힌 것으로 신체와 관련된 즐거움을 얻게 할 것을 서원한 것이다.

述云。第二得樂願。有二。此初二願。願得身樂。

b. 마음과 관련된 즐거움을 얻게 할 것을 서원한 것(5~11)

a) 원득숙명락願得宿命樂(숙명통의 즐거움을 얻게 할 것을 서원한 것 5)

경 "'만약 제가 부처가 되었을 때 국토에 거주하는 사람과 하늘이 숙명宿命(과거에 지은 業果의 차별)을 알지 못하여 가장 적게는 백천억 나유타의 제겁諸劫에 이르기까지 일어난 일을 알지 못하기에 이른다면 정각을 취하지 않겠습니다.'"

經曰。設我得佛。國中人天。不識宿命。下至不知百千億那由他諸劫事者。不取正覺者。

술 이것은 나중에 일곱 가지 서원을 밝힌 것으로 마음과 관련된 즐거움을 얻게 할 것을 서원한 것이다. 여기에 여섯 가지가 있는데, 이것은 처음에 숙명통의 즐거움을 얻게 할 것을 서원한 것이다.

述云。此後七願。願得心樂。有六。此初願得宿命樂也。

b) 원득천안락願得天眼樂(천안통의 즐거움을 얻게 할 것을 서원한 것 [6])

경 "'만약 제가 부처가 되었을 때 국토에 거주하는 사람과 하늘이 천안을 얻지 못하여 가장 적게는 백천억 나유타의 여러 부처님의 국토를 보지 못하기에 이른다면 정각을 취하지 않겠습니다.'"

經曰。設我得佛。國中人天。不得天眼。下至不見百千億那由他諸佛國者。不取正覺者。

술 이것은 두 번째로 천안통의 즐거움을 얻게 할 것을 서원한 것이다.

述云。此第二願得天眼樂也。

c) 원득천이락願得天耳樂(천이통의 즐거움을 얻게 할 것을 서원한 것 [7])

경 "'만약 제가 부처가 되었을 때 국토에 거주하는 사람과 하늘이 천이天耳를 얻지 못하여 가장 적게는 백천억 나유타의 여러 부처님께서 설한 것을 듣지 못하고 모두 수지하지 못하기에 이른다면 정각을 취하지 않겠습니다.'"

經曰。設我得佛。國中人天。不得天耳。下至不聞百千億那由他諸佛所說。不悉受持者。不取正覺者。

술 이것은 세 번째로 천이통의 즐거움을 얻게 할 것을 서원한 것이다.

述云。此第三願得天耳樂也。

d) 원득견타심지락願得見他心智樂(견타심지통의 즐거움을 얻게 할 것을 서원한 것 ⑧)

(경 "'만약 제가 부처가 되었을 때 국토에 거주하는 사람과 하늘이 다른 사람의 마음을 꿰뚫어 보는 지혜를 얻지 못하여 가장 적게는 백천억 나유타의 여러 부처님의 국토에 거주하는 중생의 심념心念을 알지 못하기에 이른다면 정각을 취하지 않겠습니다.'"

經曰。設我得佛。國中人天。不得見他心智。下至不知百千億那由他諸佛國中衆生心念者。不取正覺者。[1])

1) 역 '經曰~覺者'는 제8원인데, 『大正藏』·『續藏經』·『韓佛全』 등에 모두 누락되어서 역자가 보충하였다. 앞의 분과에 따르면 "b. 마음과 관련된 즐거움을 얻게 할 것을 서원한 것" 중 네 번째에 해당한다.

(술 이것은 네 번째로 견타심지통의 즐거움을 얻게 할 것을 서원한 것이다.

述云。此第四願得見他心智樂也。[1])

1) 역 '述云~樂也'는 제8원에 대한 주석인데, 『大正藏』·『續藏經』·『韓佛全』 등에 누락되었기에 앞의 분과에 따라서 역자가 보충하였다.

e) 원득신족통락願得神足通樂(신족통의 즐거움을 얻게 할 것을 서원한 것 ⑨)

경 "'만약 제가 부처가 되었을 때 국토에 거주하는 사람과 하늘이 신족神

足을 얻지 못하여 한순간에 가장 적게는 백천억 나유타의 여러 부처님의 국토를 넘어서 지나갈 수 없기에 이른다면 정각을 취하지 않겠습니다.'"

經曰。設我得佛。國中人天。不得神足。於一念頃。下至不能超過百千億那由他諸佛國者。不取正覺者。

술 이것은 다섯 번째로 신족통의 즐거움을 얻게 할 것을 서원한 것이다.

述云。此第五願得神[1)]通樂也。

1) 역 전후 문맥상 '神' 뒤에 '足'이 누락되었다.

f) 누진통의 즐거움을 얻게 할 것을 서원한 것(⑽, ⑾)

ⓐ 누진체漏盡體(漏盡의 體를 밝힌 것 ⑽)

경 "'만약 제가 부처가 되었을 때 국토에 거주하는 사람과 하늘이 상념想念과 몸에 대한 탐욕과 계탁을 일으킨다면 정각을 취하지 않겠습니다.'"

經曰。設我得佛。國中人天。若起想念。貪計身者。不取正覺者。

술 이것은 여섯 번째로 누진통의 즐거움을 얻게 할 것을 서원한 것이다. 여기에 두 가지가 있는데, 이것은 처음에 누진의 체를 밝힌 것이다.

"상념"이란 소지장所知障[207]이고, "몸에 대한 탐욕(과 계탁)"이란 번뇌장

207 소지장所知障 : 법집法執(法我見)으로 말미암아 발생하는 장애. 탐욕·분노·어리석음

煩惱障[208]이다. 두 가지 장애에 의한 번뇌를 다하게 할 것을 서원했기 때문이다.

述云。此第六願得漏盡樂。有二。此初漏盡體也。想念者。即所知障。貪身者。即煩惱障。盡二障漏故。

ⓑ 누진위漏盡位(누진통의 位를 밝힌 것 11)

경 "'만약 제가 부처가 되었을 때 국토에 거주하는 사람과 하늘이 정정취正定聚(定聚)[209]에 머물러 반드시 멸도를 성취하기에 이르지 않는다면 정각을 취하지 않겠습니다.'"

經曰。設我得佛。國中人天。不住定聚。必至滅度者。不取正覺者。

술 이것은 나중에 누진의 위位를 밝힌 것이다. 십신十信[210] 이후를 모두 "정정취"라고 하기 때문이다.

"주住"란 정당正當(바로 마주하는 것)이라는 말과 통한다.

述云。此後漏盡位也。十信以去。皆名正定聚法。[1] 言住者。通正當之言也。

1) ㉠ '法'은 '故'이다.(㉮)

등의 여러 번뇌에 의해 미혹됨으로써 보리의 묘지妙智를 장애하여 제법의 사상事相과 실성實性을 알지 못하게 하는 것이다.

208 번뇌장煩惱障 : 아집我執(人我見)으로 말미암아 발생하는 장애. 탐욕·분노·어리석음 등의 여러 번뇌에 의해 업을 일으키고 생生을 윤택하게 함으로써 중생의 몸과 마음을 괴롭히고 삼계를 생사윤회하게 하여 열반의 과果를 얻는 것을 장애하는 것이다.

209 정정취正定聚 : 깨달음을 이룰 것이 확정된 중생을 일컫는 말이다.

210 십신十信 : 보살이 수행해야 할 52계위 중 최초의 열 가지 계위를 가리키는 말. 십신 이후란 곧 그 다음 계위인 십주十住의 초주인 초발심주初發心住 이상을 가리킨다.

ㄴ) 불신을 섭수할 것을 서원한 것(⑫, ⑬)

㉠ **원광색**願光色(광명이 한량없는 色을 얻을 것을 서원한 것 ⑫)

경 "'만약 제가 부처가 되었을 때 광명에 한량이 있어 가장 적게는 백천억 나유타의 여러 부처님의 국토를 비추지 않기에 이른다면 정각을 취하지 않겠습니다.'"

經曰。設我得佛。光明有能限量。下至不照百千億那由他諸佛國者。不取正覺者。

술 둘째, 불신을 섭수할 것을 서원한 것이다. 여기에 두 가지가 있는데, 이것은 처음에 광명이 한량없는 색을 얻을 것을 서원한 것이다.

述云。第二願攝佛身。有二。此初願光色也。

㉡ **원장수**願長壽(장수할 것을 서원한 것 ⑬)

경 "'만약 제가 부처가 되었을 때 저의 수명이 한량이 있어 가장 적게는 천백억 나유타의 겁이 되기에 이른다면 정각을 취하지 않겠습니다.'"

經曰。設我得佛。壽命有能限量。下至百千億那由他劫者。不取正覺者。

술 이것은 나중에 장수할 것을 서원한 것이다.

述云。此後願長壽也。

ㄷ) 중생을 섭수할 것을 서원한 것(⑭~⑯)

㉠ 섭권속원攝眷屬願(권속을 섭수할 것을 서원한 것 ⑭)

경 "'만약 제가 부처가 되었을 때 국토에 거주하는 성문이 그 숫자를 헤아릴 수 있고, 삼천대천세계의 성문과 연각에 이르기까지 백천 겁 동안 모두 함께 헤아려서 그 숫자를 알 수 있다면 정각을 취하지 않겠습니다.'"

經曰。設我得佛。國中聲聞。有能計量。乃至三千大千世界聲聞緣覺。於百千劫。悉共計挍。知其數者。不取正覺者。

술 셋째, 중생을 섭수할 것을 서원한 것이다. 여기에 세 가지가 있는데, 이것은 처음에 권속을 섭수할 것을 서원한 것이다.

述云。第三願攝衆生。有三。此初攝眷屬願也。

㉡ 득장수원得長壽願(장수하게 할 것을 서원한 것 ⑮)

경 "'만약 제가 부처가 되었을 때 국토에 거주하는 사람과 하늘이 수명에 한량이 없게 하되, 그 본원本願에 의해 수명의 길고 짧음을 자유자재하게 운용하는 경우는 제외할 것인데, 만약 이와 같이 되지 않는다면 정각을 취하지 않겠습니다.'"

經曰。設我得佛。國中人天。壽命無能限量。除其本願脩短自在。若不爾者。不取正覺者。

술 이것은 다음에 장수하게 할 것을 서원한 것이다.

述云。此次得長壽願也。

㉢ 이기혐원離譏嫌願(혐오스러운 것을 여의게 할 것을 서원한 것 ⑯)

경 "'만약 제가 부처가 되었을 때 국토에 거주하는 사람과 하늘이 착하지 않은 이름을 듣기에 이른다면 정각을 취하지 않겠습니다.'"

經曰。設我得佛。國中人天。乃至聞有不善名者。不取正覺者。

술 이것은 나중에 혐오스러운 것을 여의게 할 것을 서원한 것이다.

述云。此後離譏嫌願也。

㉣ 섭법신원攝法身願(법신을 섭수할 것을 서원한 것 ⑰)

경 "'만약 제가 부처가 되었을 때 시방세계의 한량없는 여러 부처님께서 모두 저의 명호를 찬탄하지 않는다면 정각을 취하지 않겠습니다.'"

經曰。設我得佛。十方世界無量諸佛。不悉諮[1]嗟稱我名者。不取正覺者。

1) 역 경흥의 주석에 따르면 '諮'는 '咨'이다.

술 이것은 네 번째로 법신을 섭수할 것을 서원한 것이다.
"자咨"는 칭찬하는 것(讚)이고, "차嗟"는 감탄하는 것(歎)이다.

述云。此第四攝法身願也。咨者讚也。嗟者歎也。

ㅁ) 중생을 섭수할 것을 서원한 것(⑱~㉚)

㉠ 사람과 하늘을 섭수할 것을 서원한 것(⑱~㉑)

a. 왕생하는 이를 섭수할 것을 서원한 것(⑱~⑳)

a) 섭상품원攝上品願(상품을 섭수할 것을 서원한 것 ⑱)

경 "'만약 제가 부처가 되었을 때 시방세계의 중생이 정성스런 마음으로 믿고 좋아하면서 저의 국토에 태어나고자 하여 열 번 칭념하기에 이르기까지 저의 국토에 태어나지 못한 중생이 있다면 정각을 취하지 않겠습니다. 오직 오역죄를 짓고 정법을 비방한 이는 제외할 것입니다.'"

經曰。設我得佛。十方衆生。至心信樂。欲生我國。乃至十念。若不生者。不取正覺[1]者。

1) ㉮ '覺' 뒤에 '唯除五逆誹謗正法'이 누락되었다.

술 다섯째 중생을 섭수할 것을 서원한 것이다. 여기에 두 가지가 있으니, 처음의 네 가지 서원은 사람과 하늘을 섭수할 것을 서원한 것이고, 나중의 아홉 가지 서원은 보살을 섭수할 것을 서원한 것이다. 처음에 또 두 가지가 있으니, 처음은 왕생하는 이를 섭수할 것을 서원한 것이고, 나중은 (중생이) 왕생하면서 받는 과보를 섭수할 것을 서원한 것이다. 처음에 또한 세 가지가 있는데, 이것은 상품을 섭수할 것을 서원한 것이다.

어떤 사람은 〈처음은 하품이고, 다음은 상품이며, 나중은 중품이다.〉라고 했는데, 이는 옳지 않다. 오직 차례를 어지럽히는 것뿐만 아니라 『관무량수경』에서 (하품에 해당하는 중생의 범주에) 오역죄를 지은 사람도 제외하지 않는 것[211]에 어긋나기 때문이다.[212]

述云。第五攝衆生願。有二。初之四願。攝人天願。後之九願。攝菩薩願。初又有二。初攝往生者。後攝所生報。初又有三。此攝上品願也。有說。初下品。次上品。後中品。非也。非唯亂次第。亦違觀經。不除五逆。

그런데 그 경(『관무량수경』)에서 "(하품하생에 속하는) 오역죄를 지은 이도 정토에 왕생할 수 있다."[213]라고 한 것은, 이 경(『무량수경』)의 서원에서 "오직 오역죄를 짓고 정법을 비방한 이는 제외한다."라고 한 것과 어긋난다. 그러므로 예로부터 (『무량수경』과 『관무량수경』의 교설을) 회통하여 해석한 것이 백가百家를 이룬다.

어떤 사람은 〈(『무량수경』에서는 오역죄를 짓고) 또한 정법을 비방한 이를 제외한 것이고, (『관무량수경』에서는) 오직 오역죄를 지은 이만을 (들어서) 왕생하는 것으로 본 것이다.〉[214]라고 했다.

---

211 『觀無量壽佛經』(T12, 346a12)에서 하품하생下品下生(중생의 근기를 극락왕생하는 형태에 따라 아홉으로 구분한 것 중 제9에 해당하는 것)을 설명하면서 오역죄를 지은 중생도 포함시킨 것을 말한다.

212 제18원이 하품에 해당하는 것이라면, 『觀無量壽經』에서는 하품의 중생에 오역죄를 지은 이를 포함시키고 있기 때문에 본 경에서 오역죄를 지은 이를 제외한 것과 어긋난다는 말이다.

213 『觀無量壽經』(T12, 346a12)에서 하품하생을 설명하면서 오역죄를 지은 중생도 극락왕생함을 밝힌 것을 말한다.

214 의적義寂의 『無量壽經述義記』 권중(H2, 338c10)에서 "문 『觀經』은 오역죄를 제외하지 않았는데 무엇 때문에 이 경은 오역죄를 제외하는가. 답 오역죄를 지은 이는 두 가지가 있다. 첫째 오역죄를 지었으나 믿음은 무너지지 않아 정법을 비방하지 않는 것이고, 둘째 오역죄를 짓고 또한 믿음이 무너지고 정법을 비방하는 것이다. 후자는 가행과 의요가 모두 무너진 것이고, 전자는 가행은 무너졌지만 의요는 무너지지 않은 것이다. 두 가지 모두 무너지면 업이 전화할 수 없고, 의요가 무너지지 않으면 업이 전

어떤 사람은 이 주장을 힐난하여 말하기를 〈그 경(『관무량수경』)에서 (오역죄를 지은 이를 말하고, 바로 이어서) 또한 "온갖 불선不善을 갖춘 이"[215] 라고 했다. 정법을 비방하지 않았다면 "온갖 불선을 갖춘 이"라고 말할 수 없다. (그러므로 정법을 비방한 이도 포함시킨 것이다.) 어째서 오직 오역죄를 지은 이만을 정토에 왕생할 수 있다고 한 것이라고 할 수 있겠는가.〉라고 하였는데, 이러한 힐난은 옳지 않다.

만약 그 경(『관무량수경』)에서 "온갖 불선을 갖춘 이"라고 했기 때문에 또한 정법을 비방한 이도 포함시킨 것이라고 한다면, 곧 오역죄를 지은 이도 또한 응당 "온갖 불선을 갖춘 이"에 속해야 하기 때문에 (오역죄를 지은 이도) 별도로 말하지 말았어야 한다.

이제 곧 급及(및·과)의 뜻에 수순하여 합집合集의 뜻을 말한 것이라고 하면서 상위석相違釋을 제시한 것[216]을 힐책해야 한다. 상위석을 하는 이는

화할 수 있다. 『觀經』은 믿음이 무너지지 않은 것에 나아가서 설했기 때문에 그것에서 법을 비방하는 것은 말하지 않았다. 이 경은 가행과 의요가 모두 무너진 것에 나아가서 설했기 때문에 '정법을 비방한다'라고 했다.(問。觀經不除逆。何故。此經除逆。答。造五逆者。有其二種。一造逆事而不壞於信。不誹謗正法。二造逆事。亦壞於信。誹謗正法。後者加行意樂俱壞。前者行壞意樂不壞。二俱壞者。業不可轉。意不壞者。業猶可轉。觀經。就信不壞者說。故彼不言謗法。此經。就二俱壞者說。故云誹謗正法。)"라고 했다. 이것은 일본 정토종에서 편찬한 『安養集』 권10에서 복원한 것이다. 선도善導(613~683)의 제자인 회감懷感이 지은 『釋淨土群疑論』 권3(T47, 43c20)에서 두 경의 모순된 문장에 대한 고금대덕古今大德의 열다섯 가지 견해를 수록한 것 중 세 번째에 본 내용이 실려 있다.(三觀經取者。唯是造五逆人。壽經除者。是造五逆及謗法人。)

215 『觀無量壽經』(T12, 346a13).

216 앞의 주장을 힐난하는 이가 『觀無量壽經』(T12, 346a12)에서 "下品下生者。或有衆生。作不善業。五逆。十惡。具諸不善。"이라고 한 것에서 "五逆。十惡。具諸不善。"을 "오악과 십악과 구제불선"이라고 하여 상위석으로 해석하는 태도를 비판한 것이다. 상위석이란 범어의 문법에 있어서 복합명사(두 단어 이상의 합성어)를 해석하는 여섯 가지 방법 중 하나로 두 개 이상의 명사가 대등한 관계에 있어서 독립적으로 열거할 수 있는 형태로 구성된 것을 말한다. 예를 들면 산천초목山川草木·부모父母 등의 경우 차례대로 산과 천과 초와 목, 부와 모 등으로 풀이하는 것을 상위석이라 한다. 본서에서는 "五逆。十惡。具諸不善。"을 이렇게 각각 독립된 의미를 갖는 것으로 풀이하는 것을 말한다. 경흥은 오역과 십악은 구제불선과 대등한 관계에 있는 것이 아니고 후자에 포함

두각을 나타내려고 다투는 뜻이 있기 때문이다. 죄가 이미 각별하니 이름도 또한 각별한 것이기 때문이다.

然彼經云。作五逆罪。得生淨土。違此願云。唯除五逆。誹謗正法。故從昔會釋。自成百家。有說。亦謗正法者除。唯造五逆者生。有難此言。彼經亦云具諸不善。若不謗法。即不可言具諸不善。如何。乃言唯造五逆。得生淨土。此難。非也。若謂彼經。具諸不善。故亦攝謗法者。即五逆應屬諸不善。故不須別說。今即應彈。隨順及言合集之義。而相違釋。相違釋者。諍頭義故。罪既各別。名亦別故。

어떤 사람은 〈『무량수경』은 (오역죄를 짓고도) 참회하지 않는 이를 제외한 것이고, 『관무량수경』은 (오역죄를 지었으나) 참회한 이를 말한 것이다.〉[217]라고 했는데, 이것도 또한 옳지 않다. 이미 열 번의 생각 가운데 생각마다 개별적으로 80억 겁의 생사의 죄를 소멸시키니, 참회하고 참회하지 않는 것의 차별은 없어야 하기 때문이다. 만약 다시 별도로 참회하는 법이 있다면 하품하생을 설한 문장에서 (이것에 대해 말했어야 하는데)

되는 것이라는 입장이기 때문에 상위석을 비판했다.

217 원효元曉가 『兩卷無量壽經宗要』(T37, 129b10)에서 제시한 것이다. 곧 "저 『觀無量壽經』에서는 오역죄를 지은 이를 제외하지 않고 오직 방등方等(대승 경전)을 비방한 죄를 지은 이만을 제외했고, 이제 이 양권경(『無量壽經』)에서는 말하기를 '오역죄를 짓고 정법을 비방한 이를 제외한다'라고 했다. 이와 같이 서로 어긋나니, 어떻게 회통할 것인가. 그 경(『觀無量壽經』)에서는 비록 오역죄를 지었어도 대승의 가르침에 의지하여 참회한 사람에 대해 말한 것이고, 이 경(『無量壽經』)에서는 참회하지 않은 사람에 대해서 말한 것이다. 이러한 뜻으로 말미암아 서로 어긋남이 없는 것이다.(彼觀經中。不除五逆。唯除誹謗方等之罪。今此兩卷經中說言。除其五逆。誹謗正法。如是相違。云何通者。彼經說其雖作五逆。依大乘教。得懺悔者。此經中說不懺悔者。由此義故。不相違也。)"라고 하였다. 회감의 『釋淨土群疑論』 권3(T47, 43c18)에서 고금대덕의 열다섯 가지 견해 중 제1에 해당하는 것이라고 하였다. 곧 "첫째 『觀無量壽經』에서 취한 것은 참회한 사람이고, 『無量壽經』에서 제외한 것은 참회하지 않은 사람이다.(一觀經取者。是懺悔人。壽經除者。是不懺悔人。)"라고 하였다.

도무지 찾아볼 수 없기 때문이다.

有說。此除不悔。彼之說悔。此亦不然。既十念中。念別滅八十億劫生死之罪。應無悔與不悔別故。若更有別懺悔法者。即於下品下生文中都無故。

어떤 사람은 〈(『무량수경』에서는) 아직 (오역죄를) 짓지 않은 이에 대해서 (죄를 방지하기 위하여) "(오역죄를 지을 경우에는 극락정토에 왕생하는 중생의 범주에서) 제외한다."라고 말했고, (『관무량수경』에서는) 이미 (오역죄를) 지은 사람에 대해서 (죄로 인한 절망에서 벗어나게 하기 위하여) "(오역죄를 지었더라도) 극락정토에 왕생한다."라고 말한 것이다.〉[218]라고 했는데, 이것도 또한 옳지 않다. 아직 오역죄를 짓지 않은 이

218 선도善導가 『觀無量壽佛經疏』 권4(T37, 277a22)에서 제시한 것이다. 내용이 너무 소략하므로 경흥의 비판에 대한 객관적 시각을 얻기 위해 해당 문장의 전문을 보면 다음과 같다. "문 예컨대 『無量壽經』의 사십팔원에서 오직 오역죄를 지은 이와 정법을 비방한 이를 제외하여 이들은 왕생할 수 없다고 했는데, 이제 이 『觀無量壽經』에서 하품하생을 설명하면서 법을 비방한 이는 간별하여 말하지 않고 오역죄를 지은 이는 섭수한 것은 어떤 뜻이 있는 것인가. 답 이렇게 한 뜻은 앙취문仰就門(우러러 나아가게 하려는 문)과 억지문抑止門(죄를 짓지 않게 하려는 문)을 시설하여 해석한 것에서 유래한다. 예컨대 사십팔원에서 법을 비방하고 오역죄를 지은 이를 극락왕생하는 중생의 부류에서 제외한 것은, 이 두 가지 업은 그 장애가 매우 무거워 중생이 지으면 바로 아비지옥에 들어가고, 여러 겁 동안 두루 두려움에 떨며 벗어날 수 없게 된다. 단지 여래께서 그들이 이러한 두 가지 허물을 지을 것을 염려하여 방편으로 그치게 하기 위해 '왕생할 수 없다'라고 말씀하신 것이고, 또한 이들을 섭수하지 않은 것은 아니다. 또한 하품하생을 설명하면서 오역죄를 지은 이는 취하고 법을 비방한 이는 제외한 것은 그들이 오역죄를 이미 지었으나 버려두어 생사의 세계를 유전하게 할 수는 없는 것이니, 다시 큰 자비를 발하여 섭수하여 왕생할 수 있는 부류로 취한 것이다. 그런데 법을 비방한 죄는 아직 짓지 않았으니, 또한 이러한 죄를 짓는 것을 막기 위해서 '법을 비방하면 곧 왕생할 수 없다'라고 말한 것이다. 이것은 아직 업을 짓지 않은 것에 나아가서 해석한 것이다. 만약 업을 지었다면 다시 섭수하여 '왕생할 수 있다'라고 했을 것이다.(問曰。如四十八願中。唯除五逆誹謗正法。不得往生。今此觀經下品下生中。簡謗法攝五逆者。有何意也。答曰。此義。仰就抑止門中解。如四十八願中。除謗法五逆者。然此之二業。其障極重。衆生若造。直入阿鼻。歷劫周慞。無由可出。但如來。恐其造斯二

도 오히려 (극락정토에 왕생하는 중생의 범주에서) 제외되거늘, 하물며 또한 이미 오역죄를 지은 중생을 (그 중생의 범주에 넣는 것은 성립 불가능한 것이기) 때문이다. 이미 오역죄를 지은 이를 정진하게 하기 위한 것이기 때문에 이러한 과실이 없는 것이라고 한다면, 아직 오역죄를 짓지 않은 이는 물러나게 하는 것이 타당한 것이라는 말인가.

有說。對未造者言除。對已造者說生。此亦不然。未造者尚除。況亦已造故。若已造令進。故無此失者。未造。應令退耶。

어떤 사람은 〈(『무량수경』은) 바로 오역죄를 지은 이를 제외한 것이고, (『관무량수경』은) 오역죄와 유사한 죄를 지은 이를 극락정토에 왕생하는 중생의 범주에 넣은 것이다.〉[219]라고 했는데, 이것도 또한 옳지 않다. 성교聖教(부처님의 말씀)에 (오역죄와) 유사한 죄를 오역죄라고 한 경우는 있지 않다. 그러므로 그 경(『관무량수경』)에서 오역이라고 한 것을 오역죄와 유사한 죄를 말한 것이라고 할 수는 없다.

有說。正五逆者除。五逆類者生。此亦不然。無有聖教。說五逆類。名五逆。故不可彼經五逆言類。

過。方便止。言不得往生。亦不是不攝也。又下品下生中。取五逆除謗法者。其五逆已作。不可捨令流轉。還發大悲。攝取往生。然謗法之罪。未爲。又止。言若起謗法。即不得生。此。就未造業。而解也。若造。還攝得生。)" 또한 『釋淨土群疑論』 권3(T47, 43c27)에서는 이를 고금대덕의 열다섯 가지 견해 중 제9에 해당하는 것이라 했다.(九觀經取者。是對已造逆人。壽經除者。是對未造逆人。) 渡辺顕正은 도작의 제자이고 선도의 동문인 도은사道誾師의 설이라 했다.(앞에서 제시한 책을 참조할 것)

219 『釋淨土群疑論』 권3(T47, 43c21)에 따르면 고금대덕의 열다섯 가지 견해 중 제4에 해당한다.(四觀經取者。是造逆類人。壽經除者。正五逆人。)

어떤 사람은 〈(『무량수경』은) 중죄를 짓는 마음으로 오역죄를 지은 이를 제외한 것이고, (『관무량수경』은) 경죄를 짓는 마음으로 오역죄를 지은 이를 극락정토에 왕생할 수 있는 중생의 범주에 넣은 것이다.〉[220]라고 했는데, 이것도 또한 옳지 않다. 정법을 비방하는 것에는 반드시 경죄와 중죄에 해당하는 것이 있기는 하지만, (그것에 의거하여) 오직 (중죄만) 제외하여 극락정토에 왕생할 수 없다고 말할 수는 없기 때문이다.

有說。重心造者除。輕心造者生歟。此亦不然。誹謗正法。必有輕重。不可唯言除不生故。

어떤 사람은 〈(『무량수경』에서) 제외한 것은 곧 제3계第三階에 속하는 중생으로서 오역죄를 지은 자이고, (『관무량수경』에서) 극락정토에 왕생하는 중생의 범주에 포함시킨 것은 곧 제2계第二階에 속하는 중생으로서 오역죄를 지은 자이다.〉[221]라고 했는데, 이것도 또한 옳지 않다. 중생에게 삼계三階[222]가 있음은 성교聖教가 아니기 때문이다. 설령 성인의 말씀이 있

220 『釋淨土群疑論』 권3(T47, 43c19)에 따르면 고금대덕의 열다섯 가지 견해 중 제2에 해당한다.(二觀經取者。是輕心造逆人。壽經除者。是重心造逆人。)

221 『釋淨土群疑論』 권3(T47, 44a5)에 따르면 고금대덕의 열다섯 가지 견해 중 제14에 해당한다.(十四觀經取者。是第二階人。壽經除者。是第三階人。) 바로 뒤에 삼계교三階敎를 창시한 신행信行(540~594)의 주장임을 명기하고 있다.

222 삼계三階 : 삼계교에서는 불법을 시時(때)·처處(장소)·기機(사람) 등의 세 가지 관점에서 세 가지로 분류하였다. 곧 '시'는 정법 시기·상법 시기·말법 시기, '처'는 일승一乘을 설하는 불국토佛國土(淨土)·삼승三乘을 설하는 예토·부처님도 구제하지 못하는 예토, '기'는 일승의 불보살佛菩薩·삼승의 이근利根 중생·세간의 둔근鈍根 중생 등의 셋으로 분류하고, 이들 모두를 각각 세 단계에 배대하였다. 곧 제1 단계는 '시'는 정법 시기(불멸후 500년), '처'는 불국토, '기'는 오직 불보살만 있어서 일승법一乘法이 유행한다. 제2 단계는 '시'는 상법 시기(정법 이후의 천 년), '처'는 오탁악세五濁惡世, '기'는 범부와 성인이 뒤섞여 있어서 삼승이 유행한다. 제3 단계는 '시'는 말법 시기, '처'는 오탁악세, '기'는 계를 파괴하고 삿된 견해에 빠진 범부들뿐이다. 이러한 제3 단계 말법 시기의 중생에게 일승이나 삼승을 배우도록 하면, 마치 태어날 때부터 앞 못

다고 하더라도, 또한 스스로 제3계第三階에 속하는 사람은 보법普法을 행하지 않으면 오역죄가 있는 사람이나 오역죄가 없는 사람이나 모두 극락정토에 왕생할 수 없다고 주장한 것과 어긋난다. 그 주장대로라면, 응당 오직 제3계에 속하는 중생을 제외한 것이라고 말했어야 할 것인데, (제3계에 속하는 중생으로서) 오역죄를 지은 자는 제외한 것이라고 말했으니, 오직 허언虛言이 있을 뿐이기 때문이다.

有說。除即第三階造五逆者。生即第二階造逆者。此亦不然。衆生有三。非聖敎故。設有聖說。亦違自許第三階人。不行普法。有逆無逆。皆不得生。若如所言。應說唯除第三階。而言除逆。唯有虛言故。

어떤 사람은 〈(『무량수경』에서 오역죄를 지은 이를) 제외한 것은 먼저 차遮(가로막아 배제하는 것)한 것이고, (『관무량수경』에서 오역죄를 지은 이를) 극락정토에 왕생하는 중생이라고 한 것은 나중에 개開(열어서 받아들이는 것)한 것이다.〉[223]라고 하였으나, 이것도 또한 옳지 않다. 먼저 차문遮門에 의해서 (제외한 것이어서) 실제로는 극락정토에 왕생하는 것이라면, 나중에는 개문開門에 의해서 (포섭한 것이어서) 실제로는 응당 극락정토에 왕생하는 것이 아니어야 하기 때문이다.

有說。除者先遮。生者後開。此亦非也。先遮若實生。後開實應不生故。

보는 소경이 그림을 그리는 것과 같아서 전적으로 무익할 뿐만 아니라 나아가서 부처님을 비방하고 불법을 비방하는 죄만 더하여 아비지옥에 떨어지게 되기 때문에 특수한 일행一行에 의지해서 안 되고, 널리 일체선一切善을 닦아야만 비로소 구원을 얻게 된다고 설했는데, 이것을 보법普法이라 한다.

223 『釋淨土群疑論』 권3(T47, 43c29)에 따르면 고금대덕의 열다섯 가지 견해 중 제10에 해당한다.(十觀經取者。是開門。壽經除者。是遮門。) 渡辺顯正에 의하면 가재迦才의 『정토론』 권상의 설이다.

어떤 사람은 〈(『무량수경』은) 아직 보리심을 발하지 않은 사람으로서 오역죄를 지은 이를 제외한 것이고, (『관무량수경』은) 이미 보리심을 발한 사람으로서 오역죄를 지은 이를 극락정토에 왕생한다고 한 것이다.〉[224]라고 하였으나, 이것도 또한 옳지 않다. 이미 보리심을 발한 사람도 만약 (오역죄를 지어 보리심에서) 퇴실한다면 응당 아직 보리심을 발하지 않은 사람과 같아서 극락정토에 왕생할 수 없어야 하기 때문이다. 만약 보리심에서 물러나지 않는다면 반드시 오역죄를 짓지 말아야 하기 때문이다.

有說。未發菩提心造逆者除。已發菩提心作逆者生。此亦不然。已發菩提心。若退失者。應如未發心。不得生故。若不退心者。必不作逆故。

어떤 사람은 〈(『무량수경』에서 오역죄를 지은 이를) 제외한 것은 곧 부처님께서 오역죄를 결정적인 것이라고 설한 것을 마주한 것이고, (『관무량수경』에서 오역죄를 지은 이도) 극락정토에 왕생한다고 한 것은 곧 부처님께서 오역죄 등을 모두 결정적이지 않은 것이라고 설한 것을 마주한 것이기 때문이다.〉[225]라고 하였으나, 이것도 또한 옳지 않다. 불선不善인 순생업順生業(다음 生에 과보를 받는 업)·후수업後受業(다음 生 이후에 과보를 받는 업) 등은 모두 여기에서 예를 든 것에 상응하지만, 오역죄 등의 경우에는 바로 큰 허물을 이루기 때문이다.

---

224 『釋淨土群疑論』 권3(T47, 43c22)에 따르면 고금대덕의 열다섯 가지 견해 중 제5에 해당한다.(五觀經取者。是發菩提心人。壽經除者。是不發菩提心人。) 渡辺顕正에 따르면 도은사道誾師의 설이다.

225 의적의 『無量壽經述義記』 권중(H2, 338c17)에서 “又造業中。若分位定異熟不定及俱不定。此卽可轉。若異熟定分位不定。雖不得轉而轉重輕受。若二俱定此不可轉。故前三業悔卽可轉。第四業者諸佛拱手故此除也。又於五種故思業中二不可轉。三卽可轉。”이라고 했는데, 이는 『安養集』 권10에서 복원한 것이다. 『釋淨土群疑論』 권3(T47, 44a1)에 따르면 고금대덕의 열다섯 가지 견해 중 제11에 해당한다.(十一觀經取者。說五逆業。是不定業。爲可轉時。壽經除者。說五逆業。是定業。不可轉時。)

有說。除即對佛說五逆罪決定故。生即對佛說五逆等皆不定故。此亦不然。不善順生後受業等。皆應例此。五逆罪等。便成大過故。

어떤 사람은 〈과거세에 도기道機가 없는 이가 이미 오역죄를 지으면 끝내 왕생할 수 있는 이치가 없다. 그가 먼저 보리심을 발하였다면 비록 다시 연緣을 만나 오역죄 등을 지었다고 해도 반드시 깊은 참회를 내니 또한 왕생할 수 있다. 선취善趣의 계위에 있는 사람이 오역죄와 정법을 비방하는 죄를 짓는 경우도 있기 때문이다. (『무량수경』과 『관무량수경』의) 두 문장은 각각 한 가지를 말한 것이어서 서로 어긋나지 않는다.〉[226]라고 했는데, 이것도 또한 옳지 않다. 과거세라는 말은 무용하기 때문이니, 현재 보리심을 발하였으나 연緣을 만나 오역죄를 지었으면 응당 또한 왕생할 수 있어야 하기 때문이다. 또한 저 선취란 곧 십신十信에 해당하는 것이기 때문에 (이들이) 오역죄를 짓고 법을 비방하는 죄를 짓는다고 한다면, 반드시 이러한 이치는 없으니, 앞에서 이미 설했기 때문이다.

有說。若宿世中。無道機者。既作五逆。終無生理。其先發菩提心。雖復逢緣。造五逆等。必生深悔。亦得往生。善趣之人。有作五逆謗正法故。二文各談一。互不相違。此亦不然。宿世之言。應無用故。現發菩提心。逢緣作逆。應亦生故。又彼善趣。即十信故。作逆謗法。必無此理。前已說故。

어떤 사람은 〈(『무량수경』에서는) 한 번 칭념하면서 염불한 이를 제외한 것이고, (『관무량수경』에서는) 열 번 칭념하면서 염불한 이를 극락정토에 왕생하는 중생의 범주에 넣은 것이다.〉라고 했는데, 이것은 반드시 옳지 않다. 곧 이것은 (『무량수경』에서) “열 번 칭념하기에 이르기까지”라고

226 혜원이 『觀無量壽經義疏』 권말(T37, 185c29)에서 제시한 것이다.

한 것에 어긋나기 때문이다.

有說。一念念佛者除。十念念佛者生。此必非也。即違此云乃至十念故。

어떤 사람은 〈(『무량수경』에서 오역죄를 지은 이를) 제외한 것은 열 번을 모두 칭념했거나, 열 번을 모두 칭념하지 못했거나 모두 왕생할 수 없기 때문이다. (『관무량수경』에서 오역죄를 지은 이를) 극락정토에 왕생하는 중생의 범주에 넣은 것은 오직 열 번을 모두 칭념한 이만을 대상으로 했기 때문이다.〉[227]라고 했지만, 이것도 또한 옳지 않다. 비록 열 번을 모두 칭념하지 못한 이를 겸하기는 했지만, 이미 또한 열 번을 모두 칭념한 것을 펼쳤으니, (이들의 경우는) 응당 『관무량수경』에서 (섭취한 중생과) 같아서 극락정토에 왕생하는 중생의 범주에서 제외할 수 없는 것이기 때문이다.

有說。除者。具十不具十。悉不得生故。生者。唯具十聲故。此亦不然。雖兼不具十聲。既亦申具十念。應如彼經。不可除故。

지금 곧 이 경(『무량수경』)의 (해당처는) 상품의 삼생三生[228]에 해당하는 중생(을 섭수하는 것을 설한 것인데 이들) 가운데에는 반드시 오역죄를

---

227 『釋淨土群疑論』 권3(T47, 44a6)에 따르면 고금 대덕의 열다섯 가지 견해 중 제15에 해당한다.(十五觀經取者。是唯具足十念人。壽經除者。是通具足十念及不具足十念人。) 渡辺顕正은 앞의 책에서 "『群疑論探要記』의 저자 도충사道忠師는 이를 회감의 정의라고 했고, 矢吹慶輝의 『三階教の研究』에서는 회감의 설이 아니라고 했다."라고 했다.

228 상품의 삼생三生 : 『觀無量壽經』에서 정토에 왕생하는 중생을 상품·중품·하품의 셋으로 분류하고, 다시 각 품을 상생上生·중생中生·하생下生 등의 셋으로 구분하여 모두 아홉 등급으로 분류한 것을 구품九品이라 한다. 상품의 삼생이란 상품상생·상품중생·상품하생 등의 셋을 가리킨다.

짓는 이가 없기 때문에 오역죄를 지은 이를 제외해야만 한 것이고, 그 경『관무량수경』에서는 하품하생을 설했으니, 비록 오역죄를 지었어도 열 번을 모두 칭념하면 또한 왕생할 수 있는 것이다. 그러므로 (두 경의 문장의 의미가 서로) 어긋나지 않게 회통하여 풀이할 수 있다.

힐난하여 〈중품의 삼생三生도 또한 오역죄를 짓지 않기 때문에 (여기에서도 오역죄를 지은 이를) 제외한다고 해야 하는 것이 아닌가?〉[229]라고 하지 말아야 한다. "보리심을 발하고 여러 공덕을 닦는다."라고 했으니, 곧 오역죄를 짓지 않는 뜻이 (이것을 통해) 이미 드러났기 때문이다.

단지 정법을 비방하면 죄가 이미 매우 무거워 무수겁無數劫 동안 고통의 과보를 받기 때문에, 가령 열 번을 모두 칭념해도 기필코 왕생할 수 없다. 그러므로 성인의 가르침에 다시 이설異說은 없으니, 여러 불선不善에 들어가는 이는 과난過難이 많기 때문이다.

今即此經上三生中。必無作逆。故須除之。彼說[1)]下生。雖作五逆。若備十念。亦得生。故無違可釋。不應難言。中品三生。亦無作逆。故不須除者。發菩提心。修諸功德。即非作逆義。既顯故。但誹謗正法。罪既深重。於無數劫。受苦報故。假具十聲。必不得生。所以聖教。更無異說。入諸不善者。過難多故。

1) ㊄ 문맥상 '說' 뒤에 '下品'이 누락되었다.

어떤 사람은 〈이 경『무량수경』에서 열 번 생각한다는 것은 십법十法[230]

229 제19 중품을 섭수하려는 서원과 관련된 문제이다.

230 십법十法 : 『彌勒菩薩所問本願經』(T12, 187a4)에서 미륵보살이 보살행에 대해 질문하자 부처님께서 일법一法(한 가지 법)·이법二法(두 가지 법) 등에서부터 십법十法(열 가지 법)에 이르기까지의 열 종류의 법을 제시했다. 그러나 전후맥락상 여기에서의 십법은 본 경(본문의 『彌勒所問經』)과 관련이 없다.

에 의지하여 (열 가지를) 생각하는 것이지 부처님의 명호를 칭념한다는 것은 아니다. 그러므로 곧 『미륵소문경彌勒所問經』에서 설한 십념[231]이 이 것이다.〉[232]라고 했지만, 이것도 또한 옳지 않다. 그 경(『미륵소문경』)에서 "십념이란 곧 범부의 생각이 아니다."라고 했으니, 반드시 상품의 삼생三生(상생·중생·하생)이 닦을 수 있는 것이 아니기 때문이다.

지금 여기에서 말하는 십념이란 다시 『관무량수경』에서의 십념[233]과 같으니, 상배上輩(상품 삼생)도 또한 십념을 닦는다고 해도 이치에 어긋남이 없기 때문이다. 한 번, 두 번 등을 (포함하고 있음을) 나타내고자 하였으니, "내지乃至"라고 했기 때문이다. 방론傍論(본론과 직접적으로 관련이 없는 논의)은 또한 그만두고 본문을 풀이해야 할 것이다.

---

231 『미륵소문경彌勒所問經』에서 설한 십념 : 『彌勒所問經』의 원문은 전하지 않고 후대에 찬술된 저술의 곳곳에서 특히 십념과 관련된 인용문이 전해지고 있다. 예컨대 원효元曉의 『兩卷無量壽經宗要』(T37, 129a4) 및 『遊心安樂道』(T47, 114c8)에 『彌勒發問經』이라는 경명으로, 『法苑珠林』 권15(T53, 398c18)에도 역시 같은 경명으로, 『釋淨土群疑論』 권5(T47, 61a29)에서는 『彌勒所問經』이라는 경명으로, 현일玄一의 『無量壽經記』 권상(X22, 60b20)에도 역시 같은 경명으로 십념이 수록되어 있다. 이 가운데 『兩卷無量壽經宗要』가 가장 구체적인 내용을 담고 있다. 『兩卷無量壽經宗要』(T37, 129a4)에서 인용한 『彌勒發問經』의 십념과 관련된 부분의 전문은 다음과 같다. "此如彌勒發問經言。爾時彌勒菩薩。白佛言。如佛所說。阿彌陀佛功德利益。若能十念。相續不斷。念彼佛者。即得往生。當云何念。佛言。非凡夫念。非不善念。非雜結使念。具足如是念。即得往生安養國土。凡有十念。何等爲十。一者。於一切衆生。常生慈心。於一切衆生。不毀其行。若毀其行。終不往生。二者。於一切衆生。深起悲心。除殘害意。三者。發護法心。不惜身命。於一切法。不生誹謗。四者。於忍辱中。生決定心。五者。深心淸淨。不染利養。六者。發一切種智心。日日常念。無有廢忘。七者。於一切衆生。起尊重心。除我慢意。謙下言說。八者。於世談話。不生味著心。九者。近於覺意。深起種種善根因緣。遠離憒鬧散亂之心。十者。正念觀佛。除去諸根。"

232 7세기 중엽에 생존한 신라의 스님 법위法位가 『無量壽經義疏』 권상(H2, 11b9)에서 제시한 것으로, 『安養集』 권8·권10에서 복원한 것이다. 단 인용문은 전반부만 일치한다. 곧 『無量壽經義疏』에서 "此中十念者。是依十法起十念。非是稱名十念。"라고만 했고, 『彌勒所問經』 운운한 것은 없다.

233 『觀無量壽經』(T12, 346a19)의 하품하생을 설하는 부분에서 '부처님의 명호를 열 번 칭념하는 것'을 설한 것을 가리킨다.

有說。此經十念。依十法而念。非佛名。故即彌勒所問十念。是也。此亦不然。彼經十念。即非凡夫。必非上品三生所能修故。今即還同觀經十念。上輩亦修十念。理無違故。欲顯一二等。言乃至故。傍論且止。應釋本文。

b) 섭중품원攝中品願(중품을 섭수할 것을 서원한 것 ⑲)

경 "'만약 제가 부처가 되었을 때 시방세계의 중생이 보리심을 발하여 여러 공덕을 닦고 정성스런 마음으로 발원하여 저의 국토에 태어나고자 할 경우, 수명을 마칠 때 만약 대중에게 둘러싸여 그 사람의 앞에 나타나 맞이하는 일이 가능하지 않다면, 정각을 취하지 않겠습니다.'"

經曰。設我得佛。十方衆生。發菩提心。修諸功德。至心發願。欲生我國。臨壽終時。假令不與大衆圍遶。現其人前者。不取正覺者。

술 이것은 다음에 중품을 섭수할 것을 서원한 것이다. 이미 "보리심을 발하여"라고 했기 때문이니, 곧 발심發心(보리심을 발하는 것)하지 않으면 성중聖衆이 비록 맞이하지 않더라도 본원에 어긋나는 과실은 없음을 알아야 할 것이다.

述云。此次攝中品也。既云發菩提心故。即知不發心。聖雖不迎。無違本願之失。

c) 섭하품원攝下品願(하품을 섭수할 것을 서원한 것 ⑳)

경 "'만약 제가 부처가 되었을 때 시방세계의 중생이 저의 명호를 듣고 저의 국토를 늘 염두에 두어 여러 덕의 근본을 심고 정성스런 마음으로 회향하여 저의 국토에 태어나고자 할 경우 그 과果를 성취하지 못한다면 정각을 취하지 않겠습니다.'"

經曰。設我得佛。十方衆生。聞我名號。係念我國。植殖諸德本。至心迴向。欲生我國。不果遂者。不取正覺者。

술 이것은 나중에 하품을 섭수할 것을 서원한 것이다.

어떤 사람은 〈『섭대승론』에서 비록 발원을 들었지만 뜻에 의거하면 염불도 또한 별시의別時意[234]라고 말한 것이다.〉[235]라고 했다.

어떤 사람은 〈『섭대승론』은 염불을 별시의라고 하지 않았다. 『왕생론往生論』(『무량수경우파제사원생게』)에서 '염불하면 바로 정토에 왕생한다'[236]라고 했으니, 별시別時가 아니기 때문이다. 『왕생론』과 『섭론석攝論釋』[237]은 모두

234 별시의別時意 : 사의취四意趣의 하나. 사의취는 부처님의 교법을 문자 그대로가 아니라 그 뜻에 의해 파악하되, 그 뜻을 네 가지 측면에서 분류한 것을 말한다. 별시의는 부처님의 가르침 가운데 지금 당장 이익을 얻는 것이 아니고 먼 훗날에 이익을 얻는 것인데도, 중생교화라는 목적을 위한 방편으로 지금 당장 이익을 얻는 것처럼 설한 것을 말한다. 예컨대 발원은 극락정토에 태어나기 위한 여러 원인 중 하나일 뿐인데, 바로 즉시 극락정토에 태어날 수 있는 것처럼 설한 것을 별시의라고 한다.

235 무착의 『攝大乘論』 권중(T31, 121b12)에서 별시의를 설명하면서 그에 해당하는 교설의 사례로, 다보불의 명호를 염송하면 결정코 무상보리를 얻어 물러나지 않는다고 설한 것과 오직 발원으로 말미암아 극락정토에 왕생할 수 있다고 설한 것을 든 것을 말한다.(二別時意。譬如有說。若人誦持多寶佛名。決定。於無上菩提。不更退墮。復有說言。由唯發願。於安樂佛土。得往彼受生。) 다만 해석자는 여기(『攝大乘論』)에서 발원만을 극락왕생에 연계시켰지만 다보불의 염불도 또한 확장하면 극락왕생에 연계시킬 수 있고, 그럴 수 있다면 염불에 의해서 극락정토에 왕생하는 것도 역시 별시의라고 설한 것으로 볼 수 있다고 확대해석하고 있다.

236 『無量壽經優波提舍願生偈』(T26, 233a11)에서 "入第二門者。以讚歎阿彌陀佛。隨順名義。稱如來名。依如來光明想。修行故。得入大會衆數。是名入第二門。"이라고 하였다.

237 『섭론석攝論釋』 : 『攝大乘論』에 대한 세친의 주석서. 『攝大乘論釋』 권6(T31, 194a26)에서 세친 자신이 『攝大乘論』의 견해에 이의를 제기하지 않고 있기 때문에 『攝大乘論』의 설을 그대로 수용한 것으로 판단한 것으로 보인다.

천친天親(世親)이 지은 것이니, 이치상으로 볼 때 반드시 동일한 견해를 보여야 한다. 앞과 뒤에 모순이 있을 수 없기 때문이다. 단지 여러 중생은 비록 정토의 가르침을 들었더라도 비방하고 믿지 않으며 스스로 악도惡道에 빠진다. 혹은 믿고 비방하지는 않지만 욕망과 애착에 묶여 감히 서원을 일으키지 않으니, 하물며 또한 수행을 하겠는가. 혹은 어떤 중생이 그 교설을 듣고 곧 극락정토에 왕생하고자 하는 서원을 발하지만 악우惡友를 만나 여러 가지 악을 두루 짓고, 수명이 다하려고 할 때에도 선우善友를 만나지 못하여 염불을 할 수 없으니, 비록 바로 극락정토에 왕생하지는 못하지만 원생인遠生因(나중에 왕생할 수 있는 원인)은 심은 것이다. 부처님께서 이러한 부류를 북돋우기 위해 (발원하면) 극락정토에 왕생할 수 있다고 하신 것인데, 어리석은 사람은 장차 다시 인因을 닦지 않아도 (발원한 것만으로) 바로 왕생할 수 있다고 말한다. 그러므로 『섭대승론석』에서는 별시의別時意라고 한 것이다.〉라고 했다.[238]

두 가지 모두 옳지 않다. 발원이든 염불이든 모두 정토에 있어서는 원생인이기 때문이다.[239] 그렇지 않으면 곧 은밀한 뜻을 설한 것에 어긋나니, 앞에서 이미 설했기 때문이다. 여러 중생이 서원을 일으키고 염불하면 곧 화토化土에 태어나기 때문이다.[240]

이 문장에서 "저의 국토를 늘 염두에 두어"라고 한 것은 곧 왕생을 위한 행법이다.

述云。此後攝下品也。有說。攝論。雖擧願言。意亦說念佛是別時之意。有說。彼不以念佛爲別時意。往生論云。念佛即生。非別時故。往生論及攝論釋。皆天親造。理必應同。不可前後有鉾楯故。但諸衆生。雖聞淨土之敎。

238 발원은 별시의이지만 염불은 그렇지 않다는 입장이다.
239 두 가지 주장 중 뒤의 주장에 대한 비판이다.
240 두 가지 주장 중 앞의 주장에 대한 비판이다.

誹謗不信。自沈惡道。或信不謗。欲愛所纏。不敢起願。況亦修行。或有衆生。聞說。便發誓願欲生。而逢惡友。廣作諸惡。命欲終時。不遇善友。不能念佛。雖不即生。是遠生因。佛歎此類。生極樂土。愚人。將謂更不修因。而即往生。故釋論云是別時之意。二俱不然。若願若念。皆於淨土。是遠生因故。不爾。即違密意說言。前已說故。若諸衆生。起願念佛。即生化土故。此文。言繫念我國者。即往生之行也。

b. 원소생보願所生報(중생이 왕생하면서 받는 과보를 서원한 것 21)

경 "'만약 제가 부처가 되었을 때 국토에 거주하는 사람과 하늘이 모두 서른두 가지 대인상大人相[241]을 원만하게 갖추지 못한다면 정각을 취하지 않겠습니다.'"

經曰。設我得佛。國中人天。不悉成滿三十二大人相者。不取正覺者。

술 이것은 두 번째로 중생이 왕생하면서 받는 과보를 서원한 것이다.

述云。此第二願所生報也。

㉡ 보살을 섭수할 것을 서원한 것(22~30)

a. 섭타국보살원攝他國菩薩願(다른 국토의 보살을 섭수할 것을 서원한 것 22)

241 서른두 가지 대인상大人相 : 부처님·전륜성왕 등이 갖춘 서른두 가지 뛰어난 모습을 일컫는 말이다.

경 "'만약 제가 부처가 되었을 때 다른 불토의 여러 보살의 무리가 저의 국토에 와서 태어나 끝내 반드시 일생보처一生補處의 지위에 이르게 하되, 다만 그 본원이 자재롭게 교화하는 것이어서 중생을 위하여 큰 서원의 갑옷을 입고 덕의 근본을 쌓아 일체중생을 제도하여 번뇌에서 벗어나도록 하고, 모든 불국토에 두루 다니며 보살행을 닦아 시방세계의 여러 부처님을 공양하며, 또한 갠지스 강의 모래알처럼 한량없는 중생을 교화하여 위없는 바르고 참된 도리를 성취하도록 하고자 하여 범부의 무리(常倫)가 행해야 하는 여러 지위를 차례대로 날날이 행하는 실천행을 넘어서 자신이 지금 서 있는 바로 그곳에서 보현보살普賢菩薩의 덕을 닦으려 하는 이들은 제외할 것인데, 이와 같은 일이 이루어지지 않는다면 정각을 취하지 않겠습니다.'"

經曰。設我得佛。他方佛土。諸菩薩衆。來生我國。究竟必至一生補處。除其本願。自在所化。爲衆生故。被弘誓鎧。積累德本。度脫一切。遊諸佛國。修菩薩行。供養十方諸佛如來。開化恒沙無量衆生。使立無上正眞之道。超出常倫諸地之行。現前修習普賢之德。若不爾者。不取正覺者。

술 두 번째로 보살을 섭수할 것을 서원한 것이다. 여기에 두 가지가 있는데, 이것은 처음에 다른 국토의 보살을 섭수할 것을 서원한 것이다.

"상륜常倫"이란 곧 범부의 무리이기 때문이다. "여러 지위"란 또한 초겁初劫의 지위[242]를 말한다.

---

242 이 해석은 무엇을 의미하는 것인지 알기 어렵다. 다만 규기의 『法華玄贊』 권2(T34, 684c28)에서 육도六度의 수행을 세 계위로 나누어서, ① 견도이전見道以前(범부의 지위)에 해당하는 초겁初劫에 일행一行 중에 오직 일행을 닦고, ② 초지初地~제7지에 해당하는 제2겁에 일행 중 일체행을 닦으며, ③ 제8지~제10지에 해당하는 제3겁에 일체행 중에 일체행을 닦는다(然修六度。略有三位。見道以前。初劫之中。於一行中。唯修一行。亂修有漏。即此信解。初地至七地。滿第二劫中。於一行中。修一切行。有漏無漏。二皆雜修。八地至十地。滿第三劫中。一切行中。修一切行。)고 한 것을 참조할 때, ①에 해당하

述云。第二攝菩薩願。有二。此初攝他國菩薩也。常倫者。即凡夫之屬故。諸地。亦初劫之地。

b. 자신의 국토의 보살을 섭수할 것을 서원한 것(23~30)

a) 승력공성원承力供聖願(부처님의 신력을 받아 성인을 공양하게 할 것을 서원한 것 23)

경 **"'만약 제가 부처가 되었을 때 국토에 거주하는 보살이 부처님의 신력神力을 받아 여러 부처님을 공양하되, 한 끼의 밥을 먹을 시간에 셀 수 없고 헤아릴 수 없는 나유타의 여러 부처님의 국토에 두루 이르지 못한다면, 정각을 취하지 않겠습니다.'"**

經曰。設我得佛。國中菩薩。承佛神力。供養諸佛。一食之頃。不能遍至無數無量那由他諸佛國者。不取正覺者。

는 지위를 일컫는 말로 파악한 것으로 볼 수 있지 않을까 싶다. 또한 징관澄觀의 『大華嚴經略策』(T36, 706b28)에서 보현행원이 무엇인지를 묻고 답하기를 "일승一乘의 가르침은 높은 산부터 먼저 비추고, 십신十身의 미묘한 인因은 반드시 대행大行을 바탕으로 삼는다. 행이 모두 이치에 칭합하고, 하나하나마다 두루 미쳐 하나의 행위 가운데 모든 행위를 포섭한다. 모든 바다와 같은 행위가 온전히 하나의 미진 속에 있다. 만행이 들끓어도 참되고 선한 하나의 도리에 당체當體가 칭합하니, 이것이 보현행이다. 이와 같이 두루하는 만행이 보현이 행한 것이니, 또한 이러한 만행에 의해 보현의 지위를 성취한다. 사람과 법을 서로 빌려서 모두 이러한 이름을 얻은 것이다. 이 이름은 차례로 수행계위를 밟아 올라가는 실천법이 아님을 간별하기 위한 것이다. 덕이 법계에 두루 미치기 때문에 '보普'이고, 지극히 수순하고 선에 어우러지기 때문에 '현賢'이다.(一乘敎旨。創燭於高山。十身妙因。必資於大行。行皆稱理。一一普周。一行之中。攝一切行。一切行海。全在一塵。以萬行沸騰。而一道眞善。當體已稱。普賢行矣。斯之普行。普賢所行。亦以此行。成普賢矣。人法相假。皆得此名。簡非次第行布之行。德周法界曰普。至順調善曰賢。)"라고 하였는데, 『無量壽經』 본문에서 범부의 실천행과 보현보살의 덕을 대조한 것을 고려할 때 『法華玄贊』에 의지하여 이해하는 것이 큰 무리는 없는 것으로 생각된다.

술 이것은 나중에 자신의 국토의 보살을 섭수할 것을 서원한 것이다. 여기에 여덟 가지가 있는데, 이것은 처음에 신력을 받아 성인을 공양하게 할 것을 서원한 것이다.

述云。此後攝自土菩薩願。有八。此初承力供聖願也。

b) 공구수욕원供具隨欲願(공양할 물품을 원하는 대로 얻게 할 것을 서원한 것 24)

경 "'만약 제가 부처가 되었을 때 국토에 거주하는 보살이 여러 부처님의 앞에서 그 덕의 근본이 되는 여러 가지 구하려는 공양구를 나투어 보이려고 하는데, 뜻대로 되지 않는다면 정각을 취하지 않겠습니다.'"

經曰。設我得佛。國中菩薩。在諸佛前。現其德本。諸所欲求供養之具。若不如意者。不取正覺者。

술 이것은 두 번째로 공양할 물품을 원하는 대로 얻게 할 것을 서원한 것이다.

述云。此第二供具隨欲願也。

c) 설법진승원說法盡勝願(설법에 지극히 뛰어나게 할 것을 서원한 것 25)

경 "'만약 제가 부처가 되었을 때 국토에 거주하는 보살이 일체지一切智를 연설할 수 없다면 정각을 취하지 않겠습니다.'"

經曰。設我得佛。國中菩薩。不能演說一切智者。不取正覺者。

술 이것은 세 번째로 설법에 지극히 뛰어나게 할 것을 서원한 것이다.

述曰。此第三說法盡勝願也。

d) 신득견고원身得堅固願(견고한 신체를 얻게 할 것을 서원한 것 ㉖)

경 "'만약 제가 부처가 되었을 때 국토에 거주하는 보살이 금강나라연金剛那羅延과 같은 견고한 신체를 얻지 못한다면 정각을 취하지 않겠습니다.'"

經曰。設我得佛。國中菩薩。不得金剛那羅延身者。不取正覺者。

술 이것은 네 번째로 견고한 신체를 얻게 할 것을 서원한 것이다. "나라연"이란 곧 진제 삼장眞諦三藏[243]이 천역사天力士라고 했기 때문이다.[244]

述云。此第四身得堅固願也。那羅延者。即眞諦云天力士故。

243 진제 삼장眞諦三藏 : 499~569. 인도 출신의 역경승. 구마라집·현장·의정義淨 등과 함께 4대 번역가로 일컬어진다. 『金光明經』·『攝大乘論』·『攝大乘論釋』·『中邊分別論』 등의 주요 경론을 번역했다. 특히 『攝大乘論』과 『攝大乘論釋』은 이후 남조 섭론학파의 주요 이론의 근거를 제공했고, 이로 인해 진제는 섭론종의 초조로 추대되었다.

244 『注維摩詰經』 권7(T38, 391b4)에서 『維摩經』 본문의 '那羅延身'을 풀이하면서, 라집羅什은 "천역사로 견고하고 단정한 몸을 가졌다.(天力士。堅固端正身也。)"라고 했고, 길장吉藏(549~623)의 『法華義疏』 권11(T34, 622c21)에서 "나라연【진제는 '나라는 인人이라 의역하고, 연은 생본生本이라 의역한다. 범왕은 중생의 조부이기 때문에 생본이라 한다'라고 했고, 라집은 '천역사를 나라연이라 한다. 단정하고 용맹스럽다'라고 했으며, 『俱舍論』에서 '대천세계를 지탱하는 풍륜처럼 견고한 것을 나라연이라 한다'라고 했다. 나라연은 응당 천력天力이라 해야 한다.】(那羅延者。【眞諦云。那羅翻爲人。延云生本。梵王是衆生之祖父。故云生本。羅什云。天力士。名那羅延。端正猛健也。俱舍論云。持大千世界風輪。名那羅延。那羅延。應云天力也。】)"라고 했다.

e) 광색특묘원光色特妙願(빛과 형색을 뛰어나고 미묘하게 할 것을 서원한 것 ㉗)

경 "'만약 제가 부처가 되면 국토에 거주하는 사람과 하늘 및 일체 만물은 장엄하고 청정하며 찬란하게 빛나며, 형색이 뛰어나고 지극히 미묘하여 칭량할 수 없을 것인데, 그러한 여러 중생으로서 천안통을 얻은 이에 이르기까지 그들의 이름과 숫자를 분명히 구별하여 말할 수 있다면 정각을 취하지 않겠습니다.'"

經曰。設我得佛。國中人天。一切萬物。嚴淨光麗。形色殊特。窮微極妙。無能稱量。其諸衆生。乃至逮得天眼。有能明了辯其名數者。不取正覺者。

술 이것은 다섯 번째로 빛과 형색을 뛰어나고 미묘하게 할 것을 서원한 것이다.

述云。此第五光色特妙願也。

f) 지견도수원知見道樹願(도량수를 알아보게 할 것을 서원한 것 ㉘)

경 "'만약 제가 부처가 되었을 때 국토에 거주하는 보살로서 공덕이 적은 이에 이르기까지 그 도량수道場樹가 한량없는 빛과 형색을 지녔고 높이가 4백만 리나 되는 것을 알아보지 못한다면, 정각을 취하지 않겠습니다.'"

經曰。設我得佛。國中菩薩。乃至少功德者。不能知見。其道場樹。無量光色。高四百萬里者。不取正覺者。

술 이것은 여섯 번째로 도량수를 알아보게 할 것을 서원한 것이다.

述云。此第六知見道樹願也。

g) 사변무애[245]원四辯無礙願(사변무애를 얻게 할 것을 서원한 것 ㉙)

경 "'만약 제가 부처가 되었을 때 국토에 거주하는 보살이 경법을 받아서 읽고, 소리 내어 읽고 기억하여 지니며 베풀어 설하였으나 변재 지혜를 얻지 못한다면 정각을 취하지 않겠습니다.'"

經曰。設我得佛。國中菩薩。若受讀經法。諷誦持說。而不得辯才智慧者。不取正覺者。

술 이것은 일곱 번째로 사변무애를 얻게 할 것을 서원한 것이다.

述云。此第七四辨[1]無礙願也。

1) ㉯ '辨'은 '辯'과 통용된다.

h) 혜변무량원慧辯無量願(智慧辯才가 한량없게 할 것을 서원한 것 ㉚)

경 "'만약 제가 부처가 되었을 때 국토에 거주하는 보살이 지혜 변재에 있어서 한정된 분량으로 가늠할 수 있다면 정각을 취하지 않겠습니다.'"

245 사변무애四辯無礙 : 자유자재하고 걸림이 없는 네 가지의 이해 능력(智解)과 언어 구사 능력(辯才)을 일컫는 말이다.

經曰。設我得佛。國中菩薩。智慧辯才。若可限量者。不取正覺。

술 이것은 여덟 번째로 지혜 변재가 한량없게 할 것을 서원한 것이다.

此[1]第八慧辨[2]無量[3]願也。

1) 역 '此' 앞에 '述云'이 누락되었다. 2) 역 『韓佛全』의 저본인 『續藏經』에서는 '辨'을 '辯'이라 했다. 『韓佛全』의 오식인 것 같다. 3) 원 '慧辨無量'을 □□□□이라 했다.(갑)

ㅂ) 부처님의 국토를 섭수할 것을 서원한 것(31, 32)

㉠ 형색공덕원形色功德願(형색의 공덕을 이룰 것을 서원한 것 31)

경 "'만약 제가 부처가 되면 국토가 청정하여 모두 시방세계의 일체의 헤아릴 수 없고 셀 수 없는 불가사의한 여러 부처님의 세계를 빠짐없이 비추어 마치 밝은 거울에 그 얼굴을 비추어 보는 것과 같게 될 것이니, 이와 같이 되지 않는다면 정각을 취하지 않겠습니다.'"

經曰。設我得佛。國土清淨。皆悉照見十方一切無量無數不可思議諸佛世界。猶如明鏡。覩其面像。若不爾者。不取正覺者。

술 여섯 번째는 부처님의 국토를 섭수할 것을 서원한 것이다. 여기에 두 가지가 있는데, 이것은 처음에 형색의 공덕을 이룰 것을 서원한 것이다.

述云。第六攝佛土願。有二。此初形色功德願也。

㉡ 장엄공덕원莊嚴功德願(장엄의 공덕을 이룰 것을 서원한 것 ㉜)

경 "'만약 제가 부처가 되면 땅에서부터 허공에 이르기까지 궁전·누각·연못·꽃과 나무 등을 비롯하여 국토에 있는 일체 만물은 모두 헤아릴 수 없는 다양한 보배와 백천 가지의 향을 함께 합한 것으로 만들어지고, 그 장엄하고 기묘함은 인간계나 천상계의 모습을 넘어서며, 그 향기가 시방세계에 두루 풍기어 보살로서 그 향기를 맡은 이는 모두 불도를 성취하기 위한 행을 닦게 될 것이니, 만약 이와 같이 되지 않는다면, 저는 정각을 취하지 않겠습니다.'"

經曰。設我得佛。自地以上。至于虛空。宮殿樓觀。池流華樹。國中所有一切萬物。皆以無量雜寶百千種香。而共合成。嚴飾奇妙。超諸人天。其香普薰十方世界。菩薩聞者。皆修佛行。若不如是者。不取正覺者。

술 이것은 나중에 장엄의 공덕을 이룰 것을 서원한 것이다.

述云。此後莊嚴功德願也。

ㅅ) 중생을 섭수할 것을 서원한 것(㉝~㊽)

㉠ 다른 국토의 중생을 섭수할 것을 서원한 것(㉝~㊲)

a. 몽광획리원蒙光獲利願(광명을 받아 이익을 획득하게 할 것을 서원한 것 ㉝)

경 "'만약 제가 부처가 되면 시방세계의 헤아릴 수 없는 불가사의한 여러 부처님의 세계에 거주하는 중생의 무리로서 나의 광명을 받아 그의 몸에 접촉한 이는 몸과 마음이 유연해져서 사람과 하늘을 넘어설 것이니, 만약 이와 같지 않다면 저는 정각을 취하지 않겠습니다.'"

經曰。設我得佛。十方無量不可思議諸佛世界衆生之類。蒙我光明。觸其身者。身心柔軟。超過人天。若不爾者。不取正覺者。

술 일곱 번째는 중생을 섭수할 것을 서원한 것이다. 여기에 다섯 가지가 있는데, 이것은 처음에 다른 국토의 중생을 섭수할 것을 서원한 것이다. 여기에 두 가지가 있는데, 이것은 처음에 광명을 받아 이익을 획득하게 할 것을 서원한 것이다.

述云。第七攝衆生願。有五。此初攝他土衆生。有二。此初蒙光獲利願也。

b. 명호를 듣고 이익을 얻게 할 것을 서원한 것(34~37)

a) 법인총지원法忍總持願(無生法忍과 總持를 얻게 할 것을 서원한 것 34)

경 "'만약 제가 부처가 되었을 때 시방세계의 헤아릴 수 없고 불가사의한 여러 부처님의 세계의 중생의 무리가 저의 명호를 듣고 보살의 무생법인無生法忍[246]과 여러 가지 심오한 총지總持를 얻지 못한다면, 정각을 취하지 않겠습니다.'"

經曰。設我得佛。十方無量不可思議諸佛世界衆生之類。聞我名字。不得菩

246 무생법인無生法忍 : 일체법이 공하여 그 자체 고유한 성질을 갖지 않고, 생멸변화를 넘어서 있음을 깨달아 그 진리에 편안하게 머물며 마음이 흔들리지 않는 것.

薩無生法忍諸深總持者。不取正覺者。

술 이것은 나중에 명호를 듣고 이익을 얻게 할 것을 서원한 것이다. 여기에 네 가지가 있는데, 이것은 처음에 무생법인과 총지를 얻게 할 것을 서원한 것이다.

述云。此後聞名得益願。有四。此初法忍總持也。

b) 원리기혐원遠離譏嫌願(싫어하는 것을 멀리 여의게 할 것을 서원한 것 ㉟)

경 "'만약 제가 부처가 되었을 때 시방세계의 헤아릴 수 없고 불가사의한 여러 부처님의 세계에 여인이 있어 저의 명호를 듣고 기뻐하며 믿고 좋아하면서 보리심을 발하고 여인의 몸을 싫어하였는데, 목숨을 마친 후에 (저의 국토에 왕생할 때) 다시 여인의 형상으로 태어난다면 정각을 취하지 않겠습니다.'"

經曰。設我得佛。十方無量。不可思議諸佛世界。其有女人。聞我名字。歡喜信樂。發菩提心。厭惡女身。壽終之後。復爲女像者。不取正覺者。

술 이것은 두 번째로 싫어하는 것을 멀리 여의게 할 것을 서원한 것이다.

[이 경(『무량수경』)에서는 극락정토에 여인이 없다고 했다.] 그런데 『아미타고음성왕다라니경』에서는 "아미타불께 아버지와 어머니가 계신다."[247]

---

247 『阿彌陀鼓音聲王陀羅尼經』(T12, 352b24)에서 "父名月上轉輪聖王。其母名曰殊勝妙顏。"이라고 했다.

고 하였으니, (어머니인 여인이 있는 것이 되어서 『무량수경』에서 말한 것과 어긋나는 문제가 생긴다.)[248]

述云。此第二遠離譏嫌願也。然音聲王云。阿彌陀佛。有父母者。

어떤 사람은 〈그것(『음성왕경』)은 예토에서의 일을 나타낸 것이다. 부처님께 아버지와 어머니가 계신다면 이는 정토가 아니기 때문이다. 이 문장은 스스로 "(그때) 마왕의 이름은 무승無勝이고, 제바달다提婆達多가 있었는데 그의 이름은 적寂이다."[249]라고 말한 것과 어긋나지 않으니, (정토에는 마구니가 없기 때문이다.)〉라고 했다.

어떤 사람은 〈(앞의 해석은) 옳지 않다. 비록 마왕이 있다고 해도, 이는 수호하기 위한 것이므로 (이를 정토가 아니라는 근거로 삼을 수는 없기 때문이다.) 그렇지 않다면 곧 『법화경』에서 "음광飮光[250]이 (미래에 이룩할) 정토에는 (마사魔事가 없으니 비록) 마구니와 마구니의 백성이 있다고 하더라도 모두 불법을 수호한다."[251]라고 한 것과 어긋나기 때문이다. 그 경(『음성왕경』)은 변화토變化土에는 또한 여인이 있음을 나타낸 것이라고 말해야 한다. (『음성왕경』에서) 스스로 "(아미타불의 명호를 바르게 받아 지녀 임종할 때 아미타불과 그 권속의 영접을 받은 인연으로) 태어나는 곳마다 영원히 더러운 욕망에 의해 자궁에 잉태되는 형태로 생명을 받는 일을 영원히 여읜다."[252]라고 했기 때문이다. 그리고 여인이 없다면 곧

---

248 『釋淨土群疑論』 권6(T47, 63c1)에서도 같은 내용의 의문을 제기하고 세 가지 해석을 제시하였다.

249 『阿彌陀鼓音聲王陀羅尼經』(T12, 352b27).

250 음광飮光 : Ⓢ Kāśyapa의 의역어. 부처님의 십대제자 중 한 명. 음사어는 가섭迦葉이다. 마하가섭摩訶迦葉(Ⓢ Mahā-kāśyapa)이라고 칭하는 경우가 많다.

251 『法華經』 권3(T9, 20b27).

252 『阿彌陀鼓音聲王陀羅尼經』(T12, 352b16).

수용토受用土를 말한 것이다.〉라고 했다.[253] 이 말은 채용하니 『보살영락경』의 내용을 잘 따른 것이다. 예컨대 그 경 권11[254]에서 혜조여래慧造如來의 정토를 풀이하면서 말하기를 "(수명은 극락정토와 같은데) 단지 남자와 여인인 중생은 아미타불의 국토에서 도를 얻은 이와는 같지 않다."[255] 라고 말한 것과 같기 때문이다.

〈비록 남자와 여인은 있더라도 남자와 여인으로서의 욕망은 없다.〉고 했는데, 이것은 반드시 옳은 것은 아니다. 이미 "남자와 여인인 중생은 아미타불의 정토와 같지 않다."라고 말하기는 했지만 (아미타불의 정토에) 반드시 여인이 있다고 말하지는 않았기 때문이다.

有說。彼顯穢土。佛有父母。非淨土故。不違此文。自說。魔王名曰無勝。提婆達多名曰寂[1)]故。有說。不然。雖有魔王。而守護故。不爾。即法華經中。違飮光。淨土。魔及魔民。皆護佛法故。應說。彼經。顯變化土。亦有女人。自說。所生之處。永離胞胎穢欲之形故。而無女人者。即受用土也。存此言。善順菩薩瓔珞經也。如彼經第十一。釋慧智[2)]造如來淨土云。但男女衆生。不如阿彌陀國得道者故。雖有男女。而無男女之欲。此必不然。既云。男女衆生。不如彌陀土。必不言有女人故。

1) ㉮『阿彌陀鼓音聲王陀羅尼經』(T12, 352b28)에 따르면 '寂' 뒤에 '靜'이 누락되었다. 그러나 그 미주에 따르면 복본福本에서는 '靜'이 없다고 했기 때문에 반드시 누락으로 볼 수만은 없다. 2) ㉮『菩薩瓔珞經』 권10(T16, 90c24)에 따르면 '智'는 잉자이다.

253 문장이 꼭 일치하지는 않지만, 그 취지는 『釋淨土群疑論』 권6(T47, 63c8)의 첫 번째 해석과 동일하다. 곧 수용신의 국토인 수용토에는 여인이 없다고 했고, 변화신의 국토인 변화토에는 여인이 있다고 한 것의 차이라고 했기 때문이다.(一釋云。佛有受用身變化身。觀經說者。是受用身。鼓音聲王經說者。是變化身也。)

254 『大正藏』에 수록된 『菩薩瓔珞經』에는 10권에 수록되어 있다.

255 『菩薩瓔珞經』 권10(T16, 91a18).

어떤 사람은 〈그 경(『음성왕경』)에서 설한 아버지·어머니·성城·읍邑 등은 모두 공덕법이다. 예컨대 『유마경』에서 "지도智度[256]는 보살의 어머니이고 방편은 아버지라네."[257]라고 했고, 『화엄경』에서 "문수사리가 각성覺城의 동쪽에 머물면서 선재동자를 만났다."[258]라고 했는데, 경에서 "각성"이라고 한 것은 도리어 공덕에 의한 명칭인 것과 같다. 그러므로 어긋남이 없고 옳은 해석이라고 할 수 있다.〉[259]라고 했는데, 이것도 또한 옳지 않다. 자수용신自受用身은 반드시 지도智度로 말미암고, 방편으로 응하는 것에 이르러 아버지와 어머니가 있기 때문이다. 이러한 해석을 허용하면 반드시 막대한 과실이 있기 때문이다.

有說。彼經。父母城邑等。皆是功德法。如維摩說。智度菩薩母。方便以爲父。華嚴經中。文殊師利。於覺城東。遇善財童子。經言覺城。還是功德之名。故無違可釋。此亦不然。自受用身。必由智度。及以方便應。有父母故。許即必有莫大失故。

지금 (여인이) 존재하는 것에는 두 가지 뜻이 있다. 처음은 곧 그 부처님께 비록 다시 어머니가 있지만 변화신變化身으로 오직 부처님께서만 홀로 소유하고 있기 때문이다. "여인이 없다."라고 한 것은 부처님의 어머니를 제외하고는 다시 변화신인 여인은 없다고 한 것이니, 하물며 또한 그 진실한 몸을 지닌 여인임에 있어서랴. 그러므로 서로 어긋나지 않는다.

---

256 지도智度 : Ⓢ prajñā-pāramitā. 음사어는 반야바라밀般若波羅蜜이다. 'prajñā'를 '지智'로 의역하고, 'pāramitā'를 '도度'로 의역한 것이다. 지혜에 의해 피안으로 건너가는 것. 지혜의 완성을 가리키는 말이다.

257 『維摩詰所說經』 권중(T14, 549c2).

258 60권본 『華嚴經』 권45(T9, 687c7).

259 『釋淨土群疑論』 권6(T47, 63c12)에서 제시한 두 번째 해석과 같다.

나중은 곧 『비화경』에 준하여 알 수 있다.[260]

어떤 보살은 그 국토에서 태어나 보살행을 닦고 바로 그 국토에서 등정각等正覺을 이룬다. 어떤 보살은 이 세계에서 태어나 수행을 마치고 타방의 국토에 가서 등정각을 이루니, 『법화경』의 용녀龍女도 또한 동일한 종류로서 이것에 해당한다.[261] 본원이 같지 않으니 응하여 나투는 것도 다르기 때문이다. 지금 아미타불께서도 대개 또한 나머지 국토에서 태생의 형태로 몸을 받고 보살행을 닦아 존음불尊音佛[262]의 정토에 가서 불도를 이루었기 때문이다. 『음왕경』에서 '아버지와 어머니가 계신다'라고 한 것은 본래 태생의 형태로 몸을 받아 태어난 국토에서의 일을 설한 것이고, '정토에 계신다'라고 말한 것은 곧 성불한 세계에서의 일을 말하는 것이기 때문에 모두 어긋남이 없다.[263]

260 『釋淨土群疑論』 권6(T47, 64a14)에서 제시한 세 번째 해석과 관련된 부분이다. 『悲華經』의 일부를 일컫는 것이 아니라, 『悲華經』의 내용을 통해 여러 부처님께서 정토와 예토에서 성도하시고, 나투시는 성도의 형태도 여러 가지 형태로 같지 않은 것을 알 수 있는 것을 말한다.(三釋云。如悲華經等說。諸佛。成道於淨穢土。所現成道。種種不同。)

261 『法華經』 권4(T9, 35c16)에서 용녀가 잠깐 동안에 남자로 변하여서 보살의 행을 갖추고, 곧 남방의 무구세계無垢世界에 가서 등정각을 이룬 것을 말한다.

262 『悲華經』 권3(T3, 184c16)에서 보장寶藏여래께서 아미타불의 전신인 무쟁념왕無諍念王에게 수기하면서 서방의 존선무구세계尊善無垢世界에 존음왕불尊音王佛께서 계시는데, 1중겁 후 열반에 드시고 여러 겁이 지나 그 국토의 이름이 미루광명彌樓光明으로 바뀌고 불가사의공덕왕不可思議功德王여래께서 출현하시며, 이 부처님께서 열반에 드시고 여러 겁이 지나 이 국토의 이름이 존선무구로 바뀌고 보광명寶光明여래께서 출현하시고, 오랜 겁이 흐른 후 이 세계의 이름은 선견善堅으로 바뀌고 보존음왕寶尊音王여래께서 출현하시며, 이 부처님께서 열반에 드신 후 여러 겁이 지난 후 수많은 부처님께서 출현하시고 열반에 드신다. 이후 제1의 갠지스 강의 모래알처럼 많은 아승기겁을 지나서 제2의 갠지스 강의 모래알처럼 많은 아승기겁에 들어가면 그 세계의 이름은 안락安樂으로 바뀌고, 이때 비로소 성불하여 무량수無量壽여래(阿彌陀佛)가 될 것이라고 하였다. 그러므로 본문의 "존음불"은 "존음왕불"이고 "존음불의 정토"란 '실제로 존음왕불이 머물고 계시는 정토'라는 뜻이 아니라, '존음왕불께서 머물고 계셨던 정토인 안락세계'라는 뜻이다.

263 『音王經』에서 어머니인 여인이 있다고 한 것은 보살도를 닦은 세계에서의 일을 설한 것이기 때문에 극락정토에 여인이 없다고 하는 『無量壽經』의 설과 어긋나지 않는다는

간략히 두 가지 길을 열었으니 배우는 이는 잘 생각해야 할 것이다. 방론은 또한 그만두고 본문으로 돌아가야 할 것이다.

今之所存。自有二義。初即彼佛。雖復有母。而是變化。唯佛孤有故。言無女者。除佛之母。無更化女。況亦其實。故不相違。後即准悲華經。或有菩薩。於彼國生。修菩薩行。即於彼土。成等正覺。或有菩薩。於此世界生。已修行。往他方土。成等正覺。法華。龍女。亦一類。是也。本願不同。應現異故。今阿彌陀佛。蓋亦餘國。受胎生身。修菩薩行。往尊音佛淨土。而成佛道故。音王經云。有父母者。說本所生之土。言有淨土者。即成佛世界故。皆無違。略開二途。學者應思。傍論且止。應歸本文。

c) 상수범행원常修梵行願(항상 범행을 닦게 할 것을 서원한 것 ㊱)

경 "'만약 제가 부처가 되면 시방세계의 헤아릴 수 없는 불가사의한 여러 부처님의 세계에 거주하는 여러 보살의 무리가 저의 명호를 듣고 수명이 다한 후에 항상 범행을 닦아 불도를 이루기에 이를 것이니, 이와 같이 되지 않는다면 정각을 취하지 않겠습니다.'"

經曰。設我得佛。十方無量不可思議諸佛世界諸菩薩衆。聞我名字。壽終之後。常修梵行。至成佛道。若不爾者。不取正覺者。

술 이것은 셋째 항상 범행을 닦게 할 것을 서원한 것이다.

述云。此第三常修梵行願也。

것을 말하려고 한 것이다.

d) 작례치경원作禮致敬願(예배를 드리고 지극히 공경받게 할 것을 서원한 것 ㊲)

경 "'만약 제가 부처가 되면 시방세계의 헤아릴 수 없는 불가사의한 여러 부처님의 세계에 거주하는 여러 하늘과 사람이 저의 명호를 듣고 온몸을 땅에 던져 머리를 조아려 예배를 드리며 환희심을 내고 믿음을 일으켜 즐거워하며 보살행을 닦고, 여러 하늘과 세상 사람이 지극히 공경하지 않음이 없을 것이니, 이와 같이 되지 않는다면 정각을 취하지 않겠습니다.'"

經曰。設我得佛。十方無量不可思議諸佛世界諸天人民。聞我名字。五體投地。稽首作禮。歡喜信樂。修菩薩行。諸天世人。莫不致敬。若不爾者。不取正覺者。

술 이것은 네 번째로 예배를 드리고 지극히 공경받게 할 것을 서원한 것이다.

述云。此第四作禮致敬願也。

㉡ 자신의 국토의 중생을 섭수할 것을 서원한 것(㊳~㊵)

a. 의복응념원衣服應念願(의복을 생각대로 얻게 할 것을 서원한 것 ㊳)

경 "'만약 제가 부처가 되면 국토에 거주하는 사람과 하늘이 의복을 얻고자 하면 생각한 대로 바로 이르러 부처님께서 찬탄하신 것과 같은 법에 상응하는 미묘한 의복이 저절로 몸에 입혀질 것이니, 만약 재봉하거나 찧어서 물들이거나 세탁해야 하는 일이 있다면 정각을 취하지 않겠습니다.'"

經曰。設我得佛。國中人天。欲得衣服。隨念即至。如佛所讚。應法妙服。自然在身。若有裁縫擣染浣濯者。不取正覺者。

술 이것은 두 번째로 자신의 국토의 중생을 섭수할 것을 서원한 것이다. 여기에 세 가지가 있는데, 이것은 처음에 의복을 생각대로 얻게 할 것을 서원한 것이다.

述云。此第二攝自國衆生願。有三。此初衣服應念願也。

b. **수락무실원**受樂無失願(즐거움을 누리며 잃어버리지 않게 할 것을 서원한 것 ㊴)

경 "'만약 제가 부처가 되었을 때 국토에 거주하는 사람과 하늘이 누리는 쾌락이 누진비구漏盡比丘[264]와 같지 않다면 정각을 취하지 않겠습니다.'"

經曰。設我得佛。國中人天。所受快樂。不如漏盡比丘者。不取正覺者。

술 이것은 다음에 쾌락을 누리며 잃어버리지 않게 할 것을 서원한 것이다.

述云。此次受樂無失願也。

c. **보견불토원**普見佛土願(부처님의 국토를 두루 볼 수 있게 할 것을 서원한 것 ㊵)

264 누진비구漏盡比丘 : 번뇌를 모두 끊어 다시 후생後生을 받지 않는 경지에 도달한 아라한阿羅漢을 일컫는 말. 누진아라한漏盡阿羅漢이라고도 한다.

경 "'만약 제가 부처가 되면 국토에 거주하는 보살은 뜻에 따라 시방세계의 헤아릴 수 없는 장엄하고 청정한 부처님의 국토를 보려고 하면, 때맞추어 원하는 대로 응하여 보배 나무 가운데 모두 비추어 보기를, 밝은 거울에 그 얼굴을 비추어 보는 것과 같이 보게 될 것이니, 이와 같이 되지 않는다면 정각을 취하지 않겠습니다.'"

經曰。設我得佛。國中菩薩。隨意欲見十方無量嚴淨佛土。應時如願。於寶樹中。皆悉照見。猶如明鏡。覩其面像。若不爾者。不取正覺者。

술 이것은 나중에 부처님의 국토를 두루 볼 수 있게 할 것을 서원한 것이다.

述云。此後普見佛土願也。

ⓒ 다른 국토의 중생을 이롭게 할 것을 서원한 것(㊶~㊺)

a. 제근모묘원諸根貌妙願(여러 감각기관의 모양을 미묘하게 할 것을 서원한 것 ㊶)

경 "'만약 제가 부처가 되었을 때 다른 국토의 여러 보살의 무리가 저의 명호를 듣고 부처가 되기에 이르기까지 여러 감각기관에 결함이 있거나 볼품이 없는 부분이 있어 온전한 모습을 갖추지 못하는 일이 있다면 정각을 취하지 않겠습니다.'"

經曰。設我得佛。他方國土諸菩薩衆。聞我名字。至于得佛。諸根缺陋。不具足者。不取正覺者。

술 이것은 세 번째로 다른 국토의 중생을 이롭게 할 것을 서원한 것이다. 여기에 다섯 가지가 있는데, 이것은 처음에 여러 감각기관의 모양을 미묘하게 할 것을 서원한 것이다.

述云。此第三利他方衆生願。有五。此初諸根貌妙願也。

b. **지관구행원**止觀俱行願(지와 관을 모두 행하게 할 것을 서원한 것 ㊷)

경 **"'만약 제가 부처가 되면 다른 국토의 여러 보살의 무리가 저의 명호를 듣고 모두 청정해탈삼매**淸淨解脫三昧**를 얻고 이 삼매에 머물러 한 번 뜻을 일으키는 짧은 시간 동안 헤아릴 수 없는 불가사의한 여러 불세존을 공양하면서도 정의**定意**를 잃지 않을 것이니, 이와 같이 되지 않는다면 정각을 취하지 않겠습니다.'"**

經曰。設我得佛。他方國土諸菩薩衆。聞我名字。皆悉逮得淸淨解脫三昧。住是三昧。一發意頃。供養無量不可思議諸佛世尊。而不失定意。若不爾者。不取正覺者。

술 이것은 두 번째로 지止와 관觀[265]을 모두 행하게 할 것을 서원한 것이다.

述云。此第二止觀俱行願也。

---

265 지止와 관觀 : '지止'란 일체의 외부 대상과 망념妄念을 끊고 특정 대상에 집중하는 것이고, '관觀'이란 바른 지혜에 의해 집중한 대상을 관찰하는 것이다.

c. 화물고귀원化物高貴願(중생을 교화하여 고귀한 가문에 태어나게 할 것을 서원한 것 [43])

경 "'만약 제가 부처가 되면 다른 국토의 여러 보살의 무리가 저의 명호를 듣고 수명을 마친 후 존귀한 가문에 태어날 것이니, 이와 같이 되지 않는다면 정각을 취하지 않겠습니다.'"

經曰。設我得佛。他方國土諸菩薩衆。聞我名字。壽終之後。生尊貴家。若不爾者。不取正覺者。

술 이것은 세 번째로 중생을 교화하여 고귀한 가문에 태어나도록 할 것을 서원한 것이다.

述云。此第三化物高貴願也。

d. 복지쌍수원福智雙修願(복덕과 지혜를 함께 닦게 할 것을 서원한 것 [44])

경 "'만약 제가 부처가 되면 다른 국토의 여러 보살의 무리가 저의 명호를 듣고 환희심을 내어 발을 구르면서 보살행을 닦고 덕본德本을 온전히 갖출 것이니, 이와 같이 되지 않는다면 정각을 취하지 않겠습니다.'"

經曰。設我得佛。他方國土諸菩薩衆。聞我名字。歡喜踊躍。修菩薩行。具足德本。若不爾者。不取正覺。

술 이것은 네 번째로 복덕과 지혜를 함께 닦게 할 것을 서원한 것이다.

此[1]第四福智雙修願也。

1) ㉠ '此' 앞에 '述云'이 누락되었다.

e. 불리제불원不離諸佛願(여러 부처님을 여의는 일이 없게 할 것을 서원한 것 ㊺)

경 "'만약 제가 부처가 되면 다른 국토의 여러 보살의 무리가 저의 명호를 듣고 모두 보등삼매普等三昧를 얻기에 이르고, 이 삼매에 머물러 불도를 이룰 때까지 항상 헤아릴 수 없고 불가사의한 일체의 여러 부처님을 친견할 것이니, 이와 같이 되지 않는다면 정각을 취하지 않겠습니다.'"

經曰。設我得佛。他方國土諸菩薩衆。聞我名字。皆悉逮得普等三昧。住是三昧。至于成佛。常見無量不可思議一切諸佛。若不爾者。不取正覺者。

술 이것은 다섯 번째로 여러 부처님을 여의는 일이 없게 할 것을 서원한 것이다.

"보普"란 두루 미친다는 뜻이고, "등等"이란 평등하다는 뜻이다. 친견하는 대상이 두루하고 넓어서 모든 부처님을 다 보기 때문에 머무는 선정의 이름을 "보등"이라 했다.

述云。此第五不離諸佛願也。普者即普遍義。等者即齊等義。所見普廣。佛佛皆見。故所住之定。名爲普等。

㉣ 이익자토원利益自土願(자신의 국토를 이익되게 할 것을 서원한 것 ㊻)

경 "'만약 제가 부처가 되면 국토에 거주하는 보살은 그 소원에 따라 듣고자 하는 법을 저절로 들을 수 있을 것이니, 이와 같이 되지 않는다면 정각을 취하지 않겠습니다.'"

經曰。設我得佛。國中菩薩。隨其志願。所欲聞法。自然得聞。若不爾者。不取正覺者。

술 이것은 네 번째로 자신의 국토를 이익되게 할 것을 서원한 것이니, 곧 법을 자유자재하게 들을 수 있는 것을 말한다.

述云。此第四利益自土願。即聞法自在也。

ⓜ 다른 국토를 섭수할 것을 서원한 것(47, 48)

a. 가력불퇴원加力不退願(가피의 힘에 의해 불퇴전의 지위를 얻게 할 것을 서원한 것 47)

경 **"'만약 제가 부처가 되었을 때 다른 국토의 여러 보살의 무리가 저의 명호를 듣고 바로 불퇴전不退轉의 지위[266]에 이르지 못한다면, 정각을 취하지 않겠습니다.'"**

經曰。設我得佛。他方國土諸菩薩衆。聞我名字。不即得至不退轉者。不取正覺者。

술 이것은 다섯 번째로 다른 국토를 섭수할 것을 서원한 것이다. 여기에 두 가지가 있는데, 이것은 처음에 가피의 힘에 의해 불퇴전의 지위를

266 불퇴전不退轉의 지위 : 악취惡趣와 이승지二乘地(聲聞·緣覺의 지위)에 떨어지지 않는 지위. 곧 증득한 보살지菩薩地와 깨달은 법에서 퇴실하지 않고 반드시 성불하기에 이르는 지위를 가리킨다.

얻게 할 것을 서원한 것이다.

述云。此第五攝他方願。有二。此初加力不退願也。

b. **자력불퇴원**自力不退願(자신의 힘에 의해 불퇴전의 지위에 이르게 할 것을 서원한 것 ㊽)

경 **"'만약 제가 부처가 되었을 때 다른 국토의 여러 보살의 무리가 저의 명호를 듣고 바로 제1·제2·제3의 법인法忍을 얻지 못하고, 여러 불법에 대해서 바로 불퇴전의 지위를 얻지 못한다면 정각을 취하지 않겠습니다.'"**

經曰。設我得佛。他方國土諸菩薩衆。聞我名字。不即得至第一第二第三法忍。於諸佛法。不能即得不退轉者。不取正覺者。

술 이것은 나중에 자신의 힘에 의해 불퇴전의 지위를 얻게 할 것을 서원한 것이다.

어떤 사람은 〈"제1·제2·제3의 법인"이란 『인왕반야경』에서 설한 오인五忍[267] 가운데 그 차례대로 복인伏忍[268]·신인信忍[269]·순인順忍[270]을 가리킨

---

267 오인五忍 : 『仁王般若波羅蜜經』 권상(T8, 826b23)에서 보살법으로 복인伏忍·신인信忍·순인順忍·무생인無生忍·적멸인寂滅忍 등의 다섯 가지를 제시한 것을 가리킨다. 이 경에서는 앞의 네 가지 인忍을 다시 상·중·하의 삼품三品으로 나누었는데, 이를 총칭하여 14인이라 한다.

268 복인伏忍 : 지전地前(십지 이전)의 삼현三賢의 계위(三賢位 : 보살 수행의 52계위 중 제11~제40까지에 해당하는 十住·十行·十回向을 일컫는 말)에 있는 사람이 아직 무루無漏를 얻지 못하여 번뇌를 아직 끊지 못하고, 단지 번뇌를 조복시켜 일어나지 못하게만 할 수 있는 것. 그 가운데 십주를 하품, 십행을 중품, 십회향을 상품이라 한다.

269 신인信忍 : 지상地上(초지 이후)의 보살이 무루신無漏信을 얻어 수순隨順하여 의심하지 않는 것. 그 가운데 초지를 하품, 제2지를 중품, 제3지를 상품이라 한다.

270 순인順忍 : 보살이 보리도菩提道에 수순하여 무생無生의 과果를 향해 나아가는 것. 그 가운데 제4지를 하품, 제5지를 중품, 제6지를 상품이라 한다.

다.〉[271]라고 했는데, 이것은 옳지 않은 것 같다. 신인은 곧 (보살의 수행 52계위 중 제41~제50에 해당하는 십지十地 중) 초지初地·제2지·제3지에서 얻는 것이고, 순인은 곧 제4지·제5지·제6지에서 얻는 것이다. 어찌 단지 그 부처님의 명호를 듣는 것만으로 이 두 가지 인忍을 얻겠는가. 명호를 듣고 점차로 얻는 것을 말한 것이라고 한다면 또한 응당 오인五忍을 얻는다고 말했어야 하기 때문이다.

지금 곧 복인의 세 가지 지위[272]를 "세 가지 법인"이라 이름한 것이다. 『유가사지론』에서 또한 "승해행지勝解行地[273]에 하품·중품·상품의 삼인三忍이 있다."[274]고 했기 때문이다.

述云。此後自力不退願也。有說。第一第二第三法忍者。即仁王般若。五忍中。如其次第。伏忍信忍順忍也。此恐不然。信忍即初二三地。順忍即四五六地。如何。但聞彼佛之名。得此二忍耶。若謂聞名漸次得者。亦應說獲五忍故。今即伏忍三位。名爲三法。瑜伽。亦說。勝解行地。有下中上品三忍故。

㉣ 스스로 맹세하고 상서로운 징조를 감感함

ㄱ. 문장의 종류를 구분함

경 부처님께서 아난에게 말씀하셨다.

271 법위法位가 『無量壽經義疏』 권상(H2, 12c6)에서 제시한 것과 입장이 동일하다.
272 복인의 세 가지 지위 : 복인의 하품·중품·상품을 가리킨다.
273 승해행지勝解行地 : Ⓢ adhimukti-caryā-bhūmi. 승해행주勝解行住라고도 하고, 해행주解行住·해행지解行地 등이라고도 한다. 해解에 의지하여 수행하면서 아직 진여를 증득하지 못한 지전地前의 삼현三賢 보살의 계위를 가리킨다.
274 『瑜伽師地論』 권47(T30, 554b22)을 참조할 것.

"그때 법장 비구는 이 서원을 말하고 나서 게송으로 말하였다."

經曰。佛告阿難。爾時。法藏比丘。說此願已。以偈頌曰者。

술 넷째, 스스로 맹세하고 상서로운 징조를 감感한 것이다. 여기에 두 가지가 있는데, 이것은 처음에 문장의 종류를 구분한 것이다.

述云。第四自誓感瑞。有二。此初瑣文也。

ㄴ. 맹세를 세움

ㄱ) 맹세를 세움

㉠ 등각을 이루지 않을 것을 맹세함

a. 부처님을 마주하여 자신의 덕을 맹세함

경
저는 세간을 넘어서는 서원을 일으켰으니
반드시 위없는 도를 이루겠습니다.
이 소원이 원만하게 이루어지지 않는다면
맹세코 등각等覺을 이루지 않겠습니다.

經曰。我建超世願。必至無上道。斯願不滿足。誓不成等覺者。

술 이것은 나중에 맹세를 세운 것이다. 여기에 두 가지가 있으니, 처음은 맹세를 세웠고, 나중은 상서로운 징조를 요청했다. 처음에 또한 두 가지가 있으니, 처음은 등각을 이루지 않을 것을 맹세한 것이고, 나중은 등각을 이룰 것을 맹세한 것이다. 처음에 또한 두 가지가 있는데, 이것은 처음에 부처님을 마주하여 자신의 덕을 맹세한 것이다.

"건建"은 일으키는 것이다. 곧 앞에서 불신과 불토를 이룰 것을 서원했으니, "세간을 넘어서는 서원"이라 한다. 서원은 반드시 행동을 일으키기 때문에 "반드시 위없는 도를 이루겠습니다."라고 하였다.

述云。此後立誓。有二。初立誓後請瑞。初又有二。初反誓後順誓。初又有二。此初對佛自德誓也。建者起也。即前願佛身土。名超世願。願必起行。故必至無上道。

b. 부처님을 마주하여 교화의 덕을 맹세함

a) 재물을 보시하여 교화하고 이롭게 할 것을 맹세함

경

제가 한량없는 겁 동안
대시주大施主가 되어
온갖 가난으로 고통 받는 이를 두루 구제하지 못한다면
맹세코 등각을 이루지 않겠습니다.

經曰。我於無量劫。不爲大施主。普濟諸貧苦。誓不成等覺者。

술 이것은 나중에 부처님을 마주하여 교화의 덕을 맹세한 것이다. 맹세에 두 가지가 있는데, 이것은 처음에 재물로 보시하여 교화하고 이롭게 할 것을 맹세한 것이다.

경의 판본에 따라 일정하지 않으니, 어떤 판본에서는 "대시주가 되어 온갖 가난으로 고통 받는 이를 두루 구제하지 못한다면"이라 했고, 어떤 판본에서는 "대시주가 되어 끝내 가난으로 고통 받는 이를 구제할 수 없다면"이라고 했는데, 처음의 판본이 바르다.

어떤 사람은 이 말을 풀이하기를 〈법시法施에 의해 교화하고 이익되게 하는 것이다.〉[275]라고 했는데, 옳지 않다. 가난으로 고통 받는 이를 구제하려면 반드시 재물을 보시해야 하기 때문이다.

述云。此後對佛化德。誓有二。此初財施化利誓也。經本不定。或云。不爲大施主。普濟諸貧苦。或云。不爲大施主。終莫濟貧苦。初本應正。有人。釋此言。法施化益。非也。欲濟貧苦。必施財物故。

b) 법에 의한 보시를 마주하여 맹세함

경

제가 불도를 이루면
명성이 시방세계를 넘어설 것인데
끝내 듣지 않은 이가 있다면
맹세코 등각을 이루지 않겠습니다.

經曰。我至成佛道。名聲超十方。究竟靡所聞。誓不成等覺者。

---

275 혜원이 『無量壽經義疏』 권상(T37, 103c14)에서 제시한 것이다.

술 나중에 법에 의한 보시를 마주하여 맹세한 것이다. 비록 "명성"을 들었지만 뜻은 언교言敎에 있기 때문이다.

述云。後對法施作誓也。雖擧名聲。意在言敎故。

ⓛ 등각을 이룰 것을 맹세함

a. 간략하게 맹세함

경

욕망을 여의고 정념正念을 심화하며
청정한 지혜를 갖추고 범행을 닦겠습니다.
위없는 존귀한 이가 되는 것에 뜻을 기울여
여러 하늘과 사람의 스승이 되겠습니다.

經曰。離欲深正念。淨慧修梵行。志求無上道。[1] 爲諸天人師者。

1) ㉻ 경흥의 주석에 따르면 '道'는 '尊'이다. 강승개본의 미주에서 "【宋】·【元】·【明】에 따르면 尊이다."라고 했다.

술 두 번째로 등각을 이룰 것을 맹세한 것이다. 여기에 두 가지가 있는데, 이것은 처음에 간략하게 맹세한 것이다.

"욕망을 여의고 정념을 심화하며 청정한 지혜를 갖추고 범행을 닦겠습니다."란 인因을 맹세한 것이고, '위없는 존귀한 이로서 하늘과 사람의 스승이 되는 것을 추구하는 것'은 과果를 맹세한 것이다.

述云。第二順誓。有二。此初略誓也。離欲正念淨慧梵行者。誓因。求無上尊天人師者。誓果。

b. 자세하게 맹세함

a) 부처님의 덕을 자세하게 찬탄함

ⓐ 교화의 덕을 찬탄함

경

신통력으로 큰 광명을 베풀어
가없는 국토를 두루 비추고
세 가지 번뇌의 어둠을 제거하고
중생을 온갖 위험과 재난에서 두루 구제하며
그 지혜의 눈을 열고
이 짙은 어둠을 소멸하며
온갖 악도를 닫아 막고
선취문을 통달하게 하겠습니다.

經曰。神力演大光。普照無際土。消除三垢冥。廣濟衆厄難。開彼智慧眼。滅此昏盲闇。閉塞諸惡道。通達善趣門者。

술 이것은 나중에 자세하게 맹세한 것이다. 여기에 두 가지가 있으니, 처음은 자세하게 부처님의 덕을 찬탄한 것이고, 나중은 총괄적으로 맺으면서 맹세를 세운 것이다. 처음에 또한 네 가지가 있는데, 이것은 처음에 교화의 덕을 찬탄한 것이다.

"광명을 베풀어 두루 비추고"란 신업身業에 의한 교화이고, 나머지 여섯 구절은 모두 구업口業에 의한 교화이다. "세 가지 번뇌를 제거하고 온갖 재난에서 구제하며"란 소승법에 의한 교화이니, "세 가지 번뇌"란 탐욕·분노·어리석음이다. "지혜의 눈을 열고 어둠을 소멸하며"란 대승법에 의한 교화이다. "악도를 닫고 선취문을 통달하게 한다."란 인천승人天乘에 의한 교화이다.[276]

述云。此後廣誓。有二。初廣歎佛德。後總結立誓。初又有四。此初歎化[1)]德也。演光普照者即身業化。所餘六句皆口業化。除三垢濟衆難者。小乘化也。三垢者。即貪瞋癡也。開智眼滅盲闇者。大乘化也。閉惡道通善趣者。人天化也。

1) ㉯ '化'는 '佗'인 것 같다.(이 주석은 옳지 않은 것 같다.) ㉰ 앞의 것은 저본인 『續藏經』의 주석이고, 뒤의 것은 『韓佛全』 편집자의 주석이다. 문맥상 '化'가 맞는 것 같다.

ⓑ 자신의 덕을 찬탄함

경

공과功果와 복조福祚를 원만하게 이루고
위엄에 찬 빛으로 시방세계를 밝히니
해와 달은 밝은 빛을 거두며
천광天光도 숨어서 나타나지 않을 것입니다.

經曰。功祚成滿足。威曜朗十方。日月戢重暉。一切[1)]隱不現者。

1) ㉰ 뒤의 주석에 따르면 경흥의 대본에 따를 때 '一切'는 '天光'이라 해야 한다. 『大正藏』 강승개본에서는 '天光'이라 했다.

276 "광명을 베풀어~의한 교화이다."는 혜원이 『無量壽經義疏』 권상(T37, 103c23)에서 제시한 것과 내용이 동일하다.

술 이것은 두 번째로 자신의 덕을 찬탄한 것이다.

"조祚"【지之와 하河의 반절이다.】는 돕는 것을 뜻하고, 복을 뜻한다. "집戢"【조阻와 립立의 반절이다.】은 모이는 것을 뜻하고, 거두는 것을 뜻한다. 육법언의 『절운』에서는 그치는 것(止)을 뜻한다고 했다.

"공과와 복조를 원만하게 이루고"란 곧 덕체德體와 과복果福을 모두 원만하게 이루는 것이다. "위엄에 찬 빛으로 시방세계를 밝히니"란 빛이 광대한 것이고, "천광도 (숨어서) 나타나지 않을 것입니다."란 광명이 기이하고 뛰어난 것이다. 어떤 판본에서는 "해와 달의 모든 광명은 전부 숨어 나타나지 않을 것입니다."라고 했는데, 그 뜻은 어긋나지 않는다. 부처님의 광명이 해와 달을 가려 빛을 거두어들이니 밖으로 비출 수 없기 때문에 "밝은 빛을 거두며"라고 했다.

述云。此第二歎自德也。祚【之河[1]反】助也福也。戢【⿰阝直[2]六[3]反】集也攝也。陸法言。切韻云止也。功祚成滿者。即德體果福。皆成滿也。威曜十方者。光廣大也。天光不現者。光奇勝也。或有本云。日月諸光明。一切隱不現。其義無違。佛光映蔽日月攝光。不能外照。故云戢重輝。

---

1) ㊊ 앞에서는 '祚'를 '之'와 '阿'의 반절이라 했다. 양자가 모두 타당한지, 어느 것이 옳은지 알 수 없다. 관련 저술에서 '祚'는 '在'와 '故', 혹은 '租'와 '故', 혹은 '徂'와 '故'의 반절이라고 한 것만 확인된다. 2) ㉯ '⿰阝直'는 '殖'인 것 같다. ㊊『一切經音義』 권33(T54, 527a13)에 따르면 '⿰阝直'는 '側'이고, 같은 경 권52(T54, 654c14)에 따르면 '⿰阝直'는 '阻'이다. 글자의 유사성에 의해 후자를 택했다. 3) ㊊『一切經音義』 권33(T54, 527a13)에 따르면 '六'은 '立'인 것 같다.

ⓒ 거듭해서 교화의 덕을 찬탄함

경

중생을 위해 법장을 열어

널리 공덕보功德寶를 베풀며
항상 대중 속에서 사자의 포효처럼
두려움 없이 법을 설하겠습니다.

經曰。爲衆開法藏。廣施功德寶。常於大衆中。說法師子吼者。

술 이것은 세 번째로 거듭해서 교화의 덕을 찬탄한 것이다.

述云。此第三重歎化德也。

ⓓ 거듭해서 자신의 덕을 찬탄함

경

모든 부처님께 공양하여
온갖 덕의 근본을 두루 갖추고
소원한 대로 지혜를 모두 원만하게 이루어
삼계의 영웅이 되겠습니다.
부처님과 같은 걸림이 없는 지혜에
두루 통달하여 비추지 않은 것이 없게 하겠습니다.

經曰。供養一切佛。具足衆德本。願慧悉成滿。得爲三界雄。如佛無礙量智。通達靡不照者。

술 이것은 네 번째로 거듭해서 자신의 덕을 찬탄한 것이다.[277]

277 혜원의 『無量壽經義疏』 권상(T37, 104a3)에 따르면 앞의 네 구절 중 앞의 두 구절은

述云。此第四重歎自德也。

b) 총괄적으로 맺으면서 맹세함

경

원하옵건대 제가 쌓은 공덕의 힘으로
이 가장 뛰어나고 존귀한 분[278]과 같은 경지에 도달하기 바랍니다.

經曰。願我功德力。等此最勝尊者。

술 이것은 두 번째로 총괄적으로 맺으면서 맹세한 것이다.

述云。此第二結誓也。

ㄴ) 상서로운 징조를 요청함

경

이 소원 이루어질 것이면
대천세계가 그에 대한 감응으로 진동하고
허공의 여러 천인天人은
진귀하고 미묘한 꽃비처럼 뿌릴 것입니다.

經曰。斯願若剋果。大千應感動。虛空諸天人。當雨珍妙華者。

복인福因의 성취, 다음의 한 구절은 지인智因의 성취, 마지막 한 구절은 과果를 얻은 것을 밝힌 것이라고 했는데, 이러한 구조로 게송을 풀었다.

278 가장 뛰어나고 존귀한 분 : 부처님을 그 덕에 따라 달리 일컫는 명호 중 하나이다.

술 이것은 두 번째로 상서로운 징조를 요청한 것이다.

述云。此第二請瑞也。

㉮ 요청에 따라 상서로운 징조를 나타냄

ㄱ. 맹세에 응하여 상서로운 징조를 나타냄

경 부처님께서 아난에게 말씀하셨다.
"법장 비구가 이 게송을 설하자 때맞추어 온 대지는 여섯 형태로 진동하였고, 하늘에서 미묘한 꽃이 비처럼 내려 그 위에 흩어졌다."

經曰。佛語阿難。法藏比丘。說此頌已。應時普地。六種震動。天雨妙華。以散其上者。

술 다섯째로 요청에 따라 상서로운 징조를 나타낸 것이다. 여기에 두 가지가 있는데, 이것은 처음에 맹세에 응하여 상서로운 징조를 나타낸 것이다.

述云。第五遂請現瑞。有二。此初應誓現瑞也。

ㄴ. 소리를 내어 찬탄하고 수기를 줌

경 "저절로 음악이 흐르면서 허공에서 찬탄하여 말하기를 '결정코 반드시 위없는 정각을 이룰 것이다.'라고 했다."

經曰。自然音樂。空中讚言。決定。必成無上正覺者。

술 나중에 소리를 내어 찬탄하고 수기를 준 것이다.

述云。後出聲歎記也。

㉥ 총괄적으로 찬탄을 맺은 것

경 "이에 법장 비구는 수행을 온전히 갖추어 원만하게 하면 (소원대로 될 것이니),[279] 이와 같은 큰 서원이 진실하여 헛되지 않을 것이라 생각하고, 세간을 넘어서 벗어나고 마음 깊이 적멸寂滅을 좋아하였다."

經曰。於是。法藏比丘。具足修滿。如是大願。誠諦不虛。超出世間。深樂寂滅者。

술 이것은 여섯 번째로 총괄적으로 찬탄을 맺은 것이다.

述云。此第六總以結歎也。

나) 뛰어난 행을 닦은 것을 펼침

㉮ 뛰어난 서원을 맺음

279 본문에서의 "이에"란 현일의 『無量壽經記』 권상(X22, 62a16)에 따르면 대지가 진동하고 꽃을 뿌리는 것 등에 의해서 증험을 감感한 것을 말한다.

경 **"아난아, 그때 그 비구는 그 부처님의 처소에서 여러 하늘·마구니·범천·용신龍神 등의 팔부대중八部大衆(불법을 수호하는 여러 신) 속에서 이러한 큰 맹세(弘誓)를 발하였고, 이로써 이러한 서원을 건립하기를 마쳤다."**

經曰。阿難。時彼比丘。於其佛所。諸天魔梵龍神八部大衆之中。發斯弘誓。建此願已者。

술 두 번째로 뛰어난 행을 닦은 것을 펼친 것이다.

여기에 두 가지가 있는데, 이것은 처음에 뛰어난 서원을 맺은 것이다.

어떤 사람은 〈"이러한 큰 맹세를 발하였고"란 곧 사십팔원이고, "이러한 서원을 건립하기를"이란 곧 맹세한 것을 이룰 것이라는 서원을 세운 것이다.〉[280]라고 했는데, 옳지 않다. 경에서 앞에서는 소원(願)이라 하고, 뒤에서는 맹세(誓)라고 한 것과 일치할 뿐이기 때문이다.

지금 곧 "큰 맹세"란 등각을 이루지 않을 것을 맹세한 것(反誓)과 등각을 이룰 것을 맹세한 것(順誓)을 맺은 것이다. "이러한 서원"이란 사십팔원을 맺은 것이다. 뒤에서 앞을 향하여 맺었기 때문에 허물이 없다.

述云。第二申修勝行。有二。此初結勝願也。有說。發斯弘誓。即四十八願。建此願者。即立誓之願。非也。經稱前名願後言誓故。今即弘誓者。結反順之誓。此願者。結四十八願。從後以向前結。故無過。

280 혜원이 『無量壽經義疏』 권상(T37, 104a19)에서 제시한 것이다. 본문은 "發此弘誓。牒前所發四十八願而起於後。建斯願已。牒前我建超世願等而起於後."이다. "맹세를 이룰 것이라는 서원을 세운 것"의 구체적인 내용은 혜원의 주석에 의거할 때 경의 앞에서 "저는 세간을 넘어서는 서원을 세웠으니 반드시 위없는 도를 이루겠습니다. 이 소원이 원만하게 이루어지지 않는다면 맹세코 등각等覺을 이루지 않겠습니다." 등이라고 한 것을 일컫는 말이다.

④ 바로 뛰어난 행을 펼침

ㄱ. 불토를 성취하기 위해 닦는 행

ㄱ) 원인을 닦음

경 "한결같이 (뛰어나게) 장엄한 미묘한 국토를 이루는 것에 뜻을 두었는데,"

經曰。一向專志。莊嚴[1]土者。

1) ㉠ 강승개본에 따르면 '嚴' 뒤에 '妙'가 누락되었다.

술 이것은 나중에 바로 뛰어난 수행을 펼친 것이다. 여기에 두 가지가 있으니, 처음은 불토를 성취하기 위해 닦는 행이고, 나중은 불신佛身을 얻기 위해 닦는 행이다. 처음에 또한 두 가지가 있는데, 이것은 처음에 원인을 닦는 것이다.

述云。此後正申勝行。有二。初修土行。後脩身行。初又有二。此初修因也。

ㄴ) 수행을 통해 얻는 과果를 드러냄

경 "수행해서 얻으려는 부처님의 국토는 넓고 크며 매우 뛰어나고 홀로 미묘하며 건립된 것이 항상 그대로여서 쇠잔하는 일도 없고 변화하는 일도 없는 곳이었다."

經曰。所修佛國。恢廓廣大。超勝獨妙。建立常然。無衰無變者

술 이것은 나중에 (수행을 통해 얻는) 과果를 드러낸 것이다.

"넓고 크며"란 한량없는 덕을 이루었기 때문이니, 『왕생론』에서 "(극락정토는) 끝내 허공처럼 광대하고 끝이 없다."[281]라고 했기 때문이다. "곽廓"【고古와 악惡의 반절이다.】은 『이아爾雅』[282]에서는 "대大(크다)이다."라고 하였다. "매우 뛰어나고 홀로 미묘하며"란 국토가 뛰어난 것이니, 여러 보살의 대상 경계가 아니기 때문이다.

"건립된 것이 항상 그대로여서"란 인因이 원만하게 성취되어 과果가 세워지니, 바뀌고 달라지는 것이 없기 때문이다. "쇠잔하는 일도 없고 변화하는 일도 없는 곳이다."란 삼재三災[283]에 의해 파괴되지 않기 때문이다.

述云。此後彰果也。恢廓廣大者。即無量德成故。論云。究竟如虛空。廣大無邊際故。廓【古惡反】。爾雅。大也。超勝獨妙者。即土勝也。非諸菩薩境故。建立常然者。因滿果立。無改異故。無衰無變者。不爲三災之所壞故。

ㄴ. 불신을 얻기 위해 닦는 행

ㄱ) 인因을 닦음

㉠ 총괄적으로 나타냄

281 『往生論』(T26, 230c22).

282 『이아爾雅』: 중국에서 가장 오래된 훈고서訓詁書. 중국 유가의 경전인 13경에 포함될 정도로 중요성을 인정받고 있다. 『詩經』·『書經』 등에 수록된 문자를 추려 자의字義를 해석하였다.

283 삼재三災: 세 가지의 재앙. 재앙의 내용은 문맥에 따라 달리 제시된다. 단 『釋淨土群疑論』 권2(T47, 42c21)에서는 정토에는 화재火災·수재水災·풍재風災 등의 삼재가 없다고 했다.

경 "불가사의한 조재兆載의 영겁永劫 동안 보살의 한량없는 덕행을 쌓고 심으면서"

經曰。於不可思議兆載永劫。積植菩薩無量德行者。

술 두 번째로 불신을 얻기 위해 닦는 행이다. 여기에 두 가지가 있으니, 처음은 인因을 닦는 것이고, 나중은 과果를 찬탄한 것이다. 처음에 또한 세 가지가 있으니, 처음은 총괄적으로 나타냈고, 다음은 개별적으로 풀이했으며, 나중은 다시 맺었다. 이것은 처음에 해당한다.

황제산법皇帝算法[284]에 세 품이 있는데, 잠시 그 한 가지를 들어 보면, 십천억은 조兆이고, 십천조는 경京이며, 십천경은 해姟이고, 십천해는 자秭이며, 십천자는 필匹이고, 십천필은 재載이다. 그러므로 어떤 사람이 〈"조재兆載"란 아주 오랜 세월을 일컫는 말이다.〉[285]라고 한 것은 옳지 않다.

述云。第二修身行。有二。初修因。後歎果。初又有三。初總標。次別釋。後還結。此初也。黃帝算。有三品。且擧其一。十千億爲兆。十千兆爲京。十千京爲姟。十千姟爲秭。十千秭爲匹。十千匹爲載。故有人言。兆載者。遠年。非也。

---

284 황제산법皇帝算法 : 산법算法의 하나인지, 특정 책을 가리키는 것인지는 알 수 없다. 여러 주석서에서 동일한 내용을 자주 인용하고 있다. 그런데 동일한 내용을 서술하면서 『續一切經音義』 권2(T54, 941b15)에서는 『皇帝算經』이라 했고, 『楞伽阿跋多羅寶經參訂疏』 권1 「所引經論目錄」(X18, 4b10)에서도 역시 『皇帝算經』이라고 했으며, 『天台四教儀註彙補輔宏記』 권7(X57, 859b14)에서도 역시 『皇帝算經』이라고 했다. 후자의 세 책에 의거할 때 별도로 유포된 경전이었던 것 같다.

285 혜원의 『無量壽經義疏』 권상(T37, 0121b24)에서 "於不可思議兆載永劫者。正明修行久遠。是非數之極名。"이라고 한 것을 말한다.

㉡ 개별적으로 풀이함

a. 염오를 여읨

a) 자신의 번뇌를 여읨

ⓐ 염오의 인因과 연緣을 여읨

경 "욕각欲覺·진각瞋覺·해각害覺[286]을 낳지 않았고, 욕상欲想·진상瞋想·해상害想[287]을 일으키지 않았으며, 색·성·향·미·촉·법에 집착하지 않았고"

不[1)]生欲覺瞋覺害覺。不起欲想瞋想害想。不著色聲香味觸法者。

1) 엮 '不' 앞에 '經曰'이 누락되었다.

술 두 번째로 개별적으로 풀이한 것이다. 여기에 네 가지가 있으니, 첫째 염오染汚를 여의는 것이고, 둘째 선을 닦는 것이며, 셋째 업을 여의는 것이고, 넷째 선을 닦는 것이다. 처음에 또한 두 가지가 있다. 처음은 자신의 번뇌를 여읜 것이고, 나중은 교화하여 여의게 한 것이다. 처음에

286 욕각欲覺·진각瞋覺·해각害覺 : 셋을 묶어 삼각三覺·삼불선각三不善覺·삼악각三惡覺 등이라고 한다. 범부가 갖추고 있는 선정을 장애하는 세 가지의 악각惡覺. 첫째 욕각(Ⓢ kāma-vitarka)은 세간의 탐낼 만한 일에 대해 생각하고 헤아려 욕심을 일으키는 것이고, 둘째 진각(Ⓢ vyāpāda-vitarka)은 세간의 싫어하는 일에 대해 생각하고 헤아려 분노심을 일으키는 것이며, 셋째 해각(Ⓢ vihiṁsā-vitarka)은 증오하고 질투하는 마음으로 다른 사람을 해치려는 생각을 일으키는 것이다.

287 욕상欲想·진상瞋想·해상害想 : 셋을 묶어 삼상三想·삼악상三惡想·삼불선상三不善想 등이라고 한다. 첫째 욕상(Ⓢ kāma-saṃjñā)은 탐욕스런 생각이고, 둘째 진상(Ⓢ vyāpāda-saṃjñā)은 분노하는 생각이며, 셋째 해상(Ⓢ vihiṃsā-saṃjñā)은 사람을 해치려는 생각으로 살해상殺害想이라고도 한다.

또한 네 가지가 있는데, 이것은 처음에 염오의 인과 연을 여의는 것이다.

"욕각·진각·해각을 낳지 않았고"란 지나치게 무거운 것을 치우치게 든 것이니, 다하지 않은 말이다.[288] "각覺"이란 심尋(거친 형태의 의식 작용)이다.

述云。第二別釋。有四。一離染。二修善。三離業。四修善。初又有二。初自離煩惱。後敎化令離。初又有四。此初離染因緣也。不生欲嗔害覺者。即偏擧過重。不盡之言。覺者尋也。

어떤 사람은 〈아직 경계를 마주하지 않은 상태에서 미리 삿된 생각을 일으키는 것을 "각覺"이라 하고, 연緣(대상 경계)을 마주하여 마음을 일으키는 것을 "상想"이라고 한다. 그러므로 "세 가지 각을 낳지 않았다."란 처음을 여읜 것이고, "세 가지 상을 일으키지 않았다."란 끝을 여읜 것이다.〉[289]라고 하였지만, 옳지 않다. 바로 경계를 마주하여도 세 가지 각을 낳지 않는 것은 (세 가지 각이 경계를 마주하지 않은 상태에서 일어나는 것이어서가 아니라 그것이 일어날) 별도의 이유가 없기 때문이다.

有說。未對境界。預起邪思。名覺。對緣生心。名想故。不生三覺者。離始。不起三想者。離終。非也。正對境界。不生三覺。無別所以故。

지금 곧 세 가지 각의 원인은 차례대로 세 가지의 상이다. 경계의 분제

288 혜원의『無量壽經義疏』권상(T37, 104b4)에서 본래 각覺에는 욕각·진각·해각·친각親覺·국토각國土覺·불사각不死覺·족성각族姓覺·경무각輕誣覺 등의 여덟 가지가 있는데, 앞의 세 가지가 지나치게 무거운 것이기 때문에 이것만 치우치게 제시한 것이라고 하였다. 본문에서 "다하지 않은 말"이란 나머지 다섯 가지를 생략한 것이라는 뜻이다.

289 혜원이『無量壽經義疏』권상(T37, 104b11)에서 제시한 것이다.

分濟(범위)를 취하여야 비로소 욕각欲覺 등을 낳기 때문이다. 그러한즉 명리名利를 탐하는 생각[290]을 일으키지 않기 때문에 욕각을 낳지 않고, 중생을 괴롭히는 생각[291]을 일으키지 않기 때문에 진각嗔覺을 낳지 않으며, 중생의 생명을 손상시키는 생각[292]을 일으키지 않기 때문에 해각害覺을 낳지 않는다. 세 가지 각이 생겨나지 않으려면 반드시 세 가지 상을 끊어 없애야 하기 때문에 또한 이것(세 가지 생각)을 겸한 것이다. 이렇게 해서 내적인 인因을 이미 여의면 외적인 연緣도 또한 그치기 때문에 "색 등에 집착하지 않았고"라고 했다.

今即三覺之因。如次三想。取境分齊。方生欲等故。然即不貪名利。故不生欲覺。不惱衆生。故不生嗔覺。不損物命。故不生害覺。三覺不生。必絕三想。故亦兼之。內因既離。外緣斯止。故云不著色等。

ⓑ 번뇌를 대치하기 위한 행을 닦음

경 "인력忍力을 성취하여 온갖 고통을 헤아리지 않았고 욕심이 적고 만족할 줄 알았으며"

經云。忍力成就。不計衆苦。少欲知足者。

술 이것은 두 번째로 번뇌를 대치하기 위한 행을 닦은 것이다.

"인력"이란 고통을 편안히 받아들이는 것이고, 원망과 해침을 참아 내

290 명리名利를 탐하는 생각 : 욕상을 가리킨다.
291 중생을 괴롭히는 생각 : 진상을 가리킨다.
292 중생의 생명을 손상시키는 생각 : 해상을 가리킨다.

는 것이며, 법을 관찰하는 것을 감안하는 것[293]이다. 이 인력으로 손상과 해침을 참아 내기 때문에 세 가지 각과 세 가지 상을 여읜다. "욕심이 적고"란 미래의 이익에 대한 것이고, "만족할 줄 알았으며"란 현재의 이익에 대한 것이니, 그러므로 (앞의 문장에서) "색 등에 집착하지 않았고"라고 했다.

述云。此第二修對治也。忍力者。即安受苦。耐怨害。察法忍也。以此忍力。能忍損惱。故離三覺三想。少欲當利。知足現利。故不著色等。

ⓒ 바로 번뇌를 여읨

경 "탐욕과 분노와 어리석음이 없었고"

經曰。無染恚癡者。

술 이것은 세 번째로 바로 번뇌를 여읜 것이다.
"염染"이란 탐욕이다.

述云。此第三正離煩惱也。染者貪也。

ⓓ 바로 번뇌를 대치하기 위한 행을 닦음

경 "삼매에 들어 항상 고요하며 지혜는 걸림이 없었다."

293 『解深密經』 권4(T16, 705c17)에서 제시한 세 가지 인忍이다.(忍三種者。一者耐怨害忍。二者安受苦忍。三者諦察法忍。)

經曰。三昧常寂。智慧無礙者。

술 이것은 네 번째로 바로 번뇌를 대치하기 위한 행을 닦은 것이다.

"삼매에 들어 항상 고요하며"란 곧 선정이 깊어진 것이고, "지혜는 걸림이 없었다."란 곧 지혜가 뛰어난 것이다.

述云。此第四正修對治也。三昧常寂者。即定深也。智慧無礙者。即智勝也。

b) 다른 사람을 교화하여 염오를 여의게 함

경 "거짓과 아첨하는 마음이 없고, 온화한 얼굴을 하며, 친밀한 언어로 먼저 좋은 뜻을 앞세우고 질문을 받들었다."

經曰。無有虛僞諂曲之心。和顔愛語。先意承問者。

술 이것은 두 번째로 다른 사람을 이롭게 하고 염오를 여의게 한 것이다.

"거짓과 아첨하는 마음이 없고"란 곧 마음의 허물을 여읜 것이고, "온화한 얼굴을 하며"란 곧 몸의 허물을 여읜 것이며, "친밀한 언어로 (먼저 좋은 뜻을) 앞세우고 질문을 (받들었다.)"란 곧 입의 허물을 여읜 것이다.

어떤 사람은 〈"좋은 뜻을 앞세우고 질문을 받들었다."란 의업이다.〉[294] 라고 했지만, 옳지 않다. 비록 "좋은 뜻을 앞세우고"라고 했지만, 끝에서는 "질문을 (받들었다.)"라고 했기 때문이다.

---

294 현일玄一이 『無量壽經記』 권상(X22, 62c15)에서 제시한 것이다.(言先意承問者。意業。以善意爲先。故言先意。)

述云。此第二利他離染也。無虛諂心者。即離意過。和顏者。即離身過。愛語先問者。即離口過。有說。先意承問。是意業。非也。雖言先意。遂言問故。

b. 선을 닦음

a) 무간수

경 "용맹스럽게 정진하고, 뜻한 바 서원을 이루려는 노력을 게을리 하지 않으며, 오로지 청백의 법을 구하여 군생에게 은혜를 베풀어 이롭게 하였다."

經曰。勇猛精進。志願無倦。專求淸白之法。以惠利群生者。

술 두 번째로 선을 닦은 것이다. 여기에 세 가지가 있는데, 이것은 첫 번째 무간수無間修[295]이다.

"용맹스럽게 정진하고"란 곧 첫 번째 정진이니, 맹세하고 두려움 없이 맞서는 것을 "용맹"이라 한다. "뜻한 바 서원을 이루려는 노력을 게을리 하지 않으며"란 두 번째 가행정진加行精進이니, 수행을 배가하여 나아가기 때문이다. "오로지 청백의 법을 구하여"란 세 번째 무족정진無足精進이니, 수행을 그치지 않기 때문이다. (이상의 세 가지 정진은) 곧 자신의 이익을 위한 수행이다.

"군생에게 은혜를 베풀어 이롭게 하였다."란 다른 사람에게 이익을 주기 위한 수행이다.

---

295 무간수無間修 : Ⓢ nirantarābhyāsa. 용맹정진하여 한 찰나도 쉬거나 중단함이 없는 것.

述云。第二修言。[1] 有三。此初無間修也。勇猛精進者。即初精進。誓不怯敵。故云勇猛。志願無惓者。即第二加行精進。加脩以進故。求清白法者。即第三無足精進。修不已故。即自利修也。惠利群生者。即利他修也。

1) 역 앞에서 서술한 경흥의 분과에 따르면 '言'은 '善'이다.

b) 공경수

경 "삼보三寶를 공경하고 사장師長(스승과 나이 많은 어른)을 받들어 섬기어, 큰 장엄을 성취하고 온갖 실천행을 갖추어서 중생으로 하여금 공덕을 성취하게 하였다."

經曰。恭敬三寶。奉事師長。以大莊嚴。具足衆行。令諸衆生。功德成就者。

술 이것은 두 번째로 공경수恭敬修[296]이다.

"삼보를 공경하고"란 곧 복덕을 쌓는 방편이고, "사장을 받들어 섬기어"란 곧 지혜를 개발하는 방편이다. "큰 장엄을 성취하고"란 곧 복덕과 지혜의 두 가지 장엄을 이미 성취했기 때문에 보시 등의 온갖 성스러운 행을 갖춘 것이다. 자신이 닦은 것으로 중생을 이롭게 하기 때문에 "공덕을 성취하게 하였다."라고 했다.

述云。此第二恭敬脩也。恭敬三寶者。即福方便。奉事師長者。即智方便。以大莊嚴者。即福智二莊嚴已成就。故備施等衆聖行也。以己所脩。利衆生。故令功德成。

296 공경수恭敬修 : Ⓢ satkṛtyābhyāsa. 배워야 할 법을 공경하여 신명을 돌보거나 아끼지 않고 태만하지 않으면서 닦는 것.

c) 수행을 이루고 이치를 증득하는 수행

경 "공空·무상無相·무원無願인 법에 머물러 짓는 것도 없었고, 일으키는 것도 없었으며, 법을 허깨비와 같다고 관찰했다."

經曰。住空無相無願之法。無作無起。觀法如化者。

술 이것은 세 번째로 수행을 이루고 이치를 증득하는 수행이다.

어떤 사람은 〈탐욕·분노·어리석음에 머물기 때문에 의업이 조복되지 않는다. 이제 공·무상·무원에 머물기 때문에 능히 의업을 조복시킬 수 있다. 탐욕은 피부이기 때문에 공을 증득하여 조복시키고, 분노는 살점이기 때문에 무원을 증득하여 조복시키며, 어리석음은 심장이기 때문에 무상을 증득하여 조복시킨다.〉라고 했는데, 모든 법상法相 가운데 모두 이러한 이치는 없으니, 누가 수고롭게 물리치겠는가.

지금 곧 아我·법法은 실체가 없기 때문에 "공"이라고 한 것이고, 가상假相도 또한 없기 때문에 "무상"이라고 하며, 이 두 가지 가운데 바라고 원할 만한 것이 없기 때문에 "무원"이라 한다.[297]

述云。此第三行成證修也。有說。住貪瞋癡。故意業不調。今住空無相無願。故能調意業。貪是皮。故入空調伏。嗔是肉。故無願調伏。癡是心。故無相調伏。諸法相中。皆無此理。誰勞彈斥。故今即我法實無。故云空。假相亦無。故名無相。於二中此。[1] 無可希願。故云無願。

1) ㊇ 혜원의 『無量壽經義疏』 권하(T37, 104c11)와 내용이 같은데, 이것에 따르면 '此'는 '於' 뒤로 옮겨야 한다.

297 이상 공·무상·무원에 대한 해석은 혜원이 『無量壽經義疏』 권하(T37, 104c11)에서 제시한 것과 동일하다.

어떤 사람은 〈이 세 가지에 대해 지을 만한 과果가 없기 때문에 "짓는 것도 없었고"라고 하고, 생겨날 만한 인因이 없기 때문에 "일으키는 것도 없었으며"라고 한다.〉[298]라고 했는데, 진실로 옳지 않은 것 같다. 지었으면 이미 작용한 것이니, 어찌 인因이라고 하지 않을 수 있겠는가. 일으켰으면 또한 생기한 것이니 과果라고 말할 수 있기 때문이다.[299]

有說。即於此三。無果可作。故云無作。無因可生。故云無起。良恐非也。作既作用。詎不名因。起亦生起。可名果故。

지금 곧 인因에 실제적 작용이 없기 때문에 "짓는 것도 없었고"라고 한 것이니, 곧 『유마경』에서 "비록 지음이 없는 법(無作)을 행하지만 (신체를 받은 몸을 나타낸다)."[300]라고 한 것을 말한다. 과果에 참된 실체가 없기 때문에 "일으키는 것도 없었으며"라고 한 것이니, 곧 『유마경』에서 "비록 일어나지 않는 법(無起)을 행하지만 (일체의 선행善行을 일으킨다.)"[301]라고 했다. 이미 실체와 작용이 없기 때문에 이것을 허깨비와 같다고 관찰하는 것이다.

총괄적으로 말하자면 "짓는 것도 없고 일으키는 것도 없는 것"이기 때

---

298 혜원의 『無量壽經義疏』 권하(T37, 104c14)에서 "이 세 가지 가운데 지을 만한 과果가 없는 것을 '무작'이라 했다. 그러므로 『維摩經』에서 '비록 무작을 행하지만 신체를 받은 몸을 나타낸다'라고 했다. 그러므로 무작은 과果에 나아가서 논한 것임을 알 수 있다. 앞의 세 가지 가운데 생겨날 만한 인因이 없는 것을 '무기無起'라고 했다. 그러므로 『維摩經』에서 '비록 무기를 행하지만 선행을 일으킨다'라고 했다. 그러므로 무기는 인因에 나아가서 설한 것을 알 수 있다.(於此三中。無果可爲。名爲無作。故維摩云。雖行無作。而現受身。故知。無作。約果以論。於前三中。無因可生。名云無起。故維摩云。雖行無起。而起善行。故知。無起。約因以說。)"라고 했다.

299 혜원이 말하려는 것은, 과果이되 무작의 과이고, 인因이되 무기의 인이라는 것이고, 경흥이 말하려는 것은 인이되 무학의 인이고, 과이되 무기의 과라는 것이다.

300 『維摩經』 권중(T14, 545c9).

301 상동.

문에 비유非有(자성적 실체로서의 有가 아닌 것)이고, "법을 허깨비와 같다고 관찰하는 것"이기 때문에 비무非無(허무적인 것으로서의 無는 아닌 것)이며, 비무비유는 곧 중도中道의 이치이니, 이른바 이치를 증득하고 깨닫는 것이다.

今即因無實用。故云無作。即維摩云。雖行無作也。果無眞體。故云無起。即彼經云。雖行無起也。既無實體用。故觀之如化。總而言之。無作無起。故非有。觀法如化。故非無。非無非有。即中道之理。所謂證會也。

c. 악업을 여읨

a) 허물을 여읨

경 "거친 말과 자신을 해치고 남을 해치며 자신과 남을 모두 해치는 것을 멀리 여의었고,"

經曰。遠離麁言。自害害彼。彼此俱害者。

술 세 번째로 악업을 여의는 것이다. 여기에 두 가지가 있는데, 이것은 처음에 허물을 여의는 것이다.

"거친 말을 여의는 것"은 구업의 허물을 여읜 것이고, "자신을 해치고 남을 해치며 자신과 남을 모두 해치는 것을 (멀리 여의었고)"란 신업의 허물을 여읜 것이니, "피彼"란 타他(타인)이다.

述云。第三離惡業。有二。此初離過。離麁言者。離口業過。自害害彼彼此俱害者。離身業過。彼者他也。

b) 선을 섭수함

경 "착한 말을 수습하고 자신을 이롭게 하고 남을 이롭게 하며 자신과 남을 모두 이롭게 하였다."

經曰。修習善言。[1] 自利利人。人我兼利者。

1) 역 강승개본에 따르면 '言'은 '語'이다.

술 이것은 나중에 선을 섭수한 것이다.

"착한 말을 수습하고"란 거친 말을 멀리 여의는 것이다. 세 가지 형태의 이익을 닦기 때문에 (앞에서 설한) 세 가지의 해침을 멀리 여읜다.

述云。此後攝善也。修善言。故遠離麁言。修三利。故遠離三害。

d. 선을 닦음

경 "나라를 버리고 왕위를 내놓고 재물과 색色을 끊어 버렸으며, 스스로 육바라밀을 행하였으며, 사람들을 가르쳐 행하도록 하였다."

經曰。棄國損[1]王。絕去財色。自行六波羅蜜。敎人令行者。

1) 원 '損'은 '捐'인 것 같다. 역 강승개본『無量壽經』에 따르면 '捐'이다.

술 이것은 네 번째로 선을 닦은 것이다. 스스로 이미 버린 것이 있고 닦은 것이 있고 나서[302] 또한 다른 사람으로 하여금 버리게 한 것과 닦도

302 혜원의『無量壽經義疏』권하(T37, 105a4)에 따르면 "나라를 버리고~끊어 버렸으며"는

록 한 것이 있었기 때문이다.

述云。此第四修善也。自既有所捨所修。亦令他人有所棄所修故。

㉢ 다시 맺음

경 "무앙수겁無央數劫 동안 공功을 쌓고 덕을 포개었다."

經曰。無央數劫。積劫[1]累德者。

1) 원 '劫'은 '功'인 것 같다. 역 강승개본에 따르면 '功'이다.

술 이것은 세 번째로 다시 맺은 것이다.

述云。此第三還結也。

ㄴ) 과果를 찬탄함

㉠ 공덕의 과보를 찬탄함

a. 총괄적으로 나타냄

경 "그 태어나는 곳마다 마음이 원하는 대로 한량없는 보장寶藏(보배 창고)이 저절로 발현하여 응하였고, 수없이 많은 중생을 교화하고 안립安立하여 위없는 바르고 참된 도道에 머물게 하였으며,"

버린 것을 밝힌 것이고, "스스로 육바라밀을 행하였으며"는 닦은 것을 밝힌 것이다.

經曰。隨其生處。在意所欲。無量寶藏。自然發應。敎化安立無數衆生。住於無上正眞之道者。

술 두 번째로 과果를 찬탄한 것이다. 여기에 세 가지가 있는데, 이것은 처음에 공덕의 과보를 찬탄한 것이다. 여기에 세 가지가 있는데, 이것은 처음에 총괄적으로 나타낸 것이다.

述云。第二歎果。有三。此初歎功德報。有三。此初總標也。

b. 개별적으로 찬탄함

경 "혹은 장자나, 거사나, 호성豪姓(세력 있는 가문)이나, 존귀한 사람으로 태어나고, 혹은 크샤트리아(刹利)나, 한 나라의 왕이나, 천하를 다스리는 전륜성왕(轉輪聖帝)으로 태어나며, 혹은 육욕천六欲天의 주인[303]으로 태어나거나 내지는 범왕梵王으로 태어나면서 항상 사사四事[304]로 일체의 여러 부처님을 공양하고 공경했다."

經曰。或爲長者居士豪姓尊貴。或爲刹利國君轉輪聖帝。或爲六欲天主乃至梵王。常以四事供養恭敬一切諸佛者。

술 이것은 다음에 개별적으로 찬탄한 것이다.

---

303 육욕천六欲天의 주인 : 『大智度論』 권10(T25, 134c23)에 따르면 육욕천의 주인은 마왕魔王이다.

304 사사四事 : 일상생활에 필요한 네 가지 물건. 의복·음식·와구臥具·의약 혹은 의복·음식·탕약·방사房舍 등을 가리킨다. 이러한 물건을 공양하는 것을 사사공양四事供養이라고 한다.

어떤 사람은 〈장자는 곧 수류생隨類生이고, 크샤트리아 등은 곧 최승생最勝生(勝生)이며, 육욕천(의 주인) 등은 곧 증상생增上生[305]이다.〉[306]라고 했지만 옳지 않다. 장자는 또한 승생일 수도 있고, 여러 하늘도 또한 어찌 승생이 아니라고 단정할 수 있겠는가라는 (문제가 생겨나기) 때문이다.[307]

述云。此次別歎也。有說。長者即隨類生。剎利等即最勝生。六欲天等即增上生。非也。長者亦應勝生。諸天亦何非勝生故。

c. 찬탄을 맺음

경 "이와 같은 공덕은 헤아려 설할 수 없을 정도로 지대하였다."

經曰。如是功德。不可稱說者。

술 나중에 찬탄을 맺은 것이다.

述云。後結歎也。

---

305 수류생·최승생·증상생은 『菩薩地持經』 권10(T30, 953a19)에서 보살이 태어나는 다섯 가지 방법을 설한 것 가운데 차례대로 제2·제3·제4에 해당한다. 수류생이란 온갖 중생의 부류를 따라 그러한 형태의 생을 받아 그들을 제도하는 것이다. 최승생이란 승생勝生 혹은 대세생大勢生이라고 하는데, 자신이 지은 선업善業에 따라 세간에서 가장 뛰어난 수명과 색色 등을 받아 태어나는 것이다. 증상생이란 초지初地에서부터 제10지에 이르기까지의 보살로 태어나 각 지마다 그에 해당하는 형태의 왕이 되는 것이다.

306 현일이 『無量壽經記』 권상(X22, 63a21)에서 제시한 것이다.

307 장자는 중생제도를 위해 태어난 것이면 수류생이고, 선업의 과보로서 태어난 것이면 승생일 수도 있기 때문에 수류생이라고 단정할 수는 없다는 말이다.

ⓛ 의보와 정보를 찬탄함

a. 정보의 뛰어남을 찬탄함

경 "입에서 우발라화優盋羅華(淸蓮華) 같은 깨끗한 향기가 풍겨 나오고, 몸의 여러 털구멍에는 전단나무 향기가 풍겨 나와 그 향기 한량없는 세계에 두루 퍼졌으며, 용색容色은 단정하고 상호相好는 뛰어났다."

經曰。口氣香潔。如優盋羅華。身諸毛孔。出栴檀香。其香普熏無量世界。容色端正。相好殊妙者。

술 둘째, 의보依報(중생이 의지하여 머무는 국토와 관련된 과보)와 정보正報(중생 자신의 수명·형색 등과 관련된 과보)를 찬탄한 것이다. 여기에 두 가지가 있는데, 이것은 처음에 정보의 뛰어남을 찬탄한 것이다.

述云。第二歎依正報。有二。此初歎正報勝也。

b. 의보의 뛰어남을 찬탄함

경 "그 손에서는 항상 다함이 없는 보배가 솟아 나왔는데, 그 의복과 음식과 진귀하고 미묘한 꽃과 향기와 비단으로 만든 덮개와 당기·번기 등의 장엄하는 도구는 여러 천인의 그것을 넘어서는 것이었다."

經曰。其手常出無盡之寶。衣服飮食。珍妙華香。繒蓋幢幡莊嚴之具。如是等事。至超諸天人者。

술 이것은 나중에 의보의 뛰어남을 찬탄한 것이다.

述云。此後歎依報勝也。

ⓒ 지덕의 과果를 찬탄함

경 "일체법에 자유자재함을 얻었다."

經曰。於一切法。而得自在者。

술 이것은 세 번째로 지덕智德의 과果를 찬탄한 것이다.

述云。此第三歎智德果也。

2) 성취한 불신과 정토의 과果를 펼침

(1) 성취한 것을 간략하게 펼침

① 부처님께서 이미 성불했음을 밝힘

경 아난이 부처님께 여쭈었다.

"법장보살은 이미 성불하여 멸도滅度(열반)를 취하였습니까, 아직 성불하지 못하였습니까, 지금 현재 성불하여 나투어 계시는 것입니까?"

부처님께서 아난에게 말씀하셨다.

"법장보살은 지금 이미 성불하여 나투어 계신다."

經曰。阿難白佛。法藏菩薩。爲已成佛。而取滅度。爲未成佛。爲今現在。佛告阿難。法藏菩薩。今已成佛。現在者。

술 둘째, 성취한 과果를 펼친 것으로, 곧 불신과 정토의 과이니, 서원을 따라서 이룬 것이기 때문이다. 여기에 두 가지가 있으니, 처음은 성취한 것을 간략하게 펼쳤고, 나중은 성취한 것을 자세하게 펼쳤다.

처음에 또한 네 가지가 있는데, 이것은 처음에 부처님께서 이미 성불하셨음을 밝힌 것이다. 곧 주덕主德(정토의 교주인 아미타불의 공덕)을 성취하였기 때문이니,[308] 『왕생론』에서 "정각을 이루신 아미타께서 법왕이 되어 잘 주지住持(머물고 유지하는 것)하신다."[309]라고 했기 때문이다.

述云。第二申所成果。即身土之果。逐誓願而成故。有二。初略申所成。後

308 『往生論』(T26, 231b28)에서 설한 불국토공덕장엄佛國土功德莊嚴과 관련된 열일곱 가지 중 제12에 해당한다. 불국토공덕장엄이란 『往生論』에서 극락정토에 왕생하기 위해 닦아야 할 다섯 가지 수행문(五念門)을 시설한 것 중 제4 관찰문觀察門에 속하는 것 중 하나이다. 곧 제4 관찰문에서는 관찰해야 할 대상을 셋으로 나누었는데, 첫째 불국토공덕장엄으로 열일곱 가지를 설했고, 둘째 아미타불공덕장엄으로 여덟 가지를 설했으며, 셋째 보살공덕장엄으로 네 가지를 설했다. 『往生論』(T26, 231b27)에 따르면 불국토공덕장엄과 관련된 열일곱 가지 일이란, 첫째 청정공덕성취清淨功德成就이고, 둘째 양공덕성취量功德成就이며, 셋째 성공덕성취性功德成就이고, 넷째 형상공덕성취形相功德成就이며, 다섯째 종종사공덕성취種種事功德成就이고, 여섯째 묘색공덕성취妙色功德成就이며, 일곱째 촉공덕성취觸功德成就이고, 여덟째 장엄공덕성취莊嚴功德成就이며, 아홉째 우공덕성취雨功德成就이고, 열 번째 광명공덕성취光明功德成就이며, 열한 번째 성공덕성취聲功德成就이고, 열두 번째 주공덕성취主功德成就이며, 열세 번째 권속공덕성취眷屬功德成就이고, 열네 번째 수용공덕성취受用功德成就이며, 열다섯 번째 무제난공덕성취無諸難功德成就이고, 열여섯 번째 대의문공덕성취大義門功德成就이며, 열일곱 번째 일체소구공덕성취一切所求功德成就이다. 또한 여덟째 장엄공덕성취는 다시 수장엄水莊嚴·지장엄地莊嚴·허공장엄虛空莊嚴 등의 셋으로 분류된다. 이하 경흥이 성취의 종류와 게송을 배대한 것은 『往生論』에서 제시한 것을 그대로 따른 것이다.

309 『往生論』(T26, 231a9).

廣顯所成。初又有四。此初辨佛既成也。即主德成故。論云。正覺阿彌陀。法王善住持故。

② 국토를 이미 변현했음을 나타냄

경 "이곳에서 서쪽으로 10만억 찰토를 지난 곳에 그 부처님의 세계가 있는데, 이름을 안락이라 한다."

經曰。西方去此十萬億剎。其佛世界。名曰安樂者。

술 이것은 두 번째로 국토를 이미 변현했음을 나타낸 것이다. 백연본과 지겸본에서는 모두 "거주하는 국토는 수마제須摩題라 이름한다. 바로 이곳에서 서방으로 천억만 수미산 불국토를 지난 곳에 있다."[310]라고 하였지만, 이제 "10만억 찰토를 지난 곳에 있다."라고 한 것은 모순의 원인이다. 자세한 것은 앞에서 해석한 것과 같다.

述云。此第二標土已變也。帛謙皆云。所居國土 名須摩題。正在西方去此千億萬須彌山佛國。而今云去此十萬億剎者。鉾楯之因。廣如前釋。

③ 성불한 시점의 오래됨과 가까움을 논함

경 아난이 또 물었다.
"그 부처님께서는 성불하신 지 얼마나 지났습니까?"

---

310 지겸본『阿彌陀三耶三佛薩樓佛檀過度人道經』권상(T12, 303b17). 백연본과 동일한 지루가참본『無量淸淨平等覺經』권1(T12, 282c29). 단 후자에서는 수마제須摩提라고 하였다.

부처님께서 말씀하셨다.
"성불한 이후 무릇 10겁이 지났다."

經曰。阿難又問。其佛成道已來。爲經幾時。佛言。成佛已來。凡歷十劫者。

술 이것은 세 번째로 성불한 시점의 오래됨과 가까움을 논한 것이다. 지겸본에서 "부처님이 된 이후 무릇 10소겁이 지났다."[311]라고 했는데, 뜻은 이것과 같다. 그런데 백연본에서는 "부처님이 된 이후 무릇 18겁이 지났다."[312]라고 한 것은, 아마 그 "소小"라는 글자에서 그 중간의 점點을 빠뜨린 것 같다.

述云。此第三成佛久近也。支謙經云。作佛以來。凡十小劫。意同此也。而帛延云。作佛以來。凡十八劫者。蓋其小字。闕其中點矣。

④ 국토를 아름답게 장엄하기를 다함

가. 국토의 장엄을 나타냄

경 "그 부처님의 국토는 저절로 금·은·유리·산호·호박·차거硨磲·마뇌碼碯 등의 칠보가 합해져서 땅을 이루었는데, 크고 넓고 탁 트이고, 끝을 경계 지을 수 없으며, 모두 서로 섞여서 전전하면서 서로에게 침투하여 빛이 성대하게 솟아나고 미묘하고 기특하고 아름다우며, 청정하고 장엄하여 시방의 일체 세계를 넘어선다. 온갖 보배 가운데 정수精髓이니, 그 보배 제6천[313]의 보

311 『阿彌陀三耶三佛薩樓佛檀過度人道經』 권상(T12, 303b17).
312 백연본과 거의 일치하는 지루가참의 『無量淸淨平等覺經』 권1(T12, 282c28).
313 제6천 : 욕계에 속하는 여섯 하늘 중 가장 상위에 해당하는 하늘인 타화자재천他化自

배와 같다.”

經曰。其佛國土。自然七寶。金銀琉璃珊瑚琥珀硨磲碼碯。合成爲地。恢廓曠蕩。不可限極。悉相雜廁。轉相入間。光赫焜耀。微妙奇麗。清淨莊嚴。超踰十方一切世界。衆寶中精。其寶猶如第六天寶者。

술 이것은 네 번째로 국토를 아름답게 장엄하기를 다한 것이다. 여기에 두 가지가 있는데, 이것은 처음에 국토의 장엄을 나타낸 것이다. 앞에서 성불한 것은 불신을 이루려는 서원에 상응하는 것이다. 여기에서 국토를 장엄하고 청정하게 한 것은 곧 불국토를 이루려는 서원에 상응하는 것으로, 이른바 여러 가지 사덕事德을 성취했기 때문이니,[314] 『왕생론』에서 “온갖 진귀한 보배의 성질을 갖추고 미묘한 장엄을 온전히 갖추었다.”[315]라고 했기 때문이다.

述云。此第四盡國嚴麗。有二。此初顯國莊嚴也。前成佛者。即應佛身願。此土嚴淨。即應佛土願也。所謂種種事德成故。論云。備諸珍寶性。具足妙莊嚴故。

“회恢”【고苦와 회灰의 반절이다.】는 크다(大)는 뜻이다.

“혁赫”【호呼와 격格의 반절이다.】은 『절운切韻』에서 “적赤이다.”라고 했다. 『모시毛詩』[316]에서 “뚜렷이 빛나는 태사 윤씨여”라고 하고, 그 『주註』에서 “혁

在天을 가리킨다. 다른 이가 변화시킨 욕계의 경계를 자유자재로 자신의 즐거움으로 향수하기 때문에 붙여진 이름이다.

314 『往生論』(T26, 231b28)에서 설한 불국토공덕장엄佛國土功德莊嚴과 관련된 열일곱 가지 중 제5에 해당한다.

315 『往生論』(T26, 230c25).

316 『모시毛詩』 : 중국에서 편찬된 가장 오래된 시가집詩歌集인 『詩經』을 현재의 형태로

혁赫赫이란 성대한 모습이다."라고 했다.

"혼焜"【호胡와 본本의 반절이다.】"은 『절운』에서 "불빛(火光)이다."라고 했다. 또 욱煜【유由와 국鞠의 반절이다.】이라고도 하니, 성대한 것(盛)이고, 빛나는 것(曜)이다.

恢【苦灰切】大也。赫【呼格反】。切韻云赤也。毛詩云赫赫師尹。註云赫赫盛貌也。焜【胡本反】。切韻云火光也。又作煜【出[1]鞠反】盛也曜也。

1) ㉠『一切經音義』권58(T54, 691b18)에서 "晃煜。【又作晄。古文熿同。胡廣反。說文。晃明也。廣雅。晃暉也光也。下由掬反。說文。煜曜也。廣雅。煜熾也。埤蒼盛貌也。】"라고 한 것을 참조할 때 '出'은 '由'인 것 같다.

"모두 서로 섞여서 전전하면서 서로에게 침투하여"란 장엄의 분제分齊로 곧 형상공덕形相功德을 성취했기 때문이니,[317] 『왕생론』에서 "청정한 광명 원만하게 갖춘 것이 마치 거울이나 해와 달과 같다."[318]라고 했기 때문이다.

"빛이 성대하게 솟아나고"란 미묘한 색덕色德을 성취했기 때문이니,[319] 『왕생론』에서 "티끌 없는 광명 환히 타올라 밝고 청정하게 세간을 비춘다."[320]라고 했기 때문이다.

"청정하고"란 곧 청정한 덕을 성취했기 때문이니,[321] 『왕생론』에서 "그

전한 사람의 이름을 따서 달리 부르는 이름이다. 모형毛亨과 모장毛萇이 전한 것으로 전해진다.

317 『往生論』(T26, 231b28)에서 설한 불국토공덕장엄佛國土功德莊嚴과 관련된 열일곱 가지 중 제4에 해당한다.

318 『往生論』(T26, 230c24).

319 『往生論』(T26, 231b28)에서 설한 불국토공덕장엄과 관련된 열일곱 가지 중 제6에 해당한다.

320 『往生論』(T26, 230c26).

321 『往生論』(T26, 231b28)에서 설한 불국토공덕장엄과 관련된 열일곱 가지 중 제1에 해당한다.

세계의 모습을 관찰하니 삼계도三界道를 빼어나게 넘어선다."[322]라고 했기 때문이다.

"장엄하여"란 곧 장엄의 공덕을 성취한 것이니,[323] 이른바 물과 땅과 허공을 모두 장엄했기 때문이다.[324]

"제6천의 보배와 같다."란 그 하늘이 인간 세상보다 뛰어난 것을 끌어다가 정토의 보배가 세간의 그것보다 뛰어난 것을 나타낸 것일 뿐이다.

雜廁入間者。莊嚴分齊。即形相德成故。論云。淨光明滿足。如鏡日月輪故。光赫焜耀者。即妙色德成故。論云。無垢光焰熾。明淨曜世間故。清淨者。即清淨德成故。論云。觀彼世界相。勝過三界道故。莊嚴者。即莊嚴德成。所謂水地空。皆莊嚴故。如第六天寶。將彼天倍人。以顯淨土寶。勝世間而已。

나. 국토를 장엄하여 더러운 것이 없음

가) 총괄적으로 없는 것을 펼침

경 **"그 국토는 수미산과 금강철위산[325] 등과 같은 일체의 산이 없고, 또한 큰 바다와 작은 바다·시내·도랑·우물·골짜기도 없는데, 부처님의 신통력에 의해 보려고 하면 바로 보인다. 또한 지옥·아귀·축생 등과 같이 여러 재**

322 『往生論』(T26, 230c21).

323 『往生論』(T26, 231b28)에서 설한 불국토공덕장엄과 관련된 열일곱 가지 중 제8에 해당한다.

324 『往生論』(T26, 231c16)의 다음 부분을 요약한 것이다. "莊嚴功德成就者。有三種。應知。何等三。一者水。二者地。三者虛空。莊嚴水者。偈言。寶華千萬種。彌覆池流泉。微風動華葉。交錯光亂轉故。莊嚴地者。偈言。宮殿諸樓閣。觀十方無礙。雜樹異光色。寶欄遍圍繞故。莊嚴虛空者。偈言。無量寶交絡。羅網遍虛空。種種鈴發響。宣吐妙法音故。"

325 금강철위산 : Ⓢ Cakravāḍa. 수미산을 둘러싼 여덟 개의 산 중 가장 밖에 있는 산. 철위산鐵圍山·금강산金剛山 등이라고도 한다.

난으로 고통 받는 세계도 없으며, 봄·여름·가을·겨울 등의 네 계절(四時)도 없어서 춥지도 않고 덥지도 않으며 항상 조화롭고 적당하다."

經曰。又其國土。無須彌山及金剛[1)]圍一切諸山。亦無大海小海溪渠井谷。佛神力故。欲見則見。亦無地獄餓鬼畜生諸難之趣。亦無四時春秋冬夏。不寒不熱常和調適者。

1) ㉮『大正藏』『無量壽經』의 미주에 따르면 유포본에서는 '剛' 뒤에 '鐵'이 있다고 했다.

술 이것은 나중에 국토를 장엄하여 더러운 것이 없는 것이다. 여기에 두 가지가 있는데, 이것은 처음에 총괄적으로 없는 것을 펼친 것이다. 곧 재난이 없는 덕을 성취했기 때문이니,[326] 『왕생론』에서 "영원히 몸과 마음의 괴로움을 여의고 늘 즐거움을 누려 끊어지는 일이 없다."[327]라고 했기 때문이다.

"계溪"는 또한 계谿라는 글자로도 쓴다. 그 음은 고苦와 해奚의 반절이다. 『이아爾雅』에서 "물이 천川으로 흐르는 것을 '계谿'라고 하고, 계로 흐르는 것을 '곡谷'이라고 하며, 곡으로 흐르는 것을 '구溝'라고 한다."라고 했다. "거渠"【려呂와 거居의 반절이다.】는 구溝(봇도랑)이다. 『광아廣雅』[328]에 "옛날에는 감坎(구덩이)이라 했다."라고 하였고, 『자림字林』[329]에서는 "작은 도랑(小瀆)으로 깊이와 너비가 각각 네 자(尺)이다."라고 하였다.

述云。此後嚴土無穢。有二。此初總申所無也。即無難德成故。論云。永離

326 『往生論』(T26, 231b28)에서 설한 불국토공덕장엄과 관련된 열일곱 가지 중 제15에 해당한다.
327 『往生論』(T26, 231a12).
328 『광아廣雅』: 북위北魏의 장읍張揖이 찬술한 자전이다.
329 『자림字林』: 서진西晉 때 여침呂忱이 찬술한 자전이다.

身心惱。受樂常無間故。溪亦作谿字。苦奚反。爾雅。水注川曰谿。注谿曰谷。注谷溝也。渠【呂居反】溝也。廣雅。故坎也。字林。小瀆。深廣各四尺也。

나) 없는 이유를 밝힘

㉮ 질문

경 그때 아난이 부처님께 말씀드렸다.

"세존이시여, 그 국토에 수미산이 없다면 그 산을 주처로 삼는 사천왕과 도리천은 무엇에 의지하여 머무는 것입니까?"

經曰。爾時。阿難。白佛言。世尊。若彼國土。無須彌山。其四天王及忉利天。依何而住者。

술 이것은 나중에 없는 이유를 밝힌 것이다. 여기에 다섯 가지가 있는데, 이것은 처음에 질문한 것이다.

述云。此後辨無所以。有五。此初問也。

㉯ 부처님께서 되물음

경 부처님께서 아난에게 말씀하셨다.

"제3 염천炎天[330]에서부터 색구경천色究竟天[331]에 이르기까지의 하늘은 모두

330 제3 염천炎天 : 욕계의 여섯 하늘 중 제3에 해당하는 야마천夜摩天(Ⓢ Yāma)을 일컫는 말이다.

331 색구경천色究竟天 : 색계에 속한 열여덟 하늘 중 가장 상위의 하늘이다. 이 하늘은

무엇에 의지하여 머물겠느냐?"

經曰。佛語阿難。第三炎天。乃至色究竟天。皆依何住者。

술 이것은 두 번째로 부처님께서 되물으신 것이다.

述云。此第二佛反質。

㉰ 아난이 대답함

경 아난이 부처님께 말씀드렸다.

"행업行業의 과보란 불가사의한 것입니다."

經曰。阿難白佛。行業果報。不可思議者。

술 이것은 세 번째로 아난이 대답한 것이다.

述云。此第三阿難答也。

㉱ 부처님께서 성취한 것을 서술함

경 부처님께서 아난에게 말씀하셨다.

"행업의 과보는 불가사의하다. 여러 부처님의 세계도 또한 불가사의하다. 여러 중생은 자신이 쌓은 공덕과 선력善力으로 행업의 땅에 머무는 것이니, 그

최상품인 사선四禪을 닦은 이가 태어나는 곳으로 그 과보는 유색계有色界에서 가장 뛰어난 것이다. 색色을 지닌 상태로는 마지막에 받는 처소이기 때문에 색구경천이라 한다.

러므로 능히 그러할 뿐이다."

經曰。佛語阿難。行業果報。不可思議。諸佛世界。亦不可思議。其諸衆生。功德善力。住行業之地。故能爾耳者。

술 이것은 네 번째로 부처님께서 성취한 것을 서술한 것이다. 곧 구하는 덕을 원만하게 성취했기 때문이니,[332] 『왕생론』에서 "중생이 원하고 좋아하는 것 일체를 능히 원만하게 구족한다."[333]라고 했기 때문이다.

述云。此第四佛述成也。即所求德滿成故。論云。衆生所願樂。一切能滿足故。

㉮ 질문한 의도를 펼침

경 아난이 부처님께 말씀드렸다.

"저는 이 법을 의심하지 않습니다. 단지 미래의 중생을 위해 그들의 의혹을 제거하고자 하는 마음으로 이러한 뜻을 질문한 것입니다."

經曰。阿難白佛。我不疑此法。但爲將來衆生。欲除其疑惑。故問斯義者。

술 이것은 다섯 번째로 질문한 의도를 펼친 것이다.

해와 달은 오히려 있다고 했기 때문에 (이러한 의심을 일으킬 가능성이 있다.) 『무량청정평등각경』에서 "그 해와 달과 별은 모두 허공에 머물

332 『往生論』(T26, 231b28)에서 설한 불국토공덕장엄佛國土功德莊嚴과 관련된 열일곱 가지 중 제17에 해당한다.

333 『往生論』(T26, 231a15).

러 있고 다시 회전하면서 운행하지 않으며, 또한 미세한 광명도 있지 않다."[334]라고 했다. 생각건대 비록 수미산은 없더라도 왕생하는 궁전을 말하는 것이기 때문에 있다고 하는 것일 뿐인 것 같다. 이로써 그 국토의 사람과 하늘, 허공과 땅은 다른 세계에서의 그것과 같지 않은 것을 알 수 있다. 모든 다른 해석은 오직 수고롭게 하는 헛된 말일 뿐이다.

述云。此第五申問意也。日月猶有故。覺經云。其日月星辰。皆在虛空中住止。亦復不迴轉運行。亦無有精光也。蓋雖無須彌。往生之宮。故有而已。以此。即知彼土人天空地不同。諸有異釋。唯勞虛言。

⑵ 성취한 것을 자세하게 펼침

① 불신佛身의 과果를 찬탄함

가. 광명의 뛰어나고 미묘함을 찬탄함

가) 개별적으로 찬탄함

㉮ 석가모니불이 스스로 찬탄함

ㄱ. 하열한 것을 마주하여 뛰어남을 찬탄함

경 부처님께서 아난에게 말씀하셨다.
"무량수불의 위엄 있고 불가사의한 광명은 가장 존귀하고 훌륭하여 어떤

334 『無量清淨平等覺經』 권3(T12, 290b6).

부처님의 광명이 미칠 수 없다. (예컨대) 어떤 부처님의 광명은 백 부처님의 세계를 비추고, 혹은 천 부처님의 세계를 비춘다. 요점을 취하여 말하면, 동방의 갠지스 강의 모래알처럼 많은 부처님의 국토를 비추고, 남방·서방·북방 그리고 사유四維(서북·서남·동북·동남)와 상·하에도 또한 다시 이와 같다. 어떤 부처님의 광명은 일곱 자를 비추고, 혹은 1유순, 2유순, 3유순, 4유순, 5유순을 비추며, 이와 같이 점차 배가하여 한 부처님의 국토를 비추기에 이른다."

經曰。佛告阿難。無量壽佛。威神光明。最尊第一。諸佛光明。所不能及。或有佛光。照百佛世界。或千佛世界。取要言之。乃照東方恒沙佛刹。南西北方四維上下。亦復如是。或有佛光。照于七尺。或照一由旬二三四五由旬。如是轉倍。乃至照於一佛刹土者。

술 이것은 두 번째로 성취한 것을 자세하게 펼친 것이다. 앞에서 세운 서원에 응대하여 개별적으로 성취한 것을 밝힌 것이다. 단지 번거로운 말이 될 것을 염려하여 간략하게 과果의 뛰어남을 나타냈다.

여기에 네 가지가 있다. 첫째, 불신佛身의 과果를 찬탄했으니, 곧 불신과 관련된 서원의 과보이다. 둘째, 그 권속을 펼쳤으니, 곧 보살·성문과 관련된 서원의 과보이다. 셋째, 불토의 미묘함을 찬탄했으니, 정토를 구한 것과 관련된 과보이다. 넷째, 그 지은 것을 나타냈으니, 곧 중생을 섭수하는 서원과 관련된 과보이다.

처음에 또 두 가지가 있으니, 처음은 광명의 뛰어남을 찬탄했고, 나중은 수명의 길고 오램을 나타냈다. 처음에 또 두 가지가 있으니, 처음은 개별적으로 찬탄했고, 나중은 찬탄을 맺었다. 처음에 또 네 가지가 있는데, 이것은 처음에 석가모니불이 스스로 찬탄한 것이다. 여기에 두 가지가 있는데, 이것은 처음에 하열한 것을 마주하여 뛰어남을 찬탄한 것이니, 곧 광명이 그보다 뛰어날 수 없음을 서원한 것의 과보이다.

述云。此第二廣申所成。應對前願。別申所成。但恐煩言。略顯果勝。有四。一歎佛身果即願佛身之報也。二申其眷屬即願菩薩聲聞之報也。三歎佛土妙即求淨土之果也。四顯其所作即攝生願之果也。初又有二。初別歎。後結歎。[1] 初又有二。初歎光勝妙。後顯壽長遠。初又有四。此初釋迦自歎。有二。此初對劣歎勝。即願光無勝之報也。

1) ㉮ 문맥상 '初又有二。初別歎。後結歎。'은 '後顯壽長遠'의 뒤에 있어야 한다.

ㄴ. 찬탄을 맺으면서 뛰어남을 드러냄

경 "그러므로 무량수불을 무량광불無量光佛 · 무변광불無邊光佛 · 무애광불無礙光佛 · 무대광불無對光佛 · 염왕광불炎王光佛 · 청정광불清淨光佛 · 환희광불歡喜光佛 · 지혜광불智慧光佛 · 부단광불不斷光佛 · 난사광불難思光佛 · 무칭광불無稱光佛 · 초일월광불超日月光佛이라고 부른다."

經曰。是故。無量壽佛。號無量光佛。無邊光佛。無礙光佛。無對光佛。炎王光佛。清淨光佛。歡喜光佛。智慧光佛。不斷光佛。難思光佛。無稱光佛。超日月光佛者。

술 이것은 나중에 찬탄을 맺으면서 뛰어남을 드러낸 것이다.

어떤 사람은 〈길게 뻗어 가기 때문에 "무량"이라 하고, 넓게 퍼져 가기 때문에 "무변"이라 하며, 자유자재하기 때문에 "무애"라고 하고, 나머지 어떤 광명도 대적할 수 없기 때문에 "무대"라고 하며, 어떤 광명보다 뛰어나기 때문에 "염왕"이라 하고, 더러운 것을 여의었기 때문에 "청정"이라 하며, 보면 마음에 기쁨이 넘치기 때문에 "환희"라고 하고, 경계를 잘 비추기 때문에 "지혜"라고 하며, 사물을 비추어 그치는 일이 없기 때문에 "부단"이라 하고, 세간의 생각을 넘어서기 때문에 "난사"라고 하며, 언어와 생각의 경계를 끊었기 때문에 "무칭"이라 하고, 세간의 여러 색色을 넘어서기 때문에 "초일월"이라 한다.〉[335]라고 하였다.

비록 이러한 해석이 있지만 (중생의 교화를 떠난) 개별적인 광명이라고 할 수는 없으니, 또한 정중하지 않은 것이기 때문이다.

述云。此後結歎顯勝也。有說。長故無量。廣故無邊。自在故無礙。餘不能敵故無對。勝餘光故炎王。離垢故清淨。見心喜悅故歡喜。於境善照故智慧。照物無已故不斷。過世間想故難思。絕言想故無稱。超世諸色故超日月。雖有此解。不能別光。亦不鄭重故。

지금 곧 부처님의 광명은 셀 수 없기 때문에 "무량"이고, 어떤 연緣도 비추지 않음이 없기 때문에 "무변"이며, 인人·법法이 장애할 수 없기 때문에 "무애"이고, 여러 보살이 미칠 수 있는 것이 아니기 때문에 "무대"이며, 광명이 자유자재하여 그보다 위에 있는 것이 없기 때문에 "염왕"이고, 부처님의 무탐無貪의 선근善根으로부터 나투어 또한 중생의 탐욕스럽고 혼탁한 마음을 제거하기 때문에 "청정"이며, 부처님의 무진無嗔의 선근으로부터 생기하여 중생의 분노에 의한 근심스런 마음을 제거하기 때문에 "환희"이고, 광명이 부처님의 무치無癡의 선근으로부터 일어나 다시 중생의 무명품심無明品心을 제거하기 때문에 "지혜"이며, 부처님의 상광常光이 항상 비추어 이익되게 하기 때문에 "부단"이고, 광명이 여러 이승二乘 등

335 개략적으로는 혜원이 『無量壽經義疏』 권하(T37, 105b21)에서 제시한 것과 내용이 같다. 다만 문장은 꼭 일치하지는 않는다. 무량을 많은 것(多)을 의미하는 것으로 본 것은 경흥의 인용문에서 길게 뻗어 가는 것(長)이라고 한 것과 차이가 있다.(初無量光無邊無礙。此之三種。當相以嘆。無量多也。無邊廣也。無礙自在也。無對炎王。此之兩種。寄顯勝。他光不敵名無對光。此光勝餘名炎王光。淸淨歡喜智慧不斷。此之四種。當相以歎。離垢稱淨。能令見者心悅名喜。於法善照名智慧光。常照不絕名不斷光。難思無稱超日月光。此之三種。寄對顯勝。過世心想故曰難思。過世言相名無稱光。過世色相名超日月。)

이 헤아릴 수 있는 것이 아니기 때문에 "난사"이며, 또한 나머지 다른 승乘 등이 받아들여 감히 설할 수 있는 것이 아니기 때문에 "무칭"이고, 밤낮으로 항상 비추어 사바세계의 두 빛이 빛나는 것과 같지 않기 때문에 "초일월"이다.

총괄적으로 말하자면 곧 신장엄身莊嚴이기 때문이니,[336] 『왕생론』에서 "상호相好에서 쏟아지는 광명은 1심尋[337]이고, 색상色像은 모든 군생을 넘어선다."[338]라고 했기 때문이다.

今即佛光非算數故無量。無緣不照故無邊。無有人法而能障者故無礙。非諸菩薩之所及故無對。光明自在更無爲上故焰王。從佛無貪善根而現亦除衆生貪濁之心故清淨。從佛無嗔善根而生 能除衆生瞋恚感心故歡喜。光從佛無癡善根心起復除衆生無明品心故智慧。佛之常光恒爲照益故不斷。光非諸二乘等所測度故難思。亦非餘乘等所堪說故無稱。日夜恒照不同娑婆二曜之輝故超日月。總而言之。即身莊嚴故。論云。相好光一尋。色像超群生故。

㉯ 광명을 보는 사람이 이익을 얻음

경 "어떤 중생이 이 광명을 마주하면 세 가지 번뇌가 소멸되고 몸과 마음이 유연해져서 뛸 듯이 기뻐하며 착한 마음이 생겨난다. 삼악도三惡道의 근심과 고통으로 가득한 곳에 있으면서 이 광명을 보면 모두 휴식을 얻어 다시 고통을 받는 일이 없고, 목숨을 마친 후에는 모두 해탈한다."

---

336 『往生論』(T26, 232a15)에서 설한 여덟 가지 불공덕장엄佛功德莊嚴 중 제2에 해당한다.

337 심尋 : 팔을 펼쳐서 얻을 수 있는 길이. 곧 여덟 자에 해당된다.

338 『往生論』(T26, 231a18).

經曰。其有衆生。遇斯光者。三垢消滅。身意柔軟。歡喜踊躍。善心生焉。若在三塗勤苦之處。見此光明。皆得休息。無復苦惱。壽終之後。皆蒙解脫者。

술 이것은 두 번째로 광명을 보는 사람이 이익을 얻는 것이다.

"세 가지 번뇌가 소멸되고"란 곧 장애를 제거하는 이익이고, "몸과 마음이 (유연해져서 뛸 듯이) 기뻐하며"란 곧 선을 낳는 이익이며, "모두 휴식을 얻어"란 고통을 뽑아 내는 이익이고, "모두 해탈한다."란 즐거움을 얻는 이익이다.

이상은 모두 광명을 받아 몸에 접촉한 이는 몸과 마음이 유연해지게 할 것이라는 서원[339]에 의해 얻어진 결과이다.

述云。此第二見者獲利也。三垢滅者。即除障利。身意歡喜。即生善利。苦[1)]得休息者。拔苦利。皆蒙解脫者。即得樂利。皆是蒙光觸體者。身心柔軟願之所致也。

1) ㉮ 본문에 의거하면 '苦'는 '皆'인 것 같다.

㉰ 여러 성인이 함께 찬탄한 것

경 "무량수불의 광명은 높이 빛나 시방세계의 여러 부처님의 국토를 환히 비추니 그 명성을 듣지 않은 이가 없다. 단지 나만 지금 그 광명을 칭송하는 것이 아니라 일체의 제불과 성문·연각·여러 보살의 무리가 모두 함께 찬탄하는 것도 또한 다시 이와 같다."

經曰。無量壽佛光明顯赫。照耀十方諸佛國土。莫不聞焉。不但我今稱其光

339 법장비구의 사십팔원 중 제33원에 해당한다.

明。一切諸佛聲聞緣覺諸菩薩衆。咸共歎譽。亦復如是者。

술 이것은 세 번째로 여러 성인이 함께 찬탄한 것이다. 곧 한량없는 여러 부처님께서 모두 명호를 찬탄하게 하려는 서원[340]의 과보이다.

述云。此第三諸聖共歎。即無量諸佛。悉咨嗟稱名願之報也。

㉣ 광명의 위신공덕을 듣고 이익을 얻음

경 "어떤 중생이 그 광명의 위신공덕을 듣고 밤낮으로 칭송하면서 지극한 마음이 끊어지지 않으면 원하는 대로 그 국토에 왕생하고, 여러 보살과 성문인 대중이 함께 그 공덕을 찬탄하고 칭찬할 것이며, 그렇게 한 후에 불도를 증득할 때 두루 시방의 여러 부처님과 보살이 그 광명을 찬탄하기를 지금 하는 것과 같이 할 것이다."

經曰。若有衆生。聞其光明。威神功德。日夜稱說。至心不斷。隨意所願。得生其國。爲諸菩薩聲聞大衆。所共歎譽稱其功德。至其然後。得佛道時。普爲十方諸佛菩薩。歎其光明。亦如今也者。

술 네 번째로 광명의 위신공덕을 듣고 이익을 얻는 것이다. 곧 온몸을 땅에 던져 예배드리고 기뻐하며 하늘과 사람이 지극히 공경하도록 하는 서원[341]을 이룬 것이다.

340 법장비구의 사십팔원 중 제17원에 해당한다.
341 법장비구의 사십팔원 중 제37원에 해당한다.

述云。第四聞光獲利。即投報體禮喜。天人致敬願之所成也。

나) 찬탄을 맺음

경 부처님께서 말씀하셨다.

"내가 무량수불의 광명의 위신이 높고 빼어나게 미묘함을 낮과 밤을 가리지 않고 1겁 동안 말한다고 해도 오히려 아직 다할 수 없을 것이다."

經曰。佛言。我說無量壽佛。光明威神。巍巍殊妙。晝夜一劫。尚未能盡者。

술 이것은 두 번째로 찬탄을 맺은 것이다. 곧 헛되이 짓지 않고 주지住持하는 장엄 때문이니,[342] 『왕생론』에서 "부처님의 본원의 힘을 관찰하여 그렇게 만나 헛되이 지나치지 않은 이는 속히 공덕의 큰 보배 바다를 원만하게 성취하게 합니다."[343]라고 했기 때문이다.

述云。此第二結歎也。即不虛作住持莊嚴故。論云。觀佛本願力。遇無空過者。能令速滿足。功德大寶海故。

---

342 『往生論』(T26, 232a15)에서 설한 여덟 가지 불공덕장엄佛功德莊嚴 중 제8에 해당한다.

343 『往生論』(T26, 231a24).

나. 성취한 수명을 밝힘[344]

가) 바로 수명의 원대함을 나타냄

경 부처님께서 아난에게 말씀하셨다.
"또 무량수불은 수명이 장구하여 헤아릴 수 없으니 네가 어찌 알겠는가."

經曰。佛語阿難。又無量壽佛。壽命長久。不可稱計。汝寧知乎者。

술 두 번째로 성취한 수명을 밝힌 것이다. 여기에 두 가지가 있는데, 이것은 처음에 바로 수명의 원대함을 나타낸 것이다.

述云。第二辨所成壽。有二。此初直標壽遠也。

나) 일에 의탁하여 수명의 장구함을 나타냄

경 "가령 시방세계의 한량없는 중생이 모두 인간의 몸을 얻고, 모두 성문과 연각을 성취하게 하고, 모두 함께 모여 생각을 오로지하고 한마음으로 그들이 지닌 지혜의 힘을 다하여 백천만겁 동안 모두 함께 계산하면서 그 길고 오랜 수명의 숫자를 헤아려도 다 헤아려서 그 끝을 알아낼 수는 없다."

經曰。假使十方世界無量衆生。皆得人身。悉令成就聲聞緣覺。都共集會。禪思一心。竭其智力。於百千萬劫。悉共推算。計其壽命長遠之數。不能窮盡知其限極者。

344 앞의 분과에서는 "수명의 길고 오램을 나타낸 것"이라고 하였다.

술 이것은 나중에 일에 의탁하여 장구함을 나타낸 것이다.

어떤 사람은 〈범어 음사어 타연나馱演那(Ⓢ dhyāna)는 정려靜慮라고 의역한다. 옛 번역에서 선나禪那라고 하거나 혹은 선禪이라고 한 것은 모두 잘못 생략한 것이다.〉라고 하였다. 비록 옛 번역에서의 선禪이 곧 지금의 정려靜慮라는 것을 알았더라도, 아직 선禪이라는 글자가 다시 지목하는 것이 있음을 듣지 못하였으니, 진실로 슬퍼할 만한 일이다. 지금 곧 "선사禪思"라고 한 것은 생각을 오로지하는 것(專思)의 다른 말이다.

述云。此後寄事顯長也。有說。梵云馱演那。此云靜慮。昔云禪那。或云禪。皆訛略也。雖知昔禪。即今靜慮。未聞禪字復有所目。良可悲故。今即禪思者。專思之別言也。

② 그 권속을 펼침

가. 수명의 분량과 관련된 것을 나타냄

경 "성문과 보살과 하늘의 무리가 누리는 수명의 길고 짧음도 또한 이와 같아서 산술적인 계산이나 비유에 의해서 능히 알 수 있는 것이 아니다."

經曰。聲聞菩薩天人之衆。壽命長短。亦復如是。非算數譬喻所能知也者。

술 두 번째로 그 권속을 펼쳤다. 여기에 네 가지가 있는데, 이것은 처음에 수명의 분량과 관련된 것을 나타낸 것이다. 곧 하늘의 수명을 헤아려 알 수 없게 할 것이라는 서원[345]을 이룬 것이다.

---

345 사십팔원 중 제15 득장수원得長壽願을 말한다.

述云。第二申其眷屬。有四。此初例顯壽量也。即天人壽無能校知願之所成也。

나. 대중이 헤아릴 수 없이 많음을 나타냄

경 "또한 성문과 보살은 그 숫자가 헤아릴 수 없고 말로 설명할 수도 없다."

經曰。又聲聞菩薩。其數難量。不可稱說者。

술 이것은 두 번째로 대중이 헤아릴 수 없이 많음을 나타낸 것이다. 곧 성문이 가없이 많게 할 것이라는 서원[346]을 이룬 것이다. 『왕생론』에서 중장엄衆莊嚴(대중을 장엄하는 것)[347]이라 했기 때문이니, (『왕생론』의) 게송에서 이르기를 "하늘과 사람으로서 부동不動의 경지에 도달한 대중[348]은 청정한 지혜의 바다[349]에서 태어난다."라고 했기 때문이다.

述云。此第二顯衆無數。即願聲聞無邊之所成也。往生論。名衆莊嚴故。頌云。天人不動衆。清淨智海生故。

---

346 사십팔원 중 제14 섭권속원攝眷屬願을 말한다.

347 『往生論』(T26, 232a15)에서 설한 여덟 가지 불공덕장엄佛功德莊嚴 중 제5에 해당한다.

348 『往生論註』 권상(T40, 832b26)에 따르면 극락세계의 대중은 대승근大乘根을 성취하여 흔들리지 않기 때문에 '부동'이라 했다.

349 『往生論註』 권상(T40, 832b23)에 따르면 바다처럼 넓은 여래의 지혜를 가리킨다.

다. 간략하게 덕의 뛰어남을 찬탄함

경 "신통력과 지혜에 통달함으로써 위력이 자재하여 손바닥에 일체 세계를 지닐 수 있다."

經曰。神智洞達。威力自在。能於掌中。持一切世界者。

술 이것은 세 번째로 간략하게 덕의 뛰어남을 찬탄한 것이다. 곧 타심지·숙명통·설일체지·지혜변재 등을 얻게 하려는 서원[350]을 이룬 것이다.

述云。此第三略歎德勝。即願得他心智宿命說一切智智慧辯才等之所成也。

라. 대중의 숫자가 많음을 자세하게 나타냄

가) 총괄적으로 나타냄

경 부처님께서 아난에게 말씀하셨다.
"그 부처님께서 처음 법회를 열었을 때 성문중의 숫자는 헤아릴 수 없었고, 보살도 또한 그러하였다."

經曰。佛語阿難。彼佛初會。聲聞衆數。不可稱計。菩薩亦然者。

350 차례대로 사십팔원 중 제8원 득견타심지락得見他心智樂, 제5원 득숙명락得宿命樂, 제25원 설법진승원說法盡勝願, 제30원 혜변무량원慧辯無量願 등을 말한다.

술 이것은 네 번째로 대중의 숫자가 많음을 자세하게 나타낸 것이다. 여기에 두 가지가 있는데, 이것은 처음에 총괄적으로 나타낸 것이다.

"처음 법회를 열었을 때"란 치우치게 들어 다하지 않은 말이니, 헤아릴 수 없이 많음을 나타내려는 것이기 때문이다.[351]

述云。此第四廣顯衆多。有二。此初總標也。初會者。偏擧不盡之言。顯無數故。

나) 개별적으로 풀이함

㉮ 지혜를 마주하여 많은 것을 찬탄함

경 "대목건련과 같은 능력을 갖춘 백천만억을 넘어 한량없고 헤아릴 수 없는 이들이, 아승기 나유타 겁에 이르기까지, 내지는 멸도에 이르기까지 모두 함께 센다고 해도 많고 적음의 숫자를 다 헤아려 알 수 없다."

經曰。如大目犍連。百千萬億無量無數。於阿僧祇那由他劫。乃至滅度。悉共計挍。不能究了多少之數者。

술 이것은 나중에 개별적으로 풀이한 것이다. 여기에 두 가지가 있는데, 이것은 처음에 지혜를 마주하여 많은 것을 찬탄한 것이다.

述云。此後別釋。有二。此初對智歎多也。

351 처음 법회를 열었을 때만이 아니라 언제나 대중이 한량없이 많지만 처음 법회만 제시하였으므로 다하지 않은 말이라 했다.

㉯ 일에 의지하여 많음을 나타냄

ㄱ. 비유를 세우고 반문함

경 "비유컨대 깊고 넓어 한량없는 큰 바다와 같으니, 가령 어떤 사람이 하나의 털을 백 개로 쪼개고, 그중 한 올의 털을 적셔 한 방울의 물을 얻으면 어떻게 생각하느냐. 그 털끝에 적셔서 얻은 물과 저 큰 바다 중 어느 것이 많겠는가?"

經曰。譬如大海。深廣無量。假使有人。析其一毛。以爲百分。以一分毛。沾取一渧。於意云何。其所渧者。於彼大海。何所爲多者。

술 이것은 나중에 일에 의지하여 많음을 나타낸 것이다. 여기에 세 가지가 있는데, 이것은 처음에 비유를 세우고 반문한 것이다.

述云。此後寄事顯多。有三。此初立喩反問也。

ㄴ. 그 많고 적음을 답함

경 아난이 부처님께 말씀드렸다.
"털끝에 적셔서 얻은 물을 큰 바다와 견주어 그 많고 적음의 양을 헤아리는 것은 산술을 잘하는 이의 산술과 언사·비유 등에 의해서 알 수 있는 것이 아닙니다."

經曰。阿難白佛。彼所渧水。比於大海。多少之量。非巧歷算數。言辭譬類。所能知也者。

술 이것은 다음에 그 많고 적음을 답한 것이다.

述云。此次答其多少也。

ㄷ. 부처님께서 진술하여 완성함

경 부처님께서 아난에게 말씀하셨다.

"목련과 같은 이들이 백천만억 나유타 겁 동안 그 첫 번째 법회에 모인 성문과 보살을 헤아려도 알 수 있는 숫자는 하나의 물방울과 같고, 그렇게 하고도 알 수 없는 것은 큰 바다의 물과 같은 것이다."

經曰。佛語阿難。如目連等。於百千萬億那由他劫。計彼初會聲聞菩薩。所知數者。猶如一渧。其所不知。如大海水者。

술 이것은 나중에 부처님께서 진술하여 완성한 것이다.

(성문중이 있다고 하는 것은) 『왕생론』에서 "이승二乘의 종성을 지닌 이는 태어나지 않는다."[352]라고 한 것과 (어긋나는 면이 있는 것에 대해서) 해석해야 하는데, 그 자세한 것은 앞에서 설명한 것[353]과 같기 때문에 다

352 『往生論』(T26, 231a14).

353 경흥의 『觀無量壽經』 주석서에서 풀이한 것을 가리키는데 현존하지 않으므로 그 내용은 알 수 없다. 다만 원효의 『兩卷無量壽經宗要』(T37, 126b16)에서 " 『往生論』에 말하기를 '여인과 근根이 결여된 이, 이승의 종성은 태어나지 않는다.'라고 한 것은 결정종성決定種性인 이승을 말하는 것이지, 부정근성不定根性인 성문을 말하는 것이 아니다. 이를 간별하기 위해서 '이승의 종성'이라 했다. 이러한 뜻으로 말미암아 서로 어긋나지 않는다.(論說云。女人及根缺。二乘種不生者。是說決定種性二乘。非謂不定根性聲聞。爲簡此故。名二乘種。由是義故。不相違也。)"라고 한 것에 의해 회통의 사례를 찾아볼 수 있다. 이러한 원효의 입장은 懷感의 『釋淨土群疑論』 권5(T47, 62a19)에 실린 것과 내용이 같다.

시 해석하지 않는다.

述云。此後佛述成也。釋往生論。二乘種不生。廣如前述。故不再解。

③ 국토의 과보를 나타냄[354]

가. 나무의 장엄

가) 보배 나무의 장엄

㉮ 보배 나무

ㄱ. 순일純一한 보배 나무

경 "또 그 국토는 칠보로 이루어진 여러 나무가 온 세계를 가득 채우고 있으니, 금나무, 은나무, 유리나무, 파리나무, 산호나무, 마노나무, 차거나무가 있다."

經曰。又其國土。七寶諸樹。周滿世界。金樹。銀樹。琉璃樹。頗梨樹。珊瑚樹。瑪瑙樹 硨磲樹者。

술 세 번째로 국토의 과보를 나타낸 것이다. 여기에 네 가지가 있으니, 첫째 나무의 장엄이고, 둘째 음악의 장엄이며, 셋째 궁전의 장엄이고, 넷째 연못의 장엄이다. 처음에 또 세 가지가 있으니, 처음은 보배 나무의

354 앞의 분과에서는 '불토의 미묘함을 찬탄한 것(歎佛土妙)'이라 했다.

장엄이고, 다음은 도량수의 장엄이며, 나중은 대상을 시설하여 뛰어남을 찬탄한 것이다. 처음에 또 두 가지가 있으니, 처음은 보배 나무이고, 나중은 음악이다. 처음에 또 세 가지가 있는데, 이것은 처음에 순일한 보배 나무를 밝힌 것이다.

述云。第三顯土報。有四。一樹莊嚴。二樂莊嚴。三宮莊嚴。四池莊嚴。初又有三。初寶樹莊嚴。次道樹莊嚴。後對之歎勝。初又有二。初寶樹。後音樂。初又有三。此初純寶樹也。

ㄴ. 몇 가지가 섞인 보배 나무

경 "혹은 두 가지 보배와 세 가지 보배 내지는 일곱 가지 보배가 함께 합하여 이루어졌으니, 어떤 금나무는 은잎과 은꽃과 은열매로 이루어졌고, 어떤 은나무는 금잎과 금꽃과 금열매로 이루어졌으며, 어떤 유리나무는 파리를 잎으로 하고 꽃과 열매도 또한 그러했고, 어떤 수정나무는 유리를 잎으로 하고 꽃과 열매도 또한 그러했으며, 어떤 산호나무는 마노를 잎으로 하고 꽃과 열매도 또한 그러했고, 어떤 마노나무는 유리를 잎으로 하고 꽃과 열매도 또한 그러했으며, 어떤 차거나무는 온갖 보배를 잎으로 하고 꽃과 열매도 또한 그러했고, 어떤 보배 나무는 자금紫金을 뿌리로 하고 백은白銀을 줄기로 하며 유리를 가지로 하고 수정을 곁가지로 하며 산호를 잎으로 하고 마노를 꽃으로 하고 차거를 열매로 하였으며, 어떤 보배 나무는 백은을 뿌리로 하고 유리를 줄기로 하며 수정을 가지로 하고 산호를 곁가지로 하며 마노를 잎으로 하고 차거를 꽃으로 하며 자금을 열매로 하였고, 어떤 보배 나무는 유리를 뿌리로 하고 수정을 줄기로 하며 산호를 가지로 하고 마노를 곁가지로 하며 차거를 잎으로 하고 자금을 꽃으로 하며 백은을 열매로 했으며, 어떤 보배 나무는 수정을 뿌리로 하고 산호를 줄기로 하며 마노를 가지로 하고 차거를 곁가지로 하며 자금을 잎으로 하고 백은을 꽃으로 하며 유리를 열매로 했고, 어떤 보배 나무는 산호를 뿌리로 하고 마노를 줄기로 하며 차거를 가지로 하고 자금을 곁가지로 하며 백은을 잎으로 하고 유리를 꽃으로 하며 수정을 열매로 하였으며, 어떤 보배 나무는 마노를 뿌리로 하고 차거를 줄기로 하며 자금을 가지로 하고 백은을 곁가지로 하며 유리를 잎으로 하고 수정을 꽃으로 하며 산호를 열매로 하였고, 어떤 보배 나무는 차거를 뿌리로 하고 자금을 줄기로 하며 백은을 가지로 하고 유리를 곁가지로 하며 수정을 잎으로 하고 산호를 꽃으로 하며 마노를 열매로 하였다."

經曰。或二寶三寶。乃至七寶。轉共合成。或有金樹。銀葉華果。或有銀樹。金葉華果。或琉璃樹。玻梨爲葉。華果亦然。或水精樹。琉璃爲葉。華果亦然。或珊瑚樹。瑪瑙爲葉。華果亦然。或瑪瑙樹。琉璃爲葉。華果亦然。或車璩樹。衆寶爲葉。華果亦然。或有寶樹。紫金爲本。白銀爲莖。琉璃爲枝。水精爲條。珊瑚爲葉。瑪瑙爲華。車璩爲實。或有寶樹。白銀爲本。琉璃爲莖。水精爲枝。珊瑚爲條。瑪瑙爲葉。車璩爲華。紫金爲實。或有寶樹。琉璃爲本。水精爲莖。珊瑚爲枝。瑪瑙爲條。車璩爲葉。紫金爲華。白銀爲實。或有寶樹。水精爲本。珊瑚爲莖。瑪瑙爲枝。車璩爲條。紫金爲葉。白銀爲華。琉璃爲實。或有寶樹。珊瑚爲本。瑪瑙爲莖。車璩爲枝。紫金爲條。白銀爲葉。琉璃爲華。水精爲實。或有寶樹。瑪瑙爲本。車璩爲莖。紫金爲枝。白銀爲條。琉璃爲葉。水精爲華。珊瑚爲實。或有寶樹。車璩爲本。紫金爲莖。白銀爲枝。琉璃爲條。水精爲葉。珊瑚爲華。碼瑙爲實者。

술 이것은 다음에 몇 가지가 섞인 보배 나무를 밝힌 것이다.

述云。此次雜寶樹也。

ㄷ. 총괄적으로 찬탄함

경 "이러한 온갖 보배 나무가 줄지어 늘어서서 서로 어긋남이 없이 가지런하고, 줄기와 줄기는 서로 바라보며, 가지와 가지는 서로 균등하고, 잎과 잎은 서로 향하며, 꽃과 꽃은 서로 수순하며, 열매와 열매는 서로 마주하였는데, 성대한 색이 눈부시게 빛나는 모습은 바라볼 수 없을 정도이다."

經曰。此諸寶樹。行行相值。莖莖相望。枝枝相準。葉葉相向。華華相順。實實相當。榮色光曜。不可稱[1]視者。

1) ㉮ 강승개본에 따르면 '稱'은 '勝'이다.

술 이것은 나중에 총괄적으로 찬탄한 것이다.

述云。此後總歎也。

㉯ 음악

경 "맑은 바람이 때맞추어 일어나면서 다섯 가지 음성을 내어 미묘하게 궁음宮音과 상음商音 등이 저절로 서로 응한다."

經曰。清風時發。出五音聲。微妙宮商。自然相和者。

술 이것은 두 번째로 음악이다.

"맑은 바람"이란 별역본에서 "천상의 바람도 아니고 인간 세상의 바람도 아니다."[355]라고 했다.

"다섯 가지 음성"이란 『시詩』에서 "궁宮·상商·각角·치徵·우羽"[356]라고 했는데, 오행五行을 본떠서 만든 음이다.[357] 지금 "궁음과 상음"이라고 한 것은 곧 간략하게 처음의 두 가지를 든 것이다. "궁"이란 (흙으로 구운 그릇을 두드려서 나오는) 거친 소리이고, "상"이란 (금속과 금속을 부딪칠 때 나는) 미세한 소리이다. "화和"란 응하는 것이다. 소리를 거스르거나 침범하지 않기 때문에 "저절로 서로 응한다."라고 했다.

위 법사位法師[358]는 〈"다섯 가지 음성"이란 첫째 분명히 알 수 있는 것이고, 둘째 쉽게 이해할 수 있는 것이며, 셋째 산만하지 않은 것이고, 넷째 싫증이 나지 않는 것이며, 다섯째 듣기에 좋은 것이다.〉[359]라고 했다.

비록 이러한 해석이 있을 수 있다고 해도 성인의 말씀에는 없는 것이니, 이 주장을 인정할 수는 없다.

述云。此第二音樂也。清風者。即別本云。非天之風。亦非人之風也。五音者。即詩云。宮商角徵羽。擬五行之音。今言宮商者。即略擧初二也。宮者

---

355 별역본에서 해당처와 동일한 부분은 아니지만 극락정토에 부는 바람에 대해 다음과 같이 설했다. 곧 『無量清淨平等覺經』 권2(T12, 285b19)에서 "亦非世間之風也。亦復非天上之風也。", 『阿彌陀三耶三佛薩樓佛檀過度人道經』 권상(T12, 305c5)에서 "亦非世間之風。亦非天上之風。"이라 하였다.

356 궁宮·상商·각角·치徵·우羽 : 동양음악의 다섯 가지 기본음. 첫째 궁음宮音은 탁음濁音으로 흙으로 구운 그릇을 두드리면 나는 소리이고, 둘째 상음商音은 청음淸音으로 금속과 금속을 부딪쳐서 나는 소리이며, 셋째 각음角音은 반청반탁음半淸半濁音으로 나무와 나무를 부딪쳐서 나는 소리이고, 넷째 치음徵音은 타오르는 불에 물을 부으면 꺼지면서 나는 소리이며, 다섯째 우음羽音은 물을 형상화한 소리이다.

357 다섯 가지 음은 차례대로 토土·금金·목木·화火·수水 등의 오행에 배대된다.

358 위 법사位法師 : 생몰 연대와 자세한 전기 미상. 법위法位를 가리킨다. 다만 신라 중기 문무왕(재위 661~681) 때의 정토계의 학승임을 알 수 있을 뿐이다. 현일玄一의 『無量壽經記』는 공공연하게 법위의 설에 의존하였다. 『無量壽經義疏』 2권 혹은 3권을 지은 것으로 전해지지만 현재 일실되어 전하지 않는다. 일본의 惠谷隆戒가 여러 저술에 인용된 문장을 묶은 복원본이 『韓佛全』 2책에 수록되어 있다.

359 『無量壽經義疏』 권상(H2, 14b14). 『無量壽經鈔』 권5에서 복원한 내용이다.

麁。商者細也。和者應也。不違肙音。故云自然和。位法師云。五音聲者。一諦了。二易解。三不散。四無厭。五悅耳。雖有此。而無聖說。不可在[1)]也。

1) ㉔ 다른 판본에 따르면 '在'는 '存'이다.

나) 도량수의 장엄을 밝힘

㉮ 도량수의 체상

경 "또 무량수불은 그 도량수는 높이 4백만 리이고, 그 뿌리는 둘레가 5천 유순이며, 가지와 잎은 사방으로 20만 리나 뻗어 있다. (도량수는) 온갖 보배가 저절로 합하여 이루어졌는데, 월광마니月光摩尼·바다가 품고 있는 윤보輪寶[360] 등과 같은 온갖 보배의 왕王으로 이것을 장엄하였고, 가지와 가지 사이에 두루 보배 영락을 드리웠다. 백천만의 빛깔이 여러 가지 형태로 다양하게 변하면서 한량없는 광명을 비추는데 끝나는 곳이 없고, 진귀하고 기묘한 보배 그물을 펼쳐 그 위를 덮었다. 이러한 일체의 장엄은 (중생의 감感을) 따라서 응하여 나타난 것이다."

經曰。又無量壽佛。其道場樹。高四百萬里。其本周圍五千由旬。枝葉四布二十萬里。一切衆寶。自然合成。以月光摩尼。持海輪寶。衆寶之王。而莊嚴之。周匝條間。垂寶瓔珞。百千萬色。種種異變。無量光炎。照曜無極。珍妙寶網。羅覆其上。一切莊嚴。隨應而現者。

360 바다가 품고 있는 윤보輪寶 :『華嚴經』 권35(T9, 622c4)에 중보적취·무진보장·원리치연·일체장엄취 등의 네 가지 보배가 있어서 바다의 온갖 보배가 생겨나는 것이라고 했다.(譬如大海。有四種寶珠。此四種寶。悉生海中一切衆寶。若無此寶。海中衆寶。悉皆滅失。何等爲四。一名衆寶積聚。二名無盡寶藏。三名遠離熾然。四名一切莊嚴聚。是爲四寶。)

술 두 번째로 도량수를 밝혔다. 여기에 세 가지가 있는데, 이것은 처음에 도량수의 체상을 밝힌 것이다.

1리는 3백 보이기 때문에 "4백만 리"는 곧 12만 유순이다.

앞에서 (국토에 거주하는) 보살로서 아주 작은 공덕을 쌓은 이에 이르기까지 도량수를 볼 수 있게 하려는 서원[361]에 상응하여 (그 서원을) 이룬 것이다.

어떤 사람은 〈그 (경에서) 부처님의 몸의 신장은 60만억 나유타 항하사 유순이라고 한 것[362]을 따를 때 (도량수의 크기는 어울리지 않는 면이 있는데) 부처님의 위신력에 의지한 것이기 때문에 설령 도량수가 (부처님의 신장보다) 작다고 해도 서로 방해되지 않는다. 이와 같다면 나머지 궁전 등도 각각 그 형체의 크고 작음을 (부처님의 신장을 기준으로) 헤아리지 않아야 하기 때문이다.〉라고 했다.

지금 그 경에서 제시한 부처님의 크기는 이미 타수용신他受用身의 크기를 말한 것이기 때문이고, 이 도량수가 있는 곳은 곧 화토化土이기 때문이니, 서로 어긋나지 않는다.

(가지와 잎이 뻗은 길이인) "20만 리"란 6천 유순이니, (일반적인 기준에 따르면 뿌리가 50유순이라고 한 것과 어긋나는데) 그 뿌리의 크기를 헤아리지 않아야 하기 때문이다. 또한 어떤 판본에서는 "2백만 리"라고 했는데, 아마 이것이 옳은 것 같다.

述云。第二辨道場樹。有三。此初道樹體相也。一里三百步故。四百萬里。即十二萬由旬。應前菩薩少功見道場[1)]願而成也。有說。隨彼佛身高六十萬億那由他恒河沙由旬。以佛神力故。縱小道樹。不相妨礙。若爾。所餘宮殿。

361 사십팔원 중 제28 지견도수원知見道樹願을 말한다.
362 『觀無量壽佛經』(T12, 343b17).

不應各稱其形大小故。今彼經。佛量。既他受用身故。此道樹。即化土故。不相違也。二十萬里者。六千由旬。應不稱其本量故。又有本云。二百萬里。蓋是正也。

1) ㉮ '場' 뒤에 '樹'가 누락되었다.

㉯ 음성을 내어 사물을 이롭게 함

경 "미풍이 불면 온갖 가지와 잎에서 한량없는 미묘한 법의 음성이 흘러나오고, 그 소리는 널리 퍼져 온갖 부처님의 국토에 두루 한다. 그 소리를 듣는 이는 깊은 법인法忍을 얻어 불퇴전不退轉에 머물고 불도佛道를 이룰 때까지 이근耳根이 청정하고 두루 듣는 능력을 지녀 고통과 근심을 당하지 않는다."

經曰。微風動吹。諸枝葉。演出無量妙法音聲。其聲流布。遍諸佛國。其聞音者。得深法忍。住不退轉。至成佛道。耳根清徹。不遭苦患者。

술 이것은 다음에 음성을 내어 사물을 이롭게 하는 것이다. 곧 미묘한 음성의 덕을 이루었기 때문이니,[363] 『왕생론』에서 "청정한 소리가 심원한 경지 깨닫게 하니 미묘한 소리 시방에 들린다."[364]라고 했기 때문이다.

述云。此次出聲利物也。即妙聲德成故。論云。梵聲悟深遠。微妙聞十方故。

363 『往生論』(T26, 231b28)에서 설한 불국토공덕장엄과 관련된 열일곱 가지 중 제11에 해당한다. 묘성공덕성취妙聲功德成就 · 성공덕성취 등이라고 한다.

364 『往生論』(T26, 231c26).

㉰ 보고 들음으로써 이익을 얻음

ㄱ. 대상을 마주하여 이익을 얻음

경 "눈으로 색을 보고 귀로 소리를 들으며 코로 향기를 맡고 혀로 맛을 보며 몸으로 그 빛을 느끼고 마음으로 법法을 연緣하여 일체에서 모두 매우 심오한 법인을 얻고 불퇴전에 머물며 불도佛道를 이룰 때까지 육근이 청정하고 두루 통하여 온갖 고통과 근심에 빠지는 일이 없다."

經曰。目覩其色。耳聞其音。鼻知其香。舌嘗其味。身觸其光。心以法緣。一切。皆得甚深法忍。住不退轉。至成佛道。六根清徹。無諸惱患者。

술 이것은 나중에 보고 들어서 이익을 얻는 것이다. 여기에 두 가지가 있는데, 이것은 처음에 대상을 마주하여 이익을 얻는 것이다.

예전에 세운 온갖 감각기관이 비천하지 않게 하려는 서원[365]의 힘으로 말미암아 얻은 것이기 때문에 "육근이 청정하고"라고 했다. "심오한 법인"이란 곧 상相이 없는 생生의 성품에 통달했기 때문이다.

述云。此後見聞獲利。有二。此[1)]對境得利也。由昔諸根不陋願力之所得。故云六根清。而言深法忍者。即達無相生性故。

1) ㉮ '此' 뒤에 '初'가 누락되었다.

365 사십팔원 중 제41 제근모묘원諸根貌妙願을 말한다.

ㄴ. 지력智力으로 인忍을 얻음

ㄱ) 위신력에 의해 이익을 얻음

경 "아난아, 그 국토의 사람과 하늘로서 이 나무를 보는 이는 세 가지 법인을 얻으니, 첫째 음향인音響忍이고, 둘째 유순인柔順忍이며, 셋째 무생법인無生法忍이다. 이것은 모두 무량수불의 위신력에 의지하기 때문이다."

經曰。阿難。若彼國人天。見此樹者。得三法忍。一者音響忍。二者柔順忍。三者無生法忍。此皆無量壽佛威神力故者。

술 이것은 나중에 지력智力으로 인을 얻는 것이다. 여기에 두 가지가 있는데, 이것은 처음에 위신력에 의해 이익을 얻는 것이다.

어떤 사람은 〈(보살 십지 중) 초지·제2지·제3지는 음성을 생각하여 깨달음을 얻는데 음성은 메아리와 같음을 알기 때문에 "음향인"이라 한다. 제4지·제5지·제6지는 언어에 의한 가르침을 버리고 실상으로 나아가기 때문에 "유순인"이라 한다. 제7지 이후는 상相을 버리고 실상을 증득하기 때문에 "무생인"이라 한다. "인忍"이란 지혜로운 마음으로 법에 안주하기 때문이다.〉[366]라고 했는데, 이것은 반드시 그렇지 않다. 초지 이상은 모두 이미 실상을 증득한 것이니, 음성을 생각하는 것과 실상으로 나아가는 것은 차이가 없어야 하기 때문이다.

기록에 따르면, 어떤 사람은 〈처음(음향인)은 십신十信이니 음성을 생각하여 깨닫고 이해하기 때문이고, 다음(유순인)은 삼현위三賢位(십주·십행·십회향)이니 업혹業惑을 조복시키기 때문이며, 뒤는 실상을 증득하여 상相을

366 혜원이 『無量壽經義疏』 권하(T37, 106a5)에서 제시한 것이다.

끊으니, 그러므로 "무생인"이라 했다.〉라고 했는데, 이것도 또한 옳지 않다. 아직 십신의 계위에 들어가지 않았는데, 그 국토에 왕생한다면, 법인法忍을 얻지 못한 것이니, 본원本願에 어긋나기 때문이다.

지금 곧 나무의 음성을 생각하면, 바람을 좇아서 있는 것이어서 있지만 실체로서 있는 것은 아니기 때문에 "음향인"을 얻는다. "유柔"란 어긋나고 모난 것이 없는 뜻이고, "순順"이란 공空에 어긋나지 않는 뜻이다. 대상 경계가 자성적 실체가 없음을 깨달아 유有에 어긋나지 않으면서 공空에 수순하기 때문에 "유순인"이라 한다. 제법을 관찰하여 생生의 사구四句[367]를 끊은 경지에 도달하기 때문에 "무생인"이라 한다.

述云。此後智力得忍。有二。此初神力得益也。有說。初二三地。尋聲得悟。聲[1)]如響。故云音響忍。四五六地。捨詮趣實。故云柔順忍。七地以去。捨相證實。故云無生忍。忍者。慧心安法故。此必不然。初地已上。皆已證實。應無尋聲趣實異故。有記有說。初在十信。尋聲悟解故。次在三賢。伏業惑故。後證實絕相。故云無生忍。此亦非也。未入十信。若生彼土。不得法忍。違本願故。今即尋樹音聲。從風而有。有而非實。故得音響忍。柔者無乖角義。順者不違空義。悟境無性。不違於有而順空。故云柔順忍。觀於諸法。生絕四句。故云無生忍。

1) ㉮『無量壽經義疏』에 따르면 '聲' 앞에 '知'가 누락되었다.

ㄴ) 서원의 힘에 의해 이익을 얻음

경 "본원의 힘 때문이니, 원만하게 구족한 서원 때문이고, 분명한 서원 때

367 사구四句 : 생生과 관련되어 사유할 수 있는 모든 판단 형식을 넷으로 분류한 것. 생생·비생非生·생역비생生亦非生·비생비비생非生非非生 등이다. 사구를 끊었다는 것은 언어의 길이 모두 끊어진 경계에 도달한 것을 의미한다.

문이며, 견고한 서원 때문이고, 궁극적인 결과를 이루는 서원 때문이다."

經曰。本願力故。滿足願故。明了願故。堅固願故。究竟願故者。

술 이것은 나중에 서원의 힘으로 이익을 얻는 것이다.

"본원의 힘"이란 곧 과거에 세운 서원의 힘이다.

타방 보살도 명호를 들으면 인忍을 얻는데 하물며 자신의 국토에 머무는 보살임에랴. 그러므로 서원에 모자란 것이 없기 때문에 "원만하게 구족한"이라 했고, 이것을 추구하면 (반드시 결과를 얻어) 헛되지 않기 때문에 "분명한"이라고 했으며, 어떤 것에 의해서도 무너뜨릴 수 없기 때문에 "견고한"이라 했고, 서원이 반드시 과果를 이루기 때문에 "궁극적인 결과를 이루는"이라 했다. 이 서원의 힘으로 말미암아 그 국토에 왕생하는 이는 모두 세 가지 인忍을 얻는다.

述云。此後願力獲利也。本願[1]者。即往誓願之力。他方菩薩 聞名得忍。況亦自土。故願無缺故滿足。求之不虛故明了。緣不能壞故堅固。願必遂果故究竟。由此願力。生彼土者。皆得三忍。

1) ㉠ 문맥에 의거할 때 '願' 뒤에 '力'이 누락되었다.

다) 대상을 시설하여 뛰어남을 나타냄[368]

경 부처님께서 아난에게 말씀하셨다.

"세간의 제왕이 듣는 백천 가지의 음악이 있고, 전륜성왕에서부터 제6천(他化自在天)의 음악 소리가 있는데, 이들은 전전하면서 서로 천억만 배 더 뛰어나

368 앞의 분과에서는 '대상을 시설하여 뛰어남을 찬탄한 것'이라고 하였다.

다. 그리고 제6천의 만 가지 음악도 무량수불의 국토에 있는 여러 칠보로 이루어진 나무에서 울리는 한 가지 음악 소리보다 못하여 그보다 천억 배나 더 뛰어나다."

經曰。佛告阿難。世間帝王。有百千音樂。自轉輪聖王。乃至第六天上伎樂音聲。展轉相勝。千億萬倍。第六天上萬種樂音。不如無量壽國諸七寶樹一種音聲。千億倍也者。

술 이것은 세 번째로 대상을 시설하여 뛰어남을 나타낸 것이다. 제6천을 마주한 것은 (이 하늘이) 욕계에서 가장 뛰어나기 때문이다.

述云。此第三對之顯勝也。對第六天者。欲界中勝故也。

나. 음악의 장엄

경 "또 저절로 울리는 만 가지 음악이 있는데, 그 음악 소리는 법음이 아닌 것이 없어서 청정하고 양양하며 애잔하고 밝으며, 미묘하게 조화를 이루고 바르니, 시방세계의 음성 중 가장 뛰어나다."

經曰。亦有自然萬種伎樂。又其樂聲。無非法音。清揚哀亮。微妙和雅。十方世界音聲之中。最爲第一者。

술 이것은 두 번째로 음악의 장엄이다.

허공에서 울리고 나무에 부는 바람에 의해 있는 것이 아니기 때문에 "저절로"라고 했고, 나타낸 것이 모두 불법이기 때문에 "법음이 아닌 것이 없어서"라고 했으며, 그 음은 오직 좋아할 만한 것뿐만 아니라, 또한 기연機緣에 따라 나타내니, "애잔하고 밝으며"라고 하였다.

이것은 곧 허공을 장엄하기[369] 때문이니, 『왕생론』에서 "한량없는 보배 서로 이어지고 그물이 허공을 두루 덮었으며 온갖 방울이 소리를 내며 미묘한 법음을 설합니다."[370]라고 했기 때문이다.

述云。此第二樂莊嚴也。於虛空。不從樹風而有。故云自然。所顯者。皆佛法。故無非法音。音非唯可愛。亦乃隨。故云哀亮。即虛空莊嚴故。論云。無量寶交絡。羅網遍虛空。種種鈴發響。宣吐妙法音故。

다. 궁전의 장엄

경 "또한 강당·정사·궁전·누각은 모두 칠보로 장엄하였는데, 저절로 변화하여 이루어진 것으로, 또한 진주·명월마니明月摩尼의 온갖 보배로 휘장을 만들어 그 위를 덮었다."

經曰。又講堂[1)]舍宮殿樓觀。皆七寶莊嚴。自然化成。復以眞珠明月摩尼衆寶。以爲交露。覆蓋其上者

1) ㉮ '堂' 뒤에 '精'이 누락되었다.

술 이것은 세 번째로 궁전의 장엄이다.

"교로交露"란 휘장(幔)이다. 『자림字林』에서 "'만幔'은 막幕(휘장)이니, 흘러

369 『往生論』(T26, 231c16)에서 장엄공덕성취莊嚴功德成就와 관련된 것 세 가지를 설한 것 중 제3에 해당한다. 나머지 둘은 물을 장엄하는 것과 대지를 장엄하는 것 등이다. 장엄공덕성취란 『往生論』(T26, 231b28)에서 설한 불국토공덕장엄과 관련된 열일곱 가지 중 제8에 해당한다.

370 『往生論』(T26, 231c21).

내리는 모습이 이슬이 떨어지는 것과 같기 때문이다."라고 하였다.

이것은 곧 대지를 장엄한 것[371]이기 때문이니, 『왕생론』에서 "궁전과 모든 누각은 시방을 걸림 없이 볼 수 있고, 여러 보배가 섞인 나무들은 기이한 빛과 색을 내며 보배 난간이 두루 둘러싸고 있습니다."[372]라고 했기 때문이다.

述云。此第三宮莊嚴也。交露者幔也。字林。幔幕。泫泫。似垂露故。即地莊嚴故。論云。宮殿諸樓閣。觀十方無礙。雜樹異光色。寶欄遍圍繞故。

라. 연못의 장엄

가) 연못의 모양

㉮ 연못의 크기

경 "안과 밖, 왼쪽과 오른쪽에 온갖 목욕을 할 수 있는 연못이 있어서, 혹은 10유순이고, 혹은 20유순, 30유순이고, 백천 유순에 이르는 것도 있는데, 가로와 세로, 깊고 얕음 등은 각 연못마다 동일하고 차이가 없다."

經曰。內外左右。有諸浴池。或十由旬。或二十三十。乃至百千由旬。縱廣深淺。各皆一等者。

술 네 번째로 연못의 장엄이다. 여기에 두 가지가 있는데, 이것은 처

371 『往生論』(T26, 231c16)에서 장엄공덕성취莊嚴功德成就와 관련된 것 세 가지를 설한 것 중 제2에 해당한다. 앞의 주석을 참조할 것.

372 『往生論』(T26, 231c20).

음에 연못의 모습이다. 여기에 네 가지가 있는데, 이것은 처음에 연못의 크기이다. 이것은 곧 물을 장엄한 것[373]이기 때문이니, 『왕생론』에서 "천만 가지 보배로 이루어진 꽃 연못을 두루 덮고, 미풍에 흔들린 꽃과 잎 서로 뒤섞이며 어지러이 빛을 발합니다."[374]라고 했기 때문이다.

述云。第四池莊嚴。有二。此初池相。有四。此初池量也。即水莊嚴故。論云。寶華千萬種。彌覆池流泉。微風動華葉。交錯光亂轉故。

④ 물의 모양

경 "여덟 가지 공덕을 지닌 물[375]이 가득 채워져 있는데 청정하고 향취가 깨끗하며 맛은 감로와 같다."

經曰。八功德水。湛然盈滿。清淨香潔。味如甘露者。

---

373 『往生論』(T26, 231c16)에서 장엄공덕성취莊嚴功德成就와 관련된 것 세 가지를 설한 것 중 제1에 해당한다.

374 『往生論』(T26, 231c18).

375 여덟 가지 공덕을 지닌 물 : 『阿彌陀經』의 이역본인 『稱讚淨土佛攝受經』(T12, 348c24)에 따르면 "팔공덕수란 무엇인가. 첫째 맑고 깨끗한 것이고, 둘째 맑고 차가운 것이며, 셋째 감미로운 것이고, 넷째 가볍고 부드러운 것이며, 다섯째 윤택한 것이고, 여섯째 편안하고 조화로운 것이며, 일곱째 마셨을 때 배고픔과 목마름 등의 한량없는 근심이 제거되는 것이고, 여덟째 마시고 나면 결정코 여러 근根과 사대四大를 북돋워 기르고 여러 가지 뛰어난 선근善根을 증익케 하는 것이다.(何等名爲八功德水。一者澄淨。二者清冷。三者甘美。四者輕軟。五者潤澤。六者安和。七者飲時。除飢渴等無量過患。八者飲已定能長養諸根四大。增益種種殊勝善根。)"라고 하였다. 팔공덕수의 내용에 있어서 경흥의 주석과 내용이 꼭 일치하는 경·논은 없고, 여러 주석서에서 팔공덕수를 해석하면서 본 경을 가장 많이 인용하고 있다. 또한 혜원의 『無量壽經義疏』 권하(T37, 106a25)에서는 "둘째 수상을 밝혔다. 여덟 가지 공덕을 갖추었으니, ① 맑고, ② 나쁜 냄새가 나지 않으며, ③ 가볍고, ④ 차가우며, ⑤ 윤택하고, ⑥ 감미로우며, ⑦ 마셨을 때 조화롭고 적절한 상태가 유지되고, ⑧ 마시면 근심이 없어지는 것이 그 여덟 가지이다.(二明水相。具八功德。清。不臭。輕。冷。濡。美。飲時調適。飲已無患。是其八也。)"라고 했다.

술 이것은 두 번째로 물의 모양이다.

"청정하고"란 여덟 가지 공덕 중 처음에 해당하고, "향취가 깨끗하며"란 곧 두 번째에 해당하며, "맛은 감로와 같다."란 곧 다섯 번째에 해당한다.[376] 갖추어서 해석하고자 하면 다시 앞에서 해석한 것과 같아지기 때문에 다시 논하지 않는다.

述云。此第二水相也。淸淨者即八中之初。香潔者即第二也。味如甘露者即第五也。若欲備釋。還同前解。故不更論。

㉰ 연못의 장엄

경 "황금 연못은 바닥이 백은 모래이고, 백은 연못은 바닥이 황금 모래이며, 수정 연못은 바닥이 유리 모래이고, 유리 연못은 바닥이 수정 모래이며, 산호 연못은 바닥이 호박 모래이고, 호박 연못은 바닥이 산호 모래이며, 차거 연못은 바닥이 마노 모래이고, 마노 연못은 바닥이 차거 모래이며, 백옥 연못은 바닥이 자금 모래이고, 자금 연못은 바닥이 백옥 모래이다. 혹은 두 가지 보배나 세 가지 보배에서부터 일곱 가지 보배가 함께 합하여 이루어졌다. 그 연못 언덕에 전단수가 있는데, 꽃과 잎이 드리워지고 향기가 두루 퍼져 나간다. 천상의 꽃인 우발라화·발담마화·구물두화·분다리화가 여러 색과 빛을 뿜어내며 물 위를 두루 덮었다."

經曰。黃金池者。底白銀沙。白銀池者。底黃金沙。水精池者。底琉璃沙。琉璃池者。底水精沙。珊瑚池者。底琥珀沙。琥珀池者。底珊瑚沙。車璩池者。

376 앞의 주석에서 밝혔듯이 현행『大正藏』에서 제1 청정, 제2 향기, 제5 감미로움의 순서로 팔공덕수를 설명한 사례는 보이지 않는다.

底碼碯沙。瑪瑙池者。底車璩沙。白玉池者。底紫金沙。紫金池者。底白玉沙。或二寶三寶。乃至七寶。轉共合成。其池岸上。有栴檀樹。華葉垂布。香氣普熏。天優鉢羅華。鉢曇摩華。拘物頭華。分陀利華。雜色光茂。彌覆水上者。

술 이것은 세 번째로 연못의 장엄이다. 앞에서 말한 강당과 정사 및 여기에서 말한 연못은 모두 서른두 번째 서원[377]에 의해 이루어진 것이다.

述云。此第三池莊嚴也。前堂舍及此池。皆由第三十三[1)]願之所成也。

1) ㉢ 문맥에 의거할 때 '三'은 '二'의 오류이다.

㉣ 뜻대로 취하여 씀

경 "그 모든 보살과 성문의 무리가 보배 연못에 들어가서 물에 발을 담그려는 마음을 일으키면 물이 바로 발에 잠기고, 무릎을 담그려고 하면 바로 무릎에 잠기며, 허리를 담그려고 하면 바로 허리에 잠기고, 목을 담그려고 하면 물이 바로 목에 잠기며, 몸을 적시려고 하면 저절로 몸에 적셔지고, 원래 상태로 돌아가려고 하면 물은 바로 본래 상태로 돌아간다. 차가움과 따뜻함이 조화를 이루어 저절로 뜻에 따르고, 정신을 열고 몸을 기쁘게 하여 마음의 때를 쓸어 내어 제거하며, 맑고 밝고 정결하니 형체가 없는 것처럼 깨끗하다. 보배로 이루어진 모래가 밝게 빛나니 아무리 깊은 곳도 비치지 않은 곳이 없다. 미세하게 물결이 일어나면서 휘돌아 흐르고 전전하면서 서로 부딪치며 평온하게 흘러가니 느리지도 않고 빠르지도 않다."

377 서른두 번째 서원 : 사십팔원 중 제32 장엄공덕원莊嚴功德願을 가리킨다.

經曰。彼諸菩薩及聲聞衆。若入寶池。意欲令水沒足。水即沒足。欲令至膝。即至于膝。欲令至腰。水即至腰。欲令至頸。水即至頸。欲令灌身。自然灌身。欲令還復。水輒還復。調和冷煖。自然隨意。開神悅體。蕩除心垢。清明澄潔。淨若無形。寶沙映徹。無深不照。微瀾迴流。轉相灌注。安詳徐逝。不遲不疾者。

술 네 번째로 뜻대로 취하여 쓰는 것이다.

"마음의 때"란 번뇌의 다른 이름이니 오직 지혜에 의해서 제거되는 것이지만, (여기에서) 물에 의해 제거한다고 한 것은 물을 접촉한 것을 연緣으로 하여 지혜를 일으켜 (번뇌를) 쓸어 내어 제거하기 때문이다.

述云。第四資用任意也。心垢者。即煩惱之名。唯慧所除。而水除者。觸水爲緣。發慧蕩除故。

나) 소리를 찬탄함

㉮ 부류에 따라 다르게 들음

경 "파도가 한량없이 물결치면서 저절로 미묘한 소리를 내는데, 응해야 할 대상에 따라서 울려 퍼져 들리지 않는 것이 없다. 어떤 이는 부처님의 소리를 듣고, 어떤 사람은 법의 소리를 들으며, 어떤 이는 스님의 소리를 듣는다. 어떤 이는 적정寂靜의 소리, 공무아空無我의 소리, 대자비大慈悲의 소리, 바라밀波羅蜜의 소리를 듣는다. 어떤 이는 십력十力[378]·사무외四無畏 등과 같은 불공

378 십력十力 : 부처님만이 갖추고 계신 열 가지 지혜의 힘. 처비처지력處非處智力·업이숙지력業異熟智力·정려해탈등지등지지력靜慮解脫等持等至智力·근상하지력根上下智力·종종승해지력種種勝解智力·종종계지력種種界智力·변취행지력遍趣行智力·숙주

법不共法[379]의 소리, 모든 신통과 지혜의 소리, 무소작無所作의 소리, 불기멸不起滅의 소리, 무생인無生忍의 소리 내지는 감로를 뿌리는 관정灌頂의 지위[380]를 얻는 것과 관련된 온갖 미묘한 법의 소리를 듣는다. 이와 같은 소리들은 듣는 이의 기機(상황·근기 등)에 칭합하여 (이를 듣는 이는) 한량없는 기쁨을 얻는다."

經曰。波揚無量。自然妙聲。隨其所應。莫不聞者。或聞佛聲。或聞法聲。或聞僧聲。或寂靜聲。空無我聲。大慈悲聲。波羅蜜聲。或十力無畏。不共法聲。諸通慧聲。無所作聲。不起滅聲。無生忍聲。乃至甘露灌頂衆妙法聲。如是等聲。稱其所聞。歡喜無量者。

술 두 번째로 소리를 찬탄한 것이다. 여기에 세 가지가 있는데, 이것은 처음에 부류에 따라 다르게 듣는 것이다.

述云。第二歎聲。有三。此初隨類異聞也。

ⓑ 소리를 듣고 선을 닦음

경 "청정하고 욕심을 여의며 적멸한 경지에 도달하는 진실한 뜻에 수순하고, 삼보와 십력·사무소외 등과 같은 불공不共의 법에 수순하며, 신통력·지혜 등과 같은 보살과 성문이 행해야 할 도道에 수순하게 된다."

수념지력宿住隨念智力·사생지력死生智力·누진지력漏盡智力 등이다.

379 불공법不共法 : 오직 부처님만이 얻는 것으로 성문·연각 등과 함께하지 않는 법. 출처에 따라 다른데 일반적으로 십력·사무소외·삼념주三念住·대비大悲 등의 열여덟 가지가 여기에 해당하며, 갖추어서 십팔불공법十八不共法이라 한다.

380 보살 수행 52위 계위 중 제50위에 해당하는 제10 법운지法雲地를 가리키는 말이다.

經曰。隨順清淨離欲寂滅眞實之義。隨順三寶力無所畏不共之法。隨順通慧菩薩聲聞所行之道者。

술 이것은 두 번째로 소리를 듣고 선을 닦는 것이다.

"진실한 뜻"이란 열반(의 과果)이고, "불공의 법"이란 곧 보리(의 과果)이며, "행해야 할 도"란 그 두 가지 과를 얻기 위한 인因이다.[381]

述云。此第二聞之修善也。眞實義者。即涅槃也。不共法者。即菩提也。所行道者。即彼二果之因也。

㉰ 오직 즐거움만 있는 곳임을 설명함

경 "삼악도와 같은 고통과 재난을 받는 곳은 이름조차 없고, 단지 저절로 나오는 즐거운 소리만 있다. 그러므로 그 국토를 안락이라 한다."

經曰。無有三塗苦難之名。但有自然快樂之音。是故。其國。名曰安樂者。

술 이것은 세 번째로 오직 즐거움만 있는 곳임을 설명한 것이다.

381 이 부분은 혜원의 입장을 전적으로 따랐는데, 혜원의 것이 내용이 더 선명하므로 그 전문을 해석하면 다음과 같다. 『無量壽經義疏』 권하(T37, 106b10)에서 "'청정하고 욕심을 여의며 적멸한 경지에 도달하는 진실한 뜻에 수순하고'란 열반에 수순하는 것이다. '삼보와 십력과 사무소외 등(과 같이 함께하지 않는 법에) 수순하며'란 보리에 수순하는 것이다. 이것은 앞에서 과에 수순하는 것을 밝힌 것이다. '신통력·지혜 등과 같은 보살과 성문이 행해야 할 도에 수순하게 된다'란 그 인에 수순하는 것이다.(隨順清淨離欲寂滅眞實之義。順涅槃也。隨順三寶力無畏等。順菩提也。此前順果。隨順通慧菩薩聲聞所行之道。隨順其因。)"라고 하였다.

述云。此第三所詮唯樂也。

④ 그 섭수한 것을 나타냄[382]

가. 다른 국토에서 처음 왕생하는 중생을 섭수하려는 서원의 힘으로 이룬 것

가) 정보의 미묘함

경 "아난아, 그 부처님의 국토에 왕생하는 모든 이는 이와 같이 청정한 색신과 온갖 미묘한 음성과 신통력과 공덕을 갖추었다."

經曰。阿難。彼佛國土。諸往生者。具足如是清淨色身。諸妙音聲。神通功德者。

술 네 번째로 그 섭수한 것을 나타낸 것이다. 여기에 두 가지가 있다. 처음은 극락정토에 왕생하는 과보가 뛰어난 것이니, 곧 다른 국토에서 (처음)[383] 왕생하는 중생을 섭수하려는 서원의 힘으로 이룬 것이다. 나중은 극락정토에 (오랫동안)[384] 머무는 이가 얻는 과보가 뛰어난 것이니, 자신의 국토에 머무는 중생을 섭수하려는 서원을 이룬 것이다. 처음에 또 두 가지가 있는데, 이것은 처음에 정보正報(중생세간)가 미묘한 것이다.

382 앞의 분과에서는 '지은 것을 나타낸 것'이라 했다.

383 혜원의『無量壽經義疏』권하(T37, 106b16)와 같은 맥락에서 분과한 것이므로 그 해석을 따라 보충했다. "於中有四。一明他方新往生者。正報微妙。二所處宮下。依報殊勝。三其諸聞薩已下。明舊住者正報微妙。四其諸天人衣服以下。依報殊勝。"

384 앞의 주석을 참조할 것.

"색신"이란 곧 이것은 진금색眞金色을 얻게 하려는 서원[385]이 이루어진 것이고, "미묘한 음성"이란 일체지一切智를 연설할 수 있게 하려는 서원[386]이 이루어진 것이며, "신통"이란 다른 국토의 부처님께 공양할 수 있게 하려는 서원[387]이 이루어진 결과이고, "공덕"이란 경법을 수지하고 소리 내어 암송하게 하려는 서원,[388] 범행을 닦게 하려는 서원,[389] 총지를 얻게 하려는 서원,[390] 삼매를 얻게 하려는 서원[391] 등이 이루어진 것이다.

述云。第四顯其所攝。有二。初生之報勝。即攝他方願力所成也。後住之報妙。即攝自土願之所成。初又有二。此初正報微妙也。色身者。即此眞金願之報。妙意[1)]者。即說一切智願之所成。神通者。即供養他方佛願果也。功德者。即受持諷誦梵行總持三昧等願之遂果也。

1) ㊀ '意'는 '音'인 것 같다.

나) 의보의 뛰어남

경 "거처하는 궁전과 의복과 음식과 온갖 미묘한 꽃향과 장엄하는 도구는 제6천이 (다른 것의 힘을 빌리지 않고 자유자재하게) 저절로 얻는 물건과 같은 방식으로 얻어진다. 음식을 먹으려고 하면 칠보로 이루어진 그릇이 저절로 앞에 나타나고, 금·은·유리·차거·마노·산호·호박·명월마니·진주 등으로 이루어진 이와 같은 그릇이 뜻대로 이르며, 온갖 맛난 음식이 저절로 가

385 사십팔원 중 제3·제4인 원득신락願得身樂 중 제3에 해당하는 것이다.
386 사십팔원 중 제25 설법진승원說法盡勝願을 가리킨다.
387 사십팔원 중 제23 승력공성원承力供聖願을 가리킨다.
388 사십팔원 중 제29 사변무애원四辯無礙願을 가리킨다.
389 사십팔원 중 제36 상수범행원常修梵行願을 가리킨다.
390 사십팔원 중 제34 법인총지원法忍總持願을 가리킨다.
391 사십팔원 중 제45 불리제불원不離諸佛願을 가리킨다.

득 채워진다. 비록 이러한 음식이 있어도 실제로 먹는 것은 아니며, 단지 색깔을 보고 향을 맡으며 뜻으로 먹는데, 저절로 배가 부르고, 몸과 마음이 유연해져 맛에 집착하지 않는다. 음식을 다 먹고 나면 사라지고, 때가 되면 다시 나타난다. 그 부처님의 국토는 청정하고 안은하며 미묘하고 즐거워 무위열반無爲涅槃의 도道와 가깝다."

經曰。所處宮殿。衣服飮食。衆妙華香。莊嚴之具。猶第六天自然之物。若欲食時。七寶盋器。自然在前。金銀琉璃車璩瑪瑙珊瑚琥珀明月眞珠。如是盋。隨意而至。百味飮食。自然盈滿。雖有此食。實無食者。但見色聞香。意以爲食。自然飽足。身心柔軟。無所味著。事已化去。時至復現。彼佛國土。清淨安隱。微妙快樂。次於無爲涅槃[1)]之道者。

1) ㊄ 강승개본에 따르면 '涅槃'은 '泥洹'이다.

술 이것은 나중에 의보依報(국토세간 곧 중생의 의탁하는 곳)가 뛰어난 것이다. 곧 만물을 아름답게 장엄하는 것[392]과 의복을 생각대로 얻게 하는 것[393] 등과 같은 서원의 힘으로 이룬 것이다.

백연본과 지겸본에서는 모두 "아미타 부처님과 여러 보살과 아라한이 음식을 먹으려고 할 때 저절로 칠보로 된 책상이 나타나고, 겁파육劫波育[394]으로 만든 직물이 나타나 자리가 되고, 단것과 신 것을 얻으려고 하면 원하는 대로 나타나 얻을 수 있다."[395]라고 했는데, 지금 여기에 그 내

392 사십팔원 중 제27 광색특묘원光色特妙願과 제32 장엄공덕원莊嚴功德願은 국토의 만물을 장엄하는 것을 포함하고 있다.

393 사십팔원 중 제38 의복응념원衣服應念願을 말한다.

394 겁파육劫波育 : Ⓢ karpāsa의 음사어. 목화나무의 일종으로 부드러운 솜털 같은 꽃이 핀다. 보통 겁패劫貝라고 음사하며, 이 꽃으로 만든 실을 겁패루劫貝縷라 하고, 이 실로 만든 천을 백전白氈이라 한다.

395 『無量清淨平等覺經』 권2(T12, 287a25). 『阿彌陀三耶三佛薩樓佛檀過度人道經』 권상

용이 없는 것은 생략하여 없는 것으로 생각된다.

오직 "색깔을 보고 향을 맡으며"라고만 말한 것은, 곧 그 국토에서는 설근舌根으로 맛보는 것(味鏡)과 신근身根으로 접촉하는 것(觸境) 등의 방식으로는 음식을 먹지 않음을 알 수 있으니, 목구멍으로 삼키지 않기 때문이다.

述云。此後依報殊勝。即萬物嚴麗衣服隨念等願力所成也。帛謙。皆言阿彌陀佛及諸菩薩阿羅漢。欲食時。自然七寶机。劫波育罽疊。以爲坐。欲得甜酢。在所欲得。而今無者。蓋略無也。唯言見色聞香。即知彼土味觸非食。不吞咽故。

어떤 사람은 〈색깔은 음식을 여의지 않기 때문에 "색깔을 보고"라고 한 것이고, (직접 음식을 먹는 것과 관련된 것에 있어서) 그 체體가 되는 것은 곧 삼진三塵(香境·味境·觸境)이다.〉라고 했는데, 이는 옳지 않다. 이미 (음식을) 수용하지 않는데, 어떻게 혀로 맛보고 몸으로 접촉하겠는가. 맛을 보는 것을 먹는 것이라고 하기 때문에 (실제 맛을 보는 대상이 되지 않는 미경과 촉경은 먹는 것에서 제외된다.)

"차次"란 가깝다(近)는 뜻이다. (무위열반의 도와 가까운 것은) 고통의 원인이 될 만한 것이 없기 때문이다.

이것은 곧 누진통을 얻은 것과 같은 즐거움을 얻게 하려는 서원[396]의 과보이다.

有說。色不離食。故云見色。體即三塵。非也。既不受用。如何味觸。所味名食故。次者近也。無苦可因故。即樂如漏盡願之報也。

(T12, 307a4).

396 사십팔원 중 제10·제11에 해당하는 원득누진락願得漏盡樂을 일컫는 말이다.

나. 오랫동안 머무는 이의 과보가 뛰어남

가) 정보의 뛰어남

㉮ 바로 과보가 뛰어난 것을 나타냄

경 "여러 성문과 보살과 사람과 하늘은 지혜가 높고 밝으며 신통력에 통달하였으며, 모두 같은 부류여서 형상에 있어서 다른 모양을 한 이가 없는데, 단지 다른 세계의 업인業因에 수순하여 사람과 하늘의 명칭이 있을 뿐이다. 얼굴과 자태는 단정하여 세상의 일반적인 모습을 넘어선 매우 드문 것이고, 용모와 빛깔은 미묘하여 하늘도 아니고 사람도 아니다. 모두 저절로 (장애가 없는) 허무한 성질을 가진 몸과 (도달하기 어려운) 다함이 없는 몸을 받은 것이다."

經曰。其諸聲聞菩薩人天。智慧高明。神通洞達。咸同一類。形無異狀。但因順餘方故。有人天之名。顏貌端正。超世希有。容色微妙。非天非人。皆受自然虛無之身無極之體者。

술 두 번째로 오랫동안 머무는 이의 과보가 뛰어난 것이다. 여기에 두 가지가 있으니, 처음은 정보가 뛰어난 것이고, 나중은 의보가 미묘한 것이다. 처음에 또 두 가지가 있는데, 이것은 처음에 바로 과보가 뛰어난 것을 나타낸 것이다.

"같은 부류"란 곧 네 번째 서원[397]에 상응하는 과보이다.

"저절로 (장애가 없는) 허무한 성질을 가진 몸과 (도달하기 어려운) 다

397 네 번째 서원 : "만약 제가 부처가 되었을 때 국토에 거주하는 사람과 하늘이 형색形色이 동일하지 않고 아름다운 이와 못생긴 이가 있다면 정각을 취하지 않겠습니다."라고 한 것을 가리킨다.

함이 없는 몸을 받은 것이다."란 장애가 없기 때문이고, 매우 드문 것이기 때문이니, 그 차례대로 적용된다.[398]

이것은 곧 나라연 역사와 같은 신체를 얻게 할 것을 구한 서원[399]의 과보이다.

述云。第二舊住報勝。有二。初正報勝。後依報妙。初又有二。此初直顯報勝也。同一類者。即應第四願之報也。虛無無極者。無障故。希有故。如其次第。即求那羅延力願之報也。

어떤 사람은 〈이미 "하늘도 아니고 사람도 아니다."라고 했기 때문에 그 국토에 태어나면 비록 또한 범부라고 할지라도 인취人趣나 천취天趣에는 해당되지 않는다. 인취라고 한다면 응당 사천하四天下[400]가 있어야 하기 때문에 (사천하 중 북쪽에 있는) 울단왈이 있어야 한다. 만약 사천하가 없다면 사주四洲 이외에 별도로 인취가 있어야 한다. 북주北洲인 울단왈이 있다면 팔난八難[401] 가운데 울단월난欝單越難[402]이 있어야 한다. 색계 등의

398 허무한 성질을 가진 몸은 장애가 없기 때문이고, 다함이 없는 몸은 매우 드문 것이기 때문이라는 말이다. 길장은 『無量壽經義疏』(T37, 122a17)에서 "신통력에 의해 도달하지 않는 곳이 없기 때문에 다함이 없는 몸이라 했고, 색이 빛과 그림자와 같기 때문에 허무한 성질을 가진 몸이라고 했다.(以神通無所不至。故無極之體。色如光影。故云虛無之身。)"라고 했다. 『無量壽經記』 권상(X22, 66c20)에서는 "'허무한 성질을 가진 몸'이라고 한 것은 공간적으로 장애가 없기 때문이고, '다함이 없는 몸'이라고 한 것은 시간적으로 쇠퇴함이 없기 때문이다.(說虛無者。橫無障礙故。言無極者。縱不衰退故。)"라고 하였다.

399 사십팔원 중 제26 신득견고원身得堅固願을 가리킨다.

400 사천하四天下 : 수미산의 사방에 있는 네 개의 큰 섬. 사대주四大洲·사주四洲 등이라고도 한다. 동쪽의 승신주勝身洲(毘提訶洲), 남쪽의 섬부주贍部洲, 서쪽의 우화주牛貨洲(瞿陀尼洲), 북쪽의 구로주俱盧洲 등을 가리킨다. 북쪽의 구로주는 울단왈欝單曰·울단월欝單越 등이라고도 한다.

401 팔난八難 : 부처님을 친견할 수 없고 정법正法을 들을 수 없는 여덟 가지 재난을 가리킨다.

402 울단월난欝單越難 : 울단월의 중생은 수명이 천세이고, 중간에 죽는 일이 없으며, 향

(천취라고) 한다면 응당 장수천난長壽天難[403]이 있어야 한다. 그러므로 (인취나 천취에 해당된다면) 정토에는 반드시 난처難處가 있어야 하는데 (난처가 있다면 정토라고 할 수 없다.) 이로 말미암아 정토는 인취나 천취가 아니기 때문에 삼계에 속하는 것이 아니다.[404] 곧 『대지도론』에서 "욕망이 없기 때문에, 대지에 거주하기 때문에, 색이 있기 때문에 그 차례대로 욕계가 아니고, 색계가 아니며, 무색계가 아니다."[405]라고 했다.〉[406]라고 했는데, 이것은 옳지 않은 것 같다.

본서本誓에서 오직 "(극락정토에) 삼도三途가 있다면 (정각을 취하지 않겠습니다.)"[407]라고 한 것에 따르면 (삼악취가 없는 것은 분명하지만,) 선취에 대해서는 말하지 않았기 때문이다. 만약 선취가 있지 않았다면 응당 "(극락정토에) 오취五趣(삼악취에 인취와 천취를 합한 것)가 있다면 (정각을 취하지 않겠습니다.)"라고 말했어야 했기 때문이다. 또한 인취·천취가 아니어서 삼계가 아니라고 한다면 경에서 "삼계 밖에 (별도로) 중생이 있다고 하는 것은 (외도의 경에서 설한 것이고,) 곧 칠불七佛[408]이 설한 것이 아니

락에 탐착하여 교화를 받아들이지 않는다. 그 때문에 성인이 그곳에 출현하지 않으니, 이로써 부처님을 친견하여 정법을 듣는 일을 하지 못하는 재난이 생겨난다.

403 장수천난長壽天難 : 장수천은 색계 제4선 중의 무상천無想天의 다른 이름인데, 수명이 5백 겁이기 때문에 장수천이라 한다. '무상'이란 심상心想이 작용하지 않는 것이 마치 얼음장 안에 움츠린 고기나 겨울철 땅속에 엎드려 있는 벌레와 같다. 외도의 수행자는 그곳을 최고의 경지라고 생각하여 그곳에 태어나는 경우가 많은데 부처님을 친견하고 정법을 들을 수 없다.

404 정토에 삼악도가 없다고 했고, 인취와 천취에도 포함되지 않는다고 했으니, 결국 삼계의 어디에도 포섭되지 않는 것이라는 주장이다.

405 『大智度論』 권38(T25, 340a18)에서 "대지 위에 있기 때문에 색계가 아니고, 욕망이 없기 때문에 욕계가 아니며, 형색이 있기 때문에 무색계가 아니다.(地上故。不名色界。無欲故。不名欲界。有形色故。不名無色界。)"라고 한 것을 간접 인용한 것이다.

406 『釋淨土群疑論』 권1(T47, 32c16)에서 제시한 견해이다.

407 삼도란 지옥·아귀·축생 등을 가리키니, 본서란 곧 사십팔원 중 제1 원무고고願無苦苦에서 "만약 제가 부처가 되었을 때 그 국토에 지옥·아귀·축생이 있다면 정각正覺을 취하지 않겠습니다."라고 한 것을 말한다.

408 칠불七佛 : 과거에 출현한 일곱 분의 부처님. 곧 석가모니 부처님과 그 이전에 출현한

다.”[409]라고 한 것에 어긋난다. 그러나 『대지도론』에서 “삼계가 아니다.”라고 한 것은, 또한 예계穢界(穢土)와 간별하기 위한 것이기 때문에 뜻에 있어서 또한 허물이 없다. 비록 사람과 하늘이라는 이름은 있을지라도 사람과 하늘의 차별이 없으니, 단지 예토에서의 업에 따라서 사람과 하늘을 구별하는 것이다. 그러므로 “다른 세계의 업인에 수순하여 사람과 하늘의 명칭이 있을 뿐이다.”라고 했다. 이로 말미암아 모든 하늘은 다 허공에 있으니, 백연본에서 “제1 사천왕, 제2 도리천 등은 모두 저절로 허공에 머무니 의지해야 할 인因이 없다.”[410]라고 했다.

有說。既言非天非人故。生彼土。雖復凡夫。非人天趣。若人趣者。即應四天下故。有越[1)]單曰。若非四天下者。即四洲外。別有人趣耶。若有北洲者。[2)]應有長壽天。[3)] 故淨土中。必有難處。由此淨土。非人天趣故。非三界。即智論云。無欲故。居地故。有色故。如其次第。非欲色。[4)] 此恐不然。本誓。唯云有三途者。不言善趣故。若非善趣者。必應言有五趣者故。又若非佛而[5)]非三界者。即違經云。三界外。有衆生。即非七佛說故。而智論云。非三界者。且簡穢界故。義亦無過。雖有人天。人天無別。但逐穢土業。以別人天。故云。因順餘方有人天之名。由比[6)]諸天。皆在虛空。帛延云。第一四天第二忉利天。皆自然在虛空中住止。無所依因也。

1) ㉧ ‘越’은 ‘欝’인 것 같다. 2) ㉧ 『釋淨土群疑論』 권1(T47, 32c20)에서 “若是四天下人趣者。彼北欝單越。應是八難之中欝單越難。若是色界等。應是長壽天難。此是難處。云何名淨土。勸衆生生耶。”라고 한 것에 의거할 때, ‘者’ 뒤에 ‘應是八難之中欝單越難。若是色界等。’이 누락되었다. 3) ㉧ 『釋淨土群疑論』 권1(T47, 32c20)에 의거할 때 ‘天’

여섯 부처님을 아울러 일컫는 말. 차례대로 비바시불毘婆尸佛·시기불尸棄佛·비사부불毘舍浮佛·구류손불拘留孫佛·구나함모니불拘那含牟尼佛·가섭불迦葉佛·석가모니불 등이다.

409 『仁王般若波羅蜜經』 권상(T8, 827a2)에서 “三界外別。有一衆生界藏者。外道大有經中說。非七佛之所說。”이라고 한 것을 취의 요약한 것이다.

410 『無量淸淨平等覺經』 권3(T12, 291c6).

뒤에 '難'이 누락되었다. 4) 역 문맥상 '色' 뒤에 '無色'이 누락되었다. 5) 역 '佛而'는 '人天趣'인 것 같다. 6) 역 문맥상 '比'는 '此'인 것 같다.

㉯ 일에 의탁하여 뛰어남을 나타냄

ㄱ. 가난한 이와 속산왕을 대조함

ㄱ) 일에 의탁하여 반문함

경 부처님께서 아난에게 말씀하셨다.

"비유컨대 세간의 가난한 걸인이 제왕의 곁에 있을 때 신체의 모습과 얼굴의 모습을 견줄 수 있겠는가."

經曰。佛告阿難。譬如世間。貧窮乞人。在帝王邊。形貌容狀。寧可類乎者。

술 이것은 나중에 일에 의탁하여 뛰어남을 드러낸 것이다. 여기에 다섯 가지가 있는데, 이것은 처음에 가난한 이와 속산왕粟散王[411]을 대조한 것이다. 여기에 세 가지가 있는데, 이것은 처음에 일에 의탁하여 반문한 것이다.

述云。此後寄事顯勝。有五。此初以貧人對粟散王。有三。此初寄事反問也。

---

411 속산왕粟散王 : 소국小國의 왕. 그 숫자와 나라의 규모가 좁쌀을 뿌려 놓은 것처럼 많고 작기 때문에 '속산'이라고 한다. 상대어는 전륜성왕으로 속산왕을 복속시키는 왕이다.

ㄴ) 아난이 뛰어난 것을 답함

경 아난이 부처님께 말씀드렸다.

"가령 이 사람이 제왕의 곁에 있으면 야위고 천하며 못생기고 더러워서 비유할 수 없으니, 백천만억을 더해도 차이를 헤아릴 수 없습니다. 그 이유는 다음과 같습니다. 가난한 걸인은 가장 비루하고 하천하여 옷은 몸을 가리지 못하고 음식은 목숨을 부지할 정도로만 먹어 굶주리고 추위에 시달리며 고통을 받으니, 사람의 도리는 거의 다 없어져 버린 상태입니다. 이는 모두 전생에 죄를 지었기 때문이니, 덕의 근본을 심지 않고, 재물을 축척하면서 베풀지 않았으며, 넉넉하게 지녔으면서 더욱 아꼈고, 단지 많이 얻고자 하여 탐욕스럽게 구하면서 싫어할 줄을 몰랐으며, 선을 닦으려고 하지 않고 악을 범한 것은 산처럼 쌓일 정도로 많았기 때문입니다. 이와 같이 하여 수명을 마치기에 이르면 재물과 보배는 없어집니다. 몸을 고통스럽게 하면서 모으고 쌓았지만, 이것 때문에 근심과 괴로움에 빠질 뿐이며, 자신에게는 어떤 이익도 되지 않고 한갓 다른 사람의 것이 될 뿐입니다. 복이 될 만한 어떤 선도 없고 의지할 만한 어떤 덕도 없습니다. 그러므로 죽어서 악취에 떨어져 이러한 기나긴 고통을 받습니다. 죄의 대가를 치르고 악취에서 벗어나도 하천한 사람으로 태어나니, 어리석고 매우 지친 모습이 인간의 부류와 같지 않습니다. 세간의 제왕이 인간들 중 홀로 존귀한 까닭은 모두 과거세에 쌓은 덕으로 말미암아 생겨난 것입니다. 자애로운 마음으로 널리 베풀고 어질고 사랑하는 마음으로 두루 구제하며 믿음을 실천하고 선을 닦으며 어긋나고 다투는 일이 없었습니다. 그러므로 수명이 다할 때 복福이 응하여 선도에 오릅니다. 위로 하늘에 태어나 이곳에서의 복락을 누리고, 쌓았던 선善을 쓰고 남은 선으로 지금 사람이 되었는데, 마침 왕가王家에 태어나 저절로 존귀한 신분이 되고, 위의와 용모가 단정하여 대중이 공경하고 섬기는 대상이 되며, 미묘한 옷과 진귀한 음식을 마음대로 입고 먹을 수 있습니다. 과거에 쌓은 복이 따르기 때문에 이러한 결과에 도달할 수 있는 것입니다."

經曰。阿難白佛。假令此人。在帝王邊。羸陋醜惡。無以爲喻。百千萬億。不可計倍。所以然者。貧窮乞人。底極廝下。衣不蔽形。食趣支命。飢寒困苦。人理殆盡。皆坐前世。不植德本。積財不施。富有益慳。但欲唐得。貪求無厭。不肯修善。犯惡山積。如是壽終。財寶消散。苦身聚積。爲之憂惱。於己無益。徒爲他有。無善可怙。無德可恃。是故。死墮惡趣。受此長苦。罪畢得出。生爲下賤。愚鄙廝極。示[1]同人類。所以。世間帝王。人中獨尊。皆由宿世積德所致。慈惠博施。仁愛兼濟。履信修善。無所違諍。是以。壽終福應。得昇善道。上生天上。享茲福樂。積善餘慶。今得爲人。適生王家。自然尊貴。儀容端正。衆所敬事。妙衣珍膳。隨心服御。宿福所追因。[2] 能致此者。

1) ㉰ '示'는 '未'인 것 같다. 이역본인 『無量清淨平等覺經』 권1(T12, 284b2)과 『阿彌陀三耶三佛薩樓佛檀過度人道經』 권상(T12, 304c8)에서 "不類人色"이라 했고, 『無量壽經記』 권상(X22, 67a7)에서 본문을 인용하면서 "言是故死墮至未同人類者"라고 하여 '示'를 '未'라고 했기 때문이다. 2) ㉰ 강승개본에 따르면 '因'은 '故'이다.

술 이것은 다음에 아난이 뛰어난 것을 답한 것이다.

"저底"란 가장(最)이라는 뜻이고, "시하廝下"란 하천하다는 뜻이다.

"태殆"【도徒와 개改의 반절이다.】는 가깝다(近)는 뜻이고, 거의(幾)라는 뜻이다.

"좌坐"란 죄罪라는 뜻으로 『창힐편蒼頡篇』[412]에서 "좌坐는 고辜(허물·죄)이다."라고 했고, 『염철론鹽鐵論』[413]에서 "십가十家(什)와 오가五家(伍)가 서로

412 『창힐편蒼頡篇』: 한나라 초기에 찬술된 자서字書. 진秦나라 재상 이사李斯(?~B.C. 208)의 「蒼頡篇」, 진나라 거부령車府令 조고趙高의 「爰歷篇」, 진나라 태사령太史令 호무경胡毋敬의 「博學篇」 등의 세 편으로 이루어졌는데, 맨 앞의 편명에 의거하여 『蒼頡篇』이라 하고, 혹은 『三蒼』이라고도 한다.

413 『염철론鹽鐵論』: 전한前漢의 선제宣帝(재위 B.C. 74~B.C. 49) 때 환관桓寬 지음. 무제武帝 때 소금·철·술 등을 국가에서 전매하도록 하여 백성이 크게 고통을 받았기

의 죄를 짊어지고, 친척이 서로의 죄를 짊어진다."라고 했다.

"호怙"【호胡와 고古의 반절이다.】는 복福이다. "시극廝極"이란 매우 지쳤다는 뜻이다. "향享"이란 『이아爾雅』에서 "복이 두터운 것이다."라고 했다.

述云。此次阿難答勝也。底者最也。廝下者陋下之義。殆【徒改反】近也幾也。坐者罪也。蒼頡篇。坐辜也。鹽鐵論曰。什伍相連。親戚相坐也。怙【胡古反】福也。廝極者盡疲之義。享者。爾雅。福厚也。

ㄷ) 부처님께서 설명하여 완성함

경 부처님께서 아난에게 말씀하셨다.
"너의 말이 옳다."

經曰。佛告阿難。汝言是也者。

술 이것은 나중에 부처님께서 설명하여 완성한 것이다.

述云。此後佛述成也。

ㄴ. 제왕과 전륜성왕을 대조함

경 "가령 제왕이 비록 사람 가운데 존귀하고 형색이 단정하지만 전륜성왕

때문에 소제昭帝가 나라 안의 뛰어난 인재를 두루 모아서 이 제도의 존폐에 대한 격론을 벌이는 자리를 마련했는데, 5개월에 걸친 대격론의 현장을 생생하게 기록한 책이다. 그 논지는 모두 경세치용經世致用에 대한 것으로 전한의 정치·사회·경제·학예學藝 등을 알 수 있는 귀중한 자료이다.

과 비교하면 매우 비루하여 저 걸인이 제왕의 곁에 있는 것과 같다."

經曰。假如帝王。雖人中尊貴。形色端正。比之轉輪聖王。甚爲鄙陋。猶彼乞人。在帝王邊也者。

술 이것은 두 번째로 제왕과 전륜성왕을 대조한 것이다.

述云。此第二以帝王對輪王也。

ㄷ. 전륜성왕과 제석천을 대조함

경 "전륜성왕의 위엄 있는 모습이 뛰어나게 미묘하여 천하에 제일가지만 도리천왕忉利天王(忉利天의 주인인 帝釋天을 일컫는 말)과 비교하면 또한 다시 더럽고 못생겨서 만억 배를 더해도 서로 비유할 수 없다."

經曰。轉輪聖王。威相殊妙。天下第一。比之忉利天王。又復醜惡。不得相喻。萬億倍也者。

술 세 번째로 전륜성왕과 제석천을 대조한 것이다.

述云。第三以輪王對帝釋也。

ㄹ. 제석천과 마왕을 대조함

경 "가령 제석천을 제6 천왕天王(타화자재천의 주인인 魔王을 일컫는 말)과 비교하면 백천억 배를 더해도 서로 비견할 수 없다."

經曰。假令天帝。比第六天王。百千億倍。不相類也者。

술 이것은 네 번째로 제석천과 마왕을 대조한 것이다.

述云。此第四以帝釋對魔王也。

ㅁ. 마천과 서방중을 대조함

경 "가령 제6 천왕을 무량수불국의 보살·성문과 비교하면 빛나는 얼굴과 얼굴 빛깔은 서로 미치지 못하니, 백천만억 배를 더해도 차이를 헤아릴 수 없다."

經曰。設第六天王。比無量壽佛國菩薩聲聞。光顔容色。不相及逮。百千萬億。不可計倍者。

술 이것은 다섯 번째로 마천魔天(魔王)과 서방중西方衆을 대조한 것이다.

述云。此第五以魔天對西方衆也。

나) 의보가 미묘한 것을 밝힘

㉮ 생활 용구가 형색에 칭합함

경 부처님께서 아난에게 말씀하셨다.
"무량수국의 여러 하늘과 인간은 의복과 음식과 화향과 영락, 비단으로 만든 덮개와 당기(幢)와 번기(幡), 미묘한 음성, 거주하는 주택과 궁전과 누각이 그 형색에 칭합하여 높거나 낮고 크거나 작다."

經曰。佛告阿難。無量壽國。其諸天人。衣服飮食。華香瓔珞。繒蓋幢幡。微妙音聲。所居舍宅。宮殿樓閣。稱其形色。高下大小者。

술 두 번째로 의보依報가 미묘한 것을 밝혔다. 여기에 여섯 가지가 있는데, 이것은 처음에 생활 용구가 형색에 칭합하는 것이다.

述云。第二辨依妙。有六。此初資具稱形也。

㉯ 온갖 보배를 마음대로 얻음

경 "혹은 하나의 보배나 두 개의 보배 내지는 한량없는 온갖 보배에 이르기까지 마음대로 얻으니 생각에 응하여 바로 이른다."

經曰。或一寶二寶。乃至無量衆寶。隨意所欲。應念即至者。

술 이것은 두 번째로 온갖 보배를 마음대로 얻는 것이다.

述云。此第二諸寶任意也。

㉰ 보배 옷이 대지에 펼쳐짐

경 "또한 온갖 보배로 만든 미묘한 옷이 그 대지에 두루 펼쳐져 있고, 일체의 사람과 하늘이 이것을 밟고 지나간다."

經曰。又以衆寶妙衣。遍布其地。一切人天。踐之而行者。

술 이것은 세 번째로 보배 옷이 대지에 펼쳐진 것이다.

述云。此第三寶衣布地也。

㉣ 보배 그물이 덮여 있음

경 "한량없는 보배로 만든 그물이 부처님의 국토를 두루 덮었는데, (그물은) 모두 금색 실에 진주와 백천 가지 온갖 보배 등의 기묘하고 진귀하며 색다른 것으로 장엄되고 꾸며졌다. 사방을 빙 둘러 보배 방울이 드리워졌는데, 광색이 밝게 빛나며 극진히 화려하게 장엄되었다."

經曰。無量寶網。彌覆佛土。皆以金縷眞珠百千雜寶奇妙珍異。莊嚴校飾。周匝四面。垂以寶鈴。光色晃曜。盡極嚴麗者。

술 이것은 네 번째로 보배 그물이 덮여 있는 것이다.

述云。此第四寶網羅覆也。

㉤ 덕의 바람이 불어 그물과 나무를 두드림

경 "저절로 덕스러운 바람이 천천히 일어나 잔잔하게 불어오는데, 그 바람은 조화롭고 차갑지도 않고 덥지도 않으며, 따뜻하고 시원하며 부드럽고, 느리지도 않고 빠르지도 않다. 온갖 그물과 온갖 보배 나무에 불어오면 한량없는 미묘한 법음이 일어나고, 온갖 종류의 온화하고 맑은 덕의 향기가 흘러나와 두루 퍼진다. 그 소리를 듣고 향기를 맡은 사람은 객진번뇌와 번뇌의 습기가 저절로 일어나지 않는다. 바람이 그 몸을 스치면 모두 즐거움을 얻으니, 비유컨대 비구가 멸진삼매滅盡三昧를 얻은 것과 같다. 또 바람이 꽃을 흩뿌려 불국토를 두루 채우는데, 색깔에 맞추어 차례대로 깔려 어지럽게 뒤섞이지 않으며, 부드럽고 빛나며, 향기는 조화롭고 풍부하다. 발로 그 위를 밟으면 네 치(寸)나 들어가고 발을 들어 올리면 다시 예전과 같은 모습으로 돌아간다. 꽃의 효용[414]이 다하고 나면 대지가 갑자기 열리면서 갈라지고, 이어서 빠져들어 사라지며, (대지는) 청정해져서 어떤 흔적도 남지 않는다. 그 시절에 따라 바람이 불어 꽃을 흩뿌리니, 이와 같은 일이 하루에 여섯 차례 되풀이 된다."[415]

經曰。自然德風。徐起微動。其風調和。不寒不暑。溫涼柔軟。不遲不疾。吹諸羅網及衆寶樹。演發無量微妙法音。流布萬種溫雅德香。其有聞者。塵勞垢習。自然不起。風觸其身。皆得快樂。譬如比丘。得滅盡三昧。又風吹散華。遍滿佛土。隨色次第。而不雜亂。柔軟光澤。馨香芬烈。[1] 足履其上。陷下四寸。隨擧足已。還復如故。華用已訖。地輒開裂。以次化沒。淸淨無遺。隨其時節。風吹散華。如是六反者。

1) ㉮ 경흥의 주석에 따르면, 그가 대본으로 삼은 것에서는 '烈'을 '裂'이라고 했는데, '烈'이라고 해야 타당하다고 하였다.

술 이것은 다섯 번째로 덕의 바람이 불어 (그물과 나무를) 두드리는 것이다.

---

414 꽃의 효용 : 부처님께 공양하는 것, 대지를 장엄하는 것, 향기를 풍기는 것 등과 같은 것을 말한다.

415 『無量壽經記』 권상(X22, 67b12)에서 "言六返者。約逕一日夜也。"라고 한 것에 의거하여 풀이한 것이다.

"온아溫雅"란 중中(지나치거나 모자라지 않은 것)을 얻은 모습이다. "분芬"이란 『방언方言』[416]에서 "분芬은 화和이다."라고 했으니, 향기가 조화로운 것이다. "렬裂"이란 "렬烈"이라고 써야 하니, 풍부한 것(光 : 크다·넓다)이고, 좋은 것(美)이다. "렬裂"은 자체字體가 아니다.

백연본과 지겸본에서 모두 "이와 같이 네 차례 반복하여 땅에 쌓여 네 치의 두께로 덮는다."[417]라고 했지만, 곧 성인에게 공양하기 위한 꽃이기 때문에 여섯 차례 반복한다고 해도 다시 방해되지 않는다.

述云。此第五德風吹鼓也。過[1)]雅者。得中之狀。芬者。方言。芬和。謂芬香和調。裂者。宜作烈。光也美也。裂非字體。帛謙皆云。如是四反。[2)] 即供聖之華故。於六反。無復妨也。

1) ㉺ '過'는 '溫'인 것 같다. 2) ㉺ '反' 뒤에 '積地四寸也'가 누락된 것 같다. 이 문장은 본서의 뒷부분에 나오는데, 착간에 의거한 것으로 보인다.

㉥ 보배 연꽃이 가득함

ㄱ. 화엄세계

경 **"또한 온갖 보배 연꽃이 세계를 두루 채웠고, 날날의 보배 꽃은 백천억의 잎을 가졌다. 그 꽃에서 나는 광명은 한량없는 온갖 빛깔을 띠었으니, 청색 꽃에서는 청색 광명이 빛나고, 백색 꽃에서는 백색 광명이 빛나며, 현색玄色·황색·주색朱色·자색의 꽃도 광명이 색깔에 따라서 또한 그렇게 빛난**

416 『방언方言』: 한漢나라 때 양웅揚雄(B.C. 53~A.D. 18)이 지은 중국 최초의 방언학方言學(지방 언어를 연구하는 언어학의 한 분야)과 관련된 저술이다.

417 『無量清淨平等覺經』 권2(T12, 285b26~287c6). 『阿彌陀三耶三佛薩樓佛檀過度人道經』 권상(T12, 305c10~15).

다. 매우 밝고 선명하게 빛나며, 해와 달처럼 환하게 빛난다. 낱낱의 꽃에서 36백천억의 광명이 쏟아져 나온다."

經曰。又衆寶蓮華。周滿世界。一一寶華。百千億葉。其華光明。無量種色。青色青光。白色白光。玄黃朱紫。光色亦然。暐曄[1]煥爛。明曜日月。一一華中。出三十六百千億光者。

1) ㉮ 경흥의 주석에 따르면 '曄'은 '燁'인 것 같다.

술 이것은 여섯 번째로 보배연꽃이 가득찬 것이다. 여기에 두 가지가 있는데, 이것은 처음에 화엄세계華嚴世界이다.

"위暐"【우于와 귀鬼의 반절이다.】는 『설문說文』에서 "성대하게 밝은 모양이다."라고 했다. "엽燁"【위爲와 렵獵의 반절이다.】은 꽃의 광명이 성대한 것이다. 또한 "엽曄"【염炎과 첩輒의 반절이다.】이라고도 하니, 초목이 빛나는 모양이다. "환煥"이란 밝은 것이고, "란爛"이란 무늬(文章)가 선명한 것이다.

述云。此第六寶化[1]充滿。有二。此初華嚴世界也。暐【于鬼反】。說文。盛明貌也。曄[2]【爲韶[3]反】華光盛也。又曄【王[4]輒反】。草木華貌。煥者明也。爛者文章鮮明也。

1) ㉯ 다른 판본에 따르면 '化'는 '花'이다. 2) ㉮ '曄'은 '燁'인 것 같다. 3) ㉮ '韶'는 '獵'인 것 같다. 4) ㉮ '王'은 '炎'인 것 같다.

ㄴ. 꽃의 광명이 중생을 이롭게 함

경 "낱낱의 광명에서 36백천억의 부처님을 내는데, 몸은 자금색이고 상호가 뛰어나다. 낱낱의 모든 부처님께서 또 백천의 광명을 쏟고 널리 시방의 중생을 위해 미묘한 법을 설한다. 이와 같은 모든 부처님께서 각각 한량없는 중생을 부처님의 정도正道에 안립시킨다."

經曰。一一光中。出三十六百千億佛。身色紫金。相好殊特。一一諸佛。又放百千光明。普爲十方。說微妙法。如是諸佛。各各安立。無量衆生。於佛正道者。

술 이것은 나중에 꽃의 광명이 중생을 이롭게 하는 것이다. 이것은 곧 구장엄口莊嚴[418]이니, 『왕생론』에서 "여래께서 미묘한 음성 일으키니 청정하게 울려퍼져 시방세계 중생 두루 듣는다."[419]라고 했기 때문이다.

述云。此後華光利物也。即宮[1)]莊嚴故。論云。如來微妙聲。梵響聞十方故。

1) ㉮ '宮'은 '口'인 것 같다.

418 구장엄口莊嚴 : 『往生論』(T26, 232a15)에서 설한 여덟 가지 불공덕장엄佛功德莊嚴 중 제3에 해당한다.

419 『往生論』(T26, 232a22).

무량수경연의술문찬 卷下

| 無量壽經連義述文贊 |

경흥 스님 지음

釋璟興 撰

무량수경연의술문찬無量壽經連義述文贊 권하
차례

2. 중생의 왕생의 인과를 밝힘 525

1) 범부와 소승의 왕생 525

(1) 정정취에 머무는 것을 밝혀 중생이 앙모하여 구하게 함 525

(2) 여러 부처님께서 찬탄하심을 들어 중생이 정토에 왕생하려는 마음을 증대하도록 함 529

(3) 왕생의 원인을 펼쳐 사람들이 수행하여 왕생하게 함 531

① 총괄적으로 나타냄 531

② 개별적으로 풀이함 541

가. 상배 541

가) 바로 풀이함 541

㉮ 본유의 단계에서 인을 닦음 541

㉯ 사유의 단계에서 상相이 나타남 542

㉰ 중유의 단계에서 부처님을 따름 543

㉱ 생유의 단계에서 이익을 얻음 543

나) 권하면서 맺음 545

나. 중배 545

가) 총괄적으로 나타낸 것 545

나) 개별적으로 풀이함 546

㉮ 본유의 단계에서 인을 닦음 546

㉯ 사유의 단계에서 상이 나타남 547

㉰ 중유의 단계에서 왕생하여 나아감 547

㉱ 생유의 단계에서 이익을 얻음 547

다. 하배 548

가) 총괄적으로 나타냄 548

나) 개별적으로 풀이함 549

㉮ 본유의 단계에서 인을 닦음 549

㉯ 사유의 단계에서 상이 나타남 550

㉰ 생유의 단계에서 이익을 얻음 550
2) 대보살의 왕생 551
(1) 간략하게 나타냄 551
① 여러 부처님이 함께 찬탄함 551
② 뛰어난 성인이 함께 왕생함 552
(2) 자세하게 게송으로 밝힘 552
① 글의 종류를 구분함 552
② 바로 게송으로 밝힘 553
가. 뛰어난 성인이 함께 왕생하는 것을 게송으로 밝힘 553
가) 뛰어난 성인이 모두 왕생함 553
㉮ 동방의 뛰어난 성인이 왕생하는 것을 게송으로 밝힘 553
㉯ 다른 방위의 뛰어난 성인이 왕생함 554
나) 공양하고 공경하여 복을 닦음 555
㉮ 외사에 의해 공양함 555
㉯ 내업에 의해 공양하고 공경함 556
㉰ 국토를 보고 기뻐하며 구함 558
다) 법을 듣고 지혜를 일으키는 것을 게송으로 밝힘 559
㉮ 상을 나투어 발기함 559
㉯ 대중이 보고 기쁜 마음을 일으킴 560
㉰ 관음보살이 말씀해 주실 것을 요청함 561
㉱ 여래께서 요청에 응하여 대답함 561
ㄱ. 간략하게 허락하고 명령한 것을 나타냄 561
ㄴ. 질문한 것에 바로 대답함 563
ㄱ) 소원에 따라 성불할 것임을 수기함 563
ㄴ) 지혜와 소원을 들어 국토를 얻을 것을 수기함 563
ㄷ) 지혜와 실천행을 따라 성불할 것임을 수기함 564
ㄹ) 지혜와 서원을 들어 국토를 이룩할 것을 수기함 564
나. 여러 부처님이 찬탄한 것을 게송으로 밝힘 565
가) 다른 부처님께서 함께 찬탄한 것을 게송으로 밝힘 565
㉮ 법을 듣고 국토를 얻는 것을 찬탄함 565
㉯ 신통력을 얻고 깨달음을 이루는 것을 찬탄함 566

㉰ 명호를 듣고 불퇴전의 지위에 도달하는 것을 찬탄함 ········ 567
㉱ 서원을 세우고 부처님께 공양하는 것을 찬탄함 ········ 567
나) 석가불이 스스로 찬탄함 ········ 568
㉮ 경의 믿기 어려움을 찬탄함 ········ 568
ㄱ. 선행을 쌓아야 들을 수 있는 것으로 경의 미묘함을 찬탄함 ········ 569
ㄴ. 악행을 쌓은 이는 믿고 듣기 어려운 것으로 경의 깊고 무거움을 찬탄함 ········ 569
㉯ 부처님의 지혜가 생각으로 헤아리기 어려운 것을 찬탄함 ········ 570
ㄱ. 부처님만이 홀로 분명하게 깨달으신 것을 찬탄함 ········ 570
ㄴ. 여러 성인의 지혜를 마주하여 지혜가 깊고 청정함을 찬탄함 ········ 571
㉰ 권하여 서원을 구하게 함 ········ 573
ㄱ. 듣고 부지런히 노력하여 구할 것을 권함 ········ 573
ㄴ. 바로 보리심을 발할 것을 권함 ········ 574
ㄷ. 보리심에서 물러나지 않을 것을 권함 ········ 574
3) 칭찬과 꾸짖음, 얻는 것과 잃는 것에 의해 범부와 소승에게 권함 ········ 575
(1) 그 국토의 뛰어나고 미묘함을 찬탄하여 중생으로 하여금 즐거운 마음으로 구하게 함 ········ 575
① 뛰어난 즐거움을 자세하게 찬탄함 ········ 575
가. 수명이 길고 오램 ········ 575
나. 광명이 뛰어나게 미묘함 ········ 578
가) 광명이 가지런하지 않음을 나타냄 ········ 578
나) 아난의 질문에 따라 다시 펼침 ········ 579
다. 신체의 모습이 원만하게 갖추어짐 ········ 579
라. 지덕이 뛰어나게 미묘함 ········ 580
마. 그 국토의 중생이 영원히 악취를 여의는 것을 밝힘 ········ 583
바. 그 국토의 중생이 여러 부처님께 공양하는 일을 일으킨 것을 밝힘 ········ 584
사. 그 국토의 중생이 법을 듣고 공양이 끊이지 않는 것을 밝힘 ········ 585
아. 행덕을 원만하게 갖춤 ········ 587
가) 개별적으로 찬탄함 ········ 587
㉮ 실천행을 닦음에 허물을 여읨 ········ 587

ㄱ. 교화를 행함에 허물을 여읨 587
ㄴ. 자신을 위한 실천행에 있어서 허물이 없음 588
ㄱ) 자신을 위한 실천행을 닦음 588
㉠ 보시행을 닦음 588
㉡ 계행을 닦음 589
㉢ 인행을 닦음 590
㉣ 근행을 닦음 591
㉤ 정행을 닦음 591
㉥ 혜행을 닦음 592
ㄴ) 허물을 여읨 593
ㄷ. 총괄적으로 맺음 594
㉯ 덕을 이루어 원만하게 갖춤 594
ㄱ. 총괄적으로 찬탄함 594
ㄴ. 개별적으로 찬탄함 595
ㄱ) 자신의 덕을 이룸 595
ㄴ) 교화의 덕을 이룸 598
㉰ 닦아야 할 것을 실천하는 것을 원만하게 갖춤 598
ㄱ. 닦아야 할 것을 실천함 598
ㄴ. 닦아야 할 것을 성취함 599
ㄱ) 자신의 실천행을 성취함 599
㉠ 해解와 행行을 함께 이룸 599
㉡ 해와 행을 아울러 닦음 604
ㄴ) 교화하는 행위를 성취함 605
㉱ 덕을 성취함이 기이하고 뛰어남 605
ㄱ. 자신의 덕을 이룸 605
ㄱ) 선을 모음에 있어서 뛰어남 605
㉠ 지智와 단斷을 짝함 605
㉡ 이理와 교敎를 짝함 607
㉢ 정定과 혜慧를 짝함 608
ㄴ) 장애를 제거함에 있어서 뛰어남 608
㉠ 총괄적으로 나타냄 608

㉡ 개별적으로 풀이함 609
a. 소인과 소기를 짝함 610
b. 능의와 소의를 짝함 611
c. 무착과 무염을 짝함 611
ㄴ. 교화의 덕을 이룸 611
ㄱ) 범부의 지위에서 벗어나는 것과 성인의 경지에 들어가는 것을 짝함 612
ㄴ) 삿된 것을 버리는 것과 선에 나아가는 것을 짝함 613
ㄷ) 두루 덮는 것과 희유하여 친견하기 어려운 것을 짝함 613
ㄹ) 삿된 것을 꺾는 것과 바른 것으로 돌아가는 것을 짝함 613
ㅁ) 이길 수 없는 것과 오염시킬 수 없는 것을 짝함 613
ㅂ) 두려움이 없는 것과 연민이 있는 것을 짝함 614
㉤ 닦아야 할 것을 실천하여 뛰어난 곳으로 나아감 614
ㄱ. 자분행을 닦음 614
ㄱ) 방편을 닦음 615
ㄴ) 부지런히 정행을 닦음 615
ㄴ. 승진행을 닦음 616
ㄱ) 승진의 시작 단계 617
ㄴ) 승진의 중간 단계 617
ㄷ) 승진의 수행을 완성함 618
㉥ 모든 힘을 원만하게 갖춤 619
ㄱ. 자신이 힘을 갖춤 619
ㄱ) 인과 연을 짝함 619
ㄴ) 의와 원을 짝함 620
ㄷ) 총괄적인 것과 개별적인 것을 짝함 621
ㄹ) 지와 관을 짝함 621
ㅁ) 들어서 아는 것과 실천하는 것을 짝함 621
ㅂ) 염과 정을 짝함 622
ㅅ) 통과 명을 짝함 622
ㄴ. 교화의 행위를 성취함 622
ㄷ. 총괄적으로 맺음 623

㉳ 모든 덕이 뛰어남 623
ㄱ. 자신의 덕이 뛰어남 623
ㄴ. 모든 부처님께 수순하여 행함 624
ㄷ. 해와 행을 궁구하여 원만하게 이룸 624
ㄹ. 수행하여 이승을 넘어섬 625
나) 찬탄을 맺음 626
② 사람들에게 왕생을 권함 626
가. 사람과 국토의 뛰어남을 맺음 626
가) 사람의 덕이 뛰어남을 맺음 626
나) 국토의 즐거움이 뛰어남을 맺음 627
나. 바로 왕생을 권함 627
가) 바로 왕생을 권함 627
나) 마음 아파하고 탄식하며 거듭해서 왕생을 권함 630
⑵ 사바세계의 더러움과 악을 펼쳐 사람들로 하여금 싫어하여 버리게 함 635
① 번뇌의 허물을 나타냄 635
가. 탐욕의 허물을 나타냄 635
가) 총괄적으로 나타냄 635
나) 개별적으로 풀이함 636
㉮ 총괄적으로 탐욕의 허물을 드러냄 636
ㄱ. 추구의 고통 637
ㄴ. 수호의 고통 638
ㄷ. 산실의 고통 642
ㄱ) 재물을 잃는 고통 642
ㄴ) 신체를 잃는 고통 642
㉯ 개별적으로 탐욕의 허물을 보임 643
ㄱ. 부유함과 귀함에 의탁하여 탐욕의 허물을 펼침 643
ㄴ. 빈궁한 것에 의거하여 탐욕의 허물을 보임 644
ㄱ) 현세에서의 고통을 보임 644
ㄴ) 후세에서의 고통을 보임 645
나. 분노의 허물을 나타냄 646
가) 원한을 맺어 서로 보복함 646

나) 이별은 쉽고 만남은 어려움 648
다) 수행하고 세속의 일을 버릴 것을 권함 649
다. 어리석음의 허물을 나타냄 650
가) 스스로 바른 믿음이 없음 650
나) 선조의 믿음이 없는 삶을 이어 받아서 익힘 651
다) 바로 어리석음의 허물을 펼침 653
㉮ 아버지와 아들을 짝하여 그 허물을 나타냄 653
㉯ 친척을 짝하여 허물을 드러냄 655
ㄱ. 연모와 집착에서 벗어날 수 없음 655
ㄴ. 악을 지어 고통의 과보를 받음 656
ㄱ) 탐욕을 일으켜 세상일을 추구함 656
ㄴ) 분노를 일으켜 살해함 658
ㄷ) 고통의 과보에서 벗어나기 어려움 658
ㄹ) 마음 아파하면서 사람들로 하여금 싫어하는 마음을 내게 함 659
② 사람들에게 권하여 수행하고 버리게 함 659
가. 바로 수행하고 버릴 것을 권함 659
가) 권하여 수행하게 함 660
나) 권하여 청문하게 함 661
나. 미륵의 깨달음 661
가) 부처님의 말씀을 믿고 수순함 661
나) 부처님께서 드리운 자비의 이익을 깨달음 662
다) 부처님의 말씀이 심오하고 선함을 찬탄함 663
라) 거듭해서 부처님의 은혜를 깨달음 663
마) 자신의 기쁨과 즐거움을 펼침 666
다. 거듭해서 수행하고 버릴 것을 권함 666
가) 깨달은 내용을 찬탄하고 인가함 666
㉮ 앞에서 미륵이 부처님의 교설을 찬탄한 것을 인가함 666
㉯ (앞에서 미륵이) 부처님의 은혜를 입은 것을 깨달은 것을 찬탄함 667
ㄱ. 바로 부처님을 만나는 것의 어려움을 밝혀서 찬탄함 667
ㄴ. (석가불) 자신이 교화하여 이익을 준 것을 펼침 668

㉰ (석가불께서 미륵이) 부처님을 만나 법을 듣게 된 것을 기뻐함 671
ㄱ. 미륵과 관련된 일의 시종을 펼침 671
ㄴ. 중생과 관련된 일의 본말을 나타냄 671
ㄷ. 여래께서 바로 기뻐함 672
나) 수행을 권함 673
㉮ 바로 수행하고 버릴 것을 권함 673
㉯ 이익을 들어 수행하게 함 674
다) 의혹을 버릴 것을 권함 675
라) (거듭해서) 미륵이 깨달은 것 677
③ 자세하게 업의 고통을 들어 사람들로 하여금 싫어하여 버리게 함 677
가. 앞에서 미륵이 깨닫고 받들어 행한 것을 찬탄함 678
나. 바로 업의 고통을 펼쳐서 싫어하여 버리도록 함 679
가) 간략하게 풀이함 679
㉮ 버리게 하고 여의게 함 679
㉯ 지니게 하고 얻도록 함 682
나) 개별적으로 풀이함 683
㉮ 질문 683
ㄱ. 버리고 여의어야 할 것에 대해 질문함 683
ㄴ. 지니고 얻어야 할 것에 대해 질문함 684
㉯ 풀이함 684
ㄱ. 살생을 풀이함 684
ㄱ) 버리고 여의어야 할 것을 풀이함 684
㉠ 첩하고 풀이함 684
a. 악을 풀이함 684
b. 통을 풀이함 687
c. 소를 풀이함 688
㉡ 총괄적으로 맺음 689
㉢ (비유에 의탁하여) 허물을 드러냄 689
ㄴ) 지니고 얻어야 할 것을 풀이함 690
ㄴ. 도둑질을 풀이함 690
ㄱ) 여의어야 할 것을 풀이함 690

㉠ 첩하고 풀이함 690
a. 악을 풀이함 691
b. 통을 풀이함 695
c. 소를 풀이함 695
㉡ 맺음 696
㉢ 허물을 드러냄 696
ㄴ) 지니고 얻어야 할 것을 풀이함 697
ㄷ. 음란한 행위를 풀이함 697
ㄱ) 버려야 할 것을 풀이함 697
㉠ 첩하고 풀이함 697
a. 악을 풀이함 697
b. 통을 풀이함 701
c. 소를 풀이함 701
㉡ 맺음 702
㉢ 허물을 드러냄 702
ㄴ) 지니고 얻어야 할 것을 풀이함 702
ㄹ. 거짓말을 풀이함 703
ㄱ) 여의어야 할 것을 풀이함 703
㉠ 첩하고 풀이함 703
a. 악을 풀이함 703
b. 통을 풀이함 705
c. 소를 풀이함 706
㉡ 총괄적으로 맺음 708
㉢ 허물을 드러냄 709
ㄴ) 지니고 얻어야 할 것을 풀이함 709
ㅁ. 음주를 풀이함 710
ㄱ) 여의어야 할 것을 풀이함 710
㉠ 첩하고 풀이함 710
a. 악을 풀이함 710
a) 악을 지음 710
b) 악의 허물을 밝힘 712

b. 통을 풀이함 715
c. 소를 풀이함 716
㉡ 맺음 717
㉢ 허물을 드러냄 718
ㄴ) 지니고 얻어야 할 것을 풀이함 718
다) 총괄적으로 풀이함 719
㉮ 여의어야 할 것을 총괄적으로 풀이함 719
ㄱ. 총괄적으로 나타냄 719
ㄴ. 개별적으로 풀이함 720
ㄱ) 악으로부터 통과 소가 생겨남 720
ㄴ) 소로부터 악과 통이 생겨남 721
㉠ 다섯 가지 소 721
㉡ 소로부터 악이 생겨남 721
㉢ 악으로부터 통이 생겨남 722
㉯ 지녀야 할 것을 풀이함 724
ㄱ. 자신의 슬픔을 드러냄 724
ㄴ. 바로 교화의 이익을 펼침 724
④ 사람들에게 닦고 버릴 것을 권함 725
가. 부처님께서 닦고 버릴 것을 권함 725
가) 이치로써 바로 권함 725
㉮ 바로 닦고 버릴 것을 권함 725
㉯ 비교 대상을 설정하여 찬탄함으로써 닦게 함 726
ㄱ. 미타의 정토를 비교 대상으로 삼아 뛰어남을 찬탄함으로써 닦게 함 726
ㄴ. 다른 불국토를 비교 대상으로 삼아 뛰어남을 찬탄함으로써 닦게 함 728
나) 현재 교화하여 이익을 얻게 하는 것을 들어 닦을 것을 권함 729
㉮ 선을 닦아 이익을 얻게 함 729
㉯ 악을 소멸시키고 고통을 여읨 731
다) 부처님께서 입멸하신 후 교화하신 가르침이 사라져 가는 것을 들어서 닦을 것을 권함 732

㉮ 부처님께서 세상을 떠나신 후에 가르침이 사라져 가는 것을 나타냄 732
㉯ 사람들에게 권하여 닦게 함 733
나. 미륵이 깨달은 것 733
(3) 칭찬과 꾸짖음, 얻는 것과 잃는 것에 의해 중생으로 하여금 닦을 것은 닦고 버릴 것은 버리게 함 734
① 부처님께서 아난에게 명하여 아미타불께 예배하게 함 734
② 아난이 명을 받들어 부처님께 예배드리고 그 국토와 그곳의 중생을 보여줄 것을 청함 735
③ 그 부처님께서 광명을 쏘아 요청에 응하여 볼 수 있게 함 736
④ 광명을 따라 그 국토의 이익과 손해를 갖추어서 봄 738
⑤ 이익과 손해를 밝혀서 구하도록 하고 버리도록 함 738
가. 이익을 밝혀 구하도록 함 738
나. 그 국토에서 손실을 보는 것을 드러내어 싫어하게 하고 버리게 함 744
가) 그 국토에 태생하는 이의 손실을 나타냄 744
㉮ 질문에 의탁하여 그곳에 태생의 형태로 왕생하는 이의 과보를 나타냄 744
㉯ 원인을 마주하여 결과를 나타냄 746
ㄱ. 질문 746
ㄴ. 부처님께서 질문에 답변함 747
ㄱ) 태생의 인과에 대한 질문에 답변함 747
ㄴ) 겸하여 화생의 인과에 대한 질문에 답변함 756
㉰ (화생하는 이와) 비교하여 (태생하는 이가) 하열함을 나타냄 757
ㄱ. 화생의 뛰어남을 찬탄함 757
ㄴ. 태생하는 이의 하열함을 나타냄 757
㉱ 비유에 의지하여 허물을 펼침 758
ㄱ. 비유를 세우고 반문함 758
ㄴ. 미륵이 수순하여 답변함 759
ㄷ. 여래께서 허물을 펼침 759
나) 권하여 닦고 버리게 함 760

㉮ 바로 권하여 닦게 하고 버리게 함 760
㉯ 닦고 배울 것을 권하면서 맺음 761
4) 거듭해서 대보살이 서방에 왕생하는 것을 펼쳐서 그 왕생의 뜻을 증대함 762
(1) 질문 762
(2) 답변 762
① 사바세계의 보살이 그 국토에 왕생하는 것을 나타냄 762
② 다른 방위의 불국토에 있는 보살이 그 국토에 왕생하는 것을 펼침 763
가. 총괄적으로 표함 763
나. 개별적으로 서술함 764
다. 왕생하는 이가 많음을 나타내어 즐겨 구하려는 뜻을 증대하게 함 765

제3장 문설희행분 767

제1절 경을 찬탄하여 배울 것을 권함 767
1. 듣는 것을 찬탄하고 행할 것을 권함 767
2. 중생에게 의심을 없앨 것을 권함 768
3. 경이 두루 구제함을 찬탄함 768
4. 경을 듣는 것의 어려움을 찬탄하여 공경하고 소중하게 여기도록 함 774
5. 닦고 배울 것을 권하면서 맺음 774

제2절 교설의 이익을 밝힘 775
1. 서원을 발하는 이익 775
2. 성문과를 얻는 이익 776
3. 보살과를 얻는 이익 777

제3절 서상을 보여 믿게 함 777

제4절 대중이 기뻐함 778

2. 중생의 왕생의 인과를 밝힘

1) 범부와 소승의 왕생

(1) 정정취에 머무는 것을 밝혀 중생이 앙모하여 구하게 함

경 부처님께서 아난에게 말씀하셨다.

“어떤 중생이 그 국토에 왕생하면 모두 정정취正定聚에 머문다. 그 이유는 무엇인가. 그 부처님의 국토에는 여러 사정취邪定聚와 부정취不定聚는 없기 때문이다.”

經曰。佛告阿難。其有衆生。生彼國者。皆悉住於正定之聚。所以者何。彼佛國中。無諸邪聚及不定聚者。

술 두 번째로 중생의 왕생의 인과를 밝힌 것이다. 곧 중생을 섭수하는 서원에 나아가 왕생을 펼친 것이다. 왕생에는 네 가지가 있으니, 첫째 범부와 소승의 왕생이고, 둘째 대성大聖의 왕생이며, 셋째 얻는 것과 잃는 것을 쌍으로 밝혀 범부와 소승의 왕생을 권한 것이고, 넷째 그 국토의 뛰어남을 찬탄하여 대성으로 하여금 구하게 한 것이다. 처음에 또한 세 가지가 있는데, 이것은 처음에 정정취에 머무는 것을 밝혀 중생이 앙모하여 구하게 한 것이다.

述云。第二辨衆生往生因果。[1] 即遂攝衆生願。而申往生。往生有四。一凡小往生。二大聖往生。三雙以得失勸凡小生。四歎彼土勝令大聖求。初又有三。此初彰正定令物仰求也。

1) ⓔ 앞에서 착간된 문장인 “第二直申彌陀宿成佛剎本願樂果以例衆生生之因果”와

같은 내용인 것으로 보인다.

어떤 사람은 〈열반법을 성취할 성품을 갖춘 것을 "정정취"라 하고, 열반법을 성취할 성품이 없는 것을 "사정취"라 하며, 이 두 가지를 여읜 것을 "부정취"라 한다.〉[1]라고 했는데, 옳지 않다. 종성이 있는 것과 종성이 없는 것을 여의고서 다시 중생취衆生聚는 없으니, 응당 오직 두 가지뿐이어야 하기 때문이다.

어떤 사람은 〈(대승법에서는) 선취善趣[2] 이전을 "사정취"라 하고, 선취위善趣位에서 거듭 물러나고 거듭 나아가는 것을 "부정취"라 하며, 습종성習種性[3] 이후에 분위分位에서 물러나지 않는 것을 "정정취"라 한다. 이승법二乘法(소승법) (중 비담종毘曇宗에서는) 외범外凡[4]의 지위에서 항상 [삼유三有(삼계)에] 빠지는 것을 "사정취"라 하고, (칠방편위七方便位[5] 가운데) 앞의 다섯 방편에 해당하여 (삼유에서 나오기도 하고 빠지기도 하는 것을[6]) "부정취"라 하며, 인법忍法[7] 이상으로 (삼유에서 나와 견고하게 머물러

1 법장法藏의 『華嚴經探玄記』 권14(T35, 369c17)에 나온다.

2 선취善趣 : 앞에서 설한 경흥의 주석에 따르면 선취는 십신十信이다.

3 습종성習種性 : 공관을 수습하여 견혹과 사혹을 무너뜨리는 계위의 보살. 『菩薩瓔珞本業經』에서 보살이 인因에서 과果에 이르는 행위行位를 여섯 종성으로 분류한 것 중 제1에 해당한다. 나머지 다섯 종성은 제2 성종성性種性, 제3 도종성道種性, 제4 성종성聖種性, 제 5등각성等覺性, 제6 묘각성妙覺性 등이다. 앞의 네 가지 종성을 보살 수행의 52계위에 배대하면, 차례대로 십해十解(十住)·십행十行·십회향十迴向·십지十地 등이다.

4 외범外凡 : 범부의 계위를 둘로 나눈 것 중 하나. 다른 하나는 내범內凡이다. 외범은 불도를 수행하지만 아직 정리正理를 마주하여 유사한 지해智解도 발생하지 못한 단계이고, 내범은 유사한 지해가 발생한 단계이다.

5 칠방편위七方便位 : 견도見道에 들어가기 이전에 참된 지혜를 얻기 위해 여러 방편을 실천하는 일곱 가지 계위. 칠현위七賢位라고도 한다. 차례대로 나열하면, 오정심五停心→별상념처別相念處→총상념처總相念處【이상 셋은 삼현위三賢位라고 함】→난煖→정頂→인忍→세제일법世第一法【이상 넷은 사선근위四善根位라고 함】 등이다.

6 혜원이 『大般涅槃經義記』 권9(T37, 853c29)에서 "小乘法中。五停心觀。乃至煗頂。名出已沒。"이라고 한 것을 참조하여 보충하였다.

7 인법忍法 : 칠방편위 중 여섯 번째에 해당한다. 앞의 주석을 참조할 것.

물러나지 않는 것을[8]) "정정취"라 한다. 그러므로 그 국토에 태어나는 사람은 삼승 중 어디에 속하는지를 가리지 않고 모두 정정취에 머무니, 다시 나머지 취聚가 없기 때문이다.〉[9]라고 했는데, 이것도 또한 옳지 않다. 그 삼취三聚의 뜻이 여러 교리에 어긋나니, 이치대로 생각해야 한다. (앞의 주장에서) 선취 이전(십신 이전)을 이미 사정취라고 했으니, (경에서 말한 것처럼) 만약 그 국토에 태어날 경우 바로 정정취에 머무는 것이라면, (그 국토에 태어나는 이는) 응당 십신十信을 넘어서서 바로 습종성習種性(십해)에 들어가야 하는데, 반드시 이러한 뜻은 없기 때문이다. 만약 그 국토에 태어나서 바로 습종성위에 들어가는 것은 아니기 때문에 이러한 허물은 없는 것이라고 한다면, 다시 그 국토에 부정취가 있는 것이 되어 (경에서 말한 것과 어긋나기) 때문이다.

有說。有涅槃法。名正定聚。無涅槃法。名邪定聚。離此二者。名不定聚。非也。離有種姓無種姓外。更無衆生聚。應唯二故。有說。善趣已前。名爲邪定。善趣位中。數退數進。名爲不定。習種已去。分位不退。名爲正定。如其二乘。外凡常沒。名爲邪定。前六[1)]方便。名爲不定。忍法以上。名爲正定。故生彼國者。勿問三乘。皆住正定。更無餘聚故。此亦不然。彼三聚義。違諸教理。應如理思。善趣已前。既名邪定。若生彼土。即住正定者。應越十信。即入習種。必無此義故。若生彼土。不即入習種位故。無此咎者。還有彼土不定聚故。

1) ㉾ 혜원의 『無量壽經義疏』 권하(T37, 107a17)에서 "오정심관·총상념처·별상념처와 난·정의 두 가지 마음을 부정이라 한다. 이 계위에서는 물러남이 있기 때문에 부정이라 한다.(五停心觀。總別念處。暖頂二心。名爲不定。此等有退。故名不定。)"라고 한 것에 따르면, 부정취란 칠현위 중 앞의 다섯 계위에 해당하기 때문에 본문의

8 혜원이 『大般涅槃經義記』 권9(T37, 854a1)에서 "忍世第一。名出已住。"라고 한 것을 참조하여 보충하였다.

9 혜원이 『無量壽經義疏』 권하(T37, 107a15)에서 제시한 것이다.

'六'을 '五'의 오자로 보았다.

어떤 사람은 〈『중변론』(『중변분별론』)에 의하면, 정위습기正位習起는 이미 초지初地에 있는 것[10]이기 때문에 이 가운데 보살인 왕생자는 오직 초지 이상에 해당한다.〉라고 했는데, 옳지 않다. 오직 보살에만 해당되는 것이라면 경에서 "(어떤 중생이 그 국토에 왕생하면) 모두 (정정취에 머문다.)"라고 한 것에 어긋나기 때문이고, 또한 부정취가 있어야 하기 때문이다.

어떤 사람은 〈"정정취에 머문다."라고 한 것은, 『소경小經』[11]에서 "모두 아비발치阿鞞跋致(Ⓢ avinivartanīya)이다."[12]라고 한 것과 같은 것인데, 아비발치는 곧 불퇴不退이기 때문이다. 『본업경本業經』(『보살영락본업경』) 등에 따르면 십해十解[13]의 제7심[14] 이후의 여러 계위가 여기에 해당한다.[15] 비록 그 아래의 계위에 해당하는 이가 있다고 해도 뛰어난 것을 좇아서 "모두 아비발치에 해당한다."라고 말하는 것이기 때문이다.〉라고 했는데, 이것도 또한 옳지 않다. 이미 제7심 이상을 불퇴라고 말했으면 곧 그 아래의 계위는 모두 불퇴위不退位가 아니니, 응당 부정취가 있어야 하기 때문이다.

---

10 『中邊分別論』 권하(T31, 463c14)에서 "生起聖道。名入正位習起。"라고 했다.

11 『소경小經』: 『阿彌陀經』의 다른 이름. 이 경은 정토삼부경, 곧 『無量壽經』·『觀無量壽經』·『阿彌陀經』 가운데 가장 짧기 때문에 『소경』이라 한다.

12 『阿彌陀經』(T12, 347b4)에서 "극락정토에 중생이 태어나면 모두 아비발치이다.(極樂國土衆生生者。皆是阿鞞跋致。)"라고 한 것을 말한다.

13 십해十解: 보살 수행의 52계위 중 제11위~20위에 해당하는 계위. 십주十住라고도 한다.

14 제7심: 제7 불퇴주不退住를 가리킨다. 보살 수행 52계위 중 제17에 해당하는 계위. 『法門名義集』(T54, 201b28)에서 "일곱째 불퇴주이니, 공과 유가 둘이 아님을 통찰하여 견고하고 참된 이해를 증득하기 때문에 불퇴주라 한다.(七不退住。空有不二。得堅固眞解。故曰不退住。)"라고 하였다.

15 『菩薩瓔珞本業經』 권상(T24, 1014c4)에서 "出到第七住。常住不退。自此七住以前。名爲退分。"이라 했다.

有說。依中邊論。正位習起。既在初地故。此中菩薩往生者。唯是初地已上者。非也。若唯菩薩者。即違經云。皆悉故。亦應有不定聚故。有說。住正定聚者。即同小經中皆是阿鞞跋致。阿鞞跋致。即不退故。依本業等。十解第七心已去。諸位。是也。雖有下位。從勝。言皆是故。此亦不然。既第七心已上。名不退者。即諸下位。非不退位。應有不定故。

지금 곧 다른 가르침에서 설한 삼취는 모두 예토와 관련된 것이니, (예토에는) 이 삼취가 있기 때문이다. 정토에 왕생하면 범부와 성인을 가리지 않고 결정코 열반을 향하고 결정코 선행에 나아가며, 결정코 선도를 낳고, 결정코 육도六度를 행하며, 결정코 해탈을 얻기 때문에, 오직 정정취만 있고 나머지 둘은 없다.

今即餘教所說三乘。[1] 皆是穢土。有此三乘*故。若生淨土。不問凡聖。定向涅槃。定趣善行。定生善道。定行六度。定得解脫故。唯有正定聚。而無餘二也。

1) ㉣ '乘'은 '聚'인 것 같다. 다음의 경우도 동일하다.

⑵ 여러 부처님께서 찬탄하심을 들어 중생이 정토에 왕생하려는 마음을 증대하도록 함

경 "시방세계의 갠지스 강의 모래알처럼 많은 불여래께서 모두 함께 무량수불의 위신과 공덕의 불가사의를 칭찬하신다. 어떤 중생이라도 그 명호를 듣고 신심을 일으키고 기뻐하며 한 생각만이라도 지극한 마음으로 회향하여 그 국토에 왕생하기를 소원하면 바로 왕생하여 불퇴전의 지위에 머무는데, 오직 오역죄를 지은 이와 정법을 비방한 이는 제외한다."

經曰。十方恒沙諸佛如來。皆共讚歎無量壽佛威神功德不可思議。諸有衆生。聞其名號。信心歡喜。乃至一念。至心迴向。願生彼國。即得往生。住不退轉。唯除五逆誹謗正法者。

술 이것은 두 번째로 여러 부처님께서 찬탄하심을 들어 중생으로 하여금 정토에 왕생하려는 마음을 증대하도록 한 것이다. 여러 부처님께서 이미 함께 찬탄하셨고, 명호를 듣는 이는 왕생하고자 하면 반드시 왕생할 수 있음을 설하셨기 때문이다.

어떤 사람은 〈이 경(『무량수경』)에서는 정정취에 의거했기 때문에 오역죄를 지은 이와 정법을 비방한 이를 제외했다. 『관무량수경』에서는 사정취의 왕생을 말한 것이기 때문에 "오역죄를 지은이도 또한 왕생한다."[16]라고 했다.〉라고 했는데, 이는 옳지 않다. 말한 것과 같이 하품하생[17]에 해당하는 사람이 그 정토에 왕생한다면 정정취가 아니어야 하기 때문이다.

어떤 사람은 〈비록 오역죄를 지었더라도 십육관十六觀[18]을 닦으면 왕생할 수 있으니, 이것이 곧 그 경(『관무량수경』)의 뜻이다. 십육관을 닦지 않으면 비록 다른 선을 지었더라도 반드시 왕생할 수 없기 때문에 이 경(『무량수경』)에서는 제외한 것이다.〉[19]라고 했는데, 이것도 또한 옳지 않다. 하품하생도 또한 십육관을 닦아야 하는 것은 반드시 그 경에 위배되기 때문이다.

---

16 『觀無量壽經』(T12, 346a12)에서 하품하생을 설명하면서 오역죄를 지은 중생도 극락왕생함을 밝힌 것을 말한다.

17 하품하생 : 중생의 근기를 극락왕생하는 형태에 따라 아홉으로 구분한 것 중 제9에 속하는 것. 오역죄 등의 온갖 악업을 지은 중생이다.

18 십육관十六觀 : 염불 수행자가 아미타불의 몸과 정토와 관련된 열여섯 가지의 내용을 관찰함으로써 극락정토에 왕생하는 것. 『觀無量壽經』에서 설한 것이다.

19 혜원이 『無量壽經義疏』 권하(T37, 107b11)에서 제시한 것이다.

지금 이 문장은 앞에서[20] 이미 해석했기 때문에 다시 풀이할 필요는 없다. 그런데 앞에서 "열 번 칭념(十念)하기에 이르기까지"라고 했고, 여기에서 "한 생각만이라도(一念)"라고 한 것은, 가장 적은 숫자와 가장 많은 숫자를 가지고 (상황에 따라) 서로 적절한 것을 제시한 것이기 때문에 서로 어긋나지 않는다.

述云。此第二擧諸佛歎。令增物生去心也。諸佛說既共歎。聞名欲生。必得往生故。有說。此經。據正定聚。故除逆謗法。觀經中。邪定聚所生。故五逆亦生。非也。若如所言。下下生人。生彼淨土。應非正定故。有說。雖作五逆。若修十六觀。即得往生。即彼經意也。若不能修十六觀者。雖作餘善。必不得生。故此經除之。此亦非也。下品下生。亦修十六觀。必違彼經故。今即此文前已釋。故不須更解。而前十念。此言一念者。最少極多。互綺擧。故不相違。

(3) 왕생의 원인을 펼쳐 사람들이 수행하여 왕생하게 함

① 총괄적으로 나타냄

경 부처님께서 아난에게 말씀하셨다.
"시방세계의 모든 하늘과 인민으로서 지극한 마음으로 그 국토에 태어나기를 소원하는 이는 무릇 세 무리가 있다."

經曰。佛告阿難。十方世界。諸天人民。其有至心。願生彼國。凡有其三輩者。

20 사십팔원 중 제18 섭상품원攝上品願에서 주석한 내용을 가리킨다.

술 이것은 세 번째로 왕생의 원인을 펼쳐 사람들로 하여금 수행하여 왕생하게 한 것이다. 여기에 두 가지가 있는데, 이것은 처음에 총괄적으로 나타낸 것이다.

어떤 사람은 〈여기에서 "세 무리"는 모두 타수용토他受用土에 왕생하기 때문에 『관무량수경』에서 변화토變化土에 태어나는 구품[21]의 중생과는 같지 않다. (이 경의 하배下輩를 설하는 부분에서) "가령(假使) 여러 가지 공덕을 짓지 못한 경우에도(假使不能作諸功德)"라고 한 것은, 가설假設(실제로 없는 것을 있는 것으로 상정하는 것)이기 때문이다.[22] (같은 부분에서) "열 번의 생각에 이르기까지"라고 한 것에서 (열 번의 생각은) 또한 『미륵소문경』에서 설한 십념十念[23]이기 때문이다.〉[24]라고 했는데, 옳지 않다.

述云。此第三申往生因。令人修生。有二。此初總標也。有說。此中三輩。皆生他受用土故。不同觀經生變化土之九品也。假使不能作1)功德。是假設故。十念。亦是彌勒所問之所說故。非也。

1) 역 '作' 뒤에 '諸'가 누락되었다.

"설령(假使)"이라는 말은, 설령 (온갖 공덕을 짓지 못한 경우에도) 나머지 공덕이 보리심을 발하게 하기 때문에 경에서 "설령"이라고 한 것이다.

21 구품 : 상배上輩에 상품상생·상품중생·상품하생 등의 셋이 있고, 중배中輩에 중품상생·중품중생·중품하생 등의 셋이 있으며, 하배下輩에 하품상생·하품중생·하품하생 등의 셋이 있어서 모두 구품이 된다.

22 『無量壽經』에서의 하배는 실제로 온갖 공덕을 짓지 않은 것을 말한 것이 아니라 그것에 해당하는 상황이 있을 경우를 상정한 것일 뿐이기 때문에 『觀無量壽經』에서 하배가 실제로 온갖 공덕을 짓지 않은 것과는 다른 것이라는 말이다.

23 본서 권중의 주석에서 '『彌勒所問經』에서 설한 십념'을 설명한 것을 참조할 것.

24 『彌勒所問經』에서 십념은 범부의 생각이 아니라고 했으니, 『無量壽經』의 '열 번의 생각'이 『彌勒所問經』의 '십념'이라면, 『無量壽經』의 하배는 실제로 『觀無量壽經』의 하배보다는 뛰어난 것이어서 비교할 수 없다는 말이다.

응당 다른 말과 같이 이것도 또한 진실한 말이기 때문이다. 또한 (『미륵소문경』에서 설한) 열 가지 생각이라고 한다면, (이것은 『미륵소문경』에서) 곧 범부의 생각이 아니라고 했는데,[25] 어째서 본 경에서 상배上輩와 중배中輩에 대해서는 열 가지 생각을 설하지 않고 오직 하배下輩를 설하는 곳에서만 열 가지 생각을 설한 것인가.

假使之言。縱餘功德。令發菩提心。故經言假使。應如餘言。亦是實說故。又若十念。即非凡夫念。如何。於上中二輩。不說。唯在下輩故。

지금 곧 『관무량수경』의 구품을 합한 것이 『무량수경』의 세 무리이기 때문에 그 뜻에 차이가 없으니 힐난하는 말을 하지 말아야 한다.

『관무량수경』에서 중품상생과 중품중생의 두 품은 모두 사문이 되고, 또한 진불眞佛을 친견하지만 대심大心을 발하지는 않고, 중품하생의 한 부류의 중생은 사문이 되지 않고, 전혀 부처님을 친견하지 않으며, 대심을 발하지도 않는다.[26] 그런데 이 경의 중배는 사문이 되지 않고 화불化佛을 친견하며 보리심을 발한다. 뜻이 반드시 서로 어긋나는 것은 중배 안에도 여러 부류가 있는데 두 경이 각각 그 한 부류를 말했기 때문이니 어긋남이 없다.

그런데 (이 경에서 중배를 설명하면서) “마땅히 (위없는) 보리심을 발하여”라고 한 것은, 그곳에 왕생하는 이는 반드시 대심을 발해야 함을 나타내어 (성문과 연각의) 정성定性[27]이 왕생할 수 없는 것과 간별하고자 하기 때문이다.

---

25 본서 권중의 주석에서 ‘『彌勒所問經』에서 설한 십념’을 설명한 것을 참조할 것.

26 『觀無量壽經』(T12, 345b8).

27 (성문과 연각의) 정성定性 : 대심을 발해야 한다고 했으므로 정성이승定性二乘, 곧 성문의 정성과 연각의 정성을 가리키는 것으로 보아야 한다.

나머지 서로 어긋나는 문장도 모두 이러한 부류이다.

今即合彼九品。爲此三輩。故其義無異。不應難言。彼經。中上中中二品。皆作沙門。亦是[1)]眞佛。不發大心。中下一生。不作沙門。都不見佛。不發大心。而此中輩。非作沙門。亦見化佛。發菩提心。義必相違者。中輩之內。自有多類。二經。各談其一。無違。而言當發菩提心者。欲顯生彼。必發大心。以簡定性不得生故。餘相違文。皆此類也。

1) ㉧ '是'는 '見'이다.(㉮)

어떤 사람은 〈왕생하지만 세 무리에 해당하지 않는 경우가 있다. 본 경의 뒤에 나오는 문장에서 '다섯 가지 지혜[28]를 의심하는 사람이 의심하는 마음으로 온갖 공덕을 닦고 또한 죄복은 믿기 때문에 약간 선의 근본을 닦으며 그 국토에 왕생하기를 소원함'[29]이라고 했는데, 이 사람은 믿음이 결정적이지 않기 때문에 앞의 여섯 품에 속하지 않고, 복을 닦은 것이 적기 때문에 뒤의 세 품에도 속하지 않는다. 이로 말미암아 구품에 포섭되지 않는다.〉라고 했는데, 이것도 또한 옳지 않다. 백연본과 지겸본에서 모두 '중배에 해당하는 사람은 지나치게 의심하여 머뭇거리면서 믿지 않으니, 비록 그 국토에 왕생하더라도 그 성城[30]에 머물러 5백 년 동안 지내

28 다섯 가지 지혜 : 불지佛智·부사의지不思議智·불가칭지不可稱智·대승광지大乘廣智·무등무륜최상승지無等無倫最上勝智 등을 일컫는 말. 구체적인 내용은 뒤의 본문에 대한 경흥의 주석을 참조할 것.

29 『無量壽經』 권하(T12, 278a22)에서 극락정토에 태생胎生하는 경우를 설명한 부분이다. 곧 "佛告慈氏。若有衆生。以疑惑心。修諸功德。願生彼國。不了佛智。不思議智。不可稱智。大乘廣智。無等無倫最上勝智。於此諸智。疑惑不信。然猶信罪福。修習善本。願生其國。此諸衆生。生彼宮殿。壽五百歲。常不見佛。不聞經法。不見菩薩聲聞聖衆。是故。於彼國土。謂之胎生。"이라고 하였다.

30 그 성城 : 극락정토의 변지에 있는 칠보로 이루어진 성을 말한다. 자세한 것은 뒤에 나오는 경의 본문과 경흥의 주석을 참조할 것.

면서 부처님을 친견하지 못하고 경을 듣지도 못하며 성인을 만나지 못한다'[31]라고 했으니, 반드시 (다섯 가지) 지혜를 의심하는 범부를 구품에 속하지 않는다고 말할 수는 없기 때문이다.

有說。更有往生。而非三輩。謂下文中。疑五智人。疑惑心中。修諸功德。亦信罪福。少修善本。願生彼土。以信不定。故非前六。少修福。故亦非後三。由此。不入九品所攝。此亦不然。帛謙皆云。中輩之人。孤[1)]疑不信。雖生彼土。在其城中。於五百年。不見佛。不聞經。不見聖。必不可言疑智凡夫不在九品故。

1) ㉠ 다른 판본에 따르면 '孤'는 '狐'이다.

어떤 사람은 〈네 가지 지혜[32]에 대한 의심을 끊지 못하면 비록 그 국토에 왕생하더라도 변지에 태어난다. 이들은 별도로 한 부류를 형성하며 구품에 포섭되지 않는다. 그러므로 망령되게 의혹을 일으켜서는 안 된다.〉[33]라고 했는데, 이것도 또한 옳지 않다. 두 경[34]에서 설하기를 "중배와 하배는 (변지에 있는) 보배로 만든 성에 머물면서 5백 년을 채워야 한다."[35]라고 했는데, 이것은 이 경(『무량수경』)에서 "(다섯 가지) 지혜를 의심하는 범부가 (5백 년 동안) 머무는 보배 궁전도 또한 변지에 있다."[36]라고

31 『無量淸淨平等覺經』 권3(T12, 292a5). 『阿彌陀三耶三佛薩樓佛檀過度人道經』 권하(T12, 310a15).

32 네 가지 지혜 : 원효는 다섯 가지 지혜에 대해, 제1 불지는 총괄적인 것이고, 나머지 네 가지 지혜는 개별적인 것이라고 했기 때문에, '네 가지 지혜'라고 한 것이다. 경흥은 원효의 관점을 따르지 않고 다섯 가지 지혜 모두를 개별적인 것으로 파악한다. 앞의 주석을 참조할 것.

33 원효가 『兩卷無量壽經宗要』(T37, 131b24)에서 제시한 것이다.

34 두 경 : 백연본과 지겸본을 일컫는 말이다.

35 『無量淸淨平等覺經』 권3(T12, 292b16). 『阿彌陀三耶三佛薩樓佛檀過度人道經』 권하(T12, 310b25).

36 『無量壽經』 권하(T12, 278a22).

한 것과 상응하기 때문에 (다섯 가지 지혜를 의심하는 범부도 구품의 범주를 벗어나지 않는다.) 그렇지 않다면 곧 경에서 "(중배와 하배는) 거처하는 집은 땅에 있어서 마음대로 높고 크게 하거나 허공에 있게 할 수 없고, 다시 아미타불과의 거리가 매우 멀다."[37]라고 한 것과 어긋나기 때문이다.

有說。不決四[1)]疑。雖生彼國。而在邊地。別是一類。非九品攝。是故。不應妄生疑惑。此亦不然。二經所說。中下之屬。所止寶城。既五百。應如此經。疑智凡夫。所在寶宮殿。亦是邊地故。不爾。便違經云。所居舍宅。在地。不能令隨意高大在虛空中。復去阿彌陀佛。甚大遠故。

1) ㉠ 다른 판본에 따르면 '四'는 '曰'이다. ㉡ 이는 원효의『兩卷無量壽經宗要』(T37, 131b25)를 인용한 것인데, 이것에 따르면 '四'가 옳다.

어떤 사람은 〈"불지佛智를 의심하는 사람"은 곧 이 경(『무량수경』)의 중배에 속하고,『관무량수경』의 중품에 속한다. 그러므로 백연본과 지겸본에서 "중배는 (비록 출가하여 사문이 되지는 않더라도) 계율을 수지하고 보시하며 (사문에게) 공양하고 절을 짓고 탑을 일으킨다. (그런데) 나중에 (이러한 선행이 후세에 복을 낳는 것과 극락정토가 있다는 것과 그 국토에 왕생하는 것에 대해) 의심을 일으켜 믿지 않는다. 그 사람이 잠시 믿고 잠시 믿지 않으면서도 그 선행을 계속하여 왕생하기를 원하면, 비록 그 국토에 태어나더라도 무량수불의 처소 앞에 이를 수는 없고, 곧 길에서 무량수불국의 변지에 저절로 생겨난 보배로 만든 성을 보고 그곳에서 5백 세를 살면서 부처님을 친견하는 것, 법을 듣는 것 등을 하지 못하며

37『無量淸淨平等覺經』권3(T12, 292b18)·(T12, 292c21).『阿彌陀三耶三佛薩樓佛檀過度人道經』권하(T12, 310b28)·(T12, 311a2).

지낸다."[38]라고 했는데, 이는 법호본에서 "불지를 의심하는 사람"[39]이라고 한 것이 아닐 수 없기 때문이다.〉라고 했는데, 이것도 또한 옳지 않다.

백연본과 지겸본에서 "하배도 또한 (무량수불의 처소 앞에 이르지 못하고) 길가에 있는 성에 머물면서 5백 년 동안 부처님을 친견할 수 없다."[40]라고 했는데, 어떻게 불지를 의심하는 사람이 오직 중배에만 속하고 하배에는 속하지 않는다고 할 수 있겠는가.

만약 중배와 불지를 의심하는 사람이 수행의 인因이 서로 비슷하기 때문이니, 그러므로 오직 중품에 속하고 하배에 속하지 않는다고 한다면, 또한 하배가 받는 과보가 중품과 비슷하기 때문에 불지를 의심하는 부류에 포섭된다. 과果가 비록 서로 비슷하지만 불지를 의심하는 부류에 포섭되지 않는다고 한다면, (중배와 수행의) 인因이 같다고 해서 어찌 불지를 의심하는 사람을 같은 부류로 받아들이는 것을 용납할 수 있겠는가.

有說。疑佛智人。即此中輩。觀經中品。故帛謙經中輩云。持戒布施。飯食沙門。作寺起塔。後疑不信。其人。暫信暫不信。續結其善。願得往生。雖生彼國。不得前至無量壽佛所。還[1)]道見佛國界邊自然寶城。於五百歲。不得見佛聞法等故。不應非法護經中疑佛智人故。此亦不然。帛謙。下輩。亦在路城。於五百年。不得見佛。如何。疑智。唯在中輩。而非下耶。若言中輩疑智。修因相似故。故雖[2)]屬中品。而非下者。亦可下輩受果。似中品。故攝疑佛智。果雖相似。不攝疑智。因雖復同。何容疑智。

1) ㉚ 한漢대의 번역본[법호본(강승개본)]과 오吳대의 번역본(백연본·지겸본)에서는 모두 '還'을 '便'이라 했다. 2) ㉚ 다른 판본에 따르면 '雖'는 '唯'이다.

38 『無量清淨平等覺經』 권3(T12, 292a5)·『阿彌陀三耶三佛薩樓佛檀過度人道經』 권하(T12, 310a15)에서 중배를 설명한 부분을 요약한 것.

39 『無量壽經』 권하(T12, 278a22).

40 『無量清淨平等覺經』 권3(T12, 292b29)·『阿彌陀三耶三佛薩樓佛檀過度人道經』 권하(T12, 310c10)에서 하배를 설명한 부분을 참조할 것.

또한 〈('불지를 의심한 사람'이) 그 경『관무량수경』에서 설한 구품 가운데 중품상생에 속한다.〉라고 한다면, 이치상 반드시 그렇지 않다. 『관무량수경』의 중품상생과 이 경『무량수경』의 불지를 의심한 사람은 연꽃이 피고 부처님을 친견하며 법을 듣고 이익을 얻는 것[41] 등이 모두 같지 않기 때문이다.

만약 〈중품상생에 여러 종류가 있기 때문에 이러한 허물이 없다.〉라고 한다면, 어찌 중품하생도 또한 여러 종류가 있기 때문에 불지를 의심한 사람에 포섭된다고 하지 않을 수 있겠는가.

지금 곧 부처님의 다섯 가지 지혜를 의심하는 사람은 중품하생과 하품상생의 두 가지 생生에 포섭된다. 이로 말미암아 백연본과 지겸본에서 뒤의 두 무리, 곧 중배와 하배는 모두 "성에 머물러 5백 년 동안 부처님을 친견하는 것, 법을 듣는 것, 성인을 친견하는 것을 하지 못한다."라고 말했다.

그러므로 삼배三輩이건 구품이건 모두 넓은 것과 좁은 것의 구별이 없이 왕생하는 중생을 모두 포섭한 것이다.[42]

又彼所言九品之內。屬於中上。理必不然。觀經中。中上。此經疑智。華開。見佛。聞法。獲利。皆不同故。若言中上。自有多種。故無此過者。豈不中下。亦有多種故。攝疑智故。今即疑佛五智。中下下上二生所攝。由此。帛謙。後之二輩。皆言在城。於五百年。不得見佛聞法見聖。故若三輩。若九品。皆無寬狹。攝往生盡。

그런데 『관무량수경』의 삼품은 선을 집적한 것을 상품, 악을 그치는 것

41 『觀無量壽經』(T12, 345b8)에서 중품상생을 설명한 내용을 요약한 것. 불지를 의심한 사람의 과보와 전혀 일치하지 않기 때문에 둘을 동일하게 볼 수 없음을 주장한 것이다.
42 이것을 떠나 별도로 왕생의 부류가 있지 않다는 말이다.

을 중품, 악을 짓는 것을 하품이라 하였다. 그 사이에 좀 더 상세한 것은 응당 이치대로 생각해야 할 것이다.

『무량수경』에서 세 무리의 차별은 세 가지 뜻이 있다.

첫째, 몸과 마음이 다르다. 마음은 곧 모두 보리심을 발하고 아미타불의 명호를 오로지 칭념하니, 여러 측면에서 동일하다. 몸은 곧 출가하는 이는 상배이고, 세속에 있는 이는 중배와 하배이다.

둘째, 인因을 닦는 것이 다르다. 온갖 행行을 모두 닦는 이는 상배이고, 적은 부분의 복을 닦는 이는 중배이며, 그 부처님을 칭념하되, 열 번 칭념하거나 한 번 칭념하는 이는 하배이다.

셋째, 왕생의 연緣이 다르다. 미타와 관음의 진신眞身이 와서 맞이하는 이는 상배이고, 화신化身이 맞이하는 이는 중품이며, 꿈속에서 불신佛身을 보는 이는 하품이다.

백연본에서 세 무리의 차별은 네 가지 뜻이 있다.

첫째, 몸과 마음의 차이이다. 곧 (몸은) 출가하고 (마음은) 보리심을 발한 이는 상배이고, (몸은) 세속에 살면서 (마음은) 지극히 정성스런 마음인 이는 중배와 하배이다.

둘째, 수행의 차이이다. 곧 온갖 행을 모두 닦고 꿈에 여러 성인을 보는 이는 상배이고, 적은 부분의 선을 닦고 (극락정토에 왕생하고자 하는 마음을) 하루 낮과 밤 동안 끊는 일이 없으며 꿈에 여러 성인을 친견하는 이는 중배이며, 오직 애욕과 분노를 끊고 부처님을 칭념하기를 열흘 낮과 밤 동안 끊어지는 일이 없는 것만 행하는 이는 하배이다.

셋째, 부처님을 친견하는 것이 다른데, 곧 『무량수경』의 세 종류와 같다.[43]

넷째, 과를 받는 것이 다르다. 곧 그 국토에 왕생하여 아유월阿維越(不退

43 앞에서 왕생의 연緣의 차이를 제시한 것을 참조할 것.

轉)의 지위에 이르고, 머무는 집은 허공에 있으며, 부처님과 가까운 곳에 사는 이는 상배이다. 길가에 있는 보배로 만든 성에 머물고 거주하는 집은 땅에 있으며 부처님과 멀리 떨어진 곳에 사는 이는 중배와 하배이다.[44]

然彼三品。集善爲上。止惡爲中。造惡爲下。其間委悉。應如理思。此中三輩別。有三義。一身心異。心即俱發菩提之心。專念彌陀。從多同也。身即出家爲上。在俗爲中下。二修因異。即具修諸行爲上。少分修福爲中。稱念彼佛十念一念爲下。三生緣異。即彌陀觀音眞身來迎爲上。化身迎接爲中。夢見佛身爲下。帛延。三輩別。有四義。一身心異。即出家發菩提心爲上。在俗至誠心爲中下。二修行異。即備修衆行夢見諸聖爲上。少分修善日夜不絕夢見諸聖爲中。唯斷愛怒念佛十日十夜不絕爲下。三見佛異。即同此三種也。四受果異。即生彼土作阿維越宅舍在空去佛亦近爲上。路止寶城舍宅在地去佛大遠爲中下。

지겸본에서는 여러 측면에서 비록 동일하지만 다른 부분도 있으니, "그 국토에 태어나고자 하지만, 여러 가지 색으로 장엄한 비단 휘장을 거는 것, 불사佛寺를 짓는 것, 탑을 일으키는 것, 사문에게 공양하는 것 등을 할 수 없는 이가 있어서 애욕과 분노를 끊고 재계齋戒하여 몸과 마음을 청정히 하고 한마음으로 염불하기를 열흘 동안 끊이지 않게 하면, 이를 하배라고 한다."[45]라고 했을 뿐이다.

저 두 경[46]을 법호본과 대조하면 상배는 비록 같지만 중배와 하배는 곧 다르다. 저 두 경의 두 품은 의심하는 마음을 품고 있어서 도의道意(菩提心)를 일으키지 못하고, 이 경(법호본)에서의 두 무리는 모두 도심道心(菩提

44 백연본의 세 무리는 『無量淸淨平等覺經』 권3(T12, 291c16)을 요약한 것이다.
45 『阿彌陀三耶三佛薩樓佛檀過度人道經』 권상(T12, 310c10)을 요약한 것이다.
46 두 경 : 지겸본과 백연본을 가리킨다.

心)을 발하니, 결정코 믿기 때문이다. 이러한 차이가 있는 것은, 아마도 그 범본에는 비록 두 내용이 모두 있는데, 백연과 지겸은 단지 왕생을 의심하고 잠시 믿기도 하는 것만을 번역하였고, 법호는 오직 청정한 믿음으로 인因을 닦는 것만을 번역한 것이니, (법호가 그렇게 한 것은) 부처님의 다섯 가지 지혜를 의심하는 사람에 대한 것은 (『무량수경』의) 뒷부분에서 그 허물을 보이고 있기 때문인 것으로 생각된다. 말은 비록 모순이기는 하지만 이치는 반드시 다른 것은 아니다.

세 무리의 수행의 계위의 차별을 해석하려고 했으나 또한 앞에서 해석한 것과 같기 때문에 다시 논하지 않는다.

支謙經中。從多雖同。而有異者。欲生彼國。[1] 懸雜繒綵。作佛寺。起塔。飯食沙門者。當斷愛怒。齋戒清淨。一心念佛。十日不絕。爲下輩耳。將彼二經。對法護本。上輩雖同。中下即異。彼之二品。疑心在懷。不發道意。此中二輩。皆發道心。決定信故。所以有此參差者。蓋彼梵本。雖復備有。帛謙。但翻疑信往生之者。法護。唯譯淨信修因。其疑智人。在後示過故。言雖鉾楯。理必無異。欲釋三輩行位之別。還如前解。故不復論。

1) ㉮『阿彌陀三耶三佛薩樓佛檀過度人道經』 권하(T12, 310c11)에 따르면 '國' 뒤에 '不能'이 누락되었다.

② 개별적으로 풀이함

가. 상배

가) 바로 풀이함

㉮ 본유의 단계에서 인을 닦음

경 "상배란 집을 버리고 욕망을 버리고 사문이 되어 보리심을 발하고 한결같이 오로지 무량수불을 생각하면서 온갖 공덕을 닦으며 그 국토에 왕생하기를 소원하는 사람이다."

經曰。其上輩者。捨家棄欲。而作沙門。發菩提心。一向專念無量壽佛。修諸功德。願生彼國者。

술 이것은 나중에 개별적으로 풀이한 것이다. 여기에 세 가지가 있는데, 이것은 처음에 상배를 풀이한 것이다. 여기에 두 가지가 있는데, 이것은 처음에 바로 풀이한 것이다. 여기에 네 가지가 있는데, 이것은 처음에 본유本有[47]의 단계에서 인因을 닦는 것이다.

述云。此後別釋。有三。此初釋上輩。有二。此初正釋。有四。此初本有修因也。

㉯ 사유의 단계에서 상相이 나타남

경 "이들 중생은 죽음이 임박했을 때 무량수불께서 여러 대중과 함께 그 사람 앞에 나타나고,"

經曰。此等衆生。臨壽終時。無量壽佛。與諸大衆。現其人前者。

술 이것은 두 번째로 사유死有[48]의 단계에서 상이 나타나는 것이다.

47 본유本有 : Ⓢ pūrva-kāla-bhava. 한 번의 윤회 과정을 존재의 양태에 따라 넷으로 나눈 것 중 하나. 태어난 이후부터 죽음에 이르기까지의 존재를 일컫는 말이다.

48 사유死有 : Ⓢ maraṇa-bhava. 한 번의 윤회 과정을 존재의 양태에 따라 넷으로 나눈 것

述云。此第二死有相顯也。

㉰ 중유의 단계에서 부처님을 따름

경 "바로 그 부처님을 따라 그 국토에 왕생하는데,"

經曰。即隨彼佛。往生其國者。

술 이것은 세 번째로 중유中有[49]의 단계에서 부처님을 따르는 것이다.

述云。此第三中有逐佛也。

㉱ 생유의 단계에서 이익을 얻음

경 "문득 칠보로 이루어진 꽃 속에서 저절로 화생化生[50]하여 불퇴전의 지위에 머물고 지혜롭고 용맹스러우며 신통력에 의해 자유자재함을 얻는다."

經曰。便於七寶華中。自然化生。住不退轉。智慧勇猛。神通自在者。

중 하나. 죽는 순간의 존재를 일컫는 말이다.

49 중유中有 : Ⓢ antarā-bhava. 한 번의 윤회 과정을 존재의 양태에 따라 넷으로 나눈 것 중 하나. 죽어서 다시 태어나기까지의 사이의 존재, 곧 사유死有와 생유生有 사이의 존재를 일컫는 말이다.

50 화생化生 : 극락에 왕생하는 사람은 그 탄생의 양태에 따라 태생胎生과 화생으로 나눌 수 있다. 부처님의 지력智力을 믿는 사람은 구품의 행업行業에 따라 각각 연꽃 속에 태어나며, 신상身相의 광명을 일시에 구족하므로 화생이라고 한다. 이에 상대하여 태생은 부처님의 타력他力을 의심하여 자력으로 염불하는 이가 변지邊地의 궁전에 태어나서 5백 세 동안 삼보를 보고 들을 수 없는 것을 가리킨다. 이는 태생하는 사람이 모태 안에 갇혀서 해와 달을 볼 수 없는 것과 같기 때문에 태생이라고 한다.

술 이것은 네 번째로 생유生有[51]의 단계에서 이익을 얻는 것이다.

述云。此第四生有獲益也。

어떤 사람은 〈이 세 무리는 그 차례대로 구품 중 상품중생·중품상생·하품하생에 해당한다. 그러므로 그 경(『관무량수경』)에서 말한 "(상품중생은) 일칠일을 지나서 불퇴전을 얻는다."[52]라고 했다.〉[53]라고 했는데, 이것은 옳지 않다.

어떤 사람은 〈여기에서 "불퇴전의 지위에 머물고"라고 한 것은, 곧 초지 이상의 불퇴전의 지위이니, 『관무량수경』에서 '무생인無生忍을 깨닫는 것'과 '백법명百法明(온갖 법을 밝게 아는 것)을 얻는 것'은 모두 초지初地[54]이기 때문이다.〉라고 해석했는데, 이것도 또한 옳지 않다.

그 경에서 "(상품중생은) 왕생하여 (7일을 지나면) 불퇴전을 얻고, 1소겁을 지나면 무생인을 얻는다."[55]라고 했는데, 반드시 불퇴전을 곧 초지라고 말할 수는 없기 때문이다. 지금 곧 상품의 삼생三生은 비록 빠르고 늦은 차이는 있을지라도 모두 십신十信에 들어가 무생인을 얻고 백명문百明門을 깨닫기 때문에 "불퇴전의 지위에 머물고"라고 했다.

---

51 생유生有 : Ⓢ upapatti-bhava. 한 번의 윤회 과정을 존재의 양태에 따라 넷으로 나눈 것 중 하나. 태어나는 순간, 즉 모태에 탁태托胎·결생結生하는 찰나의 존재를 일컫는 말이다.

52 『觀無量壽佛經』(T12, 345a18).

53 『觀無量壽經』에서 불퇴전의 지위를 상품중생이라고 했고, 『無量壽經』에서 상배가 불퇴전의 지위라고 했으니, 상품중생은 곧 상배라고 할 수 있다는 말. 이 견해의 제창자는 알 수 없다. 다만 길장은 『無量壽經義疏』(T37, 122b12)에서 상배는 상품상생, 중배는 중품상생과 중품중생, 하배는 하품하생에 해당한다고 하였다.

54 『觀無量壽經』(T12, 345b4)과 같은 책(T12, 345a20)을 참조할 것.

55 『觀無量壽經』(T12, 345a18).

有說。此三輩。如其次第。即九品中。上中。中上。下下。故彼經云。經一七日。得不退轉。非也。有說。此言住不退轉。即初地已上不退轉位。觀經所言。悟無生忍。得百法明。皆初地故。此亦非也。彼經中。生得不退已。經一小劫。得無生忍。必不可言不退轉即初地故。今即上品三生。雖有遲疾。皆入十信。得無生忍。悟百明門。故云住不退。

나) 권하면서 맺음

경 "그러므로 아난아, 어떤 중생이 지금 세상에서 무량수불을 친견하려면 반드시 위없는 보리심을 발하고 공덕을 닦으면서 그 국토에 왕생하기를 소원해야 한다."

經曰。是故。阿難。其有衆生。欲於今世。見無量壽佛。應發無上菩提之心。修行功德。願生彼國者。

술 이것은 나중에 권하면서 맺은 것이다.

述云。此後結勸也。

나. 중배

가) 총괄적으로 나타낸 것

경 부처님께서 아난에게 말씀하셨다.
"중배란 시방세계의 여러 하늘과 인민이 지극한 마음으로 그 국토에 태어나기를 원하면서"

經曰。佛告阿難。其中輩者。十方世界。諸天人民。其有至心。願生彼國者。

술 이것은 두 번째로 중배를 풀이한 것이다. 여기에 두 가지가 있는데, 이것은 처음에 총괄적으로 나타낸 것이다.

述云。此第二釋中輩。有二。此初總標也。

나) 개별적으로 풀이함

㉮ 본유의 단계에서 인을 닦음

경 "비록 사문이 되어 크게 공덕을 닦는 일은 행할 수 없을지라도, 위없는 보리심을 발하고 한결같이 오로지 무량수불을 생각하면서 얼마간의 선을 닦고 재계齋戒를 받들어 지니며 탑과 불상을 건립하고 사문에게 공양하며 비단 휘장을 걸고 등불을 켜며 꽃을 뿌리고 향을 태워서 이것을 회향하여 그 국토에 왕생하기를 소원하는 사람이다."

經曰。雖不能行作沙門大修功德。當發無上菩提之心。一向專念無量壽佛。多少修善。奉持齋戒。起立塔像。飯食沙門。懸繒然燈。散華燒香。以此迴向。願生彼國者。

술 이것은 나중에 개별적으로 해석한 것이다. 여기에 네 가지가 있는데, 이것은 처음에 본유의 단계에서 인因을 닦는 것이다.

述云。此後別釋。有四。此初本有修因也。

㉯ 사유의 단계에서 상이 나타남

경 "그 사람은 임종할 때 무량수불이 그 몸을 변화하여 나투는데, 광명과 상호가 모두 진불眞佛과 같은 모습으로 여러 대중과 함께 그 사람 앞에 나타나니,"

經曰。其人臨終。無量壽佛。化現其身。光明相好。具如眞佛。與諸大衆。現其人前者。

술 이것은 두 번째로 사유의 단계에서 상이 나타나는 것이다.

述云。此第二死有相現也。

㉰ 중유의 단계에서 왕생하여 나아감

경 "바로 화불化佛을 따라 그 국토에 왕생하여,"

經曰。即隨化佛。往生其國者。

술 이것은 세 번째로 중유의 단계에서 왕생하여 나아가는 것이다.

述云。此第三中有往趣也。

㉱ 생유의 단계에서 이익을 얻음

경 "불퇴전의 지위에 머물고 공덕과 지혜는 상배의 다음에 해당한다."

經曰。住不退轉。功德智慧。次如上輩者也者。

술 이것은 네 번째로 생유의 단계에서 이익을 얻는 것이다. 『관무량수경』에 따르면 (중배의) 상·중·하의 경우에 모두 "미타가 스스로 그 앞에 나툰다."라고 말하였고, 진신眞身인지 화신인지는 말하지 않았다.[56] (이 경은 화신임을 밝혔다.) 그러므로 이 문장은 이치를 다하였다.

述云。此第四生有獲利也。依觀經。上中下皆云。彌陀。自現其前。不言眞化。故此文盡理。

다. 하배

가) 총괄적으로 나타냄

경 부처님께서 아난에게 말씀하셨다.

---

56 『觀無量壽經』(T12, 345c8)에 따르면 중품상생과 중품중생은 "미타가 스스로 그 앞에 나툰다."라고 하고, 진신인지 화신인지는 말하지 않았다. 그러나 중품하생은 부처님께서 맞이하는 것에 대해 말하지 않았다. 따라서 경흥이 중품하생을 포함시킨 것은 타당하지 않은 것 같다. 법위의 『無量壽經義疏』 권하(H2, 15b10)에 "『觀無量壽經』에 의거하면 그(중배) 상품과 중품의 두 품은 모두 '아미타불께서 스스로 나툰다.'라고 했을 뿐이고 진신인지 화신인지는 말하지 않았다. 그리고 하품에서는 부처님께서 맞이하는 것을 말하지 않았다. 여기(『無量壽經』)에서는 (중배에 대해) 화신이 와서 맞이하고 진신이 아님을 밝혔다. 『觀無量壽經』에서 이미 진신인지 화신인지를 말하지 않았으니 이 글을 바른 것으로 삼는다.[依觀經。其上中六(二)品。皆言彌陀佛自現。不言眞化。然下品中。不言佛迎。此中。明化身來迎。非眞身。觀經。既不言眞化。似(以)此文爲正。]"라고 한 것이 바른 것 같다.

"하배란 시방세계의 여러 하늘과 인민이 지극한 마음으로 그 국토에 왕생하고자 하여"

經曰。佛語阿難。其下輩者。十方世界。諸天人民。其有至心。欲生彼國者。

술 이것은 세 번째로 하배이다. 여기에 두 가지가 있는데, 이것은 처음에 총괄적으로 나타낸 것이다.

述云。第三釋下輩。有二。此初總摽也。

나) 개별적으로 풀이함

㉮ 본유의 단계에서 인을 닦음

경 "가령 온갖 공덕을 지을 수는 없더라도, 위없는 보리심을 발하여 한결같이 뜻을 오로지하여 열 번의 생각에 이르기까지 무량수불을 칭념하고 그 국토에 왕생하기를 원하며, 혹은 심오한 법을 듣고 기뻐하면서 믿고 즐거워하며 의혹을 일으키지 않고 한 생각이라도 그 부처님을 칭념하면서 지극히 정성스런 마음으로 그 국토에 왕생하기를 원하는 사람이다."

經曰。假使不能作諸功德。當發無上菩提之心。一向專意。乃至十念。念無量壽佛。願生其國。若聞深法。歡喜信樂。不生疑惑。乃至一念。念於彼佛。以至誠心。願生彼國者。

술 이것은 나중에 개별적으로 풀이한 것이다. 여기에 세 가지가 있는데, 이것은 처음에 본유의 단계에서 인因을 닦는 것이다.

"보리심을 발하여"란 정성定性의 이승二乘이 끝내 대승으로 향하지 못하는 것과 간별하기 위한 것이니, 『관무량수경』의 글과 어긋나지 않는다.

述云。此後別釋。有三。此初本有修因也。當發菩提心者。即簡定性。終不向大。故不違觀經之文。

㉯ 사유의 단계에서 상이 나타남

경 "이 사람은 죽음이 임박했을 때 꿈에 그 부처님을 친견하고"

經曰。此人臨終。夢見彼佛者。

술 이것은 두 번째로 사유의 단계에서 상이 나타나는 것이다.

述云。此第二死有相現也。

㉰ 생유의 단계에서 이익을 얻음

경 "또한 왕생하는데, 공덕과 지혜는 중배의 다음에 해당한다."

亦[1]得往生。功德智慧。次如中輩者也。[2]

1) ㉮ '亦' 앞에 '經曰'이 누락되었다. 2) ㉮ '也' 뒤에 '者'가 누락되었다.

술 이것은 세 번째로 생유의 단계에서 이익을 얻는 것이다. 『관무량수경』의 구품을 끌어다가 개별적으로 배대하여 풀이해야 하지만 번거로울 것을 염려하여 갖추어서 기록하지 않는다.

述云。此第三生有得利也。將彼九品。應別配釋。恐言煩。故不須備錄。

2) 대보살의 왕생

(1) 간략하게 나타냄

① 여러 부처님이 함께 찬탄함

경 부처님께서 아난에게 말씀하셨다.
"무량수불은 위신威神이 다함이 없어 시방세계의 한량없고 가없는 불가사의한 여러 불·여래께서 그분을 칭찬하고 찬탄하지 않음이 없다."

經曰。佛告阿難。無量壽佛。威神無極。十方世界。無量無邊。不可思議。諸佛如來。莫不稱歎於彼者。

술 두 번째로 대보살大菩薩의 왕생[57]이다. 여기에 두 가지가 있으니, 처음은 간략하게 나타낸 것이고, 나중은 자세하게 게송으로 밝힌 것이다. 처음에 또한 두 가지가 있는데, 이것은 처음에 여러 부처님이 함께 찬탄하는 것이다.

述云。第二大菩薩往生。有二。初略標。後廣頌。初又有二。此初諸佛共歎也。

57 대보살大菩薩의 왕생 : 앞의 분과에서는 "대성의 왕생"이라 하였다.

② 뛰어난 성인이 함께 왕생함

경 "동방에 있는 갠지스 강의 모래알처럼 많은 불국토의 한량없고 셀 수 없는 모든 보살의 무리가 모두 왕생하여 무량수불의 처소를 방문하여 공경하고 공양하고, 이를 모든 보살 대중과 성문 대중까지 이르도록 하며, 경법을 듣고 그 도를 유포하여 교화한다. 남방·서방·북방·사유四維[58]·상·하 등의 보살도 또한 역시 이와 같이 한다."

經曰。東方恒沙佛國。無量無數。諸菩薩衆。皆悉往。詣無量壽佛所。恭敬供養。及諸菩薩聲聞大衆。聽受經法。宣布道化。南西北方四維上下。亦復如是者。

술 이것은 나중에 뛰어난 성인이 함께 왕생하는 것이다.

총괄적으로 말하자면 범부와 소승인으로 하여금 왕생하고자 하는 뜻을 증대시키기 위한 것이니, 그러므로 그 국토의 뛰어남을 나타내야 했던 것이다.

述云。此後勝聖共生也。總而言之。欲令凡小。增欲生之意。故須顯彼國土之勝。

⑵ 자세하게 게송으로 밝힘

① 글의 종류를 구분함

58 사유四維 : 서북·서남·동북·동남 등의 네 방위를 이른다.

경 이때 세존께서 게송을 설하여 말씀하셨다.

經曰。爾時世尊。而說頌曰者。

술 두 번째로 자세하게 게송으로 밝힌 것이다. 여기에 두 가지가 있는데, 이것은 처음에 글의 종류를 구분한 것이다.

述云。第二廣頌。有二。此初璅[1)]文也。

1) ㉻ 다른 판본에서는 '璅'를 '繅'라고도 했고, '瑣'라고도 했다.(㉭) ㉾ 앞의 문장을 참조할 때 '瑣'인 것 같다.

② 바로 게송으로 밝힘

가. 뛰어난 성인이 함께 왕생하는 것을 게송으로 밝힘

가) 뛰어난 성인이 모두 왕생함

㉮ 동방의 뛰어난 성인이 왕생하는 것을 게송으로 밝힘

경

동방의 여러 불국토
그 수 갠지스 강의 모래알처럼 많은데
그 국토에 거주하는 보살의 무리
왕생하여 무량각無量覺[59]을 찾아뵙네.

59 무량각無量覺 : Ⓢ Amitābha-buddha. 무량수불의 다른 의역어이다.

經曰。東方諸佛國。其數如恒沙。彼土菩薩衆。往觀無量覺者。

술 이것은 나중에 바로 게송으로 밝힌 것이다. 여기에 두 가지가 있다. 처음은 뛰어난 성인이 함께 왕생하는 것을 게송으로 밝힌 것이니, 곧 15게송이다. 나중은 여러 부처님께서 모두 찬탄한 것을 게송으로 밝힌 것이니, 곧 15게송이다. 처음에 또한 세 가지가 있는데, 처음은 뛰어난 성인이 모두 왕생하는 것이다. 여기에 두 가지가 있는데, 이것은 처음에 동방의 뛰어난 성인이 왕생하는 것을 게송으로 밝힌 것이다.

"근觀"은 만나 뵙는 것이니, "제후가 천자를 만나 뵙는 것을 근觀이라 한다."[60]라고 한 것이 이것이다.

述云。此後正頌。有二。初頌勝聖共生。即十五頌也。後頌諸佛皆歎。即十五頌也。初又有三。初勝聖皆生。有二。此初頌東方往生也。覲者見也。諸侯見天子曰覲。是也。

㉯ 다른 방위의 뛰어난 성인이 왕생함

경

남방·서방·북방·사유
상·하도 또한 그러하여
그 국토에 거주하는 보살의 무리
왕생하여 무량각을 찾아뵙네.

經曰。南西北四維。上下亦復然。彼土菩薩衆。往觀無量覺者。

60 경흥은 출처를 밝히지 않았는데, 『禮記』「曲禮」에 나오는 말이다.

술 이것은 나중에 다른 방위의 뛰어난 성인이 왕생하는 것이다.

述云。此後餘方往生也。

나) 공양하고 공경하여 복을 닦음

㉮ 외사에 의해 공양함

경

일체의 모든 보살이
각각 하늘의 미묘한 꽃과
보배로운 향과 가장 값비싼 옷을 가져와
무량각께 공양하네.

모두 하늘의 음악 연주하여
조화롭고 아름다운 음을 내고
노래를 부르며 가장 뛰어나고 존귀한 분을 찬탄하여
무량각께 공양하네.

經曰。一切諸菩薩。各齎天妙華。寶香無價衣。供養無量覺。咸然奏天樂。暢發和雅音。歌歎最勝尊。供養無量覺者。

술 이것은 두 번째로 공양하고 공경하여 복을 닦는 것이다. 여기에 세 가지가 있는데, 이것은 처음에 외사外事에 의해 공양하는 것[61]이다.

---

61 외사外事에 의해 공양하는 것 : 꽃·향 등과 같은 외적인 물건으로 공양하는 것.

述云。此第二供敬修福。有三。此初外事供養也。

㉯ 내업에 의해 공양하고 공경함

경

신통력을 온전히 이루고 지혜를 통달하여
깊은 문에서 노닐고 심오한 법을 증득하여 들어가셨네.
공덕장功德藏을 온전히 갖추고
미묘한 지혜는 짝할 이 없네.

해처럼 밝은 지혜로 세간을 비추어
구름처럼 가득 덮은 생사윤회의 길 쓸어 없애시니
공경하는 마음으로 세 번 돌고
위없는 존귀한 분께 머리를 조아려 예배드리네.

經曰。究達神通慧。遊入深法門。具足功德藏。妙智無等倫。慧日照世間。消除生死雲。恭敬遶三匝。稽首無上尊者。

술 이것은 다음에 내업內業[62]에 의해 공양하고 공경하는 것이다.

"구究"란 궁극의 경지에 도달하는 것(究竟)이고, "달達"이란 통달하는 것이다. 신통력이든 지혜든 궁극의 경지까지 도달하고 통달하였기 때문에 "신통력"과 "지혜"라고 했다. 곧 신통력은 궁극의 경지에 도달했고, 지혜

62 내업內業 : 혜원은『無量壽經義疏』권상(T37, 108b14)에서 이 부분을 내사공양內事供養으로 분과하고, "뒤의 내사공양 가운데 처음의 한 게송 반은 입으로 찬탄하여 공양한 것이고, 뒤의 반 게송은 몸으로 공경하여 공양한 것이다.(後內事中。初一偈半。口歎供養。後之半偈。身敬供養。)"라고 하였다. 여기에서 내사란 내업과 같다.

는 통달했다는 뜻이다.

방관傍觀(얽매임이 없이 보는 것)을 "유遊"라고 하고, 근원을 궁구하는 것을 "입入"이라 한다. "심법深法"이란 곧 지혜가 들어가는 대상이고, "심문深門"이란 신통력이 노니는 대상이다. 그러므로 곧 신통력과 지혜가 쌍을 이룬 것이다.

복행福行을 원만하게 갖추었기 때문에 "공덕장을 온전히 갖추고"라고 했고, 혜행慧行이 뛰어나게 미묘하기 때문에 "미묘한 지혜는 짝할 이 없네."라고 했다. 복福은 지혜의 자량이고, 지혜는 복의 길이다. 그러므로 곧 복덕과 지혜가 쌍을 이룬 것이다.

述云。此次內業供敬也。究者究竟。達者洞達。若通若智。究竟洞達。故云神通慧。則神通究竟智慧洞達義也。傍觀曰遊。窮原稱入。深法者即智所入。深門者即通所遊。故即通智雙也。福行圓備。故具功德藏。慧行殊妙。故智無等倫。福是慧資。慧是福道故。即福智雙也。

어떤 사람은 〈이러한 두 쌍은 모두 부처님의 자덕自德을 찬탄한 것이다.〉[63]라고 했는데, 옳지 않으니, 신통력은 중생을 교화하는 미묘한 기술이기 때문이다.

또한 그가 말하기를 〈지혜는 신통력의 근본이고, 신통력은 지혜의 작용이다.〉[64]라고 했는데, 이것도 또한 옳지 않다. 신통력은 이미 세속지世俗智이니, 반드시 체體와 용用을 갖추었기 때문이다.

"해처럼 밝은 지혜"란 비유에 의해 이름을 붙인 것이다. 미혹(惑)·업業·

63 혜원이 『無量壽經義疏』 권하(T37, 108b15)에서 "입으로 찬탄한 것 가운데 앞의 한 게송은 부처님의 자덕을 찬탄한 것이고, 뒤의 반 게송은 부처님의 이타利他를 찬탄한 것이다.(就口歎中。前之一偈。歎佛自德。後之半偈。歎佛利他。)"라고 한 것을 말한다.

64 혜원이 『無量壽經義疏』 권하(T37, 108b18)에서 제시한 것이다.

고통(苦)[65] 등의 세 가지가 능히 허공과 같은 진여의 경계와 해와 달과 같은 지혜를 덮는 것이 곧 구름이 허공과 해와 달을 덮는 것과 같기 때문에 "구름처럼 가득 덮은 생사윤회의 길"이라 하였다. 부처님의 지혜는 진여의 경계를 통달하여 능히 자신과 타인의 미혹과 업과 고통의 장애를 제거하기 때문에 "해처럼 밝은 지혜"라고 했고, 사물에 대한 이해를 발생시키기 때문에 "세간을 비추어"라고 했다.

有說。此之二雙。皆歎佛自德。非也。通是化物之妙術故。又彼所言。智爲通本。通是智用。亦非也。通既世俗智。必有體用故。慧日者。即從喻之名。惑業苦三。能覆眞空及智日月。即同雲覆虛空日月。故云生死雲。佛智達眞。能除自他惑業苦障。故云慧日。令生物解。故云照世間。

㉰ 국토를 보고 기뻐하며 구함

경

저 장엄한 정토
미묘하고 생각과 의론으로 헤아리기 어려움을 보고
그로 인해 무량심無量心을 일으키고
자신의 국토도 또한 그렇게 될 것을 서원하네.

---

65 『成唯識論』 권8(T31, 43b19)에서 "또한 생사의 상속은 미혹·업·고통으로 말미암아 일어난다. 업을 일으켜 생사를 윤택하게 하는 번뇌를 미혹이라 한다. 능히 후유後有를 감感하는 모든 업을 업이라 한다. 업에 의해 끌려 나온 온갖 고통을 고통이라 한다. 미혹·업·고통의 종자를 모두 습기習氣라고 한다. 앞의 두 가지 습기는 생사의 고통의 증상연增上緣이 되니, 도와서 고통을 낳기 때문이다. 세 번째 습기는 생사의 고통에 대하여 능작인연能作因緣이 되니, 직접적으로 고통을 낳기 때문이다.(復次。生死相續。由惑業苦。發業潤生煩惱名惑。能感後有諸業名業。業所引生衆苦名苦。惑業苦種。皆名習氣。前二習氣。與生死苦。爲增上緣。助生苦故。第三習氣。望生死苦。能作因緣。親生苦故。)"라고 하였다.

經曰。見彼嚴淨土。微妙難思議。因發無量心。願我國亦然者。

술 이것은 세 번째로 국토를 보고 기뻐하며 구하는 것이다. "무량심"이란 사무량심四無量心[66]이다.

述云。此第三見土欣求也。無量心者。即四無量心也。

다) 법을 듣고 지혜를 일으키는 것을 게송으로 밝힘

㉮ 상을 나투어 발기함

경

때맞추어 무량존無量尊(무량수불)께서
환한 얼굴로 미소를 지으시며
입에서 헤아릴 수 없는 광명을 내어
시방의 국토를 두루 비추시네.
그 광명 되돌아와 몸을 감싸고
세 번 돌아 정수리로 들어가네.

---

66 사무량심四無量心 : 불·보살이 한량없는 중생을 두루 제도하여 고통을 여의고 즐거움을 얻게 하기 위해서 갖추어야 할 네 가지의 정신. 첫째, 자무량慈無量(Ⓢ maitrī-apramāṇa)이니, 무량한 중생을 대상으로 그들이 즐거움(樂)을 얻도록 하는 법을 사유하며, 자등지慈等至로 들어가는 것을 말한다. 둘째, 비무량悲無量(Ⓢ karuṇā-apramāṇa)이니, 무량한 중생을 대상으로 그들이 괴로움을 벗어나도록 하는 법을 사유하며, 비등지悲等至로 들어가는 것을 말한다. 셋째, 희무량喜無量(Ⓢ muditā-apramāṇa)이니, 무량한 중생이 괴로움을 벗어나 즐거움을 얻고 내심 깊이 희열을 느낀다고 사유하며, 희등지喜等至로 들어가는 것을 말한다. 넷째, 사무량捨無量(Ⓢ upekṣā-apramāṇa)이니, 무량한 중생이 모두 평등하고 멀거나 가까운 등의 차별이 없다고 사유하며 사등지捨等至로 들어가는 것이다.

經曰。應時無量尊。動容發欣笑。口出無數光。遍照十方國。迴光圍遶身。三匝從頂入者。

술 이것은 세 번째로 법을 듣고 지혜를 일으키는 것을 게송으로 밝힌 것이다. 여기에 네 가지가 있는데, 이것은 처음에 상相을 나투어 발기發起(발하여 일어나도록 한 것)한 것이다.

"두루 비추시네."란 중생을 구제함에 있어서 차별이 없기 때문이다. "몸을 감싸고"란 덕을 쌓음이 원만하기 때문이고, "세 번 돌아"란 반드시 두 대사大士[67]를 겸하기 때문이며, "정수리로 들어가네."란 곧 (아미타불이) 삼존三尊[68] 중 가장 상위이기 때문이다.

述云。此第三頌聞法生智。有四。此初現相發起也。遍照者。濟之無二故。遶身者。集德圓滿故。三匝者。必兼二大士故。頂入者。即三尊中爲上故。

㉯ 대중이 보고 기쁜 마음을 일으킴

경

일체의 사람과 하늘의 무리
뛰어오를 듯한 마음으로 모두 기뻐하네.

經曰。一切人天衆。踊躍皆歡喜者。

술 두 번째로 대중이 보고 기쁜 마음을 일으킨 것이다.

67 두 대사大士 : 아미타불의 협시 보살인 관세음觀世音과 대세지大勢至를 가리킨다.
68 삼존三尊 : 갖추어서 미타삼존彌陀三尊이라 한다. 아미타불과 그 협시보살인 관세음보살·대세지보살 등을 합하여 일컫는 말이다.

述云。第二衆見生喜也。

㉰ 관음보살이 말씀해 주실 것을 요청함

경

대사 관세음이
옷을 다듬고 머리를 숙여 예배드리며 물어
아뢰기를 부처님께서는 어떤 인연으로 미소를 지으시나이까?
원하옵건대 그 뜻을 설해 주소서 하니,

經曰。大士觀世音。整服稽首問。白佛何緣笑。唯然願說意者。

술 이것은 세 번째로 관음보살이 말씀해 주실 것을 요청한 것이다.

述云。此第三觀音請說也。

㉱ 여래께서 요청에 응하여 대답함

ㄱ. 간략하게 허락하고 명령한 것을 나타냄

경

천둥처럼 큰 청정한 음성
여덟 가지 음音으로 미묘한 소리를 내어 대답하시네.
바로 보살에게 수기授記를 주려는 것이니
이제 말하는 것을 그대는 자세히 잘 들어라.

經曰。梵聲猶雷震。八音暢妙響。當授菩薩記。今說仁諦聽者。

술 이것은 네 번째로 여래께서 요청에 응하여 대답하신 것이다. 여기에 두 가지가 있는데, 이것은 처음에 간략하게 허락하고 명령한 것을 나타낸 것이다.

"청정한 음성"이란 총괄적으로 든 것이다.

"여덟 가지 음"이란 개별적으로 찬탄한 것이니, 『범마유경梵摩喩經』에서 "첫째, 가장 훌륭한 소리이니, 소리가 애잔하고 미묘하기 때문이다. 둘째, 쉽게 이해할 수 있는 소리이니, 말이 분명하여 이해할 수 있게 하기 때문이다. 셋째, 조화로운 소리이니, 큰 소리와 작은 소리가 적중함을 얻기 때문이다. 넷째, 유연한 소리이니, 소리가 부드럽고 가볍기 때문이다. 다섯째, 오류가 없는 소리이니, 말에 착오나 과실이 없기 때문이다. 여섯째, 여인과 같지 않은 소리이니, 소리가 웅장하고 밝기 때문이다. 일곱째, 존귀하고 지혜로운 소리이니, 말이 위엄과 엄숙함이 있기 때문이다. 여덟째, 깊이 있고 멀리까지 울리는 소리이니, 소리가 깊고 멀리까지 울리기 때문이다."[69]라고 한 것과 같다. 이 미묘한 음성으로 관음보살에게 대답했기 때문에 "미묘한 소리를 내어 대답하시네."라고 했다.

述云。此第四如來酬請。有二。此初略標許勅也。梵聲者總擧。八音者別歎。如梵摩喩經中說。一最好聲。聲哀妙故。二易了聲。言辨了故。三調和聲。大小得中故。四柔煗聲。聲濡[1)]輕故。五不誤聲。言無錯失故。六不女聲。聲雄朗故。七尊慧聲。言有威肅故。八深遠聲。聲[2)]遠故。以此妙音。酬觀音。故云暢妙響。

69 『梵摩渝經』(T1, 884b23)에서 "聲有八種。最好聲。易了聲。濡軟聲。和調聲。尊慧聲。不誤聲。深妙聲。不女聲。"이라 했다. 책명의 '渝'는 '喩'라고도 쓴다. 각 소리에 대한 해석은 혜원이 『無量壽經義疏』 권하(T37, 108c5)에서 설명한 것과 내용이 거의 동일하다.

1) (원) '濡'는 '軟'인 것 같다.(갑) 2) (원) '聲' 뒤에 '深'이 누락된 것 같다.

ㄴ. 질문한 것에 바로 대답함

ㄱ) 소원에 따라 성불할 것임을 수기함

경

시방에서 온 정사正士들
나는 그 소원 모두 알고 있네.
장엄한 정토에 뜻을 두고 추구하여
수기를 받고 미래세에 성불하리라.

經曰。十方來正士。吾悉知彼願。志求嚴淨土。受決當作佛者。

술 이것은 나중에 질문한 것에 바로 대답한 것이다. 여기에 네 가지가 있는데, 이것은 처음에 소원에 따라 성불할 것임을 수기한 것이다.

述云。此後正答所問。有四。此初逐願記成佛也。

ㄴ) 지혜와 소원을 들어 국토를 얻을 것을 수기함

경

일체법이 꿈과 같고 허깨비와 같으며
메아리와 같음을 깨달아 알고
모든 미묘한 소원을 원만하게 갖추어
반드시 이와 같은 국토를 이룩하리라.

經曰。覺了一切法。猶如夢幻響。滿足諸妙願。必成如是刹者。

술 이것은 두 번째로 지혜와 소원을 들어 국토를 얻을 것을 수기한 것이다.

述云。此第二擧智願記獲土也。

ㄷ) 지혜와 실천행을 따라 성불할 것임을 수기함

경

법이 번개와 같고 그림자와 같음을 알고
보살도를 완성하며
온갖 공덕의 근본을 갖추어
수기를 받고 미래세에 성불하리라.

經曰。智法如電影。究竟菩薩道。具諸功德本。受決當作佛者。

술 이것은 세 번째로 지혜와 실천행을 따라 성불할 것임을 수기한 것이다.

述云。此第三逐智行記成佛也。

ㄹ) 지혜와 서원을 들어 국토를 이룩할 것을 수기함

경

제법의 성품에 통달하여

일체가 공이고 무아無我임을 알고
오로지 청정한 불토를 추구하여
반드시 이와 같은 국토를 이룩하리라.

經曰。通達諸法性。一切空無我。專求淨佛土。必成如是刹者。

술 이것은 네 번째로 지혜와 서원을 들어 국토를 이룩할 것을 수기한 것이다.

(앞에서 설한) '법이 꿈·번개 등과 같은 것을 아는 것'은 곧 세속제世俗諦[70]를 대상으로 한 지혜이고, (여기에서 설한) '법의 성품이 공이라는 것을 통달하는 것'은 곧 승의제勝義諦[71]를 대상으로 한 지혜이다.

述云。此第四擧智願記成土也。智法如夢電等。即世俗諦智。通達法性空。即勝義諦智。

나. 여러 부처님이 찬탄한 것을 게송으로 밝힘

가) 다른 부처님께서 함께 찬탄한 것을 게송으로 밝힘

㉮ 법을 듣고 국토를 얻는 것을 찬탄함

경

모든 부처님께서 보살에게 말씀하셨네.

---

70 세속제世俗諦 : 세속적인 관점에서의 진리. 속제俗諦라고도 한다.
71 승의제勝義諦 : 궁극적인 관점에서의 진리. 제일의제第一義諦라고도 한다.

안양국安養國(극락세계)의 부처님을 찾아뵙고
법을 듣고 즐거운 마음으로 받아들이고 행하면
속히 청정처(정토)를 얻으리.

經曰。諸佛告菩薩。令覲安養佛。聞法樂受行。疾得清淨處者。

술 두 번째로 여러 부처님이 찬탄한 것을 게송으로 밝힌 것이다. 여기에 두 가지가 있다. 처음은 다른 부처님께서 함께 찬탄한 것을 게송으로 밝힌 것이니, 곧 다섯 게송이다. 나중은 석가불이 스스로 찬탄한 것을 게송으로 밝힌 것이니, 곧 열 게송이다. 처음에 또한 네 가지가 있는데, 이것은 처음에 법을 듣고 국토를 얻는 것을 찬탄한 것이다.

述云。第二頌諸佛歎。有二。初頌餘佛共歎。即五頌也。後頌釋迦自歎。即十頌也。初又有四。此初聞法得土歎也。

㉯ 신통력을 얻고 깨달음을 이루는 것을 찬탄함

경

그 장엄하고 청정한 국토에 이르러
속히 신통력을 얻고
반드시 무량존께
수기를 받아 등각等覺을 이루리.

經曰。至彼嚴淨國。便速得神通。必於無量尊。受記成等覺者。

술 이것은 두 번째로 신통력을 얻고 깨달음을 이루는 것을 찬탄한 것이다. 곧 앞에서 "바로 보살에게 수기를 주려는 것이니"라고 한 것이 이것이다.

述云。此第二得通成覺歎。即前當授菩薩記。是也。

㉰ 명호를 듣고 불퇴전의 지위에 도달하는 것을 찬탄함

경

그 부처님께서 세운 본원의 힘으로
명호를 듣고 왕생하고자 하면
모두 그 국토에 이르러
저절로 불퇴전의 지위에 도달하리.

經曰。其佛本願力。聞名欲往生。皆悉到彼國。自致不退轉者。

술 이것은 세 번째로 명호를 듣고 불퇴전의 지위에 도달하는 것을 찬탄한 것이다. 곧 앞에서 "정정취正定聚에 머문다."라고 한 것이다.

述云。此第三聞名不退歎。即前住正定聚也。

㉱ 서원을 세우고 부처님께 공양하는 것을 찬탄함

경

보살은 지극한 서원을 일으켜
자신의 국토가 극락세계와 다름이 없기를,

일체의 중생을 두루 생각하여 제도하기를,
명성이 시방세계에 두루 드러나기를 서원하리.

억 분의 여래 받들어 섬기기 위해
날아서 여러 국토를 두루 다니며
공경하고 기뻐하는 마음으로 갔다가
다시 안양국으로 돌아오리.

經曰。菩薩興至願。願己國無異。普念度一切。名顯達十方。奉事億如來。飛化遍諸剎。恭敬歡喜去。還到安養國者。

술 이것은 네 번째로 서원을 세우고 부처님께 공양하는 것을 찬탄한 것이다.

서원에 의해 얻으려는 국토는 아미타불의 국토와 같기 때문에 "자신의 국토가 극락세계와 다름이 없기를"이라고 했으니, 곧 정토를 구하는 서원이다. 부처가 되었을 때 덕스러운 명호가 멀리 두루 들리도록 할 것을 서원했기 때문에 "명성이 시방세계에 두루 드러나기를"이라고 했으니, 곧 불신을 구하는 서원이다.

述云。此第四逐願供佛歎也。願所得土。如彌陀國。故云國無異。即求淨土願也。願作佛時。德名遠聞。故云名顯十方。即求佛身願也。

나) 석가불이 스스로 찬탄함

㉮ 경의 믿기 어려움을 찬탄함

ㄱ. 선행을 쌓아야 들을 수 있는 것으로 경의 미묘함을 찬탄함

경

선의 근본을 쌓지 못한 이는
이 경을 들을 수 없고
청정하게 계를 지킨 이라야
이 경을 얻어 들으리.

經曰。若人無善本。[1] 不得聞此經。清淨有戒者。乃獲聞此經者。

1) ㉯ '本' 뒤에 '至'가 누락되었다. ㉰ 경 본문이 생략된 문장으로 제시된 것을 전제로 할 때 성립되는 것이다. 현재 본 역서에서는 경의 본문을 모두 실었기 때문에 실제로는 해당 사항이 없다.

술 두 번째로 석가불께서 스스로 찬탄하신 것이다. 여기에 세 가지가 있으니, 처음은 경의 믿기 어려움을 찬탄한 것이고, 다음은 부처님의 지혜가 생각에 의해 헤아리기 어려움을 찬탄한 것이며, 나중은 권하여 보리심을 발하게 한 것이다. 처음에 또한 두 가지가 있는데, 이것은 처음에 선행을 쌓아야 들을 수 있는 것으로 경의 미묘함을 찬탄한 것이다.

述云。第二釋迦自歎。有三。初歎經難信。次佛智難思。後勸使發心。初又有二。此初以有善聞歎經微妙也。

ㄴ. 악행을 쌓은 이는 믿고 듣기 어려운 것으로 경의 깊고 무거움을 찬탄함

경

일찍이 세존을 뵌 이는

이 일을 믿고
겸손하고 공경하는 마음으로 듣고 받들어 행하며
뛰어오를 듯한 마음으로 크게 기뻐하리.

교만하고 삿되며 게으른 이는
이 법을 믿기 어려우니
과거세에 여러 부처님을 뵌 이라야
이와 같은 가르침 즐거운 마음으로 들으리.

經曰。曾更見世尊。則能信此事。謙敬聞奉行。踊躍大歡喜。憍慢弊懈怠。難以信此法。宿世見諸佛。樂聽如是教者。

술 이것은 나중에 악행을 쌓은 이는 믿고 듣기 어려운 것으로 경의 깊고 무거움을 찬탄한 것이다.

(앞에서 경의) 미묘함을 찬탄한 것은 사람들로 하여금 악을 버리고 선을 닦도록 하기 위해서이고, (여기에서 경의) 깊고 무거움을 찬탄한 것은 가볍게 여기고 비방하는 마음을 버리고 믿고 즐거워하는 마음을 일으키게 하기 위해서이다.

述云。此後有惡不信聞以歎經深重也。歎微妙者。令人捨惡。以修善故。歎深重者。令去輕謗。生信樂故。

㈏ 부처님의 지혜가 생각으로 헤아리기 어려운 것을 찬탄함

ㄱ. 부처님만이 홀로 분명하게 깨달으신 것을 찬탄함

경

성문이든 보살이든
성인이신 부처님의 마음을 온전히 알 수 없으니
날 때부터 눈먼 이가
길을 가면서 사람들을 인도하려는 것과 같네.

여래의 지혜는 바다와 같아
깊고 넓으며 바닥을 알 수 없네.
이승이 헤아릴 수 있는 것이 아니고
오직 부처님만이 홀로 분명하게 깨달으신 것이네.

經曰。聲聞或菩薩。莫能究聖心。譬如從生盲。欲行開導人。如來智慧海。深廣無涯底。二乘非所測。唯佛獨明了者。

술 두 번째로 부처님의 지혜가 생각으로 헤아리기 어려운 것을 찬탄한 것이다. 여기에 두 가지가 있는데, 이것은 처음에 이승二乘의 지혜를 마주하여 부처님만이 홀로 분명하게 깨달으신 것을 찬탄한 것이다.

述云。第二佛智難思。有二。此初對二乘智歎佛獨了也。

ㄴ. 여러 성인의 지혜를 마주하여 지혜가 깊고 청정함을 찬탄함

경

가령 모든 사람이
온전하게 모두 도를 얻어
청정한 지혜로 본래 공한 것임을 알고

억겁 동안 부처님의 지혜를 생각하면서

온 힘을 다하여 극진히 강설하여도
수명이 다하도록 알지 못하니
부처님의 지혜는 한계도 없고 끝도 없으며
이와 같이 청정한 경지에 이르렀네.

經曰。假使一切人。具足皆得道。淨慧知本空。億劫思佛智。窮力極講說。盡壽猶不知。佛慧無邊際。如是致清淨者。

술 이것은 나중에 여러 성인의 지혜를 마주하여 지혜가 깊고 청정함을 찬탄한 것이다.

"도를 얻어"란 실천행이 뛰어난 것이고, '공의 이치에 통달한 것'은 깨달음이 깊은 것이며,

"억겁"이란 시간의 장구함을 말한 것이다.

"온 힘을 다하여(窮力)"란 강설이 지극한 것이다. "한계도 없고(無邊)"란 (공간적으로) 시방세계까지 다하는 것이고, "끝도 없으며(無際)"란 (시간적으로) 삼세(三際)를 다하는 것이다. "청정"이란 장애를 다한 것이니, 곧 궁극적으로 청정하여 장애가 다한 도과道果의 경지에 이르렀기 때문에 생각으로 헤아리기 어려움을 찬탄한 것이다.

述云。此後對諸聖智歎智深淨也。得道者行勝。達空者解深。億劫者時久。窮力者說極。無邊者盡十方。無際者窮三際。清淨者障盡。即窮至清淨障盡道果。故歎難思也。

㉰ 권하여 서원을 구하게 함[72]

ㄱ. 듣고 부지런히 노력하여 구할 것을 권함

경

수명을 얻어 살아가는 것 매우 어려웁고
부처님 계신 세상 또한 만나기 어려우며
믿음과 지혜를 지닌 이가 되는 것도 어려우니
법을 듣고 부지런히 노력하여 구해야 하리.

經曰。壽命甚難得。佛世亦難値。人有信慧難。若聞精勤[1)]求者。

1) ㉯ 강승개본에 따르면 '勤'은 '進'이다.

술 세 번째로 권하여 서원을 구하게 한 것이다. 여기에 세 가지가 있는데, 이것은 처음에 듣고 부지런히 노력하여 구할 것을 권한 것이다. 이미 세 가지 어려운 일을 여의었으니 헛되이 시간을 흘려보내는 것을 용납하지 않기 때문이다.

"수명"은 도道의 의지처이고, "부처님"은 뛰어난 인연이며, "믿음"은 행위의 근본이기 때문에 치우치게 이 세 가지를 설한 것이다.

述云。第三勸令求願。有三。此初勸聞勤求也。既離三難。不容空過故。壽是道依。佛爲勝緣。信即行本。故偏說之。

72 앞의 분과에서는 '권하여 보리심을 발하게 한 것'이라고 했다.

ㄴ. 바로 보리심을 발할 것을 권함

경

법을 듣고 잊지 않으며
부처님을 뵙고 공경하는 마음을 내어 큰 기쁨으로 여기면
나의 착하고 친근한 벗이니
그러므로 보리심을 일으켜야 하네.

經曰。聞法能不忘。見敬得大慶。則我善親友。是故當發意者。

술 이것은 다음에 바로 보리심을 발할 것을 권한 것이다.

곧 아미타불의 말씀을 잊지 않고, 또한 그 부처님을 뵙고 공경하고 존중하는 마음을 내고 이것을 큰 기쁨으로 여기면 석가불의 말씀을 수순하여 행하여 석가불에게 포섭되기 때문에 "나의 착하고 (친근한) 벗"이라고 하였다.

述云。此次正勸發心也。即不忘彌陀所說。亦見彼佛。心生敬重。以爲大喜。行順釋迦。釋迦所攝。故云我善友。

ㄷ. 보리심에서 물러나지 않을 것을 권함

경

설령 온 세계가 화염에 휩싸일지라도
기필코 헤쳐 나가 법을 듣고
반드시 불도佛道를 이루어
생사의 세계 떠도는 이 널리 구제해야 하리.

經曰。設滿世界火。必過要聞法。會當成佛道。廣度1)生死流者。

1) ㉠ 경에서는 '度'를 '渡'라 했다. ㉮『大正藏』강승개본에서는 '濟'라 했다. '渡'는 '濟'의 오자인 것으로 보인다.

술 이것은 나중에 보리심에서 물러나지 않을 것을 권한 것이다.

述云。此後勸心不退也。

3) 칭찬과 꾸짖음, 얻는 것과 잃는 것에 의해 범부와 소승에게 권함[73]

(1) 그 국토의 뛰어나고 미묘함을 찬탄하여 중생으로 하여금 즐거운 마음으로 구하게 함

① 뛰어난 즐거움을 자세하게 찬탄함

가. 수명이 길고 오램

경 부처님께서 아난에게 말씀하셨다.

"그 국토의 보살은 모두 필경 일생보처一生補處의 경지에 도달하는데, 그 본원에 있어서 중생을 위해 큰 서원의 공덕으로 스스로를 장엄하고 일체중생을 두루 제도하여 해탈시키려는 뜻을 지닌 이는 제외한다."[74]

經曰。佛告阿難。彼國菩薩。皆當究竟一生補處。除其本願。爲衆生故。以

73 앞의 분과에서는 '셋째, 얻는 것과 잃는 것을 쌍으로 밝혀 범부와 소승의 왕생을 권한 것'이라 했다.

74 아미타불의 사십팔원 중 제22 섭타국보살원이 성취된 것을 말한다.

弘誓功德。而自莊嚴。普欲度脫一切衆生者。

술 세 번째로 칭찬과 꾸짖음, 얻는 것과 잃는 것에 의해 범부와 소승에게 권한 것이다. 여기에 세 가지가 있으니, 처음은 그 국토의 뛰어나고 미묘함을 찬탄하여 중생으로 하여금 즐거운 마음으로 구하게 한 것이고, 다음은 이 국토의 더러움을 펼쳐 사람들로 하여금 싫어하는 마음을 내어 버리도록 한 것이며, 나중은 얻는 것과 잃는 것을 쌍으로 밝혀 중생[75]으로 하여금 닦을 것은 닦고 버릴 것은 버리게 한 것이다. 처음에 또한 두 가지가 있으니, 처음은 뛰어난 즐거움을 자세하게 찬탄한 것이고, 나중은 권하여 왕생하게 한 것이다. 처음에 또한 여덟 가지가 있는데, 이것은 처음에 수명이 길고 오랜 것이다.

"일생一生"이란 오생五生[76] 가운데 최후생最後生인데, 구체적인 내용은 권權과 실實의 관점에 따라 일정하지 않다. 실實의 관점에서 보자면 곧 마혜수라지처摩醯首羅智處[77]에 태어나는 것[78]이다. 권權의 관점에도 또한 두

75 중생 : 해당 원문은 '有'이다. 뒤의 해당 분과에서는 '物'이라 했다. '유'란 존재를 일컫는 말로 중생과 동일하게 보아도 무방한 것 같다.

76 오생五生 : 보살이 받는 다섯 가지 형태의 생生. 『菩薩地持經』 권10(T30, 953a19)에 따르면 다음과 같다. 첫째, 식고생息苦生이니, 굶주림에 허덕이는 세상에 큰 물고기 등의 몸을 받아 태어나 그 살로 일체중생을 구제하는 것과 같은 형태의 생을 받는 것을 말한다. 둘째, 수류생隨類生이니, 보살이 제도의 대상이 되는 일체중생에 대해 그들의 부류에 따라 그와 같은 몸을 받아 태어나 그들을 제도하는 것을 말한다. 셋째, 승생勝生이니 보살이 성품에 따라 그에 합당한 몸을 받아 태어나 수명·형색 등의 여러 가지 측면에서 뛰어난 과보를 받는 것을 말한다. 넷째, 증상생增上生이니 초지에서 십지에 이르기까지 태어나는 곳마다 자유자재하게 생을 받되, 가장 기특한 형태의 몸을 받는 것을 말한다. 다섯째, 최후생이니 크샤트리아나 바라문의 집안에 태어나 위없는 깨달음을 얻고 일체의 불사佛事를 행하는 최후로 생사하는 몸을 받는 것을 말한다.

77 마혜수라지처摩醯首羅智處 : '마혜수라'는 힌두교의 시바신이 불교의 호법신으로 흡수된 것으로 대자재천大自在天이라 의역한다. 색계 제4 선천禪天의 맨 위에 있는 색구경천色究竟天에 머문다. 따라서 '마혜수라지처'는 곧 색구경천을 가리킨다. 제10지의 보살은 성불할 때 색구경천으로 가서 대보련화에 앉아 정각을 이룬다.

78 『十地經論』 권1(T26, 125b29)에서 "보살의 극진함이란 법신이 심·의·식을 떠나 오직

가지 구별이 있다. 예토에 있어서는 곧 염부제에 태어나는 것을 일생一生이라 하고, 정토에 왕생함에 있어서는 곧 성불을 위해 태어남을 일생이라 한다. 지금 실實을 간별하고자 하기 때문에 또한 "보처補處"라고 했다.

혹시 어떤 사람이 의심을 일으켜 '그 국토의 보살이 모두 보처[79]를 얻는다면 유행하면서 교화함이 없어야 할 것'이라고 말할 수 있기 때문에 '본원을 세운 이를 제외하고는 모두 중간에 요절하는 일이 없다'고 하여 의심을 풀었다.

述云。第三褒貶得失以勸凡小。有三。初歎彼土勝妙令物欣求。次申此方穢惡使人厭捨。後雙彰得失令有脩捨。初又有二。初廣歎勝樂。後勸令往生。初又有八。此初壽命長遠也。一生者。即五生之中。最後生。權實不定。實即摩醯首羅智處之生。權亦有二別。若在穢土。即閻浮提生。名爲一生。若生淨土。即成佛之生。名爲一生。今欲簡實。故亦云補處。或有疑言。彼土菩薩。若皆補處。不應遊化故。釋除本願。皆無中夭。

지혜에 의지하는 것이니, 경에서 법신·지신智身이라 했기 때문이다. 두 가지의 이익이란 (하나는) 현세에서의 과보로서 받는 이익이니 불위佛位를 잇기 때문이고, (다른 하나는) 후세에서의 과보로서 받는 이익이니 마혜수라지처에 태어나기 때문이다. 경에서 '바로 일체의 불위를 받는다'라고 했기 때문이고, '일체 세간의 가장 높고 큰 몸을 얻는다'라고 했기 때문이다.(菩薩盡者。法身離心意識。唯智依止。如經法身智身故。二種利益者。現報利益。受佛位故。後報利益。摩醯首羅智處生故。如經正受一切佛位故。得一切世間最高大身故。)"라고 한 것을 참조할 것.

79 한 번 생을 받으면 그 생에서 성불하여 이전의 부처님을 이어서 공석이었던 부처님의 지위를 이어받을 것이 예정된 지위이다.

나. 광명이 뛰어나게 미묘함

가) 광명이 가지런하지 않음을 나타냄

경 "아난아, 그 국토에 머무는 모든 성문중은 몸에서 쏟아지는 광명이 1심尋이고, 보살은 몸에서 쏟아지는 광명이 백 유순을 비춘다. 두 보살이 있어서 가장 존귀하고 제일가는데, 위대한 덕과 신령한 힘에 의해 쏟아지는 광명이 삼천대천세계를 두루 비춘다."

經曰。阿難。彼國中。諸聲聞衆。身光一尋。菩薩光明。照百由旬。有二菩薩。最尊第一。威神光明。普照三千大千世界者。

술 이것은 두 번째로 광명이 뛰어나게 미묘한 것이다. 여기에 두 가지가 있는데, 이것은 처음에 광명이 가지런하지 않음을 나타낸 것이다.

『옥편玉篇』[80]에서 말하기를 "1심尋은 여덟 자(尺)이다."라고 했다. 또한 "일곱 자이다."라고도 하는데, 이것은 옳지 않은 것 같으니, 그렇다면 (1심은 일곱 자에 해당하는) 인刃[81]과 같은 것이어야 하기 때문이다.

述云。此第二光明殊妙。有二。此初標光參差也。玉篇云。一尋八尺也。又云。七尺。此似非也。應同刃故。

---

80 『옥편玉篇』: 육조시대 양梁나라 고야왕顧野王이 543년에 완성한 자전. 당·송 때 개산改刪하였다.

81 인刃: 길이의 단위. 인仞과 통하는 글자이다. 출처에 따라 일곱 자 혹은 여덟 자라고 했는데, 경흥은 일곱 자의 설을 따른 것으로 보인다. 곧 1심이 일곱 자라면 일곱 자에 해당하는 단위인 인과 차별성이 없어지기 때문에 여덟 자가 타당하다는 말이다. 『一切經音義』 권22(T54, 444b18)에서 "七仞。【仞如胤反。何承纂要云。七尺曰仞。小雅曰。四尺曰仞。】"이라고 한 것을 참조할 것.

나) 아난의 질문에 따라 다시 펼침

경 아난이 부처님께 말씀드렸다.

"그 두 보살은 이름이 무엇입니까?"

부처님께서 말씀하셨다.

"첫째 관세음觀世音이고, 둘째 대세지大勢至이다.[82] 이 두 보살은 이 국토에서 보살행을 닦고 목숨을 마친 후 전화轉化하여 그 국토에 태어났다."

經曰。阿難白佛。彼二菩薩。其號云何。佛言。一名觀世音。二名大勢至。是二菩薩。於此國土。修菩薩行。命終轉化。生彼國者。

술 이것은 나중에 아난의 질문에 따라 다시 펼친 것이다.

이미 "이 국토에서 보살행을 닦고"라고 했으니, 곧 무쟁왕無諍王이 (두 보살이 보살행을 닦는) 이 세계에 있었고, 보해寶海도 또한 그러했음을 알 수 있다.

述云。此後逐難更申也。既言於此土。修菩薩行。即知無諍王。在於此方。寶海亦然。

다. 신체의 모습이 원만하게 갖추어짐

경 "아난아, 어떤 중생이 그 국토에 태어나면 모두 서른두 가지 모습(三十二相)[83]을 갖춘다."

---

82 관세음보살과 대세지보살은 아미타불의 협시보살로 셋을 합쳐 미타삼존彌陀三尊이라 한다.

83 서른두 가지 모습(三十二相) : 부처님·전륜성왕 등과 같은 뛰어난 이가 갖추고 있는

經曰。阿難。其有衆生。生彼國者。皆悉具足三十二相者。

술 이것은 세 번째로 신체의 모습이 원만하게 갖추어진 것이다. 수호隨好[84]는 결정적인 것이 아니기 때문에 이것에 대해 설하지 않았다.

述云。此第三身相備足也。隨好不定。故不說之。

라. 지덕智德이 뛰어나게 미묘함

경 **"지혜를 원만하게 이루어 제법에 깊이 들어가고, 요도要道를 궁구하여 미묘한 뜻에 통달하며, 신통력을 얻어 걸림이 없고, 제근諸根이 분명하고 날카롭다. 이 가운데 둔근鈍根은 두 가지 인忍을 성취하고, 이근利根은 헤아릴 수 없는 무생법인을 얻는다."**

經曰。智慧成滿。深入諸法。究暢要妙。神通無礙。諸根明利。其鈍根者。成就二忍。其利根者。得不可計無生法忍者。

술 이것은 네 번째로 지덕이 뛰어나게 미묘한 것이다.

서른두 가지 뛰어난 상. 예컨대 족하안평립상足下安平立相은 발바닥이 평평하고 유연하여 발을 땅에 대면 밀착되어 바늘 하나 들어갈 틈이 없는 것을 말하고, 족하이륜상足下二輪相은 양 발바닥(또는 양 손바닥)에 천 폭의 바퀴 무늬가 있는 것을 말한다. 고대 인도의 이상적인 군주인 전륜성왕에 대한 믿음과 그 믿음을 둘러싼 당시 점술과 관상의 영향을 받아 성립된 것이다.

84 수호隨好 : 보살이 갖추고 있는 여든 가지 뛰어난 모습. 팔십종호八十種好라고도 한다. 삼십이상은 눈에 띄는 모습인 것에 비해 팔십수호는 미세하고 은밀하게 잘 드러나지 않는 모습을 가리킨다.

어떤 사람은 〈법성을 증득하기 때문에 "제법에 깊이 들어가고"라고 했고, 교전教詮을 궁구하여 통달하기 때문에 "요도를 궁구하여 미묘한 뜻에 통달했으며"라고 했다.〉[85]라고 했는데, 이것은 반드시 그렇지 않다. 중생이 그곳에 왕생하여 이러한 두 가지 지혜[86]를 얻는다면 응당 범부와 소승은 없어야 할 것이기 때문이다.

지금 곧 "제법에 깊이 들어가고"란 소전所詮(언어에 의해 드러내려고 한 의미)을 깨닫기 때문이고, "요도를 (궁구하여) 미묘한 뜻에 통달했으며"란 능전能詮(언어 자체)을 닫기 때문이다.

述云。此第四智德勝妙也。有說。證會法性。故云深入諸法。窮達妙[1)]詮。故云究暢要妙。此必不然。衆生生彼。得此二智。應無凡小故。今即入諸法者。悟所詮故。暢要妙者。閑能詮故也。

1) 역 혜원의『無量壽經義疏』에 따르면 '妙'는 '教'이다.

어떤 사람은 〈"제근諸根"은 신信 등의 다섯 가지[87]이다.〉라고 했는데, 옳지 않다. 신근 등의 다섯 가지라고 한다면 곧 둔근에 해당하기 때문이다.

지금 곧 육근六根이다.

85 慧遠이『無量壽經義疏』권하(T37, 109c2)에서 "一智慧成滿。深入諸法。證會法性。究暢要妙。窮達教詮。"이라고 했다.

86 두 가지 지혜 : 전자는 이치를 관찰하는 지혜(理智)이고, 후자는 교설을 아는 지혜(教智)이다.

87 신信 등의 다섯 가지 : 신근信根·진근進根(精進根)·염근念根·정근定根·혜근慧根 등의 다섯 가지 무루근無漏根을 가리키는 말. 열반을 증득하기 위한 서른일곱 가지 수행 방법(三十七道品) 중 제4에 해당한다. 이 다섯 가지는 번뇌를 항복시키고 성도에 들어가는 것에 있어서 증상 작용을 한다. 일체의 선법을 낳는 근본이 되는 것이기 때문에 '근'이라 한다. '근'은 증상·출생 등의 뜻이 있다.

有說。諸根。即信等五。非也。信等。即鈍根故。今即六根也。

어떤 사람은 〈"두 가지 인"이란 생인生忍과 법인法忍의 두 가지 인[88]이고, 또한 다섯 가지 인忍[89] 중에서는 처음의 두 가지인 복인伏忍과 신인信忍이며, "무생인無生忍(무생법인)"이란 곧 (다섯 가지 인 중) 네 번째 인忍이다.〉라고 했는데, 이것은 아마 그렇지 않은 것 같다. 무생법인은 곧 생인과 법인 (중 법인이기) 때문이고, (다섯 가지 인 가운데 세 번째에 해당하는) 순인順忍을 넘어서 갑자기 무생인을 설할 별도의 이유가 없기 때문이다.

지금 곧 중품과 하품의 사람은 오직 음향인音響忍과 유순인柔順忍[90]의

88 생인生忍과 법인法忍의 두 가지 인 : 첫째, 생인은 중생인衆生忍이라고도 한다. 여기에서 '인'은 참고 견디는 것을 뜻한다. 보살이 일체의 중생에 대해 분노하거나 괴롭히지 않고 자애로운 어머니가 아들을 사랑하는 것처럼 대하는 것, 중생이 온갖 해악을 가해도 참고 분노하는 마음을 일으키지 않는 것, 중생이 온갖 공경심을 표하면서 공양하여도 교만한 마음을 일으키지 않는 것 등을 말한다. 둘째, 법인은 무생법인無生法忍이라고도 한다. 여기에서 '인'은 편안히 머무는 것을 뜻한다. '무생법'이란 본래 불생불멸不生不滅의 법을 가리킨다. 지금은 단지 불생不生에 나아가서 말하기 때문에 '무생'이라 한 것이다. 보살이 무생의 법을 인가認可하여 편안하게 머물면서 움직이지 않고 물러나지 않는 것을 말한다.

89 다섯 가지 인 : 첫째, 복인伏忍이니, 지전地前의 삼현三賢의 지위에 있는 사람이 아직 무루無漏를 얻지 못하고, 번뇌를 아직 끊지 못하고, 단지 번뇌를 조복시켜 일어나지 않게만 한 것. 삼현위 중 십주는 하품, 십행은 중품, 십회향은 상품이다. 둘째, 신인信忍이니, 지상地上의 보살이 무루신無漏信을 얻어 의심하지 않는 것에 수순하는 것. 그 가운데 초지는 하품, 제2지는 중품, 제3지는 상품이다. 셋째, 순인順忍이니, 보살이 보리도菩提道에 수순하여 무생無生의 과果를 향해 나아가는 것. 그 가운데 제4지는 하품, 제5지는 중품, 제6지는 상품이다. 넷째, 무생인無生忍이니, 보살이 망혹妄惑이 이미 다하여 제법이 모두 불생不生임을 깨닫는 것. 그 가운데 제7지는 하품, 제8지는 중품, 제9지는 상품이다. 다섯째, 적멸인寂滅忍이니, 제혹諸惑을 끊어서 다하고, 청정하고 무위無爲하여 맑고 고요한 것. 그 가운데 제10지는 하품, 부처님은 상품이다.

90 음향인音響忍과 유순인柔順忍 : 차례대로 삼법인三法忍 중 제1과 제2에 해당하는 것이다. 삼법인이란, 세 가지 형태로 진리를 깨닫고 인가하여 지혜로운 마음으로 진리에 머물러 흔들림이 없는 것이다. 첫째, 음향인이란 진실한 법을 들어도 놀라지 않고, 두려워하지 않으며, 믿고 이해하며, 받아 지니고 그대로 따라 들어가며, 닦아 익혀 편안히 머무는 것이다. 둘째, 유순인이란 진리에 수순하여 자신의 생각에 의지하여 깊이 관찰함으로써 깨달음을 얻는 것이다. 셋째, 무생법인이란 진리에 계합하여 모든 법이 생겨

두 가지 인을 얻고, 상품에 속하는 사람은 헤아릴 수 없는 법에 대해 무생인을 얻기 때문에 "헤아릴 수 없는"이라 했다.

이미 이근과 둔근이 있다고 하면 반드시 범지凡地일 것이기 때문에 근성根性이 날카로운 것과 둔한 것을 말하는 것은 아니다.[91]

有說。二忍者。即生法二忍。又五忍中之初二種。無生忍者。即第四忍。此恐不然。無生法忍。即生法忍故。超於順忍。忽說無生。無別所以故。今即中下之人。唯得音響柔順二忍。上品之屬。於不可數法。得無生忍。故云不可計。既有利鈍。必是凡地。故而非根性利鈍也。

마. 그 국토의 중생이 영원히 악취를 여의는 것을 밝힘

경 **"또한 그 보살은 성불할 때까지 다시 악취에 떨어지지 않고 신통이 자유자재하며 항상 과거세의 일을 빠짐없이 아는데, (중생을 구제하기 위해) 다른 세상의 오탁악세五濁惡世에 태어나 그곳의 중생과 같은 모습을 나투어 보이려는 이는 제외되니, 예컨대 나의 국토의 보살들[92]과 같은 경우이다."**

經曰。又彼菩薩。乃至成佛。不更惡趣。神通自在。常識宿命。除生他方。五濁惡世。示現同彼。如我國也者。

술 이것은 다섯 번째로 그 국토의 중생이 영원히 악취를 여의는 것을

나는 것도 없고 소멸하는 것도 없음을 깨닫는 것이다.

91 본문의 둔근과 이근은 이미 정토에 왕생했으니 모두 이근임을 전제로 하고, 그 안에서 다시 상품·중품·하품의 구분이 있어서 앞의 상품을 이근, 뒤의 중품과 하품을 둔근이라고 한 것이라는 말이다.

92 혜원이『無量壽經義疏』권하(T37, 109c8)에서 "釋迦自說。如我國中諸菩薩也。"라고 한 것을 참조하여 풀었다.

밝힌 것이다.

述云。[1] 此第。[2] 如是四反。積地四寸也。[3] 凞怡。說文。和悅也。方言。怡喜也。[4]

1) ㉖ '云' 이하에 빠진 문장이 있는 것으로 보인다. ㉠ 여기에는 누락된 문장이 있는 것 같지 않다. 바로 뒤의 '第' 이하에 누락된 문장이 있는 것 같다. 2) ㉖ 다른 판본에 따르면 '第' 뒤에 '七'이 누락되었다. ㉠ 경흥의 분과에 의거할 때 '五'가 누락된 것으로 보아야 한다. 경흥은 앞의 주석에서 "① 뛰어난 즐거움을 자세하게 찬탄함"에 대해서 "처음에 또한 여덟 가지가 있는데, 이것은 처음에 수명이 길고 오랜 것이다."라고 하여 모두 여덟 단락으로 분과할 수 있음을 밝히고 있지만, 실제로 제5·제6·제7에 해당하는 부분에서 분과한 내용을 담지 않고 있다. 경흥의 분과는 혜원이 『無量壽經義疏』 권하(T37, 109b17)에서 제시한 것과 분과한 단락·제목·내용 등이 거의 일치하기 때문에 이것에 의해 빠진 부분을 보충하면 다음과 같다. 곧 『無量壽經義疏』 권하(T37, 109b19)에서 "五彰彼生永離惡趣"라고 했으니, '第' 뒤에 '五彰彼生永離惡趣'가 누락되었다. 3) ㉠ '如是四反。積地四寸也。'는 『無量壽經』 원문을 따를 때 착간이 있는 것 같다. 『無量壽經』 본문의 '如是六反'을 주석한 부분에 들어가야 할 것 같다. 앞의 주석에서 이미 서술한 것을 참조할 것. 4) ㉠ '凞怡。說文。和悅也。方言。怡喜也。'는 『無量壽經』 원문에 따를 때 착간이 있는 것 같다. 뒷부분에 들어가야 하는데, 해당처에서 자세히 밝히겠다.

바. 그 국토의 중생이 여러 부처님께 공양하는 일을 일으킨 것을 밝힘

경 부처님께서 아난에게 말씀하셨다.

"그 국토의 보살은 부처님의 위신력을 받들어 밥 한 끼 먹을 시간에 시방의 한량없는 세계를 방문하여 여러 불세존을 공경하고 공양한다. 마음이 생각하는 것을 따라 꽃·향·기악伎樂·비단 덮개·당기·번기 등의 헤아릴 수 없고 한량없는 공양에 필요한 물품이 저절로 생겨나 생각에 응하여 바로 이르는데, 진귀하고 미묘하고 빼어나서 세간에 있는 것이 아니다. 문득 여러 부처님·보살 대중·성문 대중에게 받들어 뿌리면 허공에서 변화하여 꽃 덮개를 이루며 광명이 빛나고 향기가 두루 퍼진다. 그 꽃은 둘레가 4백 리 되는 것도 있고, 이와 같이 점차 배로 증가하여 삼천대천세계를 덮는 것도 있는데, 먼저 공양하고 나중에 공양한 것의 순서에 따라 차례대로 변화하여 없어진다. 그 여러 보살은 모두 기뻐하며 허공에서 함께 천악天樂을 연주하면서 미묘한 음을 내어 부처님의 덕을 노래로 찬탄하고, 경법經法을 듣고 수지하여 한량없이 기뻐한다. 부처님께 공양하고 나서 밥 한 끼 먹을 시간이 흐르기도 전에 홀연히 가볍게 날아서 그 본국으로 돌아온다."

經曰。佛告阿難。彼國菩薩。承佛威神。一食之頃。往詣十方無量世界。恭敬供養諸佛世尊。隨心所念。華香伎樂繒蓋幢幡。無數無量供養之具。自然化生。應念即至。珍妙殊特。非世所有。輒以奉散諸佛菩薩聲聞大衆。在虛空中。化成華蓋。光色昱爍。香氣普熏。其華周圓四百里者。如是轉倍。乃覆三千大千世界。隨其前後。以次化沒。其諸菩薩。僉然欣悅。於虛空中。共奏天樂。以微妙音。歌歎佛德。聽受經法。歡喜無量。供養佛已。未食之前。忽然輕擧。還其本國。

(술 이것은 여섯 번째로 그 국토의 중생이 여러 부처님께 공양하는 일을 일으킨 것을 밝힌 것이다.

述云。此第六彰彼土興供養多。[1])

1) 역 '述云~養多'는 본서에 누락된 부분으로, 앞에서 여덟 가지로 분과한 것에 의거하고, 동일하게 분과한 혜원의 『無量壽經義疏』 권하(T37, 109b20)를 참조하여 역자가 보충하였다.

사. 그 국토의 중생이 법을 듣고 공양이 끊이지 않는 것을 밝힘

경 부처님께서 아난에게 말씀하셨다.

"무량수불께서 여러 성문 대중과 보살 대중을 위해 법을 설할 때 모두 칠보

강당에 모인 가운데 도교道教를 자세히 설하고 미묘한 법을 연설하니 기뻐하면서 이해하는 마음이 생겨 도를 얻지 못하는 이가 없다. 그때 바로 사방에서 저절로 바람이 일어나 보배 나무에 두루 불면 다섯 가지 음성[93]이 일어나고, 한량없는 미묘한 꽃이 비처럼 떨어져 바람을 따라 두루 퍼지면서 저절로 공양한다. 이와 같은 일이 끊어지는 일이 없어 일체의 하늘이 모두 천상의 백천 가지 꽃과 향·만 가지의 기악을 가지고 와서 그 부처님과 보살 대중과 성문 대중에게 공양하여 꽃과 향을 두루 뿌리고 온갖 음악을 연주하는데, 앞서 오거나 뒤에 오거나 하면서 서로 열어 주고 피해 주어 (끊어지는 일이 없게 한다.) 이때의 기쁨과 즐거움은 말로 다할 수 없다."

佛[1)]語阿難。無量壽佛。爲諸聲聞菩薩大衆。班宣法時。都悉集會七寶講堂。廣宣道教。演暢妙法。莫不歡喜。心解得道。即時四方。自然風起。普吹寶樹。出五音聲。雨無量妙華。隨風周遍。自然供養。如是不絕。一切諸天。皆齎天上百千華香萬種伎樂。供養其佛及諸菩薩聲聞大衆。普散華香。奏諸音樂。前後來往。更相開避。當斯之時。熙[2)]怡快樂。不可勝言。

1) ⓔ '佛' 앞에 '經曰'이 누락되었다. 2) ⓔ 경흥의 주석에 따르면 '熙'는 '凞'이다. 뜻은 동일하다.

(술) 이것은 일곱 번째로 그 국토의 중생이 법을 듣고 공양이 끊이지 않는 것을 밝힌 것이다.

"희이凞怡"는 『설문說文』에서는 "화평한 마음으로 기뻐하는 것(和悅)이다."라고 했고, 『방언』에서는 "'이怡'는 기쁜 것(喜)이다."라고 했다.

述云。此第七彰彼生聞法不絕。[1)] 凞怡。說文。和悅也。方言。怡。喜也。[2)]

93 다섯 가지 음성 : 궁宮·상商·각角·치徵·우羽 등의 다섯 가지 기본음을 가리킨다.

1) ㉠ '述云~不絶'은 본서에 누락된 부분으로, 앞에서 여덟 가지로 분과한 것에 의거하고, 동일하게 분과한 혜원의 『無量壽經義疏』 권하(T37, 109b20)를 참조하여 역자가 보충하였다. 2) ㉠ '悉怡~喜也'는 착간에 의해 앞에 들어간 문장으로 여기에 들어가야 한다.

아. 행덕行德을 원만하게 갖춤

가) 개별적으로 찬탄함

㉮ 실천행을 닦음에 허물을 여읨

ㄱ. 교화를 행함에 허물을 여읨

경 부처님께서 아난에게 말씀하셨다.

"그 부처님의 국토에 태어나는 여러 보살들은 강설을 할 수 있는데 항상 정법正法을 연설하고, (아미타불의) 지혜에 수순하여 (성인의 가르침에) 어긋남이 없고 (바른 이치를) 잃어버리는 것도 없다."

佛[1]語阿難。生彼佛國諸菩薩等。所可講說。常宣正法。隨順智慧。無違無失者。

1) ㉠ '佛' 앞에 '經曰'이 누락되었다.

술 이것은 여덟 번째로 행덕을 원만하게 갖춘 것이다. 여기에 두 가지가 있으니, 처음은 개별적으로 찬탄한 것이고, 나중은 총괄적으로 맺은 것이다. 처음에 또한 일곱 가지가 있는데, 이것은 처음에 실천행을 닦음에 허물을 여읜 것이다. 여기에 세 가지가 있는데, 이것은 처음에 교화를 행함에 허물을 여의는 것이니, 곧 미타불의 지혜에 수순하기 때문이다.

述云。此第八行德圓備。有二。初別歎。後總結。初又有七。此初行修離過。有三。此初化行離過。即順彌陀佛智慧故也。

ㄴ. 자신을 위한 실천행에 있어서 허물이 없음

ㄱ) 자신을 위한 실천행을 닦음

㉠ 보시행을 닦음

경 "그 국토의 모든 사물에 대해 아소我所[94]의 마음이 없고, 집착하는 마음이 없다."

經曰。於其國土。所有萬物。無我所心。無染著心者。

술 이것은 두 번째로 자신을 위한 실천행에 있어서 허물이 없는 것이다. 여기에 두 가지가 있는데, 이것은 처음에 자신을 위한 실천행을 닦는 것이다. 여기에 여섯 가지가 있는데, 이것은 처음에 보시행布施行을 닦는 것이다.

견번뇌見煩惱[95]를 여의었기 때문에 "아소의 마음이 없고"라고 했고, 애번뇌愛煩惱[96]를 여의었기 때문에 "집착하는 마음이 없다."라고 한 것이다.

---

94 아소我所 : 자신 이외의 대상에 대해 나의 소유라고 여기고 집착하는 것.

95 견번뇌見煩惱 : 견혹見惑이라고도 한다. 아견我見·사견邪見 등과 같이 일체의 이치(理)에 미혹하여 생겨난 번뇌이다.

96 애번뇌愛煩惱 : 애혹愛惑이라고도 한다. '愛'는 '著'이라고도 한다. 탐욕·진에 등과 같이 일체의 사실(事)에 미혹하여 생겨난 번뇌이다.

述曰 此第二自行無失。有二。此初修自行。有六。此初修施行也。離見故無我所心。離愛故無染著心。

㉡ 계행을 닦음

경 **"가고 오며 나아가고 머무는데 정情에 얽매이지 않고 뜻대로 자유자재하며, 친근하게 여기거나 소원하게 여기는 것이 없으며, 남도 없고 나도 없으며, 겨루는 일도 없고 다투는 일도 없다."**

經曰。去來進止。情無所係。隨意自在。無所適莫。無彼無我。無競無訟者。

술 이것은 두 번째로 계행을 닦는 것이다.

몸의 허물을 여의었기 때문에 "가고 오며 나아가고 머무는데 정情에 얽매이지 않고 뜻대로 자유자재하며"라고 했고, 뜻의 허물을 여의었기 때문에 "친근하게 여기거나 소원하게 여기는 것이 없으며, 남도 없고 나도 없으며"라고 하였다.

위位 법사는 〈"적適"이란 가는 것(往)이고, "막莫"이란 머무는 것(止)이다.〉[97]라고 했는데, 이와 같다면 응당 거지去止(가거나 머무는 것)와 같기 때문에 몸의 허물을 여읜 것에 들어가야 한다.

지금 오직 『논어論語』[98]에서 "천하에 친근히 여기는 것도 없고 소원하게 여기는 것도 없다."[99]라고 했는데, "적適"은 친근한 것이고, "막莫"은 소원한 것이다.

---

97 복원본인 『韓佛全』의 『無量壽經義疏』에는 본 내용이 수록되어 있지 않다.

98 『논어論語』: 유교의 근본 경전. 유교의 창시자인 공자孔子와 그 제자들의 언행을 담은 어록이다.

99 『論語』에서 "子曰。君子之於天下也。無適也。無莫也。義之與比。"라고 하였다.

입의 허물을 여의었기 때문에 "겨루는 일도 없고 다투는 일도 없다."라고 하였으니, 남과 나의 분별심이 모두 사라졌기 때문에 겨루고 다투는 일이 있지 않다.

述云。此第二修戒行也。離身過。故去來進止。情無所係。隨意自在。離意過。故無所適莫。無彼無我。位法師云。適者往也。莫者止也。若爾。應同去止。離身過。今唯論語。於天下。無所適莫也。適親也。莫疎也。離口過。故無競無訟。彼我俱已。故無有競訟。

ⓒ 인행을 닦음

경 "중생에 대해 큰 자비를 내어 넉넉한 이익을 주려는 마음을 얻어 부드럽게 대하고 조복시키며, 분노하고 원망하는 마음이 없으며, 번뇌를 여의어 청정하다."

經曰。於諸衆生。得大慈悲饒益之心。柔軟調伏。無忿恨心。離蓋清淨者。

술 이것은 세 번째로 인행忍行을 닦는 것이다.

분노하는 마음이 없기 때문에 부드럽고, 교만한 마음이 없기 때문에 조복시킨다. 분노가 이미 일어나지 않으니 분노하고 원망하는 마음이 그친다. 이로 말미암아 또한 다섯 가지 번뇌[100]를 여의어 청정해진다.

---

100 다섯 가지 번뇌 : 마음의 본성을 덮어 선법을 낳지 못하게 하는 다섯 가지 번뇌. 첫째, 탐욕개貪欲蓋이니, 오욕五欲의 경계에 집착하여 만족할 줄 모르는 것이다. 둘째, 진에개瞋恚蓋이니, 정情을 거스르는 경계에 대해 분노하는 마음을 품는 것이다. 셋째, 혼면개惛眠蓋이니, 마음으로 하여금 적극적인 활동을 하지 못하게 하는 것이다. 넷째, 도거악작개掉擧惡作蓋이니, 도거란 선정 중에 마음을 들뜨게 하는 마음 작용이고, 악작이란 후회하는 마음 작용으로, 두 가지 모두 마음을 불안정하게 하는 마음 작용

述云。此第三修忍行也。無瞋恚故柔濡。無憍慢故調伏。瞋恚既不起。忿恨斯止。由此。亦離五蓋。清淨。

ⓔ 근행을 닦음

경 **"게으름이 없는 마음, 평등하게 실천하는 마음, 뛰어난 경지에 나아가려는 마음, 두텁게 추구하는 마음,"**

經曰。無有[1]厭[2]怠心。等心。勝心。深心者。

1) ㉮ 강승개본에 따르면 '有'는 잉자이다. 2) ㉮ 경흥의 주석에 따르면 '厭'은 '懈'이다.

술 이것은 네 번째로 근행勤行을 닦는 것이다.

선을 구하기를 그치지 않기 때문에 "게으름이 없는 마음"이라 했고, 어떤 실천행도 닦지 않음이 없기 때문에 "평등하게 실천하는 마음"이라 했으며, 아래의 경지에서 만족하지 않기 때문에 "뛰어난 경지에 나아가려는 마음"이라고 했고, 물러나거나 굴복하는 일이 없기 때문에 "두텁게 추구하는 마음"이라 했다.

述云。此第四修勤行也。求善不息。故無懈怠心。無行不修。故云等心。無下足。故云勝心。無退屈。故云深心。

ⓜ 정행을 닦음

이다. 다섯째, 의개疑蓋이니, 법에 대해 머뭇거리면서 결단을 내리지 못하는 것이다.

경 "선정의 마음,"

經曰。定心者。

술 이것은 다섯 번째로 정행定行(禪定行)을 닦는 것이다. 모든 산란함을 여의기 때문에 "선정의 마음"이라고 했다.

述云。此第五修定行也。離諸散亂。故云定心。

ⓑ 혜행을 닦음

경 "법을 사랑하고 법을 즐거워하며 법을 기뻐하는 마음으로"

愛[1]法樂法喜法之心者。

1) ㉠ '愛' 앞에 '經曰'이 누락되었다.

술 이것은 여섯 번째로 혜행慧行(智慧行)을 닦는 것이다.

어떤 사람은 〈"애愛"란 욕구(欲)이고, "락樂"이란 믿음(信)이며, "희喜"란 탐하는 것(貪)이다.〉라고 했고, 어떤 사람은 〈"애愛"란 마지막 단계에 해당하는 것으로 완성한 것과 관련된 것이고, "락樂"이란 들었을 때이니 (중간 단계에 해당하는 것이며), "희喜"란 구할 때이니 (처음 단계에 해당하는 것이다.)〉[101]라고 했는데, 두 가지 해석 모두 옳지 않다. (처음 해석은) 욕구(欲)·믿음(信) 등은 곧 보시·계 등의 권속이 되는 행위이기 때문이다. (다음 해석은) 마지막 단계에서부터 처음 단계를 향하는 것으로 풀이할

101 혜원이 『無量壽經義疏』 권하(T37, 110a12)에서 제시한 것이다.

별도의 이유가 없으니, 그 차례대로 (처음·중간·마지막으로) 보아야 하기 때문이다.

지금 곧 문혜聞慧에 의해 애착하고 즐거워하기 때문에 "법을 사랑하고"라고 했고, 사혜思慧에 의해 미착味著(탐착)하기 때문에 "법을 즐거워하며"라고 했으며, 수혜修慧에 의해 정신을 윤택하게 하기 때문에 "법을 기뻐하는 마음"이라고 했다.[102]

述云。此第六修慧行也。有說。愛是欲。樂是信。喜是貪。有說。愛是終成。樂是聞時。喜是求時。二俱不然。欲信等。即施戒等眷屬行故。以終向始。無別所以。如其次第故。今即聞慧愛樂。故云愛法。思慧味著。故云樂法。修慧潤神。故云喜[1)]心。

1) ㉮ '喜' 뒤에 '法'이 누락되었다.

ㄴ) 허물을 여읨

경 "모든 번뇌를 멸하고 악취의 업을 짓는 마음을 여의어"

經曰。滅諸煩惱。離惡趣心者。

102 경전에서 전래되는 교설을 듣고서 믿고 받아들여 생겨나는 지혜를 문혜라고 하고, 이를 계기로 다시 교설의 의미와 이치를 사유함으로써 생겨나는 지혜를 사혜라고 하며, 나아가 실제로 명상 수행을 함으로써 얻는 지혜를 수혜라고 한다. 문혜는 항상 '말'에 의지하여 그 뜻을 추구함으로써 생겨난 지혜이다. 사혜는 때로는 '말'에 의지하고 때로는 말에 의지하지 않고 그 '의미'를 이해하여 생겨난 지혜이다. 이 단계에서는 말의 의미를 깊이 이해하기는 하지만, 아직 말에 구애되지 않고 자재하게 그 의미를 인식하는 것은 아니다. 수혜는 '말'에 의지하지 않고 오로지 궁극적 '의미'만을 인식 대상으로 하여 성취된 지혜이다.

술 이것은 두 번째로 허물을 여의는 것이다.

어떤 사람은 〈인因이 다했기 때문에 번뇌를 소멸하고, 과果가 다했기 때문에 악취의 업을 짓는 마음을 여의었다.〉라고 했는데, 옳지 않다. 과果는 오직 마음에만 관련된 것은 아니기 때문이다.

지금 곧 혹惑을 여의었기 때문에 번뇌를 여의었고, 업이 다했기 때문에 악취의 업을 짓는 마음을 여읜 것이다.

述云。此第二離過。有說。因盡故滅煩惱。果盡故離惡趣心。非也。果非唯心故。今即離惑故離煩惱。業盡故離惡趣心。

ㄷ. 총괄적으로 맺음

경 "일체의 보살이 행해야 할 것을 모두 행하여 이룬다."

經曰。究竟一切菩薩所行者。

술 이것은 세 번째로 총괄적으로 맺은 것이다.

述云。此第三總結也。

㈏ 덕을 이루어 원만하게 갖춤

ㄱ. 총괄적으로 찬탄함

경 "한량없는 공덕을 원만하게 갖추어 성취한다."

經曰。具足成就無量功德者。

술 이것은 두 번째로 덕을 이루어 원만하게 갖춘 것이다. 여기에 두 가지가 있는데, 이것은 처음에 총괄적으로 찬탄한 것이다.

述云。此第二成德圓備。有二。此初總歎也。

ㄴ. 개별적으로 찬탄함

ㄱ) 자신의 덕을 이룸

경 "심오한 선禪·정定·온갖 신통·명明·혜慧를 얻고, 칠각七覺[103]에 뜻을 두어 노닌다. 마음을 다하여 불법을 닦음으로써 육안肉眼을 얻어 맑게 꿰뚫어 분명하게 알지 못하는 것이 없고, 천안天眼을 얻어 모든 것에 통달하여 그 미치는 범위가 무량하고 무한하며, 법안法眼을 얻어 관찰하여 온갖 도道를 궁극의 경지까지 통달하고, 혜안慧眼을 얻어 참된 것을 보고 피안에 도달하며, 불안佛眼을 얻어 모든 것을 완전히 갖추고 법성을 깨닫는다."

經曰。得深禪定。諸通明慧。遊志七覺。修心佛法。肉眼清徹。靡不分了。天眼通達。無量無限。法眼觀察。究竟諸道。慧眼見眞。能度彼岸。佛眼具足。覺了法性者。

술 이것은 나중에 개별적으로 찬탄한 것이다. 여기에 두 가지가 있는

103 칠각七覺 : 깨달음을 이루는 것을 돕는 일곱 가지 부분. 칠각지七覺支라고도 한다. 염각지念覺支 · 택법각지擇法覺支 · 정진각지精進覺支 · 희각지喜覺支 · 경안각지輕安覺支 · 정각지定覺支 · 사각지捨覺支 등을 말한다.

데, 이것은 처음에 자신의 덕(自德)을 이룬 것이다.

선·정·통·명·혜·칠각이란 이미 성취한 덕이다. "선"이란 사선四禪[104]이고, "정"이란 사공四空[105]이며, "통"이란 육통六通이고, "명"이란 삼명三明이며, "혜"란 삼혜三慧이며, "칠각"은 또한 견도위見道位에 있는 것이기 때문이다.

부지런히 불덕佛德을 추구하기 때문에 "마음을 다하여 불법을 닦음으로써"라고 했다. 추구해야 할 덕이란, 그 덕이 비록 한량없지만 간략하게 오안五眼을 들었다.

述云。此後別歎。有二。此初成自德也。禪定通明慧七覺者 既成之德。禪者四禪。定者四空。通者六通。明者三明。慧者三慧。七覺。亦在見道位故。進求佛德故。修心佛法。所求之德。德雖無量。略擧五眼。

"육안"과 "천안"의 두 가지 눈은 정색淨色[106]을 체로 삼는다. 그 국토에서는 육안으로 무수한 세계의 모든 색을 꿰뚫어 보기 때문에 "맑게 꿰뚫어"라고 했다. 보는 것이 자세하고 진실되기 때문에 "분명하게 알지 못하는 것이 없고"라고 했다.

---

104 사선四禪 : 색계의 사선천四禪天에 태어나는 원인이 되는 네 가지 선을 일컫는 말. 사정려四靜慮라고도 한다. 어느 것이든 고요함과 헤아림, 지止와 관觀이 균일한 상태를 유지하기 때문에 색계의 선정에 대해서만 '정려'라는 이름을 붙인다.

105 사공四空 : 무색계의 네 가지 하늘에 태어나는 원인이 되는 네 가지 정定을 일컫는 말. 사무색정四無色定이라고도 한다. 공무변처·식무변처·무소유처·비상비비상처 등의 네 가지 정이다. 어느 것이든 색의 개념이 배제된 선정이기 때문에 무색정이라 한다.

106 정색淨色 : 근根은 세분하면 부진근扶塵根과 승의근勝義根의 둘로 나눌 수 있다. 승의근은 정색淨色(미세한 물질)으로 이루어졌고, 부진근은 추현색麁顯色으로 이루어졌다. 부진근은 오근五根의 외형, 곧 대상을 취하여 인식을 일으키는 당체가 아니고, 그것을 돕는 물질적 형상이다. 승의근은 감각을 발생하고 인식 작용을 일으키는 실체이다.

어떤 사람은 〈"육안"은 내색內色을 보는 것을 장애한다.〉라고 했는데, 옳지 않다. "맑게 꿰뚫어 분명하게 알고"라고 한 것에 어긋나기 때문이다.

지금 곧 현재의 색상色像을 비추어 보는 것을 "육안"이라 하고, 정定에 의해 발현된 눈으로 중생이 이 세상에서 죽어 저 세상에 태어나는 것을 볼 수 있기 때문에 "천안"이라 한다. (천안은) 보는 대상이 넓고 많기 때문에 "무량하고"라고 했고, 길고 멀기 때문에 "무한하며"라고 했다.

肉天二眼。皆以淨色爲體。彼土肉眼。通見無數世界諸色。故云淸徹。所見審實。故無不了。有說。肉眼見障內色。非也。違淸徹明了故。今即照矚現在色像。名爲肉眼。依定所發眼。能見衆生。死此生彼。故名天眼。所見廣多。故云無量。亦長遠。故云無限。

"법안"은 곧 유지有智(有에 대한 지혜)를 체로 삼는데, 중생의 근기·욕구·품성·마음과 모든 불법을 볼 수 있기 때문에 "법안"이라 한다. 삼승도법三乘道法의 차별을 두루 알기 때문에 "온갖 도道를 궁극의 경지까지 통달하고"라고 했다.

"혜안"은 곧 공지空智(공에 대한 지혜)를 체로 삼는데, 참된 공의 이치를 비추기 때문에 "참된 것을 보고"라고 했다. 진리의 근원을 궁구하기 때문에 "피안에 도달하며"라고 했다. "도度"란 도달하는 것(至)이다.

"불안"에 두 가지가 있는데, 총괄적인 것과 개별적인 것을 말한다. 개별적인 것은 곧 일체종지一切種智를 체로 하고, 어떤 법도 비추지 않는 것이 없기 때문에 "모든 것을 완전히 갖추고"라고 했고, 또한 불성佛性을 보기 때문에 "법성을 깨닫는다."라고 했다. 총괄적인 것은 곧 앞의 네 가지 눈은 (개별적인 것으로) 부처님께서 얻은 것이어서 (모두 불안이라고 할 수 있는데) 경계를 관찰하기를 두루 다하기 때문에 "완전히 갖추고"라고 했고, 또한 불안이 진실여래장眞實如來藏 가운데 불공실성不空實性을 볼 수 있는 것을 "법성을 깨닫는다."라고 했다.

法眼。即以有智爲體。能見衆生。根欲性心。及諸佛法。故名法眼。普知三乘道法差別。故云究竟諸道。慧眼。即以空智爲體。照眞空理。故云見眞。窮眞理之源。故云度彼岸。度者至也。佛眼。自有二。所謂總別。別即一切種智爲體。無法不照。故云具足。亦見佛性。故云覺法性。總即前四眼。佛之所得。觀境同[1]盡。故云具足。了。[2]

1) ㉯ '周'인 것 같다. ㉰ 慧遠이 『無量壽經義疏』 권하(T37, 110b12)에서 설한 것을 그대로 따른 주석이고, 이것에 의거할 때 '周'이다. 2) ㉰ 혜원이 『無量壽經義疏』 권하(T37, 110b13)에서 "又復佛眼。能見眞實如來藏中不空實性。名了法性。"이라고 한 것을 참조할 때, '了' 앞에 '又復佛眼。能見眞實如來藏中不空實性。名'이 누락되었고, '了' 뒤에는 '法性'이 누락되었다.

ㄴ) 교화의 덕을 이룸

경 "무애지無礙智로 중생을 위해 연설한다."

經曰。以無礙智。爲人演說者。

술 이것은 나중에 교화의 덕을 이루는 것이니, 곧 사무애변四無礙辯으로 중생을 위해 설법하는 것이다.

述云。此後成化德。即四無礙辯。爲物說法也。

㉰ 닦아야 할 것을 실천하는 것을 원만하게 갖춤

ㄱ. 닦아야 할 것을 실천함

경 "삼계가 공하여 있는 것이 없음을 평등하게 관찰하고 불법을 구하는 데 뜻을 두며, 온갖 변재를 갖추어 중생이 지닌 번뇌의 근심을 없앤다."

經曰。等觀三界。空無所有。志求佛法。具諸辯才。除滅衆生。煩惱之患者。

술 이것은 세 번째로 닦아야 할 것을 실천하는 것을 원만하게 갖춘 것이다. 여기에 두 가지가 있는데, 이것은 처음에 닦아야 할 것을 실천하는 것이다.

"삼계가 공하여 있는 것이 없음을 (평등하게) 관찰하고"란 생사生死를 버리는 실천행이다. 욕계 등의 삼계에는 어떤 계도 공이 아닌 것이 있지 않기 때문에 "평등하게 관찰하고"라고 했다.

"불법을 구하는 데 뜻을 두며"란 즐거운 마음으로 보리를 구하기 위한 실천행을 행하는 것이다. "온갖 변재를 갖추어"란 다른 사람을 이롭게 하는 덕이니, 사변四辯(사무애변) 등과 같은 것을 말한다. "번뇌의 근심을 없앤다."란 다른 사람을 교화하는 이익이다.

述云。此第三行修具足。有二。此初修行也。觀三界空無者。即捨生死行。欲等三界。無有一界而不空者。故云等觀。志求佛法者。即欣菩提行。具辯才者。即利他之德。所謂四辯等。滅煩惱患者。化他之益。

ㄴ. 닦아야 할 것을 성취함

ㄱ) 자신의 실천행을 성취함

㉠ 해解와 행行을 함께 이룸

경 "여래로부터 출생한 것에 대해 법여여法如如를 깨닫고, 습習과 멸滅의 음성 방편을 잘 알며, 세속과 관련된 말을 좋아하지 않고 기꺼이 정론正論에 마음을 둔다. 온갖 선의 근본을 닦고 불도를 숭상하는 데 뜻을 두며, 일체법이 모두 적멸한 것임을 알아 생신生身과 번뇌의 두 가지의 남은 것을 모두 다 한다."

經曰。從如來生。解法如如。善知習滅音聲方便。不欣世語。樂在正論。修諸善本。志崇佛道。知一切法。皆悉寂滅。生身煩惱。二餘俱盡者。

술 이것은 나중에 닦아야 할 것을 성취한 것이다. 여기에 두 가지가 있는데, 이것은 처음에 자신의 실천행을 성취한 것이다. 또한 두 가지가 있는데, 이것은 처음에 해解와 행行을 함께 이룬 것이다.

述云。此後修成。有二。此初自行成。又有二。此初解行雙成也。

어떤 사람은 〈"여래로부터 출생한 것에 대해 법여여를 깨닫고"란 그 이해理解이고, "선을 익히는 음성과 악을 멸하는 음성을 잘 알고 방편을 잘 구사하며"[107]란 그 교해敎解이다. 해解는 여래의 교화로 말미암아 출생하고, 일체법이 모두 곧 여如임을 깨닫기 때문에 "여래로부터 출생한 것에 대해 법여여를 깨닫고"라고 했다. 선을 익히는 가르침을 "습음성習音聲"이라 하고, 악을 멸하는 가르침을 "멸음성滅音聲"이라 하며, 이것을 잘 이해하고 교묘한 지혜를 구사하는 것을 "선지방편善知方便"이라 한다.〉[108]

---

107 혜원의 입장이기 때문에 그의 주석에 근거하여 본문을 풀이했다. 상기 본문의 풀이는 경흥의 주석에 근거한 것이어서 서로 일치하지 않는다.

108 문장이 꼭 일치하지는 않지만, 그 내용은 혜원의 『無量壽經義疏』 권하(T37, 110b25)에서 "從如來生解法如如。是其理解。解由如來敎化出生。是故。說之從如來生。空同曰如。

라고 했는데, 이것은 다하지 않은 면이 있는 것 같다. 교해도 또한 부처님의 교화로부터 출생하는 것이기 때문이다.

有說。從如來生解法如如者。是其理解。善知習滅方便者。是其教解。解由如來教化而生。解一切法皆即如。故云從如來生解法如如。習善之教。名習音聲。滅惡之教。名滅音聲。於此。善解巧知。故云善知方便。此猶不盡。教解。亦從佛化生故。

어떤 사람은 〈"습習"은 곧 집제集諦인데 의미상 또한 고제苦諦를 겸하고, "멸滅"은 곧 멸제滅諦인데 도제道諦를 포함한 말이니, 원인과 결과로서 서로 교섭하기 때문이다.[109] 사제四諦를 설한 가르침이 곧 "음성 방편"이다.〉라고 했는데, 이것도 또한 옳지 않다. 집제는 비록 반드시 고제라는 결과를 낳지만, 고제는 집제를 원인으로 하지 않는 경우도 있고, 멸제와 도제는 유위有爲(도제)와 무위無爲(멸제)의 차이가 있으니, 집제와 멸제로서 고제와 도제를 섭수할 수는 없기 때문이다.

有說。習即集諦。意亦兼苦。滅即滅諦。含道之言。因果相涉故。說四諦之教。即音聲方便。此亦不然。集雖必苦。苦有非集。滅之與道。爲無爲異。不可以集滅。而攝苦道故。

지금 곧 "여래로부터 출생한 것에 대해"란 곧 총괄적으로 보살이 해解를 얻은 근거를 나타낸 것이다. "법여여法如如를 깨닫고"란 곧 개별적으

解知一切萬法皆如。名解如如。善知習等。是其教解。習善之教。名習音聲。滅惡之教。名滅音聲。菩薩。於此。悉能善解。故名善知。於中巧知。故曰方便."이라고 한 것과 거의 같다.

109 집제를 원인으로 하여 고제의 결과가 생겨나고, 도제를 원인으로 하여 멸제의 결과가 생겨나기 때문에 집제에 고제가 포함되고, 멸제에 도제가 포함된다는 말이다.

로 비안립진제非安立眞諦를 깨달은 지智를 펼친 것이고, "습習과 멸滅의 (음성 방편을) 잘 알며"란 곧 개별적으로 안립제安立諦를 깨달은 깨달음(解)을 밝힌 것이다. "습과 멸"이란 염오의 원인(染因)과 청정함의 결과(淨果)를 든 것으로, (원인인 습에는 고苦가 빠져 있고, 결과인 멸에는 도道가 빠져 있기 때문에) 다하지 않은 말이다. 진여에 계합하여 온갖 상相을 끊었으나 사제를 설함은 오직 교教로써 시설한 것이기 때문에 "음성 방편"이라 했다.

성교聖教를 능히 잘 깨달음으로 말미암아 "세속과 관련된 말을 좋아하지 않고 기꺼이 정론에 마음을 둔다."라고 했다.

어떤 사람은 〈입의 네 가지 허물[110]을 여의었기 때문에 "세속과 관련된 말을 좋아하지 않고"라고 했고, 사성언四聖言[111]을 짓기 때문에 "기꺼이 정론에 마음을 둔다"라고 했다.〉라고 했는데, 옳지 않다. 생각건대 진실로 성언이 반드시 정론正論인 것은 아니기 때문이다.

곧 해解를 이루는 것은 이것을 말한다.[112]

今即從如來生者。即總顯菩薩獲解之所由。解法如如者。即別申悟非安立

---

110 입의 네 가지 허물 : 거짓말(妄語)·이간질하는 말(離間語)·악어惡語(粗惡한 말로 타인을 해치는 것)·꾸민 말(綺語) 등이다.

111 사성언四聖言 : 네 가지의 성스러운 말. 첫째, 안식眼識으로 받아들이고 깨닫는 것을 '본 것'이라 하는데, 안식으로 아직 받아들이지 않았고 아직 깨닫지도 못하여 이러한 사실을 숨기지 않고, "나는 보지 않았다."라고 말하는 것이다. 둘째, 이식耳識으로 받아들이고 깨닫는 것을 '들은 것'이라 하는데, 이식으로 아직 받아들이지 않았고 아직 깨닫지도 못하여 이러한 사실을 숨기지 않고, "나는 듣지 않았다."라고 말하는 것이다. 셋째, 비식鼻識·설식舌識·신식身識 등으로 받아들이고 깨닫는 것을 '알아차린 것(所覺)'이라 하는데, 안식으로 아직 받아들이지 않았고 아직 깨닫지도 못하여 이러한 사실을 숨기지 않고, "나는 알아차리지 못했다."라고 말하는 것이다. 넷째, 의식意識으로 받아들이고 깨닫는 것을 '아는 것'이라 하는데, 아직 의식으로 받아들이지 않았고 아직 깨닫지도 못하여 이런 사실을 숨기지 않고, "나는 알지 못한다."라고 말하는 것이다.

112 본문의 "여래로부터 출생한~마음을 둔다."가 해解를 이루는 부분임을 나타낸 말이다.

眞之智。善智[1)]習滅者。即別辨悟安立諦之解。習滅者。擧染因淨果。不盡之言。眞絕衆相。而說四諦。唯敎施設。故云音聲方便。由於聖敎能善解。故不欣世語。樂在正論。有說。離口四過。故不欣世語。作四聖言。故樂在正論。非也。想實聖言。必非正論故。即解成。是也。

1) ㊐ '智'는 '知'인 것 같다.

"불도를 숭상하는 데 뜻을 두며"란 보리를 구하는 마음이고, "일체법이 (모두) 적멸한 것임을 알아"란 대치對治를 닦는 행이며, "두 가지의 남은 것을 모두 다한다."란 장애와 고통을 제거하는 행이다.

어떤 사람은 〈"생신生身"은 과보로서의 몸이 남은 것이고, "번뇌"는 분단생사分段生死의 원인인 미혹이 남은 것이다. (분단생사의 몸은) 초지初地에서 다하니, (그 이후에 받는) 변역생사變易生死의 몸에서 (생신과 번뇌의) 두 가지의 남은 것이 다하기 때문이다.〉라고 했고, 어떤 사람은 〈번뇌와 습기에 대해서 "두 가지의 나머지가 모두 다하는 것이다."라고 한 것이다.〉라고 했는데, 두 가지 해석 모두 옳지 않다.

앞의 칠지七地에서도[113] 또한 분단생사의 몸을 받기 때문이고, 번뇌의 남은 습기를 여습餘習이라 하니, 반드시 번뇌는 아니기 때문이다. (앞의 두 가지 해석을) 차례대로 비판한 것이다.[114]

지금 곧 "생신"은 과보果報이고, "번뇌"는 고통의 원인이다. 인과의 두 가지의 나머지를 모두 이미 다했기 때문이다.

곧 행行을 이루는 것은 이것을 말한다.[115]

113 보살 십지 중 제1 환희지歡喜地에서부터 제7 원행지遠行地에 이르기까지의 일곱 가지 계위를 가리킨다.

114 전자는 첫 번째 해석에 대한 비판이고, 후자는 두 번째 해석에 대한 비판이라는 말이다.

115 본문의 "온갖 선의~모두 다한다."가 행行을 이루는 부분임을 나타낸 말이다.

崇佛道者。求菩提之心。知法寂滅者。修對治之行。二餘俱盡者。除障苦之行。有說。生身是報餘。煩惱是分段之餘。初地上盡。變易。二餘當盡故。有說。煩惱及習。二餘俱盡。二俱不然。前七地中。亦受分段。煩惱餘氣。名爲餘習。必非煩惱故。如其次第。今即生身在報。煩惱苦因。因果二餘。皆已盡故。即行成。是也。

㉡ 해와 행을 아울러 닦음

경 **"매우 심오한 법을 듣고 의심하고 두려워하는 마음을 내지 않으며 항상 수행한다."**

經曰。聞甚深法。心不疑懼。常能修行者。

술 이것은 나중에 해解와 행行을 아울러 닦는 것이다.

어떤 사람은 〈심오한 법을 능히 이해하기 때문에 "의심하는 마음을 내지 않으며"라고 했고, 심오한 법에 능히 들어가기 때문에 "두려워하는 마음을 내지 않으며"라고 했다.〉[116]라고 했는데, 옳지 않다. "들어가는 것(入)"은 곧 "이해하는 것(解)"이기 때문이다.

지금 곧 심오한 가르침(敎)을 능히 믿기 때문에 "의심하는 마음을 내지 않으며"라고 했고, 심오한 뜻(義)을 능히 이해하기 때문에 "두려워하는 마음을 내지 않으며"라고 했다. 해解를 부지런히 닦는 것은 바로 이것이다.

"항상 수행한다."란 곧 행行을 부지런히 닦는 것이다. 듣고 반드시 수습함에 있어서 잠시도 틈이 없기 때문에 "항상 수행한다."라고 했다.

116 혜원이 『無量壽經義疏』 권하(T37, 110c7)에서 제시한 것이다.

述云。此後解行並修也。有說。於深能解。故不疑。於深能入。故不懼。非也。入亦解故。今即能信深教。故不疑。能解深義。故不懼。進修解。是也。常修行者。即進修行也。聞必修習。而無間。故云常修。

ㄴ) 교화하는 행위를 성취함

경 "그 대비大悲는 심원하고 미묘하여 덮고 싣지 않는 것이 없다."

經曰。其大悲者。深遠微妙。靡不覆載者。

술 이것은 나중에 교화하는 행위를 성취한 것이다.

"심원하고 미묘하여"란 마음이 깊고 무거운 것을 찬탄한 것이다. "덮고 싣지 않는 것이 없다."란 구제의 범위가 두루하고 넓은 것을 찬탄한 것이다. 오직 자비의 그늘을 드리울 뿐만 아니라, 또한 생사의 고통에서 벗어나게 하기 때문에 "싣는다"고 한 것이다.

述云。此後化行成也。深遠微妙者。歎心深重。靡不覆載者。嘆濟普廣。非唯悲蔭。亦令出死。故云載也。

㉣ 덕을 성취함이 기이하고 뛰어남

ㄱ. 자신의 덕을 이룸

ㄱ) 선을 모음에 있어서 뛰어남

㉠ 지智와 단斷을 짝함

경 "(믿음과 이해가) 궁극에 이르러 일승一乘에 대한 지혜에 의해 피안에 이른다."

經曰。究竟一乘。至[1)]于彼岸者。

1) ㉮ 생략 표시가 아니고 본문이기 때문에 현행『韓佛全』에서 작은 글씨로 쓰인 것은 큰 글자로 바꾸어야 한다.

술 이것은 네 번째로 덕을 성취함이 기이하고 뛰어난 것이다. 여기에 두 가지가 있으니, 처음은 자신의 덕을 이룬 것이고, 나중은 교화의 덕을 이룬 것이다. 처음에 또한 두 가지가 있는데, 이것은 처음에 선을 모음에 있어서 뛰어난 것이다. 여기에 세 가지 짝이 있는데, 이것은 처음에 지智와 단斷을 짝한 것이다.

"일승"이란 곧 지智이니, 비록 삼승이 있지만 그 궁극적인 것은 두 가지가 없기 때문에 "일승"이라 했다.

어떤 사람은 〈이 일승을 궁극적인 경지까지 통달하는 것을 "구경究竟"이라 하고, 열반의 과果에 이르기 때문에 "피안에 이른다."라고 했다.〉[117] 라고 했는데, 옳지 않다. 일승을 궁극적인 경지까지 통달하여 열반에 이르렀다면 보살이 아니어야 하기 때문이다.

지금 곧 믿음과 이해가 궁극에 이르렀기 때문에 "궁극에 이르러"라고 했다. "피안"이란 곧 단斷이다. 이미 단을 얻어 지혜를 장애하는 것이 작용하지 않기 때문에 "피안에 이른다."라고 했다.

述云。此第四成德奇勝。有二。初成自德。後成化德。初又有二。此初集善勝。有三對。此初智斷對也。一乘者。即智雖有三乘。其極無二。故云一乘。

117 혜원이『無量壽經義疏』권하(T37, 110c26)에서 제시한 것이다.

有說。於此一乘窮。名究竟。至涅槃果。故至于彼岸。非也。若窮一乘。至涅槃者。應非菩薩故。今即信解斯極。故云究竟。彼岸者。即斷。既得斷。智障無爲。故云至彼岸。

㉡ 이理와 교敎를 짝함

경 "의심의 그물을 끊어 지혜가 마음에서 나오고, 부처님의 교법을 모두 포괄하여 벗어난 것이 없다."

經曰。決斷疑網。慧由心出。於佛教法。該羅無外者。

술 이것은 다음에 이理와 교敎를 짝한 것이다.

진실을 드러내어 거짓을 제거하기 때문에 "의심의 그물을 끊어"라고 했다. 참된 이해는 속(中)에서 발현하기 때문에 "지혜가 마음에서 나오고"라고 했다. "마음"이란 중실中實의 뜻이기 때문이니, 곧 이치(理)를 증득하는 지혜이다. 통달하여 남은 것이 없기 때문에 "모두 포괄하여 벗어난 것이 없다."라고 했으니, 곧 가르침(敎)을 통달하여 이해하는 것(解)이다.

어떤 사람은 〈무아無我를 아는 지혜는 밖으로부터 오지 않기 때문에 "지혜가 마음에서 나오고"라고 했고, 가르침을 아는 것은 마음으로부터 나타나는 것이기 때문에 "모두 포괄하여 벗어난 것이 없다."라고 했다.〉라고 했는데, 이는 미진한 면이 있는 것 같다. 무아의 지혜는 부처님의 교화로부터 출생하여 마음에 나타난 것이니, 가르침이란 정교성正教性이 아니기 때문에 마음으로부터 출현하는 것이라고 말할 수 없다.

곧 "마음"이란 중실中實이고, "무외無外"란 남음이 없는 것이니, 곧 가르침에 의한 지혜이다.

述云。此次理教對也。顯實以除妄。故云斷疑網。眞解發中。故慧由心出。心者中實義故。即證理慧也。達之無餘。故該無外。即達教解也。有說。知無我慧。不從外來。故慧由心出。知教。從心現。故該羅無外。此猶未盡。無我慧。從佛化生。現心上。教非正教性。故不可言。從心出現。即知心者中實。無外者無餘。即教智也。

ⓒ 정定과 혜慧를 짝함

경 **"지혜는 큰 바다와 같고, 삼매는 산왕山王과 같으며, 지혜의 빛이 밝고 깨끗함은 해와 달을 넘어서고, 깨끗한 법이 온전히 갖추어져 원만함은 설산雪山과 같다."**

經曰。智慧如大海。三昧如山王。慧光明淨。超踰日月。清白之法。具足圓滿。猶如雪山者。

술 이것은 나중에 정定과 혜慧를 짝한 것이다.

지혜는 바다처럼 깊고 넓으며, 선정은 산처럼 높고 빼어나기 때문이다. 지혜의 작용으로 밝고 깨끗함이 해와 달을 넘어서고, 선정의 공능으로 덕을 원만하게 함이 설산처럼 깨끗하기 때문이다.

述云。此後定慧對也。慧深廣如海。定高勝如山故。慧用明淨。超日月。定能滿德。如雪山故。

ㄴ) 장애를 제거함에 있어서 뛰어남

㉠ 총괄적으로 나타냄

경 "모든 공덕을 비추어 모두 동일하게 청정한 경지를 얻는다."

經曰。照諸功德。等一淨故者。

술 이것은 나중에 장애를 제거함에 있어서 뛰어난 것이다. 여기에 두 가지가 있는데, 이것은 처음에 총괄적으로 나타낸 것이다.

위位 법사는 〈이하 20구절이 있는데 모두 지혜의 공능을 밝힌 것이다.〉라고 했다. 그러나 지혜는 반드시 선정을 여의지 않기 때문에 선정과 지혜 모두 포괄하여 장애를 여의는 것에 있어서 뛰어난 것을 설한 것이다.

한 가지 덕이라도 염오를 여의지 않은 것이 있지 않기 때문에 "모두 동일하게 청정한 경지를 얻는다."라고 했다.

述云。此後除障勝。有二。此初總標也。位法師云。下有二十句。皆辨慧能。然慧必不離定。故說定慧離障者勝。無有一德。而不離染。故云等一淨。

ⓛ 개별적으로 풀이함

경 "대지와 같으니 깨끗한 것과 더러운 것, 좋아하는 것과 싫어하는 것을 차별하는 마음이 없기 때문이고, 깨끗한 물과 같으니 진로塵勞[118]에 의한 온갖 구염垢染을 씻어 없애기 때문이다. 타오르는 불길과 같으니 일체의 번뇌의 땔감을 태워 없애기 때문이고, 거센 바람과 같으니 어느 세계를 가든 장애가 없기 때문이다. 허공과 같으니 일체의 유有[119]에 집착하지 않기 때문이고, 연

118 진로塵勞 : 번뇌의 원인이 되는 대상 경계. 중생을 어지럽히고 수고롭게 하기 때문에 '勞'라고 했다.

119 일체의 유有 : 욕유欲有(욕계의 존재)·색유色有(색계의 존재)·무색유無色有(무색계의 존재) 등의 삼유를 가리킨다.

꽃과 같으니 모든 세간에 물들지 않기 때문이다."

經曰。猶如大地。淨穢好惡。無異心故。猶如淨水。洗除塵勞。諸垢染故。猶如火王。燒滅一切煩惱薪故。猶如大風。行諸世界。無障閡故。猶如虛空。於一切有。無所著故。猶如蓮華。於諸世間。無染污故者。

술 이것은 나중에 개별적으로 해석한 것이다. 여기에 세 가지 짝이 있다.

述云。此後別釋。有三對。

a. 소인과 소기를 짝함

처음은 소인所因과 소기所起를 짝한 것이다. 곧 "차별하는 마음"이란 이장二障[120]의 소인所因인 비리작의非理作意[121]이고, "구염"이란 차례대로 작의作意[122]하여 소기所起(원인에 의해 일어난 것)한 지장智障과 혹장惑障이기 때문이다.

---

120 이장二障 : 궁극적 경지에 도달하기 위해 끊어야 할 두 가지 장애. 첫째, 번뇌장煩惱障이니, 중생의 몸과 마음을 어지럽혀 열반에 이르는 것을 방해하고 생사윤회하게 만드는 모든 번뇌를 가리킨다. 혹장惑障이라고도 한다. 둘째, 소지장所知障이니, 알아야 할 경계를 가려 바른 지혜를 낳는 것을 장애하는 모든 번뇌를 가리킨다. 지장智障·지애智礙 등이라고도 한다. 『成唯識論』 권1(T31, 1a8)에서 본 논서는 두 가지 장애를 끊는 것을 목적으로 한다고 하고, 아집我執에 의해 번뇌장이 생겨나고, 법집法執에 의해 소지장이 생겨나며, 번뇌장을 끊음으로 인해 해탈을 증득하고 소지장을 끊음으로 인해 대보리大菩提를 증득한다고 하였다.

121 비리작의非理作意 : 이치에 맞지 않는 생각. 이치에 어긋나는 사유분별을 말한다. 번뇌에 오염된 분별을 가리킨다.

122 작의作意 : 마음으로 하여금 경각警覺하게 하는 것, 곧 의욕을 일으키는 것을 말한다.

初所因所起對。即異心。是二障所因。非理作意。垢染。如次作意所起智惑障故。

b. 능의와 소의를 짝함

다음은 능의能依와 소의所依를 짝한 것이다. 곧 "번뇌"와 "장애"란 그 차례대로 혹惑 · 지智의 이장二障의 능의와 소의이기 때문이다.

次能依所依對。即煩惱障礙。如其次第。惑智二障。能所依故。

c. 무착과 무염을 짝함

나중은 무착無著과 무염無染을 짝한 것이다. 곧 '삼유에 집착하는 것'은 또한 소지장이고, '물드는 것(染汚)'은 오직 혹장이기 때문이다.

後無著無染對。即於三有著。亦所智障。染污唯惑故。

ㄴ. 교화의 덕을 이룸

경 "큰 수레와 같으니 군맹을 실어서 생사의 세계에서 벗어나게 하기 때문이고, 겹겹이 쌓인 구름과 같으니 큰 법의 우레를 울려 아직 깨닫지 못한 이를 깨닫게 하기 때문이며, 큰비와 같으니 감로법을 뿌려 중생을 적셔 주기 때문이다. 금강으로 이루어진 산과 같으니 온갖 마구니와 외도가 동요하게 할 수 없기 때문이고, 범천왕과 같으니 모든 선법에 있어서 가장 으뜸이 되기 때문이다. 니구류수尼拘類樹와 같으니 모든 것을 두루 덮기 때문이고, 우담발화와 같으니 희유하여 만나기 어렵기 때문이다. 금시조와 같으니 위엄으로 외도를 항복시키기 때문이고, 떼지어 노니는 짐승과 같으니 감추어 쌓아 두는 것이 없기 때문이다. 소 왕(牛王)과 같으니 이길 수 있는 것이 없기 때문이고, 코끼리 왕과 같으니 잘 조복시키기 때문이다. 사자 왕과 같으니 두려워하는 것이 없기 때문이고, 허공처럼 넓으니 대자大慈를 일으켜 평등하게 구제하기 때문이다."

經曰。猶如大乘。運載群萌。出生死故。猶如重雲。震大法雷。覺未覺故。猶如大雨。雨甘露法。潤衆生故。如金剛山。衆魔外道。不能動故。如梵天王。於諸善法。最上首故。如尼拘類樹。普覆一切故。如優曇鉢華。希有難遇故。如金翅鳥。威伏外道故。如衆遊禽。無所藏積故。猶如牛王。無能勝故。猶如象王。善調伏故。如師子王。無所畏故。曠若虛空。大慈等故者。

술 두 번째로 교화의 덕을 이룬 것이다. 여기에 13구절이 있는데 간략하게 여섯 가지 짝을 지었다.

述云。第二化德成。有十三句。略作六對。

ㄱ) 범부의 지위에서 벗어나는 것과 성인의 경지에 들어가는 것을 짝함

첫째, 범부의 지위에서 벗어나는 것과 성인의 경지에 들어가는 것을 짝하였으니, 곧 처음의 세 구절이 이것이다.

"승乘"이란 수레이다. "군맹"이란 범부와 이승이다. 범부와 소승(이승)을 운반하여 분단생사와 변역생사를 벗어나게 하니, 권교權敎와 실교實敎를 들려주어 선의 싹을 윤택하게 하기 때문이다.

一出凡入聖對。即初三[1)]也。乘者車也。群萌者凡夫二乘。運凡小而出二死。

聞權實而潤善芽故。

1) ㉮ '三' 뒤에 '句'가 누락되었다.

ㄴ) 삿된 것을 버리는 것과 선에 나아가는 것을 짝함

둘째, 삿된 것을 버리는 것과 선에 나아가는 것을 짝하였으니, 곧 다음의 두 구절이 이것이다.

二却邪就善對。即次二句也。

ㄷ) 두루 덮는 것과 희유하여 친견하기 어려운 것을 짝함

셋째, 두루 덮는 것과 희유하여 친견하기 어려운 것을 짝하였으니, 곧 다음의 두 구절이 이것이다.

三普覆希見對。即次二句也。

ㄹ) 삿된 것을 꺾는 것과 바른 것으로 돌아가는 것을 짝함

넷째, 삿된 것을 꺾는 것과 바른 것으로 돌아가는 것을 짝하였으니, 곧 다음의 두 구절이 이것이다.

"감추어 쌓아 두는 것이 없기 때문이다."란 곧 성인의 종성이기 때문이다.

四摧邪歸正對。即次二句。無所藏積。即聖種故。

ㅁ) 이길 수 없는 것과 오염시킬 수 없는 것을 짝함

다섯째, 이길 수 없는 것과 오염시킬 수 없는 것을 짝하였으니, 곧 다음의 두 구절이 이것이다. 어떤 선善도 이길 수 있는 것이 없고, 모든 오염을 조복시키기 때문이다.

五無勝無染對。即次二句。無善能勝。調諸染故。

ㅂ) 두려움이 없는 것과 연민이 있는 것을 짝함

여섯째, 두려움이 없고 연민이 있는 것을 짝하였으니, 곧 다음의 두 구절이 이것이다. 어떤 삿된 것도 두렵게 할 수 있는 것이 없고, 중생에 대한 연민으로 즐거울 날이 없기 때문이다.

六無畏有憐對。即後二句。無邪可畏。憐無樂故。

㉮ 닦아야 할 것을 실천하여 뛰어난 곳으로 나아감

ㄱ. 자분행을 닦음

경 "질투심을 꺾어 없애니 남을 이기는 것을 바라지 않기 때문이고, 오로지 법을 구하는 것을 즐겨 하면서 매우 만족하는 마음을 내는 일이 없다. 항상 널리 설하고자 하면서 지치거나 게으른 마음을 내는 일이 없다. 법의 북을 치고 법의 깃발을 세우며, 지혜의 해로 비추어 어리석음의 어둠을 제거한다. 스스로 육화경六和敬[123]을 닦는다."

123 육화경六和敬 : 불도를 닦는 수행자들이 서로 행해야 할 여섯 가지 형태의 화경和敬(조화를 이루고 공경하는 것)을 일컫는 말. 곧 신화경身和敬(예배 등을 함께하는 것)·구화경口和敬(讚詠 등을 함께하는 것)·의화경意和敬(信心 등을 함께하는 것)·계화경

經曰。摧滅嫉心。不望勝故。專樂求法。心無厭足。常欲廣說。志無疲倦。擊法鼓。建法幢。曜慧日。除癡闇。修六和敬者。

술 이것은 다섯 번째로 닦아야 할 것을 실천하여 뛰어난 곳으로 나아가는 것이다. 여기에 두 가지가 있으니, 처음은 자분행自分行을 닦는 것이고, 나중은 승진勝進을 수행하는 것이다.

述云。此第五行修增進。有二。初自分行修。後勝進修行。

ㄱ) 방편을 닦음

처음에 또한 두 가지가 있는데, 처음은 방편을 닦는 것이다.

"질투심을 꺾어 없애는 것"은 곧 이타利他의 방편이니, 질투하는 마음이 있으면 중생을 이롭게 할 수 없기 때문이다.

"법을 구하며 만족하는 일이 없는 것"은 곧 자리自利의 방편이니, 더 이상 구함을 싫어하여 만족하는 일이 있다면 반드시 부지런히 닦지 않기 때문이다.

初又有二。初行修方便。摧滅嫉心。即利他方便。若有嫉忌。不能利物故。求法無足。即自利方便。有厭足者。必不進修故。

ㄴ) 부지런히 정행을 닦음

戒和敬(戒法을 함께하는 것)·견화경見和敬(견해를 함께하는 것)·이화경利和敬(옷·음식 등의 이익을 함께하는 것) 등이다.

나중에 부지런히 정행正行을 닦는 것이니, 곧 항상 바르게 실천하는 것이다.

"항상 널리 설하고자 하는 것" 등은 이타행利他行이니, 부지런히 닦으면서 지치거나 게으른 마음을 내는 일이 없기 때문이다. "널리 설하고자 하는 것"은 설하는 마음이 뛰어난 것이다.

"법의 북을 치고" 등은 곧 설한 내용이 뛰어난 것이다. "지혜의 해로 비추어" 등은 이익을 주는 것이 뛰어난 것이니, 세 가지의 지혜의 해로 비추어 어리석음을 제거하기 때문이다.

"육화경"이란 곧 자리행自利行이니, 신·구·의 등의 세 가지 업과 견見·계戒·이利 등을 모두 함께하기 때문에, 곧 서로 친애하고 공경하여 정情에 어긋나는 것이 없기 때문에 "육화경"이라 했다.

後勤修正行。即常正行。常欲廣說等。利他行。修心無疲惓。故欲廣說。說心勝也。擊法鼓等。即所說勝也。曜慧日等。所利勝。照三慧日。以除愚癡故。修六和敬者。即自利行。修三業見戒利。皆同故。便相親敬。情無乖異。故云六和敬。

ㄴ. 승진행을 닦음

경 "항상 법시法施를 행하고, 용맹스러운 마음으로 정진하여 물러나거나 약해지는 마음을 내지 않는다. 세상의 등불이 되고 가장 뛰어난 복전이 되며, 항상 도사導師가 되어 평등하게 대하여 미워하는 마음과 사랑하는 마음으로 차별하여 대하는 일이 없으며, 오직 정도正道를 좋아하고 그 이외의 것에 대해 기뻐하거나 슬퍼하는 마음을 내지 않는다. 모든 욕망의 가시를 뿌리 뽑아 군생을 편안하게 하고 공덕이 뛰어나 존경하지 않음이 없으며, 삼구三垢(三毒)의 장애를 멸하고 온갖 신통을 노닌다."

經曰。常行法施。志勇精進。心不退弱。爲世燈明。最勝福田。常爲師導。[1] 等無憎愛。唯樂正道。無餘欣慼。[2] 拔諸欲刺。以安群生。功德殊勝。莫不尊敬。滅三垢障。遊諸神通者。

1) ㉮『大正藏』 강승개본의 미주에서 유포본에서는 '師導'를 '導師'라고 했다고 하였다. 경흥의 주석에 따르면 경흥의 대본에도 역시 '導師'라고 했다. 2) ㉮『大正藏』 강승개본의 미주에 따르면 유포본에서는 '慼'을 '戚'이라 하였다고 했다.

술 두 번째로 승진행을 닦는 것이다. 여기에 세 단계가 있다.

述云。第二勝進行修。有三階。

ㄱ) 승진의 시작 단계

처음은 승진의 시작 단계이다.

곧 "항상 법시를 행하는 것"은 이타利他의 시작이고, "용맹스러운 마음으로 정진하여 물러나거나 약해지지 않는 것"이란 자리自利의 시작이기 때문이다.

初勝進始。即常行法施。利他始。志勇不弱。自利始故。

ㄴ) 승진의 중간 단계

다음은 승진의 중간 단계이다.

"세상의 등불이 되고 가장 뛰어난 복전이 되는 것"은 이타의 중간 단계이다. 중생으로 하여금 이해하게 할 수 있기 때문에 "세상의 등불이 되고"라고 했고, 또한 중생으로 하여금 선을 낳을 수 있게 하기 때문에 "가장 뛰어난 복전이 되며"라고 했으며, 지혜에 의해 어리석음을 열어 주고 교화하기 때문에 "도사가 되어"라고 했고, 복덕과 이로움을 주는 데 있어서 차별하는 마음이 없기 때문에 "(평등하게 대하여) 미워하는 마음과 사랑하는 마음으로 차별하여 대하는 일이 없으며"라고 했다.

"(오직 정)도를 좋아하고 (그 이외의 것에 대해) 기뻐하거나 슬퍼하는 일이 없는 것"은 곧 자리의 중간 단계에서 선을 닦는 것이기 때문에 "(정)도를 좋아하고"라고 했고, 허물을 제거하기 때문에 "그 이외의 것에 대해 (좋아하거나 슬퍼하는 일이) 없다."라고 했다.

次勝進中。爲燈明福田等。利他中也。能生物解。故云世燈明。亦生人善。故云勝福田。以慧開化。故云導師。福利無差。故無增[1]愛。樂道無欣慼。即自利中修善。故云樂道。除過。故無餘。

1) ㉭ '增'은 '憎'인 것 같다.

ㄷ) 승진의 수행을 완성함

나중은 승진의 수행을 완성한 것이다.

곧 "욕망의 가시를 뿌리 뽑는 것" 등은 이타행을 성취한 것이다. 교화하여 허물을 여의게 하기 때문에 "중생을 편안하게 하고"라고 했고, 이들을 이끌어 선을 좇게 하기 때문에 "(공)덕이 뛰어나 모두가 존경한다."라고 했다.

"삼구의 (장애를) 멸하고" 등은 곧 자행自行을 성취한 것이다. 탐욕·분노 등의 ("삼구"를) 멸하기 때문에 단행斷行을 성취하고, 신통력이 자유자재하기 때문에 행덕行德을 성취한다.

어떤 사람은 〈"삼구"란 곧 번뇌·업業·고苦이다.〉라고 했는데, 옳지 않다. 업과 고는 아직 반드시 구垢라고 할 수는 없기 때문이다.

後勝進修成。即拔欲刺等。利他行成。化令離過。故以安群生。導之從善。故德勝尊敬。滅三垢等。即自行成。滅貪瞋等。故斷行成。遊戲神通。故行德成也。有說。三垢即煩惱業苦。非也。業苦未必垢故。

㉥ 모든 힘을 원만하게 갖춤

ㄱ. 자신이 힘을 갖춤

경 **"인因의 힘과 연緣의 힘, 의意의 힘과 원願의 힘, 방편의 힘인 상常의 힘과 선善의 힘, 정定의 힘과 혜慧의 힘, 다문多聞의 힘과 보시·지계·인욕·정진·선정·지혜의 힘, 정념正念의 힘과 정관正觀의 힘, 온갖 신통의 힘과 명明의 힘,"**

經曰。因力緣力。意力願力。方便之力。常力善力。定力慧力。多聞之力。施戒忍辱。精進禪定。智慧之力。正念止[1]觀。諸通明力者。

1) ㉮『大正藏』 강승개본의 미주에 따르면 유포본에서는 '止'를 '正'이라 하였다고 했다. 경흥의 주석에 따르면 그 대본에서는 '正'이라고 했다.

술 이것은 여섯 번째로 모든 힘을 원만하게 갖춘 것이다. 여기에 세 가지가 있는데, 이것은 처음에 자신이 힘을 갖춘 것이다. 여기에 일곱 가지 짝이 있다.

述云。此第六諸力備足。有三。此初自力備。有七雙。

ㄱ) 인과 연을 짝함

첫째, 인因과 연緣을 짝한 것이니, 곧 "인의 힘과 연의 힘"이다. 숙세의 선근을 "인의 힘"이라 하고, 선우善友를 친근히 하여 법을 듣는 것을 "연의 힘"이라 하기 때문이다.

一因緣雙。即因力緣力。宿世善根。名因力。親近善友而聞法。名緣力故。

ㄴ) 의와 원을 짝함

둘째, 의意와 원願을 짝한 것이니, 곧 "의의 힘과 원의 힘"이다.

어떤 사람은 〈불도를 추구하는 마음을 "의의 힘"이라 하고, 실천행을 일으키려는 서원을 "원의 힘"이라 한다.〉[124]라고 했으며, 어떤 사람은 〈보리심을 발한 것을 "의의 힘"이라 하고, 불과佛果를 희구하는 것을 "원의 힘"이라 한다.〉라고 했는데, 두 가지 모두 옳지 않다. 불도를 구하는 것과 실천행을 일으킬 것을 서원한 것은 말은 다르지만 뜻은 동일하기 때문이고, 보리심을 발하는 것은 곧 불과를 희구하는 것이기 때문이다. 차례대로 앞의 것은 첫 번째 해석에 대한 비판이고, 뒤의 것은 두 번째 해석에 대한 비판이다. 지금 곧 여리작의如理作意[125]를 "의의 힘"이라 하고, 보리를 구하는 마음을 "원의 힘"이라 한다.

二意願雙。即意力願力。有說。求佛之心。名意力。起行之願。名願力。有說。發菩提心。名意力。希求佛果。名願力。二俱不然。求願起行。言別義一故。發菩提心。即希佛果故。如其次第。今即如理作意。名意力。求菩提心。名爲願力。

124 혜원이 『無量壽經義疏』 권하(T37, 111b13)에서 제시한 것이다.
125 여리작의如理作意 : 이치에 어긋나지 않는 생각을 말한다.

ㄷ) 총괄적인 것과 개별적인 것을 짝함

셋째, 총總과 별別을 짝한 것이다. 곧 "방편의 힘"은 총괄적인 것이고, "상의 힘과 선의 힘"은 개별적인 것이다. 한 순간도 쉬지 않고 수행하기 때문에 "상의 힘"이라 하고, 악법이 들어설 틈이 없기 때문에 "선의 힘"이라 한다. 곧 이 두 가지 힘은 가행加行[126]인 선교방편善巧方便이기 때문에 "방편의 힘"이라 한 것이다.

三總別雙。即方便力者總也。常力善力者別也。無間脩故常力。惡法不間故善力。即此二力。加行善巧 故云方便力。

ㄹ) 지와 관을 짝함

넷째, 지止와 관觀을 짝한 것이다. 지행止行을 이루기 때문에 "정의 힘"이라 하고, 관행觀行을 이루기 때문에 "혜의 힘"이라 한다.

四止觀雙。所[1)]止行成。故名定力。觀行成。故云慧力。

1) ㉰ 전후 문맥상 '所'는 '卽'인 것 같다.

ㅁ) 들어서 아는 것과 실천하는 것을 짝함

다섯째, 들어서 아는 것(聞)과 실천하는 것(行)을 짝한 것이다. "다문의 힘"은 수행할 내용을 이해하는 것이고, "보시" 등의 육도六度는 닦아야 할 실천행이기 때문이다.

126 가행加行 : 공용을 더하는 것. 정행正行에 상대하는 예비적 행위이다.

五聞行雙。即多聞力。是脩行之解。施等六度。是所修行故。

ㅂ) 염과 정을 짝함

여섯째, 염念과 정定을 짝한 것이다. 곧 상相을 쫓아내는 염念은 "정념의 힘"이고, 산란함을 제거하여 진실을 증득하는 것은 "정관의 힘"이기 때문이다.

어떤 판본에서는 "정념지관正念止觀"이라 했기 때문에, 위 법사는 〈"지"는 정定이고 "관"은 혜慧이다.〉라고 했는데, "정관"이 옳다.

六念定雙。即遣相之念。是正念力。除亂證實。是正觀力故。或有本云正定[1)] 止觀。故位法師解。止是定。觀是慧。正觀應是。

1) 역『大正藏』강승개본에서는 '定'을 '念'이라 했다. 다른 판본에서 '定'이라고 한 사례가 보이지 않기 때문에 '定'은 오자인 것 같다.

ㅅ) 통과 명을 짝함

일곱째, 통通과 명明을 짝한 것이다. 곧 "통의 힘"이란 육통六通이고, "명의 힘"이란 삼명三明이기 때문이다.

七通明雙。即通力者六通。明力者三明故。

ㄴ. 교화의 행위를 성취함

경 "법대로 모든 중생을 조복시키는 힘,"

經曰。如法調伏諸衆生力者。

술 다음에 교화의 행위를 성취한 것이다.

述云。次化行成也。

ㄷ. 총괄적으로 맺음

경 "이와 같은 모든 힘을 다 원만하게 갖춘다."

經曰。如是等力。一切具足者。

술 이것은 나중에 총괄적으로 맺은 것이다.

述云。此後總結也。

㉳ 모든 덕이 뛰어남

ㄱ. 자신의 덕이 뛰어남

경 "몸의 상호와 공덕과 변재를 원만하게 갖추고 장엄하여 함께 짝할 이가 없으며, 한량없는 모든 부처님을 공경하고 공양한다."

經曰。身色相好。功德辯才。具足莊嚴。無與等者。恭敬供養。無量諸佛者。

술 이것은 일곱 번째로 모든 덕이 뛰어난 것이다. 여기에 네 가지가 있는데, 이것은 처음에 자신의 덕이 뛰어난 것이다.

述云。此第七諸德殊勝。有四。此初自德殊勝也。

ㄴ. 모든 부처님께 수순하여 행함

경 "항상 모든 부처님께서 함께 칭찬하는 대상이 된다."

經曰。常爲諸佛。所共稱嘆者。

술 이것은 두 번째로 모든 부처님께 수순하여 행하는 것이다.

述曰。此第二行順諸佛也。

ㄷ. 해와 행을 궁구하여 원만하게 이룸

경 "보살이 행해야 할 모든 바라밀을 궁극의 경지까지 도달하고, 공空・무상無相・무원無願의 삼매를 닦아 불생불멸의 모든 삼매문을 얻는다."

經曰。究竟菩薩諸波羅蜜。修空無相無願三昧。不生不滅。諸三昧門者。

술 이것은 세 번째로 해解와 행行을 궁구하여 원만하게 이룬 것이니, 곧 "육도六度(육바라밀)"를 행이라 하고, "삼매"를 해라 하기 때문이다.

어떤 사람은 〈제법이 생겨나는 것을 보면 곧 불멸임을 알고, 제법이 소멸하는 것을 보면 곧 불생임을 안다. 그러므로 "불생불멸"이라 했다.〉라고 했는데, 옳지 않다. 이미 법이 생겨나는 것을 보면 반드시 소멸할 것을 알기 때문이니, (『성유식론』에서) "생겨난 것은 소멸로 돌아가는 것이라고 한 방향으로 답변(一向記)했기 때문이다."[127]라고 했다.[128]

지금 곧 아我·법法이 "공"하고, 공하기 때문에 "무상"이며, 무상이기 때문에 "무원"이니, 이것으로 인해 생멸이 있음을 보지 않는다.

述云。此第三解行究滿。即六度爲行。三昧爲解故。有說。見諸法生。即知不滅。見諸法滅。即知不生。故云不生滅。非也。既見法生。必知滅故。生者歸滅。一向記故。今即我法空。空故無相。無相故無願。由此。不見有生滅也。

ㄹ. 수행하여 이승을 넘어섬

경 "성문과 연각의 지위를 멀리 여읜다."

經曰。遠離聲聞緣覺之地者。

술 이것은 네 번째로 수행하여 이승을 넘어서는 것이다.

---

127 『成唯識論』 권10(T31, 57c8).

128 부처님께서는 생겨난 것의 소멸 여부에 대해서는 반드시 소멸하는 것이라고 했고, 경우에 따라서 소멸할 수도 있고 소멸하지 않을 수도 있는 것이라고 답변하지는 않았으니, 생겨난 것을 보고 소멸하지 않음을 안다는 말은 옳지 않다는 말이다. 전자와 같은 답변을 일향기一向記라고 하고, 후자의 방식으로 답변하는 것을 분별기分別記라고 하는데, 생겨난 것의 소멸 여부에 대한 질문은 불교의 진리에 의거할 때 분별기로 대답할 수 없다. 그러나 만약 "모든 죽은 사람은 전부 다시 태어날 것인가?"라는 질문을 했을 경우에는 "번뇌가 남아 있는 이는 다시 태어나지만 번뇌가 다한 이는 다시 태어나지 않는다."라고 대답할 수 있는데, 이것을 분별기라고 한다.

述云。此第四行超二乘也。

나) 찬탄을 맺음

경 "아난아, 그곳의 보살은 이러한 한량없는 공덕을 성취한다. 나는 단지 너를 위해 간략히 말했을 뿐이니, 자세하게 말한다면 백천만겁이 지난다고 해도 다 할 수 없다."

經曰。阿難。彼諸菩薩。成就如是無量功德。我但爲汝。略言之耳。若廣說者。百千萬劫。不能窮盡者。

술 이것은 두 번째로 찬탄을 맺은 것이다.

述云。此第二結歎也。

② 사람들에게 왕생을 권함

가. 사람과 국토의 뛰어남을 맺음

가) 사람의 덕이 뛰어남을 맺음

경 부처님께서 미륵보살과 여러 하늘과 사람 등에게 말씀하셨다.
"무량수국의 성문과 보살이 갖춘 공덕과 지혜는 말로 헤아릴 수 없다."

經曰。佛告彌勒菩薩諸天人等。無量壽國。聲聞菩薩。功德智慧。不可稱說者。

술 두 번째로 사람들에게 왕생을 권한 것이다. 여기에 두 가지가 있으니, 처음은 사람과 국토의 뛰어남을 맺은 것이고, 나중은 바로 왕생을 권한 것이다. 처음에 또한 두 가지가 있는데, 이것은 처음에 사람의 덕이 뛰어남을 맺은 것이다.

述云。第二勸人往生。有二。初結人土勝。後正勸往生。初又有二。此初結人德勝也。

나) 국토의 즐거움이 뛰어남을 맺음

경 "또한 그 국토는 미묘하고 안락하며 청정함이 이와 같다."

經曰。又其國土。微妙安樂。清淨若此。

술 이것은 나중에 국토의 즐거움이 뛰어남을 맺은 것이다.

述云。此後結土樂勝也。

나. 바로 왕생을 권함

가) 바로 왕생을 권함

경 "어찌 힘을 다하여 선을 행하지 않는 것인가. 도리에 의해 저절로 왕생하는 것을 생각하면, 행덕行德이 현저해져서 귀함과 천함을 가리지 않고 모두 왕생한다. (그 국토에서) 모든 것을 통달하여 변제가 없는 경지에 도달한다. 마땅히 각각 부지런히 정진하고 노력하면서 스스로 이것을 구하면, 반드시 누대의 업을 벗어나고 끊어서 (예토를) 버리고 안양국(극락정토)에 왕생하여 단박에 오악도五惡道를 끊고 악도가 저절로 닫히며, 도道에 오르니 (그 도는) 궁극이 없다."

經曰。何不力爲善。念道之自然。著於無上下。洞達無邊際。宜各勤精進。努力自求之。必得超絕去。往生安養國。橫截五惡趣。[1] 惡道自然閉。昇道無窮極者。

---

1) ㉻ 경흥의 주석에 의거할 때 '趣'는 '道'이다. 강승개본의 미주에서 다른 판본에서는 '道'라고 했음을 밝혔다.

술 두 번째로 바로 왕생을 권한 것이다. 여기에 두 가지가 있는데, 이것은 처음에 바로 왕생을 권한 것이다.

"어찌 힘을 다하여 선을 행하지 않는 것인가."란 왕생의 인因을 닦을 것을 권한 것이다. "력力"이란 힘을 다하는 것이다. 사람은 성스럽고 국토는 미묘하니 어찌 힘을 다하여 선을 행하고 왕생할 것을 원하지 않을 수 있겠는가(라고 했기) 때문이다. 또한 "력力"이란 부지런히 힘쓰는 것이다.

"도리에 의해 저절로 왕생하는 것을 생각하면"이란 얻어야 할 이익을 닦는 것이다. 원인인 선이 이미 이루어지면 저절로 과果를 획득할 수 있기 때문에 "저절로 왕생하는 것을 생각하면"이라고 했다. 오직 도리를 생각함으로써 행덕이 현저하여 귀함과 천함을 가리지 않고 모두 왕생할 수 있기 때문에 "행덕이 현저해져서 귀함과 천함을 가리지 않고"라고 했다. 명호(字)를 칭념하여 오랫동안 독송하면 흘러서 여기에 이르기 때문이다.

述云。第二正勸往生。有二。此初直勸往生也。何不力爲善者。勸脩往生之因。力者盡力。人聖國妙。詎不盡力。作善願生故。又力者力勵。道之自然者。脩所得之利。因善既成。不[1]自獲果。故云念自然。唯能念道。行德著。不簡貴賤。皆得往生。故云著於無上下。念字長讀。流至此故。

1) ㉮ 다른 판본에서는 '不'을 '可'라고 했다. ㉯ '可'가 맞는 것 같다.

어떤 사람은 〈"통달洞達"이란 꿰뚫어 이해하고 철저하게 아는 것이고, "변제가 없는 것"이란 실상實相은 삼제三際(과거·현재·미래)를 헤아릴 수 있는 것이 아니기 때문이다. 실상은 이미 정토의 근본이니, 왕생하는 이는 그 근원을 궁구해야 하기 때문에 이해하고 철저히 알아야 한다고 한 것이다.〉라고 했는데, 옳지 않다. 실상의 근원을 궁구하는 것은 범부가 능히 할 수 있는 것이 아니고, 정토에 왕생하는 것은 오직 성인께서 (중생의 소원에) 응함으로써 (이루어지는 것이기 때문이다.)

지금 곧 그 국토에 왕생하면 신령스러운 지혜에 의해 모든 것을 통달하여 변제가 있지 않기 때문에 ("통달무변제"라고 한 것이다.)

"거去"란 버리는 것이니, 예토를 버리기 때문이다.

有說。洞達者。洞解了達。無邊際者。實相。非三際可尋故。實相。既是淨土之本。往生者。要須窮其原。故須解達。非也。窮實相之原。非凡夫所能。往生淨土。唯應聖故。今即得生彼土。神智洞達。無有邊際故。去者棄。棄穢土故。

어떤 사람은 〈"오악도"란 삼도三途(지옥·아귀·축생)·비천非天(아수라)·여인이니, 여인은 악취惡趣의 근본이기 때문이다.〉라고 했고, 또 아래 문장에서 〈오악五惡이란 곧 오도五道라고 한다.〉라고 했는데, 옳지 않다. 여인취女人趣라는 명칭을 설한 것은 어느 곳에도 없기 때문이고, 오악은 원인이니 (업인業因의 결과로 태어나는 곳을 가리키는 말로 쓰이는) 취趣라고 말할 수 없기 때문이다.

지금 곧 사람과 하늘은 비록 선취善趣이지만, 정토를 상대할 때는 또한 악도이기 때문에 [오도五道(지옥·아귀·축생·인간·하늘)를] "오악도"라고 했다.

이 예토에서 먼저 견혹見惑을 끊어 삼도의 인과를 여의고, 나중에 수혹修惑을 끊어 사람과 하늘의 인과를 끊는다. 이렇게 해서 정토에 왕생하면 오도의 인과를 단박에 버리기 때문에 "단박에 끊고"라고 했다. "끊는 것"은 그 과果이고, "저절로 닫히는 것"은 그 인因이다. 획득한 도가 깊고 넓기 때문에 "궁극이 없다."라고 했다.

有說。五惡道者。三途非天及以女人。女人。是惡趣本故。又下文。五惡。即名五道。非也。無有處說。名女人趣故。五惡。是因。不可言趣故。今即人天。雖名善趣。對於淨土。亦名惡道。云五惡道。在此穢土。先斷見惑。離三途因果。後斷修惑。絕人天因果。若生淨土。五道頓捨。故云橫截。截者其果。自閉其因。獲道深廣。故無窮極。

나) 마음 아파하고 탄식하며 거듭해서 왕생을 권함

경 **"쉽게 왕생할 수 있으나 왕생하는 사람이 없구나. 그 국토는 어기고 거스르지 않는데 (그 자신이) 저절로 (오랜 업에 의해 왕생하지 못하게) 끌어당기는 것이다. 어찌 세속의 일을 버리고 부지런히 실천하여 도덕을 구하지 않는 것인가. 그렇게 하면 매우 긴 수명을 얻을 수 있고 즐거움을 누리는 일이 다하여 끝나는 일이 없다."**

經曰。易往而無人。其國不逆違。自然之所牽。何不棄世事。勤行求道德。可獲極長生。壽樂無有極者。

술 이것은 나중에 마음 아파하고 탄식하며 거듭해서 (왕생을 권한 것)[129]이다.

인因을 닦으면 곧 왕생하기 때문에 "쉽게 왕생할 수 있으나"라고 했다. 어떤 사람도 인因을 닦지 않아 왕생하는 이가 드물기 때문에 "왕생하는 사람이 없구나."라고 했다.

인을 닦아 왕생을 구하면 끝내 어기고 거스르지 않기 때문에 "그 국토는 어기고 거스르지 않는데"라고 했으니, 곧 앞에서 "쉽게 왕생할 수 있으나"라고 한 것과 연관된다. 오랫동안 되풀이하여 쌓인 번뇌(纏蓋)가 저절로 끌어당기고 묶어 가지 못하게 되기 때문에 "저절로 끌어당기는 것이다."라고 하였으니, 곧 앞에서 "왕생하는 사람이 없구나."라고 한 것과 연관된다.

어떤 사람은 〈인因이 원만하고 과果가 성숙해지면 공용을 빌리지 않아도 저절로 (아미타불께서) 불러서 (극락정토에) 이르게 하기 때문에 "저절로 끌어당긴다."라고 했다.〉라고 했는데, 이치상으로 볼 때 또한 이렇게 해석하는 것도 타당하다.

"도덕"이란 인因이고, "즐거움을 누리는 것"은 과果이다. "수壽"란 이익을 누리는 것(受)이다.

述云。此後傷嘆重也。修因即住。[1)] 故易往。無人修因。往生者尠。故無人。修因求生。終不違逆。故國不逆違。即前易往也。久習纏蓋。自然爲之牽縛不往。故自然所牽。即前無人也。有說。因滿果熟。不假功用。自然招致。故自然所牽。義亦可也。道德者因。壽樂者果。壽者受也。

1) ㉮ 문맥상 '住'는 '往'인 것 같다.

129 혜원이 『無量壽經義疏』 권하(T37, 112a11)에서 "第三重勸往生"이라고 분과한 것을 참조하여 문장을 보태어 풀었다.

문 정토왕생의 인을 닦는 것과 도솔천 왕생의 인을 닦는 것은 어느 것이 어려운가?

답 어떤 사람은 〈도솔천은 계界에 속박되어 있고,[130] 정토는 계에 속박되어 있지 않기 때문에 정토에 태어나는 것이 도솔천에 태어나는 것보다 쉽다.〉라고 했는데, 옳지 않다. 무릇 "계界"란 생사유전하는 곳이고, 서방정토란 (그것을) 벗어나고 여읜 곳이기 때문이다. 생사유전과 관련된 세계에 태어나는 업을 닦는 것이 어렵고, (그것을) 벗어나고 여의는 원인을 행하는 것이 쉽다고 하는 것은 반드시 바른 이치에 어긋나기 때문이다.

問。修淨土及兜率因。何者爲難。答。有說。兜率是界。淨土非繫故。生淨土。易於兜率。非也。夫言界者。是流轉之處。西方淨土。是出離之所故。難修流轉業。易行出離之因。必違正理故。

어떤 사람은 〈예로부터 여러 덕망 있는 사람들이 도솔천의 업을 지은 것은 모두 서방정토는 왕생하기 어렵기 때문에 감히 그 업을 짓지 않은 것이다.〉[131]라고 했다.

지금 일곱 가지 뜻으로 서방에 왕생하는 것이 쉽다는 것을 증명한 사례를 들어보면 다음과 같다.

첫째, 시간적으로 단지 조금만 닦으면 되는 것이기 때문이다. 곧 『관무량수경』에서 "하품상생·하품중생·하품하생의 중생은 임종할 때 (부처님의 명호를) 한 번 생각했든 열 번 생각했든 모두 왕생할 수 있다."[132]라고

---

130 도솔천은 욕계에 속하는 여섯 하늘 중 네 번째 하늘이기 때문에 이렇게 말한 것이다. 여전히 업에 의해 생사윤회하는 세계에 속하는 것임을 의미한다.

131 『釋淨土群疑論』 권4(T47, 53b28)에서 "問曰。諸有學者。咸知西方勝於兜率百千萬倍。然恐淨土是彼殊方。諸願生人。恐難得往。是以古今盛德碩學高僧。咸謂難生。作兜率業。"이라 했다.

132 『觀無量壽經』(T12, 345c10)의 하배관下輩觀에서 설한 것을 요약한 것이다.

했기 때문이다.

둘째, 모든 부처님께서 호념하시기 때문이다. 곧 『칭찬정토불섭수경』에서 "시방의 모든 부처님께서 호념하신다."[133] 등이라고 한 것이 이것이다.

셋째, 광명을 비추어 섭수하기 때문이다. 곧 『관무량수경』에서 "(낱낱의 광명은 시방세계를 두루 비추어) 부처님의 명호를 칭념하는 중생을 섭취하여 버리지 않는다."[134]라고 했기 때문이다.

넷째, 부처님의 본원을 타기 때문이다. 곧 이 경(『무량수경』)에서 설한 아미타불의 사십팔원이라는 큰 서원이 이것이다.

다섯째, 그 국토의 성중聖衆이 와서 맞이하기 때문이다. 곧 앞의 문장에서 "나의 국토에 태어나기를 원하는데 와서 맞이하지 않는다면 정각을 취하지 않겠다."[135]라고 한 것이 (이것이다.)

여섯째, 모두가 염불하여 왕생하는 것을 돕기 때문이다. 곧 임종할 때 함께 염불왕생을 위해 수행하는 이들이 서로 도와가면서 염불하여 보내는 것을 말하기 때문이다.

일곱째, 성인께서 왕생하는 것이 쉽다고 말씀하셨기 때문이다. 곧 이 경의 문장에서 "쉽게 왕생할 수 있으나 왕생하는 사람이 없구나. 그 국토는 어기고 거스르지 않는데"라고 한 것이 이것이다.

有說。古來諸德。作兜率業者。咸以西方難生。故不敢作。今以七義。證西方易生。一時但少修故。即觀經云。下三品。臨命終時。一念十念。悉得生故。二諸佛護念故。即稱讚經曰。六[1)]方諸佛。護念等。是也。三光明攝受故。即觀經云。念佛衆生。攝取不捨也。四乘佛本願故。即此經云。阿彌陀佛。

133 『稱讚淨土佛攝受經』(T12, 350a20)에서 시방의 모든 부처님께서 호념하시는 것을 설한 내용을 요약한 것이다.

134 『觀無量壽經』(T12, 343b26).

135 사십팔원 중 제19 섭중품원攝中品願을 취의 요약한 것이다.

四十八願。弘誓。是也。五彼聖來迎故。即上文云。願生我國。若不來迎者。不取正覺也。六凡助念故。謂臨命終時。諸同行者。相助念送故。七聖說易生故。即此文云。易往而無人。其國不逆也。

1) ㉮ '六'은 『稱讚淨土佛攝受經』(T12, 350a20)에서 동방 · 남방 · 서방 · 북방 · 상방 · 하방 · 동남방 · 서남방 · 서북방 · 동북방 등의 시방에 계시는 여러 부처님께서 호념하시는 것을 설하였기 때문에 '十'이라고 해야 옳다. 그런데 이역본인 『阿彌陀經』(T12, 347b18)에서는 앞의 여섯 방위의 부처님만 제시했기 때문에 이 경에 의거할 때는 '六'이 옳다. 이미 『稱讚經』이라고 했으니, '十'이라고 해야 한다.

이제 이러한 해석을 보면 비록 신령스럽고 색다르기는 하지만 이치상 반드시 그러한 것은 아니다.

미륵도 서원을 세우지 않은 것이 아니기 때문이고, 그 하늘에 태어나는 이가 있으면 미륵이 광명을 쏘아 와서 맞이하는 것은 미타와 같기 때문이며, 한 번 덕호를 칭념해도 오히려 하늘에 태어나거늘 하물며 또한 열 번 칭념함에 있어서는 말할 것도 없기 때문이며, 함께 도솔천 왕생을 위해 수행하는 이들이 또한 반드시 서로 돕기 때문인데, 이것에 대해 직접적으로 설하지 않았을 뿐이다. (그러므로 이것으로 정토왕생이 더 쉽다고 하는 주장의 근거로 삼기는 부족한 면이 있다.)

今觀此解。雖復靈異。理必不然。彌勒不應無誓願故。有生彼天。彌勒放光。來迎。同彌陀故。一稱德號。尚得生天。況亦十念故。同行。亦必相助故。而不說。

"왕생하는 사람이 없구나."라고 말했기 때문에 (서방정토의 왕생은 어렵다.) 또한 "없구나"라고 설한 것은 별시別時의 뜻이니, 게으른 중생[136]을

136 극락왕생의 용이성을 믿고 수행을 게을리 하는 중생을 가리킨다.

교화하기 위한 것이다. 어떤 중생이라도 그 업을 지니지 않은 이가 없기 때문이니, 일찍이 왕생했고 미래에도 역시 왕생할 것이기 때문이다. 지혜가 있는 사람이라면 반드시 정토에 왕생하는 것이 쉽고 도솔천에 태어나는 것은 그렇지 않다고 말할 수는 없다. 만약 쉽게 태어날 수 있다면 과果는 반드시 뛰어나지 않기 때문이다.

지금 곧 서방정토에 태어나는 것은 비록 또한 매우 어렵지만 오로지 왕생을 추구하여 부처님의 명호를 한 번 칭념하거나 열 번 칭념하거나 하면 모두 왕생할 수 있으니, 태어나기 어려운 가운데에 쉬운 것이라고 말할 수 있다.

부수적인 의미에 대한 논의는 그만두고 본문을 풀이해야 할 것이다.

言無人故。亦無說處。是別時之意。而爲化懈怠故。無一衆生。不有彼業故。曾所生故。當亦生故。諸有智者。必不可言。易生淨土。非兜率也。若易生者。果必非勝故。今即生西方土。雖復甚難。專求往生。一念十念。皆得往生。可謂難生中之易也。傍義且止。應釋本文。

⑵ 사바세계의 더러움과 악을 펼쳐 사람들로 하여금 싫어하여 버리게 함

① 번뇌의 허물을 나타냄

가. 탐욕의 허물을 나타냄

가) 총괄적으로 나타냄

경 "그런데 세상 사람들은 풍속이 경박하여 급하지 않은 일을 함께 다툰다."

經曰。然世人薄俗。共諍不急之事者。

술 사바세계의 더러움과 악을 펼쳐 사람들로 하여금 싫어하여 버리게 한 것이다. 여기에 네 가지가 있으니, 첫째 번뇌의 허물을 나타낸 것이고, 둘째 권하여 닦아서 버리게 한 것이며, 셋째 죄업의 허물을 펼친 것이고, 넷째 거듭하여 권하여 닦아서 버리게 한 것이다. 처음에 또한 세 가지가 있으니, 처음은 탐욕의 허물을 밝혔고, 다음은 분노의 허물을 보였으며, 나중은 어리석음의 허물을 밝혔다. 처음에 또한 두 가지가 있는데, 처음은 총괄적으로 나타낸 것이다.

"급急"이란 마음을 빼앗겨 멍한 모양(糸+急)이고, 또한 급박한 것이다. 세속인은 풍속이 경박하여 탐욕심으로 현세의 급하게 하지 않아야 할 오욕을 함께 다투기 때문이다.

述云。第二申娑婆穢惡令人厭捨。有四。一顯煩惱過。二勸令脩捨。三申罪業過。四重勸脩捨。初又有三。初辨貪過。次示瞋過。後愚癡過。初又有二。初總標也。急者総[1)]也。又迫[2)]也。世俗之人。薄於風俗。以貪欲心。共諍現世不可急五欲之事故。

1) ㉆ '総'은 '愡'과 통하는 글자이다. 2) ㉆ '迫'은 '追'인 것 같다.

나) 개별적으로 풀이함

㉮ 총괄적으로 탐욕의 허물을 드러냄

ㄱ. 추구의 고통

경 "이러한 혹독한 악과 극렬한 고통이 가득한 곳에서 자신을 괴롭혀 가며 필요한 것을 공급하는 데 힘써 스스로에게 공급하여 구제한다. 존귀한 사람도 없고 비천한 사람도 없으며, 가난한 사람도 없고 부유한 사람도 없이 (모두 빠짐없이) 젊은이와 늙은이, 남자와 여인을 위해 함께 재물을 위해 근심하니, 재물이 있는 사람이든 재물이 없는 사람이든 똑같이 그러하여 근심하는 마음은 같아서 영혈營血이 막힐 정도로 근심하고 괴로워한다. 빈번히 생각하고 거듭 생각하여 그것을 이루기 위해 마음이 달려가고 부림받아 편안할 때가 있지 않다."

經曰。於此劇惡極苦之中。勤身營務。以自給濟。無尊無卑。無貧無富。少長男女。共憂錢財。有無同然。憂思適等。屏營愁苦。累念積慮。爲心走使。無有安時者。

술 이것은 나중에 개별적으로 풀이한 것이다. 여기에 두 가지가 있으니, 처음은 총괄적으로 탐욕의 허물을 드러낸 것이고, 나중은 개별적으로 탐욕의 허물을 밝힌 것이다. 처음에 또한 세 가지가 있는데, 이것은 처음에 추구의 고통을 나타낸 것이다.

"근勤"이란 괴롭히는 것이고, "영營"이란 보호하는 것(護)이고, 공급하는 것(給)이며, 돕는 것(資)이다. 곧 자신을 위해서 구하는 것을 나타낸 것이다.

"존귀한 사람도 없고 비천한 사람도 없으며, 가난한 사람도 없고 부유한 사람도 없이"란 구하는 주체가 되는 사람이고, "젊은이와 늙은이, 남자와 여인"이란 위하는 대상이 되는 사람이다. 곧 다른 사람을 위해서 구하는 것을 나타낸 것이다.

재물이 있는 사람은 잃을 것을 두려워하고, 재물이 없는 사람은 얻고자 하니, 근심하는 것에는 차이가 없기 때문에 "재물이 있는 사람이든 재물이 없는 사람이든 똑같이 그러하여"라고 했다. "적適"이란 내乃(바로, 곧)이다. "병屛"이란 닫히고 막히는 것이고, "영營"이란 혈기血氣의 이름이니, 지나치게 근심하면 기氣가 막혀 숨쉬기 어려워지기 때문이다. 곧 마음의 고통을 나타낸 것이다.

"그것을 이루기 위해 마음이 달려가고 부림받아"란 목마른 사슴이 아지랑이를 향해 달려가고, 눈에 무엇이 낀 사람(翳眼)이 허공의 꽃을 잡으려고 손짓함이, 모두 물을 갈망하는 마음 (때문에) 병으로 인해 꽃이 보이는 것을 알지 못하기 (때문에), 그것을 얻기 위해 달려가고 좇아가는 것과 같기 때문이다. 곧 신체의 고통을 나타낸 것이다.

述云。此後別釋。有二。初總顯貪過。後別辨貪過。初又有三。此初推[1]求苦也。勤者苦也。營者護也。給者資也。即爲身故求也。無尊卑貧富者。能求之人。少長男女者。所爲之人。即爲他故求也。有者恐失。無者欲得。憂之無異云。有無同然。適者乃也。屛者閉塞。營者血氣之名也。若强憂慮者。氣塞難息故。即心苦也。爲心走使者。如渴鹿。逐於陽炎。翳眼。弄於空華。皆爲愛水之心。不了病華。而走馳故。即身苦也。

1) ㉠ '推'는 '迴'과 음이 통한다.

ㄴ. 수호의 고통

경 **"밭이 있으면 밭을 걱정하고, 집이 있으면 집을 걱정하며, 소·말 등의 육축[137]과 노비·돈·옷·음식 등의 온갖 생활 도구(什物)에 대해서도 또한 함**

137 육축 : 집에서 기르는 대표적인 여섯 가지 동물. 곧 소·말·양·돼지·개·닭 등이다.

께 이것을 근심하며, 거듭 생각하고 거듭 한탄하면서 근심하고 두려워한다."

經曰。有田憂田。有宅憂宅。牛馬六畜奴婢錢財衣食什物。復共憂之。重思累息。憂念愁怖者。

술 이것은 다음으로 수호의 고통이다.

어떤 사람은 〈"십什"이란 밑천이 되는 것(資)이다. 재가자에게 있어서는 십물什物이니, 곧 밭·집·소·말·돈·옷·음식·육축·노비이다.

출가자는 곧 육물六物[138]이다. (또한) 자신에게 제공하는 것이 허락된 것은 곧 백일물百一物[139]이다.〉라고 했다. 비록 두 가지 해석이 있지만 모두 근거가 없다.

述云。此次守護苦也。有說。什者資也。在俗什物。即田宅牛馬錢財衣食六畜奴婢也。出家。即六物也。許供身者。即百一也。雖有二解。皆無據准。

---

138 육물六物 : 출가자가 반드시 지니고 다녀야 할 것으로 제정된 여섯 가지 소지품. 이는 불도를 수행하려는 목적에 적합한 최소한의 생활 도구라는 제한 속에서 선별된 것이다. 출처에 따라 여섯 가지 물건이 일치하지는 않지만, 일반적으로 승가리僧伽梨·울다라승鬱多羅僧·안타회安陀會·발우·니사단尼師壇·녹수낭漉水囊 등을 말한다. 앞의 세 가지를 묶어서 삼의三衣라고 하기 때문에 삼의육물三衣六物이라고도 한다. 승가리는 입궁入宮·탁발 등을 행할 때 입는 옷으로 일종의 정장과 같은 것이다. 울다라승은 예배·포살 등을 행할 때 입는 옷이고, 안타회는 일상생활에서 일할 때 혹은 잠잘 때 입는 옷이다. 발우는 공양할 때 사용하는 그릇이다. 니사단은 좌구坐具·부구敷具 등이라고도 하는데, 앉거나 누울 때 땅에 까는 용도로 쓰는 장방형의 천을 말한다. 녹수낭은 물을 거르는 주머니로, 본의 아니게 눈에 보이지 않는 벌레를 먹어 살생하는 것을 방지하기 위해 지니고 다니도록 하였다.

139 백일물百一物 : 육물 이외에 생활에 필요한 온갖 도구를 가리키는 말. 온갖 필요한 물품 중 하나만 비축하는 것이 허용된 것. 『釋氏要覽』 권중(T54, 278c26)에서 "백일물에서 ('백')이란 대체적으로 말한 것으로 ('백'이라는 숫자에 한정되지 않는다.) 『薩婆多論』(T23, 535c22)에서 '백물은 각각 한 가지씩 비축할 수 있다'라고 했다.(百一物。大概之辭也。薩婆多論云。百物各可蓄一也。)"라고 했다. 『薩婆多論』은 유부의 율전인 『十誦律』에 대한 주석서의 성격을 갖는 것으로, 갖춘 이름은 『薩婆多毘尼毘婆沙』이다.

지금 곧 의정義淨의 『남해기귀내전』에 의거하니, 곧 "어떤 사람이 삼의십물三衣什物[140]이라고 한 것은, 생각건대 역자가 의역하여 분리하여 두 가지로 만든 것이고, 범본에 의지한 것은 아니다. (곧 13지구에서) 별도로 삼의三衣를 (묶어서) 말하고, 열 가지 물건은 쪼개어 열었다.…(중략)…'십什'을 훈독하여 잡雜이라 한 것은 앞에서 설한 취지에 부합하지 않는다.…(중략)…십삼두다十三杜多[141]는 오직 상품의 수행자를 위해 제정한 것이고, 십삼자구十三資具[142]는 중품과 하품의 수행자를 겸한 것으로 생각된다.…(중

140 삼의십물三衣什物 : 구마라집이 한역한 『仁王般若波羅蜜經』 권하(T8, 830a6)에서 "三衣什物"이라 했다.

141 십삼두다十三杜多 : 율장에서는 보통 십이두타를 설하였다. 단 『瑜伽師地論』 권25(T30, 422a9)에서 "① 늘 약속된 집에서 걸식하는 것(常期乞食), ② 마을에 들어가 분별하지 않고 차례대로 걸식하는 것(次第乞食), ③ 한 번 앉은 자리에서 한 번만 먹는 것(但一坐食), ④ 먼저 적절한 분량의 음식을 먹을 것이라는 생각을 하고 난 후에 먹는 것(先止後食), ⑤ 단지 삼의三衣만 지니는 것, ⑥ 단지 솜털(毳)옷만 지니는 것, ⑦ 분소의糞掃衣를 입는 것, ⑧ 아란야에 머무는 것, ⑨ 항상 나무 밑에 거주하는 것, ⑩ 항상 맨땅에 머무는 것, ⑪ 항상 무덤가에 머무는 것, ⑫ 등을 기대거나 걸터앉거나 하지 않고 항상 단정하게 앉아 있는 것, ⑬ 좌구를 깔았던 곳은 수리하거나 하지 않고 항상 앉았던 그대로 유지하는 것 등이다."라고 하여 십삼두타를 제시했고, 『解脫道論』(T32, 404b27)에도 "옷과 관련된 것 두 가지, 곧 ① 분소의를 입는 것, ② 삼의만 지니는 것 등이다. 걸식과 관련된 것 다섯 가지, 곧 ③ 걸식, ④ 차제걸식, ⑤ 일좌식, ⑥ 절량식, ⑦ 시후불식 등이다. 좌와坐臥와 관련된 것 다섯 가지, 곧 ⑧ 무사처좌, ⑨ 수하좌, ⑩ 노지좌, ⑪ 총간좌, ⑫ 우득처좌 등이다. 용맹과 관련된 것 한 가지, 곧 ⑬ 상좌불와이다."라고 하여 십삼두타를 제시하였다.(有十三法。二法衣相應。謂糞掃衣及三衣。五法乞食相應。謂乞食。次第乞食。一坐食。節量食。時後不食。五法坐臥相應。一無事處坐。二樹下坐。三露地坐。四塚間坐。五遇得處坐。一勇猛相應。有一種。謂常坐不臥。) '두타'는 Ⓢ dhūta의 음사어로 두타頭陀라고도 음사하고, 기제棄除·사태沙汰·제견除遣 등으로 의역한다. 범어의 원래 뜻은 흔들어 떨어 버리다는 뜻을 가진 동사 어근 √dhū에서 파생한 것으로 흔들리다, 동요되다 등의 뜻이지만 심신에 묻은 때를 떨어 없애 버린다는 뜻으로 사용된다. 곧 마음을 닦아 의·식·주에 대한 탐욕을 떨어버리는 수행을 가리킨다.

142 십삼자구十三資具 : 비구의 생활을 돕는 열세 가지 생활 도구. 첫째 승가리이고, 둘째 울다라승이며, 셋째 안타회이고, 넷째 니사단이며, 다섯째 군裙(하반신을 덮는 내의)이고, 여섯째 부군副裙(裙의 일종)이며, 일곱째 승기지僧祇支(겨드랑이를 덮는 옷)이고, 여덟째 부승기지副僧祇支(승기지의 일종)이며, 아홉째 식신건拭身巾(몸을 닦는 수건)이고, 열 번째 식면건拭面巾(얼굴을 닦는 수건)이며, 열한 번째 삭발의剃髮衣(삭발

략)…(중생의 근기에 의거하여) 자신에게 제공하는 것이 허용된 백일물은 (사부四部에 있어서는)[143] 율문律文에 보이지 않는다.[144] 경經에 비록 이러한 말이 있을지라도 별시의別時意라고 보아야 한다.[145]…(중략)…또한 서방에서 세속의 관리와 귀하고 뛰어난 사람이 입는 의복은 오직 백첩白疊[146] 한 쌍이 있고, 가난하고 천한 부류는 단지 한 벌의 거친 베옷이 있다. 출가하여 불법을 따르는 대중은 단지 삼의육물三衣六物을 비축하고, 풍요로운 장자라야 비로소 십삼자구를 사용할 수 있다."[147]라고 하였다.

今即准淨傳。有云。三衣十[1)]物者。蓋是譯者之意。離分[2)]爲二處。不依梵本。別道三衣。折開十物。訓什爲雜。未符先旨故。[3)] 十三杜多。唯制上行。十三資具。蓋兼中下。供身百一。未見律文。經雖有言。應是別時之意。由此[4)]西方。俗侶官人貴勝。所著衣服。唯有白疊一雙。貧賤之流。祇有一箇。[5)] 出家法衆。但畜三衣六物。樂盈長者。方用十三資具。

1) ㉯ 원본에서는 '十'을 '什'이라 했다. 2) ㉰『南海寄歸內法傳』에 따르면 '分'은 잉자이다. 3) ㉰『南海寄歸內法傳』에 따르면 '故'는 잉자이다. 4) ㉰『南海寄歸內法傳』에

할 때 입는 옷)이고, 열두 번째 개창건蓋瘡巾(종기를 덮는 수건)이며, 열세 번째 약자구의藥資具衣(병이 걸렸을 때 약과 교환하기 위한 衣布)이다.

143 '(사부四部에 있어서는)'은 분명한 이해를 위해『釋氏要覽』본문에 의거하여 생략된 부분을 추가한 것이다.

144 '율문'이란 사부의 율전, 곧 살바다부薩婆多部(有部) 소속 율전인『十誦律』, 담무덕부曇無德部(法藏部) 소속 율전인『四分律』, 대중부大衆部 소속 율전인『摩訶僧祇律』, 미사새부彌沙塞部(化地部) 소속 율전인『五分律』등을 가리키는 것 같다. 그런데『十誦律』권57(T23, 424a22)에서는 "百一物"에 해당하는 옷을 보시를 받아 비축할 수 있는 일곱 가지 옷 중 하나라고 하였다.(七種衣不作淨施得畜。僧伽梨。欝多羅僧。安陀會。雨浴衣。覆瘡衣。尼師壇。及餘百一物。) 그러므로 율문에 보이지 않는다고 하는 말과는 어긋나는 것 같다.

145 생략된 부분에 따르면 재가자의 경우에도 그 절반도 얻어서 쓰지 못하는데, 출가자가 백물을 각각 하나씩 비축하는 것은 있을 수 없는 것이라고 했다. 별시의란 이미 서술한 것처럼 방편적으로 시설한 것일 뿐이고, 일반론으로 볼 수는 없다는 말이다.

146 백첩白疊 : 목면에서 나는 꽃으로 만든 하얗고 부드러운 면포를 가리킨다.

147『南海寄歸內法傳』권2(T54, 212c7~214b4).

따르면 '由此'는 '又'이다. 5) ⓔ『南海寄歸內法傳』에 따르면 '箇'는 '布'이다.

ㄷ. 산실의 고통

ㄱ) 재물을 잃는 고통

경 "뜻하지 않게 본래의 상태를 유지하지 못하고, 수재水災와 화재火災를 만나고, 도둑에 의해 약탈당하며, 원수인 집안의 보복을 당하고, 빚쟁이의 독촉을 받아 불에 타고 물에 떠내려가며 빼앗기고 흩어지며 없어진다. 근심과 고통으로 마음이 어지러운데 벗어나는 때는 있지 않다. 분노하는 마음이 맺혀 근심이 떠나지 않는데, 그 마음이 굳어지고 뜻이 고착되어 끝내 벗어날 수 없다."

經曰。橫爲非常。水火盜賊。怨家債主。焚漂劫奪。消散磨滅。憂毒忪忪。無有解時。結憤心中。不離憂惱。心堅意固。適無縱捨者。

술 이것은 나중에 산실散失의 고통을 밝힌 것이다. 여기에 두 가지가 있는데, 이것은 처음에 재물을 잃는 고통이다.
"종忪"【지止와 용容, 중衆과 종從, 두 가지의 반절이다.】은 두려움에 마음이 어지럽게 동요하는 것이다.

述云。此後散失苦。有二。此初失財苦也。忪【止容衆從二反】懼心亂動也。

ㄴ) 신체를 잃는 고통

경 "혹은 이러한 것과 관련된 일로 말미암아 꺾이고 부서져 몸이 없어지고 목숨을 마치기에 이르러 이것을 버리고 떠나도 누구도 따르는 이가 없다."

經曰。或坐摧碎。身亡命終。棄捐之去。莫誰隨者者。

술 이것은 나중에 신체를 잃는 고통을 밝힌 것이다.
"누구도 따르는 이가 없다."란 곧 한 명도 좇는 중생이 없다는 뜻이다.

述云。此後失身苦也。莫誰隨者。即無一從物之意也。

㉯ 개별적으로 탐욕의 허물을 보임

ㄱ. 부유함과 귀함에 의탁하여 탐욕의 허물을 펼침

경 "존귀하고 세력이 있는 부유한 사람도 또한 이러한 근심이 있다. 온갖 일을 근심하고 두려워하니 고통에 시달리는 것이 이와 같다. 온갖 종류의 한寒(두려움에 의한 떨림)과 열熱(고통에 의한 타오름)을 맺으면서 늘상 고통과 함께 지낸다."

經曰。尊貴豪富。亦有斯患。憂懼萬端。勤苦若此。結衆寒熱。與痛共居[1]者。

1) 역『大正藏』강승개본에서 '居'를 '俱'라고 했고, 경흥의 주석에 의거하더라도 '俱' 라고 해야 한다.

술 이것은 두 번째로 개별적으로 탐욕의 허물을 보인 것이다. 여기에 두 가지가 있는데, 이것은 처음에 부유함과 귀함에 의탁하여 탐욕의 허물을 펼친 것이다.

어떤 사람은 〈"한寒"은 팔한지옥八寒地獄이고, "열熱"은 팔열지옥八熱地

獄이다. 팔한지옥과 팔열지옥 등의 고통을 받는 것이 일상적인 것이기 때문에 "고통과 함께 지낸다."라고 했다. "통痛"이란 (지옥의 과보로서) 감수하는 것이다.〉라고 했는데, 이것은 옳지 않은 것 같다. 현세의 몸이 후세에 받는 (지옥의) 고통과 더불어 "함께 지낸다."라고 말할 수는 없기 때문이다.

지금 곧 "한寒"은 두려움에 의해 몸이 떨리는 것이고, "열熱"은 고통에 의해 몸이 타오르는 것이니, "고통과 함께 지낸다."라는 말이 성립한다.

어떤 경본에서는 "임종할 때 한기寒氣와 열기熱氣가 있다."라고 했는데, 옳지 않은 것 같다.

述云。此第二別示貪過。有二。此初寄富貴以申貪過也。有說。寒謂八寒地獄。熱謂八熱地獄。受寒熱等苦。尋常。故與痛共俱。痛者受也。此恐非也。現身與後苦。不可言俱故。今即寒恐熱惱。與痛共俱。或有經本。臨終寒熱。恐訛也。

ㄴ. 빈궁한 것에 의거하여 탐욕의 허물을 보임

ㄱ) 현세에서의 고통을 보임

경 "빈궁하고 하열한 이는 부족하여 늘 지닌 것이 없다. 밭이 없으면 또한 밭을 가지려고 걱정하고, 집이 없으면 또한 집을 가지려고 걱정하며, 소·말 등의 육축·노비·돈·옷·음식 등의 생활 도구가 없으면 또한 이것을 가지려고 걱정한다. 오로지 추구하여 하나를 가지면 또한 다른 하나가 부족하고, 이것을 가졌지만 이것으로는 부족하다고 하면서 (세상의 최상의 부귀를) 동등하게 가지려고 애쓴다. 오로지 추구하여 바라는 것을 모두 가졌다고 해도 곧 다시 부서지고 흩어진다. 이와 같아서 근심하고 괴로워하면서 다시 구하려고 애쓰지만 때맞추어 얻는 것은 불가능하다. 아무리 생각하며 애써도 보탬이 되지 않고, 몸과 마음은 모두 지치며, 앉으나 서나 불안하다. 근심스런 생각이 서로 따르며 (그치지 않아) 고통에 시달리는 것이 이와 같다. 또한 온갖 종류의 한寒과 열熱을 맺으면서 늘 고통과 함께 지낸다. 어떤 때는 이러한 것으로 말미암아 주어진 수명을 채우지 못하고 요절한다."

經曰。貧窮下劣。困乏常無。無田。亦憂欲有田。無宅。亦憂欲有宅。無牛馬六畜奴婢錢財衣食什物。亦憂欲有之。適有一復少一。有是少是。思有齊等。適欲具有。便復糜散。如是憂苦。當復求索。不能時得。思想無益。身心俱勞。坐起不安。憂念相隨。勤苦若此。亦結衆寒熱。與痛共俱。或時坐之。終身夭命者。

술 이것은 나중에 빈궁한 것에 의거하여 탐욕의 허물을 보인 것이다. 여기에 두 가지가 있는데, 이것은 처음에 현세에서의 고통을 보인 것이다.

"하나를 가지면 (또한) 다른 하나가 부족하니"란 밭을 가졌지만 집이 부족하기 때문이다. "이것은 가졌지만 이것은 부족하다고 하면서"란 비록 밭을 가졌지만 (그 정도의 크기로는) 부족하다고 여기기 때문이다. "동등하게 가지려고 애쓴다."란 (세상의 최상의) 부귀를 동등하게 가지려고 애쓰는 것이다. "미糜"란 부서지는 것이다.

述云。此後據貧窮以示貪過。有二。此初示現苦也。有一少一者。有田少宅故。有是少是者。雖有田而不足故。思有齊者。思齊富貴故。糜者敗也。

ㄴ) 후세에서의 고통을 보임

경 "선을 실천하고 도道를 행하며 덕德에 나아가는 것은 하려 하지 않고 지내다가 목숨을 마치고 몸이 죽으면 홀로 먼 길을 떠나는데, 향하여 나아가는 곳은 있지만 (그곳이) 선도善道인지 악도惡道인지조차 아는 이가 없다."

經曰。不肯爲善行道進德。壽終身死。當獨遠去。有所趣向。善惡之道。莫能知者。[1)]

1) 역 원문에 '者'가 있기 때문에 '~라고 한 것은'의 의미에서 집어넣은 '者'와 별도로 '者' 뒤에 '者'가 추가되어야 한다.

술 이것은 나중에 후세에서의 고통을 보인 것이다.

述云。此後顯後苦也。

나. 분노의 허물을 나타냄

가) 원한을 맺어 서로 보복함

경 "세간의 인민은 부자, 형제, 부부, 부부(家室)의 친가 친척과 외가 친척이 서로 공경하고 사랑하며, 서로 미워하거나 질투하지 않으며, 가지고 있는 것과 가지고 있지 않은 것을 서로 주고받아 통하게 하고, 탐욕을 내거나 아까워하지 않으며, 말씨와 얼굴빛을 늘 온화하게 하여 서로 어기거나 어그러지는 일이 없이 지낸다. 어느 날 갑자기 다투는 마음이 일어 분노하는 일이 생기니, 현재 세상에서는 한恨스러운 마음을 내어 미미하게 서로 미워하고 질투하지만, 후세에 이르러 점점 심해져서 큰 원망을 이루기에 이른다. 그 이유는 무엇인가. 세간의 일로서 거듭해서 서로 괴롭히고 해를 입히면 비록 즉시 그것에 상응하여 급박하게 서로 파괴하는 일은 없지만, 독毒을 품고 노기怒氣를 쌓아

가면서 분노가 정신에 맺히고 저절로 반드시 기록되어 서로 떨어지지 않는다. (결국) 모두 미래세에 함께 태어나 다시 서로 보복한다."

經曰。世間人民。父子兄弟夫婦。家室中外親屬。當相敬愛。無相憎嫉。有無相通。無得貪惜。言色常和。莫相違戾。或時心諍。有所恚怒。今世恨意。微相憎嫉。後世轉劇。至成大怨。所以者何。世間之事。更相患害。雖不即時。應急相破。然含毒畜怒。結憤精神。自然剋識。不得相離。皆當對生。更相報復者。

술 두 번째로 분노의 허물을 나타낸 것이다. 여기에 세 가지가 있는데, 이것은 처음에 원한을 맺어 서로 보복하는 것이다.

"가실家室"이란 남편이 아내를 일컬어 "가"라고 하고, 아내가 남편을 일컬어 "실"이라 한다. 비록 이러한 말이 있기는 하지만 진실로 옳지 않은 것 같다. 뒤에서 다시 풀이하기로 한다.

"무無"란 불不이다. "환患"이란 괴롭히는 것(惱)이다. "정신"이란 곧 종자식種子識[148]이다. "극剋"이란 반드시(要)라는 뜻이다. "지識"란 기록하는 것(記)이다. 앞에서 한恨을 맺은 것으로 말미암아 원수를 이루는데, 그 과정은 종자가 과果를 이끄는 것이고, 별다른 공용을 빌리지 않기 때문에 "저절로"라고 했다. "복復"이란 갚는 것(酬)이다.

述云。第二顯嗔過。有三。此初結怨相報也。家室者。夫稱於婦曰家。婦稱於夫曰室。雖有此言。良恐非也。下之更解。無者不也。患者惱也。精神者即種子識。剋者要也。識者記也。由前結恨。成怨。種子引果。不假功用。故

148 종자식種子識 : Ⓢ sarva-bīja-vijñāna. 종자식이란 아뢰야식阿賴耶識의 다른 이름이다. 일체법의 종자를 집지執持하여 잃지 않는 식識이라는 뜻이다.

云自然。復者酬也。

나) 이별은 쉽고 만남은 어려움

경 "인간은 세간의 애욕 속에서 홀로 태어나고 홀로 죽으며 홀로 가고 홀로 온다. 행위한 것(行業)에 따라 고통과 즐거움의 땅에 이르는데, 자신이 스스로 이러한 고통과 즐거움을 받을 뿐 대신해 줄 사람은 아무도 없다. 선취와 악취의 중생은 변화하여 재앙을 받는 곳과 복덕을 누리는 곳에 달리 태어나 머물기도 한다.[149] 과거세에 거스르는 행위를 하고 닦은 업에 따라 그 과보가 엄연히 기다리고 있는데 홀로 나아가서 들어가야 하니, 그렇게 해서 멀리 떨어진 다른 곳에 이르고 나면 만날 수 있는 사람이 없다. 선과 악이 저절로 (기억되고) 행위한 것을 따라서 태어난다. 그윽하고 아득하게 이별한 채 오랜 시간을 보내는데 가는 길이 같지 않아 만날 날을 기약할 수 없다. 매우 어렵고 지극히 어려우니 다시 서로 만날 수 있겠는가."

經曰。人在世間愛欲之中。獨生獨死。獨去獨來。當行至趣苦樂之地。身自當之。無有代者。善惡變化。殃福異處。宿豫嚴待。當獨趣入。遠到他所。莫能見者。善惡自然。追行所生。窈窈冥冥。別離久長。道路不同。會見無期。甚難甚難。復得相値者。

술 이것은 다음으로 이별은 쉽고 만남은 어려운 것이다.

---

149 "善惡變化。殃福異處"를, 길장은 『無量壽經義疏』(T37, 123c10)에서 "'선악변화善惡變化'란 악인惡因은 고苦를 얻고 선인善因은 낙樂을 얻어 그 과보가 앞에서 지은 것과 성격을 달리하는 것을 말한다.(善惡變化者。惡因得苦。善因得樂。其報易前也。)"라고 하여 현세에서 지은 선업과 악업이 다음 생에서는 그것과 성질을 달리하는 형태로 변화하여 차례대로 복福(樂)과 앙殃(苦)을 받는 것을 뜻하는 말로 풀었는데, 이것이 더 자연스러운 것 같다.

"당當"이란 따르는 것(逐)이고, "행行"이란 업業이다. "자당自當"이란 자신이 받는 것이다. "선변화善變化"란 곧 (선취에서 변화하여) 악취의 과보를 받는 것이고, "악변화惡變化"란 (악취에서 변화하여) 선취의 과보를 받는 것이다.

"예豫"란 거스르는 것이고, "엄嚴"이란 닦는 것이니, 과거세에 거스르는 행위를 하고 선악의 업을 닦은 것으로 말미암아 고락의 과보가 기다리고 있기 때문이다. 또한 "엄嚴"이란 엄연한 것이니, 곧 과거세에 지은 선악의 업에 따라 지옥·천당의 과보가 엄연하게 기다리고 있는 것이다.

"요요窈窈"란 중유中有의 시기이고, "명명冥冥"이란 생유生有의 시기이다.

述云。此次別易會難也。當者逐也。行者業也。自當者即自受也。善變化者即惡趣報。惡變化者即善趣報。豫者逆也。嚴者脩也。由宿世逆修善惡之業。苦樂報而待故。又嚴者嚴然。即隨宿善惡。地獄天堂。嚴然而待也。窈窈者。即中有之時。冥冥者。即生有之時。

다) 수행하고 세속의 일을 버릴 것을 권함

경 "어찌 온갖 세속의 일을 버리고 각각 강건한 때에 노력하여 선을 부지런히 닦으며 세간에서 벗어나려는 서원을 세우고 정진하지 않는 것인가. 이렇게 하면 매우 오랜 삶을 얻을 수 있는데 어찌하여 도를 구하지 않으면서 어디에 머물 것을 바라고, 어떤 즐거움을 누리려는 것인가."

經曰。何不棄衆事。各曼强健時。努力勤修善。精進願度世。可得極長生。如何不求道。安所須待。欲何樂乎者。

술 이것은 나중에 수행하고 세속의 일을 버릴 것을 권한 것이다.

"만曼"은 만萬이라고 읽고, 뜻은 급及(미치다, 이르다)이다. 또한 만蔓【마馬와 안安의 반절이다.】이라고도 하니, 길게 늘어진 모양인데, 여기에서의 뜻은 아니다.

"대待"란 머무는 것(停)이다.

위 법사는 〈무슨 일을 기다리고, 어떤 원락願樂을 바라는 것인가. 어떤 즐거움을 누리려는 것인가?〉라고 했는데, 뜻에 있어서 또한 옳다.

述云。此後勸令脩捨也。曼音萬及也。亦作蔓【馬安反】。延長貌也。非此中義。待者停也。位法師云。待何事。欲何願樂乎。欲何快樂。義亦可也。

다. 어리석음의 허물을 나타냄

가) 스스로 바른 믿음이 없음

경 **"이와 같이 세상 사람들은 선을 지으면 선을 얻고 도를 행하면 도를 얻는 것을 믿지 않고 사람이 죽으면 다시 태어나고 은혜를 베풀면 복을 얻는 것을 믿지 않는다. 선악의 일을 도무지 믿지 않고 이것에 대해 그렇지 않다고 말하며 끝내 인정하지 않는다. 단지 이러한 (불신不信으로) 말미암아 또한 자신의 견해에만 사로잡혀서 살아갈 뿐이다."**

經曰。如是世人。不信作善得善爲道得道。不信人死更生惠施得福。善惡之事。都不信之。謂之不然。終無有是。但坐此故。且自見[1]者。

1) ㊞ 강승개본에 따르면 '見' 뒤에 '之'가 누락되었다.

술 세 번째로 어리석음의 허물을 나타낸 것이다. 여기에 세 가지가 있는데, 이것은 처음에 스스로 바른 믿음이 없는 것이다.

"좌坐"란 유由이다. 불신으로 말미암아 오로지 자신의 견해에만 집착하니, 곧 그 과실이다.

述云。第三顯癡過。有三。此初自無正信也。坐者由也。由不信故。專執自見。即其失也。

나) 선조의 믿음이 없는 삶을 이어 받아서 익힘

경 "다시 서로 우러러보며 먼저 행하거나 뒤에 따라 행하거나 하면서 똑같이 행동한다.[150] 전전하면서 서로 이어받아 (아들은) 아버지의 가르침을 남김없이 계승한다.[151] 앞선 세대인 할아버지와 아버지는 이전에 선을 행하지 않고 도덕을 알지 못하며, 색근色根이 우둔하고 성품이 어두우며, 마음은 막히고 의근意根은 닫혀 버리니, 이로 인해 생사윤회의 세계(趣)와 그 원인이 되는 선악의 도道를 스스로 알지 못하고, 이것과 관련된 말을 해 주는 사람도 없이 살면서 길흉화복을 다투어 각각 자신의 이익만 추구하면서도 어느 누구 하나 그 행위를 이상하게 여기지 않았다."[152]

---

150 혜원의 『無量壽經義疏』 권하(T37, 112b21)에 따르면, 이것은 "타인의 생각을 본받아 익히는 것(效習他人)"이다.

151 혜원의 『無量壽經義疏』 권하(T37, 112b23)에 따르면, 이것은 "자식이 무지하여 아버지의 잘못된 말씀을 받아들이는 것(明子無知受父邪言)"이다.

152 혜원의 『無量壽經義疏』 권하(T37, 112b24)에 따르면, 이것은 "아버지의 어리석음이 자식의 무지를 이루는 것을 제시한 것(擧父癡頑成子無知)"이다. 혜원은 또한 이 부분을 네 구절로 나누었다. 첫째, "할어버지와 아버지는 이전에 선을 행하지 않고"란 그 행위가 없음을 밝힌 것이다. 둘째, "도덕을 알지 못하여"란 그 이해가 없음을 나타낸 것이다. 셋째, "색근이 우둔하고 성품이 어두우며, 마음은 막히고 의근은 닫혀 버리니, 이로 인해 생사윤회의 세계와 그 원인이 되는 선악의 도를 스스로 알지 못하고, 이것과 관련된 말을 해 주는 사람도 없이 살면서"란 거듭해서 이해가 없음을 밝혔다. 앞의 구절에서 이해가 없음은 출세간의 도를 알지 못하는 것이고, 이 구절에서의 이

經曰。更相瞻視。先後同然。轉相承受。父餘敎令。先人祖父。素不爲善。不識道德。身愚神闇。心塞意閉。死生之趣。善惡之道。自不能見。無有語者。吉凶禍福。競各作之。無一怪也者。

술 이것은 다음에 선조의 믿음이 없는 삶을 이어받아서 익힌 것이다. "령令"은 또한 교敎이다. "소素"란 석昔(예전에, 앞서)이다.

"선을 행하지 않고"란 행위가 없는 것이고, "도덕을 알지 못하여"란 이해가 없는 것이다.

"신身"이란 색근色根이고, "신神"이란 성性이다. "심心"이란 과果이며, "의意"란 의근意根이다.

"취趣"란 과果이고, "도道"란 인因이다. 곧 세상을 벗어나는 것과 선악의 인과를 모두 알지 못하는 것이다.

"어느 누구 하나 그 행위를 이상하게 여기지 않았다."란 곧 이상하게 여기지 않으면서 행하는 것이다.

述云。此次承習無信也。令亦敎也。素者昔也。不爲善者無行。不識道德者無解。身者色根。神者性也。心者果也。意者根也。趣者果也。道者因也。即世出善惡因果。皆不能知。無一怪者。即無怪行也。

해가 없음은 세간의 선악의 인과를 알지 못하는 것이다. "생사윤회의 세계를 스스로 알지 못하는 것"이란 과를 알지 못하는 것이고, "그 원인이 되는 선악의 도를 스스로 알지 못하고"란 인을 알지 못하는 것이다. 이러한 인과에 대해 스스로 알지 못하는데 어느 누구도 이것과 관련된 말을 해 주는 이가 없기 때문에 영원히 이해하지 못한다. 넷째, "길흉회복을 다투어 각각 자신의 이익만 추구하면서도 어느 누구 하나 그 행위를 이상하게 여기지 않았다."란 거듭해서 행위가 없음을 밝힌 것이다. 앞의 구절에서의 행위가 없는 것은 선을 짓지 않는 것을 나타낸 것이고, 이 구절에서의 짓지 않음은 그 악을 지음을 밝힌 것이다. 자신이 악을 짓고, 다른 사람이 말해 주는 일도 없으니, 영원히 못한다.

다) 바로 어리석음의 허물을 펼침

㉮ 아버지와 아들을 짝하여 그 허물을 나타냄

경 "생사의 변함없는 도리는 전전하고 서로 이어가면서 이루어진다. 그 속에서 혹은 아버지가 아들의 죽음을 슬퍼하여 울고 혹은 아들이 아버지의 죽음을 슬퍼하여 울며, 형제와 부부도 번갈아 가며[153] 서로의 죽음을 슬퍼하여 운다. 서로 어긋나서 선취善趣에 오르기도 하고 악취惡趣에 떨어지기도 한다. 영원하고 근본이 될 만한 것은 없으니, 모두 지나가 버리고 영원히 보존할 수는 없다. 이러한 도리를 가르쳐 열어서 인도하여도 믿는 사람은 드물다. 그러므로 생사의 세계를 윤회하여 그치는 날이 있지 않다. 이와 같은 사람은 미혹에 빠져 막고 거부하며 경법을 믿지 않는다. 앞날을 생각하는 마음이 없고, 각각 자신의 뜻대로 즐기려고 한다. 어리석음으로 애욕에 미혹되어 도덕에 통달하지 못하고, 미혹으로 분노에 매몰되고, 재색財色을 얻으려고 이리처럼 탐낸다. 이것으로 말미암아 도를 얻지 못하고 다시 악취의 고통을 받는다. 생사윤회가 끝나는 일이 없으니 슬프구나. 매우 불쌍히 여길 만한 일이다."

經曰。生死常道。轉相嗣立。或父哭子。或子哭父。兄弟夫婦。更相哭泣。顚倒上下。無常根本。皆當過去。不可常保。敎語開導。信之者少。是以生死流轉。無有休止。如此之人。曚[1]冥抵突。不信經法。心無遠慮。各欲快意。癡惑於愛欲。不達於道德。迷沒於瞋怒。貪狼於財色。坐之不得道。當更惡趣苦。生死無窮已。哀哉。甚可傷者。

1) ㉠ 경흥의 주석에 따르면 '曚'은 '蒙'이다.

153 형이 아우의 죽음을 슬퍼하고 아우가 형의 죽음을 슬퍼하는 것, 남편이 아내의 죽음을 슬퍼하고 아내가 남편의 죽음을 슬퍼하는 것을 말한다.

술 이것은 나중에 바로 어리석음의 허물을 펼친 것이다. 여기에 두 가지가 있는데, 이것은 처음에 아버지와 아들을 짝하여 그 허물을 드러낸 것이다.

어떤 사람은 〈젊은 사람은 일찍 죽고, 늙은 사람은 나중에 죽기 때문에 "전도"라고 했고, 상인上人이나 하인下人에 상관없이 죽는 것은 동일하기 때문에 "상하"라고 했다.〉라고 했는데, 옳지 않다. 말한 대로라면 "전도된 형태로 죽는데 상인이나 하인을 상관하지 않는다."라고 했어야 하기 때문이다.

지금 곧 "전도"란 서로 어긋나는 것을 의미한다. "상上"이란 위로 올라가는 것이고 "하下"란 아래로 떨어지는 것이기 때문이다. 오도五道가 서로 어긋나서 혹은 선취에 오르고 혹은 악취에 떨어지기 때문에 "상하"라고 하였다.

述云。此後正申癡過。有二。此初對父子以顯其過也。有說。少者早夭。老者後死。故云顚倒。不報上下。死之同然。故云上下。非也。若如所言。應云顚倒不報上人下人故。今即顚倒者。即相錯之義。上者上昇。下者下墜故。五道相錯。或昇善趣。或墜惡趣。故云上下。

"영원하고 근본이 될 만한 것은 없으니"란 한결같고 영원하고 본질적인 업業이 없는 것이다. "당當"이란 받는 것이다.

"몽蒙"이란 또한 몽矇이라고도 하는데, 모두 모莫와 공公의 반절이다. 가리어 밝지 않은 것이다. "명冥"【명鳴과 앙央의 반절이다.】은 어두워서 알지 못하는 것이다. "몽矇"은 눈이 있지만 보지 못하는 것이다. ("몽명"이란) 또한 몽외矇瞶【뒤의 글자는 우牛와 대對의 반절이다.】라고 하니 배내 귀머거리이고, 또한 몽롱蒙籠【뒤의 글자는 로盧와 강江의 반절이다.】이라고 하니, 명료하지 않은 것을 말한다.

"저抵"【도都와 례禮의 반절이다.】는 거부하는 것(拒)이고, 막는 것(摧)이다. "돌突"【도徒와 골骨의 반절이다.】은 부딪치는 것이다. "이리"란 탐욕의 허물을 나타낸 것이다.

無常根本者。即無一常本之業。當者受也。蒙又作矇。皆【莫公反】[1]蒙覆不明也。冥【鳴央反】暗昧無知也。矇有眸子而無見也。又矇瞶【下牛對反】生聾。又蒙籠盧[2]江反。[3] 蒙籠。[4] 謂不明了也。抵【都禮反】拒也摧也。突【徒骨反】觸冒也。狼者貪過也。

1) ㉰ '莫公反'은 본분으로 처리해야 한다. 2) ㉰ 문맥상 '盧' 앞에 '下'가 누락되었다.
3) ㉰ '盧江反'은 협주로 처리해야 한다. 4) ㉰ '蒙籠'은 잉자인 것 같다.

㉯ 친척을 짝하여 허물을 드러냄

ㄱ. 연모와 집착에서 벗어날 수 없음

경 "어떤 때는 가족(家室)인 부자·형제·부부 가운데 어떤 사람은 죽고 어떤 사람은 살아남으면 번갈아 가며 서로 슬퍼한다. 은애하고 사모하여 근심스런 생각이 심신을 묶고 마음은 비통하고 집착하는 마음 여전하니, 이렇게 갈마들면서 서로 연모한다. 이렇게 하면서 날이 가고 해가 다해도 벗어나지 못한다. 도덕을 가르쳐도 마음이 밝게 열리지 않고 은혜와 좋아하는 것을 생각하며 정욕을 여의지 않는다. 어리석고 막혀서 어리석음에 가려지니, 깊이 생각하고 깊이 헤아리며 마음을 스스로 바르게 다잡아서 오로지 정밀하게 도를 행하고 세속의 일을 끊어 내는 일을 이루지 못한다. 이렇게 지내는 사이에 세월이 빨리 흘러 마지막 날에 이르고, 주어진 수명을 마쳐 다하도록 도를 얻지 못해도 어찌할 수 없다."

經曰。或時。家室。[1] 父子兄弟夫婦。一死一生。更相哀愍。恩愛思慕。憂念結縛。心意痛著。迭相顧戀。窮日卒歲。無有解已。敎語道德。心不開明。思想恩好。不離情欲。惛曚閉塞。愚惑所覆。不能深思熟計。心自端政。專精行道。決斷世事。便旋至竟。年壽終盡。不能得道。無可奈何者。

1) ㊇『大正藏』강승개본에 따르면 '家室'은 '室家'이다. 양자가 뜻은 동일하다.

술 이것은 나중에 친척을 짝하여 허물을 드러낸 것이다. 여기에 두 가지가 있는데, 이것은 처음에 연모와 집착에서 벗어날 수 없는 것이다.

『예기禮記』에서 "30세이면 장壯이라고 하는데 실室을 갖는다."라고 했고, 현공玄公(鄭玄)[154]이 (주석하기를) "'실室을 갖는다'라는 것은 아내를 갖는 것이다."라고 했다. 생각건대 『논어』에서 "유由[155]는 (도의 단계를 비유하면) 마루(堂)에 올랐고 아직 방(室)에는 들어오지 않은 상태이다."라고 했는데, (여기에서의 실室과 의미가 상통하는 것 같다.)

"졸卒"이란 마치는 것이다. "편선便旋"이란 빠른 것이다.

述云。此後對親戚以顯過。有二。此初戀著不能解也。禮記。三十壯。有室。玄公曰。有室。有妻也。蓋論語。由也。升堂矣。未入室也。卒者終也。便旋者疾。

ㄴ. 악을 지어 고통의 과보를 받음

ㄱ) 탐욕을 일으켜 세상일을 추구함

154 현공玄公 : 중국 후한後漢 말기의 대표적 유학자로 경서에 대한 해석에 있어서 뛰어난 면모를 보였다.

155 유由 : 공자의 제자 자로子路의 이름으로 그 성은 중仲이다.

경 "온통 더럽고 어리석고 어지러운 가운데 모두 애욕을 탐한다. 도를 알지 못하는 이는 많고, 이를 깨달은 이는 적어 세간사에만 바쁘고 즐겨 의지할 만한 이는 없다. 지위가 높은 이거나 낮은 이거나, 윗사람이나 아랫사람이나, 가난한 사람이나 부유한 사람이나, 귀한 사람이나 천한 사람이나 고통을 감수하며 바쁘게 힘써 추구한다."

經曰。總猥憒擾。皆貪愛欲。惑道者衆。悟之者寡。世間忽忽。無可聊賴。尊卑上下。貧富貴賤。勤苦忽務者。

술 이것은 나중에 악을 지어 고통의 과보를 받는 것이다. 여기에 네 가지가 있는데, 이것은 처음에 탐욕을 일으켜 세상일을 추구하는 것이다.

"외猥【오烏와 죄罪의 반절이다.】는 더러운 것(惡)이다. 『자림字林』에서는 "중衆이다."라고 했고, 『광아廣雅』에서는 "돈頓이다."라고 했다. 또한 잡雜이라는 뜻도 있다. "우擾"란 어지러운 것이다.

"총忽"은 또한 종忪이라고도 하는데, 고문古文에서는 종伀【지之와 용容의 반절이다.】이라 했다. 『방언方言』에서 "'정종征伀'은 황급한 것이다."라고 했다. "뢰賴"【락洛과 대代의 반절이다.】란 『효경孝經』에서 "한 사람에게 경사慶事(착한 일)가 있으면 온 백성이 이것에 의지하여 덕을 본다."라고 했고, 그 주석에서 "'뢰賴'는 몽蒙(은덕을 입는 것)이다."라고 했다. "료聊"란 즐거운 것(甘)이다.

述云。此後造惡受苦報。有四。此初發貪追求也。猥【烏罪反】惡也。字林。衆也。廣雅。頓也。又雜也。擾者亂也。忽又作忪。古文。伀【之容反】。方言。征[1]伀。征[2]遑遽。賴【洛代反】。孝經曰。[3] 一人有慶。兆民賴之。註[4]云。賴蒙也。聊者甘也。

---

1) ㉧ '征'은 '佂'인 것 같다. 2) ㉧ '征'은 잉자인 것 같다. 3) ㉧ '孝經曰'을 '孝'와 '經

曰'로 쪼개어서, '經曰' 이후를 『無量壽經』 본문인 것처럼 편집했는데, 이는 옳지 않다. '經'은 앞의 '孝'에 이어지는 문장이기 때문이다. 4) ㉯ '註'는 '述'인 것 같다. ㉰ '孝經曰'에서 '經曰'을 쪼개어서 그 뒤의 문장을 『無量壽經』 본문인 것처럼 보았기 때문에 그 본문에 대한 해석 부분이라고 보아서 '述'인 것 같다고 한 것이기 때문에 옳지 않다. 이는 『孝經』 본문에 대한 주석이기 때문에 '註'라고 하는 것이 타당하다.

ㄴ) 분노를 일으켜 살해함

경 "이 과정에서 각각 살해하려는 독기를 품는데 악한 기운이 깊어지면서 망령되이 일을 일으켜 온 세상을 거스르고 인심人心을 좇지 않는다."

經曰。各懷殺毒。惡氣窈冥。爲妄興事。違逆天地。不從人心者。

술 이것은 두 번째로 분노를 일으켜 살해하는 것이다.

述云。此第二起嗔殺害也。

ㄷ) 고통의 과보에서 벗어나기 어려움

경 "(과거세에 지은 죄의 힘으로) 저절로 비법非法과 악연惡緣을 불러 모으고, 앞선 것을 따라서 이것과 함께하고, 이어서 멋대로 그렇게 행위하는 것을 허락하여 그 죄의 극단까지 도달한다. 그 수명이 다하기 전에 바로 목숨을 빼앗겨 악도에 떨어져 오랜 세월 고통을 당한다. 그 세계를 전전하며 수천억 겁이 지나도 빠져나올 기약이 없다."

經曰。自然非惡。先隨與之。恣聽所爲。待其罪極。其壽未盡。便頓奪之。下入惡道。累世勤苦。展轉其中。數千億劫。無有出期者。

술 이것은 세 번째로 고통의 과보에서 벗어나기 어려운 것이다.

악을 지은 사람은 과거에 지은 죄의 힘이 저절로 비법과 악연을 불러 모아 이것을 따르고 함께하기 때문에 "저절로 비법과 악연을 불러 모으고, 앞선 것을 따라서 이것과 함께하고"라고 했다. "멋대로 그렇게 행위하는 것을 허락하여"란 곧 악을 짓는 것이 자유자재하여 두려움이 없다는 뜻이다.

"대待"란 또한 지至(도달하다)라고도 한다.

述云。此第三苦報難出也。作惡之人。宿罪之力。自然招集非法惡緣。隨而與之。故云。自然非惡。先隨與之。恣聽者。即作惡自在。無懼之義。待亦作至。

ㄹ) 마음 아파하면서 사람들로 하여금 싫어하는 마음을 내게 함

경 "말할 수 없을 정도로 아프다. 매우 슬프고 불쌍해할 만한 일이다."

經曰。痛不可言。甚可哀愍者。

술 이것은 네 번째로 마음 아파하면서 사람들로 하여금 싫어하는 마음을 내게 한 것이다.

述云。此第四傷令生厭也。

② 사람들에게 권하여 수행하고 버리게 함

가. 바로 수행하고 버릴 것을 권함

가) 권하여 수행하게 함

경 부처님께서 미륵보살과 여러 하늘과 사람 등에게 말씀하셨다.

"나는 이제 너희들에게 세간의 일을 말했다. 사람들은 이것으로 말미암아 도를 얻지 못한다. 잘 생각하여 온갖 악을 멀리 여의며 선한 것을 택하여 부지런히 행하라. 애욕과 영화는 영원히 보존할 수 없다. 모두 결국에는 떠나가고 마는 것이니 즐거워할 만한 것이 없다. 부처님께서 세상에 계시는 그러한 시간이 이르렀을 때 부지런히 정진해야 한다. 지극한 마음으로 안락국에 태어나기를 소원하는 사람은 밝게 통달하는 지혜와 뛰어난 공덕을 얻을 수 있다. 자신의 마음대로 행동하면서 경계經戒(계율)를 이지러뜨리고 어기며 (착한 일을 하는 데 있어서) 다른 사람의 뒤에 서 있는 일을 하지 말라."

經曰。佛告彌勒菩薩諸天人等。我今語汝世間之事。人用是故。坐不得道。當熟思計。遠離衆惡。擇其善者。勤而行之。愛欲榮華。不可常保。皆當別離。無可樂者。曼佛在世。當勤精進。其有至心。願生安樂國者。可得智慧明達。功德殊勝。勿得隨心所欲。虧負經戒。在人後也者。

술 이것은 두 번째로 사람들에게 권하여 수행하고 버리게 한 것이다. 여기에 네 가지가 있으니, 첫째 바로 수행하고 버릴 것을 권한 것이고, 둘째 미륵이 깨달은 것이며, 셋째 거듭해서 수행하고 버릴 것을 권한 것이고, 넷째 거듭해서 미륵이 깨달은 것이다. 처음에 또한 두 가지가 있는데, 이것은 처음에 권하여 수행하게 한 것이다. 하늘과 인간으로 하여금 빨리 좇아서 수행하고 버리게 하기 위해서 다시 미륵을 마주하여 이것을 권해야 한 것이다.

"세간의 일"이란 곧 앞에서 설한 삼독三毒(탐욕·분노·어리석음)과 관련된 일이다. "용用"이란 이以(~ 때문에)이고, "좌坐"란 유由(말미암다)이다. 세상 사람들은 이 삼독과 관련된 일 때문에 진여의 세계로 돌아가지 못하고 도를 떠나 멀어지기 때문에 "도를 얻지 못한다."라고 하였다.

"부負"란 위違(어기는 것)이다.

述云。此第二勸人脩捨。有四。一正勸脩捨。二彌勒領解。三重勸脩捨。四重彌勒領解。初又有二。此初勸令修行也。欲令天人。疾從脩捨。故更對彌勒。而須勸之。世間事者。即前三毒之事。用者以也。坐者由也。世人。以是三毒事。不得歸眞。去道遠。故云不得道。負者違也。

나) 권하여 청문하게 함

경 "만약 경법에 대해 의심스럽고 이해할 수 없는 것이 있으면 모두 부처님께 물어도 좋다. 너희들을 위해 설명해 줄 것이다."

經曰。儻有疑意。不解經者。可具問佛。當爲說之者。

술 이것은 나중에 권하여 청문請問하게 한 것이다.

"당儻"은 약若(만약)이고, 설設(가령, 만약)이다.

述云。此後勸令請問也。儻若也設也。

나. 미륵의 깨달음

가) 부처님의 말씀을 믿고 수순함

경 미륵보살이 무릎을 꿇어 예배하고 말씀드렸다.

"부처님은 위신이 존중하고, 하신 말씀은 즐겁고 선한 것입니다. 부처님의 말씀을 듣고 마음에 사무치게 이것을 생각했더니, 세상 사람들은 진실로 이와 같으니, 부처님께서 말씀하신 것과 같습니다."

經曰。彌勒菩薩。長跪白言。佛威神尊重。所說快善。聽佛經語。貫心思之。世人實爾。如佛所言者。

술 두 번째로 (미륵이) 깨달은 것이다. 여기에 다섯 가지가 있는데, 이것은 처음에 부처님의 말씀을 믿고 수순한 것이다.

"관貫"이란 통通이다. 마음에 사무치게 이것을 생각했더니 세상 사람들은 진실로 삼독과 관련된 일을 따르고, 이것으로 말미암아 도를 얻지 못하는 것이 부처님께서 말씀하신 것과 같기 때문이다.

述云。第二領解。有五。此初信順佛語也。貫者通也。通心思之。世人實。隨三毒之事。坐不得道。如佛說故。

나) 부처님께서 드리운 자비의 이익을 깨달음

경 "이제 부처님께서 자비와 연민으로 대도大道를 나타내 보임으로써 저희의 귀가 열리고 눈이 밝아져서 길이 해탈을 얻게 되었으니, 부처님의 말씀을 듣고 기뻐하지 않음이 없습니다. 여러 하늘과 인민과 땅을 기어 다니는 미물까지도 모두 자애로운 은혜를 받아 고통에서 벗어나게 되었습니다."

經曰。今佛慈愍。顯示大道。耳目開明。長得度脫。聞佛所說。莫不歡喜。諸天人民。蠕動之類。皆蒙慈恩。解脫憂苦者。

술 이것은 두 번째로 부처님의 자비의 이익을 깨달은 것이다.

述云。此第二領佛慈利也。

다) 부처님의 말씀이 심오하고 선함을 찬탄함

경 "부처님께서 말씀하신 가르침은 매우 심오하고 매우 훌륭하며, 지혜에 의해 밝게 보아 팔방과 상하 그리고 과거·미래·현재의 일을 두루 알아 끝까지 통달하지 않은 것이 없습니다."

經曰。佛語教誡。甚深甚善。智慧明見。八方上下。去來今事。莫不究暢者。

술 이것은 세 번째로 부처님의 말씀이 심오하고 훌륭한 것을 찬탄한 것이다.

"매우 심오하고 (매우) 훌륭하며"란 가르침의 이익이 심오함을 찬탄한 것이다.

"지혜에 의해 밝게 보아"란 지혜가 두루 통달한 것을 찬탄한 것이다. 공간적으로 시방에 통달하기 때문에 "팔방과 상하"라고 했고, 시간적으로 삼세에 통하기 때문에 "과거·미래·현재"라고 했으니, 끝까지 통달하지 않은 것이 없다고 말할 만하다.

述云。此第三歎說深善也。甚深善者。歎教利深。智慧明見者。歎智普達。橫達十方。故八方上下。竪通三世。故去來今。可謂莫不究暢。

라) 거듭해서 부처님의 은혜를 깨달음

경 "지금 저희들이 은혜를 입고 해탈하게 된 까닭은 모두 부처님께서 전생에 불도를 구할 때 겸허하게 고통을 감수함으로써 도달한 것이니, (그 결과) 은혜와 공덕이 (중생을) 두루 덮은 것입니다.[156] (그 자신은) 복록은 드높고 광명은 환히 비추며, 공의 이치에 통달하여 남은 것이 있지 않으며, (중생에 대해서는) 열반의 도를 열어 들어가게 하고, 경전의 온갖 이치를 가르쳐서 익히게 하며, (성품이 견고하여 교화하기 어려운 중생은) 위엄 있는 덕으로 제어하여 저항하는 마음을 없애고 성인의 교화에 귀의하게 하며, (성품이 착하고 유연한 중생은 자비에 의해 섭수하여) 시방세계의 중생이 감동하는데, 그 숫자는 다함이 없고 끝이 없습니다.[157] 부처님께서는 법왕으로서 존귀함이 온갖 성인을 넘어서는 분이시니, 모든 하늘과 사람의 스승이 되어 중생이 마음으로 소원하는 것에 따라 모두 도를 얻게 하십니다."

經曰。今我衆等。所以蒙得度脫。皆佛前世求道之時。謙苦所致。恩德普覆。福祿巍巍。光明徹照。達空無極。開入泥洹。教授典攬。威制消化。感動十方。無窮無極。佛爲法王。尊超衆聖。普爲一切天人之師。隨心所願。皆令得道者。

술 이것은 네 번째로 거듭해서 부처님의 은혜를 깨달은 것이다.

"겸허하게 고통을 감수함으로써"란 원인이고, "은혜와 공덕"이란 결과이다. "겸謙"은 또한 각恪이라고도 하는데, 고문古文에서는 각窓【고苦와 각各의 반절이다.】이라 했다. 『자림』에서 "각恪은 공경하는 것이다."라고 했다.

---

156 혜원은 『無量壽經義疏』 권하(T37, 113a20)에서 이 부분은 "부처님의 덕을 총괄적으로 제시한 것(總擧佛德)"이라 했다. 이 부분에 대한 경흥의 해석은, 그 의도가 혜원과 일치하는데 내용이 소략하기 때문에 혜원의 분과를 소개하여 내용을 명료하게 해 보았다.

157 혜원은 『無量壽經義疏』 권하(T37, 113a20)에서 이 부분은 "개별적으로 부처님의 덕을 나타낸 것(別以顯之)"이라 했다.

"겸謙"이란 자신을 낮추는 말이다. "고苦"란 고행이다.

"복록은 드높고 광명은 환히 비추며"란 스스로 얻은 복이 뛰어난 것이고, "공의 이치에 통달하여 남은 것이 있지 않으며"란 스스로 얻은 지혜가 뛰어난 것이다.

"열반의 도를 열어 들어가게 하고"란 중생을 교화하여 멸滅(열반)을 얻게 한 것이고, "경전의 온갖 이치를 가르쳐 익히게 하며(敎授典攬)"란 가르쳐서 도를 닦게 하는 것이다. "전典"이란 상常이니, 상도常道를 펼쳤기 때문이다. 『광아廣雅』에서 "전典은 주主이다."라고 하였다. "람攬"이란 손에 두고서 살피는 것이고, 또한 취하는 것이다. 상도常道와 관련하여 이치를 취하기 때문에 "전람典攬"이라 한다. 여기에서의 뜻은 도법道法을 열어 인도하기 때문에 "교수敎授"라고 하고, 이 경전으로 온갖 뜻을 취하여 그들로 하여금 익히게 하기 때문에 "전람"이라 한다. 곧 지혜에 의해 교화한 것이다.

성품이 견고하여 교화하기 어려운 중생은 위엄 있는 덕으로 제어하여 그들로 하여금 저항하는 마음을 없애고 항복하고 성인의 교화에 귀의하여 좇도록 하기 때문에 "위엄 있는 덕으로 제어하여 저항하는 마음을 없애고 성인의 교화에 귀의하게 하며"라고 하였다. 착하고 유연한 중생은 자비의 힘으로 섭취하기 때문에 "시방세계의 중생이 감동하는데"라고 했고, 연緣이 있으면 바로 포섭하기 때문에 "다함이 없고 끝이 없습니다."라고 했다. 곧 복덕에 의해 교화한 것이다.

述云。此第四重領佛恩也。謙苦者因也。恩德者果也。苦[1)]又作恪。古文。窓【若[2)]各反】。字林。恪恭敬也。謙者退己之言。苦者苦行。福祿光明者。自福殊勝。達空無極者。自智殊勝。開入泥洹者。化物獲滅。敎授典攬者。敎令修道。典者常也。申常道故。廣雅。典主也。攬者。撿之在手。又取也。常道攬理。故云典攬。此中意言。道法開導。故云敎授。以此經典。要攬衆義。令其習。故云典攬。即智化也。剛强衆生。威德制御。令其消伏。歸從聖化。故云威制消化。善軟衆生。慈力攝取。故感十方。有緣斯攝。故無窮極。即福化也。

1) ㉮ 전후 문맥상 '苦'는 '謙'인 것 같다. 2) ㉯ '若'은 '苦'인 것 같다.

마) 자신의 기쁨과 즐거움을 펼침

경 "이제 부처님을 만나 뵙고 다시 무량수불에 대한 말씀을 들었으니 기쁘지 않음이 없습니다. 저희들은 마음이 열리고 밝아졌습니다."

經曰。今得値佛。復聞無量壽聲。靡不歡喜。心得開明者。

술 이것은 다섯 번째로 자신의 기쁨과 즐거움을 펼친 것이다.

述云。此第五申自喜慶也。

다. 거듭해서 수행하고 버릴 것을 권함

가) 깨달은 내용을 찬탄하고 인가함

㉮ 앞에서 미륵이 부처님의 교설을 찬탄한 것을 인가함

경 부처님께서 미륵에게 말씀하였다.
"네가 말한 것이 옳다."

經曰。佛告彌勒。汝言。是也者。

술 세 번째로 거듭해서 수행하고 버릴 것을 권한 것이다. 여기에 세 가지가 있으니, 처음은 깨달은 내용을 찬탄하고 인가한 것이고, 다음은 바로 수행할 것을 권한 것이며, 나중은 의혹을 버리도록 권한 것이다. 처음에 또한 세 가지가 있는데, 이것은 처음에 앞에서 (미륵이) 부처님의 교설을 찬탄한 것을 인가한 것이다.

"부처님의 말씀은 즐거운 것[158]이고, 매우 심오하고 매우 훌륭한 것[159]"이라고 했는데, 그 말이 이치에 합당하기 때문에 "옳다"라고 한 것이다.

述曰。第三重勸脩捨。有三。初嘆印領解。次正勸修行。後勸捨疑惑。初又有三。此初印前嘆說也。佛說快甚深甚善。言當其理。故曰是也。

㉯ (앞에서 미륵이) 부처님의 은혜를 입은 것을 깨달은 것을 찬탄함

ㄱ. 바로 부처님을 만나는 것의 어려움을 밝혀서 찬탄함

경 "만약 부처님을 자애하고 공경하는 이가 있다면 진실로 큰 선善을 쌓는 것이다. 이 세상에는 아주 오랜 세월이 흘러야 다시 부처님이 출현하실 것이다."

經曰。若有慈敬於佛者。實爲大善。天下久久。乃復有佛者。

술 이것은 다음에 (앞에서 미륵이) 부처님의 은혜를 입은 것을 깨달은

158 앞에서 "부처님은 위신이 존중하고, 하신 말씀은 즐겁고 선한 것입니다."라고 한 것을 말한다.
159 앞에서 "부처님께서 말씀하신 가르침은 매우 심오하고 매우 훌륭하며"라고 한 것을 말한다.

것을 찬탄한 것이다. 여기에 두 가지가 있는데, 이것은 처음에 바로 부처님을 만나는 것의 어려움을 밝혀서 찬탄한 것이다.

어떤 사람은 〈석가불 자신을 만나는 것의 어려움을 펼친 것이다.〉[160]라고 했는데, 옳지 않다. "부復"라고 말했으니, 반드시 미래의 존재를 나타낸 것이기 때문이다.

지금 곧 미륵이 성불할 때를 나타낸 것이다.

述云。此次嘆領荷恩。有二。此初正嘆彰佛難值也。有說。申己難值。非也。復言。必是顯當有故。今即標彌勒成佛之時也。

ㄴ. (석가불) 자신이 교화하여 이익을 준 것을 펼침

경 "나는 이제 이 세상에서 부처가 되어 경법을 연설하고 도교를 펼쳐서 유포하여 온갖 의심의 그물을 끊고 애욕의 뿌리(本)를 뽑았으며, 온갖 악의 근원(源)을 막았다. 삼계를 유유자적하게 노닐며 교화함에 있어서 구애받는 것이 없었고, 경전의 핵심적인 뜻을 취하여 지혜를 얻게 하고 온갖 도리의 요체를 알게 하였다. 강유綱維(계율)를 제시하여 행위를 제어하고 (바른 것과 삿된 것을) 밝게 드러내어 분명하게 알도록 하며, 오취五趣의 중생에게 도리를 열어 보임으로써 아직 건너지 못한 이를 건네어 생사를 끊고 바로 열반에 들어가게 하였다."

經曰。我今。於此世作佛。演說經法。宣布道教。斷諸疑網。拔愛欲之本。杜衆惡之源。遊步三界。無所拘礙。典攬智慧。衆道之要。執持綱維。昭然分

160 혜원은『無量壽經義疏』권하(T37, 113b12)에서 "자신을 만나기 어려움을 나타낸 것이다.(彰已難值陳如。)"라고 했다. 본문에서 '已'는 '己'의 오자인 것 같다.

明。開示五趣。度未度者。決正生死涅槃[1)]之道者。

1) 역 강승개본에서는 '涅槃'을 '泥洹'이라 했다.

술 이것은 나중에 (석가불) 자신이 교화하여 이익을 준 것을 펼친 것이다. 곧 수왕樹王(보리수) 아래에서 불도를 이루어 날원捺苑(녹야원)에서 법륜을 굴린 것이다.

어떤 사람은 〈처음으로 진여陳如[161]의 의심을 끊었기 때문에 "온갖 의심의 그물을 끊고"라고 한 것이다.〉라고 했는데, 옳지 않다. 부처님께서는 중생의 의심을 끊으셨으니, 진여에 국한되는 것이 아니기 때문이다.

述云。此後申己化益。即樹王成道。捺苑轉法輪也。有說。創斷陳如之疑。故言斷諸疑網者。非也。佛決物疑。非局陳如故。

지금 곧 "의심을 끊고 애욕을 뽑았으며"란 번뇌를 여의도록 한 것이고, "온갖 악의 근원을 막았다."란 악업을 여의게 한 것이다. "두杜"란 막는 것이다. 의심과 애욕은 이혹利惑과 둔혹鈍惑이 말미암는 것이기 때문에 "뿌리"라고 했고, 악업은 총고總苦와 별고別苦가 흘러나오는 곳이기 때문에 "근원(源, 물이 발원하는 곳)"이라 했다. 곧 구업口業에 의거한 교화가 이것이다.

今即斷疑拔欲者。令離煩惱。杜衆惡源者。令離惡業。杜者塞也。疑愛。是利鈍惑之所由。故言本也。惡業。為總別苦之所流。故云源也。即口業化。是也。

161 진여陳如 : Ⓢ Ājñāta-Kauṇḍinya. 갖추어서 아야교진여阿若憍陳如라고 하고, 보통 교진여憍陳如라고 한다. 부처님께서 처음으로 제도하신 다섯 비구 중 한 사람으로, 교진여는 이 다섯 중에서도 가장 먼저 깨달음을 얻었다.

하늘과 인간을 통틀어서 오직 부처님만 홀로 존귀하기 때문에 “삼계를 유유자적하게 노닐며”라고 했다. 중생을 교화함이 자유자재하기 때문에 “구애받는 것이 없었고”라고 했다. 곧 신업身業에 의한 교화이다.

天上人間。唯佛獨尊。故遊步三界。化之縱任。故無所拘礙。即身業化也。

경전을 잘 풀이하여 온갖 뜻에서 핵심을 취하도록 하기 때문에 “경전의 핵심적인 뜻을 취하여 지혜를 얻게 하고”라고 했고, 삼승이 행하는 도를 갖추어서 풀이했기 때문에 “온갖 도리의 요체”라고 했다. 곧 의업意業에 의한 교화이다.

善閑[1)]經典。要攬衆義。故典攬智慧。備解三乘所行之道。故衆道之要。即意業化也。

1) ㉮ 이 부분은 혜원이『無量壽經義疏』권하(T37, 113b20)에서 제시한 것과 내용이 같은데, 이것에 따르면 '閑'은 '解'의 오자이다.

“강유綱維”란 강기綱紀[162]와 같은 부류이다. 계율을 제정하여 대중을 제어하기 때문에 “행위를 제어하고”라고 했다. 바른 것을 드러내어 삿된 것을 간별하기 때문에 “밝게 드러내어 분명하게 알도록 하며”라고 했다. 온갖 중생을 널리 교화하기 때문에 “오도의 중생에게 도리를 열어 보임으로써”라고 했다. 고통의 바다를 넘게 하기 때문에 “아직 건너지 못한 이를 건네어”라고 했다. 생사를 끊어서 벗어나게 하고, 열반을 열어서 들어가게 한다. 곧 가르쳐서 널리 교화하는 것이다.

162 강기綱紀 : 그물의 벼릿줄을 '강'이라 하고, 가는 줄을 '기'라 한다. 만물의 근본이 되는 도리가 갖는 공능을, 벼릿줄과 가는 줄에 의해 그물이 서로 엉키지 않고 잘 펼쳐지는 것에 비유한 것이다.

綱維者。猶綱紀之屬。制戒御衆。故云執持。顯正以簡邪。故照[1]然分明。廣化群品。故開示五道。令越苦海。故度未度。決生死而令出。正[2]涅槃而令入。即教之弘化也。

1) 역 '照'는 '昭'인 것 같다. 2) 역 '正'은 '開'인 것 같다.

㉰ (석가불께서 미륵이) 부처님을 만나 법을 듣게 된 것을 기뻐함

ㄱ. 미륵과 관련된 일의 시종을 펼침

경 "미륵이여, 마땅히 알라. 그대는 무수겁無數劫 동안 보살행을 닦으면서 중생을 제도하고자 했으니, 그 오랜 세월 동안 그대로 인해 도를 얻어 열반에 이른 중생은 그 수를 헤아릴 수 없을 정도로 많다."

經曰。彌勒當知。汝從無數劫來。修菩薩行。欲度衆生。其已久遠。從汝得道。至于泥洹。不可稱數者。

술 이것은 나중에 (석가불께서 미륵이) 부처님을 만나 법을 듣게 된 것을 기뻐한 것이다.

여기에 세 가지가 있는데, 이것은 처음에 미륵과 관련된 일의 시종을 펼친 것이다.

述云。此後慶値佛聞法。有三。此初申彌勒始終也。

ㄴ. 중생과 관련된 일의 본말을 나타냄

경 "그대와 시방의 여러 하늘과 인민과 일체의 사중四衆[163]은 영겁永劫 동안 오도五道를 전전하면서 근심하고 두려워하면서 고통에 시달려 왔는데, 그 실상은 말로 다 표현할 수 없다."

經曰。汝及十方諸天人民一切四衆。永劫已來。展轉五道。憂畏勤苦。不可具言者。

술 이것은 다음에 중생과 관련된 일의 본말을 나타낸 것이다.
"영永"이란 길다(長)는 뜻이다.

述云。此次標衆生本末也。永者長也。

ㄷ. 여래께서 바로 기뻐함

경 "지금 세상에 이르러서도 생사는 끊어지지 않았는데, 부처님을 만나 경법을 듣고 또한 다시 무량수불에 대한 말씀을 들었으니, 즐겁구나. 매우 훌륭한 일이다. 내가 그대를 도울 수 있어서 기쁘다."

經曰。乃至今世。生死不絕。與佛相值。聽受經法。又復得聞無量壽佛。快哉甚善。吾助汝[1)]喜者。

1) ㉮ 강승개본에서는 '汝'를 '爾'라고 했다.

술 이것은 나중에 여래께서 바로 기뻐하신 것이다. 오래되고 먼 원인

163 사중四衆 : 네 부류의 무리라는 뜻인데 문맥에 따라 그 구성 내용은 일정하지 않다. 불교 교단을 구성하는 비구·비구니 등의 출가 제자와 우바새·우바이 등의 재가 신자를 합하여 일컫는 말로 쓰이는 경우가 많다.

을 빌어서 부처님을 만나서 법을 들었으니, 곧 기뻐할 만한 일이기 때문이다.

述云。此後如來正慶也。藉久遠因。值佛聞法。即可慶喜故。

나) 수행을 권함

㉮ 바로 수행하고 버릴 것을 권함

경 "그대는 지금 또한 스스로 태어나고 죽으며 늙는 것에 의한 내적인 고통(病苦)[164]과 외적인 고통(痛苦)[165]을 싫어해야 한다. (생사윤회하는 이 몸은) 더러운 액체가 흘러나오는 청정하지 않은 것으로 즐거워할 만한 것이 없는 것이니 스스로 끊어 버려야 한다.[166] 몸을 단정하게 하고 바르게 행하여 온갖 선을 더욱 많이 지어야 한다. 자신을 닦아 몸을 깨끗하게 하고, 마음의 때를 씻

---

164 내적인 고통(病苦) : 경흥이 주석에서, '병病'은 생·노·사에 의한 내적인 고통을 총괄하는 것이고, '통痛'은 외적인 고통을 총괄하는 것으로 풀이한 것에 따른 해석이다. 그러나 생·노·사·병은 네 가지의 고통으로 개별화해서 보는 것이 일반적이다. 곧 혜원은『無量壽經義疏』권하(T37, 113c11)에서 "생·노·병·사는 내고內苦이고, 통고痛苦는 외고外苦이다.(生老病死。是其內苦。言痛苦者。是其外苦。)"라고 했다.

165 외적인 고통(痛苦) : 경흥은 정신적 고통을 내적인 고통, 신체적 고통을 외적인 고통이라고 파악한 것으로 보인다. 그러나 내적인 고통과 외적인 고통에 대한 일반적 정의는 다음과 같다. 길장은『法華義疏』권5(T34, 523b21)에서 "외적인 고통이란 추위·더위·매를 맞는 것·꾸짖음을 당하는 것 등이고, 내적인 고통이란 사대가 고르게 조절되지 못하여 각 대마다 101가지 병에 걸려 (모두 404가지 병에 걸리는 것이다.)(外苦者。謂寒熱打罵。內苦者。謂四大不調。百一病惱也。)"라고 했다.

166 혜원이『無量壽經義疏』권하(T37, 113c10)에서 "그대는~싫어해야 한다."라는 것은 싫어하는 마음을 낼 것을 권한 것이라 했고, "더러운 액체가~끊어 버려야 한다."라는 것은 허물을 드러내어 버리게 한 것이라 했다.(汝可自厭生老病等。勸生厭心。生老病死。是其內苦。言痛苦者。是其外苦。惡露不淨。無可樂者。宜自決斷。彰過令捨。) 이것에 의거하여 단락을 여기에서 끊었다.

어 없애며, 언행은 충실하고 믿을 만하여 겉과 속이 상응하게 해야 한다. 사람이 능히 스스로를 제도하고 나면 전전하면서 서로 건져 주고 구제하며 정성스럽고 깨끗한 마음으로 서원을 일으켜 추구하고 선의 근본을 쌓아야 한다."

經曰。汝今亦可自厭生死老病痛苦。惡露不淨。無可樂者。宜自決斷。端身正行。益作諸善。修己潔體。洗除心垢。言行忠信。表裏相應。人能自度。轉相拯濟。精明求願。積累善本者。

술 두 번째로 수행할 것을 권한 것이다. 여기에 두 가지가 있는데, 이것은 처음에 바로 수행하고 버릴 것을 권한 것이다.

"병病"이란 내적인 고통이고, "통痛"이란 외적인 고통이다.

述云。第二勸修行。有二。此初正勸脩捨也。病者內苦。痛者外苦。

㉯ 이익을 들어 수행하게 함

경 "비록 일생 동안 애쓰며 힘들어 하겠지만 그 모든 것은 잠깐이면 지나가고 다음 생에 무량수불의 국토에 태어나 즐거움을 누리는 일이 다함이 없으며, 길이 도덕과 계합하고 밝게 빛나는 지혜와 계합하여 영원히 생사의 근본을 뿌리 뽑고, 또한 탐욕·분노·어리석음 등과 같은 고뇌에 의해 근심하는 일이 없으며, 1겁, 백 겁, 천만억 겁을 살고자 하면 뜻대로 자유자재하게 그만큼의 수명을 얻을 수 있다. (정토에서는) 모든 것이 의도적으로 조작하지 않아도 저절로 이루어지니 열반의 도에 버금간다."

經曰。雖一世勤苦苦。須臾之間。後生無量壽佛國。快樂無極。長與道德合明。永拔生死根本。無復貪恚愚癡苦惱之患。欲壽一劫百劫千萬億劫。自在隨意。皆可得之。無爲自然。次於涅槃[1]之道者。

1) ㉮ 강승개본에서는 '涅槃'을 '泥洹'이라 했다.

술 이것은 나중에 이익을 들어 수행하게 한 것이다.

몸이 복덕과 함께하기 때문에 "도덕과 계합하고"라고 했고, 마음이 지혜와 함께하기 때문에 "밝게 빛나는 지혜와 계합하여"라고 했다.

述云。此後擧利令修也。身與福俱。故道德合。心與智俱。故云合明。

다) 의혹을 버릴 것을 권함

경 **"너희들은 각각 정진하여 마음에 세운 소원을 이룰 것을 추구하고, 의혹을 일으키고 도중에 후회하여 스스로 허물이 되는 일을 지음으로써 극락정토의 변지에 있는 칠보로 이루어진 궁전에 태어나 5백 세 동안 온갖 불행을 겪는 일이 없도록 해야 한다."**

經曰。汝等。宜各精進。求心所願。無得疑惑。中悔。自爲過咎。生彼邊地。七寶宮殿。五百歲中。受諸厄也者。

술 이것은 세 번째로 의혹을 버릴 것을 권한 것이다.

백연본과 지겸본에서 중배와 하배를 밝히면서 (도중에 의심하는 사람에 대해서) 모두 말하기를 "그 부처님의 국토에 왕생하지만 아미타불의 처소 바로 앞에 이르지는 못한다. 곧 국토의 변지에서 칠보로 이루어진 성을 보고 기뻐하면서 그 성에 머물며, 바로 칠보로 이루어진 연못에 있는 연꽃 속에 화생하여 저절로 장대해져서 이곳에서 5백 세 동안 머문다. 그 성은 가로와 세로가 각각 2천 리이고, 성안에는 또한 칠보로 이루어진 집이 있으며, 집 안에는 모두 칠보로 이루어진 욕지浴池가 있고, 욕지에는 또한 연꽃이 있다."[167]라고 했다. 그러므로 여기에서 "칠보로 이루어진 궁전"이라고 한 것은 그 성안에 있는 보배로 이루어진 집을 가리키는 것으로 생각된다. 그 성에서 즐거움을 누린다고 하면서 이 경(『무량수경』)에서 그 성에서의 즐거움을 "도리천忉利天과 같다."[168]라고 했는데, (여기에서) "온갖 불행을 겪는다."라고 한 것은, 삼보를 보지도 듣지도 못하기 때문이다.

만약 여기에서 설한 것에 의지하여 그 국토에도 또한 우근憂根이 있다고 하면, "온갖 불행"이란 곧 우수憂受라고 할 수 있지만 그럴 경우에도 세간의 수受는 벗어난 것이기 때문에 고苦라고 하지는 않는다. 만약 정토는 몸과 마음이 유연하여 우수가 없다고 설한 것에 따르면, 오직 염厭과 함께하는 것일 뿐이니, 세간에서 벗어나고 세간을 버렸으니 근심과 슬픔(憂慼)이 없기 때문이다.

근심이 있건 근심이 있지 않건 모두 부처님을 친견하는 데 장애가 되는데, 이러한 허물은 의혹에서 말미암은 것이기 때문에 경계하고 권장하기를 "의혹을 일으키고 도중에 후회하여 (스스로) 허물이 되는 일을 지음으로써 (극락정토의 변지邊地에 있는 칠보로 이루어진 궁전에 태어나 5백 세 동안 온갖 불행을 겪는 일이) 없도록 해야 한다."라고 한 것이다.

述云。此第三勸捨疑惑也。帛謙本中。辨中下輩 皆云。生彼佛國。不能前至彌陀佛所。便見國界邊七寶城。喜止其城。即於七寶池。蓮華化生。自然長大。於是間。五百歲。其城縱廣。各二千里。城中。亦有七寶舍宅。宅中。皆有七寶浴池。浴池中。亦有蓮華故。此中。言七寶宮殿者。蓋彼城內寶舍宅

---

167 백연본과 거의 일치하는 지루가참의 『無量淸淨平等覺經』 권3(T12, 292a25). 지겸의 『阿彌陀三耶三佛薩樓佛檀過度人道經』 권하(T12, 310b6.)

168 『無量壽經』 권하(T12, 278a20). 뒤에 해당 문장이 나온다.

也。彼城受樂。此經曰。如忉利天。而受諸厄者。不能見聞三寶故。若作[1]此說。彼土。亦有憂根者。諸厄。即憂受。而出世受。故不名苦。苦[2]諸說淨土身心柔軟無憂受者。唯是厭俱。世出世捨。非憂慼故。若憂非憂。皆障見佛。咎從疑惑。故誡勸言。無得疑惑。中悔爲過。

1) 원 '作'은 '依'인 것 같다. 2) 원 '苦'는 '若'인 것 같다.

라) (거듭해서) 미륵이 깨달은 것

경 미륵이 (부처님께) 말씀드렸다.

"부처님의 귀중한 가르침을 받았으니 오로지 정밀하게 닦고 배워 가르치신 대로 받들어 행하며 감히 의심하는 마음을 품지 않겠습니다."

經曰。彌勒白言。受佛重誨。專精修學。如教奉行。不敢有疑者。

술 이것은 네 번째로 미륵이 깨달은 것이다.

"받들어 행하며"란 앞에서 수행을 권하는 말씀을 깨달았으니, 자신이 받들어 행할 것을 나타낸 것이다.

"의심하는 마음을 품지 않겠습니다."란 의심을 버릴 것을 권한 것을 깨달았으니, 스스로 의심하지 않을 것을 펼친 것이다.

述云。此第四彌勒領解也。奉行者。領前勸脩之言。彰已[1]奉行。不疑者。領勸捨疑。申自不疑。

1) 역 '已'는 '己'인 것 같다.

③ 자세하게 업의 고통을 들어 사람들로 하여금 싫어하여 버리게 함

가. 앞에서 미륵이 깨닫고 받들어 행한 것을 찬탄함

경 부처님께서 미륵에게 말씀하셨다.

"그대들이 이 세상에서 마음을 단정히 하고 뜻을 바르게 하여 온갖 악을 짓지 않는다면 이는 매우 지극한 덕을 쌓는 것이다. 그것은 시방세계에서 짝할 것이 없는 가장 뛰어난 일이다. 그 이유는 무엇인가. 여러 부처님의 국토에 거주하는 하늘과 사람의 부류는 (뛰어난 업의 과보로 인해) 저절로 선을 행하고 두루 악을 행하지 않으니, 가르침을 열어 교화하기가 쉽기 때문이다."[169]

經曰。佛告彌勒。汝等。能於此世。端心正意。不作衆惡。甚爲至德。十方世界。最無倫匹。所以者何。諸佛國土天人之類。自然作善。不大爲惡。易可開化者。

술 세 번째로 자세하게 업의 고통을 들어 사람들로 하여금 싫어하여 버리게 한 것이다. 여기에 두 가지가 있으니, 처음은 앞에서 깨달은 것과

169 "여러 부처님의~쉽기 때문이다."라고 한 부분은, 문맥이 모호하여 해명이 필요한 것 같은데 경흥은 별도로 주석하지 않았다. 혜원은 『無量壽經義疏』 권하(T37, 114a14)에서 "'여러 부처님의 국토에 거주하는 하늘과 사람의 부류는 저절로 선을 행하고 두루 악을 행하지 않으니, 가르침을 열어 교화하기가 쉽기 때문이다'란 쉬운 것을 들어 어려움을 나타낸 것이다. 이렇게 어려운 것을 이루는 것이 더욱 뛰어난 것이라는 뜻이다.(諸佛國土。自然作善。不大爲惡。易可開化。擧易顯難。成此爲勝。)"라고 했고, 길장은 『無量壽經義疏』(T37, 124a14)에서 "'짝할 것이 없는 가장 뛰어난 일이다'란 희유한 것을 이루는 것을 찬탄한 것이다. 다른 국토에서는 대부분 뛰어난 인연이 있고, 또한 다시 선행의 과보가 강렬하고 수승하여 선을 행하는 것이 쉽지만 이 국토에서는 이 두 가지 인연이 없어서 선을 닦는 것이 곧 어려운 일이기 때문에 희유한 것이라고 한다.(最無倫匹者。成其希有之歎也。明他土中。多有勝緣。又復善報强勝。作善爲易。此土。無此二緣。修善即難。故名希有也。)"라고 하였다. 두 가지 해석의 대의는 사바세계를 제외한 다른 국토는 선을 행할 수 있는 조건이 뛰어나기 때문에 선을 행하는 것이 쉽지만, 사바세계는 선을 행하는 것이 어려운 조건이기 때문에 이런 조건 속에서 선을 행하는 것이 더욱 훌륭한 일임을 밝힌 것이라고 풀이한 점에서는 일치한다.

받들어 행한 것을 찬탄한 것이고, 나중은 바로 업의 고통을 펼친 것이다. 이것은 처음에 곧 미륵이 깨닫고 받들어 행한 것을 찬탄한 것이다.

述云。第三廣擧業苦令人厭捨。有二。初嘆前解行。後正申業苦。此初即嘆彌勒領解奉行也。

나. 바로 업의 고통을 펼쳐서 싫어하여 버리도록 함

가) 간략하게 풀이함

㉮ 버리게 하고 여의게 함

경 "지금 내가 이 세간에서 부처가 되어 오악五惡 · 오통五痛 · 오소五燒에 처하여 그것으로 인해 매우 극심한 고통을 받고 있는 군생들을 만났으니, 이러한 중생을 교화하여 오악을 버리게 하고 오통을 떠나게 하며 오소를 여의게 할 것이며,"

經曰。今我於此世間作佛。處於五惡五痛五燒之中。爲最劇苦。敎化群生。令捨五惡。令去五痛。令離五燒者。

술 두 번째로 바로 업의 고통을 펼쳐서 싫어하여 버리게 한 것이다. 여기에 세 가지가 있으니, 처음은 간략하게 풀이한 것이고, 다음은 개별적으로 풀이한 것이며, 나중은 총괄적으로 풀이한 것이다. 처음에 또 두 가지가 있는데, 이것은 처음에 버리게 하고 여의게 한 것이다.

어떤 사람은 〈오악은 원인이고, 통痛 · 소燒는 결과이다. 오악은 곧 오계五戒에 의해 방호해야 하는 것이다. 몸에 의해 짓는 세 가지 그릇된 행위인 살생·도둑질·음란한 행위 등이 차례대로 세 가지가 되고, 입으로 짓는 네 가지 그릇된 행위인 양설兩說(이간질)·악구惡口(추악한 말)·망어妄語(거짓말)·기어綺語(꾸미는 말) 등을 합하여 네 번째가 되며, 음주飮酒가 다섯 번째가 된다. 이러한 다섯 가지 원인에 대한 되갚음으로 오통五痛을 받는다. "통"이란 고수苦受(고통의 감수 작용)이고, "소燒"란 고구苦具(고통을 주는 도구)이다. "통"이든 "소"이든 모두 지옥의 과보이다. 그러므로 앞의 문장에서 "임종할 때 한寒과 열熱이라는 (지옥의 과보가) 생겨나고 고통이 함께한다."[170]라고 했다.〉라고 하고, 마침내 다른 학자가 "〈오통은 인간 세상에서 받고, 오소는 지옥에서 받는 것이다.〉"[171]라고 한 것을 힐책하기를 〈이것은 경의 문구를 매우 잘못 판별하여 문장을 해치고 뜻을 상하게 한 것이다. 바로 "통"은 고수苦受이고, "소"는 고구苦具로 (상호 보완적인 것이어서) 인간 세상에서는 통은 감수하지만 고구苦具는 없고, 지옥에는 고구苦具는 있지만 통은 없는 것이 가능하지 않음을 알지 못했기 때문이다. 또한 오악을 지으면 먼저 악도惡道에 들어가 과보를 받고, 나중에 인간 세상에 태어나기 때문에 지옥에서 통·소의 과보를 받고 나서 그렇게 한 후에 인간 세상에 태어나 나머지 과보로서의 고통을 받는다.〉라고 했다.

述云。第二正申業苦而令厭捨。有三。初略釋。次別釋。後總釋。初又有二。此初令捨令離也。有說。五惡爲因。痛燒爲果。即[1)]五戒所防。身三非爲三。口四[2)]爲第四。飮酒爲第五。酬此五因。即受五痛。痛者苦受。燒者苦具。若痛若燒。皆地獄報。故前文云。臨終寒熱。與痛苦俱。遂彈餘家。五痛人中

170 앞에서 경흥이 "結衆寒熱"을 풀이하면서 다른 경본에서 '臨終寒熱'이라 한 사례를 제시하고, 옳지 않다고 한 것을 참조할 것.

171 혜원이 『無量壽經義疏』 권하(T37, 114a20)에서 "이 오악을 지음으로써 현세에서 왕법에 의해 치죄治罪를 받아 몸에 액난이 닥치는 것을 오통이라 하고 이 오악으로 인해 미래세에 삼악도에서 과보를 받는 것을 오소라고 한다.(造此五惡。於現世中。王法治罪。身遭厄難。名爲五痛。以此五惡。於未來世。三途受報。說爲五燒。)"라고 하였다.

受。五燒在地獄云。此太錯判經文。害文傷義。直由不了。痛是苦受。燒是苦具。不可人中受痛而無苦具。地獄有苦具而無痛故。又作五惡。先入惡道。後生人中故。地獄。受痛燒報已。然後生人。受餘報苦。

1) ㉮ '卽' 앞에 '五惡'이 누락되었다. 이는 뒤에 경흥이 이를 비판하면서 인용한 글에서 드러난다. 2) ㉮ '四' 뒤에 '非'가 누락되었다.

이것은 아마도 옳지 않은 것 같다. "오악은 곧 오계에 의해 방호해야 하는 것"이라고 한 것이 (옳다면 오계 중) 불망어계不妄語戒는 오직 망어만을 방호하는 것인데, 어찌 "입으로 짓는 네 가지 그릇된 행위인 양설兩說·악구惡口·망어妄語·기어綺語 등을 합하여 네 번째가 되며"라고 한 것을 바른 이치에 상응하는 것이라고 할 수 있겠는가.[172]

또한 "'통'은 반드시 고구苦具를 겸하는 것이니, '소'에 어떻게 고수苦受가 없겠는가. 그러므로 인간 세상에는 고수는 있지만 고구는 없고, 지옥에는 고구는 있지만 고수는 없다고 말할 수 없다. ('통'과 '소'는 모두 지옥의 과보이다.)"라고 (주장했는데), 또한 예컨대 아사세왕阿闍世王[173]이 그 부왕을 죽이고 나서 현세에서 온갖 고통을 받은 것과 같은 경우를 생각하면, 반드시 먼저 (지옥에서) 통痛·소燒의 고통을 받고, 나중에 (인간 세상에서) 나머지 고통을 받는다고 말할 수는 없는 것이다. (반드시 그 주장이 타당하다면) 경에서 "화보華報"[174]라고 한 것은, 응당 허언虛言이 될 것이

172 오계에는 망어妄語만 포함되는데, 나머지 세 가지를 오계에 상응시키는 것은 이치에 어긋나는 것이라는 말이다.

173 아사세왕阿闍世王 : '아사세'는 Ⓢ Ajātaśatru의 음사어. 줄여서 사세闍世라고 한다. 부처님 재세 시 인도 마가다국 빈바사라왕頻婆娑羅王의 아들이었다. 아버지를 죽이고 왕위에 올랐으나 온몸에 종기가 번져 고생하다가 부처님을 만나 자신의 죄를 참회함으로써 병을 고친 후 부처님께 귀의하여 불교의 강력한 외호자가 되었다.

174 화보華報 : 열매를 맺기 직전에 피는 꽃과 같은 형태의 과보. 곧 어떤 업의 과보를 받기 전에 받는 또 다른 형태의 과보를 일컫는 말이다. 예컨대 불살생의 계율을 준수함으로써 장수하는 것은 화보이고, 열반의 과를 얻는 것은 과보이다. 또한 남의 음식을 빼앗아 굶주리게 하는 업을 지음으로써 늘 굶주리는 아귀로 태어나는 것은 화보이고,

기 때문이다. 지금은 도리어 비판의 대상이 된 주장[175]을 그대로 둔다.

살생·도둑질·음란한 행위·망어·음주는 오악이고, 오통은 화보華報이니, 현세에서 왕법王法에 의해 감옥에 갇히고 몸은 액난을 만나는 것을 오통이라 하며, 삼악도에서 받는 과보를 오소라고 한다. 이러한 뜻이 아니라면 곧 (이 경에서) "세상에는 상도常道가 있고 왕법王法에 따라 치죄하기 위한 감옥이 있다."라고 한 것 등의 여러 문장과 어긋나기 때문이다.

此恐不然。若言五惡。即五戒所防者。不妄語戒。唯防妄語。如何。口四爲第四惡。應正理耶。又痛必兼具。燒如何無受。故不可言。人中有受而無具。地獄有具而無受。又如闍王。殺其父王已。現受衆苦。必不可言。先受痛燒。後受餘苦。經曰。華報。應成虛言故。今還存所彈之義。殺。盜。邪婬。妄語。飮酒。是其五惡。五痛。華報。現閉王法。身遭厄難。名爲五痛。三途果報。名爲五燒。不爾。便違。世有常道。王法牢獄等諸文故。

㉯ 지니게 하고 얻도록 함

경 "그 뜻을 항복시켜 오선五善을 지니고 그에 따른 복덕을 얻으며, 세간에서 벗어나 장수하고 열반의 도를 얻게 할 것이다."

經曰。降化其意。令持五善。獲其福德。度世長壽。泥洹之道者。

술 이것은 나중에 지니게 하고 얻도록 한 것이다.

"오선"이란 오악을 방호하는 계이다. 오계를 수지함으로 말미암아 현

지옥에 태어나는 것은 과보이다. 화보는 현세와 다음 생에 두루 적용된다. 『菩薩本生鬘論』 권4(T3, 344a17)·『雜藏經』(T17, 557c15) 등을 참조할 것.

175 앞에서 어떤 사람의 주장에서 그의 비판의 대상으로 제시된 혜원의 입장을 가리킨다.

세에서 온갖 고통을 없애기 때문에 "복덕을 얻으며"라고 했으니, 이것은 오통을 뒤집은 것이다.

후세에 서방 극락정토에 태어나 끝내 열반을 얻기 때문에 "세간에서 벗어나 장수하고 (열반의 도를 얻게 할 것이다.)"라고 했으니, 이것은 오소五燒를 뒤집은 것이다.

述云。此後令持令得也。五善。即防五惡之戒。由持五戒。現無衆苦故。獲福德。反五痛也。後生西方。終爲涅槃故。度世長壽。即反五燒也。

나) 개별적으로 풀이함

㉮ 질문

ㄱ. 버리고 여의어야 할 것에 대해 질문함

경 부처님께서 말씀하셨다.
"무엇이 오악이고 무엇이 오통이며 무엇이 오소인가?"

經曰。佛言。何等爲五惡。何等五痛。何等五燒者。

술 두 번째로 개별적으로 풀이한 것이다. 여기에 두 가지가 있으니, 처음은 질문한 것이고, 나중은 풀이한 것이다. 처음에 또 두 가지가 있는데, 이것은 처음에 버리고 여의어야 할 것에 대해 질문한 것이다.

述云。第二別釋。有二。初問。後釋。初又有二。此初問所捨離也。

ㄴ. 지니고 얻어야 할 것에 대해 질문함

경 "무엇이 오악을 소멸시키고 오선을 지녀 그에 따른 복덕을 누리게 하며, 세간에서 벗어나 장수하고 열반의 도를 얻도록 하는 것인가?"

經曰。何等消化五惡。令持五善。獲其福德。度世長壽。涅槃[1]之道者。

1) 역 강승개본에서는 '涅槃'을 '泥洹'이라 했다.

술 이것은 나중에 지니고 얻어야 할 것에 대해 질문한 것이다.

述云。此後問所持得也。

㉯ 풀이함

ㄱ. 살생을 풀이함

ㄱ) 버리고 여의어야 할 것을 풀이함

㉠ 첩하고 풀이함

a. 악을 풀이함

경 부처님께서 말씀하셨다.
"그 첫 번째 악은 다음과 같다. 여러 하늘과 인민과 땅을 기어 다니는 미물이 온갖 악을 행하려고 하며, 모두 그렇게 하지 않는 이가 없다. 강자가 약자를 굴복시키고 전전하면서 연쇄적으로[176] 죽이고 해친다. 또한 잔인하게 해치고 살육하고 갈마들면서 서로 잡아먹고 잡아먹히기도 한다. 선을 닦을 줄 모르고, 악하고 어긋나며 도리를 지키는 일이 없으니, 나중에 재앙과 벌을 받아 저절로 향하여 나아가는데, 신명神明이 (그의 행위를) 기록하여 죄를 범한 것이 있으면 용서하지 않는다. 그러므로 빈궁한 사람과 하천한 사람과 걸식하는 사람과 부모가 없는 사람, 자녀가 없는 사람과 귀머거리, 소경과 벙어리인 사람과 어리석은 사람과 포악한 사람이 있고, 허약하거나 미쳤거나 모자란 부류의 사람이 있기에 이른다. 또 존귀한 사람과 세력이 있는 부유한 사람과 재주가 뛰어난 사람과 현명한 사람이 있는데, 모두 과거세에 자애로운 마음을 지니고 효도하여 선을 닦고 덕을 쌓음으로써 이룬 것이다."

經曰。佛言。其一惡者。諸天人民蠕動之類。欲爲衆惡。莫不皆然。强者伏弱。轉相剋賊。殘害殺戮。迭相呑噬。不知修善。惡逆無道。後受殃罰。自然趣向。神明記識。犯者不赦。故有貧窮。下賤。乞匃。孤獨。聾盲。瘖啞。愚癡。憋惡。至有尫狂不逮之屬。又有尊貴。豪富。高才。明達。皆由宿世。慈孝修善。積德所致者。

술 두 번째로 풀이한 것이다. 여기에 다섯 가지가 있는데, 이것은 처음에 살생을 풀이한 것이다. 여기에 두 가지가 있으니, 처음은 버리고 여의어야 할 것을 풀이한 것이고, 나중은 지니고 얻어야 할 것을 풀이한 것이다. 처음에 또 세 가지가 있으니, 처음은 첩牒(내걸어 놓는 것)하고 풀이하였고, 다음은 총괄적으로 맺었으며, 나중은 비유에 의탁하여 허물을 드러내었다. 처음에 또 세 가지가 있는데, 이것은 처음에 악을 풀이한 것이다.

176 약자와 강자의 연쇄 고리 속에서 점점 더욱 강한 것이 앞에서의 강자를 해치는 구조를 설명한 것이다.

"극剋"이란 죽이는 것이고, "적賊"이란 해치는 것이다.

어떤 사람은 〈"신명"이란 곧 동생同生과 동명同名이다. 동생은 오른쪽 어깨에서 악한 행위를 기록하고, 동명은 왼쪽 어깨에서 착한 행위를 기록한다. 그러므로 "기록하여"라고 했다.〉[177]라고 했는데, 이것은 옳지 않은 것 같다. 업의 과보에 의해 취趣(윤회의 세계인 六道를 일컫는 말)를 감感하는 것은 천신天神이 하는 일이 아니기 때문이다.

지금 곧 도리어 (천신과) 동일한 형태로 정신이 새기고 기록하는 것이니, 종자식種子識(아뢰야식)의 공능으로 그것이 없어지지 않는 것을 "기록하여"라고 한 것이기 때문이다.

述云。第二釋有五。此初釋殺生。有二。初釋所捨離。後釋所持得。初又有三。初牒釋。次總結。後寄喻顯過。初又有三。此初釋惡也。剋者殺也。賊者害也。有說。神明者。即同生同生。[1] 同生。在右肩。記所作惡。同名。在左肩。記所作善。故云記識。此恐非也。業報感起。[2] 非神所堪故。今即還同。精神剋識。以種子識。功能不亡。名記識故。

1) 원 '生'은 '名'인 것 같다. 2) 원 '起'는 '趣'인 것 같다.

"고孤"란 부모가 없는 것이고, "독獨"이란 자녀가 없는 것이다.

"왕尪"【오烏와 황皇의 반절이다.】은 야윈 것(羸)이고, 약한 것(弱)이다. 『통속

177 문장이 꼭 일치하지는 않지만 의미상으로는 길장이 『無量壽經義疏』(T37, 124a29)에서 풀이한 것과 내용이 같다. 두 신에 대해서 『華嚴經』 권44(T9, 680b29)에서 "예컨대 사람이 태어날 때부터 두 종류의 하늘이 있어 항상 따라다니면서 시위하는데, 첫째는 동생이고, 둘째는 동명이다. 이 하늘은 항상 사람을 보지만 사람은 하늘을 보지 못하는 것과 같다. 여래의 신변도 또한 이와 같아서 성문은 알거나 보지 못하고, 오직 보살이라야만 볼 수 있다.(如人從生。有二種天。常隨侍衛。一曰同生。二曰同名。天常見人。人不見天。如來神變。亦復如是。非諸聲聞。所能知見。唯諸菩薩。乃能覩見。)"라고 하였다.

문通俗文』[178]에서 "키가 작고 체구가 작은 것을 '왕'이라 한다."라고 했다. "광狂"【기其와 망亡의 반절이다.】은 본성이 변질된 것을 뜻한다. 또한 어지러운 것(亂)이다.

孤者無父母。獨者無子女。尫【烏皇反】羸也弱也。俗[1)]文。短小目[2)]尫。狂【其亡反】變性意也。又亂也。

1) ㉮ '俗' 앞에 '通'이 누락된 것 같다. 『一切經音義』 권16(T54, 405b2)에서 "通俗文云。短小曰尫。", 같은 책 권43(T54, 591b18)에서 "通俗文。短小曰尫。"이라고 한 것 등을 참조할 것. 2) ㉮ '目'은 '曰'인 것 같다. 『一切經音義』 권16(T54, 405b2)에서 "通俗文云。短小曰尫。", 같은 책 권43(T54, 591b18)에서 "通俗文。短小曰尫。"이라고 한 것 등을 참조할 것.

b. 통을 풀이함

경 "세상에는 영원히 변하지 않는 도리가 있고, 왕법에 의해 치죄하는 감옥이 있지만 두려워하고 삼가하지 않고 악을 지어 죄의 길에 들어감으로써 그 재앙과 벌을 받는데, 벗어나기를 희망해도 벗어나기 어렵다. 세간에는 이렇게 눈앞에 명백하게 드러난 일이 있다."

經曰。世有常道。王法牢獄。不肯畏慎。爲惡入罪。受其殃罰。求望解脫。難得定[1)]出[2)]者。

1) ㉯ '定'은 '免'인 것 같다. ㉮ 『大正藏』 강승개본에 따르면 '免'이다. 2) ㉮ '出' 뒤에 뒤의 단락으로 보낸 '世間有此目前見事'가 들어가야 한다.

술 이것은 다음에 통을 풀이한 것이다.

178 『통속문通俗文』: 동한東漢 말기 복건服虔이 찬술한 중국 고대에 성립된 속어 사전이다.

述曰。此次釋痛也。

c. 소를 풀이함

경 "수명을 마치고 후세에는 더욱 깊고 더욱 심해진다. 그 어둡고 그윽한 곳으로 들어가 현세의 몸을 벗고 새로운 몸을 받아 태어나는데, 비유컨대 왕법에 의해 고통스럽고 무거운 형벌을 받는 것과 같다. 그러므로 저절로 삼악도에 태어나 한량없는 고통을 받는다. 그 몸을 굴려서 바꾸어[179] 형체를 고치고 도道(생사윤회의 세계)를 바꾸어서 태어나는데, 받는 수명은 길거나 짧다. 혼신정식魂神精識[180]이 저절로 이것에 나아가니 오직 지니고 향할 뿐이다. 서로 좇아 함께 태어나고 다시 서로 보복하기를 그치지 않는다. 재앙을 부르는 악업이 아직 다하지 않으면 서로 헤어질 수도 없다. 그 속을 전전하면서 빠져나올 기약이 있지 않다. 벗어나기 어렵고 말할 수 없을 정도로 고통스럽다. 하늘과 땅 사이에는 저절로 이러한 인과응보의 도리가 있다. 비록 (업을 행하는) 바로 그때 갑자기 상응하여 선도善道와 악도惡道에 이르지는 않을지라도 반드시 이러한 과보에 도달한다."

經曰。世間有此目前現[1)]事。[2)] 壽終後世。尤深尤劇。入其幽冥。轉生受身。譬如王法。痛苦極刑。故有自然三塗無量苦惱。轉貿其身。改形易道。所受壽命。或長或短。魂神精識。自然趣之。當獨値向。相從共生。更相報復。無有止已。殃惡未盡。不得相離。展轉其中。無有出期。難得解脫。痛不可言。天地之間。自然有是。雖不即時卒暴。應至善惡之道。會當歸之者。

1) 역『大正藏』강승개본의 미주에 따르면 유포본에서는 '現'을 '見'이라 하였다고 했

179 예컨대 지옥도의 중생의 몸에서 아귀도의 중생의 몸으로 형태를 바꾸는 것을 말한다.
180 혼신정식魂神精識 : 혼신과 정식은 체는 동일하고 이름만 다르다. 윤회의 주체를 가리키는 말이다.

다. 2) 역 '世間有此目前現事'는 내용상 현세와 관련된 것이기 때문에 경흥의 주석에 의거할 때 "통"의 범주에 들어가는 내용이고, 따라서 앞의 단락에 들어가야 한다.

술 이것은 나중에 소를 풀이한 것이다.

"무貿"【모莫와 후候의 반절이다.】는 『삼창三倉』에서는 "바꾸는 것(換易)이다."라고 했다. "졸포卒暴"란 갑자기라는 뜻이고, "회당會當"이란 반드시라는 뜻이며, "귀지歸之"란 도달한다(至)는 뜻이다.

述云。此後釋燒也。貿【莫候反】。三倉。換易。卒暴者忽也。會當者必也。歸之者至也。

㉡ 총괄적으로 맺음

경 "이것을 첫 번째 큰 악, 첫 번째 통, 첫 번째 소라고 하는데, 고통에 시달리는 것이 이와 같다."

經曰。是爲[1]大惡。一痛。一燒。勤苦如是者。

1) 역 강승개본에 따르면 '爲' 뒤에 '一'이 누락되었다.

술 이것은 두 번째로 (총괄적으로) 맺은 것이다.

述云。此第二結也。

㉢ (비유에 의탁하여) 허물을 드러냄

경 "비유건대 큰불이 사람의 몸을 태우는 것과 같다."

經曰。譬如大火。焚燒人身者。

술 이것은 세 번째로 (비유에 의탁하여) 허물을 드러낸 것이다.

述云。此第三顯過也。

ㄴ) 지니고 얻어야 할 것을 풀이함

경 "사람이 이러한 속에서도 한마음으로 뜻을 제어하고 몸을 단정히 하며 바르게 행동하여 홀로 모든 선을 행하고 온갖 악을 행하지 않는다면 자신만이 홀로 벗어나서 그에 따르는 복덕을 얻고 세간에서 벗어나 하늘로 올라가고 열반의 도를 얻으니, 이것을 첫 번째 큰 선이라 한다."

經曰。人能於中。一心制意。端身正行。獨作諸善。不爲衆惡者。身獨度脫。獲其福德。度世上天。泥洹之道。爲一大善也者。

술 이것은 두 번째로 지니고 얻어야 할 것을 풀이한 것이다.

述云。此第二釋所持得也。

ㄴ. 도둑질을 풀이함

ㄱ) 여의어야 할 것을 풀이함

㉠ 첩하고 풀이함

a. 악을 풀이함

경 부처님께서 말씀하셨다.

"그 두 번째 악은 다음과 같다. 세간의 인민은 부자이든 형제이든 가정(室家)의 부부이든 전혀 의리가 없고 법도에 수순하지 않는다. 사치하고 탐닉하며(婬), 교만하고 방종하며, 각각 자신이 즐거워하는 것을 하고자 한다. 마음을 내버려 두어 제멋대로 행동하고 번갈아서 서로를 속인다. 마음속으로 생각하는 것과 입으로 하는 말이 각각 다르고, 말과 생각에 진실이 없다. 거짓된 말로 미혹시키고 아양을 떨며 충실하지 못하다. 교묘한 말로 아첨하면서 비위를 맞추고, 현명한 이를 질투하고 착한 사람을 비방하여 원망의 대상과 삿된 견해를 지닌 사람으로 몰아넣는다. 임금(主上)은 현명한 판단을 하지 못한 채 신하를 임용하고, 신하는 자유자재하게 기관機關(방편)을 거짓으로 다양하게 만들어 낸다. 법도를 짓밟는 일을 능히 행하고, 그 형세를 헤아려 안다. 임금의 지위에 있는 이가 바르지 않으니 그러한 신하에 의해 기만당하고, 망령되게 충성스럽고 선량한 신하를 잃어버림으로써 천심天心을 벗어난다. 신하는 그 임금을 기만하고, 자식은 그 아버지를 기만하며, 형제와 부부, 친가(中)와 외가(外)의 친척과 서로 알고 지내는 사람들도 번갈아서 서로 속인다. 각각 탐욕·분노·어리석음을 품은 채 자신을 두텁게 하려 하고, 탐내어 많은 것을 소유하려고 한다. 존귀한 이나 비천한 이나, 윗사람이나 아랫사람이나 마음은 모두 똑같이 그러하다. 집안을 무너뜨리고 자신을 망치면서도 앞뒤를 돌아보지 않으니, 끝내는 친가와 외가의 친척에 이르기까지 모두 이것으로 인해 파멸한다. 어떤 때는 가족(室家), 서로 알고 지내는 사람(知識), 큰 마을(鄕)·작은 마을(黨)·저잣거리(市)·아주 작은 마을(里) 등의 어리석은 사람과 야인野人이 전전하면서 함께 마음을 맞추어 일을 하지만, 번갈아서 서로 이익을 얻기 위해 해쳐서 분노를 일으키고 원한을 맺는다. 넉넉하게 지녔어도 아까워하면서 베풀어 주려 하지 않는다. 재보財寶를 사랑하면서 탐욕은 더욱 깊어지니 마음은 고달프고 몸은 고통스럽다. 이와 같이 지내면서 죽음의 순간에 이르지만 믿고 의지할 것은 아무것도 없다. 홀로 왔다가 홀로 갈 뿐 어느 누구 하나 따르는 이는 없다. 선악(의 업業에 의한) 화복禍福(이라는 과보가 생겨나니,) 명命(업)을 좇아 태어나서, 혹은 즐거운 곳에 머물고, 혹은 고통스러운 곳에 들어간다. 그러한 후에야 비로소 후회하지만 바로 그때 다시 무엇을 할 수 있겠는가. 세간의 인민은, 마음은 어리석고 지혜가 적어 착한 것을 보면 미워하고 비방할 뿐이고, 사모하면서 그러한 행위를 따르려는 생각은 하지 않는다. 단지 악행을 행하려 하며 망령되게 비법非法을 짓고, 항상 도둑과 같은 마음을 품어서 다른 사람의 이익을 자신이 얻을 수 있기를 희망하고, 소유한 것이 흩어져 다 없어지면 다시 구하려고 찾아 나설 뿐이다. 마음이 바르지 않아 다른 사람의 낯빛을 살피며 두려워한다. (앞으로 일어날 일을) 미리 생각하지 않고 일이 일어나야만 비로소 후회한다."

經曰。佛言。其二惡者。世間人民。父子兄弟。室家夫婦。都無義理。不順法度。奢婬憍縱。各欲快意。任心自恣。更相欺惑。心口各異。言念無實。佞諂不忠。巧言諛媚。嫉賢謗善。陷入怨枉。主上不明。任用臣下。臣下自在。機僞多端。踐度能行。知其形勢。在位不正。爲其所欺。妄損忠良。不當天心。臣欺其君。子欺其父。兄弟夫婦。中外知識。更相欺誑。各懷貪欲瞋恚愚癡。欲自厚己。欲貪多有。尊卑上下。心俱同然。破家亡身。不顧前後。親屬內外。坐之而滅。或時。室家知識。鄉黨市里。愚民野人。轉共從事。更相利害。忿成怨結。富有慳惜。不肯施與。愛寶貪重。心勞身苦。如是至竟。無所恃怙。獨來獨去。無一隨者。善惡禍福。追命所生。或在樂處。或入苦毒。然後乃悔。當復何及。世間人民。心愚少智。見善憎謗。不思慕及。但欲爲惡。妄作非法。常懷盜心。悕望他利。消散糜盡。而復求索。邪心不正。懼人有色。不豫思計。事至乃悔者。

술 이것은 두 번째로 도둑질을 풀이한 것이다. 여기에 두 가지가 있는데, 처음은 여의어야 할 것을 풀이한 것이다. 여기에 세 가지가 있는데, 이것은 처음에 첩하고 풀이한 것이다. 여기에 세 가지가 있는데, 이것은 처음에 악을 풀이한 것이다.

述云。此第二釋盜。有二。初釋所離。有三。此初牒釋。有三。此初釋惡也。

"도度"란 정해진 기준(量)이고, 법칙(則)이다. 번갈아서 서로 도둑질하기 때문에 "의리가 없고"라고 했고, 이치에 어긋나는 방법으로 재물을 구하기 때문에 "법도에 수순하지 않는다."라고 했다.

탐내는 마음을 제어하지 않기 때문에 "사치하고"라고 하였고, 재물에 탐닉하여 얻고자 하기 때문에 "탐닉하며"라고 했다.

비록 마음속에는 욕망이 있지만 입으로는 만족한다고 하기 때문에 "마음속으로 생각하는 것과 입으로 하는 말이 다르고"라고 하였다.

입으로는 착한 말을 하고 마음으로는 악한 생각을 품기 때문에 "거짓된 말로 미혹시키고"라고 했고, 자신의 본성을 덮어서 감추기 때문에 "아양을 떨며"라고 했으며, 행위에 믿음이 없기 때문에 "충실하지 못하다." 라고 했다.

"유諛"란 뜻이 거짓된 것이고, "미媚"란 모습이 거짓된 것이며, "왕枉"이란 어긋나는 것이고, "도度"란 법규로 정해진 기준(法量)이며, "기機"란 기관機關이다. 곧 교묘한 말과 아첨하는 낯빛으로 임금의 뜻을 왜곡되게 취하여 기관을 거짓으로 만드는 일을 행하고, 임금의 형세를 헤아려 (비위만 맞출 뿐) 바른 간언을 펼치지 않는 것이 이것이다.

度者量也則也。更相盜竊。故無義理。非理求財。故不順法軌。[1) 不勒貪心。故云奢。耽財欲得。故云婬。雖有心欲。而言足。故心口異。口出善言。心懷惡計。故云佞。覆藏自性。故云諂。爲行無信。故云不忠。言諭[2)]者意妄。媚者狀妄。枉者橫也。度者法量。機者機關。即巧言令色。曲取君意。能行機僞。知君形勢。不申正諫。是也。

1) ㊂ 본문에 의거할 때 '軌'는 '度'이다. 뜻은 차이가 없다. 경흥이 간접 인용하면서 글자를 바꾸었을 수도 있다. 2) ㊇ '諭'는 '諛'인 것 같다.

"향鄕"이란 1만 2천5백 가구로 이루어진 마을을 지칭하는 단위이고, "당黨"이란 5백 가구로 이루어진 마을을 지칭하는 단위이며, "시市"란 상품의 교환과 무역이 이루어지는 곳에 형성된 거주지를 지칭하는 단위이고, 다섯 가구로 이루어진 마을을 린隣이라 하고, 린隣에 해당하는 구역이 다섯이면 "리里"이다.

"야인野人"이란 공자孔子가 말하기를 "선배들(先進)은 예악禮樂에 있어서 이른바 야인이고, 후배들(後進)은 예악에 있어서 이른바 군자君子이다."[181] 라고 했고, 그 주석에서 포씨包氏[182]가 말하기를 "(야인은) 고상하지 못하고 천한 것(鄙陋)을 말한다."라고 했다. (행정구역상으로는) 교郊의 외부에 해당하는 지역을 "야野"라고 하고, 읍邑의 외부에 해당하는 지역을 교郊라고 한다.

"종사從事"란 서로 마음이 맞는 것이다. "지경至竟"이란 죽는 것이다. "선악"이란 인因이고, "화복"이란 과果이다. "추追"란 다시 취하는 것(還取)이고, "명命"이란 불러서 끌어당기는 것(招引)이니, 선악의 인이 이루어지면 반드시 나아가 지금의 과果가 일어난다. 또한 "추追"란 좇는 것(逐)이고, "명命"이란 업業이니, 선악의 업을 좇아 태어나기 때문이다. 후자가

181 『論語』에서 "子曰。先進。於禮樂。野人也。後進。於禮樂。君子也。如用之。則吾從先進。"라고 한 것을 취의 요약한 것이다.

182 포씨包氏 : 한漢나라 때 유학자 포함包咸을 가리킨다. 저술은 전하지 않고 다른 학자의 집주에 인용된 형태로 일부가 전한다.

옳다.

鄕者一萬二千五百家。黨者五百家。市者交易所居。五家爲隣。隣五爲里。野人者。孔子曰。先進。於禮樂。謂野人。後進。於禮樂。謂君子也。包氏曰。謂鄙陋也。郊外曰野。邑外謂郊。從事者相稱也。至竟者死也。善惡者因。禍福者果。追者還取。命者招引。善惡因成。必進今果起也。又追者逐也。命者業也。逐善惡業。以所生故。後者是也。

b. 통을 풀이함

경 "지금 세상에서 현재 왕법에 의해 치죄하는 감옥이 있어서 죄에 따라 향하여 나아가서 그 재앙과 벌을 받는다."

經曰。今世。現有王法牢獄。隨罪趣向。受其殃罰者。

술 이것은 다음에 통을 풀이한 것이다.

述云。此次釋痛也。

c. 소를 풀이함

경 "그 이전 세상에서 도덕을 믿지 않고 선의 근본을 닦지 않은 것으로 인해 지금 세상에서 다시 악행을 행하였으니, 천신天神이 반드시 기록하여 그 명적名籍을 구별함으로써 목숨을 마치고 신神이 떠나가면 악도에 떨어져 들어간다. 그러므로 저절로 삼악도에 태어나 한량없는 고통을 받으며, 그 속을 전전하면서 오랜 세월이 흘러도 빠져나올 기약이 없으니, 벗어나기 어렵고, 말할 수 없을 정도로 고통스럽다."

經曰。因其前世。不信道德。不修善本。今復爲惡。天神剋識。別其名籍。壽終神逝。下入惡道。故有自然三塗無量苦惱。展轉其中。世世累劫。無有出期。難得解脫。痛不可言者。

술 이것은 나중에 소를 풀이한 것이다.

述云。此後釋燒也。

㉡ 맺음

경 "이것을 두 번째 큰 악이고, 두 번째 통痛이며, 두 번째 소燒라고 하는데, 고통에 시달리는 것이 이와 같다."

經曰。是爲二大惡。二痛。二燒。勤苦如是者。

술 이것은 두 번째로 맺은 것이다.

述云。此第二結也。

㉢ 허물을 드러냄

경 "비유컨대 큰불이 사람의 몸을 태우는 것과 같다."

經曰。譬如大火。焚燒人身者。

술 이것은 세 번째로 허물을 드러낸 것이다.

述云。此第三顯過也。

ㄴ) 지니고 얻어야 할 것을 풀이함

경 "사람이 이러한 상황에서도 한마음으로 뜻을 제어하고 몸을 단정히 하며 바르게 행동하여 홀로 모든 선을 행하고 온갖 악을 행하지 않는다면 자신만이 홀로 벗어나서 그에 따르는 복덕을 얻고, 세간에서 벗어나 하늘로 올라가고 열반의 도를 얻으니, 이것을 두 번째 큰 선이라 한다."

經曰。人能於中。一心制意。端身正行。獨作諸善。不爲衆惡者。身獨度脫。獲其福德。度世上天。泥洹之道。是爲二大善也者。

술 이것은 두 번째로 지니고 얻어야 할 것을 풀이한 것이다.

述云。此第二釋所持得也。

ㄷ. 음란한 행위를 풀이함

ㄱ) 버려야 할 것을 풀이함

㉠ 첩하고 풀이함

a. 악을 풀이함

경 부처님께서 말씀하셨다.

"그 세 번째 악은 다음과 같다. 세간의 인민은 서로 이전에 지은 인에 의거하여 살아가면서 함께 하늘과 땅 사이에 거주하는데, 그곳에 머무는 햇수와 수명은 얼마 되지 않는다. 위로는 현명한 이·장자長者·존귀한 이·세력이 있는 부유한 이가 있고, 아래로는 빈궁한 이·하천한 이·겁약하고 하열한 이·어리석은 이가 있다. 이 가운데 착하지 않은 사람이 있어 항상 삿되고 악한 마음을 품는다. 단지 음란하고 즐기는 것만 생각하여 번뇌가 마음속에 가득 차고, 애욕에 의해 교란되어 앉으나 서나 편안하지 않다. 탐욕스런 마음으로 (자신의 것은) 견고하게 지키고 아끼면서 단지 (남의 것을) 헛되이 얻고자 한다. 아름다운 용모를 지닌 이를 비껴 보고 곁눈질하면서 삿된 태도로 외부의 대상을 향해 방일한 행동을 일삼으며, 자신의 아내는 싫어하고 사사로이 망령되게 출입하며, 집안의 재물을 탕진하면서 비법非法을 일삼는다. 서로 약속하고 무리지어 모여 군대(師)를 일으켜 서로 정벌을 일삼고, 공격하고 협박하면서 살육하고, 공공연히 옳지 않은 도리로 빼앗는다. 악한 마음으로 밖의 것을 탐하여 스스로 필요한 것을 얻기 위한 생산적 활동은 하지 않고, 도둑질을 일삼아 몰래 엿보면서 얻고자 하고, 실제로 욕망에 따라 움직임으로써 도둑질을 성사시킨다. 공포스럽게 하고 고통스럽게 하며 핍박하고 협박하여 빼앗은 것을 자신의 처자에게 준다. 자기 멋대로 마음이 끌리는 대로 온 힘을 다하여 즐거움을 누린다. 혹은 친족에게도 존귀한 이나 비천한 이를 가리지 않고 그렇게 하니, 가족의 외가와 친가의 친척들이 모두 근심하고 고통스러워한다."

經曰。佛言。其三惡者。世間人民。相因寄生。共居天地之間。處年壽命。無能幾何。上有賢明長者尊貴豪富。下有貧窮斯賤尪劣愚夫。中有不善之人。常懷邪惡。但念婬妷。煩滿胸中。愛欲交亂。坐起不安。貪意守惜。但欲唐得。眄睞細色。邪態外逸。自妻厭憎。私妄出入。費損家財。事爲非法。交結聚會。興師相伐。攻劫殺戮。强奪不道。惡心在外。不自修業。盜竊趣得。欲擊成事。恐熱迫愶。歸給妻子。恣心快意。極身作樂。或於親屬。不避尊卑。家室中外。患而苦之者。

술 이것은 세 번째로 음란한 행위를 풀이한 것이다. 여기에 두 가지가 있는데, 처음은 버려야 할 것을 풀이하였다. 여기에 세 가지가 있는데, 처음은 첩하고 풀이한 것이다. 여기에 또 세 가지가 있는데, 이것은 처음에 악을 풀이한 것이다.

"처處"란 (하늘과 땅 사이에 살아가는 것을 말한다.) "일姝"【여與와 일一의 반절이다.】은 즐기는 것(樂)이다. "당唐"이란 헛된 것(虛)이다.

"면眄"【면眠과 견見의 반절이다.】은 『설문』에서 "비껴보는 것(邪視)이다."라고 했다. 또한 혜盻【해奚와 예詣의 반절이다.】라고도 하는데, 『설문』에서 "흘겨보는 것(恨視)이다."라고 했다.

"래睞"【력力과 대代의 반절이다.】는 『설문』에서 "눈동자가 바르지 못한 것이다."라고 했고, 『창힐편蒼頡篇』에서 "몰래 보는 것(內視)이다."라고 했으니, 곁눈질하는 것(傍視)이다. "세색細色"이란 아름다운 용모이다.

"태態"란 고문古文에는 "태㑷"【타他와 대代의 반절이다.】라고도 쓰는데, 태도(姿)라는 뜻으로, 사람과 상황을 대하는 자세를 가리킨다. "결結"이란 약속하는 것이다.

"사師"【소所와 기飢의 반절이다.】란 4천 명의 병사를 묶어 군軍이라 하고, 2천5백 명의 병사를 묶어 "사"라고 한다. "사"에는 열두 필의 말이 소속된다. 5백 명을 려旅라고 한다.

"강탈强奪"이란 공공연하게 겁박하여 빼앗는 것이다. "부도不道"란 좌도左道(옳지 않은 도리)로 물건을 취하는 것이다.

가난해도 재물을 얻으려는 생산적 활동을 하지 않기 때문에 "스스로 필요한 것을 얻기 위한 생산적 활동을 하지 않고"라고 했고, 밖의 것을 가져오려는 마음만을 품기 때문에 "악한 마음으로 밖의 것을 탐하여"라고 했다.

"절竊"이란 사사롭고 은밀한 것이고, "취趣"란 사람이 알지 못하는 틈을 엿보아서 다른 사람의 재물을 얻을 것을 추구하는 것이다. 이렇게 해서 얻은 물건을 들어서 본래 있었던 장소에서 이동하면 그것을 "도盜"라고 한다.

"격擊"이란 사마표司馬彪[183]가 주석에서 말하기를 "'격擊'은 움직이는 것이다."라고 했다.

"공恐"이란 공포이고, "열熱"이란 뇌열惱熱이며, 고통을 주는 도구로 몸을 핍박하는 것을 "박迫"이라 하고, 위협하여 사람을 능멸하는 것을 "협愶"이라 한다.

述云。此第三釋邪婬。有二。初釋所捨。有三。初牒釋。又有三。此初釋惡也。處者天天者性。[1] 又姝【與一反】樂也。唐者虛也。眄者【眠見反】。[2] 說文。邪視也。又下戾五戾反。[3] 說文。恨視也。睞【力代反】。說文。瞳子不正也。蒼頡篇。內視也。傍視也。細色者。好色也。態。古文。儱【他代反】意恣[4]也。謂能度人情狀也。結者期也。師【所飢反】。四千人爲軍。二千五百人爲師。師十二匹馬也。五百人爲旅也。强奪者。公然劫取。不道者。左道取物。貧無產業。故不自修業。唯外懷攝。故惡心在外。竊者私隱。趣者。伺人不覺。以求他物。擧之離本曰盜。擊者。司馬彪曰。擊動也。恐者恐怖。熱者惱熱。苦具逼身曰迫。以威凌物曰愶。

1) ㉹ '處者天天者性'은 탈문이 있는 것 같다. 2) '眠見反'은 '眄' 뒤에 놓아야 한다. 3) ㉻ '又下戾五戾反'은 착간·오식·탈문 등의 가능성이 있는 것 같다. 『一切經音義』 권76(T54, 802b24)에서 "顧眄【奚詣反。說文恨視。與係同音也。】"라고 한 것을 참조하여 풀이하였다. 4) ㉻ '恣'는 '姿'의 오자인 것 같다. 『一切經音義』 권26(T54, 473a20)에서 "姿態【下他代反。意姿也。謂能度人情貌也。古文。作儱用同也。】"라고 한 것을 참조할 것.

183 사마표司馬彪 : 243~306. 서진西晉의 사학자, 문학가. 저술로 『莊子註』·『九州春秋』·『續漢書』 등이 있다.

b. 통을 풀이함

경 "또한 다시 왕법에 의해 공포된 금지령도 두려워하지 않는다."

經曰。亦復不畏王法禁令者。

술 이것은 다음에 통을 풀이한 것이다.

述云。此次釋痛也。

c. 소를 풀이함

경 "이와 같은 악은 사람과 귀신에게 알려지고, 해와 달이 밝게 비추어 보며, 신명神明이 기록한다. 그러므로 저절로 삼악도에 태어나 한량없는 고통을 받으며, 그 속을 전전하면서 오랜 세월이 흘러도 빠져나올 기약이 없으니, 벗어나기 어렵고 말할 수 없을 정도로 고통스럽다."

經曰。如是之惡。著於人鬼。日月照見。神明記識。故有自然三塗無量苦惱。展轉其中。世世累劫。無有出期。難得解脫。痛不可言者。

술 이것은 나중에 소를 풀이한 것이다.

"저著"란 숨어서 행한 것은 귀신에게, 공개적으로 행한 것은 사람에게 모두 알려지는 것을 말한다.[184]

184 의적의 『無量壽經述義記』(H2, 346b5)에 "謂顯中作者。著於人。隱中作者。著於鬼。故俗典云。爲不善於顯明之中。人得而誅之。爲不善於幽闇之中。鬼得而誅之。"라고 한 것을 참조하였다.

述云。此後釋燒也。著者。著同幽明也。

㉡ 맺음

경 "이것을 세 번째 큰 악이고, 세 번째 통이며, 세 번째 소라고 하는데, 고통에 시달리는 것이 이와 같다."

經曰。是爲三大惡。三痛。三燒。勤苦如是者。

술 이것은 두 번째로 맺은 것이다.

述云。此第二結也。

㉢ 허물을 드러냄

경 "비유컨대 큰불이 사람의 몸을 태우는 것과 같다."

經曰。譬如大火。焚燒人身者。

술 이것은 세 번째로 허물을 드러낸 것이다.

述云。此第三顯過也。

ㄴ) 지니고 얻어야 할 것을 풀이함

경 "사람이 능히 이러한 속에서도 한마음으로 뜻을 제어하고 몸을 단정히 하며 바르게 행동하여 홀로 모든 선을 행하고 온갖 악을 행하지 않는다면 자신만이 홀로 벗어나서 그에 따르는 복덕을 얻고, 세간에서 벗어나 하늘로 올라가고 열반의 도를 얻으니, 이것을 세 번째 큰 선이라 한다."

經曰。人能於中。一心制意。端身正行。獨作諸善。不爲衆惡者。身獨度脫。獲其福德。度世上天。泥洹之道。是爲三大善也者。

술 이것은 두 번째로 지니고 얻어야 할 것을 풀이한 것이다.

述云。此第二釋所持得也。

ㄹ. 거짓말을 풀이함

ㄱ) 여의어야 할 것을 풀이함

㉠ 첩하고 풀이함

a. 악을 풀이함

경 부처님께서 말씀하셨다.

"그 네 번째 악은 다음과 같다. 세간의 인민은 선을 닦을 것을 생각하지 않고 전전하며 서로 가르치면서 함께 온갖 악을 짓는다. 이간질하고 추악한 말을 하며, 거짓말을 하고 꾸미는 말을 일삼는다. 그리하여 남을 헐뜯고 해쳐 싸움과 분란을 일으키고, 착한 사람을 미워하고 질투하는 말을 일삼으며, 현명한 사람을 무너뜨린다. 부부끼리 즐거움을 누리고, 부모에게는 효도하지 않으며, 스승과 어른을 업신여기고, 친구 사이에도 믿음이 없어서 성실을 얻기 어렵다. 자신을 높고 귀하게 여겨 위대하다고 말하고, 자신이 도道를 지니고 있다고 말하며, 멋대로 위세를 부리면서 다른 사람을 침범하고 업신여긴다. 그러면서도 자신의 행위의 문제점을 알지 못하여 악행을 하고도 부끄러움이 없다. 스스로 강건하다고 여겨 그것에 의해 다른 사람이 공경하고 어려워하는 마음을 내도록 하려고 한다. 천지신명(하늘과 땅의 모든 신)과 해와 달을 두려워하지 않고 선행을 하려고 하지 않으니 항복시키고 교화하는 것이 어렵다. 스스로를 매우 높고 크게 여기며 그러한 형세가 영원할 것이라고 말하면서 근심하고 두려워하는 것이 없이 항상 교만한 마음을 품고 지낸다."

經曰。佛言。其四惡者。世間人民。不念修善。轉相敎令。共爲衆惡。兩舌惡口。妄言綺語。讒賊鬪亂。憎嫉善人。敗壞賢明。於傍快喜。不孝二親。輕慢師長。朋友無信。難得誠實。尊貴自大。謂己有道。橫行威勢。侵易於人。不能自知。爲惡無恥。自以强健。欲人敬難。不畏天地神明日月。不肯作善。難可降化。自用偃蹇。謂可常爾。無所憂懼。常懷憍[1)]者。

1) ㉮ 강승개본에 따르면 '憍' 뒤에 '慢'이 누락되었다.

술 이것은 네 번째로 거짓말을 해석한 것이다. 여기에 두 가지가 있는데, 처음은 여의어야 할 것을 풀이한 것이다. 여기에 세 가지가 있는데, 처음은 첩하고 풀이한 것이다. 여기에 세 가지가 있는데, 이것은 처음에 악을 풀이한 것이다.

"방傍"이란 부부이다. "이易"【이移와 치致의 반절이다.】는 업신여기는 것이다. "건蹇"【거居와 면免의 반절이다.】은 『좌전左傳』[185]에서 "언건偃蹇"이라 했는데,

185 『좌전左傳』: 갖추어서 『春秋左氏傳』이라 한다. 『春秋』는 B.C. 722~481, 곧 노魯나라 십이공十二公의 242년간의 역사를 기록한 책이고, 『春秋左氏傳』은 이에 대한 삼대 주석서 중 하나로 공자와 동시대인인 노나라의 사관史官 좌구명左丘明이 찬술을 시작

(주석서에서) "교만하고 업신여기는 것(驕傲)이다."라고 했고,[186] 『광아廣雅』에서는 "(언건은) 매우 교만한 것(大嬌)이다."라고 했으니, 스스로를 높고 크게 여기는 모양을 말한다. 『석명釋名』[187]에서 "'언'은 쉬면서 누워 있는 것이니 일을 하지 않는 것이고, '건'은 절뚝거리는 것이니, 병으로 인해 일을 할 수 없는 것이다."라고 하였다. (여기에선 전자의 뜻이다.)[188]

述云。此第四釋妄語。有二。初釋所離。有三。初牒釋。有三。此初釋惡也。傍者夫婦。易神[1)]致反[2)]輕侮也。蹇【居免反】。左傳。偃蹇。驕傲也。廣雅。大嬌[3)]也。謂自高大貌也。釋名云。偃偃。[4)] 息而臥。不執事也。蹇跛蹇也。痛[5)]不能作事也。

1) ㉑ 반절법에 의거할 때 '神'은 '移'의 오자로 보인다. 2) ㉑ 편집의 일관성을 위해 '神致反'은 협주로 처리해야 한다. 3) ㉑ 『一切經音義』 권7(T54, 359c21)에 따르면 '大嬌'는 '夭撟'이다. 4) ㉑ '偃'은 잉자이다. 5) ㉑ 『一切經音義』 권7(T54, 359c21)에 따르면 '痛'은 '病'이다.

b. 통을 풀이함

경 "이와 같은 모든 악은 천신이 기록한다. 그 전생에 지은 약간의 복덕에 의지하여 (전생에 지은) 작은 선이 그를 붙들고 가까이하면서 현세의 그를 보

하여 후세에 보충한 것으로 전해진다.

186 『左傳』에서는 "偃蹇"이라고만 했고, "驕傲"는 없다. 『一切經音義』 권24(T54, 458c7)에서 "杜註。左傳云。偃蹇。憍傲也."라고 한 것을 참조할 때 두예杜預(222~284)의 『左傳註』에서 "偃蹇"을 풀이한 것이다.

187 『석명釋名』: 후한後漢 말기 유희劉熙가 지은 사전. 중국 최초로 독음에 근거해 어원을 파헤친 사전으로 한자의 최초 용례 연구에 있어서 매우 중요한 문헌이다.

188 이상 '언건'을 해석한 부분은 『一切經音義』 권7(T54, 359c21)에서 "偃蹇【居免紀偃巨偃三反。左傳。偃蹇。驕傲也。廣雅。偃蹇。夭撟也。謂自高大皃也。釋名。偃。息而臥。不執事也。蹇。跛蹇也。病不能作事。今託似此也。撟音几小反。經文從人作。】"이라고 한 것과 문장이 거의 일치한다. 후자는 본문과 무관한 해석인데 집어넣은 것은 인용문이기 때문인 것으로 생각된다.

호하고 돕기는 하지만, 현세에 악행을 행하며 복덕이 다 소멸하면, 모든 선한 신神과 귀鬼는 각각 그를 떠나 버리고 그 자신만이 홀로 쓸쓸하게 남아 돌아가 의지할 곳이 없다."

經曰。如是衆惡。天神記識。賴其前世。頗作福德。小善扶接。營護助之。今世爲惡。福德盡滅。諸善神鬼。各去離之。身獨空立。無所復依者。

술 이것은 다음에 통痛을 풀이한 것이다.

"천신"이란 호세천護世天[189]이다. 그가 행한 악한 일을 기록하여 (도리천의 주재자인) 제석천에게 아뢰어 악한 일을 적는 장부에 기록하기 때문에 "기록한다"라고 하였다.

述云。此次釋痛也。天神。即護世天。錄其作惡。奏上帝釋。記在惡籍。故云記識。

c. 소를 풀이함

경 "수명이 다하면 자신이 했던 온갖 악이 자신에게 돌아와 저절로 닥치고 (귀신이) 재촉하면서 함께 나아가 악도에 이른다. 또한 그 명적名籍이 신명神明에 기록되어 있어서 재앙이 그를 끌어당기면 그곳을 향해 나아간다. 죄의 과보가 저절로 이루어져 어떤 부분도 버리거나 여의는 일이 없다. 단지 이전에 행한 것에 의해 불가마 속으로 들어가 몸과 마음이 꺾이고 부수어지며 정신은 고통에 시달린다. 이러한 일을 당하고 나서야 후회한들 또한 무슨 소용이 있

189 호세천護世天 : 사천하四天下를 수호하는 네 천왕. 곧 사천왕四天王(동방의 持國天王, 남방의 增長天王, 서방의 廣目天王, 북방의 多聞天王)을 가리킨다.

겠는가. 천도天道와 같은 업은 (그 과보가 명백하게) 저절로 이루어져 어긋나는 일이 없다. 그러므로 저절로 삼악도에 태어나 한량없는 고통을 받으며 그 속을 전전하면서 오랜 세월이 흘러도 빠져나올 기약이 없으니, 벗어나기 어렵고 말할 수 없을 정도로 고통스럽다."

經曰。壽命終盡。諸惡所歸。自然迫促。共趣頓之。又其名籍。記在神明。殃咎牽引。當往趣向。罪報自然。無從捨離。但得前行。入於火鑊。身心摧碎。精神痛苦。當斯之時。悔復何及。天道自然。不得蹉跌。故有自然三塗無量苦惱。展轉其中。世世累劫。無有出期。難得解脫。痛不可言者。

술 이것은 나중에 소燒를 풀이한 것이다.

어떤 사람은 〈명언종자名言種子[190]는 제8 아뢰야식阿賴耶識(賴耶神)에 있는데, 이것으로 말미암아 업종자業種子가 인생引生하면 반드시 향하여 나아가는 곳이 있기 때문에 "명적名籍(명언종자)이 신명神明(아뢰야식)에 기록되어 있다."라고 한 것이다〉라고 했다. 이것은 해석자 자신이 (앞의 문장을 해석하면서) 〈호세천신護世天神이 주재자인 제석천에게 아뢰어 악한 일을 적는 장부에 기록한다.〉라고 하여 (나의 입장과 동일한 견해를 보인 것에) 어긋나기 때문에 (옳지 않다.) 지금 곧 수명이 다할 때 악업이 이끌고 귀신이 재촉하면서 끌어당겨 장차 악도에 들어가는데 그 명적에 따라 해당되는 곳에 가서 고통스러운 과보를 받는 것이다.

"돈頓"이란 이르는 것(至)이다. "종從"이란 처處(부분)이다. "득得"이란 의지하는 것(依)이다.

어떤 사람은 〈"천도天道"란 천하天下의 도道이다.〉라고 했는데, 옳지

190 명언종자名言種子 : 언어적인 분별 활동에 의해 훈습되어 이루어진 종자를 일컫는 말이다.

않은 것 같다. 고통의 과보는 반드시 천하의 도에 있는 것은 아니기 때문이다.

지금 곧 "천天"이란 업業이니, 여기에서 악업의 도道를 말하고 있기 때문이다. 『유가사지론』에서 "천리天理와 같은 업(業天)"[191]이라고 한 것도 이것과 같은 의미일 것으로 생각된다. "자연自然"이란 명백한 모습이다.

"차蹉【천千과 아阿의 반절이다.】질跌【도徒와 결結의 반절이다.】"이란, 『통속문』에서 "발을 잘못 디디는 것을 '질'이라 한다."라고 했고, 『광아』에서 "('질'은) 어긋나는 것이고(差), 또한 넘어지는 것(偃)이다."라고 했다. ("부득차질不得蹉跌"이라고 한 것은) 업보業報의 운수運數가 끝내 어그러짐이 없기 때문이니, 곧 어긋남이 없다는 뜻이다.

述云。此後釋嬈也。有說。名言種子。在賴耶神。業種引生。必有趣向。故云名籍在神明。即違自許護世天神。奏上帝釋。記在惡籍故。今即壽命盡時。惡業所引。鬼神促攝。將入惡道。逐其名籍。往受苦報。頓者至也。從者處也。得者依也。有說。天道者。即天下之道。恐非也。苦報。未必在天下故。今即天者業也。惡業之道故。瑜伽亦云。業天。蓋同此矣。自然者。明了狀。蹉【千阿反】跌【徒結反】。通俗文。失躡曰跌。廣雅。差也亦偃也。業報運數。終不參差故。即不違之義。

ⓛ 총괄적으로 맺음

191 『瑜伽師地論』 권9(T30, 318c13)에서 "보살은 대비심으로 일체의 빈궁하고 곤란하고 고통스러우며 업천에 의해 고통 받는 중생을 관찰하여 음식과 재물과 곡식을 쌓아놓은 창고를 풀어 모두 충족시켜 준다.(若諸菩薩。以大悲心。觀察一切貧窮困苦業天所惱衆生。施以飮食財穀庫藏。皆令充足。)"라고 하였고, 『瑜伽論記』 권3(T42, 360c2)에서 "'업천'이란 세상 사람들은 대부분 선·악이 천리天理(천하의 도리)로 말미암는 것이라고 하지만 실상은 업으로 말미암는 것이니, 업을 천이라고 한 것이다.(業天者。世人。多以善惡。由天理。實由業。說業名天。)"라고 하였다.

경 "이것을 네 번째 큰 악이고, 네 번째 통痛이며, 네 번째 소燒라고 하는데, 고통에 시달리는 것이 이와 같다."

經曰。是爲四大惡。四痛。四燒。勤苦如是者。

술 이것은 두 번째로 맺은 것이다.

述云。此第二結也。

ⓒ 허물을 드러냄

경 "비유컨대 큰불이 사람의 몸을 태우는 것과 같다."

經曰。譬如大火。焚燒人身者。

술 이것은 세 번째로 허물을 드러낸 것이다.

述云。此第三顯過也。

ㄴ) 지니고 얻어야 할 것을 풀이함

경 "사람이 능히 이러한 속에서도 한마음으로 뜻을 제어하고 몸을 단정히 하며 바르게 행동하여 홀로 모든 선을 행하고 온갖 악을 행하지 않는다면 자신만이 홀로 벗어나서 그에 따르는 복덕을 얻고, 세간에서 벗어나 하늘로 올라가고 열반의 도를 얻으니, 이것을 네 번째 큰 선이라 한다."

經曰。人能於中。一心制意。端身正行。獨作諸善。不爲衆惡者。身獨度脫。獲其福德。度世上天泥洹之道。是爲[1]大善也者。

1) ㉾ 강승개본에 따르면 '爲' 뒤에 '四'가 누락되었다.

술 이것은 두 번째로 지니고 얻어야 할 것을 풀이한 것이다.

述云。此第二釋所持得也。

ㅁ. 음주를 풀이함

ㄱ) 여의어야 할 것을 풀이함

㉠ 첩하고 풀이함

a. 악을 풀이함

a) 악을 지음

경 부처님께서 말씀하셨다.

"그 다섯 번째 악은 다음과 같다. 세간의 인민은 배회하면서 게으름을 피우고 선을 짓고 몸을 다스리며 업을 닦으려고 하지 않는다. 가족과 권속은 굶주림과 추위로 괴로워하고, 부모님이 가르치면 눈을 부릅뜨고 분노하고 말대꾸하여 불화不和에 빠지게 한다. 말씀하신 명령은 따르지 않고 어긋나고 반역하기를 마치 원수를 대하는 것처럼 하니 자식이 없는 것만 같지 못하다. 취하는 것과 베푸는 것에 절도가 없으니 많은 사람이 함께 근심거리로 여기고 싫어한다. 은혜를 등지고 의리를 어기며 보상하려는 마음은 있지도 않으니,

빈궁하여 고달픈 신세로 전락해도 다시는 남의 도움을 받을 수 없다. 공공연하게 죄를 지어 멋대로 남의 것을 빼앗고 방자하게 돌아다니며 습관적으로 자주 멋대로 취득하여 자신에게 베풀고 공급한다. 술에 탐닉하고 미색에 빠지며 먹는 것과 마시는 것에 절도가 없다."

經曰。佛言。其五惡者。世間人民。徙倚懈惰。不肯作善。治身修業。家室眷屬。飢寒困苦。父母教誨。瞋目怒譍。言令不和。違戾反逆。譬如怨家。不如無子。取與無節。衆共患厭。負恩違義。無有報償之心。貧窮困乏。不能復得。辜較縱奪。放恣遊散。串數唐得。用自振給。耽酒嗜美。飮食無度者。

술 이것은 다섯 번째로 음주를 풀이한 것이다. 여기에 두 가지가 있는데, 처음은 여의어야 할 것을 풀이한 것이다. 여기에 세 가지가 있는데, 처음은 첩하고 풀이한 것이다. 여기에 두 가지가 있는데, 이것은 처음에 악을 짓는 것이다.

"사의徙倚"란 배회徘徊와 같은 말이고, 또한 머물 곳을 잃은 모습을 가리키기도 하는데, 처음의 해석을 따라야 한다. "의倚"는 그 음이 의依이다.

"고辜"【고古와 호胡의 반절이다.】는 『이아爾雅』에서 "죄罪이다."라고 하였다. "교較"【구苟와 학學의 반절이다.】란 거칠고 간략한 것(粗略)이다. 『광아廣雅』에서는 "밝은 것(明)이고, 나타나는 것(見)이다."라고 했으니, 환하게 드러나 쉽게 볼 수 있는 것을 말한다.

위 법사는 〈"고辜"란 죄이고, "교較"란 어떤 간격이 없이 바로 나오는 것(直)이며, "탈奪"이란 도둑질하는 것이다. 어떤 간격도 없이 죄를 지어 바로 돌연히 다른 사람의 재물을 훔치고 이것을 즐거워하는 것을 말한다.〉라고 했는데, "교"를 어떤 간격이 없이 바로 나오는 것(直)이라고 한 해석은 어느 곳에서 나오는지 알 수 없다.

"산散"이란 돌아다니는 것(行)이다. "진振"이란 은혜를 베푸는 것(惠)이다. 풍부한 사람의 것을 덜어서 빈곤한 사람에게 보충해 주는 것이니, 진賑(구휼하다)도 또한 같은 의미이다. 관慣(익숙한 것)은 "관串"과 같다.

述云。此第五釋飮酒。有二。初釋所離。有三。初牒釋。有三。此初釋惡。有二。此初造惡也。徙倚者。猶徘徊也。又失所之狀。宜從初也。倚依音。辜【古胡反】。爾雅。罪也。較。苞[1]學反。[2] 粗略也。廣雅。明也。見也。謂較然易見也。位法師云。辜者罪也。較者直也。奪者盜也。貞罪直突。[3] 盜人財物。以爲快意。未知。較直。出於何處。散者行也。振者惠也。損富補貧。賑亦同。慣串同也。

---

1) ㉥ '苞'는 '苟'인 것 같다. 2) ㉧ 편집의 일관성이라는 측면에서 '苞學反'은 협주로 처리해야 한다. 3) ㉥ '貞罪直突'은 다시 교감할 것.('貞'은 '負'인 것 같다.) ㉧ 괄호의 문장은 속장경에는 없다. 『韓佛全』 편찬자의 주석인 것 같다. 따라서 뒤에 (㉤)을 넣어야 한다.

b) 악의 허물을 밝힘

경 "마음을 멋대로 풀어헤쳐 방탕하고 방일하게 살아가며, 아둔하면서 제멋대로 행동하며, 남을 밀어뜨리고 업신여긴다. 인정人情을 알지 못하고 강제로 억눌러 제압하고자 한다. 어떤 사람이 착한 일을 하는 것을 보면 이것을 미워하고 질투하며 싫어한다. 의리도 없고 예의도 없으며, 자신의 행위를 돌아보고 새겨보는 일은 하지 않는다. 자신이 한 행위를 알고 있지만 충고하여 깨닫게 할 수는 없다. 육친과 권속이 생활해 나가는 데 필요한 물자가 있는지, 없는지는 걱정하지 않는다. 부모님의 은혜도 생각하지 않고 스승과 벗과의 의리도 염두에 두지 않는다. 마음은 항상 악한 것만 생각하고, 입으로는 항상 추악한 말을 내뱉으며, 몸은 항상 악을 행하니, 일찍이 어떤 선도 행한 적이 없다. 옛 성인과 모든 부처님께서 설하신 경법經法을 믿지 않고, 도道를 실천하여 세간을 넘어 열반의 피안에 도달할 수 있다는 것을 믿지 않으며, 죽은 뒤에 신명神明이 다시 태어난다는 것을 믿지 않고, 선을 행하면 선한 과보를 얻고 악을 행하면 악한 과보를 얻는다는 것을 믿지 않는다. 진인眞人(아라한)을 살해하고 중승衆僧을 교란시키려고 하며, 부모와 형제와 권속을 해치려고 하니, 육친이 증오하면서 그가 죽는 것을 바란다."

經曰。肆心蕩逸。魯扈抵突。不識人情。强欲抑制。見人有善。憎嫉惡之。無義無禮。無所顧錄。自用職[1)]當。不可諫曉。六親眷屬。所資有無。不能憂念。不惟父母之恩。不存師友之義。心常念惡。口常言惡。身常行惡。曾無一善。不信先聖諸佛經法。不信行道可得度世。不信死後神明更生。不信作善得善爲惡得惡。欲殺眞人。鬪亂衆僧。欲害父母。兄弟眷屬。六親憎惡。願令其死者。

1) 역『大正藏』미주에【宋】·【元】·【明】에 따르면 '識'이라고 하였다고 했다. 경흥의 주석에 의거하면 '識'이다.

술 이것은 나중에 악의 허물을 밝힌 것이다.

"사肆"란 펼치는 것(申)이다.

어떤 사람은 〈"노호魯扈"란 강직하게 자신의 할 일을 실행하는 의지이고, "저돌抵突"이란 부딪쳐 엇나가며 거부하고 침범하여 업신여기는 마음이다.〉라고 했는데, 어떤 것을 근거로 했는지 알 수 없다.

"로魯"【력力과 고古의 반절이다.】란 공안국孔安國[192]이 『논어論語』 주석서에서 말하기를 "둔한 것(鈍)이다."라고 했다. "호扈"【호胡와 고古의 반절이다.】는 『한서음의漢書音義』[193]에서 "자기 마음대로 날뛰는 것(跋扈)이다."라고 했으니,

192 공안국孔安國 : 공자의 12대손으로 전한前漢 무제武帝 때의 학자이다. 저술로 『古文孝經傳』·『論語訓解』 등이 있다.

193 『한서음의漢書音義』 : 『漢書』에 대한 주석서. 이 명칭으로 전하는 저서는 매우 많다. 『一切經音義』에서 인용하고 있는 저자로는 위소韋昭·소해蕭該·응소應劭 등이 있다.

자기 멋대로 행동하는 것을 말한다. 설종薛綜[194]은 "용감하고 씩씩한 모양이다.(勇健貌)"라고 했다. 또한 노호虜扈라고도 하는데 멋대로 이치에 거슬리게 행동하는 것을 말한다. '로虜'는 사람을 획득하는 것이니, 전투하여 포로로 만들어서 얻는 것이다.

"육친六親"이란, 어떤 사람은 〈아버지의 친척에 세 부류가 있고 어머니의 친척에 세 부류가 있으니 합해서 육친이 있는 것이다.〉라고 했다. 혹은 세속의 언어 용법을 인용하여 설명하기도 하는데 확정하기는 어려운 면이 있다.

응소應劭[195]는 "아버지·어머니·손위 형제·손아래 형제·아내·자식 등이다."[196]라고 했고, 왕필王弼[197]은 "아버지·어머니·손위 형제·손아래 형제·남편·아내 등이다."[198]라고 했는데, 모두 지송持頌할 때 "아버지의 육친과 어머니의 육친"[199]이라고 하는 것에 위배된다.[200]

"식당識當"이란 아는 것(認)이다. 어떤 판본에서는 "직당職當"이라고 하였고, 그 뜻은 전하는 바에 따르면 감행하는 것(敢)을 말하는데, 진실로 이것은 잘못된 것 같다.

---

194 설종薛綜 : 중국 삼국시대 오吳나라의 관료, 학자. 자는 숙사叔師. 저술로 『楚辭章句』가 있다.

195 응소應劭 : 중국 후한後漢 말기의 관료, 학자. 자는 중원仲遠. 저술로 『漢官儀』·『禮儀故事』·『風俗通』·『中漢集序』·『漢書注』 등이 있다.

196 응소의 『漢書注』에 나오는 글이다.

197 왕필王弼 : 226~249. 중국 위魏나라 때의 학자. 자는 보사輔嗣. 하안何晏과 함께 위진현학魏晉玄學의 시조로 일컬어진다. 저술로 『老子』·『周易』에 대한 주석이 있다.

198 왕필의 『老子道德經注』에 나오는 글이다.

199 『慈悲道場懺法』 권5(T45, 943b25)·『往生禮讚偈』(T47, 447a29) 등에서 "父母六親"이라고 한 것을 가리키는 것 같다.

200 『大乘本生心地觀經淺註』 권3(X20, 960a23)에 따르면 육친에 세 종류가 있다. 첫째, 자신을 중심으로 했을 때의 육친이니, 곧 아버지·어머니·손위 남자 형제·손아래 남자 형제·손위 여자 형제·손아래 여자 형제 등이다. 둘째, 아버지와 관련된 육친이니, 곧 큰아버지·작은아버지·손위 형제·손아래 형제·자식(子)·손자(孫) 등이다. 셋째, 어머니와 관련된 육친이니, 곧 고모·이모·손위 형제·손아래 형제·자식·손자 등이다.

述云。此後惡過也。肆者申也。有說。魯扈。是强直自用之志。抵突。是觸誤侵陵之懷。未知從何。魯【力古反】。孔安國云。鈍也。方言何也。[1] 扈【胡古反】。漢書音義曰。跋扈。自縱恣也。薛綜曰。勇健貌。又作虜扈。謂縱橫行也。虜人獲也。戰而俘獲也。六親者。有說。父親有三。母親有三。合有六親。或有引世語以申。難定。應劭云。父母兄弟妻子。王弼云。父母兄弟夫婦。皆達持頌云。父之六親。母之六親。識當者。認也。有作職當。傳謂敢也。良恐訛之。

1) ㉯ '方言何也'는 지금 생각건대, 『方言』에서 "'曾'은 '何'이다." 등이라고 했으니, '魯' 字를 풀이한 것이 아닌 것 같다. 다시 상고해 볼 것.

b. 통을 풀이함

경 "이와 같이 세간 사람들은 마음과 뜻이 모두 그러하다. 어리석고 몽매하면서 스스로 지혜롭다고 여긴다. 태어나도 좇아서 온 곳을 알지 못하고, 죽어도 향하여 가는 곳을 알지 못한다. 어질지 않고 수순하지 않으며, 천지의 도리에 어긋나는 악한 행위를 일삼는다. 그렇게 살면서도 요행을 바라면서 오래 살 것을 추구하지만 결국에는 죽음으로 돌아간다. 자애로운 마음으로 가르쳐서 선을 생각하도록 하고, 선취善趣와 악취惡趣를 생사윤회함이 자신이 지은 업에 의해 저절로 인과응보의 관계 속에 얽혀 있는 것을 열어서 보여주어도 이것을 믿으려 하지 않는다. 애써서 말을 해 주어도 그에게는 아무런 보탬도 되지 않는다. 마음은 닫히고 막혔으며, 뜻은 열리고 이해함이 없다."

經曰。如是世人。心意俱然。愚癡曚昧。而自以智慧。不知生所從來。死所趣向。不仁不順。惡逆天地。而於其中。悕望僥倖。欲求長生。會當歸死。慈心敎誨。令其念善。開示生死善惡之趣。自然有是。而不肯信之。苦心與語。無益其人。心中閉塞。意不開解者。

술 이것은 다음에 통을 풀이한 것이다.

"요僥"【오五와 조彫 그리고 고古와 요遶 두 가지의 반절이다.】는 만나기를 구하는 것(徼遇)이니, 친근하게 만날 것을 추구하는 것이고, "행倖"【호胡와 경耿의 반절이다.】은 얻을 수 있는 것이 아닌데 얻는 것이다.

述云。此次釋痛也。僥【五彫古遶二反】徼遇也。謂求親遇也。倖【胡耿反】非其所得而謂[1]得也。

1) 역 '謂'는 잉자인 것 같다.

c. 소를 풀이함

경 "존귀한 목숨이 다하려고 할 때 (죄를 지은 것에 대한) 후회와 (사후의 과보에 대한) 두려움이 교차한다. 일찍이 선을 닦는 일을 하지 않고 마지막에 이르러서야 비로소 후회하니, 뒤늦게 후회한들 무슨 소용이 있겠는가. 천지의 사이에 오도五道가 분명하게 존재하니, 광대하고 심원하며 거대하며 아득하다. 선행과 악행에 따라 과보가 상응하니, 재앙과 복이 상응하여 있는다. 자신이 스스로 이것을 감당해야 하고 누구도 대신할 사람은 없으니, 이것은 이치에 의해 저절로 그렇게 되는 것이다. 자신이 행한 것에 상응하여 재앙이 그 명命을 따르는데 벗어나거나 버릴 수 없다. 선인善人은 선을 행하여 즐거운 곳에서 즐거운 곳으로 들어가고, 지혜로운 사람에서 지혜로운 사람으로 들어간다. 악인惡人은 악을 행하여 고통스러운 곳에서 고통스러운 곳으로 들어가고, 어리석은 사람에서 어리석은 사람으로 들어간다. 이러한 이치를 누가 능히 알 수 있는가. 오직 부처님만 알 뿐이다. 가르침을 설하여 열어 보여도 믿고 행하는 사람은 적다. 생사윤회는 그칠 날이 없고 악도는 끊어질 날이 없다. 이와 같이 살아가는 세상 사람의 행태는 모두 다 진술하는 것이 어려울 정도이다. 그러므로 저절로 삼악도에 태어나 한량없는 고통을 받으며 그 속을 전전하면서 오랜 세월이 흘러도 빠져나올 기약이 없으니, 벗어나기 어렵고 말할 수 없을 정도로 고통스럽다.”

經曰。大命將終。悔懼交至。不豫修善。臨窮方悔。悔之於後。將何及乎。天地之間。五道分明。恢廓窈窕。浩浩茫茫。善惡報應。禍福相承。身自當之。無誰代者。數之自然。應其所行。殃咎追命。無得縱捨。善人行善。從樂入樂。從明入明。惡人行惡。從苦入苦。從冥入冥。誰能知者。獨佛知耳。教語開示。信用者少。生死不休。惡道不絕。如是世人。難可具盡。故有自然三塗無量苦惱。展轉其中。世世累劫。無有出期。難得解脫。痛不可言者。

술 이것은 나중에 소燒를 풀이한 것이다.

“명命”이란 천天·지地·수壽(수명) 등 삼대三大 중의 하나이기 때문에 “대大”라고 했다. “요조窈窕”란 심원한 모양이고, “호호浩浩”란 물이 크고 넓게 흐르는 모양이며, “망망茫茫”이란 아득하고 가물가물한 모양이다. “수數”란 이치로서의 수數이다.

述云。此後釋燒也。命是天地壽三大中之一。故云大。窈窕者。幽冥貌。浩浩者。大水貌。茫茫者。冥昧貌。數者。理數。

㉡ 맺음

경 “이것을 다섯 번째 큰 악이고, 다섯 번째 통이며, 다섯 번째 소라고 하는데, 고통에 시달리는 것이 이와 같다.”

經曰。是爲五大惡。五痛。五燒。勤苦如是者。

술 이것은 두 번째로 맺은 것이다.

述云。此第二結也。

ⓒ 허물을 드러냄

경 "비유컨대 큰불이 사람의 몸을 태우는 것과 같다."

經曰。譬如大火。焚燒人身。

술 이것은 세 번째로 허물을 드러낸 것이다.

述云。此第三顯過也。

ㄴ) 지니고 얻어야 할 것을 풀이함

경 "사람이 능히 이러한 속에서도 한마음으로 뜻을 제어하고, 몸을 단정히 하고 생각을 바르게 하며, 말과 행동이 서로 일치하고, 짓는 것에 있어서 지극히 정성스러우며, 말하는 것에 있어서 진실 그대로 말하고, 마음과 말이 구르지 않게 하여,[201] 홀로 모든 선을 행하고 온갖 악을 행하지 않는다면, 자

201 작자 미상의 돈황본『無量壽經義記』권하(T85, 247c8)에서 "'사람이 능히 이러한 속에서도 한마음으로 뜻을 제어하고'란 십선十善을 닦아 뜻에 있어서 탐·진·치를 제어하는 것이며, '몸을 단정히 하고 생각을 바르게 하며'란 몸으로 살생·도둑질·음란한 행위를 하지 않는 것이며, '말과 행동이 서로 일치하고'란 불망어不妄語를 행하는 것이고, '짓는 것에 있어서 지극히 정성스러우며'란 불기어不綺語를 행하는 것이며, '말하는 것에 있어서 진실 그대로 말하고'란 불양설不兩舌을 행하는 것이고, '마음과 생각이 구르지 않게 하여'란 불악구不惡口를 행하는 것이다."라고 했다.

신만이 홀로 벗어나서 그에 따르는 복덕을 얻고, 세간에서 벗어나 하늘로 올라가고 열반의 도를 얻으니, 이것을 다섯 번째 큰 선이라 한다."

經曰。人能於中。一心制意。端身正念。言行相副。所作至誠。所語如語。心口不轉。獨作諸善。不爲衆惡者。身獨度脫。獲其福德。度世上天泥洹之道。是爲[1]大善也者。

1) ㉮ 강승개본에 따르면 '爲' 뒤에 '五'가 누락되었다.

술 이것은 두 번째로 지니고 얻어야 할 것을 풀이한 것이다.
"부副"란 돕는 것(助)이고, 칭합稱合하는 것이다.

述云。此第二釋所持得也。副者助也稱也。

다) 총괄적으로 풀이함

㉮ 여의어야 할 것을 총괄적으로 풀이함

ㄱ. 총괄적으로 나타냄

경 부처님께서 미륵에게 말씀하셨다.
"나는 너희들에게 말했다. 이 세상에서 짓는 다섯 가지 악에 의해 고통을 받는 것이 이와 같다. 다섯 가지 통과 다섯 가지 소가 전전하면서 서로 생겨난다."

經曰。佛告彌勒。吾語汝等。是世五惡。勤苦若此。五痛五燒。展轉相生者。

술 세 번째로 총괄적으로 풀이한 것이다. 여기에 두 가지가 있으니, 처음은 여의어야 할 것을 총괄적으로 풀이했고, 나중은 얻어야 할 것을 총괄적으로 풀이했다. 처음에 또한 두 가지가 있는데, 이것은 처음에 총괄적으로 나타낸 것이다.

述云。第三總釋。有二。初總釋所離。後總釋所得。初又有二。此初總標也。

ㄴ. 개별적으로 풀이함

ㄱ) 악으로부터 통과 소가 생겨남

경 "단지 온갖 악을 짓고 선의 근본은 닦지 않으니, 모두 저절로 온갖 악취에 들어간다. 혹은 현재 세상에서 먼저 자신이 지은 업에 대한 벌로서 병에 걸려 죽으려고 해도 죽을 수 없고 살려고 해도 살 수 없는 지경에 처한다. 이렇게 해서 죄악이 초래하는 결과를 대중에게 보이고 이것을 뚜렷이 보도록 한다."

經曰。但作衆惡。不修善本。皆悉自然。入諸惡趣。或其今世。先被殃病。求死不得。求生不得。罪惡所招。示衆見之者。

술 이것은 나중에 개별적으로 풀이한 것이다. 여기에 두 가지가 있는데, 이것은 처음에 악으로부터 통과 소가 생겨나는 것을 밝힌 것이다.

"온갖 악을 짓고"란 곧 다섯 가지 악이고, "악취에 들어간다."란 곧 다섯 가지 소이며, "자신이 지은 업에 대한 벌로서 병에 걸려"란 곧 다섯 가지 통이다.

述云。此後別釋。有二。此初從惡生痛燒也。作衆惡者即五惡。入惡趣者即五燒。被殃病者即五痛。

ㄴ) 소로부터 악과 통이 생겨남

㉠ 다섯 가지 소

경 "몸이 죽으면 자신이 행한 것에 따라서 삼악도에 들어가 지독한 고통에 한량없이 시달리며 그 몸이 불태워진다."

經曰。身死隨行。入三惡道。苦毒無量。自相燋然者。

술 이것은 나중에 소에 의해 악과 통이 생겨나는 것을 밝힌 것이다. 여기에 세 가지가 있는데, 이것은 처음에 다섯 가지 소를 밝힌 것이다.

"행行"이란 업業이다.

述云。此後從燒生惡痛。有三。此初五燒也。行者業也。

㉡ 소로부터 악이 생겨남

경 "그 후 오랜 시간이 흘러서 (세상에 태어나면) 함께 원한이 맺힌 마음을 지으니 작고 미미한 것에서 일어나 마침내 큰 악을 이루고,[202] 모두 재물과 색色(女色)에 탐욕스럽게 집착함으로 말미암아 은혜를 베풀지 못하며,[203] 어

202 혜원의 『無量壽經義疏』 권하(T37, 114c18)에 따르면 살생악殺生惡을 설명한 것이다.
203 혜원의 『無量壽經義疏』 권하(T37, 114c19)에 따르면 겁도악劫盜惡을 설명한 것이다.

리석음과 욕망에 의해 다그침을 받아 마음에서 일어나는 대로 생각하고,[204] 번뇌의 결박에서 벗어나지 못하고 자신을 돈독히 하고 이익을 얻기 위해 싸우면서 자신의 행위를 살피고 기록하는 일이 없으며,[205] 부귀와 영화가 때맞추어 찾아오면 즐거운 마음으로 누리면서 인욕忍辱을 행하지 못하고 선을 닦는 것에도 힘쓰지 않는데 위세가 거의 없어지면서 이것도 따라서 닳아서 없어진다."[206]

經曰。至其久後。共作怨結。從小微起。遂成大惡。皆由貪著財色。不能施惠。癡欲所迫。隨心思想。煩惱結縛。無有解已。厚己諍利。無所省錄。富貴榮華。當時快意。不能忍辱。不務修善。威勢無幾。隨以磨滅者。

술 이것은 다음에 소로부터 악이 생겨나는 것이다.
"성省"이란 살피는 것이다.

述云。此次從燒生惡也。省者察也。

㉢ 악으로부터 통이 생겨남

경 "몸은 이것으로 말미암아 고통에 시달리는데 오랫동안 쉬지 않고 이어져 나중에는 더욱 크게 고통을 받는다. 천도天道가 펼쳐지면서 저절로 (지은 업의 과보가) 지은 대로 드러나며 법의 그물이 드리워지는데, 높은 사람이나 하천한 사람이나 모두 그 업에 상응하는 (과보를 받는다.) 그때 중생은 외롭고 바쁘게 과보로서의 세계로 들어간다. 옛날이나 지금이나 언제나 이러한 일

204 혜원의『無量壽經義疏』권하(T37, 114c20)에 따르면 사음악邪婬惡을 설명한 것이다.
205 혜원의『無量壽經義疏』권하(T37, 114c20)에 따르면 망어악妄語惡을 설명한 것이다.
206 혜원의『無量壽經義疏』권하(T37, 114c21)에 따르면 음주악飮酒惡을 설명한 것이다.

이 반복되어 왔으니, 애통하구나. 마음 아파할 만한 일이다."

經曰。身坐勞苦。久後大劇。天道施張。自然糺擧。綱紀羅網。上下相應。煢煢忪忪。當入其中。古今有是。痛哉。可傷者。

술 이것은 나중에 악으로부터 통이 생겨나는 것을 밝힌 것이다. "좌坐"란 또한 말미암는 것(由)이고, 받는 것(受)이다. 고통이 증가하여 그치지 않기 때문에 "오랫동안 쉬지 않고 이어져 (나중에는) 더욱 크게 고통을 받는다."라고 했다.

업과 그에 상응하는 과보의 이치는 다시 별도로 짓는 이가 없기 때문에 "천도가 펼쳐지면서"라고 했고, 악을 지으면 반드시 드러나기 때문에 "저절로 (지은 업의 과보가) 지은 대로 드러나며"라고 하였다.

"규糺"는 또한 규糾【당唐과 유由의 반절이다.】라고도 하고, 『결의決疑』에서 "세 가닥을 합쳐서 만든 줄이다."라고 했는데, 여기에서 말하는 것은 이런 뜻이 아니다. 지금은 그대로 따르는 것(約), 지은 것에 한정되는 것(限)이라는 뜻이다. "규糺"란 고체古體이다. 몸에 법망法網이 닥쳐오기 때문에 "법의 그물이 드리워지는데"라고 했다.

귀한 사람이나 천한 사람이나 법을 좇지 않음이 없기 때문에 "높은 사람이나 하천한 사람이나 모두 그 업에 상응하는 과보를 받는다."라고 했다. 죄라는 것은 그것을 지은 사람 자신에게 돌아가는 것이어서 어떤 사람도 짝하여 배웅할 수 없기 때문에 "외롭고(煢)"라고 했다. "종종忪忪"이란 바쁜 것(悤)이다. "경煢"은 고문古文에서는 경傑·경惸 등과 같이 쓰이고, 그 음은 거巨와 영營의 반절이며, 뜻은 고독한 것(獨)이고, 외로운 것(單)이다.

述云。此後從惡生痛也。坐。亦由也。受也。苦增不止。故云久大劇。業果之理。更無作者。故云天道施張。造惡必彰。故自糺擧。糺亦糾【唐由反】。決疑云。三合繩也。非此中意。今約也限也。紀是古體也。身當法網。故云綱紀羅網。貴賤勿不從法。故上下相應。罪者歸之。無人伴送。故云煢。忪忪者。怱也。煢。古文。傑愣[1]同。臣[2]營反。獨也單也。

1) 역 『一切經音義』(T54, 431b17)에 따르면 '愣'는 '惸'인 것 같다. 2) 원 '臣'은 '巨'인 것 같다.

㉯ 지녀야 할 것을 풀이함

ㄱ. 자신의 슬픔을 드러냄

경 부처님께서 미륵에게 말씀하셨다.
"세간의 실상이 이와 같으니 부처님께서는 모두 이것을 슬퍼하신다."

經曰。佛語彌勒。世間如是。佛皆哀之者。

술 두 번째로 지녀야 할 것을 풀이한 것이다. 여기에 두 가지가 있는데, 이것은 처음에 맺으면서 자신의 슬픔을 나타낸 것이다.

述云。第二釋所持。有二。此初結彰己悲也。

ㄴ. 바로 교화의 이익을 펼침

경 "위신력으로 온갖 악을 꺾어서 소멸시키고 모두 선에 나아가게 하며, 번잡한 생각을 버리고 경계經戒를 받들어 지니며 도법道法을 받아서 행하게 하여 어긋나고 잃어버리는 일이 없게 함으로써, 끝내 세간에서 벗어나 열반의 도를 얻게 한다."

經曰。以威神力。摧滅衆惡。悉令就善。棄捐所思。奉持經戒。受行道法。無所違失。終得度世涅槃[1]之道者。

1) ㉮ 강승개본에 따르면 '涅槃'은 '泥洹'이다.

술 이것은 나중에 바로 교화의 이익을 펼친 것이다.

"악을 (꺾어서) 소멸시키고 (모두) 선에 나아가게 하며"라고 한 것은 세간의 선을 닦게 하는 것이고, "번잡한 생각을 버리고 (경계를 받들어 지니며) 도법을 받아서 행하게 하여"라고 한 것은 출세간의 선을 닦게 하는 것이다.

述云。此後正申化益也。滅惡就善者。令修世善。棄思受道者。修出世善。

④ 사람들에게 닦고 버릴 것을 권함

가. 부처님께서 닦고 버릴 것을 권함

가) 이치로써 바로 권함

㉮ 바로 닦고 버릴 것을 권함

경 부처님께서 말씀하셨다.

"너희 지금 이 세상에 사는 모든 하늘과 인민과 후세의 인간들은 부처님의 경어經語를 얻으면 이것을 곰곰이 생각하고, 그렇게 하는 가운데 마음을 바로잡고 행동을 바르게 해야 한다. 임금은 선을 행하여 그 백성을 이끌고 교화하며, 이렇게 전전하면서 서로 명령을 전하여 각각 스스로 삿된 것을 바로잡고 바른 것을 지켜야 한다. 성인을 존중하고 착한 사람을 공경하며 어질고 자애로우며 널리 사랑을 베풀어야 한다. 부처님의 가르침을 감히 이지러뜨리거나 등져서는 안 된다. 세간에서 벗어날 것을 추구해야 하고, 생사윤회와 온갖 악의 근본이 되는 것을 뽑아서 끊고 삼악도라는 한량없는 근심과 두려움과 고통의 도를 여의어야 한다."

經曰。佛言。汝今諸天人民及後世人。得佛經語。當熟思之。能於其中。端心正行。主上爲善。率化其下。轉相勅令。各自端守。尊聖敬善。仁慈博愛。佛語敎誨。無敢虧負。當求度世。拔斷生死衆惡之本。當離三塗無量憂畏苦痛之道者。

술 네 번째로 사람들에게 닦고 버릴 것을 권한 것이다. 여기에 두 가지가 있으니, 처음은 부처님께서 닦고 버릴 것을 권한 것이고, 나중은 미륵이 깨달은 것이다. 처음에 또한 세 가지가 있으니, 처음은 이치로써 바로 권한 것이고, 다음은 현재 교화하시는 모습을 들어서 권한 것이며, 나중은 (부처님께서 열반에 드신 후) 교화도 소멸하는 것을 들어서 권한 것이다. 처음에 또한 두 가지가 있는데, 이것은 처음에 바로 닦고 버릴 것을 권한 것이다.

"단수端守"란 삿된 것을 바로잡고 바른 것을 지키기 때문이다.

述云。第四勸人脩捨。有二。初佛勸脩捨。後彌勒領解。初又有三。初以理正勸。次擧現化勸。後以化滅勸。初又有二。此初正勸脩棄也。端守者。匡邪守正故。

④ 비교 대상을 설정하여 찬탄함으로써 닦게 함

ㄱ. 미타의 정토를 비교 대상으로 삼아 뛰어남을 찬탄함으로써 닦게 함

경 "너희들은 이에 널리 덕의 근본을 심어야 한다. 은혜를 베풀고 불도에서 금하는 것을 범하지 말며, 욕됨을 참고 정진하며, 마음을 전일하게 하고 지혜를 개발하며,[207] 이렇게 전전하면서 서로 교화하여 덕을 짓고 선을 세워야 한다.[208] 마음을 바르게 하고 뜻을 바르게 하며, 재계齋戒하여 몸과 마음을 청정히 해야 한다.[209] 이렇게 하루 낮과 하루 밤 동안 행위하는 것은 무량수국에서 백 년 동안 선을 행하는 것보다 뛰어나다. 그 이유는 무엇인가. 그 부처님의 국토는 의도적으로 조작하지 않아도 저절로 모두 온갖 선을 쌓게 되며 털끝만큼의 악도 없기 때문이다."

經曰。汝等。於是。廣植德本。布恩施惠。勿犯道禁。忍辱精進。一心智慧。轉相教化。為德立善。正心正意。齋戒清淨。一日一夜。勝在無量壽國為善百歲。所以者何。彼佛國土。無為自然。皆積衆善。無髮毛[1)]之惡者。

1) 역 강승개본에 따르면 '髮毛'는 '毛髮'이다.

술 이것은 나중에 비교 대상을 설정하여 찬탄함으로써 닦게 한 것이다. 여기에 두 가지가 있는데, 이것은 처음에 미타의 정토를 비교 대상으로 삼아 뛰어남을 찬탄하여 닦게 한 것이다.

"보시 등의 여섯 가지 바라밀(六度)을 닦는 것"[210]은 곧 자리행自利行이

207 경흥과 혜원의 주석에 의거하여 육바라밀과 상응하는 형태로 풀이하였다. 뒤의 주석을 참조할 것.

208 경흥의 주석에 따르면 여기까지는 선을 행하는 것이어서 동일한 범주로 묶인다.

209 경흥의 주석에 따르면 이 부분은 선에 머무는 것이다.

210 혜원은『無量壽經義疏』권하(T37, 115a17)에서 "개별적으로 든 것 가운데 처음은 육바라밀을 들었으니 이것은 자리행이다. '은혜를 베푸는 것'은 단도檀度(보시바라밀)이고, '(불도에서 금하는 것을) 범하지 않는 것'은 계도戒度이며, '욕됨을 참는 것'은 인도忍度이고 '정진하는 것'은 진도進度이며, '마음을 전일하게 하는 것'은 선도禪度이고, '지혜'는 지도智度이다.(別中。初擧六波羅蜜。是自利行。布恩檀度。勿犯戒度。忍辱忍度。精進進度。一心禪度。智慧慧度。)"라고 하여 해당 문장을 육바라밀에 배대하였다. 경흥은 이러한 세부적인 해석은 생략했지만 이 문장은 그가 혜원과 동일한 입장에 있음을

고, "전전하면서 서로 교화하여 (덕을 짓고) 선을 세우는 것"은 곧 이타행 利他行이니, 선을 행하는 것은 바로 이것을 말한다. "마음을 바르게 하고 (뜻을 바르게 하며) 재계하는 것"은 곧 선에 머무는 것이다.

이러한 수행은 이루기 어렵기 때문에 하루만 행하더라도 서방국토에서 백 년 동안 선을 행한 것보다 뛰어난 것이다. 그런데『칭찬정토불섭수경』에서 "그 국토에 태어나면 빨리 위없는 보리를 증득한다."[211] 라고 한 것은, 그곳에서는 닦지 않는 때가 없기 때문이고, 이곳에서는 선을 닦는 때가 적기 때문이니, 서로 어긋나지 않는다.

述云。此後對歎令脩。有二。此初對彌陀土歎勝令修也。施等六度。即自利得。[1)] 轉化立善。即利他行。行善。是也。正心齋戒。即止善也。此修難成故。於一日。勝西方國百年之善。而稱讚云。生彼國。疾得無上菩提者。彼無時不修故。此修善時少故。不相違也。

1) ㉮ '得'은 '行'인 것 같다.

ㄴ. 다른 불국토를 비교 대상으로 삼아 뛰어남을 찬탄함으로써 닦게 함

경 "여기에서 열흘 낮과 열흘 밤 동안 선을 닦는 것은, 다른 세계의 여러 부처님의 국토에서 천년 동안 선을 행하는 것보다 뛰어나다. 그 이유는 무엇인가. 다른 세계의 부처님의 국토는 선을 행하는 이가 많고 악을 행하는 이는 적으며, 복덕이 저절로 이루어져 악을 지을 만한 상황이 일어나지 않지만, 오직 이 세상에는 악을 짓는 일이 많고 복덕이 저절로 이루어지는 일이 없으며, 고통스럽게 욕망을 추구하고 전전하면서 서로 속이며, 마음은 수고롭게 움직

보여주는 것이다.

211 『稱讚淨土佛攝受經』(T12, 349c29)의 취의 요약이다.

이고 몸은 고달프게 돌아다니며 고통(의 물)을 마시고 (탐욕·분노·어리석음이라는 세 가지) 독을 먹으니, 이와 같은 일에 바삐 힘쓰면서 일찍이 편안하게 쉬는 때가 없기 때문이다."

經曰。於此。修善十日十夜。勝於他方諸佛國土爲善千歲。所以者何。他方佛國。爲善者多。爲惡者少。福德自然。無造惡之地。唯此間。多惡。無有自然。勤苦求欲。轉相欺殆。心勞形困。飮苦食毒。如是怱務。未嘗寧息者。

술 이것은 나중에 다른 불국토를 비교 대상으로 삼아 뛰어남을 찬탄함으로써 닦게 한 것이다. 곧 상위에 있는 뛰어난 국토를 마주하여 비교하고 뛰어남을 찬탄함으로써 수행의 의지를 북돋우게 하는 것이다.

"태殆"란 위태로운 것(危)이고, 다하는 것(盡)이다. 지금 여기에서의 뜻은 그 세속적 어법에 있으니, 속이는 것을 말한다.

述云。此後對餘佛土歎勝令修也。即望上位所居勝土。挍量歎勝。令增修意。殆者。危也盡也。今此中意。存其俗語。言欺之也。

나) 현재 교화하여 이익을 얻게 하는 것을 들어 닦을 것을 권함

㉮ 선을 닦아 이익을 얻게 함

경 "나는 너희 하늘과 인간의 무리를 불쌍히 여기어 마음을 다해 가르쳐 깨우치게 하고 선을 닦게 하며, 근기에 따라 열고 이끌어 경법을 주어 받들어 실천하지 않음이 없게 하며, 그것을 이룰 것을 소원하면 모두 도를 증득하게 할 것이다. 부처님께서 방문하신 나라의 읍과 구丘[212] 등의 작은 고을마다 교화를 입지 않은 곳이 없게 하여 천하는 화순하고 해와 달은 청명하며, 바람과 비는 때맞추어 일어나고 재난과 돌림병은 일어나지 않으며, 나라는 풍요롭고 백성은 평안하며, 무기는 쓸모가 없고 덕을 숭상하고 인仁을 일으키며, 예의와 겸양을 부지런히 닦게 할 것이다."

經曰。吾哀汝等天人之類。苦心誨喩。敎令修善。隨器開導。授與經法。莫不承用。在意所願。皆令得道。佛所遊履。國邑丘聚。靡不蒙化。天下和順。日月淸明。風雨以時。災厲不起。國豐民安。兵戈無用。崇德興仁。務修禮讓者。

술 이것은 두 번째로 현재 교화하여 이익을 얻게하는 것을 들어 닦을 것을 권한 것이다.

여기에 두 가지가 있는데, 이것은 처음에 선을 닦아 이익을 얻게 하는 것이다.

"읍邑"이란 『주례周禮』[213]에서 "네 개의 정井을 합쳐서 읍邑이라 한다."라고 했고, (이에 대한 정현의 주석에)[214] "사방이 2리가 되는 것이다."라고 하였다. (『주례』에서)[215] "구부九夫를 정井이라 하니, 사방이 1리가 되는 것이다."라고 했다. 『설문說文』에서는 "여덟 가구가 1정井이다."라고 했다.

"취락聚落"[216]이란 작은 고을(小鄕)을 "취聚"라 하고, 『광아廣雅』에서 "'락

---

212 『周禮』에서 "네 개의 읍을 구라고 한다.(四邑爲丘。)"라고 했고, 그에 대한 정현의 주석에서 "'구'는 사방이 4리이다.(丘方四里。)"라고 했다.

213 『주례周禮』: 삼례三禮 중의 하나. 삼례란 『禮記』(각종 예절과 그 원리를 설명한 것), 『儀禮』(士의 각종 예절을 기록해 놓은 것), 『周禮』 등이다. 『周禮』는 국가의 행정 제도를 구상한 것으로 주周 왕실의 관직 제도와 전국시대戰國時代 각 국의 제도를 기록하였다.

214 이 부분은 정현의 주석에 나오는 문장이므로 그 출처를 보충했다.

215 이 부분은 『周禮』에 나오는 문장이므로 그 출처를 보충했다.

216 취락聚落 : 원문에서는 "聚"라고만 했다. 『大正藏』에서도 달리 쓰인 판본의 사례를 보이지 않고 있다. 경흥이 임의로 "聚"를 "聚落"이라고 썼을 수도 있고, 경흥이 "丘"에

落'은 거주하는 것(居)이다."라고 했으니, 사람이 모여서 거주하는 곳을 말한다.

"려厲"【력力과 제制의 반절이다.】는 전염병(疫厲)이니, 사람들이 병에 걸리고 그 병이 서로에게 옮겨지는 것이다. 『석명釋名』에서 "병의 기운이 유행하여 사람들에게 침투하는 것이다."[217]라고 했다.

"과戈"【거居와 화和의 반절이다.】란 끝이 뭉툭한 창으로 길이는 10척 6촌 혹은 6척 6촌이다.

述云。此第二擧現化益以勸修。有二。此初修善得益也。邑者。周禮。四井爲邑。方二里也。九夫爲井。方一里也。說文。八家。一井也。聚落者。小鄉曰聚。廣雅。落。居也。謂人所聚居也。厲【力制反】疫厲也。人病相注也。釋名云。病氣流行中人也。戈【居和反】平頭戟。長十尺六寸。或六尺六寸也。

㉯ 악을 소멸시키고 고통을 여읨

경 부처님께서 말씀하셨다.

"내가 너희 여러 하늘과 인민을 불쌍히 여기는 것은, 부모가 자식을 생각하는 것보다 더하다. 지금 내가 이 세상에서 부처가 되었으니, 다섯 가지 악을 항복시켜 없애고, 다섯 가지 통을 소멸하여 없애며, 다섯 가지 소를 끊어서 없애고, 선으로 악을 공격하여 생사의 고통을 뿌리 뽑으며, 다섯 가지 덕을 얻고, 무위의 안락한 세계에 오르게 할 것이다."

대해 주석하지 않았기 때문에 경흥의 대본에서는 "丘聚"가 "취락"이라고 쓰여 있을 수도 있다. 여기에서는 다른 판본의 사례가 전하지 않기 때문에 경흥이 임의로 "취락"이라고 한 것으로 보고 풀이했다.

217 『釋名』에서 "厲。疾氣也。中人如磨厲傷物也。"라고 했다.

經曰。佛言。我哀愍汝等諸天人民。甚於父母念子。今我於此世作佛。降化五惡。消除五痛。絕滅五燒。以善攻惡。拔生死之苦。令獲五德。昇無爲之安者。

술 이것은 나중에 악을 소멸시키고 고통을 여의는 것이다.
다섯 가지 악을 소멸시키기 때문에 다섯 가지 덕을 얻는 것이고, 통과 소를 여의기 때문에 무위의 안락한 세계로 오르는 것이다.

述云。此後滅惡離苦也。滅五惡故。獲五德。離痛燒故。昇無爲之安樂。

다) 부처님께서 입멸하신 후 교화하신 가르침이 사라져 가는 것을 들어서 닦을 것을 권함

㉮ 부처님께서 세상을 떠나신 후에 가르침이 사라져 가는 것을 나타냄

경 "내가 세상을 떠난 후에 경도經道가 점점 소멸하고, 인민은 아첨과 거짓을 일삼고 다시 온갖 악을 행하여, 다섯 가지 소와 다섯 가지 통이 다시 앞에서 말한 것과 같이 일어나고, 오랫동안 쉬지 않고 이어지면서 더욱 고통이 심해질 것이니, (그 실상을) 모두 말할 수 없다. 나는 단지 너희를 위해 간략하게 이것을 말했을 뿐이다."

經曰。吾去世後。經道漸滅。人民諂僞。復爲衆惡。五燒五痛。還如前法。久後轉劇。不可悉說。我但爲汝。略言之耳者。

술 이것은 세 번째로 부처님께서 입멸하신 후 교화하신 가르침이 사라져 가는 것을 들어서 닦을 것을 권한 것이다. 여기에 두 가지가 있는데,

이것은 처음에 부처님(聖)께서 세상을 떠나신 후에 가르침이 사라져 가는 것을 나타낸 것이다.

"실悉"은 모두 갖추는 것(備)이다.

述云。此第三以滅化損以勸修。有二。此初彰去聖後損也。悉者備也。

④ 사람들에게 권하여 닦게 함

경 부처님께서 미륵에게 말씀하셨다.

"너희들은 각자 이것에 대해 잘 생각하고, 전전하면서 서로 가르쳐서 부처님의 경법대로 하고 위범하는 일이 없도록 하라."

經曰。佛語[1]彌勒。汝等各善思之。轉相教誡。如佛經法。無得犯也者。

1) ㉠『大正藏』강승개본에 따르면 '語'는 '告'이다.

술 이것은 나중에 사람들에게 권하여 닦게 한 것이다.

述云。此後勸人使修也。

나. 미륵이 깨달은 것

경 이에 미륵보살이 합장을 하고 말씀드렸다.

"부처님께서 말씀하신 것은 매우 옳은 것이니, 세상 사람은 진실로 그러합니다. 여래께서 두루 사랑하고 불쌍히 여겨 모두 구제하여 벗어나게 하셨습니다. 부처님의 귀중한 가르침을 받아들여 감히 어기지 않도록 하겠습니다."

經曰。於是。彌勒菩薩。合掌白言。佛所說。甚善。世人實爾。如來。普慈哀愍。悉令度脫。受佛重誨。不敢違失者。

술 이것은 두 번째로 미륵이 깨달은 것이다.

"매우 옳은 것이니, (세상 사람은) 진실로 그러합니다."란 깨달은 것이고, "감히 어기지 않도록 하겠습니다."란 받들어 행하는 것이다. "감히 ~ 하지 않는다."란 두려워하는 것이다.

述云。此第二彌勒領解也。甚苦[1]實爾者。領解。不敢違失者。奉行。不敢者。畏也。

1) ㉧『大正藏』 강승개본에 따르면 '苦'는 '善'이다.

⑶ 칭찬과 꾸짖음, 얻는 것과 잃는 것에 의해 중생으로 하여금 닦을 것은 닦고 버릴 것은 버리게 함[218]

① 부처님께서 아난에게 명하여 아미타불께 예배하게 함

경 부처님께서 아난에게 말씀하셨다.

"너는 일어나서 옷매무새를 가다듬고 합장하고 공경하는 마음으로 무량수불께 예배하도록 하라. 시방세계에 있는 국토의 모든 부처님께서도 항상 함께 그 부처님의 집착이 없고 걸림이 없음을 칭양하고 찬탄하고 계신다."

經曰。佛告阿難。汝起更整衣服。合掌恭敬。禮無量壽佛。十方國土諸佛如

218 앞의 분과에서는 '나중은 얻는 것과 잃는 것을 쌍으로 밝혀 중생으로 하여금 닦을 것은 닦고 버릴 것은 버리게 한 것'이라고 했다.

來。常共稱揚讚歎。彼佛無著無礙[1)]者。

1) ㉰『大正藏』강승개본에 따르면 '礙'는 '閡'이다.

술 세 번째로 칭찬과 꾸짖음, 얻는 것(이익)과 잃는 것(손해)에 의해 중생(物)으로 하여금 닦을 것은 닦고 버릴 것은 버리게 한 것이다. 여기에 다섯 가지가 있는데, 이것은 처음에 부처님께서 아난에게 명하여 아미타불께 예배하게 한 것이다.

미륵은 영향중影響衆[219]을 대표하고, 아난은 당기중當機衆[220]을 대표하기 때문에 부처님께서 오직 이 두 대성大聖을 마주하고 설함으로써 중생에게 권하여 정토왕생의 인因을 닦도록 한 것이다.

述云。第三褒貶得失令物脩棄。有五。此初佛命阿難禮彌陀佛也。彌勒。是影響衆之主。阿難。爲當機宜[1)]之首故。佛唯對此二大聖。勸物。令修淨土之因。

1) ㉰ '宜'는 '衆'인 것 같다.

② 아난이 명을 받들어 부처님께 예배드리고 그 국토와 그곳의 중생을 보여줄 것을 청함

219 영향중影響衆 : 부처님께서 설법하는 회상에 참여하여 청법하는 네 부류의 대중 가운데 하나. 타방 세계에 있는 불국토에서 와서 부처님의 교화를 돕는 부처님과 보살. 이미 과거에 도과道果를 원만하게 이루었지만 그러한 모습을 숨기고 당기중當機衆의 형상을 시현한다. 마치 그림자(影)가 형체를 따르는 것처럼, 혹은 메아리(響)가 소리에 응하는 것처럼 법왕이신 부처님을 보좌하여 법좌法座를 장엄하기 때문에 이렇게 불린다.

220 당기중當機衆 : 부처님께서 설법하는 회상에 참여하여 청법하는 네 부류의 대중 가운데 하나. 과거세로부터 쌓은 인연이 무르익어 설법을 들으면 그 회좌會座에서 깨달음을 얻는 대중을 가리킨다.

경 이에 아난이 일어나서 옷매무새를 가다듬고 몸을 바르게 하고 서쪽을 향하여 공경하는 마음으로 합장하고 오체투지五體投地[221]하여 무량수불께 예배드리고 세존께 말씀드렸다.

"원하옵건대 저 부처님의 안락국토(極樂淨土)와 보살·성문의 무리를 보여 주소서."

經曰。於是。阿難起。整衣服。正身西面。恭敬合掌。五體投地。禮無量壽佛。白言世尊。願見彼佛安樂國土及諸菩薩聲聞之[1]衆者。

1) ㉮ 강승개본에 따르면 '之'는 '大'이다.

술 이것은 두 번째로 아난이 명을 받들어 부처님께 예배드리고 (그 국토와 그곳의 중생을) 보여줄 것을 요청한 것이다.

"국토"란 거주하는 곳이고, "무리"란 교화의 대상이기 때문에 두 가지를 겸하여 요청한 것이다.

述云。此第二阿難承命禮佛以求見也。土是所居。衆是所化。故兼之也。

③ 그 부처님께서 광명을 쏘아 요청에 응하여 볼 수 있게 함

경 이 말을 하고 나자 바로 무량수불께서 큰 광명을 쏘아 일체의 모든 부처님 세계를 두루 비추시니, 금강위산과 수미산왕을 비롯하여 크고 작은 모

221 오체투지五體投地 : 최상의 공경을 나타내는 인사법. 오체를 모두 땅에 던져서 예배드리는 것. '오체'란 두 손, 두 무릎, 정수리 등이다. 오른 무릎을 땅에 대고, 다음에 왼 무릎을 땅에 대며, 두 팔꿈치를 땅에 대고, 두 손바닥을 펼쳐서 뒤집어서 이마 위로 올리며, 그 뒤에 정수리를 땅에 대는 것이다.

든 산과 모든 존재가 다 같은 색을 띠며 빛났다. 비유컨대 마치 겁수劫水[222]가 세계를 가득 채우면 그 속에 만물이 잠겨 아무것도 나타나지 않고 크고 넓게 퍼져 오직 큰물만 보이는 것처럼, 그 부처님의 광명도 또한 다시 이와 같아서 성문·보살 등이 쏘는 일체의 광명이 모두 숨어 버리고 오직 부처님의 광명만 보였다.

經曰。說是語已。即時。無量壽佛。放大光明。普照一切諸佛世界。金剛圍山。須彌山王。大小諸山。一切所有。皆同一色。譬如劫水。彌滿世界。其中萬物。沈沒不現。滉瀁浩汗。唯見大水。彼佛光明。亦復如是。聲聞菩薩。一切光明。皆悉隱蔽。唯見佛光[1)]者。

1) ㉮ 강승개본에 따르면 '光' 뒤에 '明耀顯赫'이 누락되었다.

술 이것은 세 번째로 그 부처님께서 광명을 쏘아 요청에 응하여 볼 수 있게 하신 것이다.

"황양滉瀁"이란 물이 모인 모양이니, 호탕浩蕩(아주 넓어서 끝이 없는 것)과 같은 것이다. "한汗"【하下와 단旦의 반절이다.】이란 열기에 의해 덥혀서 발생하는 액체이다. 또한 오汚(汙와 같은 글자)【오烏와 와臥의 반절이다.】라고 쓰기도 하는데, 이는 더러운 것이 사물에 묻는 것으로, 『설문說文』에서 "예穢(더러운 것, 더럽히는 것)이다."라고 했다. 앞의 것을 따라야 옳다. 지금 "호한浩汗"이란 물이 넓게 퍼진 모양을 가리킨다.

述云。此第三彼佛放光應請令見。滉瀁者。積水貌。猶浩蕩也。汗者。熱氣

222 겁수劫水 : 괴겁壞劫의 마지막에 일어나는 세 가지 큰 재앙(大三災 : 劫火·劫水·劫風)의 하나. 괴겁은 20개의 소겁小劫으로 나뉘는데, 이 중에서 마지막 소겁, 곧 세계가 멸망할 때 일어나는 큰물에 의한 재앙을 말한다. 혹은 이러한 재앙의 시기에 생겨나는 큰물을 가리킨다.

所蒸液也。【下旦反】[1] 又汚【烏臥反】泥著物也。說文。穢也。宜從初也。今言浩汗者。布水貌。

1) 역 '下旦反'은 '汗' 다음에 놓여야 한다.

④ 광명을 따라 그 국토의 이익과 손해를 갖추어서 봄

경 그때 아난이 곧 무량수불을 보았더니, 위덕이 수미산왕이 모든 세계에서 가장 높이 솟아오른 것처럼 뛰어나게 높고, 상호에서 나툰 광명은 밝게 비추지 않는 곳이 없었다. 이 법회에 모인 사부의 대중이 동시에 모두 보았고, 저 국토의 대중이 이 국토를 보는 것도 또한 다시 이와 같았다.

經曰。爾時。阿難。即見無量壽佛。威德巍巍。如須彌山王。高出一切諸世界上。相好光明。靡不照耀。此會四衆。一時悉見。彼見此土。亦復如是者。

술 이것은 네 번째로 광명을 따라 그 국토의 이익과 손해를 갖추어서 본 것이다.

이 국토의 대중이 저 국토를 보는 것과 저 국토의 대중이 사바세계를 보는 것은 밝음과 어둠에 있어서 차이가 있다. 앞에서 이미 풀이한 것과 같다.

述云。此第四尋光備見彼土得失也。此衆見彼土。彼土見娑婆。明昧有異。如前已解。

⑤ 이익과 손해를 밝혀서 구하도록 하고 버리도록 함

가. 이익을 밝혀 구하도록 함

경 그때 부처님께서 아난과 자씨보살에게 말씀하셨다.

"너희는 저 국토를 보라. 땅 위에서부터 정거천에 이르기까지 그 속에 존재하는 미묘하게 장엄하고 청정한 모습의 저절로 생겨난 사물을 모두 보았느냐?"

아난이 대답했다.

"예, 이미 보았습니다."

"너희들은 다시 무량수불께서 큰 음성을 일체 세계에 선포하여 중생을 교화하시는 것을 들었느냐?"

아난이 대답했다.

"예, 이미 들었습니다."

"그 나라의 인민은 백천 유순의 칠보궁전을 타고 걸림이 없이 시방세계에 두루 이르러 여러 부처님께 공양하는데, 너희들은 다시 보았느냐?"

대답했다.

"이미 보았습니다."

經曰。爾時。佛告阿難及慈氏菩薩。汝見彼國。從地已上。至淨居天。其中所有。微妙嚴淨。自然之物。爲悉見不。阿難。對曰。唯然。已見。汝寧復聞。無量壽佛。大音。宣布一切世界。化衆生不。阿難。對曰。唯然。已聞。彼國人民。乘百千由旬七寶宮殿。無所障礙。遍至十方。供養諸佛。汝復見不。對曰。已見者。

술 이것은 다섯 번째로 이익과 손해를 밝혀서 구하도록 하고 버리도록 한 것이다. 여기에 두 가지가 있는데, 이것은 처음에 이익을 밝혀 구하게 한 것으로 세 번의 질문과 답변이 있다.

여러 곳에서 "정토에는 하늘과 땅의 차이가 없다."라고 한 것은, 곧 이 문장에서 "땅 위에서부터 정거천에 이르기까지"라고 한 것과 어긋난다.

백연본에서 "(떨어진 꽃이 바람에 쓸려 가면) 여러 형태의 부처님의 국토, 곧 제1 사천왕천에서부터 36천에 이르기까지의 국토에 거주하는 여러 보살과 아라한과 천인이 모두 허공에서 두루 함께 온갖 기악을 지어(공양한다.)"[223]라고 했고, 그 아래 문장에서 "(꽃이 시들면 바람이 불어와 시들은 꽃이 없어지는데 이렇게 네 차례 반복하면) 제1 사천왕천의 여러 천인과 제2 도리천의 여러 천인과 제3천의 여러 천인과 제4천의 여러 천인과 제5천의 여러 천인과 제6천의 여러 천인과 제7 범천의 여러 천인과 위로 제16천에 이르기까지의 여러 천의 천인과 위로 36천에 이르기까지의 모든 천인이 (천상의 물건을 가지고 내려와 무량청정불께 공양한다.)"[224]라고 했다.

지겸본에서도 또한 "곧 여러 형태의 부처님의 국토, 곧 제1 사천왕천에서부터 32천의 여러 천인에 이르기까지의 국토"[225]라고 했고, 뒤의 문장에서 "아미타불께서 여러 보살과 아라한을 위해 경을 설하였고, 보살·아라한과 여러 하늘과 인민이 무앙수에 달하는데, 이들이 모두 아미타불의 처소로 날아와서 법을 듣고 기뻐하였으며, 곧 제1 사천왕천과 제2 도리천과 위로 32천에 이르기까지의 여러 천인이 각각 하늘에 갖추어져 있는 온갖 종류의 저절로 생겨난 물건을 지니고…(중략)…내려와서 아미타불을 위해 예배드리고 부처님과 여러 보살과 아라한에게 공양했다."[226]라고 했다.

이 두 경에 준하면 여러 세계에 모두 36천과 32천이 있다. 비록 또한 동일한 저본을 번역하였다고 해도 번역한 사람에 따라서 차이가 있기 때문이다.

223 『無量清浄平等覺經』 권2(T12, 287a14).
224 『無量清浄平等覺經』 권2(T12, 287c6).
225 『阿彌陀三耶三佛薩樓佛檀過度人道經』(T12, 306c22).
226 『阿彌陀三耶三佛薩樓佛檀過度人道經』(T12, 307b2).

述云。此第五彰彼[1]失令求令捨。有二。此初彰德[2]令求。有三問答也。諸說。淨土。無天地異者。即違此文。從地以上。至淨居天。然帛延經云。即[3]諸佛國中。從第一四天王上。至三十六天上。諸菩薩。阿羅漢。天人。皆復於虛空中。大共。作衆音伎樂。下云。則第一四天王諸天人。第二忉利天上諸天人。第三天上諸天人。第四天上諸天人。第五天上諸天人。第六天上諸天人。第七梵天上諸天人。上至第十六天上諸天人。上至三十六天上諸天人。支謙經亦云。即諸佛國中。從第一四天上。至三十二[4]天上諸天人。後云。阿彌陀佛。爲諸菩薩阿羅漢。說經。菩薩阿羅漢及諸天人民。無央數。皆飛到阿彌陀佛所。聞法歡喜。即第一四天王。第二忉利天。上至三十二[5]天上諸天人。各持天上萬種自然之物。來下。爲阿彌陀佛。作禮。供養佛及諸菩薩阿羅漢。准此二經。諸世界中。皆有三十六天及三十三[6]天。雖復一本。譯家異故。

1) ㉥ '彼'는 '得'인 것 같다. 2) ㉥ '德'은 '得'인 것 같다. 3) ㉧『無量淸淨平等覺經』권2(T12, 287a14)에 따르면 '卽'은 '則'이다. 4) ㉧『大正藏』 지겸본에서는 '二'를 '三'이라 했는데, 경흥의 주석을 참조할 때 '二'가 맞다. 5) ㉧『大正藏』 지겸본의 미주에 따르면 【宋】·【元】·【明】의 세 판본에서는 '三'이라 했지만, 경흥의 주석을 참조할 때 그의 대본에는 '二'로 되어 있다. 6) ㉧ '三'은 '二'인 것 같다. 앞의 주석을 참조할 것.

『밀엄경密嚴經』에 따르면 26천이 있으니, 여섯 가지 욕계의 하늘(六欲天)이 있고, 범천에 열 가지 하늘이 있으며, 정거천에 다섯 가지 하늘이 있고, 무색천無色天과 네 가지 무상천無想天이 있는 것을 말한다.[227] 그러므로 그 경의 게송에서 말하기를 "욕계와 색계와 무색계와 무상無想 등의 천궁天宮이 있는데, 부처님께서는 그것을 모두 넘어서 밀엄토密嚴土[228]에 의지하여

227 이러한 분류와 합치하는 내용을 경전이나 여타 주석서에서는 찾을 수 없다.『大乘密嚴經』에서도 구체적으로 스물여섯 가지를 언급하지 않았기 때문에 이것에 의거해도 구체적인 하늘의 명칭은 밝힐 수 없다.

228 밀엄토密嚴土 : 밀교에서 설하는 대일여래大日如來의 정토를 가리킨다. 신身·구口·의意 등의 삼밀三密에 의해 장엄한 국토라는 뜻이다.

머무시네."[229]라고 하였다.

『본업경本業經』에 따르면 28천이 있으니, 곧 욕계에 여섯 하늘이 있고, (색계의 네 가지) 선禪에 각각 네 가지 하늘이 있으며, 정거천은 한 가지가 있고, 무상천은 설하지 않고 대정천大靜天을 더해서 집어넣었고, 무색계에 네 가지 하늘이 있는 것이다.[230]

『화엄경』에 따르면 32천이 있으니, 욕계에 여섯 하늘이 있고, 색계의 초선初禪에 다섯 가지 하늘이 있으며, 그 위의 세 가지 선禪[231]에 각각 네 가지 하늘이 있고, 정거천에 또한 다섯 가지 하늘이 있으며, 무색계에 네 가지 하늘이 있는 것을 말하니, 무상천은 설하지 않았기 때문이다.[232]

총괄적으로 말하자면, 지겸본은 곧 『화엄경』과 같은 부류이다. 그러므로 비록 무상천과 대정천을 설하지 않았지만 32천이 있다. 그러나 백연본에서 "36천이 있다."라고 한 것은 잘못된 것으로 생각된다. 지겸본을 가지고 백연본을 검토하면 백연본에 오류가 많기 때문이다.

依密嚴經。有二十六天。謂六欲天。梵天有十。淨居有五。無色。及有四無想天。故彼頌曰。欲色無色界。無想等天宮。佛超過彼已。而依密嚴住。依本業經。有二十八天。即欲界有六。禪各有四。淨居爲一。不說無想。加大靜天。及無色四也。依華嚴經。有三十二天。謂六欲天。初禪有五。上三各

229 『大乘密嚴經』 권상(T16, 729c24).

230 『菩薩瓔珞本業經』 권상(T24, 1011a1)에서 "上有二十八天……四天王。忉利天。焰天。兜術天。不憍樂天。化應聲天。梵天。梵衆天。梵輔天。大梵天。水行天。水微天。水無量天。水音天。約淨天。無相天。遍淨天淨。光明天。守妙天。微妙天。極妙天。福果天。果勝天。大靜天。空住天。識住天。無所有住天。非想非無想住天。"이라고 하였다.

231 세 가지 선禪 : 색계의 이선二禪·삼선三禪·사선四禪 등을 가리킨다.

232 『華嚴經』 권12(T9, 477b1)에서 "四天王。三十三天。夜摩天。兜率陀天。化樂天。他化自在天。梵天。梵身天。梵輔天。梵眷屬天。大梵天。光天。少光天。無量光天。光音天。淨天。少淨天。無量淨天。遍淨天。密身天。少密身天。無量密身天。密果天。不煩天。不熱天。善現天。善見天。色究竟天。"이라고 했다.

四。淨居亦五。及四無色。不說無想故。總而言之。支謙本。即同華嚴。故雖不說無想大靜。有三十二。而帛延云。三十六者。蓋是訛也。將其謙本。撿帛延經。延經多訛故。

비록 무색계의 여러 하늘이 있기는 하지만 이는 욕계와 색계에 의지하여 머물고 다시 별도의 처소가 없다. 그러므로 지금 오직 묻기를 "정거천에 이르기까지 그 속에 존재하는 일체의 청정하게 장엄한 (사물을 모두 보았느냐?)"라고 한 것이다.[233] 비록 (경에 따르면 정토에) 정거천이 있기는 하지만 정성나함定性那含[234]은 반드시 정토에 왕생하지 않는다.[235]

雖有無色天。而依欲色住。更無別處。故今唯問。乃至淨居所有莊嚴。雖有淨居天。而定性那含。必不生淨土。

그런데 『대승밀엄경』에서 "(밀엄의 미묘한 선정에 의해) 혹은 욕자재천欲自在天(타화자재천)과 색계의 하늘에 태어나고, 무상궁無想宮과 아가니타처阿迦尼吒處,[236] 공처空處·식처識處·무소유처無所有處와 비상비비상처非想非非想處에 태어나네. 이러한 모든 자리에서 점차 탐욕을 제거하고 그곳에

233 정거천은 색계의 마지막에 있는 하늘이다. 따라서 정거천만 제시한 것은 정토에는 무색계가 없는 것은 아닌가 하는 의문이 생겨날 수 있지만, 무색계를 제외한 것은 아님을 설명한 것이다.

234 정성나함定性那含 : 성문 사과 중 제3 아나함과阿那含果를 얻는 것이 결정된 사람. '나함'은 아나함阿那含(Ⓢ anāgāmin, 不還)을 줄인 음사어이다.

235 오정거천은 바로 아나함과를 얻은 성자가 태어나는 곳이고, 정토는 그 이상의 수행을 성취한 수행자가 왕생하는 곳이기 때문에 이러한 문제를 제기한 것이다.

236 아가니타처阿迦尼吒處 : 아가니타천阿迦尼吒天(Ⓢ Akaniṣṭha-deva)이라고도 한다. 오정거천의 최상위, 곧 색계의 최상위이기 때문에 유정천有頂天이라고도 하고, 색계의 구경이기 때문에 색구경천色究竟天이라고도 한다.

머물지만 구경이 아니므로 밀엄 세계에 찾아와 태어나네."[237]라고 한 것은, 저 밀엄 국토는 이미 십지十地의 보살이 태어나는 곳이기 때문이니, 서로 어긋나지 않는다. (『대승밀엄경』의) 앞의 문장에서 "정거천의 여러 하늘과 아가니타의 나계 범왕螺髻梵王이 함께 한 곳에 모여 모두 이 국토의 부처님과 보살에 대해 희유하다는 마음을 내었다."[238]라고 했으니, 그러므로 저 하늘이 밀엄토에 태어났다면 곧 보살이라는 것을 알 수 있다.

본론에서 벗어난 논의는 그만두고 본문을 풀이해야 할 것이다.

而密嚴云。或生欲自在。及以色界天。乃至無想宮。阿迦尼吒處。空識無所有。非想非非想。如是諸地中。漸次除貪欲。住彼。非究竟。尋來生密嚴者。彼密嚴之土。既十地菩薩。所生之處。故不相違。前文自云。淨居諸天。與阿加尼吒螺髻梵王。同會一處。咸於此土佛及菩薩。生希有心。故即知。彼天。生密嚴土。是菩薩也。傍論且止。應釋本文。

나. 그 국토에서 손실을 보는 것을 드러내어 싫어하게 하고 버리게 함

가) 그 국토에 태생하는 이의 손실을 나타냄

㉮ 질문에 의탁하여 그곳에 태생의 형태로 왕생하는 이의 과보를 나타냄

경 "그 국토의 인민으로 태생에 의해 왕생하는 이도 있는데 너희는 보았느냐?"

대답했다.

237 『大乘密嚴經』 권중(T16, 735b4).

238 『大乘密嚴經』 권중(T16, 732a20).

"이미 보았습니다."

"그곳에 태생에 의해 왕생한 이들이 거주하는 궁전은 혹은 백 유순이고, 혹은 5백 유순이며, 각각 그 속에서 살면서 온갖 쾌락을 누리는데, 도리천에서처럼 그 모든 것이 저절로 이루어진다."

經曰。彼國人民。有胎生者。汝復見不。對曰已見。其胎生者。所處宮殿。或百由旬。或五百由旬。各於其中。受諸快樂。如忉利天上。皆自然者。

술 이것은 나중에 그 국토에서 손실을 보는 것을 드러내어 싫어하게 하고 버리게 한 것이다. 여기에 두 가지가 있으니, 처음은 그곳에 태생의 형태로 왕생함으로써 받는 손실을 밝혔고, 나중은 권하여 닦고 버리려는 뜻을 일으키게 하였다. 처음에 또한 네 가지가 있는데, 이것은 처음에 질문에 의탁하여 그곳에 태생의 형태로 왕생하는 이의 과보를 나타낸 것이다.

"백 유순"이란 곧 하배로서 부처님의 (다섯 가지 지혜를) 의심하는 사람이 태어나는 궁전이고, "5백 유순"이란 중배로서 (부처님의 다섯 가지) 지혜를 의심하는 사람이 머무는 궁전이다.[239]

담연본과 지겸본에서는 중배이든 하배이든 모두 "2천 리가 되는 성城"[240]이라고 했는데, 아마도 간략하게 제시하고 (실제의 모습을) 다하지 않은 말인 것 같다. 그렇지 않다면 중배와 하배는 차이가 없어야 한다. 그러므로 이 글이 더 뛰어나다. 크기의 넓고 좁음은 생각해 보면 알 수 있을 것이다.

---

239 앞에서 경흥 자신이 "그러므로 이제 곧 부처님의 다섯 가지 지혜를 의심하는 사람은 중품하생과 상품하생의 두 가지 생生에 포섭된다."라고 한 말을 참조할 것.

240 중배와 하배는 차례대로 『無量淸淨平等覺經』 권3(T12, 292b1)과 같은 책 권3(T12, 292c15) 및 『阿彌陀三耶三佛薩樓佛檀過度人道經』 권하(T12, 310b11)와 같은 책 권하(T12, 310c25)를 참조할 것.

(뒤에서) "5백 세 (동안 변지의 궁전에 머문다.)"라고 한 것은, 곧 이 세계에서의 햇수이다. 그러므로 다른 번역본에서는 모두 "이 세상에서 5백 세 동안 머문다."[241]라고 했다.

述云。此後顯彼土失令厭令捨。有二。初彰彼胎生之失。後勸發脩捨之意。初又有四。此初寄問彰彼胎生之果也。百由旬者。即下輩疑佛所生之宮。五百由旬者。即中輩疑智所止之宮。而帛謙經。若中若下。皆云。二千里城者。蓋是略擧不盡之言。不爾。中下輩。應無參差。故此文爲勝。量之大小。思之可會。五百歲。即此方年數。故餘本。皆云。於是間。五百歲也。

④ 원인을 마주하여 결과를 나타냄

ㄱ. 질문

경 그때 자씨보살이 부처님께 말씀드렸다.
"세존이시여, 어떤 인因과 어떤 연緣으로 그 국토에 왕생하는 인민이 태생하기도 하고, 화생하기도 하는 것입니까?"

經曰。爾時。慈氏菩薩。白佛言。世尊。何因何緣。彼國人民。胎生化生者。

술 이것은 둘째 원인을 마주하여 결과를 나타낸 것이다. 여기에 두 가지가 있는데, 이것은 처음에 질문한 것이다. 곧 바로 태생의 원인을 묻고 겸하여 화생의 원인을 물었다.

---

241 『無量清淨平等覺經』 권3(T12, 292b1)·『阿彌陀三耶三佛薩樓佛檀過度人道經』 권하(T12, 310b10).

述云。此第二對因顯果。有二。此初問。即正問胎生之因兼其化生也。

ㄴ. 부처님께서 질문에 답변함

ㄱ) 태생의 인과에 대한 질문에 답변함

경 부처님께서 자씨보살에게 말씀하셨다.

"어떤 중생은 의심하는 마음으로 여러 가지 공덕을 닦고 그 국토에 왕생하기를 원한다. 곧 불지佛智와 부사의지不思議智와 불가칭지不可稱智와 대승광지大乘廣智와 무등무륜최상승지無等無倫最上勝智를 분명하게 알지 못하기 때문에 이러한 여러 지혜를 의심하여 믿지 않지만, 죄복의 인과는 믿기 때문에 선의 근본을 닦고 그 국토에 왕생하기를 원하는 것이다. 이러한 모든 중생은 그 (국토의 변지에 있는) 궁전에 태어나 5백 세를 살면서 영원히 부처님을 친견하지 못하고, 경법經法을 듣지 못하며, 보살과 성문 등의 성중聖衆도 보지 못한다. 그러므로 그 국토에서 이것을 태생이라 한다."

經曰。佛告慈氏。若有衆生。以疑惑心。修諸功德。願生彼國。不了佛智。不思議智。不可稱智。大乘廣智。無等無倫最上勝智。於此諸智。疑惑不信。然猶信罪福。修習善本。願生其國。此諸衆生。生彼宮殿。壽五百歲。常不見佛不聞經法。不見菩薩聲聞聖衆。是故。於彼國土。謂之胎生者。

술 이것은 두 번째로 부처님께서 질문에 답변한 것이다. 여기에 두 가지가 있는데, 처음은 태생의 인과因果에 대한 질문에 답변했다.[242]

---

242 이 부분은 그 분과의 내용이 혜원이 『無量壽經義疏』에서 제시한 것과 같다. 따라서 문맥상 누락된 부분을 『無量壽經義疏』 권하(T37, 115b20)에서 "第二段中。初彌勒問。何因何緣。彼國人民。胎生化生。正辨胎生。約化顯之。爲是通問。下佛答之."라고 한 것에 의거

오직 총괄적인 것과 개별적인 것으로 파악하는 것은 이치에 어긋나니 허물은 앞의 해석과 같다. 진실로 또한 차례에 있어서도 여러 논서와 어긋나기 때문이다.

어떤 사람은 〈"불지"란 곧 총괄적으로 나타낸 것이고, 그 뒤의 네 가지 지혜는 그것을 나눈 것이다. 그러므로 대원경지大圓鏡智를 "부사의지"라 하고, 평등성지平等性智를 "불가칭지"라 하며, 묘관찰지妙觀察智를 "대승광지"라고 하고, 성소작지成所作智[243]를 "무등무륜최상승지"라 한다.〉[244]라고 했는데, 이것도 옳지 않다. 뒤의 네 가지 지혜가 그 차례대로 대원경지 등의 네 가지 지혜와 같다는 것은 성교聖敎에 수순하지만 네 가지 지혜를 모두 불지佛智라고 하는 것은 옳지 않기 때문이니,[245] 평등성지와 묘관

하여 보충하였다.

243 성소작지成所作智 : 대원경지·평등성지·묘관찰지·성소작지 등은 불과佛果를 증득함으로써 얻는 네 가지 지혜이다. 첫째, 대원경지란 거울과 같은 지혜이다. 아뢰야식 안에서 모든 오염이 제거되어 마음이 깨끗하게 닦인 거울처럼 된 상태이다. 따라서 사물을 주체와 객체가 분화되지 않은 상태에서 있는 그대로 인식한다. 둘째, 평등성지란 평등한 본성을 보는 지혜이다. 말나식에서 근원적인 자아의식의 작용이 없어져서 자신과 타인이 평등하다고 보는 지혜이다. 이로써 대자비를 일으켜 중생을 구제하는 활동에 나아간다. 셋째, 묘관찰지는 관찰하는 지혜이다. 의식의 개별적이고 개념적인 인식 상태가 변화하여 모든 사물의 자상自相과 공상共相을 있는 그대로 관찰한다. 설법하여 중생을 구제한다. 넷째, 성소작지란 해야 할 일을 해서 마치는 지혜이다. 안식 내지 신식身識의 감각 작용적인 상태가 변화한다. 중생을 구제하기 위해 여러 장소에서 온갖 형태의 변화신變化身을 나툰다.

244 불지를 총괄적인 것으로 보고 나머지 네 가지 지혜를 개별적인 것으로 보는 것은 원효의 『兩卷無量壽經宗要』(T37, 130b3) 및 『遊心安樂道』(T47, 112a23)에서 제시한 것과 같다. 다만 뒤의 네 가지 지혜를 불과를 증득함으로써 얻는 네 가지 지혜에 배대한 내용은 차이가 있다. 곧 원효는 "부사의지성소작지·불가칭지묘관찰지·대승광지평등성지·무등무륜최상승지대원경지"라고 하였다. 그러므로 이 주장에 온전히 일치하는 학자는 알 수 없다. 참고로 경흥은 네 가지 지혜의 배대 관계에 있어서는 비판의 대상이 된 학자의 설을 따라서, "부사의지대원경지·불가칭지평등성지·대승광지묘관찰지·무등무륜최상승지성소작지"라고 하였다.

245 경흥의 비판의 초점이 불지를 총괄적인 것으로 파악하는 것에 있다면, 혜원도 『無量壽經義疏』 권하(T37, 115b27)에서 "여기에서 처음에 '불지를 알지 못하고'라고 했는데, 이 구절은 총괄적인 것이다. '부사의지 등을 알지 못하고'란 개별적인 것이다. 불

찰지의 두 가지 지혜에 상응하는 심품心品은 보살도 또한 얻기 때문이다.

그러므로 이 다섯 가지 지혜는 차례대로 저 『불지경佛地經』에서 설한 다섯 가지 법(五法)[246]이 여기에 해당한다.[247] 곧 (여기에서 설한) 청정법계淸淨法界를 불지佛智라고 할 수 있으니, 지혜를 얻도록 하는 대상이 되는 것(智處)과 지혜 자체의 성품(智性)을 모두 지智라고 하기 때문이다.[248]

唯總別違理。1) 過同前解。良亦次第。乖諸論故。有說。佛智即總標。四智區故。大圓鏡智。名不思議智。平等性智。名不可稱智。妙觀察智。名大乘廣智。成所作智。名無等無倫最上勝智。此亦不然。後之四智。如其次第。鏡等四智。隨順聖教。不應四智。皆名佛智故。平等妙觀二智心品。菩薩亦得故。故此五智。如其次第。彼佛地經中。五法。是也。清淨法界。名爲佛智 智處智性。皆名智故。

지는 매우 깊어서 다른 사람은 헤아릴 수 없기 때문에 부사(의)지라고 하고, 불지는 매우 많아 언설로 다 말할 수 없기 때문에 불가칭지라고 하며, 모든 법문을 끝까지 다 알기 때문에 대승광지라고 하며, 그 지위가 높고 빼어나기 때문에 무등(무)륜최상승지라고 한다.(於中。初言不了佛智。此句。是總。不思等。別。佛智淵深。餘不能測。名不思智。佛智衆多。非言能盡。言不可稱。於諸法門。知之窮盡。名爲廣智。位分高出。名無等倫最上勝智。)"라고 하여 불지를 네 가지 지혜를 총괄하는 것으로 보았기 때문에 역시 동일한 맥락에서 비판의 대상이 된다.

246 『佛地經』(T16, 721a1)에서 "有五種法。攝大覺地。何等爲五。所謂。清淨法界。大圓鏡智。平等性智。妙觀察智。成所作智。"라고 하였다.

247 다섯 가지 지혜를 『佛地經』의 다섯 가지 법과 연결한 것은, 전의轉依에 대한 유식학파의 두 가지 입장 중 하나와 관련된 것으로 실질적으로 이 학파의 전의설의 주류가 된 것이다. 안혜安慧는 유구공성有垢空性이 무구공성無垢空性으로 된 것을 청정법계라고 하고, 네 가지 지혜를 분명히 팔식八識과의 관계에서 거론한다. 또한 친광親光은 『佛地經論』에서 스승인 호법護法의 학설에 의해 『佛地經』의 다섯 가지 법을 주석하였다. 호법은 『成唯識論』에서 전의의 결과를 대열반과 대보리로 나누는데, 전자는 청정법계에, 후자는 네 가지 지혜에 해당한다.(요코야마 고우이츠 지음, 묘주 옮김, 『유식철학』, 경서원, 1997, p.236)

248 지처란 깨달음의 대상인 청정법계를 가리키는 말이다. 불지를 청정법계와 같은 것이라고 한다면, 불지는 지혜인데 어떻게 지처와 같은지에 대한 난문難問을 스스로 예상하여 깨달음의 대상에 대해서도 지智라는 명칭을 붙일 수 있음을 설한 것이다.

1) ㉯ '唯總別違理'는 아래와 윗부분에 빠진 문장이 있다. 다시 교감할 것. ㉰ 그 뒤의 '過同前解。良亦次第。乖諸論故'도 함께 묶어야 할 것 같다. 누락보다는 착간이 있는 것 같다.

어떤 사람은 '아미타불께서 비록 큰 서원을 세웠더라도 중생은 만품萬品에 이르는데, 이들을 접인接引(인도하여 섭수하는 것)하여 시방세계의 하늘과 인간을 그 국토에 태어나도록 하는 것은 (불가능하지 않을까?)'라고 의심하기 때문에 "불지를 분명하게 알지 못한다."라고 한 것이다.

아미타불은 이미 일진법계一眞法界를 증득하여 어떤 덕도 원만하게 갖추지 않음이 없다. 모든 근심을 다 없앨 때까지, 미래세가 다할 때까지 그 덕은 다하지 않으며, 본원本願에 칭합하게 영접한다. 그러므로 연緣이 있는 중생은 모두 그 국토에 태어난다. 의심의 그물을 펼쳐서 마음에 품어서는 안 된다.

有疑。彌陀。雖有弘誓。衆生萬品。頗能接引。十方天人。令生彼國。故云不了佛智。彌陀。既證一眞法界。無德不圓。諸患悉盡。盡當際而不竭。稱本願而迎接。故有緣衆生。皆生彼土。不可以疑網經懷也。

대원경지를 "부사의지"라고 한다.

어떤 사람은 경에서 "선악과 그에 따른 죄복은 (저울처럼 정확하게 상응하여) 무거운 것을 먼저 끌어당긴다."[249]라고 하는 말을 듣고 바로 아미

249 『兩卷無量壽經宗要』(T37, 130b29)에서 "如佛經說。善惡業道。罪福無朽。重者先牽。", 『無量壽經優婆提舍願生偈註』 권상(T40, 834b13)에서 "業道經言。業道如秤。重者先牽。", 『略論安樂淨土義』(T47, 2b3)에서 "經言。業道如秤。重者先牽。", 『安樂集』 권상(T47, 10c16)에서 "大乘經云。業道如秤。重處先牽。"라고 했는데, 해당 경전은 분명하지 않다. 정토부 경전 이외에 업의 이치를 설한 경전을 일괄적으로 지칭하는 것으로 생각된다. 앞의 책은 모두 그 뒤를 이어서 온갖 악한 행위와 열 번 동안 상속하면서 아미타불의 명호를 칭념한 것은 경에서 선악에 상응하는 죄복의 과보가 저울처럼 준엄한 이치를

타불의 명호를 칭념하면 반드시 그 국토에 태어난다는 것을 의심하여 항상 온갖 악을 지어 악한 마음이 깊고 무거워지면, 아미타불의 명호를 열 번 칭념하기를 끊이지 않고 이어간다고 해도 그 미미한 선으로 온갖 죄를 소멸시켜서 그 국토에 왕생하여 정정취에 들어가고 끝내 퇴전하지 않는 일은 없어야 한다고 말한다. 그러므로 "부사의지를 분명히 알지 못한다." 라고 한 것이다.

(이것을 설한 것은) "부사의지"는 큰 위력이 있어서 생각으로 헤아릴 수 없는 경계라는 것을 나타내고자 한 때문이다. 그대는 한 면의 거울에 어떤 상像도 나타나지 않음이 없는 것을 듣지 않았는가. 어찌 한 지혜의 힘(대원경지)으로 온갖 죄업의 장애를 소멸시키는 것을 의심하는 것인가. 또한 만 근斤이나 되는 털도 작은 불에 의해 태워지는 것과 같은 이치가 여기에도 적용된다.[250] 그러므로 열 번 아미타불의 명호를 칭념하면 생각

설한 것에 의거할 때, 전자가 무겁고 후자는 가벼운 것이기 때문에 전자가 우선적으로 과보에 적용되어 지옥에 떨어져야 한다고 하여 십념염불十念念佛에 의해 정토에 왕생하는 가르침에 대해 의심을 일으키는 사람의 사례를 들고, 이러한 의심을 제거하기 위해 부사의지를 설한 것이라고 하였다. 경흥 역시 동일한 입장을 보인다.

250 의심하는 주장에 대한 경흥의 반론의 의미가 현재 문장만으로는 분명하게 드러나지 않는다. 다른 저술에 의해 이 부분을 보충하면 다음과 같다. 첫째, 원효의『兩卷無量壽經宗要』(T37, 130c6)에서 "가까운 것을 먼 것으로 하고 먼 것을 가까운 것으로 하며, 무거운 것을 가벼운 것으로 하고 가벼운 것을 무거운 것으로 할 수 있다. 비록 진실로 이러한 일이 있지만 생각으로 헤아릴 수 있는 경계가 아니다. 그러므로 단지 우러르며 믿어야 한다. 경에서 설한 것을 자신의 얕은 지식으로 판단해서는 안 된다. 믿음을 내게 하고자 하여 일로써 비유하면 다음과 같다. 비유컨대 천년 동안 땔감을 쌓아 높이가 100리나 되어도 콩알만 한 불에 타면 하루 만에 모두 사라지는 것과 같은데, (이것에 대해) 천년 동안 쌓아 온 섶이 어떻게 하루 만에 다한다는 말인가라고 말할 수 있겠는가? 또한 앉은뱅이가 스스로의 힘으로 부지런히 걸으면 여러 날을 지나서야 1유순의 거리에 도달하지만, 다른 사람의 배를 타고 바람과 돛의 힘에 의지하면 하루 만에 천 리를 가는 것과 같으니, (이것에 대해) 앉은뱅이의 몸으로 어떻게 하루에 천 리를 갈 수 있다는 말인가라고 말할 수 있겠는가? 세간의 뱃사공의 몸으로도 오히려 이와 같이 생각을 넘어서는 일을 행하는데 어찌 하물며 여래 법왕의 힘으로 부사의한 일을 하지 못하겠는가.(能以近爲遠。以遠爲近。以重爲輕。以輕爲重。雖實有是事。而非思量境。所以直應仰信。經說不可以自淺識思惟。若欲生信。應以事況。譬如千年積薪。其高

마다 개별적으로 80억의 생사의 죄를 소멸시키니, (이러한 실천행에 의해) 정토에 왕생한다고 하는 것을 어찌 의심할 수 있겠는가.

大圓鏡智。名不思議智。有聞。經說。善惡罪福。重者先引。[1] 便疑。稱念彌陀佛名。必生彼土。言恒作諸惡。惡心深重。不應十念相續。微善。能滅諸罪。而往生彼。入正定聚。畢不退轉。故云不了不思議智。不思議智。有大威力。非思量境故。汝不聞乎。一面之鏡。無像不現。詎疑一智力。消諸罪障。又如毫毛萬斤。少火能焚。故十念稱佛。念別。能除八十億劫生死之罪。往生淨土。有何可怪也。

1) ㉾ '引'은 '牽'인 것 같다.

평등성지를 "불가칭지"라고 한다.

어떤 사람은 불지佛智는 법에 있어서 (모든 명칭을) 아득하게 끊었다는 말을 듣고 의심하여 말하기를 "명칭은 반드시 서로 마주하는 것이 있으니 불각不覺을 마주하여 각覺이라 한다. 어떻게 (불지가) 모든 명칭을 현묘하게 끊었는데 염불에 의해 많은 복을 얻을 수 있겠는가?"라고 한다. 이제 이러한 의심을 풀이하기 위해 부처님께서 불가칭지를 갖추었음을 나타낸 것이다.

평등성지는 이공二空(아공·법공)의 이치를 증득하고, 경계와 지혜가 평

百里。豆許火燒。一日都盡。可言千年之積薪。如何一日盡耶。又如躄者。自力勤行。要逕多日。至一由旬。若寄他船。因風帆勢。一日之間。能至千里。可言躄者之身。云何一日至千里耶。世間船師之身。尚作如是絕慮之事。何況如來法王之勢。而不能作不思議事耶。)"라고 하였다. 계량적으로 보자면 온갖 악을 저지른 것과 십념염불은 전자는 무겁고 후자는 가볍지만, 부처님께서는 가벼운 것을 무거운 것으로 만드는 힘이 있고, 이러한 힘의 원천이 바로 부사의지라는 말이다. 이는 담란曇鸞의 『略論安樂淨土義』(T47, 2b10)과 비유 및 취지가 거의 동일하다. 둘째, 담란의 『無量壽經優婆提舍願生偈註』 권상(T40, 834b22)에서 "계량적으로 보자면 전자는 무겁고 후자는 가볍지만, 정토왕생에 있어서 계량적인 것은 관련이 없고, 그 행위 주체의 작용과 관련된 마음·연緣·결정 등이 중요한 것이며, 이러한 관점에서 볼 때 실질적으로는 전자는 가볍고 후자는 무겁다. 그러므로 인용된 경의 내용과 정토부 경전의 주장은 서로 모순되지 않는다."라고 하였다.

등하며, 칭설稱說을 아득하게 끊은 것이다. 그리하여 명칭으로 명칭을 좇고 현지玄旨를 드러낸다. 뜻을 깨달은 이는 말이 없다. 경계가 이미 불가칭不可稱이니 지혜도 또 불가칭이라고 할 수 있다. 불가칭이기 때문에 염불하는 사람은 많은 복을 얻는다. 이로 말미암아 의심의 그물을 펼쳐서 마음에 두어서는 안 된다.

平等性智。名不可稱智。有聞。佛智。於法懸絕。懷疑而言。名必相待。待不覺而名覺。有何懸絕念獲多福。今釋此疑。顯佛有不可稱智。平等性智。證二空理。境智平等。玄絕稱說。而以名遣名。而詮玄旨。悟旨者亡言。境既不可稱。智可言不可稱。不可稱故。念者福多。由此。不可疑網在懷。

묘관찰지를 "대승광지"라고 한다.

어떤 사람은 염불하면 모두 왕생할 수 있다는 말을 듣고 의심을 일으켜 말하기를 "과거와 현재의 여러 부처님께서 비록 한량없이 많이 계셨지만 중생을 구제하기를 다하지 못했는데, 한 부처님께서 능히 중생을 다 제도하신다면 다시 다른 부처님께서 중생을 교화하는 일이 있을 수 없다. 어떻게 아미타불을 칭념하면 모두 그 국토에 왕생할 수 있다는 말인가?"라고 한다. 그러므로 "대승광지를 분명히 알지 못한다."라고 한 것이다.

묘관찰지는 항상 지혜와 자비를 머금고 연緣이 있는 모든 중생을 실어서 날라 열반에 들어가게 하지 않음이 없다. 단지 중생이 각각 복속되는 것이 있으니, 복속된 이는 비록 다하지만 복속되지 않는 이는 남아 있다. 그러므로 다시 다른 부처님께서 세상에 출현하여 교화하여 이익을 주는 일이 있는 것이다. 이로 말미암아 염불하면 모두 정토에 왕생한다고 하는 것은 그 뜻이 여기에 있다.

妙觀察智。名大乘廣智。有聞。念佛皆得往生。而起疑言。過現諸佛。雖復無量。濟生不盡。一佛能度。衆生盡。不應更有餘佛化生。如何。念彌陀佛者。皆生彼土。故云不了大乘廣智。妙觀察智。常含智悲。於諸有緣。無不運載。而入涅槃。但諸衆生。各有所屬。屬者雖盡。不屬猶在。故更有餘佛。出世化益。由此。念佛。皆生淨土。意在茲也

성소작지를 "무등무륜최상승지"라고 한다.

어떤 사람은 여래께서 십사불가기사十四不可記事[251]에 답하지 않았다는 말을 듣고 곧 부처님에 대해 의심을 일으켜 "일체제법을 두루 알지 못한다. 이미 이렇게 뛰어난 공용이 없다면 염불한들 어떤 복이 있겠는가."라고 한다. 그러므로 "무등(무륜최상승)지를 분명히 알지 못한다."라고 한 것이다.

성소작지는 육진六塵[252]을 두루 반연하는 것이 범부와 같지 않기 때문에 "무등無等(동등한 것이 없는 것)"이라 하고, 비록 모든 경계를 통섭하지만 항상 미묘한 선정(妙定)의 상태에 있는 것이 이승二乘이 선정에 들어간 것

---

251 십사불가기사十四不可記事 : 부처님께서 답변하지 않으신 열네 가지 질문. ① 세간과 자아는 상주하는가, ② 무상한가, ③ 상주하기도 하고 무상하기도 한가, ④ 상주하지도 않고 무상하지도 않은가, ⑤ 끝이 있는가, ⑥ 끝이 없는가, ⑦ 끝이 있기도 하고 없기도 한가, ⑧ 끝이 있지 않기도 하고 없지 않기도 한가, ⑨ 부처님은 사후에 존재하는가, 존재하지 않는가, 존재하기도 하고 존재하지 않기도 한가, 존재하는 것도 아니고 존재하지 않는 것도 아닌가, 영혼과 신체는 동일한가, 다른가 하는 등이다. 부처님의 이러한 태도의 이유에 대한 학자들의 연구는 크게 셋으로 분류할 수 있다. 첫째, 이러한 주제에 대한 논의는 고통으로부터의 해탈이라는 불교의 이상을 실천하는 데 전혀 도움이 되지 않는다는 판단 때문이다. 둘째, 이러한 주제는 형이상학적 문제로서 인식이나 경험의 영역을 벗어난 것이고, 따라서 어떤 논의를 통해서도 정답을 얻을 수 없다는 판단 때문이다. 셋째, 실재는 이성적 사유를 넘어선 것이라는 판단에 기초하여 이성의 독단적 진행을 폐기하는 비판주의적 입장을 드러내려고 했기 때문이다.

252 육진六塵 : 육근六根(眼根·耳根·鼻根·舌根·身根·意根 : 인식 기관)이 취하는 여섯 가지 대상. 육경六境이라고도 한다. 색진色塵·성진聲塵·향진香塵·미진味塵·촉진觸塵·법진法塵 등을 가리킨다. 여섯 가지 대상은 먼지가 사람을 오염시키는 것처럼 중생의 마음을 오염시키기 때문에 '진塵(먼지)'이라 한다. 또한 마음의 밖에 있는 것이기 때문에 외진外塵이라고도 한다.

과 나온 것이 그 상태가 동일하지 않은 것과 같지 않기 때문에[253] "무륜無倫(동등한 것이 없는 것)"이라고 하며, 두 가지 장애(二障 : 번뇌장·소지장)를 모두 다하고 삼업三業을 발하여 사기론四記論[254]으로 교화하는 것이, 보살들이 능히 할 수 없는 것이기 때문에 "최상승"이라고 한다. "최상승"이란 그 차례대로 3아승기겁 동안 수행한 것을 간별하기 위한 때문이다.

여래께서 난문難問에 답변하시는 것은 반드시 이익이 있기 때문이다. 그러나 열네 가지 일에 답변하는 것은 오직 희론戲論만 있을 뿐이니, 알면서도 답변하지 않았다. 그러므로 염불하는 사람은 그 복덕이 결정코 적지 않다. 이로 말미암아 부처님의 지혜를 의심하면 비록 그 국토에 태어나도

---

253 담란의 『略論安樂淨土義』(T47, 3b23)에서 "성문과 벽지불은 알려고 하는 것이 있으면 선정에 들어가야 비로소 알고, 선정에서 나오면 알지 못한다. 또한 아는 것에 있어서도 한계가 있다. 부처님은 여실삼매를 얻어 항상 깊은 선정에 있지만, 만법의 차별화된 모습과 차별을 넘어선 모습을 두루 비추어 안다. 법을 깊이 통달한 것에 짝할 이가 없기 때문에 '무륜'이라 한다.(聲聞辟支佛。欲有所知。入定方知。出定不知。又知亦有限。佛得如實三昧。常在深定。而遍知照萬法二與無二。深法非倫。故言無倫。)"라고 한 것을 참조할 것.

254 사기론四記論 : 일정한 질문에 대답할 때 문제의 성질에 따라 달리 대답하는 것을 네 가지로 분류한 것. 첫째, 일향기一向記이니, 주어진 질문이 지극히 당연하여 직접 긍정하는 방식으로 답변하는 것을 말한다. 예를 들면, "모든 중생은 언젠가는 죽는가?"라고 질문하면, 바로 "모든 중생은 죽지 않을 수 없다."라고 답변하는 것이다. 둘째, 분별기分別記이니, 질문을 자세하게 분석한 후에 긍정 또는 부정의 형식으로 답하는 것이다. 예를 들면, "죽은 사람은 모두 언젠가는 살아나는가?"라는 질문을 받고, "번뇌가 남아 있는 사람은 다시 윤회하여 살아나고, 그 나머지는 그렇지 않다."라고 대답하는 것이다. 셋째, 반힐기反詰記이니, 먼저 상대방에게 반문하여 그 과정에서 답을 알도록 하는 것, 또는 반문에 의해 질문의 뜻을 분명하게 정립한 다음에 대답하는 것이다. 예를 들면, "사람은 뛰어난가, 열등한가?"라는 질문을 받으면, 먼저 "어떤 입장에서 하는 말인가?"라고 반문한 후 "하늘에 비해서는 열등하고, 악취에 비해서는 뛰어나다."라고 대답하는 것이다. 넷째, 사치기捨置記이니, 질문 자체가 잘못된 것이어서 응답할 수 없거나 대답할 가치가 없을 경우 버려두고 대답하지 않거나, 그 잘못을 일깨워 주는 답변을 해 주는 것, 또는 상대방에게 응답하지 않겠다고 말하는 것이다. 예를 들면, "오온五蘊과 중생은 같은가, 다른가?"라는 질문을 받으면, "중생은 실체로 존재하는 법이 아니기 때문에 같다거나 다르다는 본질이 없다."라고 대답하는 것을 말한다. 또는 "세계는 공간적으로 한계가 있는가, 무한한가?"라는 등의 질문에 대하여 부처님께서 대답하지 않으시고(無記) 침묵하신 것과 같다.

변지에 태어나 성인의 교화를 받지 못하니, 정토에 태생하여 변지에 떨어지는 일이 생겨나게 하는 이러한 태도는 버려야 한다.

成所作。[1] 名無等無倫最上勝智。有聞。如來。不答十四不可記事。便疑於佛。不能遍知一切諸法。旣無勝用。念有何福。故云不了無等倫智。成所作智。遍緣六塵。不同凡夫。故云無等。雖達萬境。常在妙定。非如二乘入出不同。故云無倫。二障都盡。發三業。化作四記論。非諸菩薩之所能爲。故云最上勝。最上勝者。如其次第。簡三祇劫故。如來答難。必有利益。答十四事。唯有戱論。知而不答。故念之者。福定非少。由此。疑佛智。雖生彼國。而在邊地。不被聖化。事若胎生。宜之應捨。

1) 역 '作' 뒤에 '智'가 누락되었다.

ㄴ) 겸하여 화생의 인과에 대한 질문에 답변함

경 "어떤 중생이 불지佛智 내지 무등무륜최상승지無等無倫最上勝智를 분명히 믿고 온갖 공덕을 지으며 신심信心을 갖고 회향하면, 이 중생은 칠보로 된 꽃 속에서 저절로 화생하여 가부좌를 틀고 앉는데, 순식간에 신체의 모습과 광명과 지혜와 공덕이 여러 보살과 같아져서 모든 것을 구족하게 성취한다."

經曰。若有衆生。明信佛智。乃至勝智。作諸功德。信心迴向。此諸衆生。於七寶華中。自然化生。跏趺而坐。須臾之頃。身相光明。智慧功德。如諸菩薩。具足成就者。

술 이것은 나중에 겸하여 화생의 인과에 (대한 질문에) 답변한 것이다.

述云。此後兼答化生因果也。

㉰ (화생하는 이와) 비교하여 (태생하는 이가) 하열함을 나타냄

ㄱ. 화생의 뛰어남을 찬탄함

경 "또한 자씨보살이여, 타방 세계의 불국토에 있는 여러 대보살도 발심하여 무량수불을 친견하여 공경하고 공양하며, 여러 보살과 성문의 무리에게도 그렇게 하고자 한다면, 그 보살은 목숨을 마친 후 무량수국에 태어나 칠보로 된 꽃 속에서 저절로 화생한다. 미륵이여, 마땅히 알라. 그곳에 화생하는 이는 지혜가 뛰어나기 때문이다."

經曰。復次。慈氏。他方佛國。諸大菩薩。發心。欲見無量壽佛恭敬供養。及諸菩薩聲聞之衆。彼菩薩等。命終。得生無量壽國。於七寶華中。自然化生。彌勒。當知。彼化生者。智慧勝故者。

술 이것은 세 번째로 (화생하는 이와) 비교하여 (태생하는 이가) 하열함을 나타낸 것이다.

여기에 두 가지가 있는데, 이것은 처음에 화생의 뛰어남을 찬탄한 것이다.

述云。此第三挍量顯劣。有二。此初歎化生之勝也。

ㄴ. 태생하는 이의 하열함을 나타냄

경 "그곳에 태생하는 이는 모두 지혜가 없다. 그곳에서 5백 세를 사는 동안 항상 부처님을 보지 못하고, 경법을 듣지 못하며, 보살과 성문의 무리도 보지 못한다. 이로 말미암아 부처님께 공양할 수도 없고, 보살의 법칙과 의식도 알지 못하며, 공덕을 수습하지도 못한다. 마땅히 알라. 이 사람은 과거세

에 지혜가 없어서 (부처님의 지혜에 대해) 의심을 일으키고, 그 의심에 집착함으로써 이러한 결과를 받은 것이다."

經曰。其胎生者。皆無智慧。於五百歲中。常不見佛。不聞經法。不見菩薩諸聲聞衆。無由供養於佛。不知菩薩法式。不得修習功德。當知。此人。宿世之時。無有智慧。疑惑。所致者。

술 이것은 다음에 태생하는 이의 하열함을 나타낸 것이다.
"혹惑"이란 집착하는 것(執)이다.

述云。此次顯胎生之劣也。惑者執也。

㉣ 비유에 의지하여 허물을 펼침

ㄱ. 비유를 세우고 반문함

경 부처님께서 미륵에게 말씀하셨다.
"비유컨대 전륜성왕에게 별도로 칠보로 된 궁전의 방이 있어 온갖 장엄구로 장엄하고 장막을 드리운 책상을 만들고 온갖 비단 깃발을 걸어놓았는데, 여러 소왕자小王子가 왕에게 죄를 지어서 바로 그 궁전의 방에 집어넣고 금으로 만든 쇠사슬로 묶어 놓고 음식과 옷과 책상과 침구와 꽃과 향기와 기악을 공급하기를 전륜성왕과 같이 하여 모자라는 것이 없게 한다면, 어떻게 생각하느냐? 이 여러 왕자는 그곳에 머무는 것을 즐거워하겠느냐?"

經曰。佛語[1)]彌勒。譬如轉輪聖王。別有七寶宮室。種種莊嚴。張設床帳。懸諸繒幡。若有諸小王子。得罪於王。輒內彼宮中。繫以金鎖。供給飮食衣服牀褥華香伎樂。如轉輪王。無所乏少。於意云何。此諸王子。寧樂彼處不者。

1) 역『大正藏』 강승개본에 따르면 '語'는 '告'이다.

술 이것은 네 번째로 비유에 의지하여 허물을 나타낸 것이다. 여기에 세 가지가 있는데, 이것은 처음에 비유를 세우고 반문한 것이다.

述云。此第四寄喻申過。有三。此初立喻反問也。

ㄴ. 미륵이 수순하여 답변함

경 미륵이 대답했다.
"아닙니다. 단지 온갖 방편으로 여러 가지 큰 힘을 구하여 스스로 벗어나려고 할 것입니다."

經曰。對曰。不也。但種種方便。求諸大力。欲自免[1]出者。

1) 역『大正藏』 강승개본에 따르면 '免'은 '勉'이다. 역『大正藏』 미주에 유포본에 따르면 '免'이라고 했는데, 이것이 옳은 것 같다.

술 이것은 다음에 미륵이 수순하여 답변한 것이다.

述云。此次彌勒順答也。

ㄷ. 여래께서 허물을 펼침

경 부처님께서 미륵에게 말씀하셨다.
"이 모든 중생도 또한 이와 같다. 부처님의 지혜를 의심했기 때문에 그 궁전에 태어나서 형벌도 없고 한 생각도 악한 일과 관련되는 일이 없이 지내며, 단지 5백 세를 사는 동안 삼보三寶를 보지 못하여 공양하고 온갖 선의 근본을 닦는 일을 하지 못하기만 할 뿐인데도, 이를 고통스럽게 여겨서 비록 다른 즐거움이 있을지라도 오히려 그곳에 사는 것을 즐거워하지 않는다."

經曰。佛告彌勒。此諸衆生。亦復如是。以疑惑佛智故。生彼宮殿。無有刑罰。乃至一念惡事。但於五百歲中。不見三寶。不得供養修諸善本。以此爲苦。雖有餘樂。猶不樂彼處者。

술 이것은 세 번째로 여래께서 허물을 펼치신 것이다.

述云。此第三如來申過也。

나) 권하여 닦고 버리게 함

㉮ 바로 권하여 닦게 하고 버리게 함

경 "이 중생이 자신이 과거에 지은 죄를 알아 깊이 스스로 후회하고 그곳에서 떠날 것을 추구하면, 바로 뜻대로 되어 무량수불의 처소로 가서 공경하고 공양하며, 또한 한량없고 헤아릴 수 없는 여러 다른 부처님의 처소에도 두루 도달하여 온갖 공덕을 닦는다."

經曰。若此衆生。識其本罪。深自悔責。求離彼處。即得如意。往詣無量壽佛所。恭敬供養。亦得遍至無量無數諸餘佛所。修諸功德者。

술 둘째, 권하여 닦고 버리게 한 것이다. 여기에 두 가지가 있는데, 이것은 처음에 바로 권하여 닦게 하고 버리게 한 것이다.

"자신이 과거에 지은 죄를 알아"란 과거에 부처님의 다섯 가지 지혜를 의심한 죄를 아는 것이다. "깊이 스스로 후회하고"란 (이러한 마음을 일으킴으로써) 바로 보배 궁전이라는 처소를 떠나기 때문이다.[255]

述云。第二勸令脩捨。有二。此初正勸令修令捨也。識其本罪者。識本疑惑。佛五智之罪。深自悔責。即離寶宮之處故。

㉯ 닦고 배울 것을 권하면서 맺음

경 "미륵이여, 마땅히 알라. 보살로서 의혹을 일으키는 이는 큰 이익을 잃어버린다. 그러므로 모든 부처님의 위없는 지혜를 분명하게 믿어야 한다."

經曰。彌勒。當知。其有菩薩生疑惑者。爲失大利。是故。應當明信諸佛無上智慧者。

술 이것은 나중에 닦고 배울 것을 권하면서 맺은 것이다.

述曰。此後結勸修學也。

255 길장의 『無量壽經義疏』(T37, 125a21)에서 "'깊이 스스로 후회하고'란 반드시 한 가지 형태가 있는 것이 아니고, 후회하면 벗어날 수 있지만 후회하지 않으면 반드시 5백 세를 채워야 하는 것을 밝힌 것이다.(深自悔責者。明不必一種。若能悔即出。不悔。必滿五百歲。)"라고 한 것을 참조할 것.

4) 거듭해서 대보살이 서방에 왕생하는 것을 펼쳐서 그 왕생의 뜻을 증대함[256]

(1) 질문

경 미륵보살이 부처님께 여쭈었다.

"세존이시여, 이 세계에는 몇 명의 불퇴전不退轉의 지위에 오른 보살이 있어서 그 부처님의 국토에 왕생하는 것입니까?"

經曰。彌勒菩薩。白佛言。世尊。於此世界。有幾所不退菩薩。生彼佛國者。

술 네 번째로 거듭해서 대보살이 서방에 왕생하는 것을 펼쳐서 그 왕생의 뜻을 증대하게 한 것이다. 여기에 두 가지가 있는데, 이것은 처음에 질문한 것이다.

述云。第四重申大菩薩往生西方。增其往生之意。有二。此初問也。

(2) 답변

① 사바세계의 보살이 그 국토에 왕생하는 것을 나타냄

경 부처님께서 미륵에게 말씀하셨다.

"이 세계에는 67억의 불퇴전의 지위에 도달한 보살이 있어서 그 국토에 왕

256 앞의 분과에서는 '그 국토의 뛰어남을 찬탄하여 대성으로 하여금 구하게 한 것'이라고 하였다.

생할 것이다. 날날의 보살은 이미 일찍이 헤아릴 수 없는 모든 부처님을 공양하였고, (공덕과 지혜는) 미륵의 그것과 가깝다. 여러 소행보살小行菩薩[257]과 작은 공덕을 수습한 이는 헤아릴 수 없이 많은데 모두 왕생한다."

經曰。佛告彌勒。於此世界。有六十七億不退菩薩。往生彼國。一一菩薩。已曾供養無數諸佛。次如彌勒者也。諸小行菩薩。及修習少功德者。不可稱計。皆當往生者。

술 나중에 답변한 것이다. 여기에 두 가지가 있는데, 이것은 처음에 사바세계의 보살이 그 국토에 왕생하는 것을 나타낸 것이다.

述云。後答。有二。此初顯娑婆菩薩生彼土也。

② 다른 방위의 불국토에 있는 보살이 그 국토에 왕생하는 것을 펼침

가. 총괄적으로 표함

경 부처님께서 미륵에게 말씀하셨다.
"단지 나의 국토에 있는 보살들만 그 국토에 왕생하는 것이 아니라 다른

257 소행보살小行菩薩 : 의적의 『無量壽經述義記』(H2, 349c16)에서는 십신十信의 지위에 오른 보살이라고 했다. 이것은 보살의 수행 계위에 의거할 때 상대적으로 최초에 해당하는 십신을 '소행'이라 할 수 있는 것에 근거한 것으로 보인다. 또한 『釋淨土群疑論』 권1(T47, 31b19)에서 "彼地前諸小行菩薩等"이라고 하여 지전地前의 보살이라 했다. 또한 『無量壽經義記』(T85, 248c22)에서는 "諸小行菩薩者。諸言不一。此小行菩薩。是住下三十心人。"이라고 하여 『梵網經』에서 설한 사십심, 곧 십발취十發趣·십장양十長養·십금강十金剛·십지十地 등에서 앞의 삼십심이라고 했다. 사십심은 차례대로, 십해(십신)·십행·십회향에 배대되기 때문에 지전의 보살을 가리키는 것으로 본 점에서 『釋淨土群疑論』과 입장이 같다.

방위의 불국토에 있는 보살들도 또한 다시 이와 같을 것이다."

經曰。佛告彌勒。不但我刹諸菩薩等。往生彼國。他方佛土。亦復如是者。

술 이것은 나중에 다른 방위의 불국토에 있는 보살이 그 국토에 왕생하는 것을 펼친 것이다. 여기에 세 가지가 있는데, 이것은 처음에 총괄적으로 표한 것이다.

述云。此後乘申餘方往生。有三。此初總標也。

나. 개별적으로 서술함

경 "그 첫 번째 부처님의 명호는 원조遠照인데 그 국토에 180억의 보살이 있고, 그 두 번째 부처님의 명호는 보장寶藏인데 그 국토에 90억의 보살이 있어서 모두 왕생할 것이다. 그 세 번째 부처님의 명호는 무량음無量音인데 그 국토에 120억의 보살이 있어서 모두 왕생할 것이다. 그 네 번째 부처님의 명호는 감로미甘露味인데 그 국토에 250억의 보살이 있어서 모두 왕생할 것이다. 그 다섯 번째 부처님의 명호는 용승龍勝인데 그 국토에 14억의 보살이 있어서 모두 왕생할 것이다. 그 여섯 번째 부처님의 명호는 승력勝力인데 그곳에 1만 4천의 보살이 있어서 모두 왕생할 것이다. 그 일곱 번째 부처님의 명호는 사자師子인데 그곳에 5백억의 보살이 있어서 모두 왕생할 것이다. 그 여덟 번째 부처님의 명호는 이구광離垢光인데 그곳에 80억의 보살이 있어서 모두 왕생할 것이다. 그 아홉 번째 부처님의 명호는 덕수德首인데 그 국토에 60억의 보살이 있어서 모두 왕생할 것이다. 그 열 번째 부처님의 명호는 묘덕산妙德山인데 그 국토에 60억의 보살이 있어서 모두 왕생할 것이다. 그 열한 번째 부처님의 명호는 인왕人王인데 그 국토에 10억의 보살이 있어서 모두 왕생할 것이다. 그 열두 번째 부처님의 명호는 무상화無上華인데 그 국토에 헤아릴 수 없고 칭량할 수 없는 여러 보살의 무리가 있다. 그들은 모두 불퇴전의 지위에 도달하고 지혜롭고 용맹정진하며 이미 일찍이 한량없는 여러 부처님을 공양하여 7일 만에 바로 백천억 겁 동안 대사大士(보살)가 닦아야 할 견고한 법을 섭취하였다. 이들 보살이 모두 왕생할 것이다. 그 열세 번째 부처님의 명호는 무외無畏인데 그 국토에 790억의 대보살의 무리가 있고, 여러 소보살과 비구는 칭량할 수 없을 정도로 많은데 모두 왕생할 것이다."

經曰。其第一佛名曰遠照。彼有百八十億菩薩。其第二佛名曰寶藏。彼有九十億菩薩。皆當往生。其第三佛名曰無量音。彼有二百二十億菩薩。皆當往生。其第四佛名曰甘露味。彼有二百五十億菩薩。皆當往生。其第五佛名曰龍勝。彼有十四億菩薩。皆當往生。其第六佛名曰勝力。彼有萬四千菩薩。皆當往生。其第七佛名曰師子。彼有五百億菩薩。皆當往生。其第八佛名曰離垢光。彼有八十億菩薩。皆當往生。其第九佛名曰德首。彼有六十億菩薩。皆當往生。其第十佛名曰妙德山。彼有六十億菩薩。皆當往生。其第十一佛名曰人王。彼有十億菩薩。皆當往生。其第十二佛名曰無上華。彼有無數不可稱計諸菩薩衆。皆不退轉。智慧勇猛。已曾供養無量諸佛。於七日中。即能攝取百千億劫大士所修堅固之法。斯等菩薩。皆當往生。其第十三佛名曰無畏。彼有七百九十億大菩薩衆。諸小菩薩及比丘等。不可稱計。皆當往生者。

술 이것은 다음에 개별적으로 서술한 것이다.

述云。此次別叙也。

다. 왕생하는 이가 많음을 나타내어 즐겨 구하려는 뜻을 증대하게 함

경 부처님께서 미륵에게 말씀하셨다.

"단지 이 열네 분의 부처님의 국토에 머무는 여러 보살들만 왕생하는 것이 아니라 시방세계의 한량없는 부처님의 국토에서 왕생하는 이도 또한 다시 이와 같이 매우 헤아릴 수 없을 정도로 많다. 내가 단지 시방세계의 여러 부처님의 명호와 보살과 비구로서 그 국토에 왕생하는 이들을 설하기를, 밤낮으로 쉬지 않고 1겁 동안 한다고 해도 끝을 낼 수 없을 정도인데, 나는 이제 그대를 위해 간략하게 이것을 설했을 뿐이다."

經曰。佛語彌勒。不但此十四佛國中。諸菩薩等。當往生也。十方世界無量佛國。其往生者。亦復如是。甚多無數。我但說十方諸佛名號及菩薩比丘生彼國者。晝夜一劫。尚未能竟。我今爲汝。略說之耳者。

술 이것은 나중에 왕생하는 이가 많음을 나타내어 즐겨 구하려는 뜻을 증대하게 한 것이다.

본문에서는 열세 개의 국토를 서술했지만 사바세계를 함께 묶었기 때문에 "열네 분(의 부처님의 국토)"라고 한 것이다.

述云。此後類顯往生者多令增欣求之意也。叙十三國。而通娑婆。故云十四。

처음에 아난이 (부처님께 평소와 달리 더욱 빼어난 상相을 지닌) 안색을 보이신 이유를 질문한 것에서 시작하여 마지막으로 여래께서 여러 보살로서 정토에 왕생하는 부류를 서술하면서 마쳤다. 문답광설분問答廣說分을 나타내는 것을 여기에서 마쳤다.

從初阿難問佛顏。終乎如來叙諸菩薩往生之屬。顯問答廣說分訖。

제3장 문설희행분

제1절 경을 찬탄하여 배울 것을 권함

1. 듣는 것을 찬탄하고 행할 것을 권함

경 부처님께서 미륵에게 말씀하셨다.

"어떤 사람이 그 부처님의 명호를 듣고 뛸 듯이 기뻐하면서 한 생각이라도 그렇게 하기에 이르면 마땅히 알라. 이 사람은 큰 이익을 얻을 것이니, 곧 위없는 공덕을 온전히 갖춘다. 그러므로 미륵이여, 설령 큰불이 삼천대천세계를 가득 채우며 타오른다고 하더라도 기필코 이 불길을 뚫고 나가서 이 경법을 듣고 기뻐하여 믿고 즐거워하며 수지하고 독송하며 설한 대로 수행해야 한다. 그 이유는 무엇인가. 보살이 이 경을 듣고자 해도 얻을 수 없는 경우가 많기 때문이다. 중생이 이 경법을 들으면 위없는 도에서 끝내 퇴전하지 않는 지위에 도달하기 때문이다. 그러므로 마음을 다하여 믿고 받아들이며 지니고 염송하며 설한 대로 행해야 한다."

經曰。佛語彌勒。其有得聞彼佛名號。歡喜踊躍。乃至一念。當知。此人。爲得大利。則是具足無上功德。是故。彌勒。設有大火充滿三千大千世界。要當過此。聞是經法。歡喜信樂。受持讀誦。如說修行。所以者何。多有菩薩。欲聞此經。而不能得。若有衆生。聞此經者。於無上道。終不退轉。是故。應當專心信受持誦說行者。

술 세 번째로 문설희행분聞說喜行分(설법을 듣고 기뻐한 부분)이다. 여기에 네 가지가 있으니, 첫째 경을 찬탄하여 배울 것을 권했고, 둘째 교설의 이익을 밝혔으며, 셋째 서상瑞相을 보여 믿게 하였고, 넷째 대중이 기뻐한 것을 나타냈다. 처음에 또한 다섯 가지가 있는데, 이것은 처음에 듣는 것을 찬탄하고 행할 것을 권한 것이다.

述云。第三聞說喜行分。有四。一歎經勸學。二彰說利益。三示相令信。四顯衆喜行。初又有五。此初歎聞勸行也。

2. 중생에게 의심을 없앨 것을 권함

경 부처님께서 말씀하셨다.
"내가 이제 모든 중생을 위해 이 경법을 설하여 무량수불과 그 국토와 관련된 모든 것을 보게 하고, 정토행을 실천하는 이는 모두 이것을 구할 수 있도록 하였다. 내가 열반에 든 후 다시 의심을 일으켜서는 안 된다."

經曰。佛言。吾今爲諸衆生。說此經法。令見無量壽佛及其國土一切所有。所當爲者。皆可求之。無得以我滅度之後。復生疑惑者。

술 이것은 두 번째로 중생에게 의심을 없앨 것을 권한 것이다.

述云。此第二勸物除疑也。

3. 경이 두루 구제함을 찬탄함

경 "미래세에 경도經道가 멸하여 없어질 것인데, 나는 자비에 의해 중생을 불쌍히 여겨 특히 이 경만을 남겨 두고 백 년 동안 더 머물러 있게 할 것이다. 어떤 중생이 이 경을 지니고 실천하면 소원하는 대로 모두 열반의 세계로 건너갈 수 있을 것이다."

經曰。當來之世。經道滅盡。我以慈悲哀愍。特留此經。止住百歲。其有衆生。值斯經者。隨意所願。皆可得度者。

술 이것은 세 번째로 경이 두루 구제함을 찬탄한 것이다.

어떤 사람은 〈석가불의 가르침이 정법시대 5백 년, 상법像法시대 천 년, 말법시대 만 년 등을 걸쳐 일체의 기간[258]이 모두 지났기 때문에 "멸하여 없어질 것인데"라고 했다. 법이 비록 멸할지라도 부처님께서 자비심으로 고통 받는 중생을 불쌍히 여겨 오직 이 경만을 남겨 두어 백 년 동안 중생을 제도하게 한 것이다.〉[259]라고 했는데, 이것은 옳지 않은 것 같다. 오직 『법주기法住記』[260]만이 아니라 여러 성교聖敎에 어긋나며, 일에 있어서도 또한 다하지 않은 것이 있기 때문이다.

述云。此第三歎經普濟也。有說。釋迦。正法五百年。像法千年。末法萬歲。一切皆過。故云滅盡。法雖滅已。佛以慈悲。憐苦衆生。獨留此經。百歲濟度。此恐不然。非唯法住。[1] 違諸聖教。事亦未盡故。

1) ㉮ '住' 뒤에 '記'가 누락되었다.

258 정법·상법·말법 등은 부처님의 교법이 세상에 머무는 기간을 그 양태의 변천에 따라 세 시기로 나눈 것이다. 정법시대란 교법에 의해 수행하면 능히 불과를 증득하는 시기를 말한다. 상법시대란 교법도 있고 수행자도 있지만 대부분 불과를 증득하지 못하는 시기를 말한다. 말법시대란 교법이 세상에 드리워져 사람들이 가르침을 받기는 하지만 수행하지도 않고 따라서 불과를 증득할 수도 없는 시기를 말한다. 세 시기에 해당하는 기간은 경론에 따라 일정하지 않다.

259 혜원이 『無量壽經義疏』 권하(T37, 116a16)에서 제시한 것이다.

260 『법주기法住記』 : 갖추어서 『大阿羅漢難提蜜多羅所說法住記』라고 한다. 부처님께서 입멸하고 800년이 지난 후 출현한 아라한 난제밀다라가 부처님께 정법을 부촉받은 16나한이 세상에 머물면서 불법을 호지하는 것에 대해 설한 것이다. 당나라 654년 현장玄奘이 한역했다.

지금『법주기』에 의거하면 다음과 같이 말했다.

今依法住記云。

부처님께서 열반에 드실 때 무상법無上法을 열여섯 분의 대아라한과 여러 권속에게 부촉하시고, 그들로 하여금 보호하고 수지하여 멸하여 없어지는 일이 없게 하도록 하셨다. 아울러 그 몸을 여러 시주에게 베풀고 참된 복전이 되어 그 시주하는 이들로 하여금 큰 과보를 얻게 할 것을 명하셨다. 이른바 빈두로賓頭盧 등의 열여섯 분의 대아라한이 정법을 보호하고 수지하며 중생을 이익되게 하였다.…(중략)…이 남섬부주南贍部州에서 사람의 수명이 점점 짧아져서 10세에 이르면 도병겁刀兵劫[261]이 일어나 투쟁하며 서로 살육하니, 불법은 이때 잠시 멸하여 없어진다.

도병겁이 지난 후에 사람의 수명이 점점 증가하여 백 세가 되는 단계에 이르면 이 주洲에 사는 사람들이 이전에 도병刀兵[262]으로 서로 해치며 고통 받았던 것과 같은 형태의 삶을 싫어하고 다시 선을 닦는 것을 좋아하게 된다.

그때 열여섯 분의 아라한이 여러 권속과 함께 다시 인간 세상으로 오셔서 무상정법無上正法을 칭양하고 현설顯說하여 한량없는 중생을 제도하여 출가하게 하고, 모든 중생을 위해 이익이 되는 일을 하신다. 이와 같이 하여 이 주에 사는 사람의 수명이 6만 세에 이르렀을 때 무상정법이 세간에 유행하고 번성하여 그치는 일이 없어진다. 후에 사람의 수명

261 도병겁刀兵劫 : 중겁 말기에 일어나는 소삼재小三災의 하나. 분노로 말미암아 서로 해치려는 마음에서 닥치는 대로 손에 잡히는 것마다 무기가 되어 서로를 해치고 죽이는 재난이다. 7일 밤낮 동안 계속되며, 인구가 1만여 명으로 줄어들어서야 비로소 자비심을 일으켜 끝이 나고, 이후 다시 인간의 수명이 늘어나기 시작한다.

262 도병刀兵 : Ⓢ śastra. 범어의 원뜻은 자르는 도구, 곧 칼을 의미한다. 칼과 병정이라는 뜻에서 변하여 무기 또는 전쟁을 의미한다.

이 7만세에 이르렀을 때 무상정법이 비로소 영원히 멸하여 없어진다.

그때 이 열여섯 분의 아라한이 여러 권속과 함께 이 주의 어떤 지역에 모두 와서 모인다. 그리고 신통력으로 온갖 칠보를 사용하여 솔도파窣堵波[263]를 만들되, 위엄 있고 아름다우며, 높고 크게 짓는다. 그리고 석가여래의 모든 유신遺身[264]을 그 안에 모두 모아 둔다. 그때 열여섯 분의 대아라한은 여러 권속과 함께 솔도파의 주위를 돌면서 향과 꽃으로 공경하고 공양하며 찬탄하는데 이렇게 백천 번을 솔도파의 주위를 돌고 나서 우러르며 예배하기를 마치고 모두 허공으로 올라가 솔도파를 향해 이렇게 말한다.

"세존·석가·여래·응應·정등각正等覺께 공경하고 예배드립니다. 저희들은 교칙을 받들어 정법을 보호하고 수지하여 여러 하늘과 인간에게 온갖 이익을 베풀었습니다. 법장法藏은 이미 소멸하였고, 연緣이 있는 중생은 이미 두루 제도하였습니다. 이제 물러나 열반에 들고자 합니다."

이 말을 하고 나서 일시에 모두 무여열반無餘涅槃에 든다. 앞서 정해진 서원의 힘으로 불이 일어나 몸을 태우는데, 마치 등불이 모든 것을 태워서 없애는 것과 같이 뼈조차 남지 않는다. 그때 솔도파는 곧 땅으로 꺼져 들어가서 금륜金輪[265]의 변제에 이르러서야 멈추어서 머문다. 그때 석가모니의 무상정법은 이 삼천대천세계에서 영원히 소멸하여 나타나

---

263 솔도파窣堵波 : S stūpa의 음사어. 불사리佛舍利·경전 등을 담아 두기 위해 여러 층으로 쌓아 올린 건축물. 줄여서 탑파塔婆·탑塔 등이라고도 한다

264 유신遺身 : S śarīra의 의역어. 음사어는 사리舍利이다. 죽은 사람의 시신·유골 등을 가리키는 말이다.

265 금륜金輪 : 우주의 형성은 먼저 텅 빈 공간, 곧 허공에 중생의 업력이 작동하여 바람이 부는데, 그 바람의 밀도가 더해 가면서 원반 모습의 견고한 대기층, 곧 풍륜風輪이 이루어진다. 다음에 풍륜의 상공에 구름이 응집되고, 그 구름이 비가 되어 풍륜 위에 떨어져 쌓임으로써 물의 층, 곧 수륜水輪이 형성된다. 다음에 중생의 업력에 의해 부는 바람으로 인해 풍륜이 응고되어 상층의 7분의 2는 황금의 층, 곧 금륜이 된다. 이 금륜의 표면이 대지이고, 대지 위에는 다시 산·강 등의 기세간이 형성되니, 이것을 자연계라고 한다.

지 않는다. 이로부터 잠시의 틈도 없이 이 불국토에 7만 구지俱胝의 독각이 일시에 출현하는데, 사람들의 수명이 8만 세가 될 때 독각인 성중은 다시 모두 멸하여 없어진다. 뒤를 이어서 미륵여래가 세상에 출현하신다.[266]

佛滅度時。以無上法。付囑十六大阿羅漢。并諸眷屬。令其護持。使不滅沒。及勅其身。與諸施主。作眞福田。令彼施者。得大果報。所謂。賓頭盧等。如是十六大阿羅漢。護持正法。饒益有情。至此南贍部州。人壽極長。至於十歲。刀兵劫起。爭相誅戮。佛法。爾時。當暫滅沒。刀兵劫後。人壽漸增。至百歲位。此洲人等。厭前刀兵。殘害苦惱。復樂修善。時此十六大阿羅漢。與諸眷屬。復來人中。稱揚顯說無上正法。度無量衆。令其出家。爲諸有情。作饒益事。如是。乃至此洲人壽。六萬歲時。無上正法。流行世間。熾然不息。後至人壽。七萬歲時。無上正法。方永滅沒。時此十六大阿羅漢。與諸眷屬。於此洲地。俱來集會。以神通力。用諸七寶。造窣堵波。嚴麗高廣。釋迦如來。所有遺身。都集其內。爾時。十六大阿羅漢。與諸眷屬。遶窣堵波。以香華持用。供養恭敬。讚歎遶百千匝。瞻仰禮已。俱昇虛空。向窣堵波。作如是言。敬禮世尊釋迦如來應正等覺。我受敎勅。護持正法。及與天人。作諸饒益。法藏已沒。有緣已周。今辭滅度。說是語已。一時俱入無餘涅槃。聖[1]先定願力。火起焚身。如燈炎滅。骸骨無遺。時窣堵波。便陷入地。至金輪際。方乃停住。爾時。世尊。釋迦牟尼。無上正法。於此三千大千世界。永滅不現。從此無間。此佛土中。有七萬俱胝獨覺。一時出現。至人壽量。八萬歲時。獨覺聖衆。復皆滅沒。次後彌勒如來。出世。

1) ㉾『法住記』(T49, 13c14)에 따르면 '聖'은 잉자이다.

266 『大阿羅漢難提蜜多羅所說法住記』(T49, 13a3)의 취의 요약이다.

이것(『법주기』)에 의해 이 경(『무량수경』)의 본문에서 설한 것에 대해 말해 보자면, 사람의 수명이 7만 세가 되었을 때 무상법륜이 비로소 영원히 멸하여 없어지기 때문에 "경도가 멸하여 없어질 것인데"라고 한 것이다. 열여섯 분의 대성大聖이 열반을 취할 때 솔도파가 곧 땅에 빠져 들어가고 (이로써 완전히 멸하여 없어지는 것이다.)

"특特"이란 홀로(獨)라는 뜻이다. 『대열반경大涅槃經』에서는 불성을 자세하게 설하였는데, 성교聖教 중에 심오한 것이어서 성인을 따라 앞서 없어진다. 이 경은 오직 정토를 열어 사람들로 하여금 왕생할 것을 추구하게 하니, 범부를 구제하는 것 가운데 요체가 되는 것이다. 그러므로 오직 홀로 백 세 동안 남겨 둔다. 기연機緣의 마땅함이 이미 차이가 있으니 없어지고 소멸하는 것에 전후가 있다고 하는 것을 이상하게 여길 수는 없다.

"소원하는 대로 모두 열반의 세계로 건너갈 수 있을 것이다."라고 한 것은, 곧 이 경을 남겨 둠으로써 얻는 이익이다. 법이 멸하여 다한 후에도 들으면 오히려 이익을 얻어 정토와 왕생할 수 있거늘 하물며 또한 지금 듣는 사람에 있어서랴.

以此言之。當人壽。七萬歲時。無上正法。方永滅沒。故云經道滅盡。十六大聖。取滅度時。窣堵波。便陷入地。特者獨也。大涅槃經。廣顯佛性。聖教中深。逐聖人。而先沒。此經。唯開淨土。令人求生。濟凡中之要。故獨留百歲。機宜既異。沒滅前後。不可致怪。所願皆得者。即留之利益也。法滅盡後。聞尚獲利。往生淨土。況亦今聞者矣。

4. 경을 듣는 것의 어려움을 찬탄하여 공경하고 소중하게 여기도록 함

경 부처님께서 미륵에게 말씀하셨다.

"여래께서 세상에 계시는 때는 만나기 어렵고 친견하기도 어렵다. 여러 부처님의 경도經道는 얻기 어렵고 듣기도 어렵다. 보살의 뛰어난 법인 여러 바라밀을 듣는 것도 또한 어렵다. 선지식을 만나 법을 듣고 능히 행하는 것, 이것도 또한 어렵다. 이 경을 듣고 믿고 즐거워하며 수지하는 것과 같은 것은 어려운 일 중에도 어려운 일이니 이것을 넘어서는 어려움이란 없다."

經曰。是[1]佛語彌勒。如來興世。難値難見。諸佛經道。難得難聞。菩薩勝法。諸波羅蜜。得聞亦難。遇善知識。聞法能行。此亦爲難。若聞斯經。信樂受持。難中之難。無過此難者。

1) ㉯ '是'는 잉자인 것 같다.

술 이것은 네 번째로 경을 듣는 것(의 어려움)을 찬탄하여 공경하고 소중하게 여기도록 한 것이다.

述云。此第四歎聞而令敬重也。

5. 닦고 배울 것을 권하면서 맺음

경 "그러므로 나의 법에서 이와 같이 지었고, 이와 같이 설하였으며, 이와 같이 가르쳤다. 응당 믿고 수순하여 법대로 수행해야 할 것이다."

經曰。是故。我法。如是作。如是說。如是教。應當信順。如法修行者。

술 이것은 다섯 번째로 닦고 배울 것을 권하면서 맺은 것이다.

"나의 법"이란 곧 이 경을 가리키고, "이와 같이 지었고"란 곧 이 경에서 아미타불께서 서원에 따라 수행하여 불신佛身을 이루고 불지佛智를 이룬 것을 설한 것을 말하며, "이와 같이 설하였으며"란 앞에서 중생을 위해 설한 것이고, "이와 같이 가르쳤다"란 앞에서 사람들을 가르쳐서 왕생하게 한 것을 말한다.

述云。此第五結勸修學也。我法者。即此經也。如是作者。即此經。說彌陀。隨願修行。成身成智也。如是說者。上爲衆生之所說也。如是敎者。前敎人令往生也。

제2절 교설의 이익을 밝힘

1. 서원을 발하는 이익

경 그때 세존께서 이 경법을 설하시니 한량없는 중생이 모두 무상정각無上正覺을 얻으려는 마음을 발하였다.

經曰。爾時。世尊。說此經法。無量衆生。皆發無上正覺之心者。

술 두 번째로 교설의 이익을 밝혔다. 여기에 세 가지가 있는데, 이것은 처음에 서원을 발하는 이익[267]이다.

267 보리심을 발한 것과 서원의 관계가 급작스러운 감이 있는데, 이것에 대해서는, 혜원이 『無量壽經義疏』 권하(T37, 116b16)에서 "아미타불께서 서원을 발하고 수행하여 부처님이 되어 정토를 이루고 중생을 섭수하여 교화한 것을 듣고 이것과 같이 되기를

述云。第二彰說利益。有三。此初發願益也。

2. 성문과를 얻는 이익

경 1만 2천 나유타의 사람은 법안이 청정해짐을 얻었고, 22억의 여러 하늘과 인민은 아나함과阿那含果를 얻었으며, 80만의 비구는 번뇌를 다하고 실상을 깨달았다.

經曰。萬二千那由他人。得清淨法眼。二十二億諸天人民。得阿那含果。八十萬比丘。漏盡意解者。

술 이것은 다음에 성문과聲聞果[268]를 얻는 이익이다.

"법안이 청정해짐"이란 곧 예류과預流果이다. "번뇌를 다하고"란 장애가 다하는 것이고, "실상을 깨달았다(意解)"란 지혜가 원만해지는 것이니, (아라한과를 얻는 것을 말한다.[269]) 대중은 이 세계가 더럽고 싫어할 만한 것이라는 말을 듣기 때문에 성문과를 얻는 것이다.

서원하는 것을 '정각을 얻으려는 마음'이라 한다.(聞彌陀佛。發願修行。得佛淨土。攝化衆生。願與同之。名正覺心。)"라고 한 것을 참조할 것.

268 성문과聲聞果 : 성문이 수행하여 얻는 과果. 이를 네 단계로 분류하여 성문사과聲聞四果라고 하며, 그 네 가지는 수다원과須陀洹果(Ⓢ srotāpatti-phala)·사다함과斯陀含果(Ⓢ sakṛdāgāmi-phala)·아나함과阿那含果(Ⓢ anāgāmi-phala)·아라한과阿羅漢果(Ⓢ arahat-phala) 등이며, 의역어는 차례대로 예류과預流果·일래과一來果·불환과不還果·무학과無學果(應供果) 등이다.

269 본문에는 없지만 뜻을 보다 분명히 하기 위해 혜원이 『無量壽經義疏』 권하(T37, 116b19)에서 "여기에서 처음에 '법안이 청정해진다'라고 한 것은 수다원을 이루는 것이다. 이 단계에서 사진제四眞諦를 보는 것을 법안이 청정해지는 것이라 한다. 다음에 아나함과를 얻고, 나중에 아라한과를 얻는다.(於中。初言得淨法眼。成須陀洹。見四眞諦。名淨法眼。次得那含。後得羅漢。)"라고 한 것을 참조하여 보충하였다. 경흥이 분과한 명칭을 고려할 때 그 의도는 혜원과 동일한 것으로 보이기 때문이다.

述云。此次聲聞益也。法眼淨者。即預流果也。漏盡者。障盡。意解者。智滿。衆聞。此方穢惡可厭故。得聲聞之果。

3. 보살과를 얻는 이익

경 40억의 보살이 불퇴전의 지위를 얻고 큰 서원의 공덕으로 스스로를 장엄하여 미래세에는 반드시 정각을 이루게 되었다.

經曰。四十億菩薩。得不退轉。以弘誓功德。而自莊嚴。於將來世。當成正覺者

술 이것은 나중에 보살과菩薩果를 얻는 이익이다. 아미타불께서 이룬 덕이 광대함을 듣기 때문에 "불퇴전의 지위를 얻고"라고 했다. 이 국토가 악으로 가득 차 있다는 말을 듣고 제도하고자 하는 서원을 세우기 때문에 "큰 서원의 공덕으로 스스로를 장엄하여"라고 했다.

述云。此後菩薩利也。聞彌陀佛。成德廣大。故得不退轉。聞此土。多惡。誓欲濟度。故以弘誓德。而自莊嚴。

제3절 서상을 보여 믿게 함

경 그때 삼천대천세계가 여섯 가지 형태로 진동하고, 큰 광명이 시방의 국토를 두루 비추었으며, 백천의 음악이 저절로 울려 퍼지고, 한량없는 미묘한 꽃이 어지럽게 떨어져 내렸다.

經曰。爾時。三千大千世界。六種震動。大光。普照十方國土。百千音樂。自然而作。無量妙華。紛紛而降者。

술 이것은 세 번째로 서상瑞相을 보여 믿게 한 것이다.
"분분芬芬"이란 어지럽게 떨어지는 모양이다.

述云。此第三示相令信也。芬芬者。亂墜之狀也。

제4절 대중이 기뻐함

경 부처님께서 경을 설하시고 나자 미륵보살과 시방세계에서 온 여러 보살의 무리와 장로 아난과 여러 대성문 등의 일체의 대중이 부처님께서 말씀하신 것을 듣고 기뻐하지 않음이 없었다.

經曰。佛說經已。彌勒菩薩。及十方來諸菩薩衆。長老阿難。諸大聲聞。一切大衆。聞佛所說。靡不歡喜者。

술 이것은 네 번째로 대중이 기뻐한 것이다.

述云。此第四大衆喜行也。

아! 이 경에 대한 몇 가지 『소疏』가 있는데 마치 불타佛陀[270]의 말씀에 미묘한 장엄을 두른 것과 같구나. 그것들은 기이하고 진귀하며 미묘하고 공교하여 아름답게 꾸미고 장엄하였으며, 온갖 다양한 생각을 밖으로 펼쳐 벌여 놓았으니, 불타의 덕은 더욱 추앙할 만한 것이 되고, 군맹群萌(중생)의 믿음은 다시 그 뿌리가 견고해졌다.

이 경은 심오하고 미묘하여 헤아려 알기 어렵다. 그런데 『소疏』에 의지하여 이것을 날개로 삼아 도움을 받으면, 혹은 의심의 그물을 찢고, 혹은 특정 견해에 얽매인 마음을 씻어 내며, 현지玄旨의 근원을 찾아 그 물을 길어다가 믿음의 뿌리에 부어 빨리 윤택해지게 할 수 있다.

『소疏』는 진실로 경을 장엄한 것이어서 사람들이 한번 크게 볼 만한 것이다. 그러므로 정영淨影(慧遠)이 이것을 지었고, 가상嘉祥(吉藏)도 이것을 지었으며, 의적義寂·법위法位 등의 여러 이름난 사람들이 모두 이것을 지어 세상에 내어놓았다. 대사大師(憬興)가 이것을 궁구하고 공부하였는데 누구보다 빼어나고 부지런히 연구했다고 할 만하다.

나는 일찍이 이 책이 세상에서 오래도록 유행하지 않을 것을 걱정해 왔다. 이제 찾아서 교수校讎[271]하고, 가래나무에 새겨서 세상에 내어놓으니, 세상에서 법을 보는 안목을 갖춘 이가 이 책을 보고 의지하기 바란다.

때는 원록元祿[272] 기묘己卯[273] 납월臘月(12월) 삭일朔日(15일)이다.

화정의산華頂義山이 삼가 쓰다.

嗟乎。此經而有幾疏。猶如佛陀而帶妙莊嚴乎。彼異珍妙工。綺飾莊嚴。

270 불타佛陀 : Ⓢ buddha의 음사어. 부처님의 여러 가지 명호 중 하나. 각자覺者·각覺 등으로 의역한다.

271 교수校讎 : 두 종류 이상의 다른 판본을 대조하여 틀린 것을 바로잡는 것.

272 원록元祿 : 일본 연호. 해당 연도는 1684~1703년이다.

273 기묘己卯 : 1699년. 원록 12년이고, 강희 38년이다.

百千錯落。張羅于外。則佛陀之德。逾可仰。而群萌之信。更固其根矣。此經也。深妙。測知難矣。然疏以翼之。則或裂疑網。或洗拘泥。汲索玄旨之源。而信根爲之屢潤。疏也。實是經之莊嚴。而世之一大觀者也。以故。淨影作焉。嘉祥作焉。義寂法位等諸名流。皆作焉而興。大師。窮工于玆。可謂殊勤矣。予曾憂此書流行之不遠。今採而校讎。繡之于梓。以張于世。世之擇法眼。乞觀而仰焉。時。元祿。己卯。臘月。朔日。

華頂義山。謹書。

찾아보기

ㄱ

가락嘉樂 / 84
가란타迦蘭陀 / 195
가명신假名身 / 233
가본嘉本 / 84
가부좌跏趺坐 / 109
가사袈裟 / 149
가섭迦葉 / 70
가섭파迦葉波 / 79
가야伽耶 / 71, 78, 194
가야가섭伽耶迦葉 / 71
가야성伽耶城 / 185
가재迦才 / 380
가전연迦旃延 / 70, 81
가행加行 / 621
가행정진加行精進 / 434
가화합假和合 / 82
각성覺城 / 402
간慳 / 251
감로甘露 / 110
강승개康僧鎧 / 52
개문開門 / 380
개합開合 / 357
건척乾陟 / 135
걸식乞食 / 210
겁빈나劫賓那 / 80
겁파육劫波育 / 493
견번뇌見煩惱 / 588
견복堅伏 / 83
견타심지통見他心智通 / 367
견품見品 / 208
결발외도結髮外道 / 71
결정심決定心 / 231, 232
결정이승決定二乘 / 258
결정종성決定種性 / 469
경희慶喜 / 85
계청분啟請分 / 54
고고苦苦 / 212, 356
고제苦諦 / 192
공경수恭敬修 / 435
공空 · 무상無相 · 무원無願 / 436, 624
공삼매空三昧 / 252
공안국孔安國 / 713
공왕관세음보살空王觀世音菩薩 / 96
공지空智 / 597
공한처空閑處 / 134
과필경果畢竟 / 99
관觀 / 245, 305, 306, 408
『관무량수경觀無量壽經』에서의 십념 / 385
관세음觀世音 / 561, 579
관정법문灌頂法門 / 106
관행觀行 / 49
광명光明 / 138
『광아廣雅』 / 451
광영光英 / 93
괴고壞苦 / 212, 364
교기인연분教起因緣分 / 59
교사야의憍奢耶衣 / 114
교진여憍陳如 / 72, 185

교해敎解 / 600
교행敎行 / 253
구로사拘盧舍 / 126
구린拘隣 / 72
구방편口方便 / 254
구빈법驅擯法 / 73
구업방편口業方便 / 254
구족具足 / 77, 78
구족도具足道 / 97
구지拘胝 / 103
구품九品 / 383
궁宮 · 상商 · 각角 · 치徵 · 우羽 / 474
궁음宮音 / 473
권교방편權巧方便 / 254
권덕權德 / 98, 101
권밀경權密境 / 200
권방편權方便 / 98
권상전勸相轉 / 192
권신분勸信分 / 55
권청분勸請分 / 55
근본정根本定 / 68
근분정近分定 / 68
금강나라연金剛那羅延 / 393
금강철위산金剛鐵圍山 / 450
금륜金輪 / 771
금하金河 / 147, 152
급방발지笈房鉢底 / 77
기계器界의 공 / 246
기별記莂 / 177
기사굴산耆闍崛山 / 62
기세간器世間 / 246
기행起行 / 266
길상좌吉祥坐 / 159

ㄴ

나계 범왕螺髻梵王 / 179
나머지 겁의 보살 / 90
나술那術 / 63
나제那提 / 71
나제가섭那提迦葉 / 71
낙방樂方 / 49
난사광불難思光佛 / 457
난승지難勝地 / 242
난제難提 / 78, 83, 194
난지難持 / 84
난타難陀 / 83, 84, 126
날원捺苑 / 669
날지捺地 / 78
남섬부주南贍部州 / 770
남지사南地師 / 349
내범內凡 / 199
내적인 고통(病苦) / 673
네 가지 지혜(四智) / 291, 535
네 번째 소燒 / 709
네 번째 큰 악 / 709
네 번째 통痛 / 709
노생路生 / 82
노혜다바소도촌盧醯多婆蘇都村 / 185
『논어論語』 / 589
뇌타화라賴吒和羅 / 81
누漏 / 233
누이긍라樓夷亘羅 / 315
누진비구漏盡比丘 / 406
누진아라한漏盡阿羅漢 / 406
누진통漏盡通 / 67, 368
능전能詮 / 581
능증能證 / 263

능찬能讚 / 75
니구타수尼俱陀樹 / 175
니련하尼連河 / 141, 152
니원泥洹 / 335
닉박남匿縛南 / 335

ㄷ

다라수多羅樹 / 105
다라多羅 취락 / 185
다섯 가지 번뇌 / 590
다섯 가지 인忍 / 582
다섯 가지 지혜 / 534
다섯 번째 소燒 / 717
다섯 번째 악 / 710
다섯 번째 큰 악 / 717
다섯 번째 통痛 / 717
다연림多演林 / 175
단덕斷德 / 207, 272, 320
담마가류曇摩迦留 / 319
당기중當機衆 / 735
대범천겁大梵天劫 / 353
대사大士 / 244
대생주大生主 / 136
대세지大勢至 / 579
대승광지大乘廣智 / 747
대승중大乘衆 / 87
대심大心 / 533
『대아미타大阿彌陀』 / 51
대원경지大圓鏡智 / 291, 748
대인상大人相 / 105
대자大慈 / 93
대전척종남大剪剔種男 / 80
대정지大淨志 / 81
대지大智 / 93
대채숙씨大採菽氏 / 80
대천세계大千世界 / 110
대통불大通佛 / 353
대통지승불大通智勝佛 / 353
대호大號 / 74, 75
도거掉擧 / 251
도거악작개掉擧惡作蓋 / 590
도량수道場樹 / 394
도리천왕忉利天王 / 503
도병겁刀兵劫 / 770
도사다제바覩史多提婆 / 103
도솔천兜率天 / 102
도솔천 왕생 / 632
도은사道誾師 / 378
도의사道誾師 / 381
도제道諦 / 192
도충사道忠師 / 383
동動 / 117
두 가지 계박繫縛 / 94
두 가지 인忍 / 582
두 가지 형태의 생사生死 / 212
두 번째 소燒 / 696
두 번째 악 / 691
두 번째 큰 선 / 697
두 번째 큰 악 / 696
두 번째 통痛 / 696
등극동等極動 / 117
등동等動 / 117
등정각等正覺 / 315

ㄹ

라마지자羅摩之子 / 142
라운羅云 / 85
라호라羅怙羅 / 85

ㅁ

마남摩男 / 74, 75
마니주摩尼珠 / 322
마등摩燈 / 105
마라魔羅 / 167
마사馬師 / 73
마야摩耶 / 109
마천魔天 / 504
마하가다연나摩訶迦多衍那 / 80
마하가섭摩訶迦葉 / 70
마하나미摩訶那彌 / 74
마하남摩訶男 / 74
마하목건련摩訶目犍連 / 71
마하몰특가라摩訶沒特伽羅 / 80
마하주나摩訶周那 / 81
마하파사파제摩訶婆闍波提 / 121
마혜수라摩醯首羅 / 120
마혜수라지처摩醯首羅智處 / 576
만숙滿宿 / 73
만원자滿願子 / 82
만자자滿慈子 / 82
면眠 / 251
면왕面王 / 83
멸제滅諦 / 192
명문名聞 / 76
명언종자名言種子 / 707
명염지明焰地 / 242
명적名籍 / 707
명칭名稱 / 175
명행족明行足 / 315
모과木瓜 / 78
『모시毛詩』 / 448
목련目連 / 71, 80
목진린타용왕目眞隣陀龍王 / 174
묘관찰지妙觀察智 / 291, 748
묘길상妙吉祥 / 89
묘덕妙德 / 89
묘신妙身 / 123
무간수無間修 / 434
무개대비無蓋大悲 / 298
무괴無愧 / 251
무구지無垢地 / 242
무대광불無對光佛 / 457
무등무륜최상승지無等無倫最上勝智 / 747
무량각無量覺 / 553
무량광불無量光佛 / 457
『무량수경無量壽經』 / 52
『무량수경기無量壽經記』 / 55
『무량수경의소無量壽經義疏』 / 55
『무량수경초無量壽經鈔』 / 55
무량수불 / 455
『무량청정평등각경無量清淨平等覺經』 / 51
무멸無滅 / 82
무명루無明漏 / 233
무명박無明縛 / 251
무변광불無邊光佛 / 457
무부달無不達 / 137
무분별지無分別智 / 242, 326
무상각無上覺 / 99
무상각심無上覺心 / 130

무상사조어장부無上師調御丈夫 / 315
무상삼매無相三昧 / 252
무상심삼마지無相心三摩地 / 253
무상정등보리無上正等菩提 / 131
무상존無上尊 / 115
무상천無想天 / 268
무색유無色有 / 234
무생법인無生法忍 / 398, 479, 582
무생인無生忍 / 412, 480, 582
무성유정無性有情 / 275
무소유처정無所有處定 / 139
무승無勝 / 154, 400
무앙수겁無央數劫 / 308
무애광불無礙光佛 / 457
무여열반無餘涅槃 / 258
무우수無憂樹 / 113
무원삼매無願三昧 / 252
무원심삼마지無願心三摩地 / 253
무위無爲에 대한 네 가지 전도 / 160
무쟁왕無諍王 / 579
무족정진無足精進 / 434
무참無慚 / 251
무칭광불無稱光佛 / 457
문답광설분問答廣說分 / 60, 285
문설희행분聞說喜行分 / 60, 767
문소성혜聞所成慧 / 190
문혜聞慧 / 593
문혜법聞慧法 / 190
미니국彌尼國 / 136
『미륵경술찬彌勒經述贊』 / 89, 93
미륵보살彌勒菩薩 / 55, 660, 661, 671, 678
『미륵소문경彌勒所問經』에서 설한 십념 / 385
미반산尾盤山 / 105
미혹(惑) · 업業 · 고통(苦) / 557
밀엄토密嚴土 / 741

ㅂ

바가바婆伽婆 / 193
바라나波羅奈 / 148, 106, 184
바라밀波羅蜜 / 276
바라촌婆羅村 / 185
바리婆履 / 175
박縛 / 251
박구라薄矩羅 / 84
박문博聞 / 85
반문기反問記 / 256
『반야경般若經』 / 49
발거 선인跋渠仙人 / 137, 140
발기서發起序 / 56
발기성설서發起聖說序 / 60
발제拔提 / 73
발지치拔智致 / 73
발타跋陀 / 89
발타라跋陀羅 / 142
발타바라跋陀婆羅 / 87, 90
방숙房宿 / 80
『방언方言』 / 508
백명문百明門 / 544
백법명百法明 / 544
백비百臂 / 162
백연帛延 / 51
백연본 / 61
백월白月 / 107
백일물百一物 / 639
백팔법문百八法門 / 106

번뇌장煩惱障 / 368, 610
범기凡耆 / 77
범전익천겁梵前益天劫 / 353
범중천겁梵衆天劫 / 353
범천梵天 / 64
법계무량法界無量 / 247
법공法空 / 246
법공진여法空眞如 / 271
법명法名 / 94
법무애지法無礙智 / 190
법성신法性身 / 97
법신法身 / 320
법안法眼 / 184, 290
법여여法如如 / 600
법온法蘊 / 262
법운지法雲地 / 96, 101, 110, 242
법위法位 / 55, 413, 474
법의 검劍 / 189
법의 깃발 / 189
법의 번개 / 189
법의 보시 / 189
법의 북 / 189
법의 비 / 189
법의 소라 / 189
법의 천둥 / 189
법인法忍 / 582
법자재행法自在行 / 306
법장法藏 / 48, 319, 338
법적法積 / 48, 319
『법주기法住記』 / 769
법호法護 / 52
법호본 / 52, 61
『법화경론法華經論』 / 65
『베다론』 / 105, 106
변역생사變易生死 / 212, 272
변역신變易身 / 350
변정천遍淨天 / 63
변지邊地 / 675, 676, 747
변화신變化身 / 402
변화토變化土 / 400, 401, 532
별서別序 / 56
별시의別時意 / 387, 641
별시別時의 뜻 / 634
보등삼매普等三昧 / 410
보뢰나매달리예니불달라補賴拏梅怛利曳尼弗怛羅 / 82
보리과菩提果 / 99
보발원寶鉢願 / 357
보법普法 / 380
보불여래報佛如來 / 352
보살菩薩 / 87
보살과菩薩果 / 777
보살독각이성부정菩薩獨覺二性不定 / 275
보살성문이성부정菩薩聲聞二性不定 / 275
보살중菩薩衆 / 63, 87
보신報身 / 320
보영寶英 / 94
『보은경報恩經』 / 70
보해寶海 / 579
보현보살普賢菩薩 / 89, 95, 96, 390
복인伏忍 / 412, 582
복인위伏忍位 / 199
복자福資 / 94
복전福田 / 210
복행福行 / 49, 248, 557
본서本誓 / 48, 361
본유本有 / 542
부단광불不斷光佛 / 457

부동지不動地 / 242, 350
부루나미다라니자富樓那彌多羅尼子 / 82
부사의변역생사不思議變易生死 / 212
부사의지不思議智 / 747
부정不定 / 275
부정근성不定根性인 성문 / 469
부정이승不定二乘 / 257
부정종성不定種性 / 275
부정취不定聚 / 180, 525
부진근扶塵根 / 596
북구로주北俱盧洲 / 268
북주北洲 / 496
북지사北地師 / 350
분단생사分段生死 / 212, 272
분별기分別記 / 256
분위分衛 / 209
불佛 / 315
불가칭지不可稱智 / 747
불공법不共法 / 489
불공실성不空實性 / 597
불과사지佛果四智 / 291
불사성弗沙星 / 107
불생불멸不生不滅 / 624
불성佛性 / 597, 773
불승佛乘 / 257
불안佛眼 / 184, 290
불종성佛種性 / 276
불지佛智 / 747
『불지경佛地經』에서 설한 다섯 가지 법(五法) / 749
『불지론佛地論』 / 60
불퇴전不退轉의 지위 / 411
불퇴주不退住 / 528
불한자不閑者 / 267
불화엄삼매佛華嚴三昧 / 264
비담종毘曇宗 / 526
비류鞞留 / 138
비류박구毘留薄瞿 / 154
비리작의非理作意 / 610
비무非無 / 438
비사가월毘舍佉月 / 106
비사리성毘舍離城 / 139
비사밀다毘奢蜜多 / 123
비상비비상정非想非非想定 / 142
비상천非想天 / 269
비유非有 / 438
비유리毘瑠璃 / 110
비정悲定 / 278
빈다파다賓荼波陀 / 210
빈바사라왕頻婆娑羅王 / 139

ㅅ

사게차莎揭哆 / 85
사공四空 / 596
사기론四記論 / 256, 755
사나발지斯那鉢底 / 148
사덕事德 / 266
사리舍利 / 106
사리불舍利佛 / 79
사리불달라奢利弗怛羅 / 79
사마표司馬彪 / 700
사무량심四無量心 / 559
사무애변四無礙辯 / 190
사무애지四無礙智 / 190
사무애지詞無礙智 / 191
사무애해四無礙解 / 190

사무외四無畏 / 250
사문나沙門那 / 319
사바娑婆 / 49
사바세계娑婆世界 / 111
사법思法 / 93
사변四辯 / 191
사사四事 / 441
사사공양四事供養 / 441
사선四禪 / 169, 596
사선근위四善根位 / 199
사성언四聖言 / 602
사소성혜思所成慧 / 190
사유死有 / 542
사의취四意趣 / 387
사자후獅子吼 / 183
사정邪定 / 275
사정취邪定聚 / 180, 525
사제법四諦法 / 192
사주四洲 / 496
사중四衆 / 87, 672
사지四智 / 291
사천하四天下 / 496
사치기捨置記 / 256
사평등事平等 / 259
사향사과四向四果 / 68
사향삼과四向三果 / 68
사혜思慧 / 593
사혜법思慧法 / 190
사화외도事火外道 / 71
살게蔡揭 / 85
살바실달다薩婆悉達多 / 120
살자殺者 / 167
삼각三覺 / 429
삼계三界 / 132
삼계三階 / 379
삼계교三階教 / 379
삼고三苦 / 211
삼대경三代經 / 51
3대아승기겁三大阿僧祇劫 / 353
삼덕三德 / 320
삼도三塗 / 268
삼도三道 / 182
삼루三漏 / 233
삼매三昧 / 260
삼명三明 / 170
삼박三縛 / 251
삼불선각三不善覺 / 429
삼불선상三不善想 / 429
삼상三想 / 429
삼생三生 / 383
삼승三乘 / 254
삼십삼천三十三天 / 111
32천 / 741
삼악각三惡覺 / 429
삼악상三惡想 / 429
삼악취三惡趣 / 268
삼의십물三衣什物 / 640
삼장三藏 / 244
삼전십이행법륜三轉十二行法輪 / 192
삼정취三定聚 / 180
삼천계三千界 / 110
삼천대천세계三千大天世界 / 110
삼천세계三千世界 / 110
삼취三聚 / 180
삼현위三賢位 / 199, 479
상갱象坑 / 126
상두산象頭山 / 78
상배上輩 / 542

상수上首 / 86
상수중常隨衆 / 66
상시가섭上時迦葉 / 78
상위석相違釋 / 342, 375
상음商音 / 473
상중常衆 / 66
상품의 삼생三生 / 383
색계色界 / 63
색구경천色究竟天 / 452
색유色有 / 234
생소生蘇 / 176
생신生身과 번뇌 / 602
생유生有 / 544
생인生忍 / 582
생천生天 / 292
서른두 가지 대인상大人相 / 389, 579
서방중西方衆 / 504
서설분序說分 / 54
서흥분叙興分 / 54
석법공위折法空位 / 349
석제환인釋提桓因 / 111, 149
선禪 / 464
선겁善劫 / 89
선광善光 / 96
선나禪那 / 464
선도善導 / 377
선래善來 / 85
선본善本 / 281
선사禪思 / 464
선사의善思議 / 90, 93
선생善生 / 150, 175
선서善逝 / 173, 315
선수왕善首王 / 96
선승가섭禪承迦葉 / 78
선실善實 / 77
선열禪悅 / 173
선용善容 / 84
선인타처仙人墮處 / 148
선취善趣 / 526
선혜지善慧地 / 242
설경인기분說經因起分 / 60
설경인기서說經因起序 / 282
『설문해자說文解字』 / 310
설익분說益分 / 55
섭유涉有 / 93
섭행攝行 / 266
성경聖冏 / 55
성교소설분聖教所說分 / 60
성문과聲聞果 / 776
성문독각보살삼성부정聲聞獨覺菩薩三性不定 / 275
성문독각이성부정聲聞獨覺二性不定 / 275
성문중聲聞衆 / 63
성소작지成所作智 / 256, 291, 748
성수겁星宿劫 / 88
세 무리의 차별 / 539
세 번째 소燒 / 702
세 번째 악 / 698, 703
세 번째 큰 선 / 703
세 번째 큰 악 / 702
세 번째 통痛 / 702
세간해世間解 / 315
세계무량世界無量 / 247
세속제世俗諦 / 565
세수겁歲數劫 / 353
세안世眼 / 290
세요왕불世饒王佛 / 340
세웅世雄 / 289

세자재왕世自在王 / 315, 320, 344
세존世尊 / 315
세천世天 / 292
세친世親 / 190
『소경小經』/ 528
소마나蘇摩那 / 154
소삼재겁小三災劫 / 353
소성所成과 소화所化 / 49
소蘇 / 176
소酥 / 176
소승종小乘宗 / 251
소연지燒然地 / 242
소전所詮 / 581
소조복계무량所調伏界無量 / 247
소증所證 / 263
소지장所知障 / 368, 610
소천세계小千世界 / 110
속산왕粟散王 / 499
손달라난타孫達羅難陀 / 83, 128
수단왕輸檀王 / 109
수류생隨類生 / 442, 576
수마제須摩題 / 446
수만일須滿日 / 75
수미산須彌山 / 450, 452
수미상대首尾相對 / 52
수미세계須彌世界 / 110
수성취數成就 / 66
수소성혜修所成慧 / 190
수용토受用土 / 401
수재겁水災劫 / 353
수제樹提 / 77, 83
수혜修慧 / 593
수혜법修慧法 / 190
수호隨好 / 580
숙명통宿命通 / 67, 170, 366
숙소熟蘇 / 176
순생업順生業 / 381
순인順忍 / 412, 582
습習과 멸滅의 음성 방편 / 602
습종성習種性 / 526
승가리僧伽梨 / 149
승광勝光 / 106
승분행勝分行 / 240
승생勝生 / 576
승선繩扇 / 81
승의근勝義根 / 596
승의제勝義諦 / 565
승진행勝進行 / 108
시리라尸利羅 / 84
시림尸林 / 149
시상전示相轉 / 192
시여施與 / 154
시조방편施造方便 / 254
식고생息苦生 / 576
신경통神境通(神足通) / 67, 266
신명神明 / 707
신법문信法門 / 106
신信 / 261
신업방편身業方便 / 254
신인信忍 / 412, 582
신족통神足通 / 266, 368
신통륜神通輪 / 288
신통화神通化 / 93
신해信解 / 93
신행信行 / 379
신혜信慧 / 93
실덕實德 / 95, 99
실밀경實密境 / 200

실보토實報土 / 352
심尋 / 430
심자재행心自在行 / 306
십력十力 / 488
십력지十力智 / 167
10만억 찰토 / 446
십법十法 / 384
십법계十法界 / 242
십사불가기사十四不可記事 / 754
십삼두다十三杜多 / 640
십삼자구十三資具 / 640
십신十信 / 369
십육관十六觀 / 530
16대국大國 / 92
십이분교十二分敎 / 243
십이연기十二緣起 / 192
십이원十二願 / 362
십전사박十纏四縛 / 251
십주十住 / 349
십향十向 / 350
십회향十迴向 / 350
씨계취氏戒聚 / 84
씨취가섭氏聚迦葉 / 78

ㅇ

아가니타처阿迦尼吒處 / 743
아나바정阿那婆定 / 143
아난阿難 / 54, 85
아누루타阿㝹樓馱 / 82
아니율타阿泥律陀 / 82
아라다阿羅茶 / 145, 184
아라라阿羅邏 / 139, 184
아비발치阿鞞跋致 / 528
아비지옥阿鼻地獄 / 270
아사세왕阿闍世王 / 681
아소我所 / 588
아승기阿僧祇 / 103, 309
아승기겁阿僧祇劫 / 308
아야다교진나阿若多憍陳那 / 72
아유월阿維越 / 539
아자바阿字婆 / 185
안계현安啓賢 / 55
안락安樂 / 446
안락국토安樂國土 / 736
안양국安養國 / 566, 628
안혜安慧 / 306
알순나頞順那 / 127
애경愛敬 / 154
애번뇌愛煩惱 / 588
애품愛品 / 208
야마천夜摩天 / 452
야사耶舍 / 71
야수다라耶輸陀羅 / 125
야야夜耶 / 77
약사불藥師佛 / 362
어린아이(摩那婆) / 120
엄혜천자嚴慧天子 / 136
업장業障 / 270
에타니 류카이(恵谷隆戒) / 474
여덟 가지 공덕을 지닌 물 / 485
여덟 가지 음音 / 561, 562
여래如來 / 315
여래장성如來藏性 / 276
여리작의如理作意 / 620
여섯 가지 모습의 진동 / 117
여섯 방위의 진동 / 117

여인의 형상 / 399
연등燃燈 / 312
열 번의 생각 / 549
열여덟 가지 모습 / 112
열여덟 가지 진동 / 112
염念 / 261
염부제閻浮提 / 105
염왕광불炎王光佛 / 457
염희艷喜 / 83
영서화靈瑞華 / 300
영향중影響衆 / 245, 735
예류과預流果 / 776
예순 다섯 가지의 문자 / 123
예토穢土 / 49
오경五境 / 180
오계五戒 / 195
오근五根 / 261
오로빈라鄔盧頻螺 / 78
오무량五無量 / 247
오무량상五無量想 / 247
5백 세 / 675
오생五生 / 576
오선五善 / 682
오성五星 / 323
오소五燒 / 679, 683
오악五惡 / 679, 683
오악도五惡道 / 628
오안五眼 / 184, 290
오역죄 / 373
오온五蘊 / 194
오욕五欲 / 133
오인五忍 / 412
오진五塵 / 180
오체투지五體投地 / 736
오취五趣 / 497
오탁五濁 / 147, 583
오통五痛 / 679, 683
오특가烏特迦 / 142
『옥편玉篇』/ 578
온천문溫泉門 / 139
올달락가嗢達洛迦 / 145
와사瓦師 / 137
와다나베 겐쇼(渡辺顕正) / 378, 380, 381, 383
왕궁생王宮生 / 85
왕사성王舍城 / 62
왕생분往生分 / 55
왕일王逸 / 309
왕필王弼 / 714
외범外凡 / 198, 526
외적인 고통(痛苦) / 673
요본제了本際 / 69, 72
요설무애지樂說無礙智 / 191
요심정了深定 / 83
요혜了慧 / 55
욕각欲覺 / 429
욕계欲界 / 63
욕루欲漏 / 233
욕상欲想 / 429
욕유欲有 / 234
용녀龍女 / 403
용비원龍毘園 / 113
우다라녀優多羅女 / 150
우담발화優曇鉢華 / 300
우담수優曇樹 / 300
우두전단牛頭栴檀 / 109
우루빈라優樓頻螺 / 71
우발라화優盋羅華 / 443

우상牛相 / 77
우시牛呞 / 78
우왕牛王 / 77
우파리優婆離 / 196
울단월난欝單越難 / 496
원생인遠生因 / 388
원적圓寂 / 335
원적과圓寂果 / 99
원행지遠行地 / 242
원혜願慧 / 94
원효元曉 / 376
위 법사位法師 / 474, 589, 609, 622, 650, 711
위증일체구족출도여성무외爲證一切具足出道如性無畏 / 250
위타韋陀 / 105
유有 / 234
유관流灌 / 82
유루有漏 / 233
유리流離 / 83
유말지維末坻 / 76
유명喩名 / 94
유서由序 / 58
유순인柔順忍 / 479, 480, 582
유신有信 / 162
유위불維衛佛 / 77, 83
유정有情 / 87
유지有智 / 597
육물六物 / 639
육법언陸法言 / 122, 205
육시六時의 진동 / 116
육안肉眼 / 184, 290
육예六藝 / 122
육진六塵 / 754
육친六親 / 714
육통六通 / 67
육화경六和敬 / 614
윤제타輪提陀 / 76
은덕恩德 / 320
음광飮光 / 79, 400
음광종飮光種 / 78
음향인音響忍 / 479, 480, 582
응공應供 / 194, 315
응소應劭 / 714
응신應身 / 320
의개疑蓋 / 591
의교봉행분依敎奉行分 / 60
의무애지義無礙智 / 191
의방편意方便 / 254
의보依報 / 48, 443, 493
의업방편意業方便 / 255
의적義寂 / 374
의천義天 / 292
이공진여二空眞如 / 271
이구離垢 / 76
이금당삼설已今當三說 / 353
이바다離婆多 / 75
이바타利婆陀 / 138
이승異乘 / 84
이승과二乘果 / 255
이승二乘의 종성 / 469
이승장二乘藏 / 262
26천 / 741
28천 / 742
『이아爾雅』/ 427, 451
이장二障 / 610
이장離障 / 82
이정理定 / 265

이제二諦 / 100, 244
이타利他 / 94
이타지利他智 / 100
이파다離婆多 / 82
이평등理平等 / 259
이해理解 / 600
인공人空 / 246
인공진여人空眞如 / 271
인력忍力 / 431
인법忍法 / 526
인법상대人法相對 / 52
인상승因上昇 / 99
인성仁性 / 84
인취人趣 / 496
인현仁賢 / 75
일생보처一生補處 / 103, 390, 575
일승一乘 / 606
일월세수겁日月歲數劫 / 353
일천제一闡提 / 275
일체누진지무외一切漏盡智無畏 / 250
일체세간낙견一切世間樂見 / 92
일체종지一切種智 / 185
일향기一向記 / 256
임미니원林微尼園 / 113

ㅈ

자리自利 / 94
자리지自利智 / 100
『자림字林』 / 451
자분행自分行 / 240
자수용신自受用身 / 402
자씨慈氏 / 89
자씨불慈氏佛 / 89
자정慈定 / 167, 278
작의作意 / 610
장법불허결정수기무외障法不虛決定授記無畏 / 250
장수천난長壽天難 / 497
장엄겁莊嚴劫 / 88
장조범지長爪梵志 / 76
저수氐宿 / 107
적근寂根 / 94
적멸인寂滅忍 / 412, 582
전纏 / 251
전법권신분傳法勸信分 / 60
전오식前五識 / 256
전지상대詮旨相對 / 52
전진轉進 / 154
『전통기유초傳通記糅鈔』 / 55
『절운切韻』 / 122, 205, 448
정定 / 261, 275
정거천淨居天 / 72
정광錠光 / 313
정광여래錠光如來 / 310
정근定根 / 261
정당淨幢 / 104
정려靜慮 / 464
정법을 비방한 이 / 373
정법주正法住 / 349
정보正報 / 48, 443, 491
정사正士 / 90
정색淨色 / 596
정설분正說分 / 55
정성나함定性那含 / 743
정어正語 / 74
정영사淨影寺 혜원 / 58

정원正願 / 73
정위습기正位習起 / 528
정의定意 / 408
정정正定 / 275
정정취正定聚 / 180, 369, 525
정제淨除 / 76
정진精進 / 261
정천淨天 / 292
정토왕생 / 632
정행定行 / 592
정혜천靜慧天 / 136
『제불아미타삼야삼불살루불단과도인도경諸佛阿彌陀三耶三佛薩樓佛檀過度人道經』/ 51
제리부바帝履富婆 / 175
제바提婆 / 126
제바달다提婆達多 / 400
제법현등각무외諸法現等覺無畏 / 250
제3계第三階 / 379, 380
제3 염천炎天 / 452
제유諸有 / 161
제6심第六心 / 349
제6천 / 447, 481, 482
제6 천왕天王 / 503
제2계第二階 / 379
제1의천第一義天 / 292
제1 · 제2 · 제3의 법인法忍 / 412
제8 아뢰야식阿賴耶識 / 707
제행制行 / 94
제호醍醐 / 177
제화갈라提和竭羅 / 312
조복調伏 / 138
조복방편계무량調伏方便界無量 / 247
조복방편무량調伏方便無量 / 247
조어장부調御丈夫 / 170
조재兆載 / 428
존음불尊音佛 / 403
종자식種子識 / 647, 686
『좌전左傳』/ 704
주나반특周那般特 / 81
『주례周禮』/ 730
죽림정사竹林精舍 / 195
죽원竹園 / 195
중도中道 / 103, 189, 438
중배中輩 / 545
중생계무량衆生界無量 / 247
중생세간衆生世間 / 246
중생인衆生忍 / 582
중승中乘 / 254
중야분中夜分 / 169
중유中有 / 543
중주中住 / 94
중천세계中千世界 / 110
증감겁增減劫 / 353
증공證空 / 93
증상생增上生 / 442, 576
증상전證相轉 / 192
증신서證信序 / 56, 57
증해證解 / 100
증행證行 / 253
증혜법證慧法 / 190
지止 / 245, 305, 306, 408
지겸支謙 / 51
지겸본 / 60
지당智幢 / 94
지덕智德 / 207, 272. 320
지도智度 / 402
지방편智方便 / 249

지변원智辨願 / 359
지애智礙 / 610
지자智資 / 94
지장智障 / 610
지정각智正覺 / 246
지족천知足天 / 102, 123
지행智行 / 248, 249
지혜광불智慧光佛 / 457
진각瞋覺 / 429
진금색眞金色 / 364
진박瞋縛 / 251
진불眞佛 / 533
진불眞佛과 같은 모습 / 547
진상瞋想 / 429
진신眞身 / 539, 548
진실신眞實身 / 233
진실여래장眞實如來藏 / 597
진에개瞋恚蓋 / 590
진여陳如 / 669
진제 삼장眞諦三藏 / 393
진취방편進趣方便 / 254
질怢 / 251
집성방편集成方便 / 254
집월執月 / 85
집장執杖 / 125
집제集諦 / 192

ㅊ

차닉車匿 / 136
차문遮門 / 380
찰토刹土 / 147
천안天眼 / 184, 290
천안통天眼通 / 67, 170, 366
천역사天力士 / 393
천이통天耳通 / 67, 367
천인사天人師 / 315
천존天尊 / 292
천취天趣 / 496
첫 번째 소燒 / 689
첫 번째 악 / 684
첫 번째 큰 선 / 690
첫 번째 큰 악 / 689
첫 번째 통痛 / 689
청신녀淸信女 / 63
청신사淸信士 / 63
청정법계淸淨法界 / 749
청정해탈삼매淸淨解脫三昧 / 408
청청광불淸淨光佛 / 457
『초사장구楚辭章句』 / 309
초야분初夜分 / 169
초일월광불超日月光佛 / 457
초지初地 / 101
총별상대總別相對 / 52
총지總持 / 260
최승생最勝生 / 442
최후생最後生 / 576
추자鶖子 / 70, 71, 79
취선取善 / 77
칠각七覺 / 595
칠방편위七方便位 / 526
칠보발원七寶鉢願 / 359
칠불七佛 / 497
칭명염불稱名念佛 / 347

ㅌ

타수용불他受用佛 / 352
타수용신他受用身 / 352
타수용토他受用土 / 352, 532
타심통他心通 / 67
타연나馱演那 / 464
탐박貪縛 / 251
탐욕개貪欲蓋 / 590
태생胎生 / 757
통서通序 / 57

ㅍ

파구라波鳩螺 / 83
파두마波頭摩 / 138, 150
파순波旬 / 144
팔난八難 / 268, 269, 270, 496
팔부중八部衆 / 123
팔불한八不閑 / 268
팔상八相 / 108
팔십종호八十種好 / 580
팔열지옥八熱地獄 / 270, 643
팔전八纏 / 251
팔지八地 / 350
팔한지옥八寒地獄 / 270, 643
평등성지平等性智 / 291, 748
폐악弊惡 / 167
풍재겁風災劫 / 353
필릉가바차畢陵伽婆差 / 74
필희분畢喜分 / 55

ㅎ

하배下輩 / 549
하승下乘 / 254
하품하생 / 532
학學(有學) / 68
『한서음의漢書音義』 / 713
한자閑者 / 267
함시含屍 / 75
항복좌降伏坐 / 159
해각害覺 / 429
해상害想 / 429
해심解心 / 238
해어언삼매解語言三昧 / 271
해탈解脫 / 94
행고行苦 / 212
향상香象 / 94
현겁賢劫 / 88
현겁賢劫의 보살 / 88
현공玄公 / 656
현상분現相分 / 54
현일玄一 / 55, 474
현전지現前地 / 242
혜慧 / 261
혜근慧根 / 261
혜상慧上 / 93
혜안慧眼 / 184, 290
혜원 법사慧遠法師 / 236, 317
혜조여래慧造如來 / 401
혜행慧行 / 557, 592
호세천護世天 / 706
혹장惑障 / 270, 610
혼면개惛眠蓋 / 590
혼침昏沈 / 251

『홍맹해혜경弘猛海慧經』 / 96
화갈貨竭 / 85
화보華報 / 681
화불化佛 / 533, 547
화생化生 / 543, 757
화신化身 / 233, 539, 548
화엄삼매華嚴三昧 / 264
화재겁火災劫 / 353
화좌華座 / 48
화좌관華座觀 / 48
화타지化他智 / 255
화타행化他行 / 255
화토化土 / 388
환희광불歡喜光佛 / 457
환희원歡喜苑 / 113
환희지歡喜地 / 242
황제산법皇帝算法 / 428
회悔 / 251
후득지後得智 / 326
후수업後受業 / 381
후야분後夜分 / 169
흔락欣樂 / 84
희열정喜悅定 / 173
희족천喜足天 / 102, 103

경흥璟興

생몰 연대 미상. 그 행적에 의해 7세기 중반~8세기 초반까지 생존했던 것으로 추정할 수 있을 뿐이다. 속성은 수水. 백제 지역인 웅천주熊川州 출신. 법상종 스님으로 알려져 있다. 신문왕神文王(재위 681~692)이 즉위하여 선대 문무왕의 고명顧命을 받들어 경흥을 국로國老로 책봉하고 삼랑사三朗寺에 주석하도록 하였다. 병으로 고생할 때 관음觀音을 친견하여 병을 고친 일화와 말을 타고 다닐 때 문수文殊가 현전하여 경계함으로써 감화한 일화 등이 전해진다. 여러 경록에 의거하면 아비달마·유식·계율·정토·반야부 등에 속한 여러 경론과 『법화경』·『열반경』 등과 관련된 저술을 다수 지었는데, 특히 유식과 정토에 대한 것이 많다. 이 가운데 현재 전해지는 것은 『무량수경연의술문찬』·『삼미륵경소三彌勒經疏』 1권·『금광명최승왕경약찬金光明最勝王經略贊』 5권 등뿐이며, 『금광명최승왕경약찬』은 대정신수대장경간행회大正新修大藏經刊行會에 대장경 미수록본으로 소장되어 있는 것으로 알려지고 있을 뿐이다.

옮긴이 한명숙

고려대학교 철학과를 졸업하고 동 대학원에서 「吉藏의 三論思想硏究 : 無得의 轉悟方式을 중심으로」라는 논문으로 박사학위를 받았다. 현재 동국대학교 불교학술원 조교수로 재직 중이다. 논문으로 「吉藏의 觀法이 갖는 수행론적 의미에 대한 고찰」, 「동물윤리에 있어서 불교 실천윤리의 정립가능성에 대한 고찰 : 율장律藏(Vinaya Piṭaka)을 중심으로」, 「율장律藏에 나타난 결과주의적 사유에 대한 고찰 : 불교 생태윤리의 정립가능성과 연계하여」 등이 있고, 역주서로 『범망경술기梵網經述記』·『법구경法句經』 등이 있으며, 공저로 『인물로 보는 한국의 불교사상』, 『자료와 해설 한국의 철학사상』 등이 있다.

증의 및 윤문

박광연(동국대학교 불교학술원 HK 연구교수)